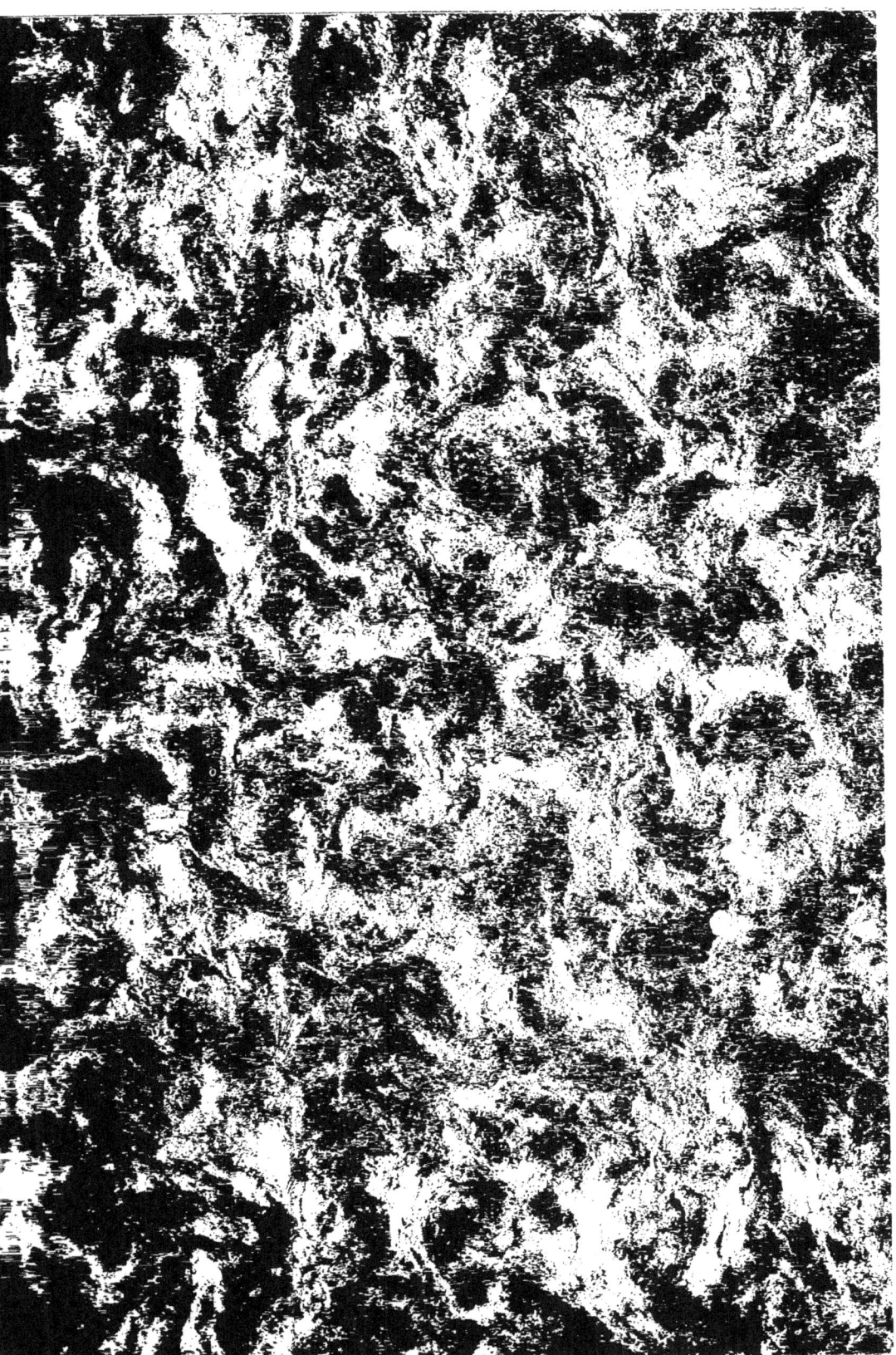

M. BODRI 1982

LES ÉGLISES DU REFUGE

EN ANGLETERRE

LIBRAIRIE FISCHBACHER
SOCIÉTÉ ANONYME

33, RUE DE SEINE, 33
PARIS

LES
ÉGLISES DU REFUGE
EN ANGLETERRE

PAR

LE BARON F. DE SCHICKLER

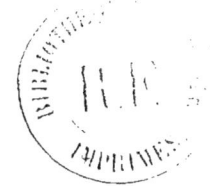 TOME DEUXIÈME

PARIS
LIBRAIRIE FISCHBACHER
(Société anonyme)
33, RUE DE SEINE, 33
1892

Tous droits réservés

CHAPITRES X et XI

CHARLES Ier

1625—1649.

CHAPITRE X

LES ÉGLISES SOUS LA PRIMATIE DE LAUD.

Les Églises étrangères n'assistèrent pas sans une certaine appréhension à l'avènement de Charles Ier. Jacques, oubliant son éducation et ses promesses presbytériennes, avait érigé en principe souverain l'union de l'épiscopat et de la royauté. Le premier acte de son fils fut, en épousant la sœur de Louis XIII, d'ouvrir l'Angleterre à une suite catholique, qui rapportait officiellement la messe et renouait les relations avec la cour de Rome. Non seulement la reine Henriette-Marie eut son oratoire dans le palais, mais « ses Capucins » obtinrent bientôt un établissement et une chapelle à Somerset-House, d'où ils ne se firent pas faute de chasser sur le domaine spirituel de leurs voisins [1]. Tandis qu'à l'intérieur la tendance hostile au calvinisme pur s'accentuait d'année en année au sein de l'épiscopat anglican, à l'extérieur le gouvernement se montrait plus soucieux de ménager les adversaires du protestantisme que d'appuyer ses confesseurs et de remplir les devoirs de chrétienne solidarité.

Le début du règne.

---

[1] Primerose se plaindra en 1633 au secrétaire Coke des visites que les « Capucins de la Reine font à certains membres du troupeau pour les détourner de la vraie foi, ce qui est contre la promesse faite par Louis XIII à Charles Ier. Le secrétaire a promis d'en informer S. M. et qu'on s'assure qu'il y aura si tôt ordres donnés pour les retenir de leur mauvaise pratique et qu'ils demeureront dans leur couvent. » *Actes du Consistoire.*

Les membres du XXIV⁰ Colloque « convoqué extraordinairement à Londres pour faire soumission à S. M. » avaient été, avec les députés des Églises flamande et italienne, « implorer sa faveur et bienveillance pour la continuation de leurs libertés »[1]. Le monarque, les recevant « fort bénignement » le 30 avril 1625, répondait au long discours de Primerose : « Je vous remercie et vous assure que je continuerai envers vous la même faveur que vous avez reçue du Roi mon père : et espère que mon mariage ne vous apportera aucun dommage, ains me sera une occasion de faire beaucoup de bien aux Églises delà la mer ».

A ce moment il prêtait ses vaisseaux à Richelieu contre Soubise et les huguenots de La Rochelle.

Navires anglais en France.
L'histoire de la mise à exécution de ce prêt, telle que les documents du Record office l'ont conservée, fait moins d'honneur à la sincérité de Charles I⁰ʳ qu'aux sentiments de confraternité

---

[1] Dans l'hyperbolique et interminable harangue de Primerose (« Sire, de tous les ouvrages visibles de Dieu, celui qui a plus de ressemblance à la divinité, qui est plus admirable au monde et plus utile aux hommes, c'est le Roy »), on ne peut guère citer qu'une des dernières pages : « De ceste Eglise délaissée, abandonnée, destituée de consolation, sont membres et comme des tisons retirés du feu plusieurs estrangers espars en divers endroits de ce Royaume, qui fuyans de toutes les régions de l'Europe la persécution de l'Antichrist, ont trouvé en ce païs béni du ciel un asyle et sanctuaire à leurs moiens, vies et consciences, soubs les ailes de l'autorité Royale depuis Edouard VI jusques à hui, y ayant esté à l'abri contre les tempestes qui les menaçoient de naufrage et sont maintenant en nos personnes, Sire! prosternez à vos pieds. Or cognoissants vos saintes et religieuses mœurs, sachans de quel zèle vous estes porté à la gloire de Dieu, voians une si grande affection en V. M. envers les Églises qui souspirent soubs la tyrannie de l'Antichrist, ils ne doubtent nullement de la continuation de votre protection Royale, ains s'osent promettre que soubs vostre règne heureux leur heur égalera leurs veus et désirs, qui ne tendent qu'à estre maintenus en la possession pleine et entière des libertez qui leur ont esté octroyées par les Rois, vos prédécesseurs, en la jouissance de leur ordre et discipline ecclésiastiques, afin que comme par le passé ainsi soubs vous Sire ! Dieu soit invoqué et servi en ce Royaume ès langues principales de l'Europe. » *Geschiedenissen ende Handelingen.*

protestante de l'amiral Pennington, des capitaines et des matelots anglais. Ces derniers se refusent à servir plus longtemps quand ils apprennent le vrai but de l'expédition, d'abord soigneusement dissimulé, répètent qu'ils préfèrent « être pendus ou jetés à la mer » que de se battre contre Soubise, résistent pendant trois mois à toutes les injonctions de Buckingham, en appelant constamment au roi et à la solidarité protestante, et quand les ordres du monarque de plus en plus clairs et péremptoires ne laissent aucune possibilité de doute, abandonnent leurs navires aux équipages français plutôt que de contribuer en rien par eux-mêmes à une guerre contre les huguenots[1].

Ces navires, prêtés forcément sans ceux qui les devaient conduire, mais avec munitions et approvisionnements complets, Charles Ier, en novembre 1625, pensait enfin à en réclamer, soit le retour, soit la neutralité future : on parlait de négociations de paix[2]. Ils n'étaient pas rendus, quand, janvier 1626, Sou-

---

[1] Pennington, à bout de faux fuyants, d'arguments, de rappel des premières défenses du roi de s'engager dans les guerres civiles de France, a enfin compris qu'au contraire « le plaisir de S. M. est que les navires soient à l'entière disposition du roi de France ». Il demande alors avec instances et à plusieurs reprises à être remplacé « par un plus habile », aimant mieux « placer sa vie à la merci du roi et souffrir dans son pays, qu'être employé là où il est certain d'endurer le déshonneur ». Il est en rade de Dieppe. Effiat attend au nom de Louis XIV la livraison des navires, l'amiral anglais cherche encore à la retarder : en vain Buckingham lui temoigne sa surprise de ce qu'un capitaine requis d'obéir demande à se retirer : « le roi est extrêmement offensé, il lui a envoyé un warrant et un ordre exprès, il veut être obéi enfin ». Il le sera; mais Pennington, dont la flotte avait levé l'ancre en mai, s'il finit par livrer en août son navire, retourne lui en Angleterre avec l'équipage. Sir J. Gouges, commandant du navire *Le Neptune*, est déjà reparti. Quant aux capitaines des sept vaisseaux marchands enrôlés à cette occasion, ils sont rentrés dès juillet, déclarant qu'ils sont maîtres de leurs navires et que leurs marins sont des protestants résolus. *Cal. State Papers Dom. Charles Ier*, Vol. II, III, IV, V.

[2] Il écrivait au duc de Chevreuse : « En cas que notre bon frère veuille continuer la guerre contre ceux qui sont de notre Religion, nous espérons qu'il ne nous poussera pas à commettre un tel scandale, à la vue de tout le

bise, réfugié en Angleterre, se consolait de sa défaite en obtenant de préparer une expédition pour ravitailler La Rochelle. C'est à Pennington qu'était confié le soin de l'organiser; mais les vingt-neuf navires furent longs à préparer, et après quatre mois d'attente la flottille se débanda, devenue inutile par l'Édit de pacification accordé sous la garantie de Charles Ier et enregistré en avril.

Privilèges confirmés.
Les Églises du Refuge attendaient encore la reconnaissance de leurs privilèges. Enfin le $\frac{13}{23}$ novembre 1626, sur les observations et les instances de l'envoyé des Provinces-Unies et peut-être aussi grâce à la présence à Londres de Soubise [1], une lettre royale aux juges des Cours de Record confirma les privilèges et immunités des étrangers membres des Églises étrangères et de leurs enfants, « vu la belle réception et les bons procédés que reçoivent au delà des mers nos sujets et leurs enfants » (Westminster, 13 novembre 1626 [v. s.]) [2]. L'interruption de neuf

monde, en portant nos navires contre ceux de notre propre Religion, et plus par gaîté de cœur que par aucune nécessité, car le cœur et la raison nous disent que la ruine et extirpation de ceux de la R. R. en France serait totalement au désavantage et desservice de notre dit frère, et pour tant nous ne pouvons consentir que nos dits navires soient employés contre le corps de lad. Religion ». Rymer *Fœdera*. La recommandation venait bien tard. L'ambassadeur de France Blainville rend compte le 27 nov. des instances du roi pour la remise de ses vaisseaux et ajoute : « En la conjecture du temps présent j'estime que la dilayer sera à l'effet des affaires de V. M. et à sa réputation tout ensemble dans le party des huguenots, car *plus on verra des navires anglois dans vos hâvres et moings on croira que le Roy de la grande Bretagne veille secourir La Rochelle.*» Blainville au Roy *Corr. Dipl.* Bibl. Nationale de Paris.

[1] Le 18 sept. 1626, Soubise quittait sa retraite de Hinton (chez Poulett) où il était depuis le 8 octobre 1625, pour s'établir à Londres. *Cal. State Papers*. Le 10 oct. 1626, commission lui était accordée pour la levée d'hommes et l'équipement de vaisseaux en vue de la guerre contre l'Espagne : il ne s'en servit point.

[2] « Le Roi à tous les Juges des Cours de Record dans la cité de Londres et ailleurs. Le feu Roi trouva les étrangers membres des Églises flamandes et françaises avantageux (*beneficial*) en diverses manières à cet État. La Reine

années dans la tenue des Colloques n'indique-t-elle pas d'ailleurs une restriction apportée aux libertés des Églises françaises du Refuge, ou tout au moins de leur part un désir de s'effacer, une précaution contre des dangers déjà entrevus, alors que leur protecteur Abbot, suspendu de sa juridiction archiépiscopale, achevait sa vie dans une retraite imposée, remplacé officieusement par son futur successeur Laud, président de la commission chargée de gérer le siège de Canterbury jusqu'au décès du titulaire (1628-1633)[1] ?

Ces neuf années s'écoulèrent cependant paisiblement. Les Actes de Threadneedle Street n'enregistrent que des résolutions d'ordre intérieur : « Ne recevoir dorénavant à la Cène nul d'au delà la mer qui n'ait été ici un an tout entier préalablement pour se faire instruire ès points fondamentaux de notre sainte foi chrétienne, 1626 ; — comme il y a moins de malades, baisser de 30 à 24 L. S. les gages du consolateur Baquesne ; — publier que les débauchés seront mis entre les mains de la justice, 1629 ; — ne permettre le mariage aux veuves qu'après quatre mois et demi et aux veufs qu'après trois ; changer les galeries du temple (reloué en 1625), et placer la chaire au milieu, 1632 ; — suspendre de la Cène cinq hommes partis, abandonnant leurs familles, « comme étant pires qu'infidèles, voire même pires que bêtes brutes, lesquelles n'abandonnent jamais leurs petits », 1634 [2].

Actes consistoriaux.

Élisabeth leur accorda la liberté, non-seulement de célébrer le service divin, mais aussi de travailler dans leurs divers métiers. Le Roi étant informé par Sir Albert Joachim, Ambassadeur des Etats, que ces étrangers sont molestés en raison de ce qu'ils ne sont pas citoyens (*freemen*) de Londres, S. M. commande qu'on leur permette de jouir des privilèges qui leur ont été accordés. » *State Papers, Domestic Charles I*er XXXIX. 59.

[1] Détails sur la suspension d'Abbot dans Neal et Cardwell, *Documentary Annals* II, p. 217.

[2] *Actes du Consistoire.*

Artistes français.

Trois artistes de grande valeur, protestants français, étaient venus chercher une position à la cour d'Angleterre : le graveur en médailles, Nicolas Briot, qui n'ayant pu imposer à la routine de l'Hôtel des Monnaies de Paris l'emploi du balancier, était congédié après dix ans de luttes, et entrait au service de Charles Ier, 1625 [1] ; le sculpteur Hubert Lesueur, dont les statues de bronze ornaient Somerset House, St. James Palace et Westminster, 1630 [2] ; le peintre sur émail Jean Petitot, né à Genève d'un père français, et auquel le roi, grand appréciateur du talent, procura les conseils de Van Dyck et les découvertes de coloration chimique de Turquet de Mayerne. Petitot fut créé chevalier et logé à Whitehall [3] ; ses deux confrères ne furent pas compris dans les naturalisations du règne [4].

[1] « Son arrivée en Angleterre avait été en numismatique le commencement d'une ère nouvelle ; il y devint graveur en chef de la Monnaie de Londres et directeur de celle d'Écosse. La première œuvre de sa nouvelle carrière fut la médaille du couronnement 2 février 1626. » Dauban, *Nic. Briot et la Cour des monnaies*. Paris 1857. Remonstrances de Nic. Briot pour la régulation de la monnaie 13 oct. 1634. *Cal. State Papers*, *Domestic Charles Ier*, CCLXXV. 44.

[2] Marqué dans la liste de 1635 comme né à Paris, à Londres depuis 5 ans, trois enfants nés en Angleterre. — Liste des travaux exécutés avec comptes s'élevant à 720 L. st., 1636. *Cal. State Papers, Dom. Ch. Ier*, CCCXLII. 97. — Accord avec Lord Cottington pour la sculpture d'un tombeau CCLXXII. juillet 1634. — Il reste de lui la statue équestre de Charles Ier à Charing-Cross, fondue 1634, érigée plus de quarante ans après, et le tombeau en cuivre de Buckingham à Westminster. — Stow *Survey of London*. Biographie dans Haag, *France Protestante*.

[3] Son chef-d'œuvre fut la miniature, d'après le portrait de Van-Dyck, de Rachel de Ruvigny, comtesse de Southampton, sœur du député général, 1642. A la mort de Charles Ier, Petitot quitta l'Angleterre et fut nommé peintre du roi Louis XIV ; Bordier, *Un grand peintre protestant*, *Bull. du Prot. fr.* X, 175 ; il voulut y retourner après la Révocation. Deux autres genevois, peintres sur émail, les Bordier, Pierre le professeur, et son neveu Jacques, le collaborateur de Petitot, passèrent quelques années à Londres sous Charles Ier, Pierre y resta même après la révolution. *France Protestante*.

[4] Au moins dans le relevé par Agnew (qui ignore les Sancy et Rocquigny). Naturalisations : 1626, Méric Casaubon ; 1629, Ridouet de Sancy et son fils ;

Il est du reste malaisé de relever avec exactitude les noms des réformés français de Londres sous Charles Ier : les listes dressées en octobre-décembre 1635 par le Lord-maire et les juges de paix de Westminster sont incomplètes et ne portent pas la mention de la communion, à un moment où la résidence de catholiques étrangers était autorisée, sinon encouragée, par la religion de la reine Henriette-Marie [1].

La congrégation de Threadneedle street s'honorait aussi de la présence régulière dans ses rangs de Benjamin de Rohan, duc de Soubise : à son départ de Hinton pour Londres — 16 septembre 1626 — il avait renoncé aux services de son aumônier Ézéchiel Marmet, et celui-ci, au retour d'une course politique en Languedoc, demandait à être admis au nombre des pasteurs de l'Église [2]. La Compagnie décida « qu'on iroit dans toute la ville et les faubourgs s'informer s'il y auroit de quoi l'entretenir » [3]. Le résultat

Soubise.

1635, Jacques de Rocquigny ; 1637, du Laurie, Landry, Albert, de la Fosse, de La Fontaine, du Huesne, Garnier, Toreau, Angell, Le Marquis, de Lilliers, Lelaoust, Le Marq, Piren, Gedéon de Laune, Millen, Roberts, Christ, Marie de Lez de Vantelet ; 1638, Anne de Potain. L'orthographe est très défectueuse.

[1] « Certificat par les juges de paix de W. de tous les étrangers-nés, demeurant ou exerçant un état manuel à W. et dans ses libertés, oct. 1635, » dans le nombre M. Casaubon, prédicateur-français et prébendaire de Canterbury, Sir Th. Mayerne, etc. *Calendars State Papers Dom. Charles Ier*, CCC. 75.
Le Lord-maire de Londres au Conseil, résultat des enquêtes sur les étrangers habitant la Cité. Certificats pour les divers quartiers (incomplets) total 2547 — dans Blackfriars 212 français ; dans Sainte-Catherine Denis Calliade, peintre, né à Rouen ; à Saint-Bartholomew-le-Grand Le Sueur, Jean Colt, d'Artois, sculpteur, à Londres depuis 50 ans, et Max Colt depuis 40 ans ; à Saint-Gabriel Fenchurch, M. Phil. Burlamachi, marchand, naturalisé par acte du Parlement, né à Sedan en France, en Angleterre depuis plus de 30 ans, 25 décembre 1635. *Calendars State Papers*, CCCV. 11.

[2] Marmet, orthographié quelquefois mais à tort Mermet, fils d'un pasteur de Nérac, ministre de Puch 1603, puis de Nérac et ensuite chapelain de la maison de Rohan. Pendant le synode de Castres la municipalité, surexcitée contre Rohan, ne lui avait pas permis le séjour de la ville et refusait d'entendre Marmet, chargé de le justifier, septembre 1626. *Mémoires de Rohan.*

[3] *Actes du Consistoire.*

permit de le nommer ministre extraordinaire avec un traitement de soixante livres st., ce qui ne l'empêcha point d'accompagner Soubise à La Rochelle en 1627, et d'exhorter vainement avec lui les magistrats à joindre ouvertement leurs armes à celles de Buckingham.

Le siège de La Rochelle. C'est vers l'Angleterre cependant et vers Soubise que s'étaient constamment tournés les regards des assiégés. Quatre fois, en 1622, 1627, 1628, le « pair de la Rochelle », Jacques David, à l'exemple de son oncle Jean, venu solliciter le secours d'Élisabeth après la Saint-Barthélemy, fut envoyé à Londres implorer celui de Charles Ier [1]. Dans sa seconde mission il était parvenu à conclure avec le roi un premier traité d'alliance qui aboutit à l'infructueuse expédition de Buckingham sur l'île de Ré. A la fin de janvier 1628 il forçait le blocus, arrivait en Angleterre et en rapportait, en mars, avec du blé, un traité, signé le 18 janvier par Charles Ier d'une part, de l'autre par les trois députés, David, de Huisse et le pasteur Th. Vincent.

Revenus à Londres après la vaine démonstration de lord Denbigh, dont la flotte se contenta de croiser pendant une semaine en vue de La Rochelle (11-18 mai), les députés y poursuivirent de tout leur pouvoir, avec le concours de Soubise, la réalisation des promesses du roi. N'avait-il pas répondu aux Rochellois, par leur messager, le sieur de La Lande Dulac, « Messieurs, ne vous découragez pas; encore que ma flotte soit retournée, tenez bon jusqu'au dernier jour, car je suis résolu que toute ma flotte périra plutôt que vous ne soyez secourus » [2]. Funestes paroles, qui entretinrent les suprêmes espérances et

---

[1] Le 30 mars 1625 il signait comme maire la requête à Buckingham. *Bull. du Prot. fr.* XII. 150.

[2] 19 mai, et le 27 : « Assurez-vous que je ne vous abandonnerai jamais, et que j'emploierai toutes les forces de mon royaume pour votre délivrance, jusqu'à ce que Dieu m'ait fait la grâce de vous donner une paix assurée ».

causèrent, en grande partie, les inénarrables tortures des Rochellois. Leurs lettres se succèdent, de plus en plus désespérées ; et, tandis que, se refusant à traiter avec Richelieu sans leurs alliés d'Angleterre, ils font pressentir néanmoins à ces derniers qu'ils ne pourront plus résister, qu'ils auront tous péri si l'on tarde encore, les malheureux députés leur adressent, de Londres, une réponse que l'histoire a le devoir d'enregistrer :

« Messieurs, Dieu nous est tesmoing de l'angoisse de nostre cœur pour les maux que vous souffrez, et les hommes le seront des devoirs continuels que nous faisons envers sa sérénissime Majesté et les seigneurs de son Conseil pour haster votre assistance. Jusques icy nous avons esté si malheureux que non obstant les excellentes dispositions qu'ils y ont, et les particulièrement bons offices que nous y rend Monseigneur le duc, il nous y est né traverse sur traverse..

« Nous présentasmes à Mgr le duc celle que vous lui adressiez et par son moien à S. M. aussi la sienne, leur faisant aussi lecture de celle qu'il vous avoit pleu nous escrire. Combien qu'elles parlassent assez d'elles-mesmes, si est ce que Mgr de Soubyse et nous les accompagnâmes de toutes les plus instantes supplications qu'il nous fut possible et d'une abondance de larmes qui se débondèrent, malgré nous, en l'excès de nostre douleur; et dont S. M. tesmoignant estre extraordinairement touchée assembla sur l'heure mesme Messieurs ses principaux officiers, dépescha vers les hàvres où se font les préparatifs, bref establit tout l'ordre nécessaire pour faire diligence. De fait on a fort advancé ces trois jours qui ont suivi du depuis, en sorte que nous concevons toute espérance que dans quinze jours pour le plus tard la flotte mettra à la voile, si Dieu luy donne une saison favorable.

« Puis donc que les choses sont en cest estat, au nom de Dieu, Messieurs, continuez les miracles de vostre constance. Nous scavons que vos nécessitez ne sauraient estre qu'effroiables, et nous représentans nos enfans qui avec les vostres, crient à la faim, nous ne mangeons morceaux qui ne soient mouillés de nos larmes. Mais deussiez vous retrancher toute nourriture et à nos dix enfans (Dieu scait pourtant combien ils nous sont chers) et à tous ceux qui ne sont capables de s'employer à la défense commune, faites de la plus extrême nécessité vertu, en attendant que Dieu la couronne de sa délivrance. Nous vous escrivons cecy les yeux tout baignés de pleurs . .

David. Th. Vincent.

« Messieurs, nous adjoustons ces lignes pour vous dire de la part de Mgr le duc, cas advenant que le premier effort ne fust accompagné du succès qu'il en espère, vous ne devez douter qu'il n'en face un second, un troisième, et ainsi de suite jusques à ce qu'il soit péri ou qu'il vous ait secourus [1]. »

Ces lignes sont datées Londres, 14 juillet 1628. Le 24 août l'héroïque maire de La Rochelle, Guiton, leur écrivait : « Nous attendons depuis trois mois l'effet des excellentes lettres que nous avons reçues du roi de la grande Bretagne... Nos soldats n'en peuvent plus, nos habitans meurent de faim par les rues, néanmoins nous tiendrons jusqu'au dernier jour, mais au nom de Dieu ne tardez plus, nous perissons [2] ». Le 28 septembre, l'escadre de Lord Lindsay, sur laquelle étaient montés Soubise et les députés, apparaissait enfin ; on sait qu'elle ne s'attaqua pas à la digue et la canonna de loin sans soutenir les efforts de l'avant-garde de Soubise. Déjà le gouvernement anglais négociait avec Richelieu une paix séparée. Le 1er novembre Louis XIII entrait à La Rochelle; le 11, Soubise, refusant l'amnistie, revenait avec la flotte en Angleterre et, malgré l'abolition que lui accordait l'Édit de Grâce, se décidait à ne jamais revoir la France.

Rohan, son frère, continuait seul la lutte dans le Midi. Sur l'invitation de l'assemblée de Nîmes, il rappelait à Charles Ier sa promesse « d'employer toute la puissance de ses États pour garantir les Églises de la ruine qui les menaçait », janvier 1629.

---

[1] *Archives historiques de la Saintonge et de l'Aunis—Mémoires*, 1888.

[2] La lettre ne parvint pas à destination, le porteur fut pris et pendu. — Copie de la lettre et jugement du porteur. *Mss.* 4049. Bibl. Nationale, Paris.

Charles 1ᵉʳ s'efforça d'abord d'intervenir diplomatiquement en faveur des huguenots, mais d'autres préoccupations s'imposaient à lui à l'intérieur. Il n'était plus temps de regarder au dehors. La lutte était engagée entre sa prérogative royale et les droits des Communes. Buckingham était mort assassiné, mais le pouvoir passait entre des mains plus autoritaires encore que les siennes. Le roi conclut en avril la paix avec la France... sans rien stipuler pour les reformés.

Il lui suffisait de prendre à son service le contre-amiral rochellois Jacques Forant [1], et de continuer sa protection à Soubise et aux quelques gentilhommes qui l'avaient suivi [2]. L'un d'eux, Antoine de Ridouet, baron de Sancy, demandait en 1629, par l'intermédiaire du secrétaire d'État Dorchester, l'autorisation de se retirer, avec sa famille et des protestants français, dans les possessions anglaises du Nouveau Monde, pour y planter des vignes et des oliviers, et y produire des soies et du sel.

De Sancy et la Virginie.

Naturalisé avec son fils le 27 juin, après avoir hésité entre la Caroline et la Virginie, il arrêtait et signait avec les représentants de l'État toutes les conditions de son entreprise ; il se proposait d'emmener au moins cent personnes ; sa liste est de quatre-vingt-une ; il espérait la composer d'un ministre, de charpentiers, constructeurs de navires, serruriers, briquetiers, maçons, boulangers, cuisiniers, d'un tailleur, un cordonnier, un apothicaire, un barbier ; à la place des cent livres de pension accordés par le roi en 1628, il demandait des armes et obtenait le passage gratuit pour les colons sans servi-

---

[1] Forant combattit sous le pavillon anglais jusqu'en 1635, se signala contre les Espagnols et entra ensuite au service de Hollande.

[2] « Lord John Poulet a visité Soubise ; il le trouve plus gaillard que de coutume, bien que la pension de S. M. soit en retard d'une année, 7 octobre 1629 ». *Cal. State Papers Dom.*

teurs, et la réduction à dix livres pour ceux en ayant. « Tous les colons devront avoir des certificats de leurs pasteurs de France, attestés par les ministres de l'Église française de Londres, en échange desquels chacun recevra un certificat du procureur-général. » L'expédition mit à la voile en 1630 et fonda en Virginie une colonie qui languit pendant quelques années, et dont l'histoire appartient à celle du Refuge en Amérique [1].

Ezéchiel Marmet. Après le désastre de La Rochelle, le consistoire de Threadneedle street avait accueilli de nouveau, avec empressement, Ézéchiel Marmet. A la mort d'Aurelius, 1631, il le nommait troisième ministre en titre avec cent dix livres par an, « et vingt livres pour avoir des meubles ».

Marmet est le grand prédicateur des Églises du Refuge de langue française en Angleterre. Il est permis d'étendre l'éloge et d'ajouter, avec Haag, que « ses deux recueils de sermons le classent parmi les meilleurs orateurs de la chaire protestante dans la première moitié du dix-septième siècle ». Il devance ses contemporains, possédant précisément ce qui leur manquait encore, une méthode synthétique, un grand souci de l'application morale, un langage littéraire et souvent éloquent. Il se préoccupe moins de pressurer son texte pour en faire sortir tout ce que le verset peut contenir de près ou de loin, que d'en choisir les idées maîtresses et de les mettre en relief par une argumentation solide et serrée [2]. Parlant sur une terre foncièrement protes-

---

[1] *Cal. State Papers Dom. Car. I.* et Ch. Baird, *History of the Huguenot Emigration to America.* New-York 1885.

[2] Sermon sur : *Je n'ay point trouvé tes œuvres pleines devant Dieu ;* Argument : « 1. Quelle est en général la perfection d'une œuvre et qu'elle en est la plénitude devant Dieu ? 2. Faire l'application de cette règle à nos œuvres, afin que voyans combien elles sont éloignées de la perfection que Dieu requiert, nous apprenions à nous défier de nous-mêmes et recourir à sa grâce par repentance ». — Sermon sur : *Je connais tes œuvres, etc.* « Quelle est cette vie ?

tante il a sur ses collègues en France l'avantage de n'être pas forcé de perdre, dans la controverse anti-catholique, un temps qu'il emploie plus utilement à l'édification de ses auditeurs et à de salutaires retours sur eux-mêmes ; moins accumulateur de passages bibliques que la plupart des prédicateurs de l'époque, ne faisant aussi que de rares emprunts à l'antiquité païenne ou aux Pères, il ne craint pas l'image, mais il la prend de préférence dans ce qui l'entoure, et elle donne à son style de la couleur et de la vie.

Sa doctrine est de la plus stricte orthodoxie, de l'orthodoxie de son temps qui surprendrait parfois celle du nôtre ; elle le porte à s'arrêter longuement sur certains points, beaucoup plus négligés aujourd'hui, la résurrection de la chair par exemple ; mais s'il s'y arrête, c'est qu'il ressent toujours le désir, inconnu à un La Fontaine ou à un Primerose, de prouver ce qu'il avance, et non d'en imposer la croyance de par l'ordre indiscutable de Dieu. Il est de son temps encore par l'admission, dans la chaire chrétienne, de termes et de tableaux qui en blessent, à notre conception, la spiritualité[1] ; de certaines ignorances même qui étonnent[2] ; il ne serait pas aussi juste d'ajouter qu'il en a été également en consacrant dix-huit sermons à l'explication de trois lignes de Job, ces versets étant pour lui moins un sujet d'analyse que l'épigraphe d'un résumé de sa doctrine chrétienne[3].

Quelle est la mort qui lui est opposée ? Quelle est cette apparence de vie en ceux qui sont morts et que c'est qu'ils doivent attendre de Dieu ». *Dix sermons sur quelques textes de l'Écriture sainte.* Genève 1636.

[1] La comparaison, par ex., de la position de l'enfant un peu avant sa naissance et dont il n'a nul souci de changer, avec celle de l'homme qui préfère son état dans cette vie corruptible à l'acquisition, par la mort, de toutes les puretés d'en haut ; l'image est frappante, mais les détails en sont d'un réalisme plus qu'étrange.

[2] Le phénix donné comme exemple de la résurrection de la chair.

[3] « Quant à moy je scay que mon rédempteur est vivant... je verray Dieu, de ma chair. » *Dix-huit sermons sur Job XIX. 25—27, par M. Marmet. M. de la Parole de Dieu en l'Église françoise de Londres.* Quevilly 1636. Voir à l'*Appendice* des fragments empruntés aux deux recueils.

Ce furent là pour l'Église de Londres, — à la veille même de la tempête —, des jours de rayonnement et d'abondance spirituelle. Si Aurelius disparaissait et si Marie commençait à fléchir sous les atteintes de l'âge, Primerose, honoré des titres de chapelain du roi et chanoine de Windsor, apportait un redoublement d'ardeur à la revision et à l'impression en anglais et en français de ses traités théologiques et de ses sermons les plus appréciés, dont quelques-uns avaient été prêchés devant le roi [1]. Baquesne consolait les malades; en 1623 Charles de Beauvais, pasteur d'Alençon 1600—1623, « et depuis longtemps sans emploi dans la ville, offrait à son tour ses services. L'Église étant suffisamment pourvue, on ne les accepta qu'à titre gratuit » avec la qualification de ministre extraordinaire; six mois après on lui assigna un traitement mensuel de cinq L. st. Il est un des deux pasteurs désignés pour rendre visite avec les Flamands

---

[1] Il écrivait à Paul Ferry, Londres, 13 janvier 1627 : «. . J'ay fait imprimer icy quelques traités en anglois, des Maux du Juste et des délivrances de Dieu, des Larmes du chrestien et des consolations de Christ, et trois sermons de la table du Seigneur, preschés en Cour le jour de la Cène. Je revoy ma défense de la religion par passages de l'Escriture, que j'envoyeray à Genève dès que Dieu me fera la grâce de l'achever, et que je trouverai un porteur asseuré. J'ai transcrit de ma main mes Sermons de la Repentance, et les ai rendus meilleurs comme j'espère; j'ai un dernier livre à y adjouster du Jusne, de la prière et des bonnes œuvres. Je vous ren comte de mes petis labeurs et prie Dieu de bénir les vostres . . » Let. aut. Bibl. du Prot. français.

On n'a que les éditions anglaises des Larmes et de la Table : *The Christian man's tears and christian comforts*, sermon du jeûne. *The Table of the Lord whereof the whole service is the living bread, the guests any man, the mouth to eat faith only.* L. 1625. Les 18 sermons de *la Trompette de Sion ou la Répréhension des Péchés avec exhortation à Repentance*, imprimés d'abord Bergerac 1620, le furent en latin à Londres 1631. Il publiait 1629 une réponse latine à la dédicace que l'évêque Hall avait faite de sa réplique au bref d'Urbain VIII (sur la prise de La Rochelle), *amico mihi plurimum colendo Dr. Primrosio, S. theol. professori ecclesiæ gallicæ Londinensis pastor, regiæ M*^{ti} *a sacris.* Agnew, 3ᵉ éd. — La notice de Haag, 1ʳᵉ éd., est très-incorrecte.

à Juxon nommé évêque de Londres, quand la mort d'Abbot, appelant Laud au poste suprême de Canterbury, consacra officiellement sa position à la tête de l'Église d'Angleterre.

En montant sur le siège primatial, Laud y faisait monter avec lui l'ambition et l'intolérance ecclésiastiques dans ce qu'elles ont de plus extrême et de plus dangereux. Quelles furent ses véritables intentions, jusqu'à quel point est-il permis d'affirmer que, gagné au catholicisme, il y voulait ramener l'Angleterre, c'est ce que la sévérité excessive de la rétribution finale empêchera de jamais déterminer d'une manière irrécusable. Le Parlement, qui l'envoyait au supplice douze ans plus tard, renforçait les griefs politiques trop prouvés par des accusations religieuses où il y a encore plus de présomptions que de certitudes. Par ses tendances, Laud n'était point protestant. Bien loin d'admettre le large principe du sacerdoce universel, il ne reconnaissait aucun ministère sacré en dehors de l'institution dite apostolique. Son esprit est celui de l'Église qui prétend au pouvoir de par sa traditionnelle supériorité d'origine, et il avait besoin de se rapprocher d'elle, puisqu'il entendait se réclamer de cette même origine pour exercer, dans sa sphère d'action, une omnipotence identique.

William Laud.

Les Grindal, les Parker, les Sandys tendaient en dehors de l'Angleterre une main fraternelle aux presbytériens et réservaient pour les nationaux les exigences et les sévérités d'une conformité à laquelle eux-mêmes, au début, reprochaient sa ressemblance extérieure avec le culte de Rome. Abbot reprit ces traditions quand il laissa des prélats anglicans s'asseoir à Dordrecht au milieu des ministres calvinistes. Bancroft le premier, sur une terre qui se croyait réformée, avait osé remettre en avant le droit divin des évêques. Laud le revendiqua hautement, non seulement dans l'Église, mais dans l'État[1]. L'union des deux pouvoirs, effectuée par Henri VIII dans la suprématie du souverain qu'avait jalousement maintenue Élisabeth, inclinant sous Jacques Ier vers un parallélisme entre l'épiscopat et la royauté, — pas d'évêque, pas de roi —, cette union du trône et de l'autel, c'est au bénéfice de ce dernier que le primat entendait la réaliser. Mais alors, moralement et matériellement aussi, l'*autel* lui était indispensable.

Les puritains l'ont violemment accusé d'arminianisme, parce qu'il affecta de laisser dans l'ombre les doctrines calvinistes les plus accentuées. Sa théologie n'était certainement pas calviniste, et il interdit expressément les discussions dogmatiques, mais c'est toute ingérence quelconque dans les questions religieuses ou ecclésiastiques qu'il prétendait empêcher. Les laïques n'ont rien à voir au delà des pages de la Liturgie, le clergé n'a qu'à en suivre à la lettre les prescriptions. Cette Liturgie, les évêques, — sans lesquels, selon lui, il n'y a pas de vraie Église[2], — ont le pouvoir d'en modifier les formes, d'en changer les expressions; le Parlement qui l'a promulguée n'a pas plus besoin d'être consulté sur ce point que le sceau et le nom du roi ne sont nécessaires pour confirmer, soit les jugements prononcés par les évêques, soit les nouveaux articles des enquêtes (*Visitations*) rédigés selon le bon plaisir de chacun d'eux.

[1] Laud était archevêque de Cantorbéry, primat d'Angleterre, chancelier des universités d'Oxford et de Dublin, membre des commissions du commerce et des affaires étrangères, commissaire de l'échiquier, conseiller privé en Angleterre et en Écosse. A partir de la mort de Buckingham, 1628, il fut en réalité premier ministre pour toutes les affaires tant de l'État que de l'Église. C'est ainsi qu'il fait part au roi le 21 mars 1635 de la diminution du rendement des droits sur les soies ouvrées, attribuée à la manufacture de soieries par les Réfugiés, et qu'il conclut à la nécessité d'imposer leurs métiers à tisser. — *Cal. State Papers*, CCLXXXV, 28.

[2] Sujet de sa thèse pour le baccalauréat en théologie, 1604.

Quand on vit le primat, avec une promptitude et une impatience qui ne supportaient point de délais, ajouter à la vieille pierre d'achoppement des «vêtements» les scandales, bien autrement graves par leur sens mystique, des cérémonies pompeuses copiées sur celles de la papauté, replacer les cierges et les crucifix, orner les calices, changer la table de la Cène en un autel surélevé devant lequel s'inclinait l'officiant, substituer toujours plus la récitation des formules à l'exposition de la Parole Sainte; quand on le vit surtout, reprenant avec une ardeur redoublée les procès de tendances, poursuivre sans rémission les puritains, ne faire grâce à aucune aspiration quelque peu libérale, espionner jusqu'à l'éducation et jusqu'au culte du foyer domestique, bientôt ne se contenter ni de la destitution, ni de l'amende, ni de la prison, mais emprunter à l'Inquisition ses procédés et ses plus cruelles rigueurs pour frapper des hommes consciencieux et estimés, — on fut, en effet, fondé à croire que Laud, dans sa passion d'uniformité et de domination, comptait livrer à nouveau l'Angleterre au catholicisme [1].

Ne s'en montrait-il pas clairement le partisan quand, après avoir déclaré que l'Église de Rome en est une véritable, et supprimé dans la Liturgie les passages qui semblaient l'attaquer, il faisait effacer du Bref, recommandant la collecte en faveur des ministres persécutés du Palatinat, l'argument basé sur leur confraternité religieuse, et sur leur résistance à un joug antichrétien [2].

---

[1] Voir ses actions de grâces à l'énoncé de l'effroyable sentence prononcée contre le Dr. Leighton. — Neal II, 209.

[2] « Leur sort mérite d'autant plus de pitié que cette extrémité est tombée sur eux pour leur sincérité et leur constance *dans la vraie religion que nous professons avec eux* et que nous sommes tous tenus en conscience de maintenir de tout notre pouvoir : tandis que ces pieux personnages auraient pu jouir de leurs positions et fortunes si, avec d'autres apostats des temps d'épreuves, ils s'étaient soumis au joug anti-chrétien et avaient abandonné ou

Il était réservé à Laud, a dit un historien moderne, de répudier la communion des saints[1]. Comment alors l'eût-il maintenue à l'endroit de ces humbles troupeaux d'exilés, recueillis, il est vrai, depuis près d'un siècle comme « les membres dispersés du Christ », mais qui avaient à ses yeux le tort irrémissible de professer en matières d'Église, et d'observer, sous la protection des lois, les doctrines et les formes qu'il condamnait et persécutait au nom de l'État? En Écosse, en Irlande, dans les cultes anglais à l'étranger[2], jusque dans les colonies du Nouveau-Monde, il prétendait ne pas tolérer une seule infraction à l'unité anglicane, ressemblant chaque jour davantage à l'uniformité catholique. Le groupe des dix communautés du Refuge, quelque obscur et peu nombreux qu'il fût, mais dont les sympathies étaient presque toutes aux puritains et à l'opposition libérale, offrait par son existence légale une dernière résistance passive. Il résolut de la briser[3].

dissimulé la profession de leur religion. » L'archevêque objectait que la religion des Églises palatines n'était pas la même, puisqu'elles étaient calvinistes et que leurs ministres n'avaient pas l'ordination épiscopale; que l'Église de Rome ne saurait être appelée un joug anti-chrétien puisque l'Église anglicane n'avait d'ordres ecclésiastiques et de pouvoirs sacerdotaux que ceux qu'elle en avait dérivés. Quand certains ecclésiastiques du parti puritain, pour stimuler le zèle de leurs amis, rétablirent cette clause de la communauté de foi, Laud les cita devant la Haute-Commission et suspendit toute collecte.

[1] Agnew.

[2] Lettres de Laud et de Juxon aux marchands anglais résidant à Delft, injonction d'assister au culte anglican et de dénoncer les réfractaires. 21 juin 1634. Cal. CCLXX. 3.

[3] « Peu d'années avant les troubles, les ecclésiastiques étant devenus plus puissants et les conseillers laïques plus pesants et plus incapables d'agir, les évêques devinrent jaloux de ce que par l'ordre de l'État on permettait une autre discipline dans ce royaume, parce qu'ils appréhendaient que ces Sociétés étrangères, composées de François, d'Allemans et de Wallons, qui ne dépendaient point des évêques et qui observaient les cérémonies accoutumées dans les lieux d'où ils étaient venus, diminueraient enfin la réputation et la dignité du gouvernement épiscopal et donneraient des espérances de protection au parti séditieux et schismatique d'Angleterre. » — Clarendon. *Histoire des guerres civiles d'Angleterre.*

Il y songeait depuis longtemps et préparait les voies, alors qu'encore évêque de Londres, mais déjà membre et inspirateur du Conseil privé, il présentait à ce Conseil, le 22 mars 1632, un rapport approfondi sur les *dangers occasionnés par les Églises étrangères dans le royaume et sur les remèdes à y apporter*. Ce programme anticipé, mais fidèle, de ses projets pour l'avenir, montre à quel point sa résolution était réfléchie et inflexible.

Rapport contre les Églises étrangères.

« Les dangers — tout en me soumettant humblement — je les conçois comme s'ensuit :

« 1° Ce fut honneur et piété à cet État, quand de prime abord on ouvrit la voie à ces Églises à Londres et dans quelques autres parties de ce royaume ; parce que à cette époque la persécution était dans leur propre pays : et la paix, par laquelle Dieu bénissait ce royaume, était leur salut.

« 2° J'imagine qu'il n'a jamais été dans l'intention et les projets de cet État, alors ou à aucune autre époque, qu'eux vivant et continuant ici, se mariant et ayant femmes et enfants, et beaucoup d'entre eux d'abondantes fortunes et des terres ; et leurs enfants et les enfants de leurs enfants étant maintenant natifs et sujets nés de S. M., ils dûssent vivre comme un corps absolument séparé de l'Église anglicane établie, ce qui doit forcément réagir sur leurs affections et les aliéner de l'État, ou au moins les rendre prêts à toute innovation s'accordant mieux avec leur humeur.

« 3° Il faut également considérer à quel point ils se maintiennent comme un corps entier et séparé. Car peu ou point d'entre eux se marient avec aucun de nous, mais seulement l'un avec l'autre. D'où doit nécessairement résulter, que, comme ils s'accroissent et multiplient, eux qui sont maintenant une Église dans une Église, formeront avec le temps une espèce d'autre république au sein de celle-ci, et aussi plus forte pour des raisons que je ne juge pas opportun d'exprimer plus amplement.

« 4° Il est également de grande conséquence, que ces gens vivant avec leurs familles entières séparés du gouvernement actuel de l'Église et de la république, sont nombreux, et ont leur résidence et établissement dans tous les ports ou dans la plupart, surtout de ceux qui sont situés le plus à portée de la France et des Pays-Bas. Et si l'occasion s'en présentait, Dieu seul sait quels avantages ils en prendraient pour eux-mêmes ou prépareraient pour d'autres.

« 5° Leur exemple est de mauvaise conséquence (surtout en affaires d'Églises) pour le sujet anglais. Car plusieurs sont confirmés dans leurs façons opiniâtres de désobéissance au gouvernement ecclésiastique, en les voyant si librement soufferts dans cette grande et populeuse cité.

« 6° Et enfin, je crois qu'il est fort juste de ne pas souffrir qu'une Église française ou flamande diffère de nous en discipline, ou soit tolérée autrement ou plus longtemps dans aucune partie de ce royaume, que la doctrine et la discipline de l'Église de l'Angleterre ne le sont parmi les sujets de cette couronne dans ces diverses contrées au delà des mers, où ils ont des raisons de se rendre et de séjourner.

« Quant aux remèdes, de même je me soumets humblement, mais je crois qu'ils peuvent être ceux-ci :

« 1° Je crois qu'il convient de faire connaître aussi complètement que possible leur nombre dans tous les endroits de ce royaume ; afin que vos seigneuries puissent d'autant mieux juger et d'eux et des moyens de les réduire en un seul corps avec ce royaume dans lequel ils sont nés sujets.

« 2° J'estime que la meilleure manière de savoir leur nombre, est par un ordre de l'État lui-même, et de le faire ouvertement relever dans tous les lieux où ils résident ; avec un certificat dressé soit maintenant, soit quand vos seigneuries le jugeront bon, de ceux qui parmi eux sont gens de crédit et de fortune. Et ceci peut être réellement fait pour leur bien, et adouci de telle façon qu'ils le trouvent avantageux comme cela est en effet.

« 3° Il convient, s'ils veulent continuer comme un corps séparé de l'État et de l'Église, qu'ils soient traités en étrangers et non en natifs. C'est-à-dire qu'ils paient tous les doubles droits comme les étrangers ont coutume de le faire, et qu'ils n'aient pas plus d'immunités que les étrangers n'en ont, jusqu'à ce qu'ils consentent à vivre et à converser comme le font les autres sujets. Et cette matière de perte ou de gain est de nature à agir sur eux, surtout sur les marchands et les gens plus riches, autant que tout autre chose et peut-être plus.

« 4° Quand on jugera à propos de les réduire positivement à vivre comme le font les autres sujets, par rapport à l'Église et à l'État, la manière que je comprendrais serait de les faire avertir franchement par voie ecclésiastique, tout homme avec sa famille (s'il n'est pas un nouveau venu, mais un sujet né) d'avoir à se rendre à son Église paroissiale, pour se conformer aux prières, sacrements, etc. Et s'il en est qui ne reçoivent pas les sacrements selon les canons et la loi, alors d'excommunier lui ou eux. Et lorsque l'ordonnance *de excommunicato capiendo* aura été signifiée à quelques-uns, il se peut que les restants cèdent d'eux-mêmes.

« 5° Si ceci ne réussit pas, j'imagine alors, avec votre permission, qu'il sera dificile d'y remédier, à moins que l'État ne déclare publiquement, que s'ils veulent être traités en natifs et jouir des avantages des sujets, il faut qu'ils se conforment aux lois du royaume ecclésiastiques aussi bien qu'aux temporelles. Après la publication d'une telle déclaration, je crois qu'ils réfléchiront bien avant de résister ou de s'y refuser[1] ».

Le plan était donc tout tracé. Devenu primat, Laud passa à l'action directe. La lutte commença à la visitation archiépiscopale de 1634[2], par une citation à comparaître devant ses commissaires, au même titre que les ministres nationaux, adressée aux représentants des Églises du Refuge comprises dans le diocèse, la wallonne de Canterbury, les flamandes de Sandwich et de Maidstone, avec ordre de répondre par écrit à trois questions : « De quelle Liturgie font-ils usage? n'emploient-ils pas l'anglaise traduite en flamand ou en français? — Depuis combien de degrés la plupart d'entre eux sont-ils sujets nés en Angleterre? — Ceux nés ici en Angleterre ne veulent-ils pas se conformer aux cérémonies anglicanes[3] ? » Le 14 novembre,

Les Injonctions.

---

[1] Moens. *The walloon church of Norwich.* — Appendix XXIV d'après Prym *Laud* 400, 402 : « *Archbishop Laud's Report and Remedy concerning the French and Dutch churches as they now stand in many parts of this Kingdom, first the danger, then the public remedy.* »

[2] A son accession Laud obtint une patente royale pour la visitation générale de tous les diocèses de sa juridiction, y compris les lieux exemptés d'ordinaire.

[3] Bultcel, un des principaux intéressés, a retracé le tableau d'ensemble des épreuves de l'Église de Canterbury dans sa « *Relation of the troubles of the three Forraign churches in Kent caused by the injunctions of W. Laud. Londres 1645.* » Nous empruntons les détails aux documents originaux, Actes du Synode de 1635, et papiers du Record office: la plus importante de ces pièces est le compte rendu très circonstancié, en 22 articles, dressé à Canterbury aussitôt la chute de Laud pour être présenté au gouvernement : *A summary relation concerning the delivery and prosecution of the archbishop of Canterbury his Injunction . . . State Papers, Dom. Ch. 1er.* CCCCLXXVIII, 90. Nous la citerons comme *Relation sommaire*.

Bulteel, représentant Canterbury, avec son collègue Delmé, excipant, comme jadis à Norwich, de leurs exemptions et indépendances légales, répondaient : « Nous sommes dans le diocèse mais non pas du diocèse [1]. »

Affectant de n'en pas tenir le moindre compte, le prélat leur fit alors enjoindre, le 19 décembre, par sir Nath. Brent, son vicaire général [2], et les autres commissaires « deux choses : la première que tous les natifs en ce royaume de l'une et de l'autre Église flamande et wallonne aient à se retirer chacun à sa paroisse (anglicane) en laquelle il demeure, pour y communiquer au service divin et à l'ouïe de la Parole de Dieu et y faire tous les devoirs des paroissiens; l'autre que les ministres et tous autres membres des dites Églises wallonne et flamande qui sont nés delà la mer, auront la Liturgie des Églises anglaises et s'en serviront selon que ladite Liturgie est ou peut être fidèlement translatée en français et en flamand, commençant dès le 1er jour de mars prochain [3] ». Cette violation brutale de leurs

---

[1] « Les ministres et anciens étant fort stupéfaits et troublés d'ouïr de telles questions, et parlant aux visiteurs des privilèges qu'ont leurs Églises d'être exemptes de la juridiction épiscopale, on leur répondit qu'on ne projetait rien contre eux, mais que tout était pour leur bien. L'un d'eux cependant qui n'était pas si doux que l'autre, mais un peu prompt, conseilla auxdits ministres de ne pas entrer en jalousie et de n'être pas saisis, que ces choses pouvaient être avancées afin de reconnaître que nos privilèges sont de pure faveur. » *Relation sommaire.* 3. — Leur réplique écrite portait : « Nous avons la Liturgie en usage dans les Églises depuis la Réformation bénie. — La plus grande partie des chefs de famille ne sont pas nés ici; la majorité des anciens sont étrangers de naissance; beaucoup sont venus depuis peu d'années. — Les dits membres ne désirent pas se conformer. »

[2] Sir Nath. Brent qui avait été nommé vicaire général par Abbot, prit plus tard le parti du Parlement et déposa contre Laud dans son procès.

[3] *Actes du Synode.* La date d'exécution avait d'abord été fixée au troisième dimanche de janvier pour l'art. 1er et au 14 février pour le 2e. Voir Procès-verbal de l'entrevue de Sir Nic. Brent et du doyen de Canterbury, commissaires de l'archevêque, avec Bulteel clerc et Delmé clerc, ministres de l'Église Wallonne de Canterbury avec les anciens (ainsi qu'ils les nomment), de la

privilèges annonçait à brève échéance la mort des Églises du Refuge. Elles sentirent le coup qui les menaçait toutes et dont le Cœtus fut immédiatement prévenu par les trois de Kent qui sollicitèrent du vicaire général la remise jusqu'à Pâques de leur résolution dernière ; il consentit à l'attendre jusqu'au 1er mars[1]. Le 5 février un Synode « de toutes les Églises étrangères de l'une et de l'autre langue » s'assemblait à Londres à l'occasion de l'Injonction de l'archevêque William Laud. C'est la première de ces assemblées qui justifie le titre de Synode; celle de 1604 n'avait eu qu'une importance secondaire.

L'Église flamande de Londres était représentée par ses trois pasteurs (Regemorterus, van Vleteren, Larenus) et trois anciens, les flamandes de Sandwich, Colchester, Maidstone, Norwich chacune par un pasteur et un ancien; la française et wallonne de Londres par ses quatre pasteurs et les anciens Hector Du Mont, Jean Thuillier, Jacques L'Ami; la wallonne de Canterbury par les pasteurs Bulteel et Delmé, les anciens Jean de Bever, Pierre Mercier et « M. Pierre Le Noble au nom de la communauté » ; la wallonne de Norwich avait confié ses pouvoirs au pasteur Marie et à M. J. Castel de Londres; Yarmouth (flamande), où les prédications étaient interdites depuis 1632[2], et Southampton (wallonne) s'étaient excusées.

Le Synode de 1634.

Aussitôt la constitution de l'assemblée[3], les députés des

dite Église, dans la maison de Guillaume Somner, notaire public. *State Papers Ch. I*^{er} *Dom.* CCLXXVIII. 63. Même procès-verbal pour Maidstone le 12 décembre. Id. 75.

[1] Lettre de Sir Nic. Brent au doyen de C. « il leur accordera jusqu'au 1er mars, si le doyen et M. Méric Casaubon le trouvent bon, mais non autrement.. Le doyen et M. Casaubon admettent volontiers le répit jusqu'au 1er mars, et s'il lui plaît jusqu'à Pâques ». Id. CCLXXVIII. 64 et 64 ^{1}.

[2] Pétition de la municipalité pour la reprise de ce culte en 1641. *State papers Domestic* CCCCLXXVIII. 80.

[3] Primerose modérateur; Regemorterus assistant ; J. Proost de Colchester, secrétaire.

trois églises de Kent exposèrent les faits. Dès leur arrivée à Londres, trois jours auparavant « par une saison très neigeuse et glacée », ils s'étaient rendus à Lambeth auprès de l'archevêque l'ayant

« requis par parole de bouche de vouloir rappeler la dite Injonction, comme étant contraire à leurs privilèges, et l'exécution de laquelle serait nécessairement cause de la dissipation des Églises étrangères. Mais le dit seigneur n'a point voulu leur accorder leur demande, ains a donné commandement à son vicaire général de poursuivre l'exécution de la dite Injonction, disant aux susdits députés qu'ils allassent au roi s'ils le trouvaient bon [1].

« La Patente du roi Édouard VI avec les lettres et les ordres du Conseil d'État pour la subsistance de nos Églises ont été lues (au Synode), contenant nos privilèges et raisons tant pour l'usage de notre Liturgie comme pour la continuation des natifs avec nous; semblablement les raisons de chaque Église pour la confirmation de nos libertés accoutumées. De toutes ces choses on a recueilli au dit Synode et dressé une requête avec des raisons et points fondamentaux afin de les présenter au roi [2].

« Considéré que les députés susdits ont déjà été vers Mgr. l'archevêque, il a été arrêté qu'on fera requête au roi ; et pour cela ont été députés le Dr Primerose, M. Ambrosius (Regemorterus), M. Casparus (Nieremius de Sandwich), M. Proost, M. Bulteel, M. Beauvais, M. Lucé (ancien flamand de Londres) et M. Du Mont qui tous, avec M. Marmet se sont

---

[1] « Il les avait interrompus » ajoute Bulteel « déclarant qu'il ne reviendrait pas sur ce qu'il avait commencé à faire, mais qu'il irait de l'avant. . Il se servit de mots durs, injurieux et fort outrageants pour les Églises réformées, disant qu'il connaissait leur doctrine, qu'ils étaient tous gens bien assortis. . qu'ils étaient assis à la communion comme dans des tavernes . . que leurs Églises étaient des nids qu'il réduirait à l'obéissance catholique . . et entendant un des ministres plaidant pour son Église sur son impossibilité de subsister à cause de leurs pauvres sans la charité de quelques-uns de leurs amis étrangers de Londres, il répliqua avec grande vivacité : Comment donc, maintenant je vois le fond de ces nids . . et accusa amèrement leurs Églises d'être les causes ou les occasions de l'accroissement de la papauté et du schisme , . alors que les ministres lui prouvaient que dans l'espace de douze années environ ils avaient instruit dans leur catéchisme et converti et confirmé dans la religion réformée près de 600 venus du papisme. » *Relation sommaire*.

[2] Reproduite à l'*Appendice* d'après *State Papers* CCLXXIX. 5.

présentés devant le roi le 12 février, lui présentant une briève requête, par laquelle nous supplions S. M. de nous vouloir ouïr en son Conseil d'État; laquelle requête S. M. ayant reçue l'a baillée à Myl. Chambellan, qui l'a mise entre les mains de M. le secrétaire Cook ; aussi la harangue de M. Marmet, *laquelle le roi n'a point voulu ouïr*, a été ce même jour baillée à S. M. par Sir Guillaume Saint-Ravy [1], gentilhomme français [2]».

Charles Ier, au mépris de ses promesses et de ses décrets formels, n'avait répondu en rien aux espérances des Églises en détresse : s'il les abandonnait à Laud sans même consentir à écouter leurs députés, elles étaient perdues. Point de recours possible au Parlement que le Gouvernement ne convoquait plus. Quant à l'évêque de Londres, leur protecteur naturel dans d'autres temps, Juxon obtenait par la faveur de Laud le poste de Lord trésorier et venait fortifier, dans le Conseil royal, la prépondérance du primat.

Le Synode ne se décourageait pas. Il remettait au secrétaire royal Coke avec la requête les raisons à l'appui, l'Injonction de Laud, la harangue de Marmet et le catalogue de tous les communiants des Églises étrangères en Angleterre : les français et wallons de Londres au nombre de 1400, les wallons de Canterbury de 840, de Southampton 36 et de Norwich 396. Puis il réclamait les bons offices de Soubise qui ne les lui refusait point.

---

[1] « Jacques Ier accorde le 16 oct. 1623 une pension de 200 liv. st. au sieur de Saint-Ravy, écuyer français. » *Rep. on Hist. manuscripts IV, Coll. de la Warr.* Charles Ier le recommande à Louis XIII; « il a vécu quelque temps au service de son père en ses chasses et récréations champêtres et s'en retourne en France pour entrer au service du roi. » Whitehall, 24 avril 1625. « La lettre exprime l'espoir qu'il obtiendra l'autorisation de revenir quand Louis XIII pourra se passer de ses services. » *Ibidem Rep. IX, Coll. Alf. Morison.* Il avait donc repris son poste à la cour d'Angleterre. Est-ce le même qu'après la Restauration Charles II charge de plusieurs achats en France? Un Guillaume de Saint-Ravy d'Auvergne est reçu bourgeois à Genève 1555, mais la famille est surtout languedocienne : Michel, cons. du roi en la cour des aides, Claude, consul de Montpellier, N. député de la noblesse en 1611 à l'assemblée de Sommières, peut-être le nôtre. *Notes pour la France Prot.*

[2] *Actes du Synode.*

« Le duc de Soubize ayant été requis de parler au roi pour les Églises a été vers le roi et rapporté que le roi a dit que nous avons plus de peur que de sujet, et que son intention était seulement touchant la première proposition, assavoir touchant les natifs », adoucissement transitoire qui eût retardé de quelques années seulement l'anéantissement définitif. Charles Ier avait cependant promis a Soubise « de lire leur requête et d'ouïr leurs raisons.... Si le roi nous veut ouïr devant son Conseil, le Synode a députe quelques-uns qui auront à se présenter ayans entre mains tous les écrits et papiers nécessaires. » Mais les jours s'écoulèrent sans apporter de solution au Synode, demeuré en permanence; la date fatale est proche; on dresse une nouvelle requête demandant que cette date soit reculée « jusqu'à ce que S. M. ait le loisir de nous ouïr. »

Cette fois Soubise ne veut plus servir d'intermédiaire; il craint d'être mal reçu. Les gentilshommes de la Chambre s'y refusent à leur tour « de peur d'indisposer l'archevêque. » Le duc cède alors et se présente chez le souverain avec la pétition. Après l'avoir lue, « Je ne puis pas faire cela » dit le roi. « Et Mgr. le duc lui ayant réparti : Si V. M. ne le fait, l'exécution en cherra dure sur les Églises, S. M. a répondu : L'exécution n'en sera pas aussi dure comme ils craignent[1]. »

Il les abandonnait de plus en plus. Eux espèrent contre toute espérance. « Sur la délibération s'il serait nécessaire de suspendre les exercices de religion ès Églises de Kent en considération de l'approche du jour fixé pour la première Injonction, a été résolu d'écrire aux Églises de continuer leurs exercices jusqu'à ce que nous connaissions plus à plein le plaisir du roi. » Quand les députés de Kent retournent chez le vicaire général « lui demander s'il connaissait quelque chose de la volonté du roi tou-

---

[1] Bulteel rédige : « L'exécution sera rude et dure » et le roi répond : « Ne sera pas si rude. »

chant notre requête, il a répondu qu'il ne pouvait rien dire touchant notre affaire parce que l'archevêque ne lui en a rien touché, mais que l'archevêque ne serait pas si serré (*so straight laced*) pour une semaine ou deux, encore qu'on n'exécutât point l'Injonction. »

Les raisons qu'on ne leur accordait pas l'autorisation de produire devant le monarque et son Conseil eussent paru concluantes à tout juge non prévenu : comment les congrégations résisteraient-elles à l'exclusion des trois quarts de leurs membres? où trouver les ressources pour soulager leurs pauvres, entretenir leurs ministres? où baptiseront-ils leurs enfants? sera-ce aux églises paroissiales, alors on leur enlève l'usage d'un de leurs sacrements; sera-ce chez eux, mais à quel âge alors devront-ils les renvoyer comme nationaux dans les églises anglicanes? Quel ministre d'au delà les mers consentira à venir desservir un troupeau à ressources si incertaines et pour suivre des rites qu'ils n'ont jamais connus et qui, dans les pays d'où ils viennent, paraissent même froissants? Quelle division dans les familles par cette fréquentation de cultes différents, et combien peu d'édification pour ceux qui entendent mal la langue dans ces prières et ces sermons anglais! Pour les paroisses anglicanes quel accroissement de charges par les pauvres qui, nés dans le pays, leur incomberont dorénavant; si on les expulse, que de pertes pour les industries en ouvriers intelligents, en bons patrons qui faisaient travailler et payaient bien les indigents du pays! A ces considérations pratiques, rappelées dans une pétition remise par les deux congrégations de Norwich à l'évêque du diocèse, le priant d'intervenir auprès du primat, les mémoires synodaux ajoutaient surtout, comme documents probants et irréfutables, en opposition directe aux Injonctions, la copie des chartes, privilèges et décrets d'Édouard VI et de Jacques Ier, 2 mai 1613 (spécial à Canterbury), 30 juin 1616, 10 octobre 1621 (pour

Norwich), confirmés à deux reprises par la parole royale de Charles Ier « présentement régnant ».

L'évêque transmit à Laud la requête dans laquelle les fidèles de Norwich, plaidant la cause des Églises de Kent, se montraient à l'avance persuadés que les mêmes rigueurs les attendaient et que bientôt « les anciennes et tant renommées asyles et lieux de Refuge pour les pauvres persécutés et autres chrétiens ignorants d'au-delà les mers feraient défaut, ce dont se réjouira Rome et se lamenteront en tous lieux les Églises Réformées[1]. »

Celles-ci commençaient à s'en préoccuper, et l'intervention officieuse de l'ambassadeur des États, Joachim, n'est peut-être pas étrangère au léger changement d'attitude du primat. Le 6 mars il consentait à recevoir de nouveau les députés de Kent,

« amiablement, les introduisant en sa chambre privée, et alors est entré en discours des natifs. Et le dit seigneur a déclaré que son intention était de réduire tout à une uniformité. Et quand à la seconde Injonction concernant de recevoir la Liturgie d'Angleterre, il leur a dit que son intention n'a jamais été d'y astreindre les étrangers et qu'il n'avait donné aucun tel commandement; et pourtant que les étrangers pouvaient garder leur propre Liturgie, et que ce royaume sera toujours un lieu de refuge pour ceux qui y viendront étant persécutés pour la Religion. Enfin il leur dit que s'ils lui voulaient dresser une requête pour les deux descentes des natifs, il leur rapporterait bona fide la réponse du roi. Ainsi l'archevêque les a laissés partir de sa présence avec paroles amiables, priant Dieu de les bénir ainsi que leur ministère[2] ».

Les députés et les autres membres du Synode paraissent s'être mépris sur la portée de cet entretien. L'archevêque s'était déjugé sur la question de la Liturgie, ils le crurent prêt à renoncer également à la première, ou du moins ils affectèrent de croire la crise passée et la poursuite des négociations superflue. Prenant congé de sir N. Brent, ils lui demandèrent

[1] Agnew.
[2] *Actes du Synode.*

« de remercier l'archevêque en leur nom de toutes ses faveurs envers eux et le prier de les leur continuer. Il leur a demandé leur requête, mais ils ont répondu qu'ils ne voulaient point l'importuner davantage et qu'ils ne pensaient point qu'il serait nécessaire. Et qu'ils avaient intention de donner tout contentement à S. M. et Mgr. l'archevêque tant qu'il leur serait possible avec la subsistance des Églises. »

S'ils avaient compté sortir de leurs mortels embarras par cette réponse vague et dilatoire, les pasteurs de Kent s'étaient amèrement trompés. De son côté, le Synode députait avec le modérateur, Bulteel, Van Vleteren, Lucé et Lami remercier le duc de Soubise

« pour sa bonne affection et le grand soin témoigné envers nos Églises et le prier de remercier S. M. pour sa faveur et grâce royale en notre endroit ; semblablement les mêmes iront remercier M. le Chambellan et M. l'ambasadeur Joachim, aussi M. le secrétaire Cook et Sir Guillaume de Saint-Ravi... L'ambasadeur s'est offert de rendre à la compagnie toutes sortes de bons offices à lui possible ; le duc de Soubise a promis d'aller remercier le roi et le prier de continuer sa faveur nommément en ce qui concerne l'exécution du premier point de l'Injonction touchant les natifs nés d'étrangers et leurs enfants. Le secrétaire Cook a répondu qu'il n'avait rien fait pour les Églises que ce qu'il était tenu de faire, et lui ayant dit que les Églises s'efforceraient de donner au roi tout le contentement (touchant le premier article de l'Injonction) qu'il leur serait possible, autant que cela se pourrait faire avec la subsistance des Églises, a répondu en français : Vous trouverez le roi fort gracieux. »

Mais déjà le vicaire général avait fait quérir les députés de Canterbury, de Sandwich et de Maidstone ;

« Il n'avait point encore été chez l'archevêque ; mais ils feraient bien de coucher par écrit ce qu'ils lui avaient dit le jour précédent, de peur qu'il ne rapportât leurs paroles autrement qu'ils ne les avaient dites. Ils lui ont répondu qu'ils ne désiraient point les mettre par écrit, mais le priaient de se contenter de ce qu'ils avaient dit de bouche. »

Précisant alors, et au delà de tout ce qu'ils redoutaient, sir N. Brent leur demanda :

« Si les ministres ne voudraient recevoir la communion en l'Église anglaise ? Ils répondirent que ce n'était pas chose qui leur eût été proposée par Mgr. l'archevêque et qu'ils prêchaient dans leurs Églises tous les dimanches et qu'ils feraient tout ce qui pourrait être avec la subsistance de leurs Églises et non la ruine et dissipation d'icelles. Il leur demanda s'ils voulaient promettre que la laïté y obéirait. Ils ont répondu qu'ils ne pouvaient promettre cela. Il a répondu qu'il était vrai, et ainsi ont pris congé de lui [1] ».

Le malentendu ne pouvait durer. Le soir même Brent rendait compte à Laud de son entretien, le prévenant qu'il serait bon, s'il ne se contentait pas d'assurances aussi vagues, d'appeler à nouveau les députés des Églises et de les admonester avant leur départ [2]. Cette dernière explication eut lieu sans plus tarder.

« Les frères de Kent ayant été vers Sir N. Brent, et par l'avis et conseil d'icelui, à la Cour pour parler à Mgr. l'archevêque touchant la première partie de l'Injonction, ils ont rapporté à cette Compagnie que le dit seigneur, n'étant de loisir pour les ouïr leur a envoyé Sir N. Brent qui, en présence de deux témoins leur a déclaré que la résolution du dit seigneur archevêque était que les natifs aient à se retirer vers leurs paroisses comme *absolute members of the said parishes where they dwell*, et qu'ils aient à commencer à obéir le premier jour d'avril prochain.

« Sur quoi les dits frères ayant demandé l'avis de cette assemblée, le Synode leur a conseillé de s'en retourner au plus tôt vers les Églises, de continuer leurs charges à l'accoutumée, et de n'être en façon quelconque

---

[1] *Actes du Synode.*

[2] Lettre de sir Nath. Brent à l'archevêque : « Ils disent qu'ils obéiront autant qu'il le leur sera possible, c'est-à-dire qu'ils se rendront souvent aux Églises anglaises écouter le service divin et les sermons, et qu'ils persuaderont à leurs congrégations d'en faire de même : et ils disent qu'ils espèrent les amener à recevoir la sainte Eucharistie quelque fois chaque année dans les églises anglaises, et feront tout ce qui peut être fait d'autre sans l'entière dissipation de leurs propres congrégations. C'est la somme totale de ce qu'ils ont déclaré, et il n'a pu les amener à l'écrire, parce que, à ce qu'ils disaient, ils ne savaient pas ce qu'ils parviendraient à persuader à leurs diverses congrégations. Ils ont l'intention de se rendre demain à Canterbury; il a donc cru nécessaire d'en informer l'archevêque sans délai. 11 mars $163\frac{3}{4}$. » *State Papers* CCLXXXIV. 60.

instruments ou messagers de la dite Injonction, parcequ'elle tend à la ruine des Églises lesquelles ils sont tenus d'édifier ». 13 mars 1635.

Ces énergiques paroles de résistance terminent les Actes du second Synode. Tous les malentendus étaient dissipés ; fortes de leurs droits, les Églises de Kent refusaient d'obéir au primat.

Un mois après, jour pour jour, Laud leur répondit par la publication officielle des Injonctions : « Tous les natifs des congrégations flamandes et wallonnes dans le diocèse ont à ressortir à leurs églises paroissiales, à y écouter le service divin et les sermons et à y remplir tous leurs devoirs de paroissiens. Les ministres et tous autres des congrégations flamande ou wallonne qui ne sont pas natifs et nés sujets du roi, ou tous autres étrangers qui viendront, tant qu'ils resteront étrangers, pourront avoir leur propre discipline et s'en servir comme précédemment ; toutefois on trouve convenable que la Liturgie anglaise soit traduite en français et en flamand pour mieux préparer les enfants au gouvernement ecclésiastique anglais »[1]. Ces Injonctions furent déposées par le notaire Somner entre les mains de deux des commissaires, le doyen de Canterbury et le Dr Jackson, en présence de tous les prébendaires convoqués expressément « pour donner plus de solennité » à l'acte, dont procès-verbal fut envoyé au primat[2].

Publication à Canterbury.

Et sur l'humble rappel fait par les pasteurs et anciens des libertés d'autrefois, « que S. M. ne leur avait cependant pas retirées », eh quoi ! répondit-on, déclinez-vous la juridiction épiscopale ? et l'on fixa au dimanche prochain la lecture en chaire des Injonctions. Les pasteurs répliquèrent « qu'ils étaient char-

---

[1] *Relation sommaire* 8.
[2] Lettre de Somner à Laud et copie de l'acte. *Cal. St. Papers* CCLXXXVI. 85 et annexe. Les commissaires eux mêmes les prenaient en pitié. L'un d'eux avait avoué la veille à un des pasteurs ses regrets de ce qu'il considérait comme la dissolution de leur communauté ; l'autre leur faisait espérer que l'expérience des inconvénients de la mesure la ferait retirer. *Relation sommaire* 10.

gés d'édifier leurs troupeaux et non de les détruire »; les anciens se récusèrent de même : on songea alors à confier le mandat au notaire, mais les Injonctions ne renfermant rien sur le mode de publication, on s'en référa derechef à l'archevêque. Les pasteurs eux-mêmes n'étaient plus assurés de leurs droits à exercer le ministère ; Laud leur avait bien promis que la clause ne concernait que l'admission des ministres futurs, mais l'exception n'était pas formulée ; on décida ici encore de consulter le prélat[1].

Déjà les marguilliers anglais de Canterbury, avertis par le gouvernement, prévenaient de maison en maison les étrangers d'avoir désormais à faire baptiser leurs enfants dans leurs paroisses respectives, ce « qui apporta dans les familles une grande surprise et douleur ». Les conducteurs du troupeau ne se rendaient pas encore : le 26 juin ils reproduisaient leurs arguments dans une pétition à l'archevêque[2] ; la ville elle-même prenait parti et les aidait de son intervention.

Le maire et la municipalité avaient eu le courage d'exposer le tort qui serait porté à Canterbury : l'accroissement des pauvres retombant à la charge des paroisses, tandis que les étrangers en soutenaient à eux seuls douze cents par une dépense de 153 l. st. (si les pauvres étrangers étaient réduits à mendier, il en pourrait résulter de vrais dangers par l'hostilité des indigents anglais); le risque de cessation de certaines industries dont aucun Anglais de la ville n'avait jamais eu connaissance; la perte pour beaucoup de pauvres femmes et enfants anglais de l'occupation que leur fournissaient les étrangers. Ils concluaient en assurant que cette question était, pour la cité, la plus importante soulevée de mémoire d'homme, et en suppliant l'archevêque

---

[1] Lettre de Somner à Laud et copie de l'acte, etc.

[2] « *Raisons pour montrer les inconvénients qu'amènerait la mise à exécution de l'injonction.* » L'archevêque a ajouté le mot *prétendus* devant *inconvénients*. *Cal.* CCXCI. 109.

d'autoriser les étrangers, qu'ils fussent nés hors d'Angleterre ou natifs, à demeurer, comme par le passé, sous le gouvernement de leur propre congrégation (19 mai 1635)[1].

« Leurs pauvres ! » réplique l'archevêque, qui déclare ne pouvoir faire qu'une même réponse à des arguments déjà présentés, mais s'en être toutefois référé au Conseil royal qui maintient les Injonctions, — « leurs pauvres, bien qu'ils se doivent conformer aux paroisses anglicanes, ils auront à les soutenir et à s'en occuper comme auparavant : ils ne sauraient s'attendre, venus ici comme étrangers, à recevoir tant de paix et de bienfaits pour n'être pas tenus à se conformer aux choses qu'on requiert d'eux. L'arrêt de diverses industries ! allégation qui ne repose sur rien. Il espère bien que ce n'est pas l'Église qui en établit les règles et que les industries ne font point partie du culte. Et quand on ajoute qu'aucun Anglais n'en a jamais eu connaissance, leurs Seigneuries ont trouvé ce fait plus grave que tout le reste; car pourquoi des étrangers viennent-ils jouir ici de la paix du royaume, et consommer la moelle du pays sans daigner instruire les Anglais qui en sont aptes? Où est la raison qui enlèverait l'occupation aux femmes et enfants, puisque rien dans les Injonctions ne nécessite un arrêt des industries? et d'où résulterait-il une diminution de leur part dans les charges de la ville, puisque tant qu'ils y demeureront ils les devront payer au Roi et à l'État? Quoiqu'il ait fait connaître leurs arguments au Roi et aux Lords, il n'en peut être le médiateur. Avant de rédiger ces instructions, il les a bien pesées, il les a

[1] *Cal. State Papers* CCLXXXIX. 5. La communauté wallonne de Canterbury était à son apogée. Les Actes enregistrent cent-dix baptêmes pour 1630, cent pour 1631, cent-un pour 1632 et cent-vingt-quatre — le chiffre le plus élevé qui ait été atteint — pour 1633. L'historien Somner écrit en 1640 : « La congrégation est devenue si nombreuse et se multipliant encore journellement, le lieu (la crypte) deviendra probablement en peu de temps une ruche trop étroite pour contenir un tel essaim. »

trouvées bonnes à être mises à exécution. Il leur fait donc savoir qu'il faut qu'on y obéisse, que certainement il y tiendra la main et il somme le maire et la municipalité de seconder l'établissement d'un gouvernement uniforme. C'est la résolution des Lords du Conseil aussi bien que la sienne[1]. »

Tous commentaires seraient superflus. Le 26 septembre, le vicaire général retournait pour la dernière fois à Canterbury, y faisait comparaître à Christ-Church devant lui et les deux commissaires les ministres de « l'Église française ou wallonne » de Canterbury et de l'Église « belge » de Sandwich « pour ouïr les Injonctions finales de l'archevêque : les étrangers et leurs descendants de la première génération peuvent conserver les privilèges accordés autrefois; tous autres fréquenteront les églises paroissiales, en restant nonobstant responsables du maintien des ministres et des pauvres de leurs congrégations »[2]. Il ne restait qu'à fermer les temples ou à se soumettre. Les pasteurs de Canterbury, fidèles jusqu'au bout à la recommandation suprême du Synode, ne voulurent pas publier eux-mêmes du haut de la chaire l'Injonction épiscopale. Le secrétaire des Hommes politiques de la Halle aux Tisserands (*Clerk of the Weavers-Hall*) en fit lecture le 11 octobre après le sermon du soir, à titre de simple notification[3].

Aussitôt les ministres et marguilliers anglais enjoignirent aux étrangers de la seconde descendance de se rendre à leurs pa-

---

[1] *Cal. State Papers Dom.* CCLXXXIX. 37. « D'aucuns intercédèrent en leur faveur auprès du roi. S. M. répondit : Il nous faut croire notre archevêque de Canterbury — et lui les traitait très rudement, les appelait un nid de schismatiques et assurait qu'il valait mieux n'avoir pas d'Églises étrangères que d'admettre leur non-conformité. » — Neal. *Histoire des Puritains*.

[2] Forcés, quoique séparés de leur ancienne Église, de contribuer aux frais de son culte et au soutien de ses pauvres, ils étaient rejetés, en cas d'indigence, à la charge du troupeau dont ils ne faisaient plus partie. *Relation sommaire* 15.

[3] *Ibidem*, 14.

roisses, le commissaire ecclésiastique leur en demandant le relevé ; il se plaisaient à insister sur l'assistance des enfants des pasteurs eux-mêmes, leurs pères étant nés en Angleterre. On espérait, comme atténuation, que les séparés de force seraient tacitement autorisés à se joindre de loin en loin à leur troupeau d'origine[1]. Mais deux mois ne s'étaient pas écoulés que déjà le vicaire général les citait à comparaître devant les commissaires, sous l'accusation de ne pas obéir à l'Injonction et d'assister aux prédications françaises ; il les menaçait de suspendre le culte jusqu'à nouvel ordre, ce dont on s'abstint, les réponses étant satisfaisantes[2]. En 1636, nouvelle enquête auprès des ministres anglicans sur la manière dont leurs paroissiens de date récente remplissaient leurs devoirs.

La Compagnie était encore contrainte en 1639 de s'excuser d'avoir admis au catéchisme des enfants de la seconde descendance. Le 15 avril, les marguilliers envoyaient collectivement aux étrangers propriétaires et chefs de famille de chaque paroisse, nouveaux venus ou anciens, de la première comme de la seconde descendance, un triple ordre : de payer à date fixe une redevance déterminée pour les réparations de l'église paroissiale[3] ;

[1] Laud l'avait cependant interdit d'avance dans un de ses entretiens avec les députés, leur répondant : « Je ne veux pas de métis ». *Relation sommaire* 15.
[2] Le commissaire Dr Jackson rapporte à Brent : les «ministres ont répondu qu'ils se sont soumis, ont publié les Injonctions, n'ont jamais trouvé faute dans notre Liturgie, n'ont dissuadé aucun des leurs de se conformer, ce que plusieurs ont fait, essaieront de redresser ceux qui ne l'ont pas fait, écriront à ceux de Sandwich pour les y engager. » Il ajoute que « les marguilliers de Saint-Alphage disent avoir eu dimanche dernier à leur église un plus grand nombre d'étrangers, mais jusqu'ici ils n'ont célébré ni mariages, ni baptêmes, ni n'ont reçu la communion. » — Les maire et aldermen constatent l'arrivée récente de beaucoup d'étrangers qui ont loué de bonnes maisons, mais ne resteront en Angleterre que jusqu'à ce que leurs craintes soient dissipées. Ils paieront les taxes ecclésiastiques, maritimes et municipales ; à moins d'ordre formel de l'archevêque, on répugne à leur imposer celles pour les indigents anglais. *Cal.* CCCIV, 99.
[3] Voir l'assignation aux étrangers domiciliés dans la paroisse de Sainte-Marguerite ; le taxe à répartir entre eux est de 5 L. st. 10 sh. *Rel. som.* 19.

de donner les noms de tous les gens mariés de la seconde descendance, afin que des places leur soient assignées, et ceux des non mariés et serviteurs pour vérifier leur assiduité au catéchisme et à la communion ; d'enjoindre à ceux de seize ans et au-dessus n'ayant pas communié pendant ces Pâques de se préparer à le faire le dimanche suivant, et dorénavant trois fois par an, et à ceux au-dessous d'assister tous les dimanches au catéchisme, sous peine d'avoir à répondre de leur absence. Un troisième pasteur, Poujade, venait d'être élu contre l'avis des deux autres, d'où conflit, recours réitéré au Cœtus et bientôt départ de Bulteel[1]. Retiré à Londres, il préparait sa relation des Troubles des Églises de Kent, publiée après la mort de l'archevêque. On n'y trouve rien sur la mise à exécution des Injonctions à Sandwich et à Maidstone. Aucune des congrégations du Refuge n'a dû être épargnée car tous les historiens contemporains ont parlé d'églises interdites et fermées, de communautés dissoutes, de ministres suspendus et de nombreuses sorties du royaume.

Les Injonctions à Norwich.
Norwich, qui avait plaidé la cause des Églises de Kent, ne tarda pas à être atteinte elle-même. Vers la fin du règne de Jacques Ier, le Conseil privé avait ordonné que les Wallons de Norwich, « quoique nés dans le royaume, continueraient à appartenir à la même Église et société et à être soumis à la même Discipline en usage parmi eux depuis cinquante-trois années, 10 octobre 1624 ». Les termes ne sauraient être plus positifs : mais l'acte du Conseil, confirmatif de ces mêmes privilèges, accordé aux Flamands sous Charles Ier, le 17 janvier 1630, contenait la restriction « aussi longtemps qu'il plaira à S. M. » L'évêque Wren s'en prévalut pour réaliser les intentions de

---

[1] Il avait signé le 12 mai 1638 les « Remerciements aux pasteurs et anciens des deux Églises de Londres d'avoir pris fort à cœur l'affaire de l'Ég. de C. touchant la taxe que le Roi prétend mettre sur les ouvrages de soie. » *Ecc. L. Bat. Archiv.* — Nous reportons le détail de cette première affaire Poujade à l'analyse de son volumineux dossier et de ses nombreux démêlés. *App.* XLV.

Laud[1]. Le primat, dans ses instructions pour la visitation générale[2], avait recommandé à sir Nath. Brent d'agir à l'égard des congrégations étrangères de Norwich comme il avait été fait à Canterbury. Il en avait donc admonesté les représentants et fait dresser acte le 7 avril 1635 [3].

Les deux Églises portèrent d'abord leurs doléances à l'évêque, rappelèrent leurs libertés garanties par les souverains et exposèrent leurs appréhensions d'une décroissance des troupeaux. Wren, qui s'était signalé par ses rigueurs contre les puritains, leur répondit : «Mieux vaut que vos congrégations soient dispersées, mais que l'Église d'Angleterre ne perde point sa gloire »[4]. Le 20 mai, pasteurs et anciens sollicitaient les maire et aldermen de prendre leur cause en main. La municipalité reçut la copie des Injonctions, écouta leurs raisons à l'encontre et ajourna la question [5]. Les consistoires des Églises wallonne et flamande résolurent alors de s'adresser directement au primat.

Le 26 juin, les Églises envoyaient à Laud une pétition, cette fois *pro domo sua*, où, aux arguments invoqués dans leur première requête, s'ajoutaient ceux qui les touchaient de plus près : les étrangers de naissance ne forment à Norwich qu'un quart des deux troupeaux et le plus pauvre; ce sera la ruine de leurs congrégations sans bénéfice pour les paroisses anglicanes, auxquelles (malgré leurs propres charges de cinq cents livres par an)

---

[1] Wren «était un homme rude et sévère, mais fort savant. » Clarendon.

[2] *Memoranda by arch. Laud* 30 mars 1635. *Cal. State Papers Dom.* CCLXXV. 48. I. «Les prébendaires de cette église m'ont écrit une lettre hardie ; parlez leur. »

[3] *Cal. State Papers Dom. Car. I.* CCXCIII. 128.

[4] Les 139 articles des visitations de l'évêque Wren l'emportent en étendue et en minutie sur ceux de toutes les autres, ne comprennent pas moins de 897 questions, et vont jusqu'à ordonner aux marguilliers de s'informer «si quelques personnes se permettent de parler de religion à leur table et dans leurs familles. » Neal, II, 272.

[5] Moens, d'après le *Court Book of Norwich*.

ils paient déjà tous les droits des nationaux. L'exemption des sept années réglementaires d'apprentissage n'étant accordée qu'aux membres de leurs communautés, que deviendront ceux qui en perdraient le bénéfice, acquis jusqu'ici, en étant forcés d'entrer dans les paroisses anglicanes? A ces raisons ils joignaient les assurances d'une fréquentation volontaire des Églises anglicanes, et plus assidue encore dans l'avenir, par plusieurs de ceux comprenant la langue, du respect de tous leurs membres, étrangers ou natifs, pour la Discipline anglicane, de leur refus d'admettre en leur sein aucun Anglais factieux, de leur soumission aux ordres du Conseil qui attribuaient à l'évêque de Norwich tout pouvoir sur les gens déréglés de leurs deux congrégations[1].

La réponse de l'archevêque, le 19 août, est explicite. Il a soumis la pétition au roi et à son Conseil, qui ont résolu que les Injonctions suivront leur cours. Relevant alors leurs objections, il les réfute, point par point, avec ce mélange d'ironie et d'inflexibilité qui caractérisent son style : « Puisqu'il a obtenu pour la première descendance la faveur de rester dans leurs congrégations, il n'a donc pas l'intention de les détruire. S'il en est qui ne comprennent la langue nationale qu'imparfaitement, ce qui est un mauvais indice séparatiste vis-à-vis de l'Église et de l'État, la fréquentation de leurs paroisses anglicanes les en instruira davantage; une fréquentation partielle est insuffisante, il faut la soumission absolue; ils doivent venir aux paroisses anglicanes par devoir, et à leurs congrégations par dispenses spéciales. Il les remercie de n'avoir pas donné d'encouragement aux Anglais factieux, mais en cela ils ont agi aussi prudemment que discrètement, car au cas contraire il y a longtemps que l'État eût dissous leurs congrégations. Il ne s'agit pas de l'avan-

---

[1] *Cal. State Papers Dom. Car. I.* CCXCI. 68.

tage qui pourra en revenir aux paroisses anglaises, il s'agit de ce qu'il est convenable pour eux de faire en matière de devoir et d'obéissance. Puisqu'ils paient déjà leurs charges et les taxes anglaises, quel surcroît leur demande-t-on ? Si un des leurs s'y refuse sous prétexte de ces Injonctions, ils posséderont désormais un acte de l'État qui pourra les y contraindre, et il espère que l'État et l'Église auront pouvoir suffisant pour commander aux gens de continuer à faire le bien qu'ils font déjà. Il en sera de même pour les apprentis...» et il termine :

«Ainsi, je vous ai donné franche réponse sur tous vos points et je compte sur toute obéissance et conformité à mes injonctions. Si vous les accomplissez l'État aura occasion de voir jusqu'où vous êtes prêts à pratiquer l'obéissance que vous enseignez. Quant à moi je ne mets pas en doute que vous-mêmes, ou au moins votre postérité aura cause de remercier et l'État et l'Église du soin qu'on prend de vous. Mais si vous refusez (ce que vous n'avez aucune raison de faire et ce que j'espère que vous ne ferez pas), je procéderai alors contre les natifs selon les lois et les canons ecclésiastiques. Ainsi espérant le meilleur de vous-mêmes et de votre obéissance, je vous laisse en la grâce de Dieu et demeure votre affectionné ami

William Cant.[1] »

Les pasteurs de Norwich cédèrent et se soumirent même avant leurs autres collègues du Refuge. De Laune avait déjà donné des gages à l'Église anglicane quand il en traduisait en 1616 la Liturgie et sollicitait, comme récompense, le bénéfice promis par Jacques et obtenu sous Charles I[er2] Il avait habitué

---

[1] Prynne. *Life of Arch. Laud.*

[2] Serait-ce pour en contrebalancer l'effet sur ses paroissiens qu'il faisait imprimer, en le dédiant aux étudiants de théologie de Genève, le curieux résumé-squelette du catéchisme français de Calvin, composé pour son usage personnel vingt ans auparavant? *Quæstionum singularum Catecheseos Gallicanæ per Dominicas distinctarum summa et series, Authore Petro Launaeo Ecclesiæ Gallo. belgicæ Norwici in Anglia Pastore.* Genève 1629. 27 p. in-4º et tableau d'ensemble. *Bibl. du Prot. fr.*

son consistoire à s'aider de l'autorité épiscopale.[1] Aussi le monitoire, apporté le 27 août, fut-il lu du haut de la chaire le dimanche suivant, et en informant Laud de leur obéissance, les ministres, en même temps qu'ils lui demandent son appui contre les *adversaires de leurs industries* et les *réfractaires aux charges* de l'Église, vont-ils jusqu'à le remercier de son accueil et de sa médiation sage et charitable, qui leur a valu de pouvoir encore garder avec eux les membres de la première descendance![2] De Laune recevait le 5 février 1636, par mandat royal, le titre de docteur de Cambridge.

L'évêque Wren n'était satisfait qu'à demi. Plus ardent même que Laud il intimait en 1637 aux Wallons l'ordre de quitter la chapelle (épiscopale) « où nous avions le privilège de nous assembler pour écouter la parole de Dieu et recevoir les sacrements, par le consentement de tous ses prédécesseurs, pendant l'espace de soixante trois ou quatre ans »[3]. Par un nouvel accord avec la municipalité ils transformèrent en temple leur Halle aux marchandises, l'ancienne église de Ste-Marie[4].

L'évêque alors réclama, le 7 mars 1638, le paiement des réparations de sa chapelle, estimés à 150 l. st., et adressa à de Laune l'exhortation de suivre le bon exemple de ceux de l'île d'Axholme qui, établis seulement depuis peu dans le pays, avaient cependant adopté la Liturgie anglicane et se conformaient « joyeusement aux règles de l'Église sous la protection

---

[1] C'est la continuation des recours à l'évêque contre leurs propres ressortissants, qu'avait blâmés le XXIe Colloque : voir les citations de membres refusant de payer ou d'accepter le taux de la contribution ecclésiastique imposée par le consistoire. — Extraits du Livre du Cons. *Appendice* XLIV.

[2] Lettre de De Laune et Ellison 7 sept. 1635 avec acte de la publication *Cal. St. Pap.* CCXCVII, 21.

[3] *Registres* de l'Eglise.

[4] « Le 11 de juin 1637 nous avons eu le premier presche et l'administration des sacrements par le docteur de Laune au temple de petite Sainte-Marie, lequel les magistrats nous ont octroyé pour 40 ans pour un loyer de 10 s. » *Ibid.*

de laquelle ils vivaient.. Je parle à des hommes sages. Que Dieu vous en donne à tous une bonne intelligence. » On se plut à ne pas comprendre. Le 10 avril la congrégation wallonne lui adressait une « Remontrance et pétition », rappelant l'état de la chapelle à leur entrée, les réparations à leurs frais alors et depuis, les vingt nobles offerts au départ en témoignage de gratitude, les 160 l. st. dépensées pour la pauvre petite église abandonnée que la faveur de la cité leur accordait[1]. La promotion de Wren à l'évêché d'Ely l'empêcha de porter la question devant le roi et son Conseil[2].

Un exode considérable suivit ces vexations : on a évalué à trois mille le nombre des protestants qui abandonnèrent Norwich ; parmi eux figuraient des immigrés de vieille date dont quelques-uns se réfugièrent en Virginie, à l'exemple des Puritains, et la majorité passa en Hollande[3].

Ce fut alors le tour de Southampton. La congrégation qui avait donné asile en 1628 aux réfugiés de l'île de Rhé[4], ne vivait plus que grâce aux secours des Églises sœurs. A Élie d'Arande, décédé en 1633, avait succédé Daniel Sauvage de Sedan[5]. Cité à comparaître, le 25 juin 1635, devant sir Nath.

Les Injonctions à Southampton

[1] *Cal. State Papers Dom. Car. I.* CCCLXXXVII. 47.
[2] Wren, 16 oct., engageait son successeur Montague à la reprendre. *Cal.*
[3] Cent quarante familles de Norfolk et Suffolk s'établirent à Leyden, Alkmaer et les environs. — Roger Coke cité par Burn, p. 71. Malgré les traditions conservées par quelques historiens, le chiffre de 3000 est loin de s'appliquer uniquement à des protestants du Refuge, le nombre total des communiants relevé par Bulteel étant pour Norwich de 759. La pétition des habitants d'Ipswich au Long Parlement contre Wren l'accuse d'avoir suspendu cinquante ministres et occasionné par ses rigueurs, comme évêque de Norwich, le départ pour la Hollande de trois mille *sujets* de S. M. (Neal II, 7): les communautés du Refuge souffrirent une notable diminution ; en 1648 il n'y a plus dans la wallonne que douze baptêmes.
[4] Quarante-quatre réfugiés de Rhé sont reçus à la cène le 6 janvier 1628. *Reg.*
[5] Venu une première fois en Angleterre avec la Duch. de la Trémoïlle, il avait été suppléant à La Haye et possédait des recommandations de l'Église de Paris. L. d'août 1645. *Ecc. L. Bat. Archiv.*

Brent et trois autres commissaires, « dans une certaine chambre haute appelée le Dauphin » en présence de deux conseillers municipaux, il déposa : avoir administré, depuis deux ans, un troupeau de quinze chefs de famille, dont six étaient nés à l'étranger et les autres en Angleterre[1] ; se servir uniquement du catéchisme des Églises réformées de France et l'expliquer les dimanches après-midi.

Le vicaire général enjoignit à tous les natifs, sans exception, de fréquenter dorénavant leurs églises paroissiales, laissant aux seuls étrangers-nés leur liberté présente jusqu'à nouvel ordre de l'archevêque. « Ils m'ont promis toute sorte de conformité dans une lettre du 12 octobre » inscrit en marge le primat[2].

Cependant Sauvage essayait de résister. L'année suivante il lançait au consistoire de Londres un cri de détresse et en recevait, le 19 décembre, un long mémoire destiné à prouver à l'évêque de Winchester les droits et privilèges des communautés étrangères[3]. Mais l'intransigeance ecclésiastique contraignit néanmoins le pasteur à s'éloigner d'une Église à peu près anéantie ; elle resta plusieurs années sans conducteur[4]. L'interruption de tous les registres de Southampton après 1632 est la confirmation de ces épreuves.

La soumission de la congrégation flamande de Colchester est du 21 juin 1637[5]. Cette date tardive témoigne de la mise à

[1] Bulteel évalue le total des Wallons de Southampton à trente-six.
[2] *Cal. State Papers Dom. Car. I.* CCXCI. 66.
[3] *Actes du consistoire de Threadneedle street.* Ce mémoire, à côté d'arguments sérieux, renferme une longue dissertation sur la tête couverte ou découverte en prêchant. Le consistoire de Londres estime que le prédicateur doit garder son chapeau, « afin de n'avoir pas l'air d'un valet ou d'un apprenti devant ses maîtres et non comme ambassadeur de J. C. à tous avec autorité au nom du grand maître », mais il laisse aux fidèles de Southampton leur liberté sur ce point.
[4] *Actes du III⁰ Synode.* art. 4.
[5] Lettre des ministres et anciens à sir Nic. Brent. *Cal. State Papers* CCCLXII. 24.

exécution suivie et régulière du plan de l'archevêque, et de son intention bien arrêtée de faire plier l'une après l'autre toutes les Églises du Refuge. Celles de Londres, qui cherchaient à soutenir et à fortifier leurs sœurs, après avoir été plus longtemps épargnées à raison de leurs appuis dans l'entourage immédiat de la Cour, étaient néanmoins attaquées comme les autres. Assignées à comparaître, le 16 mars 1636 (1637?) à Bow-Church, devant sir Nath. Brent, « vicaire général de S. G., assisté des Drs Warner et Warrall, de MM. Holsworth, Baker, Sute et autres de la visitation métropolitaine », elles reçurent les deux Injonctions : « 1° S. M. et l'archevêque Laud jugeaient, puisque nous sommes de la même religion que l'Église d'Angleterre, que nous usions aussi de la même Liturgie et Discipline. — 2° C'était le plaisir de S. G. que tous ceux de notre congrégation de la seconde descendance nés en Angleterre se rendissent à leurs églises paroissiales entendre le service divin et le sermon selon la Liturgie de l'Église anglicane »[1]. Les représentants des deux consistoires répondirent que ces Injonctions allaient à l'encontre de leurs privilèges, détruisaient leurs Églises et conduiraient à la persécution de celles de France. On les ajourna au 10 mai. Se présentant alors, dans la salle à manger de Doctors Commons (Westminster), devant le vicaire général et les autres commissaires, ils reçurent, au nom du roi et du Conseil, l'autorisation pour eux et leurs enfants de la première descendance de conserver leur Discipline, mais aussi l'obligation absolue pour tous autres de s'adjoindre aux églises paroissiales[2].

Les Injonctions à Londres.

[1] Le mémoire ajoute : « C'était une violation des privilèges que nous ont accordés Édouard VI et son Parlement la IVe année de son règne, défendant expressément à tout archevêque ou officier de nous troubler dans l'exercice de notre discipline, bien qu'elle ne s'accordât pas avec celle d'Angleterre, et toujours confirmés depuis par les princes ses successeurs, spécialement par présent S. M., tant par paroles de bouche que par une lettre aux Juges. » *Remonstrance.*

[2] « *Remonstrance des ministres et anciens des congrégations étrangères de Londres sur la violation de leurs privilèges.* 1640.

Les Actes du consistoire de Threadneedle street, presque nuls de 1636 à 1642, ne fournissent aucun renseignement sur la suite donnée à Londres aux Injonctions[1]. La stérilité des procès-verbaux provient sans doute des difficultés de toute espèce contre lesquelles on eut à lutter, aggravées par la peste qui ravagea la cité d'avril à juillet 1636. Rendant compte des mesures prises contre le fléau, les juges de paix du quartier de la Tour écrivent le 27 avril au Conseil privé, qu'ils ont fait fermer et surveiller, jour et nuit, chaque maison visitée par la peste, et ont fourni d'une ration convenable celles « qui ne font point partie de la congrégation française »[2].

La peste. On était accoutumé à voir les Églises étrangères prendre soin de leurs affligés. Bientôt on eut lieu de redouter l'excès de leur charité. Le Conseil mande au Lord-maire, le 7 juin : « C'est un usage dans les congrégations flamande et française de Londres d'envoyer des consolateurs de maison en maison visiter les malades, et ils continuent à envoyer leurs consolateurs à celles où il y a des personnes infectées de la peste, lesquels retournent ensuite dans la compagnie des autres : de même ceux dont les maisons sont infectées ne sont pas enfermés, mais sortent comme s'ils n'avaient pas d'infection parmi eux, ce qui ne peut qu'occasionner l'extension de la contagion. Que le Lord-maire enjoigne aux Églises française et flamande de faire clore les maisons infectées et d'empêcher qu'on ne fasse des visites là où il y a la peste; mais s'ils n'y veulent pas renoncer, qu'il ait soin que ces

---

[1] Peut-être la présence de Primerose à la tête du troupeau en fut-il la sauvegarde. Ne venait-il pas de se décider, après trois ans d'hésitations, à traduire en anglais et à publier le *Traité du Sabbat et du Jour du Seigneur*, Londres 1636, in-4°, plaidoyer commandé par lui à son fils en faveur de la théorie anti-puritaine du roi de la légitimité des récréations du dimanche. (*Lawful Sports.*)

[2] *Cal. State Papers Dom. Car. I.* CCCXIX. 51.

consolateurs soient enfermés eux-mêmes dans les maisons suspectes »[1].

Au sortir de la peste, l'Église terminant son exercice par un déficit de 363 L. S.[2], Charles de Beauvais offrait sa démission : « il se retirait afin de ne pas surcharger », comme le constate le témoignage qu'on lui remit, et obtenait un poste dans l'Église anglicane[3]. Le gouvernement, ou plutôt le premier ministre, ne perdait pas les étrangers de vue. Le 27 janvier 1637, la Chambre intérieure étoilée enregistrait un ordre de l'archevêque de Canterbury, du Lord-trésorier (Juxon) et autres, sur la nécessité d'établir des règles relatives aux étrangers résidant au royaume, sur l'obtention de leurs patentes, la façon de leur réformation, et leurs successions[4]. D'ailleurs les plaintes à leur endroit se reproduisaient comme le retour d'une fièvre périodique. Sur la pétition contre eux présentée par la Compagnie des Tisserands de Londres (26 juin 1638), les commissaires pour le commerce firent le relevé des étrangers exerçant le tissage dans et autour de la ville, 95 Flamands, 1998 Wallons et 137 Français[5].

Tandis que les vieilles Églises luttaient pour l'existence, une nouvelle, Sandhoft-Axholme-Hatfield Chase[6], essayait de se fon-

Église de Sandhoft.

---

[1] *Cal. State Papers Dom. Car. I.* CCCXXV. 69. Le visiteur des malades était encore Baquesne. *Actes du Consistoire.*

[2] « On s'excuse de ne pouvoir donner d'étrennes aux ministres à l'accoustumée. » *Actes du Consistoire.*

[3] Vingt ans plus tard de Beauvais était ministre à Witham ; à la Restauration il eut le rectorat d'All-Hallows Londres, et quoique non pourvu de l'ordination anglicane, le conserva huit ou dix ans après l'Acte d'Uniformité, bénéficiant de la clause en faveur des ministres étrangers subsistant en Angleterre sous la protection royale; exception unique, souvent, mais vainement invoquée depuis.

[4] *Cal. State Papers Dom. Car. I.* CCCXLV. 16.

[5] *Ibid.* CCCXCIII. 56, 57. — Nouvelle et très violente pétition présentée aux Communes par Church et Allen 9 août 1641 — imp. *Ecc. L. Bat. Arch.*

[6] Le premier nom est celui du lieu de culte, la paroisse par la dissémination des ouvriers et colons étrangers s'étendait sur le «Level d'Hatfield Chase» et l'île d'Axholme.

der et, aussitôt née, malgré son extrême faiblesse, attirait l'attention constamment en éveil de l'épiscopat anglican. Frappé des grands résultats obtenus en Hollande dans le dessèchement des marais, Charles Ier était entré en accord, le 24 mai 1626, avec Cornélius Vermuyden, négociant zélandais, domicilié à Londres, pour rendre à la culture 70,000 acres de terrains à demi submergés, au sud-est de l'estuaire de l'Humber, contrée connue sous le nom de Level ou Chase d'Hatfield dans le comté de York, et contigu à l'île d'Axholme dans celui de Lincoln. Un second contrat, juillet 1628, garantissait une avance royale de 10,000 L. S., accordait à Corn. Vermuyden, annobli, et à ses héritiers divers manoirs et terres, dont la seigneurie d'Hatfield, et contenait la clause : « il sera permis audit Corn. V. et à ses héritiers et représentants ou à toute autre personne ou personnes qu'il nommera et à leurs héritiers dans l'avenir, d'ériger ou de bâtir, dans quelque lieu convenable choisi par lui ou ses héritiers, avec l'approbation de l'ordinaire, une ou plusieurs chapelles pour célébrer l'exercice de la religion ou le service divin dans la langue anglaise ou flamande. » La clause resta quelque temps lettre morte, les travaux ayant rencontré, dès le premier jour, de sérieux obstacles de la part des indigènes. Considérant les marais et leurs maigres pâturages comme biens communaux, ils se déclaraient lésés, revendiquaient leurs droits à main armée et de 1628 et 1631 ne se ruaient pas moins de quatorze fois sur les ouvriers et colons amenés par Vermuyden.

C'étaient, au début, presque tous Flamands ou Hollandais ; les parts créées pour assurer un fonds d'exploitation avaient été placées par l'entrepreneur parmi ses compatriotes établis à Londres ou même à Dordrecht et à Amsterdam. La loi anglaise ne permettant pas la possession territoriale à un étranger, il avait obtenu la denization pour dix-huit de ses associés ; le principal était sir Philibert Vernatti. Un procès devant la

Chambre étoilée et des condamnations à de sévères amendes avait pour un temps dompté les résistances. En 1632, la colonie fut éprouvée par la peste : en 1633, des discussions d'intérêt s'élevant entre Vernatti et Vermuyden, ce dernier vendit à un Français, Jean Gibbon, sa part des terres regagnées. Vingt mille sept cents acres avaient été reconquis sur l'estuaire; mais aux revendications des habitants dépossédés de leurs biens communaux s'ajoutaient les plaintes des communes voisines, menacées par le détournement des eaux.

Il y avait à ce moment sur les travaux un millier d'ouvriers environ, et la venue de Français, depuis l'achat de Gibbon, est prouvée par un acte notarié du 26 janvier 1634, dans lequel sir Ph. Vernatti et cinq autres, au nom de tout le corps des participants, déclarent consentir au prélèvement annuel sur leurs revenus de 70 à 80 l. st. pour le maintien d'un ministre, devant officier dans les langues française et hollandaise. On ajoute que pour la satisfaction de ceux qui auraient encore à l'avenir l'intention de se fixer sur les terrains, on ne leur demandera aucun loyer jusqu'à l'installation du ministre. Ces colons prévus s'établirent vers 1635, alors que les craintes d'une guerre entre la France et l'Espagne provoqua une émigration en Angleterre de protestants de Normandie, de Picardie et des Flandres.

Le pasteur Pierre Bontemps avait accepté le poste et inauguré dans une grange neuve le culte strictement réformé (1634); il se plaignait amèrement au bout de deux ans de n'avoir pas le temple promis. La faute en était ni aux colons ni aux participants mais à l'autorité ecclésiastique anglicane. Bien que la clause du second accord ne stipulât aucune obligation de conformité, l'archevêque d'York, de la juridiction duquel dépendait Hatfield, l'exigeait comme condition de son permis d'ériger. Quand Charles Ier, en exécution du contrat avec Vermuyden, eut consenti au transfert d'une portion du Chase à six nouveaux propriétaires, dont cinq anglais (mars 1636), l'acte contint la même licence pour eux et leurs successeurs d'élever des chapelles et d'y faire célébrer le culte à leurs frais, dans les langues anglaise ou belge, mais ajouta les mots, précédemment omis « selon la forme du culte établi dans ce notre royaume d'Angleterre ». L'ère de Laud avait commencé.

Le 23 juin l'archevêque Neile écrivait au primat :[1]

« J'ai la hardiesse d'informer V. G. d'une affaire d'importance (à ce que j'estime), qui concerne à la fois l'État et l'Église et que j'ignorais jusqu'à ma venue en ce pays. Je trouve que les gens qui drainent le Level de Hatfield Chase n'emploient pas d'Anglais (à ma connaissance) dans la culture de ces terres, mais seulement des Français et quelque peu de Flamands, qui viennent journellement dans ce royaume en grand nombre et forment déjà une colonie de quelques deux cents familles (à ce qu'on m'apprend), et on en attend chaque jour des cargaisons entières. J'entends qu'à ce moment il y en a un navire rempli à Hull non débarqué et un autre à Harwich. Cette nouvelle colonie est sur pied depuis quelques années déjà et ils ont établi parmi eux la forme et discipline de l'Église française : une grange de Sir Philibert Vernatti est le lieu dont ils se servent pour leur Église, où toute la compagnie se rend le dimanche, où ils baptisent dans un plat à leur propre manière, et administrent le sacrement d'après la façon familière d'être assis. Pour leur gouvernement ils ont leur consistoire, le ministre, trois anciens laïques et trois diacres. Le lieu, ou grange, où ils célèbrent le service divin est sur le bord même du Lincolnshire, confinant sur le Yorkshire ; ils en prennent avantage pour prétendre que licence leur a été donnée par l'évêque de Lincoln, *non in scriptis* mais *verbatim*, d'avoir leurs exercices de religion selon la forme de l'Église française, ainsi qu'on le permet à des Français et à des Flamands dans d'autres parties du royaume. Leur ministre, qui a été avec eux ces deux années, est un certain Pierre Bontemps, admis dans le ministère (à ce qu'il dit), par les ministres français à Leyde. Je lui ai parlé et c'est de sa bouche que j'ai recueilli ce que je viens de rapporter. Je me permets d'envoyer à V. G. la lettre qu'il écrivit aux

[1] Neile, évêque de Rochester, avait eu Laud pour chapelain.

participants du Level, par laquelle V. G. verra à quel point on s'efforce d'introduire en Angleterre la forme de l'Église française, ce à quoi je m'opposerai toujours de tout mon pouvoir (*I shall ever to the uttermost of my power oppose*); et j'ai confiance que sa sacrée Majesté m'appuiera, et me mettra à même de les amener à se servir de notre livre de Commune Prière et d'aucun autre, leur permettant d'en avoir l'usage en langue française, dont ils peuvent recevoir autant d'exemplaires imprimés qu'ils désireront.

« Je crois que V. G. peut se rappeler qu'un jour je fis savoir aux Lords du Conseil que Sir Phil. Vernatty avait sollicité de ma faveur, que les étrangers habitant sur son Level pussent bâtir une chapelle pour l'exercice du service divin; à quoi je répondis que je leur accorderais toute faveur légitime en tant qu'ils se conformeraient à l'Église d'Angleterre; autrement non. En même temps je sollicitai de la faveur de Leurs Seigneuries, que si Sir Ph. Vernatty les pétitionnait pour tout autre dessein que celui-ci, L. L. Seigneuries me secondassent dans ma résolution et lui répondissent sur cette affaire. Cette motion fut bien admise par L. L. S. S. Et je supplie votre Grâce d'exciter S. M. à me soutenir en ceci, afin que ni Sir Ph. Vernatty, ni aucun autre n'obtienne rien de S. M. à l'opposé.

« Il paraîtrait que, sur la réponse donnée par moi à Sir Ph. Vernatty, voyant combien le diocèse de Lincoln confinait de près au Yorkshire, il eut recours à Mylord de Lincoln, espérant trouver chez lui la faveur souhaitée et peut-être en obtint-il autant que ce qui est dit ci-dessus. J'apprends qu'ils ont brûlé des briques et sont en train de préparer des matériaux pour bâtir une chapelle dans ce diocèse de Lincoln à laquelle puissent se rendre tous les habitants du Level quoique demeurant dans mon diocèse. Mais (par la grâce de Dieu), je défendrai à ceux qui vivent dans mon diocèse d'y aller. J'ai toute confiance que V. G. me favorise dans cette mienne résolution et qu'elle m'aidera à les contraindre à se conformer à l'Église d'Angleterre.

« Quant au côté politique de cette affaire, c'est à la grande sagesse et considération de S. M. que je laisse » (juger) « de quelle convenance et sécurité il est pour l'État de permettre une telle colonie d'étrangers, gens de condition fort chétive, qui, y trouvant leur avantage, peuvent devenir comme des vipères nourries dans nos seins, qui enlèvent le pain de la bouche des sujets anglais en surenchérissant sur eux pour les baux des terres qu'ils tiennent, et en faisant plus de travail pour un liard qu'un Anglais n'en peut faire pour six deniers. Et si V. G. savait dans quelles chaumières ces gens vivent et quelle est leur nourriture, elle en serait émerveillée.

« Je serais aise de recevoir telle réponse que vous jugerez bon de me retourner sur ce que je vous ai écrit de la colonie française sur le Level de Hatfield chase... Avec mes prières pour la santé de V. G. et la sécurité de toute votre famille dans ces temps dangereux, je demeure de V. G. le très affectionné ami et frère   R. Ebor[1] ».

A cette lettre en est annexée une latine de Bontemps « aux seigneurs de ces terres situées dans le lieu communément appelé le Level[2]. »

On le voit, les réformés, objets de l'hostilité déclarée de l'archevêque d'York Neile, ne l'étaient pas moins des sympathies du libéral évêque de Lincoln Williams; mais Laud allait le contraindre au silence et à l'inactivité en l'envoyant à la Tour de Londres[3].

---

[1] *State Papers Dom. Car. I.* CCCXXVII. 47 et annexe.

[2] « La majorité des colons ignorant l'anglais il est nécessaire qu'il y ait une Église française (gallicane); depuis deux ans qu'il a été appelé de Hollande l'immigration a doublé et s'augmente chaque jour. Mais les affaires de l'Église restent confuses et irrégulières; quelques-uns des Participants ont changé, il désire donc savoir s'ils ont tous le dessein de la maintenir. Dans ce cas, il serait nécessaire d'avoir un temple, de demander, selon le privilège royal, à qui de droit l'autorisation d'y célébrer le culte sans interruption, entraves ou dommages, de faire agréer le pasteur non par l'un ou l'autre des Seigneurs participants, mais par tous, de lui assigner un traitement convenable et une demeure. Si l'on n'est pas dans l'intention de maintenir une Église française, il sollicite avec instance sa prompte décharge afin qu'il puisse servir Dieu ailleurs avec plus d'ardeur et de profit. Signé Petrus Bontemps, pastor ecclesiæ Gallo-Belgicæ. 13 juin 1636. »

[3] L'évêque J. Williams avait succédé à Bacon comme garde des sceaux de 1621 à 1626. Disgracié par Charles Ier, il était soupçonné par Laud de tendances puritaines et de tiédeur pour la discipline ecclésiastique. Siégeant au 3e parlement, malgré la défense royale, il y appuya la pétition des droits. Aussi accusé en 1636 d'avoir tenu des propos irrespectueux à l'endroit du souverain, fut-il condamné par la Chambre étoilée à une amende de 11,000 liv. st. et conduit à la Tour.

Trois mois plus tard Neile s'excuse de n'avoir pu encore rendre compte au primat de la question des certificats et licence, accordés ou non, par l'évêque de Lincoln ; mais les parties dont on devait tirer toute l'affaire sont à l'écart, Bontemps à Londres et Corsellys à Amsterdam, et ce sont les deux principaux qui avaient eu recours à l'évêque Williams. Dans le certificat envoyé au roi ils ne parlent que de ces derniers mois depuis Noël et se taisent sur le passé, « mais il est certain que pendant toute une année auparavant ils ont eu leurs assemblées dans le diocèse de Lincoln et ont célébré le culte et exercé la juridiction ecclésiastique selon la forme de l'Église de France. Il est très certain qu'à la première venue de Bontemps de Leyde, ils allèrent chez Mylord de Lincoln, prétendant que S. M. leur avait donné licence d'avoir une Église française ou flamande, et que l'évêque leur permit de mettre à exécution la forme de l'Église française pour les prières, l'administration des sacrements et la discipline ecclésiastique, pour l'excommunication, la sentence du divorce et la gestion des biens. On pourrait demander au Dr Primerose des renseignements positifs sur la date de leur visite et le genre d'autorisation obtenue ; mais ce qui est absolument certain c'est que depuis leur visite ils ont constamment mis en pratique la forme de l'Église française. Le certificat assure que plusieurs des étrangers hollandais et français se sont rendus aux trois églises paroissiales de l'île pour leurs communions, baptêmes, mariages et enterrements ; mais les recherches faites dans les registres prouvent qu'il ne s'agit que d'un petit nombre de ceux de la meilleure sorte et comprenant l'anglais. Depuis l'interdiction qui les frappe maintenant dans les deux diocèses, et leur ministre étant parti, beaucoup d'entre eux vont aux églises paroissiales et s'y comportent très dévotement, même ceux qui n'entendent pas la langue ». Aussi l'archevêque ne met pas en doute qu'ils seront aisément amenés à se conformer dès qu'ils auront des livres de Commune Prière en français et en hollandais; il en sollicite l'envoi et au besoin la réimpression[1].

Une dernière lettre de janvier 1637 confirme ces nouvelles: depuis le départ de Bontemps, au mois d'août, ils n'ont plus tenu d'assemblées publiques, se sont rendus aux églises paroissiales et vendent les matériaux préparés pour leur chapelle[2]. En 1638, Laud s'informant de l'état de la question[3], le Dr Farnerye, commissaire chargé de l'administration du diocèse de Lincoln pendant l'emprisonnement de l'évêque Williams, répondait que la majorité des deux cents familles françaises et flamandes, habitaient la paroisse de Belton, de son ressort, et qu'après le départ de Bontemps, provoqué par les plaintes de l'archevêque d'York, elles étaient demeurées environ deux ans privées de ministre. Que depuis, « voyant leur grande inclination à se conformer », il leur avait envoyé l'homme appelé Dr Cursol, après s'être bien assuré de sa conformité à l'Église anglicane, en lui faisant prêter les serments de suprématie, d'allégeance et d'obéissance canonique à S. G. et signer les articles de religion[4]; « il fait usage du livre de Commune Prière en français, et administre les

---

[1] *Cal. State Papers Dom. Car. I.* CCCXXXI. 71.

[2] *Cal. State Papers Dom.* CCCXLV. 85.

[3] Laud et non pas Neile, comme le porte à faux l'endos, puisqu'il est question du second dans la lettre.

[4] Étienne de Cursol, né à Pont l'Évêque d'Agenois, docteur en théologie, et Sabouroux, tous deux moines franciscains du couvent de la Grande Observance de Toulouse, arrivaient à Genève, juin 1637, chaudement appuyés par les pasteurs et anciens de Montauban; le 11 août ils abjuraient devant la Compagnie, recevaient chacun une pistole pour frais de route et partaient pour l'Angleterre, voie de Paris. *Procès-verbaux de la ven. Comp. de Genève.* Présentant à Londres leurs attestations ils furent bien accueillis par Laud, qui sur la demande d'une place pour Cursol répondit : « In gratiam protestantium Gallorum et Genevensium illud faciam », mais exigea d'abord sa conformité à la liturgie anglicane. Avant de s'y décider Cursol en écrivit à Mestrezat, et après réponse approbative signa et reçut le poste de Hatfield accompagné d'un bénéfice. — Lettres de Tolosan et Richier à la ven. Comp. *Bibl. de Genève* et à l'*Appendice.*

sacrements dans une des églises consacrées, Belton ou Epworth, et non dans la maison de bois où officiait Bontemps ». Il l'a admis au nom de S. G. (puisque tous les ordres du Consistoire de Lincoln sont promulgués de la sorte) mais seulement jusqu'à future déclaration du bon plaisir d'icelle; mais les Français conforment très allègrement et les Flamands, à leur exemple, en feront volontiers autant.

Ce tableau était singulièrement flatté s'il faut en croire la narration des colons eux-mêmes[1]. Ils n'avaient accepté Cursol qu'à leur corps défendant, et loin de renoncer à tout espoir d'indépendance, chargeaient le marchand Isaac Bedloe de la construction du temple de Sandoft[2]. Menacés alors par le Dr Farnerye de dispersion s'ils ne le faisaient pas consacrer, et invités à lui donner deux cents livres pour hâter la conclusion, ils n'en avaient pas moins été contraints de payer tous les frais de procédure et cités à comparaître devant la cour ecclésiastique pour défaut d'assistance aux services dominicaux dans les églises paroissiales. Aussi le feu, qui ne cessait de couver sous les cendres, devait se rallumer aussitôt après la mort de l'archevêque Neile (octobre 1641), favorisé par les préoccupations civiles.

Il nous faut mentionner une dernière Église du Refuge de langue française, pour laquelle licence a été donnée sans qu'il y ait certitude de son établissement et de son fonctionnement régulier. Au moment de la crise d'Hatfield Chase et Sandoft, deux des Participants, Robert Long et le français Jean Gibon, exposaient au roi:

Galtres?

« Qu'étant devenus fermiers vassaux de S. M. pour les terres de la forêt désaffectée de Galtres, comté d'York, et la susdite étant sauvage,

---

[1] Pétition du 10 déc. 1640. Voir plus bas.
[2] Bedloe avançait les 1159 liv. st. nécessaires; les Participants étaient assignés en remboursement par sa veuve à la date tardive de 1661.

stérile, sans engrais, ils n'en peuvent tirer de bénéfice que s'ils la sous-louent à des tenanciers qui les mettraient en culture à force de frais et d'industrie ; et que les habitants d'alentour, par coalition ou opiniâtreté, ne veulent pas prendre à bail ce qu'ils disent avoir été leurs communaux, malgré tout ce que S. M. leur a alloué en échange.

« Les pétitionnaires sont donc contraints d'amener de Hatfield Chase quelques-uns des tenanciers français qui, gens industrieux et adroits dans l'amendement des terres, offrent de payer des redevances raisonnables. Comme les terres de la dite ancienne forêt sont éloignées de toute ville, les pétitionnaires ont l'intention d'élever, à leurs frais, pour ces tenanciers, des maisons convenables et de leur bâtir une église s'ils peuvent obtenir de S. M. l'autorisation nécessaire. Et comme aucun desd. français ne comprend encore parfaitement l'anglais, les pétitionnaires ont découvert un ministre bénéficié dans ce pays, qui parle un bon français et consent à célébrer tous les services religieux en cette langue, à se conformer aux louables discipline, cérémonies et gouvernement de l'Église d'Angleterre et à n'employer aucune autre forme de prière que la Commune Prière de l'Église d'Angleterre, mais en langue française ; et ils doteront la dite église d'un revenu annuel et perpétuel de cent Livres.

« Les pétitionnaires supplient humblement S. M. de leur accorder licence d'y fonder une église avec droit de présentation à perpétuité ; et de signifier son royal plaisir au Lord archevêque d'York que le ministre soit admis actuellement à se servir de la langue française selon les institutions de l'Église d'Angleterre, jusqu'à ce que les Français qui habiteront là, parviennent par la pratique à la parfaite compréhension de l'anglais ».

Le 6 juin 1637, le roi « approuvant les bonnes intentions des pétitionnaires », signifie son bon plaisir à la préparation par le procureur général, pour être soumise à sa signature, des licences d'érection de l'église et de dotation de cent L. pour le desservant et ses successeurs présentés par S. M. et ses successeurs à perpétuité. Et,

« S. M. tenant pour convenable d'autoriser les habitants à célébrer le service divin dans une langue qu'ils comprennent, se complaît également à accorder la licence de le lire en langue française mais en la forme de la liturgie de l'Église d'Angleterre, de même qu'ils puissent avoir des sermons en français selon les articles et canons de l'église d'Angleterre, jusqu'à ce que les habitants soient parvenus à la compréhension de l'anglais, et alors services et sermons seront en langue anglaise. L'archevêque d'York devra donner autorisation et institution à un tel ministre, s'il le trouve en conformité avec la religion et la discipline ici établies.[1] »

Cette Église dans laquelle nous en croyons reconnaître une près de Peterborough, mentionnée en 1642 comme distincte de Sandhoft et confiée à Cursol, n'a pas laissé de vestiges : destinée à ne revêtir que transitoirement le caractère français, si elle a vécu, elle n'est jamais entrée en relations avec les autres congrégations du Refuge, et dès la première génération se sera confondue avec les paroisses du diocèse. Les colons réfractaires à l'identification absolue ont pu regagner Sandhoft à l'ère de la liberté, ou être un peu plus tard au nombre des fondateurs des Églises françaises de Whittlesey et de Thorney-Abbey.

La promptitude et la forme de l'acquiescement royal sont une indication de plus des conditions que Laud entendait imposer désormais à toute colonisation étrangère : l'adoption immédiate et sans partage de la liturgie, du gouvernement ecclésiastique et, dans un avenir rapproché, de la langue même du pays.

Laud et les Églises de l'étranger.

Les défenseurs de Laud, au point de vue ecclésiastique, n'ont pu justifier sa conduite à l'égard des Églises du Refuge : ceux qui ne le blâment pas d'avoir méconnu les vrais principes protestants, sont contraints d'avouer qu'en répudiant la politique d'Élisabeth il enlevait au gouvernement de Charles Ier les sympathies des réformés et diminuait l'influence de l'Angleterre en Europe[2]. On s'était habitué à regarder vers elle toutes les fois

---

[1] *Cal. State Papers. Dom. Car. I.* CCCLXI. 24.

[2] « Ces excès étaient sans doute contre la bonne politique du royaume. Ne discernant point les motifs essentiels de la politique sur lesquels cette bonne correspondance avait été fondée, ils travaillaient à la rompre sans en envisager les suites. Ainsi l'Église d'Angleterre n'accordant plus protection aux réfugiés

que la cause protestante était en souffrance ou menacée. Aussi l'émotion fut-elle grande à Genève lorsqu'on apprit, au contraire, que « les Évesques blasmoient grandement la Discipline ecclésiastique réformée jusques à la taxer d'être cause et origine de faire rebeller les subjets de l'obéissance deue à leurs Princes ; que la chose en estoit venue si avant qu'on en parloit et en chaire et autres lieux publics sans aucun respect »[1].

Alors qu'ils songeaient à s'en plaindre directement on leur écrivait, il est vrai, et de Londres, que les sentiments de Laud étaient autres qu'on ne les dépeignait, qu'il était « porté de bonne volonté et affection envers les Églises Réformées de France et de Suisse », que c'était lui, au contraire, qui les croyait mal disposées à son égard, puisqu'elles ne condamnaient pas ouvertement les puritains. Comme preuve on alléguait le poste confié à Cursol *après sa conformité* ; mais ces correspondants, qui eux-mêmes demandaient conseil si, pour obtenir pareille faveur, ils ne pourraient en conscience souscrire à la Discipline d'Angleterre, ne renversaient-ils pas les rôles? Selon eux, c'était à la Compagnie à écrire au primat pour lui faire « entendre son sentiment touchant la diversité des cérémonies qui sont en Angleterre et celles des Églises de France et les nostres et le remercier de l'accueil gracieux qu'il auroit fait aux dits de Cursol et

des pays étrangers comme elle avait fait d'abord, ne fut pas plutôt dans l'adversité que les réformés des autres pays furent bien aises de trouver une si belle occasion de faire éclater leur malice contre elle. » Clarendon. *Histoire*.

[1] La Vén. Comp. décide de ne rien dire qu'on ne voie « quelque imprimé, afin de ne pas allumer un feu beaucoup plus grand », séance du 13 oct. 1637. Diodati reprend le sujet le 17 nov. « Nous sommes diffamés, que par notre Disc. eccl. nous étions contraires à l'authorité des rois et princes de la terre; cela retentit d'ordinaire ès chaires, ce qui retourne au grand préjudice de l'Église de Genève et des fidèles qui sont par delà qu'on appelle Puritains qui souffrent beaucoup. » On décide d'écrire une bonne lettre à l'évêque de Salisbury, Davenant « lequel on croit estre fort affectionné à cest Estat, personnage très sincère et fort modéré », mais d'abord à M. de Mayerne dont on attendra la réponse. *Procès-verbaux. Genève*.

Sabouroux »[1]... « L'arch. espéroit fort d'avoir des remerciements, cela pourroit servir de beaucoup et à l'Estat et à d'autres qui pourrroyent estre recommandés par la Compagnie »[2]. Il les attendit en vain.

L'abstention genevoise n'était que légitime. Les faits accomplis ne prouvaient-ils pas surabondamment, qu'à moins d'abdication de leurs principes, il ne fallait plus compter sur la Grande-Bretagne ? Quand son ambassadeur en France, lord Scudamore, reçut l'ordre de ne plus se rendre au prêche de Charenton, qu'il installa la chapelle de son aumônerie avec autel et cierges, qu'averti « de s'abstenir d'aucun commerce particulier avec ceux de cette profession », il dit bien haut que « l'Église d'Angleterre ne regardait pas les Huguenots comme étant de sa communion », on fit autre chose encore que de « scandaliser les Réformés »; on les prépara à envisager comme un affranchissement des consciences la chute de cette Église qui reniait les nobles et fraternelles traditions du passé.

Se reportant à ce passé, en dépit des circonstances présentes, les pasteurs suisses des cantons évangéliques intervinrent auprès de Laud quand les Écossais, poussés à bout par l'imposition d'une liturgie calquée, avec aggravation, sur celle d'Angleterre, jurèrent à nouveau le Covenant, et que le roi partit à la

---

[1] Séance du 31 août 1638, lecture des lettres des sieurs de Cursol, Sabouroux et Tolosan. *Procès-verbaux. Genève.*

[2] Séance d'oct. 1638. Lettre de Tolosan. « Sur quoi a été advisé unanimement qu'il n'estoit pas expédient d'escrire sur un si petit sujet, y ayant des conséquences dangereuses, veu l'estat à présent des affaires de la religion en Angleterre : qu'une telle lettre pourroit porter du préjudice à plusieurs de nos frères en Angleterre, qui desjà sont malmenés pour ne vouloir se ranger aux innovations introduites par le susdit archevêque. » *Ibidem.* Voir à l'*Appendice* les lettres de Tolosan et de Richier; les procès-verbaux de la Vén. Comp. font mention d'une étude de la liturgie anglicane en vue de la réponse à l'avis demandé, ainsi que de cette réponse, mais sans en indiquer le sens, 1639.

tête de l'armée destinée « à châtier l'insolence des rebelles »[1]. Les ministres et professeurs de Zurich, de Berne, de Bâle et de Schaffhouse conjuraient l'archevêque, au nom de la paix religieuse et de sa propre gloire, de s'interposer « et de faire en sorte que la question se vidât, non par les armes, mais par l'intervention morale et la clémence du roi ». Protestant de son désir de paix et de ses efforts pour l'obtenir, dans des conditions compatibles avec l'honneur du souverain, le prélat ne repousse pas cette fois le principe de la solidarité réformée, mais c'est pour le retourner avec amertume contre ceux « dont l'amitié et la sagesse leur ont dicté des conseils pacifiques à son adresse à lui, mais qu'il eût voulu voir écrire également aux conjurés d'Écosse, leur prêcher l'obéissance à leur roi, soutenir dans les causes ecclésiastiques le pouvoir royal tel que l'ont exercé les meilleurs rois de la Judée, condamner cette résistance armée sans précédent jusqu'ici dans l'histoire de l'Église, qui, sous le manteau de la Religion, vise les autorités constituées par Dieu ». Il insiste :

« Oui, par une lettre, par un arrêt, vous deviez désavouer la rébellion et avec vous toutes les Églises réformées, car l'audace révolutionnaire des confédérés s'est accrue au point qu'elle dépasse tout, même l'audace jésuitique... Ils se porteront à toutes les extrémités contre leur roi naturel, un roi si libéral dans tout ce qui touche à Dieu et à la Religion. De plus (et ici je ne sais ce qui convient le mieux, la douleur ou l'exécration), les vrais porte-drapeaux de l'insurrection sont des ministres. Oui, je le répète, il faudrait un désaveu. Car cette rébellion est tellement grave, tellement odieuse même à ceux qui ne pèchent point par excès de sagesse, que je crains de voir l'Église réformée tout entière flétrie, et par les contemporains et par la postérité, s'il ne s'élève pas pour le moins

[1] « Charles and Laud determined to force on the Scots the English Liturgy, or rather a liturgy which wherever it differed from that of England differed for the worse. To this step, taken in the mere wantonness of tyranny, and in criminal ignorance or more criminal contempt of public feeling, our country owes her freedom. The first performance of the ceremonies produced a riot. The riot rapidly became a revolution. » Macaulay. *Hist. of England.*

quelque protestation écrite contre cette infâme conjuration. Si périlleuses que puissent être les épreuves de l'avenir, rien au monde n'est capable d'ébranler, de tourner en ridicule l'Église réformée comme les scandales qui pullulent là-bas et qui exposent la Religion elle-même à toutes les infamies [1] ».

Demander aux Églises réformées d'aider par leur influence le roi et l'archevêque à détruire les institutions qui leur étaient chères et sacrées, les rendre à distance responsables d'excès provoqués par la plus complète violation des droits acquis, il serait difficile de pousser plus loin l'opiniâtreté ou l'aveuglement. Si Laud est tristement prophète quand, dans cette lettre où il se peint tout entier, il écrit « Ils se porteront à toutes les extrémités contre leur roi naturel », comment peut-il ajouter de sang-froid « ce roi si libéral dans ce qui touche à Dieu et à la religion » ? Les pauvres Églises de Kent n'auraient-elles pu s'unir aux puritains et aux Écossais pour évoquer en réponse la longue série des intolérances et des proscriptions ?

Elles touchaient à leur terme. Au Parlement, réuni en 1640 après douze années d'attente, et renvoyé aussitôt sur son refus de voter des subsides sans examen, succédait, par suite des

Chute de Laud.

---

[1] *Præstantium ac Eruditorum Virorum Epistolæ Ecclesiasticæ et Theologicæ.* Amsterdam 1684, in-fol. Lettre 552; elle est du 30 avril 1639 en réponse à celle des Suisses du 21 mars. — Le primat faisait en même temps conseiller officieusement aux Genevois, sans doute par ses précédents intermédiaires, « d'écrire contre la procédure des Escossois, *afin de se disculper* ». La Vén. Compagnie déclara « ne pas vouloir ni pouvoir s'ingérer dans les choses dont ils ne sont pas requis ». Séance d'avril 1639. Elle recevait pourtant, février 1640, les plaintes des Écossais « de ce qu'elle les avait blâmés », et répondait n'avoir « condamné ni les uns ni les autres ». *Procès-verbaux Genève.* Les Covenantaires invoquaient à la défense de leur cause, la similitude des formes ecclésiastiques qu'on prétendait leur enlever, avec celles des Églises de France. Dans l'ardeur de son royalisme Pierre du Moulin le jeune leur en contesta le droit et publia: *A Letter of a french Protestant to a Scotishman of the Covenant, wherein one of their Pretences is removed, which is their conformitie with the French Churches in point of Discipline.* Londres 1640, in-4º.

victoires des Covenantaires, la convocation de celui destiné, à travers de grandes fautes qui préparèrent un crime, à poser les assises de la liberté constitutionnelle. Un des premiers actes du « Long Parlement » fut, sur l'accusation de la Chambre des Communes, l'arrestation de Laud par ordre de celle des Lords. Enfermé à la Tour le 1ᵉʳ mars 1641, il y languit trois années avant d'être appelé à rendre compte de son administration civile et ecclésiastique, et d'être livré à l'échafaud dont aurait dû le sauver la sincérité de son fanatisme [1].

Le 12ᵉ chef d'accusation était ainsi conçu :

« Il a traîtreusement essayé d'occasionner des divisions et discordes entre l'Église d'Angleterre et les autres Églises réformées ; à cette fin il a supprimé et abrogé les privilèges et immunités qui ont été accordés par S. M. et ses royaux ancêtres aux Églises flamandes et françaises dans ce royaume, et de diverses autres manières il a manifesté sa malice et sa désaffection envers ces Églises, afin que par une telle désunion les papistes puissent avoir plus d'avantage pour le renversement et l'extirpation des deux. »

L'archevêque répondit sur ce point dans sa défense : « Quant aux Églises françaises et flamandes dans ce royaume, je les mets en question non pour leurs anciens privilèges, mais pour leurs nouveaux empiétements, car il n'était pas dans l'intention de la reine Élisabeth de les héberger, à moins qu'ils ne se conformassent à la liturgie anglicane [2]. Je n'ai insisté que pour ceux de la seconde descendance et nés en Angleterre, et si tous ceux-là avaient été contraints d'aller à leurs églises paroissiales comme ils auraient dû, ils n'auraient pas fait à l'Église d'Angleterre autant de mal qu'ils lui en ont fait depuis [3] ». A côté de l'assertion

---

[1] « Fanatique aussi sincère que dur, sa conscience ne lui reprochait rien. » Guizot.

[2] Il s'appuyait sur les sous-entendus, intentionnels ou non, de la concession d'Austin Friars.

[3] A l'accusation d'avoir dénié aux ministres des Églises étrangères et à ces Églises le caractère de vrais ministres et de vraies Églises, l'archevêque répon-

erronée à l'endroit d'Élisabeth, Laud prouve par sa réponse que son intention, dès le début, avait été de généraliser la mesure appliquée, comme essai, aux Églises de Kent.

dit : « Je n'ai pas absolument exclu du giron de l'Église (unchurched) les Églises protestantes étrangères. Je dis certainement dans mon livre, d'accord avec Saint Jerôme, pas d'évêque pas d'Église, et que nul autre qu'un évêque ne peut ordiner, excepté dans des cas d'inévitable nécessité : est-ce là le cas des Églises étrangères, c'est au monde à en juger. »

CHAPITRE XI

LES ÉGLISES PENDANT LES LUTTES CIVILES.

Réaction.

Hatfield Chase.

Avec la révolution qui commençait, les Églises du Refuge sentirent qu'elles rentraient dans leurs droits. Elles eurent hâte d'en profiter. Avant tous autres, les colons d'Axholme, d'Hatfield Chase et Sandoft. En novembre 1640, l'évêque Williams, sorti de la Tour, reprenait sa place dans la Chambre des Lords, à laquelle, le 10 décembre, une semaine avant l'arrestation de Laud, Jacques le Cou, Jean le Cou, Jean le Houcq[1] et Gilles Rey présentaient la pétition « de la pauvre Église ou congrégation française ou flamande assemblée dans l'île d'Axholme » « contre les agissements du Dr Farnerye. Après enquête, les Lords ordonnèrent le 17 février 1641 le remboursement des deux cents livres et l'octroi de temps en temps, aux étrangers, par l'ordinaire du diocèse de Lincoln « de telles faveurs, privilèges et immunités pour leur Église et congrégation, que le permettent les lois civiles et ecclésiastiques »[2]. Bontemps étant

---

[1] Un des premiers inscrits sur les registres de l'église de Douvres 1646.

[2] Le litige se prolongea pendant plusieurs années. Farnerye assurant en avoir versé cent livres pour les réparations de la cathédrale de Saint-Paul, les Lords commandèrent au trésorier de Saint-Paul, s'il en était ainsi, de les restituer « ne trouvant pas convenable que l'argent extorqué de la sorte de pauvres étrangers soit employé à une œuvre aussi pieuse ». Cursol avait prélevé trente livres, on les lui réclama à plusieurs reprises, sur les plaintes de Jean d'Espagne et instances judiciaires.

devenu ministre de l'église wallonne de Harlem[1] et Cursol étant expulsé par les colons, ils avaient adressé vocation depuis quelques mois à l'aumônier de Soubise, Jean d'Espagne[2]. Il lui fut d'autant plus facile de rétablir la discipline et le culte réformés de France qu'une orientation nouvelle de la politique de Charles Ier faisait monter Williams sur le siège d'York.

Cette première décision favorable du Parlement pouvait faire espérer aux vieilles Églises étrangères le retour de l'État aux traditions libérales du passé. Déjà la française et la flamande de Londres formulaient, sous le titre significatif de « Remonstrances », une protestation contre leur comparution, quatre ans auparavant, devant la Cour archi-épiscopale et contre les Injonctions qu'elles y avaient reçues[3]. La wallonne de Canterbury et la flamande de Sandwich s'unirent à leur tour pour présenter aux pouvoirs publics la narration détaillée des funestes Injonctions et de leurs conséquences, et demander à en être désormais affranchies[4]. Après cinq années de pénibles expériences elles en démontraient les inconvénients : confusion dans les familles, insuffisance, au point de vue réformé, de l'instruction religieuse des enfants, usage de cérémonies incomprises et même de nouvelles, et surtout suppression des censures et de la discipline de l'Église,

« Remonstrances » des Églises de Londres et « Relation sommaire » de Canterbury.

---

[1] Installé 12 avril 1637, venu « du Digage de Hatfield » mort 27 nov. 1648.

[2] Une note de 1642 indique une Église à Sandhoft dont le ministre J. d'Espagne « est à présent à Londres, et une autre à 4 ou 5 milles de Peterborough, composée également de François et Flamands où on lit la liturgie anglaise et dont Mil. de Bedford paie le ministre Et. de Cursol. » Le 23 oct. les anciens Tison et Taffin cherchent un successeur à d'Espagne qui a pris un poste à Londres. *Ecc. L. Bat. Arch.*

[3] *Remonstrances of the Ministers and Elders of the outlandish Congregations in London on the breach of their priviledges*, non daté, attribué *State Papers* CCCCLXX 109, à oct. 1640, peut-être un peu postérieure.

[4] *A summary Relation concerning the delivery and prosecution of the Archbp. of Canterbury his Injunctions unto the Strangers Churches in his Diocese with some chiefe reasons for which the french or Wallon Ch. at Canterbury and the Dutch at Sandwich desire to be freed from them*, — *State Papers. Dom. Car. I.* CCCCLXXVIII. 90.

d'où accroissement des scandales et désordres[1]. Elles insistaient alors sur ce que le maintien des Injonctions amènerait « selon

[1] « La confusion dans les familles; quelques-uns allant à une église, quelques-uns à une autre, les pères et mères ne peuvent avoir leurs enfants avec eux à servir Dieu et à les voir le faire, et à entendre prêcher la parole comme ils y étaient accoutumés dès l'enfance. Mais il faut qu'ils aillent là où pour la plupart du temps il n'y a pas de prédication ce qui, outre la grande affliction pour de bons parents et enfants, est très préjudiciable à l'édification et dangereux en plusieurs manières.

... Que ceux de la seconde descendance devant ne pas être reçus en ces églises, mais se rendre à leurs paroisses, ne sont plus, comme ils y étaient habitués et selon la stricte coutume des Églises réformées de leur langue, catéchisés très-particulièrement sur tous les points de la vraie doctrine chrétienne pendant l'espace d'une demi-année avant d'être reçus à la sainte communion, mais ils sont reçus dans leurs paroisses avec peu ou point d'examen, et sans cette promesse solennelle de se bien conduire dans la foi et les mœurs, et de se soumettre à la discipline.

Que, sur la stricte imposition de l'Injonction, les parents et enfants les mieux disposés, sont non seulement fort affligés, mais encore découragés de continuer ici leur résidence et commerce, les parents voyant leurs enfants, et les enfants se voyant eux-mêmes amenés à participer à des cérémonies bizarres, inconnues à leurs consciences, spécialement depuis l'introduction des nouvelles, surtout les autels, avec d'étranges sermons sur des choses dont leurs âmes n'avaient pas coutume d'être troublées. D'autant plus que par cette séparation des enfants des Églises de leurs parents, il semble qu'on jette un blâme sur ces Églises et les autres Églises réformées de cet ordre, puisqu'on les contraint ainsi à les quitter.

Que ceux de la seconde descendance qui ne sont pas bien disposés prennent avantage de cette séparation pour vivre plus selon leur gré et plaisir que lorsqu'ils étaient sous le gouvernement et la discipline de ces Églises, parce qu'ils ne sont pas sujets à la censure, comme le sont ceux qui continuent à être membres, lorsqu'ils commettent quelque faute ou scandale d'aucune sorte. Et de ceci il y a de tristes exemples tant de ceux qui ne veulent plus être dirigés comme autrefois, que de ceux qui ont commis de grosses fautes et scandales, et de par la raison qu'ils sont du second degré les Églises n'ont pu les censurer; il est manifeste qu'il a été commis plus et de plus graves fautes, qu'il y a eu plus de conduite insolente et de jactance vis-à-vis des gouverneurs ecclésiastiques qu'auparavant. Oui, depuis cette Injonction d'autres qui n'étaient pas de la seconde descendance, mais de la première, voire même de simples étrangers secouent plus aisément le joug, en étant prêts à aller aux paroisses si les Églises veulent les admonester ou les censurer comme ils en ont besoin, ou seulement mécontenter de quelque autre façon leurs caprices, fut-ce même le ministère public. Et ceci est particulièrement apparu

toute apparence dans l'avenir, ce grand mal et dommage de l'absolue ruine et dissolution des Églises » [1], ruine et dissolution d'autant plus affligeantes, disaient-elles, que :

« 1º L'honneur de Dieu, procuré en diverses manières par ces Églises, malgré leur pauvreté, cessera avec leur cessation et ne sera plus, elles étant dissoutes par une lente consomption ;

« 2º L'édification de tant d'âmes opprimées par l'idolâtrie ou la persécution dans les pays étrangers, qui pendant l'existence de ces Églises sous les ailes de S. M. peuvent avoir ici leur recours pour servir Dieu en leur propre langue, sera aussi arrêtée et empêchée si ces Églises nourricières se dissipent;

« Et 3º Nous laissons à la considération de ceux à qui il appartient de juger si, et jusqu'à quel point, y sont intéressés l'honneur et l'avantage du roi et du royaume avec la glorieuse renommée de l'Église d'Angleterre d'avoir reçu et recueilli si charitablement les chrétiens opprimés et persécutés. Pour notre part nous savons que c'est un grand honneur pour S. M., pour l'État et pour l'Église parmi toutes les Églises réformées de l'étranger d'avoir maintenu et de maintenir avec une si tendre grâce et sollicitude beaucoup d'affligés et de leurs enfants... nous le recon-

dans des mariages déréglés, précipités et soudains ou sans demande du consentement des parents, ou à leur encontre, et sans les bans. Ces mariages rares autrefois, et très scandaleux dans ces Églises, sont devenus depuis l'Injonction plus fréquents, et divers ne comprenant très peu l'anglais, même quelques-uns ne l'entendant pas du tout, se sont permis de se marier chez les Anglais par des licences des Cours Ecclésiastiques. »

On remarque dans les premiers griefs énoncés le manque de prédication. Tandis que le sermon constituait pour les Églises réformées de France l'élement principal du culte, il disparaissait de plus en plus de celui de l'Église anglicane. L'évêque de Bath et de Wells par exemple le supprimait dans tout son diocèse, « ne voyant maintenant » disait-il, « aucunement la nécessité de prêcher telle qu'elle existait au temps des apôtres ».

[1] « Par les trois raisons : 1º de l'accroissement quotidien des susdits maux et inconvénients ; 2º de la séparation de ceux du second degré qui sont pour la plupart les enfants des principaux membres et pilliers de ces Églises, lesquels mourant et leurs enfants n'étant pas membres de leurs Églises mais en étant partis, ces Églises manqueront de moyens, voire de membres pour subsister ; 3º du scandale qui est et sera pris dans les lieux étrangers et persécutés d'où viennent quelques membres nouveaux, qui décourage et découragera ceux autrement bien disposés, de s'unir à ces Églises délaissées et opprimées. »

naissons, les en remercions et dans nos prières appellons sur eux toutes sortes de bénédictions ».

Le consistoire de Canterbury s'adressait aussi directement à la municipalité. Le 28 septembre 1644, sa cause était gagnée, et ce corps, redevenu libre, édictait l'ordre suivant : « Sur la pétition des ministres, anciens et congrégation de Wallons de cette cité, montrant que vers le commencement du règne de la R. Élisabeth ils furent reçus dans cette ville, par ordre de l'État, et ont toujours depuis vécu paisiblement et religieusement, et, par leurs manufactures de filage et tissage, ont employé beaucoup d'Anglais pauvres ; et exposant aussi que par raison de la guerre en Picardie, Artois et Flandres, beaucoup de Wallons se rendent en cette ville et y sont journellement attendus, qui étant protestants et tisserands, désirent se joindre à la congrégation wallonne d'ici. — Il est ordonné que tant ceux venus déjà que ceux qui viendront à l'avenir, s'ils sont protestants, se soumettent au gouvernement de la cité et à l'ordre de la congrégation des Wallons et sont admis par le Maire et des Aldermen suivant l'ancienne coutume, pourront à l'avenir vivre sous le gouvernement du Maire et des Aldermen de cette cité, ainsi que la dite congrégation l'a fait durant soixante ans et plus, ayant été constaté que par son industrie elle a été avantageuse à la ville. » Le 12 octobre, on ordonnait de pourvoir la congrégation wallonne d'un registre pour l'inscription « des noms de ceux reçus par le Maire et les Aldermen avec les certificats apportés par les immigrants, et les garanties données par ceux non admis dans la congrégation, pour la décharge d'icelle »[1].

Le passé était donc réparé, au moins à Canterbury et à Londres. Pour en effacer partout les traces et en empêcher le retour, les Églises sentirent le besoin de renouer leurs liens de

[1] *Orders of the court of Burghmote.* — Vol. IV, p. 164.

solidarité ecclésiastique. Le Cœtus décida les réunions simultanées des Colloques particuliers de chaque langue et du Synode général des deux, l'église de Threadneedle street convoquant le Colloque de langue française, à défaut de Southampton dont c'eut été le tour, mais qui avait été longtemps destituée de pasteur[1].

Toutes les Églises tinrent à honneur d'être représentées au troisième Synode[2], réuni à Londres du 3 au 22 septembre 1641, ainsi que le disent les Actes « en partie pour aviser sur la cause générale, c'est-à-dire la subsistance de toutes les Églises étrangères réformées en Angleterre, et en partie pour décider quelques autres questions importantes et difficiles. Les principales décisions furent les suivantes[3] : réunion triennale et simultanée des Colloques des deux « nations », pour rendre possibles les consultations mutuelles sur les questions graves ; révision par chaque nation de sa Discipline en vue de la rédaction d'une générale et commune « pour cimenter l'union et pouvoir être

Le troisième Synode.

---

[1] « La convocation du Colloque présent s'est faite par l'Église de Londres au nom des autres Églises par l'ordre du Cœtus au défaut de celle de Southampton qui en avait la charge et en avait omis l'exécution par tant d'années, laquelle s'est excusée de ce qu'elle n'a point eu les Actes du dernier Colloque ni de pasteur quelques années. » *Actes du XXVe Colloque.*

[2] Églises dites *françoises* de Londres, Norwich, Canterbury, Southampton ; Églises flamandes de Londres, Norwich, Sandwich, Colchester, Maidstone, Canvey Island, Yarmouth. Président Primerose, assistant de Laune, secrétaire César Calandrini. Les Actes synodaux sont maintenant rédigés en anglais.

[3] La plupart de ces décisions synodales avaient été préparées au sein des Colloques respectifs. Voir Actes de ces Colloques. On lit dans ceux du flamand : « Sur les jours de jeûne et d'actions de grâces l'Église parlera aux frères français comme nous le fîmes au sujet de l'Injonction de l'archevêque. — On attend du Parlement une réformation générale dans laquelle on pourrait arranger la question des mariages par licences ; en communiquer avec nos frères français ». Extraits par M. Moens des Actes du XXe Colloque flamand. Il s'agissait de prévenir l'abus visé dans le mémoire de Canterbury, de jeunes gens se mariant dans les Églises anglaises sans l'autorisation et la publication des bans dans la leur.

montrée au Roi ou au Parlement s'ils la demandent »; recours au Parlement pour garantir l'avenir :

« Le Synode considérant le grand trouble apporté à quelques-unes de nos Églises où les Injonctions de l'archevêque ont été imposées, et le danger du renversement de toutes si on ne l'empêche; estime que ceci est une saison favorable pour pétitionner le Parlement d'établir par un acte du dit Parlement la liberté d'exercice de nos Religion et Discipline, comme elles sont en usage au-delà des mers dans les Églises réformées de nos diverses nations, et comme nous en avons jusqu'ici joui dans ce royaume par la gracieuse faveur de S. M. et de ses royaux progéniteurs. Avec une expression plus particulière contre les excommunications abusives et les licences pour les mariages. Et que dorénavant aucune congrégation réformée étrangère ne puisse être soufferte dans ce pays, qui ne soit sujette au Synode de sa nation. L'acte sera dressé par un savant conseil légal, pour être prêt à être présenté au Parlement en temps opportun; le soin de l'exécution et de la présentation est remis au Cœtus [1] ».

Repoussant la communion privée des malades, ainsi que la lecture publique d'homélies ou de sermons imprimés à défaut de prédication, sinon en cas de grande nécessité, le Synode prenait une décision mixte sur la question souvent débattue : « Un ministre de nos Églises peut-il avoir un bénéfice anglais avec cure d'âmes en plus de son Église, si la dite Église en est satisfaite, comme n'étant pas capable de lui allouer un entretien suffisant? » Réponse : « La règle sera dorénavant que ce ne peut pas être permis dans nos Églises : cependant s'il y en a déjà dans ce cas, qu'aucune des Églises, l'étrangère ou l'anglaise, n'est en état de le maintenir à elle seule, afin d'éviter de plus grands inconvénients on le tolérera pour ce cas particulier [2]. »

---

[1] La Commission était formée des pasteurs de Laune, Delmé, Liébaert et Calandrin, et des anciens Bulteel et Hoste.

[2] L'aide à donner aux Églises pauvres par les plus riches était recommandée par voie de persuasion mais non d'imposition, le soin des pasteurs âgés ou infirmes remis à leurs troupeaux. A la question sur le degré de liberté d'une Église et des anciens d'introduire, sans le consentement des autres ministres,

Le XXVe Colloque, Londres, 2 sept. 1641 (Marie, modérateur, de Laune, secrétaire), assura le fonctionnement des Colloques par la possibilité de déléguer, sur le refus de tous les anciens, un diacre ou même un autre membre du troupeau, élu par le consistoire à la majorité des voix[1] — et la convocation, quand l'Église qui en a la charge omet ce devoir l'espace d'un mois, par la suivante dans l'ordre de roulement. Se refusant à recevoir sans répondans ceux qui se retirent d'une Église à une autre, à cause de l'accumulation des pauvres dans certaines d'entre elles[2], recevant l'exposé de la situation précaire de Southampton où Sauvage était revenu, et des molestations faites par le maire de Norwich à la congrégation de cette ville, le Colloque ne voulut pas autoriser cette Église à employer des mesures de rigueur pour se pourvoir d'anciens et de diacres[3], mais

un ministre à l'encontre duquel il y a exception faite sur sa vie ou sa vocation, et qui n'aurait pas les lettres de décharge de sa première Église, on répondit que, si l'exception porte sur la vie ou la vocation les anciens en ont le droit, mais que si l'exception est contre la doctrine, l'Église ne peut l'admettre jusqu'au jugement du Colloque. *Actes du Synode.*

[1] « Que dans ce cas élection soit faite d'un personnage grave et entendu, qui auparavant aurait été en charge dans l'Église », ajoute le XXVIe Colloque.

[2] Exceptant toutes fois tous ceux qui se retirent par deça des lieux Papistes à cause de la Religion, lesquels on reçoit et recevra en toutes nos Églises sans aucun répondant. » L'article fut rayé au XXVIe Colloque.

[3] « L'Église de Norwich représente que si elle n'est exemptée des articles qui laissent les anciens et diacres en leur liberté d'accepter ou de refuser l'élection, la dite Église est en danger de ne pouvoir être servie. A été répondu qu'il n'y a nulle autre voie que douceur et persuasion. »

« Touchant quelques molestations faites depuis naguère par un Maieur de Norwich contre l'ordre du Conseil d'État, l'Église de Londres a été requise et a promis d'assister à ceux qui sont molestez de leur meilleur avis et conseil s'ils s'adressent à eux ». Art. 10. Il s'agissait d'une remise en vigueur du *Book of orders*, en accentuant des défenses pour les étrangers de faire leurs achats avant l'après-midi, d'employer d'autres étrangers sans permis de résidence du maire, de s'éloigner sans passeport de lui, et en précisant les pénalités et amendes. Les détails dans Moens, *Hist. of the W. Church of Norwich* XIII.

il admit l'égibilité de la seconde descendance : il prouvait ainsi que désormais il tenait les Injonctions de Laud pour nulles et non avenues.

Révision de la Discipline.

Il procéda ensuite à la révision de la Discipline décidée par le troisième Synode et confiée cette fois à l'ensemble du Colloque. Ce travail était à double intention : on voulait moderniser quelques expressions, préciser certains points [1], laisser aux Églises sur d'autres un peu plus de latitude ; mais on voulait encore bien davantage ressaisir si possible la complète autonomie : à ce point de vue surtout les changements sont significatifs.

La quatrième forme.

La Discipline de 1588-89 étant prise pour base et reproduite dans sa presque totalité, une analyse suivie des articles (distribués en dix-neuf chapitres au lieu de treize) est cette fois superflue.

A l'article premier l'omission d'un mot rompt définitivement avec les traditions d'a Lasco et sépare les pasteurs des anciens [2].

[1] Exemples : 1° plus grande netteté dans l'expression; pour l'élection des pasteurs, au lieu de *des* ministres *les* ministres; pour les lectures à faire par les docteurs au lieu de « il sera bon », « il faudra »; pour les censures des abstentionistes de la cène, au lieu de « le consistoire pourra cognoistre », « connaîtra »; au lieu de « et aura chaque ancien par écrit », « et sera obligé chaque ancien d'avoir »; au lieu de « le consentement des pères et mères *ou autres* » *et*, et pour les promesses de mariage au contraire, parents, voisins *ou autres*, au lieu de *et*; dans les censures au lieu de « et les pasteurs au contraire », et « les pasteurs touchant leurs Églises ».

2e Additions de mots : dans les mariages à *degrés* ajouté *consanguinéité;* à la sépulture « aucune superstition... *ou superfluité* », dans les Colloques, un seul ancien du lieu a voix délibérative, ajouté *et décisive*.

3e Suppressions de mots: les parrains gens fidèles (*de sens* supprimés); pour la décharge « (*maintenant*, supprimé) nous sommes d'avis »; dans la forme de nomination « hommes propres (*et idoynes* sup). »

[2] « La charge des pasteurs est ... avec les autres anciens choisis pour surveiller », le mot *autres* disparaît. De même au titre de la prière de consécration on raye les mots : *avec imposition des mains* « qui ne conviennent », disent les Actes du Colloque, « aux Anciens et Diacres. »

A l'art. 60 de la même section il n'est plus dit que la confession de foi à signer est celle des Églises de France et que, selon les circonstances, on aura liberté d'en dresser une autre. La forme de confirmation des pasteurs, entre la nomination et la prestation des promesses, manque dans cette Discipline.

Le chapitre de la Prophétie « ayant été renvoyé pour y adviser, après meure délibération a été arêté par le Colloque qu'il sera rayé, mais celui de la Proposition demeurera »[1]. Un redoublement de sévérité étend aux suspendus de la Cène à titre privé l'exclusion des fonctions de parrains et marraines et ajoute à la procédure de l'excommunication « la forme comme elle est couchée sur la Discipline de France, assavoir Qu'on déclare au dit scandaleux et endurci, en le nommant, qu'on ne le connoit plus pour membre de l'Église, le retranchant d'icelle au nom et en l'authorité de Dieu et de l'Église »[2].

D'autre part, tenant compte de l'inégalité respective des Églises et des difficultés locales, après avoir déclaré que « le nombre et terme du service des anciens et des diacres sont laissez à la liberté de chaque Église », à la visite mensuelle des pauvres obligatoire pour les anciens et les diacres, et aux visites trimestrielles des diacres et des pasteurs est substitué l'article : « Les pauvres seront généralement visitez par les ministres, anciens et diacres aussi souvent qu'il sera jugé nécessaire par l'avis du consistoire ». Les services de préparation à la communion et au jeûne ne sont exigibles que là où il y a « pluralité de ministres ». Dans le même esprit on ajoute pour la déclaration de foi publique des enfants « tant que faire se pourra », et pour les examens trimestriels, « ès Églises où cela se peut pratiquer ». S'il se produit quelque opposition à une élection, « il

---

[1] *Actes du Colloque.*
[2] La formule des Églises de France dit « en l'authorité de Jésus-Christ et de l'Église. »

est laissé à la discrétion du consistoire si l'exception se fera à voix basse à l'oreille du ministre ou bien ouvertement ». On a renoncé à l'ordre d'enterrer les morts dans les vingt-quatre heures. Enfin on revêt du caractère officiel un article accepté depuis plusieurs années déjà : « L'Église au service de laquelle un ministre sera mort, aura soin de la veuve et des orphelins d'icelui, et si elle n'en a le moien, il y sera pourveu par le Colloque [1]. » Telles sont les améliorations ou additions dont un demi-siècle d'usage de la Discipline avait fait sentir l'utilité.

Le fond même de la révision a une tout autre portée : elle s'accuse dès le chapitre premier, où, après avoir modifié les articles 5 et 8, le Colloque inscrit dans ses procès-verbaux, au sujet de l'art 13 : « *Le mot de superintendant sera ici rayé et en tout autre article où il en est fait mention* », et immédiatement après : « Art. 15 et 16, faut changer ces deux articles et les accomoder au 8e cy-dessus spécifié *qui donne toute authorité au Colloque*, sans l'approbation duquel aussi nul ministre venant de dehors ne sera réputé membre de nos Colloques ».

S'affranchir du joug de l'épiscopat anglican qui s'était fait récemment si lourdement sentir, faire du Colloque l'autorité suprême du Refuge, voilà le double but qu'il s'agit d'atteindre. En conséquence on ajoute pour la nomination des ministres « sera présenté au Colloque » ; on substitue à leur examen « par les ministres, anciens et diacres », « nul ministre sera reçu au ministère sans être examiné et approuvé par le Colloque, et recevra l'imposition des mains selon que ledit Colloque en ordonnera »; en plus du sermon sur un texte donné « et par l'avis du Colloque il preschera en latin tant que faire se pourra ». «Les oppositions, si aucunes y en a, seront examinées en la crainte

---

[1] Le Colloque vota l'insertion d'un second article (le 22e du chapitre des Anciens). «Les Églises qui ne visitent point leurs ministres à Noël seront exhortées de le faire. » La Discipline ne le contient pas.

de Dieu par le Colloque, lequel ne pourra donner à l'Église aucun pasteur sans le consentement de ladite Église, c'est à savoir des pasteurs s'il y en a, des anciens, des diacres et de la plupart du peuple». Toute mention du Superintendant a disparu : il n'est plus averti de la nomination d'un ministre, son approbation n'est plus demandée, son avis n'est pris ni en cas d'opposition (art. 14), ni avant la déposition d'un ministre convaincu de crimes[1]; dans la vocation des docteurs, son consentement et celui « de la plus grande et saine partie des auditeurs » sont remplacés par celui du Colloque, qui tient aussi lieu de l'approbation des ministres, anciens et diacres et de la communication au Superintendant[2].

Le Colloque est donc mis en possession de tous les droits : aussi, reproduisant à la fin de la Discipline la conclusion de la précédente qui défend de ne rien changer ou innover sans bon ordre et délibération commune, exhorte tous les frères du troupeau à s'y ranger et sollicite les bénédictions d'en haut, a-t-on eu soin d'inscrire dans les procès-verbaux comme dernier amendement : « Au lieu d'aprouvé par les ministres, anciens et diacres, mettez aprouvé par le Colloque». Sur le titre on alla plus loin et l'on mit « par le Synode »[3].

Celui de 1644 déclara inopportune, vu les circonstances politiques, la mise en harmonie des Disciplines française et hollandaise[4]; le XXVIe Colloque chargea alors l'Église de Londres

[1] Article simplifié par la double suppression de la communication au Superintendant et de la connaissance par le consistoire.

[2] La 3e Discipline trouvait inutile pour l'élection des anciens « d'en avertir le Superintendant », la 4e d'en avertir le Colloque. »

[3] *Police et Discipline ecclésiastique observée ès Églises de la langue françoise recueillies en ce Royaume d'Angleterre sous la protection de notre souverain sire Charles (que Dieu conserve en toute heureuse prospérité) selon qu'elle a été revue en l'an 1641 par le Synode desdites Églises.*

[4] « Est-il nécessaire que le 9e article du précédent Synode soit mis à exécution, que les deux Disciplines de nos Églises soient revues et une seule géné-

d'envoyer des copies aux autres congrégations ; il vota quelques radiations et adjonctions de mots, demeurées sans effet. Cette révision ne fut suivie d'aucune autre. La quatrième forme de Discipline n'a jamais été officiellement abolie ; on peut dire qu'elle subsiste virtuellement encore.

La première, celle d'a Lasco 1550, possède l'exubérante richesse des premiers jours d'enthousiasme et de foi : elle ne peut convenir qu'à une Église strictement délimitée et autonome. La seconde, celle de des Gallars 1560, établit le type calvinien avec les ménagements nécessaires à une Église placée sous la surveillance d'un pouvoir ecclésiastique étranger. Appliquant à un ensemble de congrégations ce qui n'était destiné d'abord qu'à une seule, la troisième Discipline 1588-1589 affermit l'autorité du consistoire sur le troupeau et, par les Colloques, espère fournir aux Églises un centre de résistance contre les insurrections intérieures ou contre les oppressions du dehors. C'est à la prépondérance de l'action de ces Colloques que tend la quatrième Discipline 1641 ; elle cherche à profiter d'une éclipse momentanée de l'Église anglicane pour se dégager de son contrôle et assurer au fonctionnement presbytérien sa pleine indépendance et sa régularité.

Il y avait dans ces espérances une grande part d'illusions : les circonstances n'allaient pas tarder à le démontrer. Dans l'intervalle de trois années qui sépare le XXVᵉ et le XXVIᵉ Colloques,

---

rale faite des deux comme lien d'union plus intime entre les deux nations ? Réponse : Quoique pour la raison ci-dessus mentionnée il pourrait être plus tard d'un usage excellent, cependant pour autant que l'exécution présente en pourrait paraître hors de saison, eu égard aux tristes divisions de ce Royaume, et que le Parlement est lui-même occupé d'une Réforme, le Synode estime qu'il est expédient que (le projet) ne soit particulièrement aboli mais différé jusqu'au prochain Synode. Et en attendant que les personnes aux soins desquelles la matière était confiée, le Dʳ de Laune, M. Delmé, M. Liebært, M. Calandrin, ministres et MM. Bulteel et Hofter, anciens, en soient déchargées. » *Actes du IVᵉ Synode.*

le IIIᵉ et le IVᵉ Synodes, l'église de Threadneedle street avait vu surgir une question nouvelle, grosse de conséquences et de longs ressentiments, celle de Jean d'Espagne et de la congrégation de Westminster. Il est indispensable de la reprendre de plus haut.

En 1629 était arrivé à Londres le pasteur Jean d'Espagne, né à Mizoën de Dauphiné en 1591, successivement ministre à La Grave, Orange et La Haye. Les chaires des Provinces-Unies venaient, disait-on, de lui être interdites par le prince Henri-Frédéric pour avoir blâmé la neutralité de la Hollande pendant le siège de La Rochelle, et, ajoutent quelques auteurs, pour avoir parlé et prêché contre les arminiens. Les actes du consistoire de Threadneedle street portent : « 29 juillet, M. Despaigne, par ci-devant min. à La Haye, requit la Compagnie de pouvoir quelquefois communiquer entre nous avec sa femme, en vertu d'un témoignage à lui baillé par le Synode tenu à Amsterdam. Fut ordonné qu'on en écrirait pour connaître plus particulièrement de son fait ; mais requit la Compagnie de n'en rien faire et qu'il se désistait de sa demande ». On perd alors sa trace jusqu'en 1636, où il séjourna un an à Orange. A son retour, « par l'advis de plusieurs pasteurs et surtout de M. Marmet, M. de Soubize le prit pour ministre de sa maison et y prêcha quelques mois avec grand abord d'auditeurs »[1]. Le consistoire en conçut-il de l'ombrage ? Toujours est-il que d'Espagne accepta les propositions de l'Église de Sandoft, aussitôt qu'un certain apaisement permit aux colons d'Hatfield Chase de la reconstituer. Il n'y demeura que deux ans, contraint par défaut de traitement de retourner

Jean d'Espagne.

---

[1] Lettres de Crespin. *Bull. du Prot.* VIII.

à Londres[1]. Là Soubise, atteint par les infirmités d'une vieillesse prématurée, et qui trouvait le temple de Threadneedle street trop éloigné de sa résidence dans le voisinage immédiat de la Cour, lui fit tenir une prédication chez lui tous les dimanches, à partir de 1641. Les Français habitant le quartier de Westminster s'y portèrent avec d'autant plus d'empressement que l'éloquence de d'Espagne contrastait avec la parole affaiblie par l'âge de Primerose et de Marie et que Marmet mourait au commencement de 1642, année funeste pour leur Église[2].

« Le 3 mai, Messieurs les Diacres ont présenté à la compagnie que les prédications qui se font chez M. le duc de Soubize causent une grande division en cette Église et gardent aussi les deniers qui y sont recueillis pour les pauvres. La Compagnie a député M. Marie, pasteur, avec les sieurs Castel et Teinturier et deux diacres pour lui en faire remontrance... Sa réponse a été que c'était contre sa volonté et qu'il s'en allait aux champs et que cela cesserait »[3].

Sécession de Cursol.

Cette sécession ne fut pas la seule : « Il a été arrêté que l'on s'assemblera en Cœtus avec les Flamands pour tâcher de remédier au schisme qui se fait en cette Église par Cursol et ses disciples en présentant requête contre eux au Parlement. » Repoussé par les colons d'Axholme et Hatfield Chase, Cursol avait réussi à grouper à Londres quelques auditeurs, auxquels il exposait peut-être déjà les opinions qui le firent accuser plus tard « d'arianisme, de socinianisme et d'anabaptisme ». Il prêchait

[1] « Pétition de Jean d'Espagne, un ministre français qui fut pasteur de la congrégation française dans le Level d'Axholme et Hatfield Chase et y servit très péniblement pendant deux ans, mais par manque de l'allocation promise, fut forcé d'en partir, ayant reçu seulement 25 liv. st., prie LL. SS. d'ordonner que les 135 livres qui lui sont justement dues lui soient payées. » *Lords Journal*, 1643.

[2] « Buried 22 march $164\frac{1}{2}$ at S. Botolph's, Bishopsgate, London M. Ez. Marmett, pastor to yᵉ French Congregacon age 57. » Communication Moens.

[3] *Actes du Consistoire.*

chez un sieur Longar, à qui la Compagnie, comme punition, retint le méreau. Recueilli ensuite chez le chevalier Hozolrich — 1643 — il y donnait même la cène et le Lord-maire le proposait aux suffrages du consistoire pour remplacer un des ministres décédés : on envoya chez le magistrat municipal un pasteur, deux anciens et deux diacres lui représenter l'impossibilité de ce choix [1].

La mort de Marie suivit de près celle de Marmet. Pour le remplacer, le consistoire s'adressa sans succès au sieur de Beaulieu, « ministre de la duchesse de La Trémoïlle », et à Alexandre Morus, le jeune pasteur et professeur de théologie que la Vénérable Compagnie et « Messieurs » de Genève lui refusèrent par trois fois [2]. Les voix du consistoire se partagèrent, en septembre, entre Cyrus du Moulin, troisième fils de l'illustre Pierre, et Louis Hérault, ministre d'Alençon, qui obtint la majorité au second tour [3]. Soubise, dont la santé déclinait rapidement, avait vainement essayé d'amener un autre résultat : appelant auprès de lui Primerose, il le pressa d'effectuer la réconciliation entre les deux

Élection pastorale.

---

[1] La durée du séjour à Londres de Cursol est inconnue : en 1652-1653 il passait quelques mois à Thorney Abbey. Après avoir occupé des postes dans le midi de la France, il fut prêté pour un an à Montpellier en 1670, cité devant le Synode du Bas-Languedoc en 1671, et déposé, malgré la défense du roi, par celui de 1674; il retourna alors dans les rangs de l'Église romaine et fut pensionné.

[2] « Nostre Église est située en la capitale ville d'Angleterre où il y a un grand abord d'auditeurs qui y accourent à la foule, à cause de la prédication de la parole de Dieu en la langue françoise, et bien souvent des controverses. Dieu souvent y convertit les uns et fortifie les autres en la vérité. Mais nos pasteurs commencent à nous manquer... Dieu nous a mis au cœur de demander M. Morus à vos seigneurs, à vous, à son Père, à lui-mesme. Et vous prions de ne nous esconduire. » Lettre de Primerose et Marie. *Bibl. de Genève.* — « Nous sommes marris ne pouvoir condescendre à leur demande, les prions de nous excuser si nous sommes contraints de les esconduire. » *Procès-verbaux de la Vén. Comp.* Genève, 1642.

[3] Fils du jurisconsulte Didier Hérault, il avait passé précédemment quelques mois à Londres malade et dans le besoin.

fractions du troupeau par l'élection de Jean d'Espagne[1]. Quelques jours avant sa mort il envoya son surintendant offrir de sa part au consistoire « pour être ministre de cette Église M. d'Espagne... La Compagnie ayant mis l'affaire en question, il a été résolu qu'on enverra chez lui les sieurs Pierre Bulteel, Florentin Teinturier, Jean Edlin et M. Vaiser, anciens, et les sieurs Abraham Poutre, Paul Doby, Jacques Vancour, diacres, pour le remercier de sa bonne volonté, mais que pour diverses raisons le consistoire ne peut pas accepter M. d'Espagne pour pasteur de cette Église. »

Privés des moyens de contrôler ces raisons, nous ne pouvons que regretter la décision du consistoire. Ne perdait-il pas l'occasion propice de ramener à lui les dissidents, de donner satisfaction aux nombreux réfugiés domiciliés à Westminster, d'étendre et de grandir la situation morale de l'Église française? Il ne comprit pas que la centralisation à l'extrême allait à l'encontre de son influence.

Le 9 octobre, Soubise mourut. Par ordre de Charles Ier, la dépouille de Benjamin de Rohan reçut les honneurs de Westminster-Abbey [2]. Les auditeurs habituels de d'Espagne lui demandèrent alors de continuer son culte, et la comtesse d'Arundel leur prêta la grande salle de son palais. Deux mois plus tard, le 4 décembre, Primerose « ayant prêché un jour de cène et administré le sacrement à son troupeau, mourut le même soir

---

[1] « Il lui donna à connaître tant par ses discours que par divers écrits les raisons qui l'avaient obligé à prendre M. d'Espagne en sa maison, que c'était un homme savant etc. » Lettre de Crespin à Vincent de La Rochelle. *Bull. VIII.*

[2] Le gouvernement de Louis XIII ne pardonna point à Soubise son exil volontaire; on signalait en 1643, lors d'une agitation au Poitou, un sieur de Couvrelles comme « ayant habitude en Angleterre, et y ayant fait un voyage il y a deux ans pour visiter le sieur de Soubise, qui a toujours paru pendant les guerres de religion comme un des auteurs des mouvements. » *France prot.* 2e éd.

au Seigneur... Voilà trois ministres morts en moins d'un an »[1].
Hérault n'étant pas arrivé, c'est une congrégation « entièrement destituée de pasteur » qui demande au Parlement « d'abattre » ce qu'elle appelle « les conventicules d'étrangers ». Le consistoire de Threadneedle street entendait couper le mal dans sa racine, mais le moment était singulièrement choisi pour occuper les corps publics d'une question aussi particulière. La rupture, longtemps imminente, entre le roi et le Parlement venait d'éclater. Charles Ier avait déclaré son Parlement coupable, défendu à ses sujets de lui obéir, levé son étendard à Nottingham et triomphé à Edgehill (sept.-nov. 1642). Le Parlement luttait par les armes contre le souverain et par ses délibérations contre l'épiscopat. A la réforme de la hiérarchie sollicitée d'abord, ne tardait pas à succéder la demande de son extirpation totale; une assemblée mixte (121 ecclésiastiques, 10 Lords, 20 députés), non élue librement, mais nommée par le Parlement, procédait à la réorganisation ecclésiastique de l'Angleterre[2].

Les luttes civiles.

Il ne nous appartient point de suivre pas à pas cette lutte de sept années, dont les débuts de simple résistance à l'absolutisme monarchique et épiscopal ne laissaient guère entrevoir comme

---

[1] *Complainte de l'Église françoise de Londres.*

[2] On republiait à Londres 1642 la traduction de la Discipline ecclésiastique des Églises réformées de France, et en 1643 celle des « Lois et statuts de Genève, aussi bien concernant la discipline ecclésiastique que le gouvernement civil . . . par quoi la Religion de Dieu est le plus purement maintenue, et leur république tranquillement gouvernée ».

L'Assemblée dite de Westminster convoquée le 12 juin 1643 était vainement interdite par le roi le 22, comme le Covenant juré le 23 septembre l'était le 9 octobre, et la forme presbytérienne établie par ordonnance du Parlement les 3 janvier et 23 août 1645 le fut le 13 novembre suivant. Le conflit avait été absolu dès le premier jour; il s'accentua à l'essai d'accommodement d'Uxbridge (janvier 1645), après lequel l'élément militaire entre en scène avec Fairfax et Cromwell et commence à s'affranchir des derniers semblants de respect pour le principe monarchique et pour la personne même de Charles Ier. L'épiscopat fut définitivement aboli en 1646.

conclusion l'omnipotence arbitraire de la force militaire imposant, à une nation restée monarchique, la destruction de la monarchie. Il ne nous appartient pas davantage de relever ici une à une les mesures destinées à cimenter l'union avec les Écossais et à récompenser leur appui, ainsi qu'à réparer les longues douleurs des puritains par l'adoption d'une discipline et d'un culte copiés sur ceux des presbytériens d'Écosse et des calvinistes de France; ni d'étudier comment le Parlement, substituant à l'uniformité anglicane, non la vraie liberté de conscience, mais l'uniformité presbytérienne aussi exclusive que l'autre, amena par sa coupable inconséquence la revanche des Indépendants et l'établissement de la République. Mais ces secousses redoutables eurent, de par leurs divers facteurs, leurs contre-coups sur les destinées des petites congrégations du Refuge. Dans l'absence du roi, elles ne relevaient plus que du Parlement, devenu à Londres l'arbitre souverain et se crurent d'autant mieux garanties, alors qu'en leur propre sein se retrouvaient, prêtes à éclater, les divisions qui passionnaient le pays tout entier.

Le relevé des pétitions présentées au Parlement fournit les preuves que le troupeau de Threadneedle street n'était pas unanime sur la solution à intervenir, et que pour le remplacement des trois pasteurs qu'il avait eu le malheur de perdre dans la même année, la question des personnes se compliquait de celle des opinions. Quelques membres demeuraient attachés au parti de la Cour par leurs intérêts, leurs sympathies ou leur dévouement patriotique au beau-frère du roi de France; d'autres, en saluant le triomphe des principes presbytériens, espéraient la conciliation avec une monarchie strictement parlementaire; d'autres se rappelaient surtout les tentatives d'oppression de l'épiscopat et s'unissaient déjà aux méfiances et aux rancunes des Indépendants les plus avancés. C'est ce dernier parti qui l'emporta dans le consistoire de Threadneedle street, par l'influence passionnée d'un ministre de Guernesey, Jean de la Marche, emprisonné jadis pour ses opinions apocalyptiques, maintenant représentant des îles normandes à l'Assemblée de Westminster; appelé à prêcher dans la chaire vacante, il aspirait à y prendre définitivement une place dont auraient dû l'écarter et sa nationalité et son rôle militant [1].

Tandis que le consistoire sollicitait l'intervention du Parlement, ce dernier recevait un autre appel de certains membres du troupeau (les partisans de d'Espagne), invoquant l'ancien droit d'élection par les fidèles, Hérault ayant été choisi sans consultation de l'Église : par une pétition du 23 décembre 1642, ils demandaient à la Chambre des communes de leur faire rendre leurs droits de vote : c'eut été retourner à la constitution d'a Lasco et d'Édouard VI. Le consistoire, dans sa séance du 3 janvier, affirma de nouveau le principe, « c'est au consistoire à nommer les pasteurs et non au peuple comme ils prétendent »; il réitéra son procédé et appela à la seconde place un jeune ministre de Heidelberg, Cisner. Recourant au Cœtus, la majorité consistoriale en obtint la présentation aux Lords au nom des congrégations flamande et française associées, d'une pétition « pour que quelque ordre soit établi pour supprimer les désordres de leur Église » [2].

Double recours au Parlement.

Après avoir rappelé que depuis l'asile accordé par Édouard VI, l'Église avait été gouvernée en unité et paix, les pétitionnaires exposent que « depuis quelques mois un Jean d'Espagne, ministre de l'Église française de Sandhoft dans l'île d'Axholme, et un Étienne Cursoll qui se prétend également ministre, ont

---

[1] Sur J. de la Marche voir les Églises des Îles normandes. Comme source à consulter la *Complainte de l'Église françoise de Londres sur l'assèchement des eaux de Siloé*, 1645.

[2] « *To the Right Honourable the House of Peers now assembled in Parliament, Petition of the Ministers and Elders of the Dutch and French Congregations within the City of London.* » *Lords Journal.*

par des buts personnels, essayé de troubler la paix et la tranquillité de la congrégation française, en s'érigeant à eux-mêmes, sans patente, autorité ou exemption, de nouvelles congrégations prises des membres de ladite Église, qui s'assemblent en conventicules et prêchent dans des maisons particulières ; par quoi (si on ne les empêche à temps), non seulement la paix, mais l'existence même de la si ancienne congrégation française sera bientôt entièrement détruite et, par ce moyen, ouverture faite à la ruine de la congrégation, et ainsi les deux Églises (de bonne réputation en toutes les Églises réformées d'outremer) seront dissoutes en perdant leurs membres, sans l'aide et les contributions desquels elles seront incapables de vivre... Ils demandent qu'on donne ordre de supprimer ces désordres et de pareils ».

La Chambre nomma une commission de sept membres des Communes et de deux Lords pour examiner la pétition et au besoin convoquer les parties : elle citait devant elle, le 13 janvier, Jean d'Espagne, dont elle écoutait les raisons, et recevait le 21 janvier une seconde pétition précisant les trois requêtes des Églises. Dans la séance du même jour, le comte de Northumberland rapporta : « le Comité a entendu les dissentiments entre le consistoire des Églises française et flamande et le peuple ; les articles ont été examinés, desquels il apparaît que nul ne peut être admis à être pasteur dans ces Églises que ceux que le consistoire juge aptes, et qu'il choisit, et que le peuple a seulement à les approuver. L'opinion du Comité est qu'une déclaration soit faite pour confirmer leurs articles. — Et, concernant M. d'Espagne, dont ils se sont plaints, il a paru qu'il ne prêchait que dans la maison de lady Arundel, ce qui était plutôt un avantage qu'un inconvénient. — Sur ce, la Maison a ordonné qu'une ordonnance de Parlement établisse la liberté et l'exercice de leur Religion et Discipline, comme elles sont en usage au delà des mers dans les Églises Réformées de leurs nations respectives, ce dont ils ont joui jusqu'ici par la Charte du roi Édouard VI, autorisée par son Parlement, et par la faveur de tous les Princes de la Religion Réformée qui lui ont succédé, la reine Élisabeth, le roi Jacques et Sa Majesté actuelle; particulièrement : — 1° Qu'ils puissent avoir la liberté entière de choisir et ordiner leurs propres ministres et tous autres officiers appartenant à leurs Églises, selon leur Discipline, comme ils l'ont fait jusqu'ici ; — 2° Qu'aucun ministre de leur congrégation étant sous la censure de leur Discipline, pour quelque offense scandaleuse, ne soit reçu comme membre d'aucune autre Église sans certificat de la leur propre ; — 3° Qu'aucune Église ni congrégation d'étrangers ne soit autorisée dans ce Royaume qui ne soit soumise respectivement aux Synodes de leurs diverses nations »[1].

Le troisième point qui entraînait la condamnation de l'assemblée de Jean d'Espagne *ne fut pas voté* par la Chambre des Lords : l'ordonnance votée par elle, et enregistrée par le secrétaire dans les procès-verbaux, ne reproduit que les deux premiers. Quand les consistoires français et flamand, continuant à faire cause commune, insistèrent pour des additions d'après leurs Chartes qu'on leur enjoignit d'apporter, il en résulta, non l'acceptation de la troisième clause tant désirée, mais l'insertion à la seconde de deux mots qui en restreignaient au contraire la portée[2]. Et les Actes du consistoire renferment la mention : « Nous ne pûmes obtenir de rompre ces conventicules, d'autant que les Seigneurs croyaient que cela touchait leurs privilèges. L'on insista à diverses fois là-dessus, mais l'on ne put tirer autre chose, quoiqu'on leur remontrât les grands inconvénients que cela nous apportait ; les deux maisons du Parlement étant pour lors fort

---

[1] *Lords Journal.*
[2] « Aucun membre de leur congrégation étant sous quelque censure... ne pourra être reçu membre d'aucune autre *de leurs* Églises. » *Lords J^e*.

traversées par les grands troubles du Royaume, cela n'a pas été poursuivi plus outre »[1].

D'Espagne et sa congrégation avaient été sauvés par « les Seigneurs », c'est-à-dire par les comtes d'Arundel et de Pembroke, d'autant mieux en mesure de les protéger qu'ils étaient du petit nombre de Lords restés à Londres et soutenant la cause du Parlement. Ce dernier reçut le 24 février un nommé Marcescall (Maréchal?) qui apportait un rappel de la pétition du 23 décembre, pour « l'élection d'un ministre appartenant en propre aux pétitionnaires, les anciens réclamant ce pouvoir injustement». La Chambre estimant leur acte « une grande offense, un précédent mauvais et contre l'honneur de la Maison », fit emprisonner le porteur de la requête : sur son appel à la clémence des Lords, on le relâcha le lendemain.

Le pasteur Hérault.
Le double recours au bras séculier n'avait fait qu'aigrir les dissentiments. Le consistoire était plus décidé que jamais à repousser Jean d'Espagne, et déjà sa majorité songeait à substituer La Marche au pasteur nouvellement élu, Hérault. Le contraste entre les deux ministres est absolu. Arrivé à Londres en janvier, Hérault donnait ses trois prédications inaugurales (12, 15 et 19 février) sur Jean XX, 19 : « Paix Vous soit», et il exhortait à la paix dans l'Église, et surtout dans l'État et vis-à-vis du souverain, un troupeau frémissant encore des vexations de Laud. Mais de ces persécutés de Laud, Jean de La Marche se glorifiait de faire partie; sa véhémence contre l'épiscopat, aussitôt ses premiers discours à Threadneedle street, avait effrayé le vieux Primerose[2]; affranchi de son contrôle, il ne se borna plus

[1] *Procès-Verbaux du Consistoire.*

[2] «...Il fulmine furieusement contre la hiérarchie épiscopale au temps que l'honorable Parlement était après à le mettre bas; le menu peuple lui applaudit, mais les plus judicieux ne l'approuvent pas; le docteur Primerose s'en offense grandement, n'estimant pas convenable qu'une Église étrangère se mêlât d'affaires d'État, qu'il suffisait de prêcher Christ et exciter le peuple à

à « fulminer contre la hiérarchie » de l'Église. Tandis que le ministre en titre répétait de rendre à César ce qui appartient à César et de prier pour la paix de Jérusalem, « mais surtout pour que le Seigneur conserve la prunelle quoi qu'il arrive à l'œil », le prédicateur par intérim s'émancipait au point que le consistoire devait l'engager « à s'abstenir de parler d'affaires d'État en ses sermons », et « qu'il ait à prier Dieu pour le Roi d'Angleterre et pour le reste de la famille royale aussi bien que pour le Roi »[1].

Quand Hérault réclame son poste, « disant avoir quitté son Église pour eux », on lui répond que « grand nombre de membres ne sont pas édifiés par lui, sa voix ne leur étant pas intelligible », et lorsqu'il paraît consentir à se désister (prenant prétexte de sa santé, mais stipulant un séjour de quelques mois pour que ce départ précipité ne lui fasse pas de tort en France), on s'empresse de lui allouer par anticipation quatre-vingts livres pour toutes les prétentions qu'il pourrait avoir[2].

La démission de Hérault était préparée : le consistoire, pour en finir de haute lutte avec la candidature de Jean d'Espagne, « trouve expédient qu'il prêche, afin que s'il y a aucun qui s'y oppose l'on puisse entendre les raisons ; puis après que l'on puisse mieux répondre à ceux qui importunent la Compagnie de le nommer pour un de nos pasteurs et qui désirent son introduction

---

piété ; les adjure au nom de Dieu ne recevoir un tel homme parmi eux, et qu'il serait la ruine de l'Église, ce que l'expérience lamentable a vérifié. » *Complainte*. — « Un peu avant le décès de M. Primerose, le bonhomme nous fut prophète, car il nous dit que si nous entretenions led. de la Marche pour notre pasteur, qu'il mettrait toute l'Église en divisions, ce qu'il n'a pas manqué. » Lettre de *Bellon à P. Ferry*. Bibl. du Prot. français.

[1] *Actes du Consistoire*. Fragments de sermons de Hérault à l'*Appendice*.

[2] On donne douze livres à M. La Marche pour avoir prêché longtemps gratuitement. Pierre Berchet qui avait aidé Primerose pour les prédications démissionne à l'élection de Cisner « n'étant pas choisi » et accepte le poste de Sandoft. En 1644 P. Blanchart est élu Consolateur avec 18 liv. st. par an.

parmi nous »[1]. D'Espagne prêche deux fois à Threadneedle street et l'on réunit ensuite le consistoire pour procéder à l'élection, sous la présidence du pasteur de Canterbury Delmé[2]. Mais quand il est question de passer au vote « sur le nom de J. d'Espagne », on décide à la pluralité des voix de prendre d'abord l'avis du Cœtus : ce premier délai obtenu, on en gagne un second, le Cœtus réclamant le Colloque, c'est-à-dire renvoyant à l'année suivante.

Élection de J. de La Marche.
Le champ devenait libre pour de La Marche. On lui expose « les scrupules qu'on a touchant ses expressions en ses sermons et prières de parler des affaires d'État, ce qui s'est trouvé préjudiciable à la paix et privilèges de notre Église. Il répond qu'il a parlé en étranger, mais que sur vocation il serait en autre qualité et aurait autres obligations et à suivre la discipline et coutume de l'église ». Le 2 mai 1643, la majorité le nomme. Faisant alors enfin droit aux réclamations des fidèles, on publie la nomination antérieure de Hérault : une opposition se produit, entretenue par une partie du consistoire. Mais on transige et les anciens sont chargés d'aller chez chacun demander qu'on accepte les deux ministres. Il n'est pas question de ratifier l'élection au troisième poste de Cisner, « auquel on l'a même cachée et que l'on retient deux ans » dans une position secondaire, « jusques à ce qu'il ait la langue française plus parfaite »[3]. Le

---

[1] « 11 avril 1643 : Pour le jour de jeûne il y aura trois sermons, le 1ᵉʳ M. de la Marche, le 2ᵉ M. Cisner, le 3ᵉ M. d'Outremer, le dimanche d'ensuite M. d'Espagne. » En mai on fit un don à M. d'Outremer pour les sermons qu'il a prêchés. *Actes*. D'Outremer, né à Genève d'une famille italienne, avait prêché dans l'église italienne de Londres déjà avant 1637, car à cette date, à son premier retour à Genève, les pasteurs et professeurs le recommandaient à André Rivet pour la place de chapelain de l'ambassade des États à Constantinople. *Bull. du Prot. franç.* VII, 129.

[2] Les anciens Bulteel et Castel ne voulurent pas y assister, disant que la résolution était déjà prise. *Actes*.

[3] Cette accusation formulée dans la *Complainte* est implicitement confirmée par la validation tardive de l'élection de Cisner.

31 mai 1643 l'accord s'établit («l'affaire s'est passé fort coiement»). Hérault est reçu et entre définitivement en fonctions avec de La Marche que son Église guernaisienne a consenti à céder.

Il eût été difficile de trouver deux esprits moins faits pour cohabiter et présider ensemble à la conduite d'une Église. Ils n'avaient de pareil que l'emportement de leurs ardeurs respectives. Qualifié de séditieux par Hérault, après une apparence de réconciliation, La Marche profitait bientôt des circonstances politiques, du voisinage du Parlement, de sa situation officielle dans l'assemblée ecclésiastique pour faire céder la place à son collègue. En septembre le pasteur français abandonnait la partie et revenait dans les chaires de Normandie défendre le principe monarchique et stigmatiser «les rebelles et révoltés d'Angleterre»[1]. Aussi de La Marche demandait-il en vain l'année

Départ de Hérault.

---

[1] « Bref Monsieur Hérault, lequel nous n'avions accordé qu'à peine aux instantes prières de ceux de Londres, ayant tâché à réprimer les paroles séditieuses de quelques-uns d'entre eux et à les ramener à leur devoir par douces exhortations, fut contraint de revenir en France, sur ce qu'il vit que sa liberté le mettait en hasard de sa vie. » Bochart. *Lettre à M. Morley, chapelain du Roy d'Angleterre.* — « Il lui donne la main de réconciliation en apparence, mais par sous main l'intimide du magistrat par ses émissaires ; le contraint à se retirer en France. » *Complainte.* — De retour dans son ancienne Église d'Alençon, et y recommençant son ministère par une suite de sermons sur l'obéissance due aux souverains, Hérault n'en maintint pas moins ses droits sur la chaire qu'il s'était vu forcé d'abandonner. L'acte 52 du Colloque XXVI porte : « Le Sr. Calendrin, ministre de l'Ég. flamande de Londres mit entre nos mains un paquet de lettres de la part de M. Héraut, ministre de l'Ég. d'Alençon, adressées à MM. les Pasteurs et Anciens des Églises Françoises assemblés en Synode à Londres, par lesquelles led. Sieur nous demande justice sur les droits qu'il prétend avoir sur l'Ég. de Londres, ne les confirmant que par outrages et calomnies, tant contre lad. Église, que contre notre très cher Frère M. De la Marche Pasteur d'icelle : Ce qui a obligé la compagnie, après un exact examen de ce qui apartient à cest affaire, d'écrire lettres tant à l'Ég. d'Alençon qu'au Synode de la Province, tendantes aux fins de justifier tant notre dit Sr. Frère que les procédures de l'Ég. de Londres, en la décharge du Sr. Héraut. »

La lettre signée de Poujade et de Sauvage, 17 juillet 1644, au consistoire

90   LES ÉGLISES DU REFUGE EN ANGLETERRE.

suivante à Max. de l'Angle de leur procurer « à cause des divisions et schismes un pasteur français de nation »[1]. Les incertitudes politiques étaient plus que suffisantes pour écarter tous les ministres, sujets du roi de France, que n'eussent pas découragés déjà les discussions intestines des communautés du Refuge.

Appel du Parlement aux réformés de l'extérieur.
De même c'est en vain que le Parlement désira se concilier les sympathies officielles des réformés de l'étranger. S'il paraît possible qu'au début de la lutte les parlementaires se soient procurés quelques armes achetées à des religionnaires de Dieppe et de Pontorson par des Hollandais fixés à Rouen[2], si l'on peut compter dans leur armée au moins un Français protestant, mais transfuge du catholicisme, David de Hasteville[3], tous les corps

d'Alençon, provoqua une protestation de ce corps, dont copie fut envoyée au Cœtus par Héraut, revenant à la charge l'année suivante, avec une réplique incriminant le passé des deux signataires. Voir, *Appendice XL*, ces pièces tirées des *Ecc. L. Bat. Archiv*. Il a raconté lui-même ses épreuves et la nécessité de pourvoir à sa sûreté par son départ, dans la Dédicace à Charles II d'un recueil de treize sermons, trois prêchés à Londres sur Jean XX, 19, *Le Pacifique*, huit à Alençon du 27 août au 22 nov. 1645 sur Rom. XIII, 1 à 7, *Le Pacifique royal*, et deux à Alençon en fév. et mars 1649 sur Psaume 105, 29, 30, *Le Pacifique royal en deuil*, titre donné à l'ensemble du volume publié à Saumur 1649 et qui prédit au jeune roi son rétablissement sur le trône de ses pères. En 1665 Hérault publiait *Le Pacifique royal en joye*, vingt sermons.

[1] *Cahier de minutes, Archives de l'Église française de Londres*.

[2] Lettre de M. de la Force au chancelier Séguier 1643 ; et encore il ajoute que dans l'état des affaires de France il n'est pas d'avis « d'arrêter la guerre civile chez nos voisins... Si vous ne m'ordonnez rien, je fermerai les yeux ». La Ferrière, *Recherches à la Bibl. imp. de Saint-Pétersbourg*.

[3] Ce personnage, quelque peu douteux, ne s'était jeté dans le parti de l'opposition qu'en désespoir de cause. Vers 1640, David de Hasteville « autrefois appelé Père Archange de Hasteville, Abbé du Val de Sainte-Croix et Général de l'ordre de Saint-Romuald, ayant embrassé le protestantisme et renoncé aux bénéfices du papisme » sollicitait auprès du secrétaire Windebank « quelque pension ou largesse du roi ». Le trésor épuisé ne comportait plus de pareilles faveurs. De Hasteville, ainsi qu'il l'expose dans une pétition postérieure, « était nommé en 1643 général de l'artillerie parlementaire sous Sir W. Waller, levait à ses frais 314 hommes et dépensait 400 livres », dont il réclama pendant de longues années le remboursement « pour sauver de la ruine lui, sa

ecclésiastiques les désavouèrent. Le 22 novembre 1643, la Chambre des Communes ordonnait à l'Assemblée de Westminster d'écrire des lettres aux Églises de France, de Zélande, de Hollande, de Suisse et de Genève : « elles exposaient les tendances catholiques et hostiles au presbytérianisme du parti royal, dans cette querelle suscitée non pas tant contre les personnes qu'à l'encontre du pouvoir, de la sainteté, et de la parole de Dieu, et demandaient aux Églises de faire cause commune avec ceux qui avaient enduré les mêmes oppressions qu'elles »[1]. Genève, par l'organe de Diodati, aurait répondu en leur reprochant le scandale donné au christianisme et en les exhortant « à adoucir l'esprit ulcéré et trop provoqué du Roi et à ne le pousser point sur des pinacles et sur des précipices »[2].

femme et ses enfants ». Ordres de paiement 17 août 1648. — *Journal des Communes* V. 609 et *Cal. de la Chambre des Lords*. Réitération de l'ordre 9 juillet 1649, juillet 1652, février et juin 1653; pétition au Protecteur 23 août 1654 pour l'arriéré de 300 L. st. assignés sur Haberdasher Hall; nouvel ordre de paiement d'une pension de 10 sh. par semaine : en 1656 il est en prison pour dettes. *Cal. State Papers Dom.* La similitude des noms porte à lui attribuer une histoire de l'ordre des Camaldules. *Romualdina... Authore Archangelo Hastiville.* Paris 1631.

[1] La lettre adressée à Genève le 7 février 1644, 16 pages, y est conservée sous le titre : *Exemplar literarum Anglicanæ Synodi acceptarum 5 Martii 1644.* De même la « copie de la réponse des cantons protestants communiquée par les frères de Zurich », 5 pages. *Bibliothèque M.* f. 197[aa], port. 9.

L'Assemblée de Westminster nourrissait de vastes ambitions de propagande européenne : « Quand cette Église sera réglée, nous songeons à une œuvre nouvelle outre mer » écrivait Baillie, un des commissaires écossais ; les temps de la chute de l'Antechrist approchent. La providence de Dieu semble disposer la France, l'Espagne, l'Italie et l'Allemagne à la réception de l'Évangile. Quand les rideaux du tabernacle s'élargiront à ce point, et encore beaucoup plus, par des moyens qui n'apparaissent pas encore, comme notre bouche sera pleine de rires, notre langue de louanges et notre cœur de réjouissance ! »

[2] C'est au moins ce qu'assure l'*Histoire des nouveaux presbytériens anglois et écossois 1650.* Mais les procès-verbaux de la Vén. Compagnie portent que la lettre, dont Diodati ne s'était chargé qu'à son corps défendant, ne fut pas adoptée par elle, comme renfermant « des sentiments trop particuliers sur

Le 13 mars 1644, M. de La Marche informa l'Assemblée de Westminster « que le principal ministre de l'Église de Paris,

les affaires de la grande Bretagne », et qu'une rédaction nouvelle fut confiée à Tronchin. On avait décidé de les remercier très affectueusement de l'honneur fait à la Compagnie et à l'Église de leur avoir fait part si particulièrement de leur état; « on compatissoit de tout cœur » et était « malade pour la froisseur de tant de frères si chers et des désolations horribles du pays » ; on n'était point si téméraire, ni si défaillant à la charité, que « de juger sinistrement de personnages si sages : nous voudrions estre capables de leur donner quelque bon secours et conseil mais ne manquerons de continuer ce que nous avons fait, combattre pour eux envers le Seigneur . . pour leur obtenir une bonne et honnête paix ». Et le procès-verbal ajoute : « En outre avisé qu'on se garderoit bien de vouloir justifier ou condamner un parti contre l'autre. » Genève désirait maintenir strictement sa neutralité. Le 10 mai « proposé puisque nos frères des Églises de Suisse faisoient prières publiques pour le Parlement d'Angleterre, si on ne devoit pas ici aussi prier pour le Parlement aussi bien que pour le Roy, attendu que mesme desja quelques-uns de la Comp. l'avoient fait, qu'il estoit malséant de voir cette diversité. Toutefois que Messieurs en seroient advertis pour savoir leur volonté, lesquels ont fait entendre qu'ils ne jugeoient pas qu'il fût expédient de nommer le Parlement. » Le Conseil, en gouvernement régulier, ne reconnaît que le pouvoir officiel. Un an plus tard, la lutte s'est aggravée, et quand la question revient devant la Compagnie, les sympathies s'y accentuent de plus en plus pour le côté parlementaire : « il y a bigarrure dans les prières; nous y sommes obligés en nos consciences, d'autant que nous scavons que le Parlement maintient la bonne cause de la Religion; il y a ici nombre de Seigneurs anglois qui se scandalisent qu'on ne prie point pour le Parlement; qu'en la lettre qu'on a faite au Synode d'Angleterre on leur a marqué entre autres le point qu'on prioit Dieu pour le Parlement. » De nouveau MM. du Conseil s'interposent : ils décident « qu'on prie en général pour les Rois et à ce que Dieu fasse réussir leurs conseils à sa gloire; que l'on prie pour le Roi d'Angleterre et son peuple, à ce que l'Église du Seigneur fleurisse à sa gloire et à l'advancement du règne de J. C., sans nommément spécifier le Parlement. » La Compagnie, le 1ᵉʳ août, avise d'acquiescer, mais des réclamations s'élèvent car le 15 « Messieurs disent n'avoir pas décreté de ne pas parler du Parlement; ils le laissent à la liberté de la compagnie de chaque pasteur, mais qu'on ne démontre d'espouser le parti de l'un que de l'autre. Ils eussent désiré que la chose eust esté terminée par la Comp. et non portée devant eux et que ce qu'ils avoient répondu demeurât secret pour éviter de fâcheuses conséquences. » *Procès-verbaux*, Genève. Une de ces conséquences immédiates fut le mécontentement du Parlement; il se traduisit par de violentes attaques contre la forme « corrompue et dépravée » du gouvernement ecclésiastique de Genève, que quelques membres proposaient d'adopter en Angleterre, l'épiscopat étant aboli·

ayant reçu la lettre, réunit tous les pasteurs et anciens de cette Église, qui décidèrent qu'il ne leur convenait pas d'ouvrir les lettres sans les avoir communiquées aux Députés nommés par l'État pour les Églises de France, ce qui étant fait, on accusa ce ministre et d'autres de correspondre avec l'État d'Angleterre au sujet des présents troubles ¹... Le gouvernement a mal pris que les Églises aient correspondu avec l'Angleterre en ces temps ; et de la sorte les lettres sont encore là et les Églises ne les connaissent pas, et on ne sait ce qu'il en adviendra. Sur quoi quelques membres furent chargés d'en informer la Chambre des Communes et de demander l'impression des lettres » ².

Le roi se crut obligé de prévenir les suites de cette publication et d'adresser comme contrepartie une déclaration aux Églises protestantes d'outre mer. Il s'y élevait contre les rumeurs sinistres et les lettres répandues, l'accusant de vouloir se détacher de la foi orthodoxe et introduire le papisme en Grande-Bretagne, et il rappelait le mariage de sa fille avec le prince d'Orange et la présence des prélats anglais au Synode de Dordrecht qui avait approuvé la Liturgie anglicane ³.

Recours de l'Église de Londres à l'Assemblée de Westminster.

Son élection au poste de Threadneedle street n'empêchait donc point J. de La Marche de participer aux travaux de l'Assemblée de Westminster, où il siégeait avec un autre pasteur des îles normandes, De la Place, et où vint s'asseoir avec eux Delmé de Canterbury ⁴. Il en avait profité pour introduire, le

Extraits de lettres de Londres des 10 et 18 septembre 1645. *Bibl. de Genève*, M. f. 197, portef. 10. Diodati fut chargé d'en écrire et d'affirmer que ce gouvernement « n'étoit en rien changé ains estoit le mesme establi depuis la Réformation. » *Procès-verbaux de la V. C.*

¹ Gillespie. *Notes des débats de l'Assemblée de Westminster.*

² Lightfoot. *Journal de l'Assemblée de Westminster.*

³ *M. Britanniæ Regis Declaratio ad Ecclesias Protestantes Ultramarinas.* Oxford pridie Idus Maij 1644, in-4º.

⁴ Bien qu'il soit dit dans les relevés des membres de l'Assemblée que l'assistance des deux premiers a été intermittente, tandis que celle de Delmé,

22 décembre 1643, les porteurs d'une pétition de la congrégation française de Londres : « la teneur était d'abord des félicitations pour l'Assemblée, puis l'exposé de la Charte d'Édouard VI, et ensuite une plainte sérieuse contre deux qui ont fait une effroyable rupture et schisme dans leur Église, l'un un docteur » (d'Espagne), « et l'autre un ancien moine » (Cursol) « qui se sont séparés de leur congrégation et ont commencé à rassembler des Églises; ils désiraient que cette plainte fût transmise par l'Assemblée au Parlement »[1]. Le 29, « le président du comité nommé pour s'enquérir du schisme commencé dans l'Église française rapporte que le comité, après considération, trouve qu'il y a là en effet matière très grave et souhaite qu'elle soit promptement transmise à la Chambre ; ce qui fut ordonné »[1].

Pétition des séparés au consistoire.

Ce nouveau renvoi aida le consistoire contre des solliciteurs que rien ne parvenait à décourager. Lorsque « les sieurs de Vaux, de Caùx, Briot, Rochefort et Rousseau, membres de l'Église, s'étant présentés devant la Compagnie au nom de plusieurs membres de cette Église qui, pour avoir leur demeure fort éloignée du temple, et ne pouvant venir par eau, à cause de la défense que le Parlement a faite aux bateliers de travailler au jour de Dimanche, ont désiré avoir l'accord et consentement de cette Compagnie pour faire une Assemblée particulière au quartier de Temple Bar, qui soit une même Église avec celle-ci, ayant une même bourse », loin de consentir à ce commencement de solution pratique et pacifique à la fois, « la Compagnie leur a représenté qu'elle ne pouvait aucunement consentir à une telle demande, vu que cette affaire était passée si avant que le

---

entré comme membre adjoint (superadded) le 8 janvier 1645 a été régulière, de La Marche pour présider le XXVI⁰ Colloque dut demander au « Synode anglais » la permission de s'absenter et « de vaquer aux affaires de nos Églises ». *Actes du Coll.* 12 et 13.

[1] Lightfoot.

Parlement en avait connaissance, duquel il fallait attendre la décision »[1].

Le consistoire venait de recevoir des Pays-Bas, contre Jean d'Espagne, une de ces armes dont le défaut de consistance ne suffit pas à neutraliser entièrement l'effet : son départ de Hol-

[1] Les modérés du consistoire reprochèrent à de La Marche son intransigeance à l'égard de ces députés « les plus apparents » de la congrégation de d'Espagne, qui leur avaient remontré « avec autant de soumission qu'il étoit possible, qu'ils n'avoient nulle volonté de se séparer de l'Église, qu'ils estoyent pour la plupart vieilles gens, incapables de venir à pied si loing et n'avoir tous moyens d'avoir carrosses », et qui offraient d'apporter leurs contributions au consistoire, d'y venir faire la cène, de congédier leur ministre si l'on avait quelquechose contre sa vie ou sa doctrine... « On les pria de sortir pour prendre advis ; un du consistoire leur conseilla de penser meurement à cet affaire comme estant d'importance et de les renvoyer avec bonnes parolles ; cet advis, non pas le sien mais de Salomon, ne fut suivy, ains celuy des fols conseillers de son jeune et imprudent fils ; car il (de La Marche) leur dit rudement que puisqu'ils avoyent commencé le schisme et s'estoyent séparez d'avec eux, il n'avoit rien à leur dire sinon que la requeste » (pour interdire la chaire à leur ministre) « estoit au Parlement et qu'ils pouvoyent se retirer vers eux. Mais l'expérience a monstré qu'ils se sont abusez, leur assemblée croissant de jour en jour, tant des membres de cette Église que de la noblesse Angloise qui demeurent autour de ces quartiers là, desquels quelques-uns ont dit qu'ils vouloyent y entretenir toujours une chapelle de la langue française pour y eslever leur jeunesse, auparavant qu'ils voyagent delà de la mer. » *Complainte*.

Les pétitionnaires n'étaient assurément pas les premiers venus ; De Caux est l'ingénieur-architecte frère de Salomon, Isaac qui, né à Dieppe comme son aîné, publiait à Londres cette même année 1644 un in-folio : « *Nouvelle invention de lever l'eau plus haut que sa source, avec quelques machines mouvantes par le moyen de l'eau.* » — Briot est le célèbre graveur en médailles (voir ci-dessus). — Les noms de ces deux partisans de J. d'Espagne viennent à l'appui du côté politique de la question ; tous deux étaient royalistes ; lors des progrès de la révolution de Caus retourna en France et mourut à Paris en février 1648, tandis que Briot, après s'être saisi pour le service du roi de tout l'outillage monétaire du pays, le rejoignit à York et l'accompagna à Oxford où il mourut en 1646 : ce fait certifié dans une pétition de sa veuve (*Cal. State Papers*, Ch. II. LV. 100) détruit la touchante légende conservée par Agnew qu'il avait succombé à sa douleur à la mort de Charles 1er. Sa fille, nommée Esther comme sa mère, avait épousé en 1637 Sir John Falconer, dont la famille se continue. — Agnew. Un Th. de Vaux était filleul de Turquet de Mayerne.

lande, écrivait-on, avait suivi une accusation d'immoralité : on n'avait pas trouvé, il est vrai, matière à le déposer, mais on lui avait déclaré qu'il ne pouvait servir d'édification ni en l'Église de La Haye, ni en aucune autre des Pays-Bas. Le consistoire conserva l'acte pour en faire usage en temps opportun, et acquiesça à la demande, formulée par les Flamands, d'un Synode précédé immédiatement d'un Colloque.[1]

Colloques et Synodes. Le XXVIe Colloque (président J. de La Marche, secrétaire Sauvage) se réunit à Londres « sous la protection du très puissant roi de la Grande-Bretagne et de son honorable Parlement » du 12 au 13 mai 1644; le IVe Synode (président Calandrin, assistant de la Marche, secrétaire Proost), du 13 au 16 mai. Ils furent suivis du XXVIIe Colloque, qui se prolongea du 7 mai au 12 septembre 1646 (président Delmé, secrétaire Sauvage), du XXVIIIe Colloque (président Delmé, secrétaire Berchet), convoqué extraordinairement le 9 septembre 1647, et du Ve Synode (président Calandrin, assistant Delmé, secrétaire Lekeux), 20 septembre 1647-14 février 1648.

Les délibérations de ces assemblées furent de triple nature : elles s'occupèrent de quelques points secondaires d'ordre et de

---

[1] S'occuper d'histoire et rencontrer sur sa route une accusation, non prouvée mais restée pendante, c'est être arrêté par un double écueil : la reproduire n'est-ce pas donner un corps à ce qui, à l'époque même, n'en possédait peut-être aucun? La passer sous silence ne serait-ce point négliger un des éléments de l'enquête que le présent poursuit incessamment sur ce qui l'a précédé? Nous eussions volontiers laissé dans l'oubli la rumeur dont le consistoire de Threadneedle street s'est fait l'écho après un intervalle de vingt années marquées par une carrière pastorale d'un éclat singulier, et contre laquelle protestent la confiance de Soubise, la vénération des fidèles de Westminster, la réputation, l'élévation et la piété solide des œuvres de Jean d'Espagne. Les articles des Synodes wallons à l'*Appendice*.

réglementation ecclésiastiques, admirent dans le réseau synodal deux congrégations de plus, Sandoft et Douvres, et surtout furent itérativement appelées à intervenir dans les tristes démêlés intérieurs des trois grandes Églises du Refuge (Threadneedle street, Norwich et Canterbury). Nous ne ferons que grouper, en les résumant, les principaux éléments de ces conflits, sur lesquels les Actes fournissent les plus pénibles détails, et que l'organisation synodale fut impuissante à dominer. Ils durent nuire étrangement à la fraternité et à l'édification chrétienne des troupeaux.

Southampton en fut exempte. L'Église où Sauvage était rentré après la chute de Laud se reconstituait avec peine et suppliait les autres de ne pas la laisser succomber [1]. Quant aux deux communautés nouvelles, c'est au changement du régime politique et à la prépondérance du Parlement qu'elles durent la possibilité de leur reconnaissance officielle et de leur constitution sur la base strictement réformée.

A Sandoft, les épreuves des colons avaient continué. En juin et en décembre 1642 les indigènes détruisaient trente-deux maisons et dévastaient quatre mille acres. A Jean d'Espagne avait succédé Pierre Berchet, fils et petit-fils de professeurs à l'Académie de Sedan [2]. Trois ans après, le 6 octobre 1645, les parti-

Sandoft.

---

[1] « L'église de Hampton représente l'importance et la nécessité de la continuation d'icelle et requiert l'avis et l'assistance du Colloque ». Coll. XXV. — « L'église de H. ayant représenté sa faiblesse et pauvreté... sur quoi excuse a été donnée d'une même maladie à laquelle les Églises sont d'avis de chercher remède par une pétition au Parlement ». Coll. XXVI. — Le mémoire de Southampton concernant la faiblesse et la pauvreté de l'Église ayant été produit, la Compagnie a trouvé bon que l'affaire fut représentée au consistoire de Londres pour y apporter de l'aide, et pour l'avenir tant aux Églises sœurs qu'au comité pour les ministres nécessiteux. » Coll. XXVII. — Southampton ne députa point aux XXVIII⁰ Coll. et V⁰ Synode, malgré les lettres requérant sa présence.

[2] Pasteur à Mæstricht 1636, suspendu 1639.

cipants, impuissants à réprimer les désordres, s'adressaient en vain au sheriff, et, renvoyés devant le comité du comté de Lincoln, voyaient séquestrer leurs revenus et s'entendaient condamner à l'abandon aux indigènes de toutes les terres, s'ils n'obtenaient, dans le délai de deux ans, un jugement légal ou une ordonnance des deux Chambres du Parlement confirmant leurs titres de propriété [1].

En présence de ce danger imminent, le pasteur et deux des principaux colons, Jean Barrell et Jean Amory, pétitionnèrent, le 15 novembre, à la Chambre des Lords : au nom « de plus d'un millier d'âmes » ils demandaient à jouir en paix des fruits de leur labeur, à ne plus être soumis, avec leurs femmes et leurs enfants, aux outrages des émeutiers, à obtenir l'allocation pour leur ministre et les arriérés dus à son prédécesseur, avec des dommages et intérêts pour le bris de leurs outils, la destruction des vitraux et des bancs de leur temple [2]. Ils sollicitaient en même temps l'intervention du consistoire de Threadneedle street, et la Compagnie décidait « d'intercéder auprès du Chevalier Airby pour le maintien de l'Église des étrangers recueillis en Lincolnshire » [3].

Le 10 décembre, les Lords donnèrent pouvoir au sheriff de mettre fin aux tumultes par la force armée. Les pétitions des

---

[1] « Malgré les décisions de plusieurs tribunaux il n'y a pas de doute que les Anglais avaient le droit pour eux. Leurs communaux ne leur avaient jamais été retirés *légalement*, car le roi, comme seigneur du manoir royal d'Epworth, n'était pas seul propriétaire des friches, et n'avait aucun pouvoir d'en disposer par lettres-patentes ou brevets. Si dès le début le drainage eût été accordé à Vermuyden par acte du Parlement, la position de la question eût été différente. Aussi après la résolution, l'autorité gouvernementale étant exercée par le Parlement, tout changeait de face. » — Overend. *The first thirty years of the foreign settlement in Axholme.*

[2] La pétition est dans l'article de M. Overend. Elle est indiquée dans le *Calendar of the House of Lords, Report on Hist. Mss.* VI.

[3] *Actes du Consistoire.*

colons se succédaient, — 21 mars, 11 août 1646 —, opposées par les contre-pétitions et les émeutes, — 6 février, 31 juillet, — et suivies des ordres des Lords, 27 novembre et 1er décembre. Aussi le XXVIIe Colloque hésitait-il à s'incorporer une congrégation encore mal affermie et faisait-il exhorter « le sieur Berchet et la congrégation de Sandhoft à appuyer leur Église sur l'autorité publique »[1]. Ce n'est qu'au XXVIIIe Colloque et sur la présentation du premier ordre favorable des Lords du 17 février 1641, qu'on donna la main d'association à Berchet et à l'ancien David le Comte, tout en ne jugeant pas l'acte assez formel et en « arrêtant de leur donner assistance dans l'obtention de garanties plus assurées et de ressources pour le ministre ». Les deux députés prirent part aux travaux du Colloque et à ceux du Ve Synode et furent même « suppliés de retarder leur retour »[2] quand la prolongation de la session les fit réclamer par leur Église. Ils en profitèrent pour obtenir la double intervention de la Compagnie auprès des participants résidant à Londres et de ceux sur « le Digage » pour l'entretien convenable de leur pasteur. Les temps étaient troublés partout en Angleterre : émeutes, plaintes et ordonnances se succédèrent jusqu'à la Révolution pour reprendre presque aussitôt après.

Église de Douvres. L'église de Douvres s'était formée graduellement pendant dix ans par des immigrations de Picards et de Flamands, dont il est fait mention, pour la première fois, dans une lettre des maire et jurats au Lord Warden, 13 mai 1635, notifiant l'arrivée de cent personnes venant de Calais, « hommes, femmes et enfants, français et flamands, tous protestants : quelques-uns apportent avec eux leurs biens et meubles ; ils habitaient près de Calais mais

---

[1] XXVIIe Coll. 22 août 1646. La demande d'union date du 5 mars 1642. *Ecc. L. Bat. Arch.*

[2] ... « veu la nécessité de leur présence pour terminer les affaires du Colloque. » *Acte du XXVIIe Coll.* art. 41. 42.

possédaient des terres en Flandre; ils s'enfuient crainte de guerre: quelques-uns ont loué des maisons et ont demandé des certificats de résidence et d'arrivée; d'autres comptent se disperser dans le pays »[1].

Le Lord Warden ayant prévenu le Conseil privé de ce « débarquement d'un grand nombre d'étrangers, désireux à cause des troubles de se retirer pour quelque temps en ce royaume », celui-ci ordonna, le 18 mai, de leur accorder le passage par les ports, mais non le séjour en iceux, et de leur enjoindre de se rendre dans les villes de l'intérieur. Aussi sur la liste des quatre-vingt-cinq hommes, quinze femmes et vingt-six enfants « wallons et étrangers débarqués à Douvres avec l'intention d'habiter en Angleterre, depuis le 12 juillet jusqu'au 21 septembre 1635 », aucun n'est porté comme devant rester à Douvres[2]. Les immigrants arrivés avant ces défenses n'avaient pas quitté la ville, et le 7 septembre la municipalité « trouvant que l'habitation à Douvres des étrangers qui s'y sont fixés avant l'ordonnance, étant marchands et marins, et dont quelques-uns ont obtenu des lettres de denization, a beaucoup accru le commerce de la ville, augmenté les douanes et bénéficié à la cité et aux habitants », sollicite du Conseil privé « l'autorisation pour que lesdits étrangers qui sont dans la ville, puissent, avec l'approbation du Lord Warden, continuer à y résider »[3].

---

[1] *Cal. State Papers. Dom. Car.* I Vol. CCLXXXVIII. 79. La France et la Hollande venaient de s'allier en vue de prendre à l'Espagne les provinces belges.

[2] Sept sont venus par Boulogne, quinze par Dunkerque, sept par Ostende; les autres par Calais. Cinq hommes, trois femmes, cinq enfants vont à Hull, 8 h. 2 f. 6 e. en Yorkshire, 16 h. 1 f. 4 e. au delà de Londres, 39 h. 9 f. 11 e. à Canterbury; l'indication manque pour les autres; ce sont tous ouvriers, tisserands, cultivateurs ou brasseurs. *St. Papers. Dom. Car.* I. CCXCVIII. 81.

En juillet 1635 le relevé général des douanes constatait l'arrivée en Angleterre, pendant le mois, de trois cents ouvriers wallons.

[3] *Cal. State Papers. Dom.* CCCIII. 95. 9. On ne trouve pas de réponse à cette demande, mais en février 1636 le Lord Warden se plaint de ce que ses instructions d'avoir à éloigner les étrangers n'aient pas été suivies; il

Ces réfugiés, privés de culte régulier, recoururent, pour leur édification occasionnelle et leurs cérémonies privées, au ministre Poujade, de l'Église voisine de Canterbury, mais le consistoire de cette Église, auquel le pasteur n'avait pas estimé nécessaire d'en demander l'autorisation, s'en émut et lui interdit de continuer ses services intérimaires. Au XXVIe Colloque, « lettre de Douvres de l'an 1644, signée entre autres par Jacques le Candel, adressée au Colloque a été ouverte et lue, en laquelle quelques étrangers ayant reçu grande consolation des prédications que M. Poujade a eu données à plusieurs fois, et s'en sentant à leur grand regret frustrés en raison de l'inhibition faite au sieur par son Église de Canterbury, prie le Colloque qu'un si grand bénéfice leur soit restitué au moins une fois par mois ». Après avoir préalablement donné satisfaction au consistoire de Canterbury sur la question de fond, le Colloque inclina du côté de la continuation sans l'exiger [1].

A défaut d'Église dressée, Poujade avait essayé, semble-t-il, d'en préparer les éléments. Un feuillet isolé, retrouvé parmi les papiers de la congrégation, porte des notes, avec dates du 1er mai

---

ajoute : « Néanmoins, à cause du grand commerce à Douvres des négociants étrangers, et par composition pour l'augmentation des douanes, si le maire peut m'indiquer des raisons suffisantes pour la résidence de quelques-uns dans la ville, mais seulement des protestants et dont la demeure puisse être avantageuse au service de S. M. je serai fort à y consentir . . » Il répète en P. S. : « Il faut que ce soient des Protestants et que le maire prenne l'avis des ministres ou prédicateurs de la ville. » Overend. *Hug. Soc. Proc.* III. La question religieuse primait encore les autres. Le 18 septembre 1637 le maire et les jurats écrivaient au secrétaire Coke au sujet d'étrangers « qui paraissent catholiques et ne se rendent pas à l'église de Sainte-Marie ». *Cal.* CCCLXVII. 108. Les détails dans Overend. *Ibidem*.

[1] « Demande ayant été faite si un ministre approprié à une Église peut exercer actes ministériaux en une ville où il n'y a point d'Église formée, sans le consentement du consistoire, — A été répondu qu'il ne peut, mais le consistoire en tel cas est conseillé de ne s'opposer aux moyens par lesquels les personnes affamées de la parole de Dieu pourraient être rassasiées et le royaume de Christ avancé. » XXVIe Coll. art. 42.

au 9 décembre 1644, destinées à être enregistrées dans le *Livre des Baptesmes* (un baptême), le *Livre pour l'Examen de trois en trois mois* (trois postulants), le *Livre des Mariages* (deux), le *Registre des Témoignages donnez* (quatre), le *Registre des Témoignages reçus* (trois) et le *Registre des morts* (deux)[1].

Ces livres et registres, et ceux de 1645 s'ils ont existé jamais, ne se retrouvent plus. Le *Livre des Baptesmes* qu'on possède ne commence que le 5 mai 1646 : il s'ouvre par la liste « des enfans baptisés Pr Monsr Joseph Poujade, ministre de l'esglise wallonne de Canterbury, devant q. Lesglise de Douvre fut formée » : un ce jour là, quatre le 5 août[2]. L'Église se constituait enfin, et il ne lui manquait plus que la reconnaissance officielle de ses aînées.

En effet, le 2 mars 1646, les « Wallons, ou français et autres Étrangers professant la vraie religion protestante résident à Douvres », avaient sollicité de la Chambre des Lords l'autorisation « d'ériger dans la dite ville et port une congrégation wallonne ou française, avec les mêmes discipline et immunités accordées par Édouard VI et ses successeurs à diverses congrégations dans plusieurs lieux du royaume ». Ils exposaient que les magistrats de la ville leur avaient permis d'en présenter la pétition à l'honorable Comité pour le comté de Kent : celui-ci, bien que trouvant la requête « raisonnable et tendant à la gloire de Dieu », ne s'était pas reconnu les pouvoirs nécessaires pour y obtempérer et les renvoyait au Parlement, tout en écrivant en leur

---

[1] Voir à l'*Appendice* ce fragment, imprimé déjà par M. Overend, *Hug. Soc. Proceedings* III, 312 et intéressant par les divers en-tête. Il se pourrait que les notes aient été prises par Poujade pour être reportées sur les Livres d'Actes de Canterbury, considérée comme l'Église en titre, tant que celle de Douvres n'existait pas légalement.

[2] Elisabeth Garretion, Jacques le Candele, Jeanne Castel, Martin Hofman, Rachelle le Houcq. *Registers of the French Church at Dover Kent*, privately printed for Fred. Arthur Crisp, 1888, in-fol.

faveur aux députés de la région [1]. La Commission de la Chambre, après enquête et débats, résolut le 17 mars de les recommander au Parlement, ce qui fut fait le 10 avril par un rapport du comte de Warwick : le 13, la Chambre des Lords votait une ordonnance conforme à leurs désirs, et les Communes l'acceptaient à la date du 16. Les protestants étrangers étaient autorisés à ériger à Douvres une congrégation française et wallonne avec les mêmes discipline et immunités accordées aux autres congrégations étrangères du royaume, et à jouir « eux et leurs successeurs de la liberté et de l'exercice public de la religion protestante sous un fidèle ministre de la Parole, ainsi que des Sacrements, dont les autres Églises étrangères du royaume usent et peuvent librement jouir. Et il est ordonné au maire et divers officiers à Douvres que ceci peut regarder d'assister, en toutes occasions, la dite congrégation, dans le maintien des justes privilèges qui leur sont présentement accordés » [2].

Forts de cette ordonnance, le 8 mai 1646, lendemain de l'ouverture du XXVIIe Colloque, « vingt-cinq députés des familles de la langue françoise de Douvres, s'étant présentés avec lettres adressées au Colloque par lesquelles ils représentent le désir que Dieu leur a mis au cœur d'ériger une Église françoise à Douvre, ce qu'ils auroient obtenu du Parlement et de s'associer aux autres Églises de la langue françoise sous l'autorité du Colloque, lequel ils prient de vouloir procéder à l'examen et réception du sieur Philippe Le Keux, proposant, sur lequel ils ont jeté les yeux... [3] La Compagnie, après mûre considération de l'af-

---

[1] La pétition, dans l'étude de M. Overend; elle est signée de Jacques de Candele, Salomon Maurisse, Pierre Oden, Antoine Le Candele, M. de Haze, David Neveu, Philippe le Keux (le futur ministre).

[2] Imprimé *in extenso* dans le *Journal des Lords* et par extrait dans l'étude de M. Overend.

[3] Ils s'étaient adressés de même au Colloque hollandais siégeant simultanément à Londres, soit à cause de l'existence antérieure d'une Église de

faire, a loué leur zèle et travail en une si sainte œuvre... Le Keux présente ses témoignages en regard de son érudition et conversation... texte lui est donné le Jeudi 18 Juin, du 1er des Éphésiens, vers. 7, pour rendre le Dimanche suivant après la seconde action.... Son exercice après examen approuvé, lui fut assigné de prêcher le mercredi suivant, jour de jeûne, après quoi ayant été examiné sur les principaux points de la théologie et reconnu propre à la charge du saint ministère, et le lendemain exhortations lui ayant été faites, tant au regard du ministère en général qu'au regard du lieu en particulier où il était désiré, il y fut envoyé pour s'y exercer par prédications, en attendant que la Compagnie eût le moyen de députer un des pasteurs membres du Colloque pour lui donner l'imposition des mains et dresser l'Église. — 27 août : M. Delmé est chargé de se transporter à Douvres pour établir l'Église par l'imposition des mains sur le sieur Philippe le Keux et le choix des anciens et diacres, étant accompagné de deux ou trois anciens de son Église de Canterbury »[1]. L'élection des anciens et des diacres eut lieu le 8 octobre, l'installation officielle de tous les membres du consistoire le 11, le troupeau manifestant sa reconnaissance d'être enfin constituée par des offrandes de près de quatre livres sterling.

cette langue, Église dissoute, mais dont peut-être quelques descendants entraient dans la leur, soit dans la pensée de s'adjoindre les Flamands et Hollandais établis dans la ville. Le XXIIe Colloque hollandais les renvoya au français.

[1] *Actes du Colloque*, 1646. Le Keux appartenait à une vieille famille du refuge à Canterbury, dont la descendance se perpétue, après s'être distinguée dans l'armée et les arts. Détails généalogiques dans Agnew.

Au registre s'ouvre un nouveau feuillet: *Livre des Baptesmes faits à l'Esglise wallone de Douvre depuis q. lesglise est errigée;* le 1er à la date du 6 décembre 1644; il y en a vingt-cinq jusqu'à la fin du règne de Charles Ier, et seulement deux mariages, dont le premier, 16 septembre 1647, n'est que l'enregistrement d'une union célébrée à Heidelberg, Christ. Cisner, min. et Marie de Haze, le second Jean Peltrisse et Elis. Skinert.

Ces longs délais et les démarches pour obtenir la reconnaissance officielle avaient entraîné plus de 25 liv. sterl. de frais. Le relevé des comptes, au 5 novembre, présentant un déficit de vingt livres, les trois anciens et les trois diacres consentirent chacun un prêt de quatre livres, abandonné comme don en 1648. On installa le culte dans un bâtiment de construction nouvelle dit « *The New Buildings* », dont le propriétaire, Arnout Brœms, consentit un bail à trois livres par an, réduit à 2 liv. 10 en 1650 [1].

Les documents fragmentaires qui restent sur cette troisième Église de Douvres, malgré la brièveté et l'humilité de son existence, sont loin d'être dépourvus d'intérêt. Les entrées dans les livres des diacres fournissent quelques-uns de ces détails trop rares à rencontrer, qui aident à reconstituer l'existence journalière et intime des Églises du Refuge. Dans celui des « *Recettes occasionnelles* » figurent de nombreux dons comme « deniers à Dieu », ou dans des circonstances particulières [2]. Les paiements consistent surtout en aumônes, soit à des pauvres du troupeau, soit plutôt à des passants : ces dernières libéralités sont d'autant plus nombreuses que Douvres était l'étape choisie de préférence par les allants et venants entre la France et l'Angleterre [3].

---

[1] Plusieurs des comptes se rapportent aux frais d'aménagement et autres « lorsqu'on faisoit le temple », ce qui indique un édifice indépendant. La congrégation eut toujours grande peine à vivre, et ne parvint jamais à solder en entier ni les arriérés de son loyer, ni le traitement de ses ministres. Détails dans Overend, *Strangers at Dover. Hug. Soc. Proc.* III.

[2] « Reçu d'un passant 1 liv., de Jacques du Vaze en passant 6 s., jour du mariage Cisner 14 s. 6 d., un don de vente de navire 10 s., un aultre de rachapt 1 liv. »

[3] Parmi plus de trois cents *passants* secourus, du 11 oct. 1646 au 5 sept. 1660, relevés par M. Overend : « 1646 à deux passans pour Calais 5 s., à un passant boiteux des armées du Parlement 6 s.; 1647 pour la dépense de M. Devaux, *pasteur* passant, 1 liv. 3 s., à un passant boutonnier parisien, à un gentilhomme passant, à un garçon boutonnier de Rouen, à Leplat de Sedan; 1648 à deux capucins, payé à un *ministre* françois passant nommé

Le « *Le Livre pour les témoignages receus* » enregistre les noms de tous les nouveaux membres, soit les fidèles venant s'adjoindre à l'Église après avoir déjà fait partie d'une autre et en apportant le témoignage comme garantie de leur foi, soit les jeunes ou les inconnus admis après examen [1]. Le «*Livre des registres des tesmoignages donnés*» indique ceux retirés par des membres de l'Église au moment où ils s'en séparent [2].

Le Keux et l'ancien Le Candele assistèrent au XXVIIIe Colloque et reçurent la main d'association, et la promesse, faite pareillement aux députés de Sandoft, d'avoir des exemplaires

Jean Jonces 1 liv.; 1649 à un nommé La Cessaye de Nérac; 1650 à un jeune homme de Touraine, à une Provençale, à Robert Le Fevre d'Arras, à une venant d'Amiens, au docteur grec; 1651 à J. de Latau, passant, à Jean Le Roy et Pierre Lalolt, à une fille de Paris, à deux hommes de Dieppe, à quatre Hollandois; 1652 à de pauvres matelots, à deux Juifs, à un grec de Jérusalem, à de pauvres prosélytes hollandois; 1653 à vingt François; 1654 à six Hollandois perdus, à un gentilhomme suisse; 1655 à un de Frankendall, à J. Canau de Sedan; 1656 à un de Vitré, à un de Languedoc, à la f. de Jean Le Thulier de La Rochelle, à un pauvre malade au bord d'une barque pour Dieppe; 1657 à un pauvre Rochelois pris par les Dunkerquois, à la f. de Jean du Heurieur de Londres allant ès Pays-Bas, à Pierre Cochoy pauvre passant, à Dan. de Brun allant de Piedmont à Londres, au même retournant en France, à M. Legris pauvre passant, à Ant. du Humain, à Moyse de Faujan, pauvre pass. françois de Poictou; 1658 à Moyse Brullet, à Davia Momé de Sedan, à un pauvre chirurgien de La Rochelle, à un pauvre soldat françois; 1659 à Jean Marché, pauvre passant françois de Touraine, retournant en France ayant bon tesmoignage; à Isaac Cavalier, à de pauvres prisonniers mariniers; 1660 à Daniel Boulanger de Rouen, pauvre passant à Londres. Dans les «Comptes du ministre» un paiement de 3 liv. st. pour «les méreaux». Voir aussi les frais du ministre et ancien délégués au Coll. de 1654, total 11 liv. st. dont 5 pour le séjour d'un mois à Londres.

[1] Total en 1646 vingt-et-un, 1647 vingt, 1648 deux. La congrégation resta peu nombreuse. On ne marque en 1646 que neuf baptêmes, y compris ceux de Poujade, douze en 1647, neuf en 1648; six décès en 1647, deux en 1648.

[2] L'année 1648 en compte treize : Pierre Odent, Marie de Haze, Ant. Le Candele, Françoise Bayard femme de Pierre Bonté, Jacquemin Daniels, et, ce qui prouve la participation des Flamands, des Cornelissen, Classen, Gerardssen et Verhagne.

du Colloque et de la Discipline. Par contre on refusa de s'intéresser au groupe nouveau de Whittlesey et à son pasteur Du Perrier, tant qu'ils n'auraient pas obtenu, par eux-mêmes, la reconnaissance du gouvernement : cette petite communauté se fusionna, sept ou huit ans après, avec celle de Thorney-Abbey[1].

En dehors des décisions qui se rapportent directement, ou indirectement, aux luttes intestines à Londres, à Norwich et à Canterbury, et que nous devrons reprendre et analyser successivement pour chacune, les assemblées ecclésiastiques ne prirent, avec d'insignifiantes modifications dans les termes de la Discipline, que les suivantes : Suppression par les Églises françaises de toutes les fêtes, Noël, etc.[2] ; — possibilité d'assistance au Colloque de plusieurs anciens d'une même Église, mais un seul ayant droit de vote (XXVIe Coll.) ; — lors du choix d'un pasteur avis donné aux autres Églises en attendant la pleine approbation par le Colloque ; — non rétablissement des Catéchismes généraux interrompus « à raison des inconvénients qui s'en sont suivis » ; — admission dans la chaire de pasteurs par les anciens avec le consentement du ministre, mais seulement de ceux membres du Colloque ou notoirement connus ; — dans le cas d'opposition

Décisions ecclésiastiques.

---

[1] « Lettre sera écrite à Whittlesey, tendant à une même fin que la précédente (à Sandhoft), mais avec exhortation à caution à l'égard de celuy qu'ils ont admis en qualité de pasteur. » XXVIe Coll. — « Le sieur du Perrier, soi-disant pasteur, ayant présenté lettres de la part des frères de Whittlesey aux fins d'être incorporés en nos Églises, la Compagnie ne voulant entrer pour le présent en l'examen de la personne et ordination du dit sieur, a répondu qu'elle ne pouvoit accorder cette demande jusqu'à ce que l'autorité suprême lui donne fondement de ce faire. » XXVIIe Coll. — Ancien prêtre il n'avait que les ordres romains. Le Cœtus, sans juger la ré-ordination nécessaire, lui accorda en 1656 la main d'association pour « rendre le crédit de son ministère plus complet, donner plus d'autorité à ses labeurs » et calmer les scrupules des fidèles de Southampton. *Actes du Cœtus.*

[2] « Les frères des Églises françaises déclarent au Synode qu'en supprimant absolument les fêtes et jours fériés autres que les dimanches, ils n'entendent point par là juger ou condamner d'autres Églises réformées dont la pratique est différente ». Syn. IV. Le Parlement allait en ordonner la suppression.

II

contre des paroles prononcées en chaire, nécessité d'avertir le ministre dans la huitaine ; — admission en chaire des Proposants « déjà façonnés et bien attestés pour deux ou trois fois seulement et qu'il y ait différence d'avec un pasteur »[1] ; — permission d'exercer censures jusqu'à suspension de la cène à l'endroit de ceux qui refusent de payer les amendes imposées par les Hommes Politiques autorisés par le magistrat et l'Église (XXVIIe Coll.).

Le quatrième Synode, aidé par les circonstances politiques, trancha définitivement la matière des bénéfices : « Sur la question si le ministre d'une Église étrangère peut, en aucun cas, conserver un bénéfice anglais avec une charge d'âmes, l'assemblée, prenant en sérieuse considération la conséquence dangereuse d'une telle tolérance, comme n'étant pas seulement répugnante à la pratique des Églises Réformées, mais aussi à une récente ordonnance du Parlement contre les Pluralités, a résolu que l'article tolérant les Pluralités sera annulé et complètement aboli ». Quant à la confirmation officielle de la Discipline désirée par les Églises, « L'assemblée, considérant les grandes affaires d'état qui sont présentement agitées et les cruels désastres de ce royaume en sang[2], ne juge pas qu'il soit de saison de pétitionner le Parlement ; le soin en sera recommandé au Cœtus », résolution qui fut renouvelée au cinquième Synode dans son double caractère de nécessité de la pétition, mais d'attente et de choix du moment laissé à la discrétion du Cœtus.

Résolutions synodales contre les sécessionnistes.

Les autres votes du Ve Synode, sous une forme générale, visent la sécession des adhérents de Jean d'Espagne : le Synode n'avait été d'ailleurs réuni que dans ce but. On y posait notamment la question :

---

[1] Sur ce sujet : Coll. III, 5 ; Coll. XIV. 13 ; Coll. XVII, 14 ; Coll. XVIII, 14.
[2] «*The woeful disasters of this bleeding kingdom.*»

« Quelle est la marche qu'il convient de suivre avec tels membres de notre congrégation qui s'abstiennent continuellement de l'ouïe de la parole de Dieu et de la réception du Saint-Sacrement, se joignant à des assemblées privées des séparatistes non autorisées par le magistrat, et qui, admonestés par nous, ne veulent pas désister sous le prétexte que par ces réunions ils sont mieux édifiés ; prétendant aussi délicatesse de conscience, et que nos congrégations sont remplies de membres scandaleux qu'ils ne désirent pas nous faire connaître — et si ceux-là demandent un témoignage d'Église pour se retirer, s'il doit leur être accordé ?

« L'Assemblée, après mûre délibération, trouve que c'est matière de la plus grande conséquence, qui importe profondément au bien-être de toutes les Églises. Et comme réponse elle a résolu comme suit :

« 1º Que le principal remède à ce grief doit être attendu du Parlement
« 2º Qu'en attendant nos meilleurs efforts soient consacrés à empêcher l'extension de ce mal, c'est-à-dire :

« 1º Que la discipline soit exercée plus strictement contre les personnes scandaleuses, dont l'admission à la Sainte-Cène est le principal prétexte de la séparation d'avec nous ;

« 2º Que les ministres s'efforcent en particulier et publiquement de ramener ceux qui commencent à s'écarter de l'unité de l'Église dont ils sont membres ;

« 3º Que des prières ferventes soient faites à ce sujet pendant les jeûnes mensuels ;

« 2º Qu'avertissement public soit donné à nos diverses congrégations, au nom de cette Assemblée, que tous prennent garde de troubler la paix de l'Église par une séparation aussi désordonnée ;

« 5º Qu'aucun témoignage ou certificat ne leur soit accordé de peur que nous ne paraissions par là appuyer leur séparation ». [1]

Ces mesures ne furent suivies d'aucun effet. La congrégation française de Westminster, privée de son lieu de réunion au départ des Arundel pour l'Italie, se consolidait par l'hospitalité que lui offrait en 1645, à Durham House, le comte de Pembroke,

D'Espagne à Durham House.

---

[1] *Actes du Synode.*

un des Lords les plus en vue par son rang et par son rôle dans la Chambre Haute[1].

L'Église de Threadneedle street, au contraire, était en proie à une indicible confusion : le consistoire s'est efforcé depuis d'en effacer les traces tant au livre du Cœtus que dans ses propres Actes, se bornant à noter les prédications de La Place, le pasteur de Guernesey délégué à Westminster, pendant une interruption de Cisner, et n'expliquant point le délai de la réception officielle de ce dernier. Mais les procès-verbaux des Colloques et Synodes, par leurs conclusions, une lettre et un mémoire du temps, et surtout les documents du Cœtus, révèlent que ce retard était dû à un nouveau schisme plus intime encore que le premier et auquel participèrent des anciens et des diacres[2].

Violences de J. de La Marche.

Depuis le départ de Hérault, Jean de La Marche, ne gardant plus aucune mesure, s'était laissé aller à toute l'exagération de ses tendances. S'il restait partisan de la discipline presbytérienne en ce qu'elle lui fournissait des armes contre les opposants dans le troupeau, il était par ses doctrines politiques, par les rêveries et les divagations de sa théologie, le digne émule des sectaires dits « de la cinquième monarchie », celle du Christ, roi terrestre

---

[1] Arundel s'éloignait pour ne pas se prononcer entre les deux partis en lutte : son allié Pembroke qui, de l'aveu même de Clarendon « se trouva engagé dans la rébellion quoiqu'il n'en eût jamais eu le dessein », est du petit nombre de Lords que le Parlement employa dans toutes ses négociations avec le roi, à Oxford, à Uxbridge, à la reddition du monarque, à Newport, et que Charles Ier accueillit jusqu'à la fin avec une bienveillance marquée.

[2] Les Actes des Colloques ne donnent que des articles votés comme conclusions de longs débats et parlent des « affaires de l'Église de Londres » sans expliquer en quoi elles consistent. Une lettre écrite à Paul Ferry, le célèbre pasteur de Metz, expose l'ensemble de la question ; elle est d'un messin fixé à Londres, Pierre Bellon, allié des Ancillon, ancien ami de Primerose et peut-être le principal rédacteur de « la Complainte » résumé des griefs contre de La Marche. Les deux pièces sont à la Bibliothèque du Protestantisme français, à Paris. Le Cœtus consentit en 1648, sur les instances des Français, à annuler six actes y relatifs, mais l'Église hollandaise en ayant gardé copie nous les reproduisons *Appendice* XLIII.

aussi impitoyable que glorieux. Il appliquait à l'Assemblée de Westminster les images de l'Apocalypse : elle était la femme en travail d'enfant (le travail de la Réformation sainte), celui qui est assis sur la nuée blanche avec la faucille « pour retrancher les scandales », ou encore la réunion des anges envoyés par le Parlement, dans un jugement anticipé, « cueillir du royaume du Christ tous les scandaleux qui font métier d'iniquité »[1].

Ses opinions au sein de l'Assemblée sont mentionnées à deux reprises. Le 9 septembre 1644, alors que dans la consternation produite par la défaite des troupes parlementaires on en cherche les raisons et qu'on en attribue neuf aux péchés de l'Assemblée, trois à ceux de l'armée, douze à ceux du Parlement, huit à ceux du peuple, plusieurs membres moins exaltés proposent de pétitionner le roi, afin qu'il accepte le Covenant, et de lui offrir quelque satisfaction sur ce qu'on s'est réuni malgré ses défenses… « M. de La Marche, au contraire, nous demanda d'aller plus haut encore que nous ne l'avons fait jusqu'ici : il est inutile de pétitionner ceux qui sont les premiers auteurs de la guerre et les opposants à la Réforme ; il faut plutôt penser à ce qu'on peut faire contre eux, faisant allusion au Roi ». Le 21 décembre on discutait la procédure de l'excommunication. « M. de La Marche fut pour l'excommunication sommaire, contre ceux qui voulaient des degrés, sur l'exemple de Phinées tuant Zimri et Cozbi avec une lance prise au sanctuaire »[2]. Ce terrible exemple, il ne craint

---

[1] « Ce peuple non accoustumé à telles doctrines, s'en plaind au consistoire, disant que c'est pervertir la doctrine de Christ dont le règne estoit spirituel, consistant en joie et paix par le Saint-Esprit.. que cela estoit incognu aux Églises réformées de France qui ne preschoyent que Christ crucifié. Il fait response que les Églises de France n'estoyent point Églises réformées ; qu'elles n'y entendoyent rien, que cela estoit propre à ceux de son isle quy avoyent travaillé en la recherche de l'Apocalypse depuis vingt-cinq ans. » *Complainte.*

[2] Gillespie. — Ses violences de langage sont prouvées par témoins dans les « Points remonstrés au Cœtus le 5 fév. 1646. » *Ecc. L. Bat Arch.* et *Appendice* XLIII.

pas de le porter dans la chaire et l'accentue: « Ce Zimry était prince en Israël et cette Cosby princesse en Madian. Nous avons besoin d'un autre Phinées »[1]. Aux commissaires écossais venus l'entendre à Threadneedle street, il annonce que la guerre n'approchera point de leur pays, parce qu'ils ont maintenu la doctrine orthodoxe et la pure administration des sacrements; il prédit le constant triomphe des armées parlementaires; quand leur insuccès le dément, il l'attribue à « l'idolâtrie des jours de fête » dont il faut supprimer la célébration. Dans ses sermons enfin où alternent pendant de longues heures[2] les prophéties et les anathèmes, « presque toujours sur le mont Hébal, rarement sur celuy de Guerizim », il cherche à inspirer aux fidèles l'esprit de ces Israélites « mettant au fil de l'épée tous les habitants de la ville d'Hay et pendant au bois le Roy d'icelle. Voyez, dit-il, les habitants sont mis au tranchant de l'épée qui est une honorable mort, mais le roi est pendu honteusement à un gibet pour nous enseigner qu'il faut traitter de mesme tous les rois qui s'opposent à la saincte réformation ; avec ces mots vous entendez bien de qui je veux parler, vous scavez qui je veux dire ».

C'en est trop, une fraction importante du troupeau se refuse à le suivre et lui résiste ouvertement. A toutes velléités d'opposition, de La Marche a sa réponse prête, l'excommunication sans degrés, comme il l'a proposée à Westminster. Des membres de la congrégation se sont retirés pour des sentiments particuliers touchant le baptême, il déclare du haut de la chaire « qu'ils ne sont pas seulement retranchés de l'Église, mais semblablement hors du livre de Dieu au ciel et hors la protection des lois civiles, qu'ils ne peuvent demander leurs debtes mais bien être pour-

---

[1] « Telles doctrines ont cousté la vie à deux roys de France. »

[2] « Ordinairement de trois ou quatre heures qui fait que bien souvent il presche aux murailles . . Si quelqu'un le traverse au contraire il orra parler de luy en pleine chaire » . . *Complainte.*

suivis en justice, que toutes sentences donnez par Juges excommuniez sont sans valeur, qu'ils ne doibvent estre enterrez en terre saincte » et qu'il les livre à Satan[1]. Cisner, après deux ans d'attente, exige confirmation ou congé ; de La Marche répond en lui interdisant la chaire et l'assistance au consistoire.

Il s'ensuit un tumulte qui amène l'intervention du Lord-maire : des centaines de fidèles assiègent le temple le 21 janvier 1646, réclamant Cisner, menaçant d'empêcher de La Place de prêcher. Quelques-uns écrivent « à une Église sœur », sans doute la flamande, que Cisner « a été élu absolument et le premier de tous » ; les signataires sont suspendus de la cène, et l'intransigeant pasteur repousse la solution d'un arbitrage accepté d'abord par lui comme par tous. Le Cœtus alors, alarmé du danger pour l'ensemble des Églises étrangères des attaques contre le roi, se saisit de la question : il la traite en sept séances et constate la gravité des faits : mais de La Marche lui dénie le droit d'intervention et rompt ainsi la vieille union des communautés du Refuge.

On n'espérait plus qu'en un Colloque pour remédier à la « désolation de cette Église, jadis la plus florissante de toutes celles de la langue françoise en Angleterre »[2]. Avant la session

---

[1] Les presbytériens étaient généralement hostiles à tout ce qui ressemblait à l'anabaptisme. Le 5 septembre 1644 de La Marche dénonçait à l'Assemblée de Westminster l'extension de cette doctrine parmi quelques Français à Maidstone. Le Colloque de Guernesey envoyait prisonnier à Londres le prédicateur anabaptiste Picot. (Lightfoot.) — L'édition de 1646 de la Confession de foi des congrégations baptistes (strictement calvinistes pour le dogme) porte parmi les signatures celles des deux ministres de la congrégation *française* de Londres de cette persuasion, Denis le Barbier et Christophe Durell : leurs noms donnent à penser qu'ils étaient, et leur troupeau au moins en partie, des Iles normandes. Neal III, 148.

[2] « . . si vous considérez depuis trente ans tant le nombre des communians que l'éminence des pasteurs que Dieu y suscitoit de temps en temps ; peu d'Églises, de là la mer (au jugement des plus doctes ministres réfugiez en ce lieu au temps des troubles derniers) où les scandales feussent si rares, et la charité et zèle si ardent. Le bon ordre et discipline d'icelle estoit desja le modelle où plusieurs bons ministres anglois aspiroyent pour le gouvernement

la minorité du consistoire rédigea un traité adressé « à Messieurs les pasteurs et gouverneurs des Églises étrangères de ce royaume », relevant les principaux faits, mais répandue « en fort peu de copies et en françois afin qu'ils n'aillent plus loing que parmy nous »[1].

de leurs Églises à l'advenir. Ce peuple sachant que l'ancien qui préside bien est digne de double honneur, spéciallement celuy qui travaille en la parolle, contribuoit volontairement et largement, pour l'entretènement de ses vénérables pasteurs, leur portans honneur et respect : eux de leur part les paissoyent de bonne et solide doctrine : le consistoire estoit bien joint avec ses pasteurs et les uns avec les autres en l'unité de l'Esprit par le lien de la paix ; sinon quelquefois par l'infirmité des plus saincts en ceste vie. Les pauvres estoyent bien entretenus, sans fouler la nation qui nous avoit si doucement receus en son sein. Le concours de la noblesse angloise et autres gens de qualité contribuoyent largement pour l'entretien d'icelle ; Dieu bénissoit le labeur des artisans, les marchands vacquoyent à leurs négoces avec beaucoup de fruit : bref tout y fleurissoit. Mais par le juste jugement de Dieu, à cause de nos péchez, tout est changé...» *Complainte.*

[1] «Les désordres croissans, les principalles familles se retirans hors d'icelle, et les pauvres prests à périr par nécessité, nous ont contraints de mettre la main à la plume et monstrer d'où viennent les désordres qui y sont. Ce petit traité est qualifié *Complainte sur l'assèchement des eaux de Siloé;* nous entendons par ceste métaphore la saine Doctrine et Discipline qui, comme eaux salutaires, réjouissent la cité de Dieu et desquelles ceste Église est à présent dépourvue. Jér. XIV, 14 ; Actes XX, 29. »

Le titre répond à celui de l'écrit cause de la destitution et de l'emprisonnement de Jean de La Marche à Guernesey, qu'il avait imprimé à Londres en anglais et dédié aux membres de la Chambre des Communes, 1641, et qui eût dû suffire pour l'écarter de la chaire de Threadneedle street : *A complaint of the false prophets mariners upon the drying up of their hierarchical Euphrates,* 112 p. in-4°; comme frontispice la carte de Canaan supportée par les archevêques de Canterbury et d'York, dont l'un foule aux pieds la Bible et l'autre les insignes royaux. Cette virulente et plus qu'extravagante application de l'Apocalypse et de l'exode d'Israël dans le désert, à l'histoire de la Réformation en Angleterre, dépasse et justifie par son fanatisme antiépiscopal (et au fond antimonarchique) toutes les accusations des adversaires de Jean de La Marche. Rappelant la mort d'Og, roi de Basan, géant dont le lit était de fer (Deut. III, 11), il ajoute en marge : « Les vice-rois de cette Bazan chrétienne (mais surtout le dernier G. Laud, le reste des géants papes, était un puissant géant quoique de petite taille physique), ayant pour leur lit habituel un très spacieux Lambeth, qui fut souvent une ardente fournaise de fer pour

Le XXVIIᵉ Colloque (1646) avait donc à étudier deux diffi- *Les divisions de l'Église de Londres.* cultés de l'Église de Londres, l'ancienne du schisme de Jean d'Espagne, la nouvelle de l'exclusion de Cisner, autour duquel commençaient à se grouper les modérés du troupeau. En même temps que le ministre de La Marche et l'ancien Jacques Houblon[1], délégués officiels de la majorité consistoriale, se présentaient également au Colloque « de la part de quelques anciens et diacres », MM. Cisner et Bouquet. « L'assemblée décide qu'ils auront aussi voix, ainsi que les autres douteux, jusqu'à la constitution complète du Colloque ». Pour trancher la question de la validité des pouvoirs, soulevée également par Norwich, on vota, malgré l'opposition de Londres[2], la conjonction avec les Flamands qui siégèrent avec les Français pendant dix jours. La députation du consistoire fut jugée seule valable, et la lettre de députation prétendue des quatre anciens et des diacres révoquée du consentement même des mandataires.

beaucoup de fidèles serviteurs de Dieu lorsque la Haute-Cour y siégeait. » Faisant appel à ses collègues dans le ministère pour sortir avec les milliers d'Israël, munis des instruments du sanctuaire et des trompettes d'allégresse pour exécuter les vengeances du Seigneur « contre Madian, et n'épargner aucun de leurs princes, ni Balaam lui-même, » il ne craint pas de terminer en s'emparant des versets du psaume 149 : « Des épées affilées à deux tranchants seront dans leurs mains pour se venger des nations et pour châtier les peuples, pour lier leurs rois de chaînes et leurs nobles de cages de fer, afin qu'ils puissent exercer sur eux le jugement qui est écrit. Cet honneur sera pour tous les saints. Loué soit l'Éternel ! »

[1] Jacques Houblon, grand négociant de Londres, surnommé le Père du Royal Exchange (petit-fils d'un réfugié des Flandres lors des persécutions espagnoles), né 1572, décédé 1682, laissant une nombreuse postérité et une réputation dont l'év. Burnet s'est rendu l'interprète. Agnew, 3ᵉ éd., 1, 90, 173, 176.

[2] « . . Consentans ceux de Norwich, comme aussi ceux qui avaient apporté lettres de la part de quelques Anciens et Diacres de l'Église de Londres, mais les députés d'icelle Église y contredisans . . la pluralité des voix alla à la dite conjonction, laquelle fust par la Compagnie demandée et par les frères flamans accordée : ceux de Londres ne se décidèrent à prendre séance qu'après quelques conférences amiables avec les députés de Canterbury et de Southampton. » *Actes du Colloque.*

La solution de « l'affaire de l'Église de Londres » fut confiée à une commission formée par les députés de Canterbury et de Southampton avec quatre frères de Londres choisis de part et d'autre. Elle siégea du 4 au 15 juin, du 7 au 13 juillet, du 15 au 22. De ces nombreuses séances qui interrompirent à trois reprises la discussion des affaires générales (articles 51, 54), le procès-verbal du Colloque n'enregistre que les dates et le résultat formulé dans l'article 94, séance du Colloque du 21 août, donc après un mois encore de négociations officieuses : « Conseil ayant été demandé par le consistoire de Londres, comment on procéderait à l'égard tant du sieur Cisner que des Frères qui lui ont adhéré : et vu les difficultés qui ont été remarquées dans l'élection d'icelui, objections faites contre sa personne et les contentions qui s'en sont ensuivies. — Après débat de l'affaire, avis fut donné au sieur Cisner de fléchir et donner consentement au consistoire. Et depuis, le même avis baillé à ceux du consistoire de son côté, et aux autres frères de la pluralité qui ont tâché à maintenir la Discipline, exhortation à suivre les voies de douceur envers eux : conformément à quoi réconciliation fut faite entre lesdits Frères assemblés extraordinairement pour ce sujet. » Le tout se termina par deux actes consistoriaux dits d'Amnistie ou d'Oblivion.

L'avant-veille on s'était occupé de la congrégation de Jean d'Espagne, l'Église de Londres posant la question : « Ceux qui après avoir entretenu communion avec une Église s'en retirent, sont-ils schismatiques ou non ? — La Compagnie, afin de n'éloigner la réunion par une réponse directe, a trouvé bon d'ouïr les frères qui s'assemblent à Westminster. Lesquels étant venus avec un papier sans date et sans signature, contenant demande d'érection d'Église en ledit quartier, ont été renvoyés, pour ce qu'au lieu de parler de réconciliation, ils requéraient ce que le Colloque ne juge être en sa puissance. Et à cette occasion fut jugé expédient que l'Église de Londres, avec quelques frères du Colloque, en communiquerait avec Mgr. le comte de Pembroke, pour le prier de tendre la main à la préservation de l'unité de cette Église. »

Les deux articles suivants concernent les adhérents aux deux schismes : « Sur la question comment on doit traiter ceux qui s'absentent ordinairement des Prédications et de la Communion et s'abstiennent de l'exercice de leurs charges, la Compagnie juge que tels sont dignes de censure... Le même jugement est fait de ceux qui refusent contribution pour l'entretien du ministère et des pauvres[1]. »

Dans la séance du 3 septembre, le Colloque vota deux articles formels : « Pour prévention de schisme et plusieurs autres désordres qui se glissent en nos Églises, la Compagnie déclare que s'il y a quelque ministre, soit d'entre nous » (Cisner) « soit du dehors » (d'Espagne) « qui établisse Assemblée à part, là où il y a déjà Église constituée, d'autant qu'il renverse le soutien du saint ministère et le soulagement des pauvres et ouvre la porte à toutes sortes de sectes et opinions, il est infracteur de la Discipline et perturbateur du repos des Églises. Et pourtant si un tel est d'entre nous il est sujet à censure jusqu'à déposition ; si du dehors il est déplorable et indigne du saint ministère. Et les principaux auteurs et fauteurs de telles Assemblées irrégulières seront traités selon les rigueurs de la Discipline. —

Condamnation de J. d'Espagne.

---

[1] Art. 90, 91, 92. L'art. 93 semble de prime abord plus libéral et prévoir la possibilité d'une entente : « Lorsqu'en une même ville il y a *conjonction* d'une Église avec une autre par consentement mutuel, leurs procédures et jugemens ne pourront en aucune façon préjudicier aux droits des consistoires respectivement, ni à l'autorité du Colloque » ; mais dans la pensée de la majorité c'est aux cas de conjonctions avec les Flamands qu'il a trait. L'article suivant s'applique aux censurés abandonnant leur Église réformée : « Demande ayant été faite comment on peut procéder envers ceux qui s'étant détraquez de leur devoir s'opiniâtrent contre les remontrances jusques à s'absenter des prédications et de la communion et se rangent ès Églises angloises ? A été répondu que la Réformation à laquelle on travaille nous donne espérance qu'il y sera remédié. »

Suivant l'article précédent, ouïe la plainte de l'Église de Londres contre les pratiques du sieur d'Espagne, la Compagnie le juge violateur de l'unité de l'Église et auteur de schisme en icelle : Et pourtant, en vertu des règles de la Discipline auxquelles deux de nos frères députés de la Compagnie vers Mgr. le Comte de Pembroke sur le fait d'une de ses chapelles ont été renvoyés, la dite Compagnie exhorte tous les membres de nos Églises et particulièrement de celle de Londres, de s'en donner garde. » Après cette condamnation de d'Espagne et de ses adhérents, Cisner étant en voie de réconciliation, il ne restait qu'à voter le 10 septembre l'article : « L'Église de Londres, ayant demandé qu'au nom du Colloque elle puisse présenter requête au Comité du Parlement pour remédier au schisme et désordres mentionnés en l'art. 106, leur a été accordé, laissant le temps de ce faire à la prudence du Consistoire »[1]. Cette année 1646, le Consistoire de Threadneedle street refusait le méreau « à ceux qui ont communié avec M. d'Espagne ». Elle allait, en 1647, exiger de ceux d'entre eux qui venaient à résipiscence « de faire reconnaissance », les mettent, par cette sévérité inouïe, dans la catégorie des transfuges au catholicisme repentants et des païens. En voulant punir l'assemblée schismatique, le consistoire en faisait une Église et inconsciemment la traitait comme telle.

Cisner avait renoncé à la lutte : les Actes de 1647 enregistrent sa réception comme ministre ordinaire et la réconciliation faite priait le Cœtus de supprimer toutes traces du passé[2]. La troisième place fut offerte à Élie Delmé, fils du pasteur de Canterbury, mais son Église de Rotterdam refusa de le céder,

[1] Art. 105, 106, 110.

[2] « M. Sisner, orthodoxe et homme de bien, a supporté beaucoup de fâcheries en la division de cette pauvre Église et n'y pouvoit apporter remède sans encourir risque d'être mis dehors, tant la faction dudit de La Marche étoit forte. » *Bellon à Ferry.* — Voir Actes du Cœtus, août-nov. 1648. *Appendice* XLIII.

malgré les lettres réitérées de Londres et l'appui que lui prêtait le synode wallon[1]. L'opposition à de La Marche persistait toutefois au sein d'une partie du troupeau. Au Ve Synode (1647), « M. Monteage[2] et quelques autres membres de l'Église françoise de Londres apportèrent une plainte contre M. Jean de La Marche leur pasteur ». Le Synode les renvoya au consistoire et au Colloque comme voie hiérarchique. Le Colloque, à son tour (le XXVIIIe), où se présentèrent le sieur Bellon et deux autres, leur dénia le droit d'appel, soit au Colloque, soit au Synode, « parce qu'il n'y a pas eu de sentence rendue par le consistoire contre laquelle appeler ». Il se contentait de leur offrir conférence amiable par voie d'éclaircissement où assisteraient de leur côté quatre personnes, de l'autre trois anciens et les deux pasteurs. Les plaignants s'y refusant et Bellon ne se représentant plus, le Colloque passa outre et se contenta d'approuver l'élection de Cisner[3]. Toute possibilité de recours était enlevée à la minorité, Bellon fut chargé de déclarer au consistoire leur renonciation à l'Église jusqu'à des temps meilleurs. La séparation ne cessa qu'à la mort de La Marche[4].

Minorité sécessionniste.

[1] « L'Église françoise de Londres ayant écrit, puis envoyé ses députés à cette assemblée afin d'y demander son intercession envers l'Église de Rotterdam pour lui accorder le ministère de M. Delmé jugé capable de remédier à un schisme nouvellement arrivé en leur Église, cette vocation étant faite sur raisons urgentes et équitables », on envoie députés à Rotterdam pour les y engager. *Syn. de Heusden.* Avril 1644. — La question revient au Synode suivant de Leyde et à celui d'Amsterdam 1645.

[2] Le plaignant Monteage avait été l'ancien délégué par le consistoire de Londres au IVe Synode et au XXVIe Colloque.

[3] Ve Syn. art. 6. — XXVIIIe Coll. Art. 37, 40, 43, 50.

[4] « . . Plusieurs familles françoises sortirent de cette Église, de quoi j'en étais du nombre, pour n'avoir pu obtenir du consistoire d'examiner la fausse doctrine de ce personnage et ne pouvoir tirer justice d'eux . . et au même instant je fus obligé par plus de cent frères de leur porter parole à ce que je protestais contre ledit sieur de La Marche et contre ces factieux de n'avoir plus communion avec eux, jusques à ce qu'il plaise à Dieu de remédier par voie juste et légitime. » *Bellon à Ferry.*

Les divisions de Norwich.

« Notre Église n'a pas été seule infectée de divisions », écrivait Bellon en rappelant ces jours d'angoisse ; celles de Norwich étaient graves au point de faire mander par le consistoire de Londres à Canterbury et à Southampton : « Une telle rupture de notre discipline n'est pas arrivée à nos Églises depuis le temps de leur pèlerinage dans ce royaume [1]. »

Pierre d'Assigny.

Vers la fin de l'année 1643 était arrivé à Norwich Pierre d'Assigny, d'abord à ce que l'on croit moine en France, pourvu en 1638 du rectorat de Saint-Hélier à Jersey, et cinq ans après un des fomenteurs et des chefs de l'insurrection parlementaire. Chassé à la reprise de l'île par les troupes royales (nov. 1643), d'Assigny se réfugia à Norwich qui s'était dès l'année précédente déclarée contre le roi, et d'où était sa femme, fille de l'ancien pasteur Marie et d'une sœur du pasteur de Laune. Les années n'avaient point amélioré la situation de ce dernier, conservé à contre-cœur depuis un quart de siècle par un troupeau désaffectionné, qui ne goûtait ni sa prédication, ni surtout ses tendances anglicanes et que ses rigueurs disciplinaires avaient souvent froissé ; de plus en plus détachés de sa parole affaiblie par l'âge, les fidèles lui reprochaient amèrement d'avoir, par ses sollicitations répétées, obtenu enfin de Charles Ier le bénéfice regardé par eux comme incompatible avec le ministère réformé. Et maintenant la majorité d'entre eux, ulcérés par les persécutions infligées à l'Église, en voulaient aussi au ministre de rester attaché à la cause du roi et de ses conseillers autoritaires et de ne pas souhaiter l'avènement d'une politique réparatrice [2]. Pierre d'Assigny, jeune, impétueux, apparent défenseur du presbytérianisme et victime à Jersey de la réaction anglicane, sut ex-

---

[1] *Cahier de minutes.* Archives de l'Église française de Londres.

[2] De Laune est sur la liste des citoyens qui refusèrent de souscrire pour la reprise de Newcastle. — Moens. *The walloon church of Norwich.*

ploiter ces griefs pour se faire une position à côté, et bientôt à la place de son oncle.[1]

A l'ouverture du XXVIe Colloque deux ministres se présentaient simultanément et contradictoirement au nom de Norwich, « l'un et l'autre se disant pasteur de la dite Église » : Pierre d'Assigny, appuyé par trois lettres le déclarant unanimement choisi par Église et reconnu pour son pasteur, ce que de Laune contestait, « l'élection d'iceluy auroit été faite tumultuairement par une Église abusée et quatre personnes desquelles nul n'étoit ancien » ; lui-même d'ailleurs n'avait sous sa lettre de créance que la signature d'un seul ancien, Nathan Desbonnet, son propre gendre, et celle d'un diacre Jean Le Fèvre ; un autre ancien, Isaac Décelé, était au contraire délégué pour assister d'Assigny auprès du Colloque.

Celui-ci, s'étant d'abord déclaré compétent, et refusant à de Laune l'adjonction des Flamands « l'affaire concernant directement et personnellement nos Églises », demanda « si tant l'un que l'autre sont contents de se soumettre à son jugement, ce qui par eux est accordé ». De l'examen des raisons il ressort que l'Église avait profité de l'absence, malgré opposition, de son pasteur suppléé par d'Assigny, pour affecter de considérer le premier comme démissionnaire et élire le second, « lequel ayant été agréable auroit été retenu »[2] ; de Laune, à son retour, avait fait

---

[1] *Les Actes du Consistoire* ne contiennent rien de 1636 à 1644; peut-être y a-t-il eu des pages arrachées.

[2] On produisait à l'appui de l'élection une lettre du 1er mai 1644 « par laquelle cinq anciens, quatre diacres et quatre politiques au nom de toute l'Église de N. avouent et reconnaissent M. d'Assigni pour leur pasteur à l'exclusion du Dr P. de Laune, de laquelle exclusion raisons sont couchées en un écrit du commencement d'août 1643 » — donc antérieur à la venue de d'Assigni — « signé de trois anciens, trois diacres et trois politiques portant titre: Objections contre le sieur de Laune en cas qu'il se plaigne. » — A remarquer que le délégué Décelé était un de ceux frappés jadis pour résistance au taux des contributions.

intervenir le magistrat auquel l'Église avait refusé d'obéir, quelques membres du consistoire allant jusqu'à repousser à l'avance une soumission qui leur serait imposée par l'ensemble des Églises étrangères, d'où protestation du vieux pasteur contre leurs procédures irrégulières[1]. Comme principaux griefs contre de Laune l'Église invoquait son refus de se contenter, malgré son cumul, de gages moindres (selon la décision du XXI° Colloque), et, depuis que la loi l'obligeait à renoncer au bénéfice anglais, son désir de se dédommager sur le traitement de d'Assigny ; en troisième lieu « de scandaliser l'Église par la faveur qu'il a portée aux évêques ».

La Compagnie prononça : « l'exclusion du sieur de Laune n'est pas juridique suivant notre discipline, et par conséquent la vocation du sieur d'Assigny ne peut être admise comme légitime qu'en qualité de co-adjuteur audit sieur de Laune. » Acceptée d'abord par d'Assigny le 8 mai, cette sentence ne fit malheureusement qu'irriter davantage l'Église à laquelle depuis un quart de siècle la majorité du Colloque imposait un pasteur dont elle ne voulait pas. Assuré de l'appui du troupeau, d'Assigny, dans la séance du 13, « protesta de ne point se tenir à la décision du Colloque » ; malgré les exhortations répétées et raisons « puissantes et charitables », il persista dans son refus.

« Prié de faire place, dit que s'il sortoit il ne reviendroit plus et de fait s'est retiré, disant : Ce que l'Église de laquelle je dépends et avec laq elle j'ai fait accord ordonnera, je m'y tiendrai. Ce qui ayant été mûrement et diligemment pesé et examiné, le Colloque le retranche de sa Compagnie, jusqu'à ce qu'il ait autrement avisé. » L'ancien, après avoir d'abord secondé d'Assigny,

[1] Il produisit ses arguments dans un écrit anglais confirmé par Desbonnet et Lefèvre, dont il demanda à faire lecture en le traduisant, « ce qui, à sa grande instance, lui a été accordé, sans que cet exemple soit tiré en conséquence à l'avenir, la méthode ordinaire en nos assemblées étant d'agir de vive voix et non par écrit. »

témoigna ensuite de son désir de paix et concorde et « reconnut ne trouver aucune faute en ce que la Compagnie a fait ; il fut jugé digne d'un plus doux traitement et continué au Colloque en qualité de député de l'Église de Norwich. »

Cette Église pourtant faisait présenter deux lettres, « l'une adressée à Messieurs les Pasteurs, Anciens et Diacres du Colloque des Églises françoises, datée du 12 mai 1644, signée de grand nombre de personnes de la dite Église, par laquelle ils témoignent de la résolution prise de reconnoître le sieur P. d'Assigny pour leur légitime Pasteur, à l'exclusion du Dr P. de Laune. Et l'autre à M. d'Assigny ou à Isaac Décelé, datée du 13 mai, en laquelle ils opposent leur jugement et résolution en ce point au jugement et sentence du Colloque. Le tout ayant été meurement pesé et examiné, avis a été pris d'un unanime consentement, que la sentence donnée sur ce différent demeureroit en sa fermeté et vigueur, comme étant fondée sur les procédures illégales de l'Église de Norwich en l'exclusion du sieur de Laune, et confirmée en outre par les déportements fougueux, impétueux et injurieux, non seulement à quelques personnes de la Compagnie en particulier, mais aussi à toute la Compagnie en général, par lesquels le sieur d'Assigny lui donne occasion de craindre de plus grands troubles à l'avenir, et oblige l'Église de Norwich de s'en donner garde : A raison de quoi lettres seront écrites à la dite Église à ce qu'avertie du défaut du juste respect et soumission qu'elle doit et a promis par ses députés au Colloque, elle prenne le soin d'en faire la réparation pour son propre honneur, conservation de soy-même et édification des autres Églises, dans le maintien du gouvernement d'icelles. . .

En la conclusion du Colloque, la Compagnie ayant observé que le sieur d'Assigny s'est totalement absenté d'icelle, suivant sa résolution déclarée auparavant, a jugé cela tourner à l'opprobre et mépris de la Discipline ecclésiastique et de cette Compagnie, laquelle n'a pas procédé contre luy comme elle le pouvoit, pour certaines raisons qu'elle manifestera en son temps[1] ».

Le déchirement semblait complet. De Laune retourné à Norwich et présent à la séance du consistoire, recevait de la majorité l'ordre de quitter la Compagnie; sur son refus, on déclara surseoir, par nécessité, à l'élection des anciens et des diacres. Le 20 novembre 1645 on proposait de faire prêcher d'Assigny « en passant », solution repoussée par de Laune; le 12 février 1646, le consistoire décidait qu'à l'avenir d'Assigny aurait alternativement avec son collègue la présidence, l'administration des sacrements et la prédication; de Laune protesta que c'était le chasser lui-même du consistoire, et sur les dénégations des membres, « qu'on vouloit alors le tenir prisonnier[2] ».

Au XXVIIe Colloque (15 mai 1646) se présentent de nouveau P. de Laune, pasteur, et P. d'Assigny, ministre, plus les sieurs Noé Hudelon, ancien, et Isaac Decelé comme assistant, admis tous avec voix délibérative jusqu'à la constitution régulière de l'assemblée. Pendant ces deux années, où la majorité de la congrégation de Norwich avait soutenu le pasteur de son choix contre les revendications du Dr de Laune, le Comité du Parlement pour les affaires ecclésiastiques avait été saisi de la question. Le Colloque, d'autant plus jaloux de ses droits qu'il ne s'agissait plus seulement de décider entre les deux rivaux, mais qu'il fallait faire reconnaître sa propre autorité sur une Église réfractaire, fit appuyer de Laune auprès du Comité de Westminster par le modérateur Delmé et de La Marche, qui obtinrent le 29 juin l'arrêt de la procédure entamée et le renvoi « au jugement du Colloque ». N'était-ce pas se rendre à la fois juge et partie ? Aussi le 1er juillet, il apprenait que d'Assigny, après

---

[1] XXVIe Coll. Art. 49 et 53. Extraits des Actes consistoriaux. *Appendice* XLIV.

[2] *Actes du Consistoire*, séances du 20 nov. 1645, 12 et 26 fév. 1646.

sept semaines d'attente, « délibéroit de retourner dès le lendemain à Norwich » et il envoyait deux de ses membres le sommer de comparaître, « laquelle signification de bouche fut suivie de cette réponse : Je n'ai ni ordre ni argent de ce faire ». Quant à de Laune, bien qu'il ne fût muni de lettres d'envoi de la part des anciens de son Église, « la Compagnie jugea qu'elle ne devoit être privée d'un de ses membres ordinaires par la faute d'un consistoire n'y députant point régulièrement ; qu'il était seul ministre de Norwich et forcé de s'y trouver, donc recevable et reconnu comme membre du Colloque ». Il s'ensuivit un échange de lettres avec l'Église, refusant à l'assemblée son caractère de Colloque, un envoi de deux partisans du pasteur de Laune, une assignation à comparaître à d'Assigny, un exposé pendant deux jours des griefs du premier, et le 12 août la lecture de tous les articles relevés contre le second, les jours suivants examinés et prouvés[1]. « Et après sérieuse considération de la Discipline et de tout ce qui appartient à l'affaire, la Compagnie est venue à une résolution finale, laquelle fut conclue Lundi 17 d'Août ainsi qu'il suit :

« Considérant les déportements déréglez du sieur Pierre d'Assigni au Colloque précédent tenu à Londres en Mars 1644, lesquels dès lors le rendirent digne de censure ; Et la continuation d'iceus même en un plus haut degré, en contrevenant et résistant à tout ordre tant Ecclésiastique que Civil, dont sont ensuivis désordres, factions et tumultes, tant en l'Église qu'en la cité de Norwich ; Et de plus s'étant montré contumace contre le Colloque auquel il a été formellement appelé, Combien que tout ce diferend de la dite Église de Norwich ait été renvoyé par l'Honorable Comité du Parlement séant à Westminster à la détermination du Colloque, Ce qui aussy luy a été signifié ;

[1] On écrit à l'Église de Norwich pour l'exhorter à son devoir.. « Lettre de Norwich ayant été présentée à la Compagnie, d'autant que l'adresse n'étoit pas au Colloque n'en a pas été pris connaissance », etc. XXVIIe Coll. Art. 53, 57, 58, 60, 80, 81, 82, 85, 86, 87. — Déclaration du consistoire du 2 août à l'*Appendice* XLIV.

«La Compagnie après meure et exacte examination des alégations produites là-dessus, et des preuves qui ont été faites par Actes authentiques tant des Magistrats subalternes que des plus hauts : Au nom et en l'authorité de Notre Seigneur Jésus-Christ, Déclare le dit sieur d'Assigny décheu du titre de Coadjuteur, qui par le Colloque précédent pour la pais de l'Église luy avait été concédé, indigne aussi du Saint Ministère en l'Église de Norwich. Et en outre luy interdit l'exercice d'iceluy non seulement en l'Église de Norwich mais aussi ès autres qui sont ou pourront être du Colloque, auxquelles Églises est par ce présent Colloque expressément défendu d'admettre ledit sieur d'Assigni en l'exercice des fonctions du Saint Ministère, Et particulièrement celle de Norwich est exhortée de tenir la main à l'exécution de cette sentence, afin qu'elle puisse par ce moyen manifester son désir de continuer en la Communion de nos Églises, sous la protection du Roy et du Parlement.

«Après la prononciation de la susdite sentence, Question ayant été meue sur les moyens convenables à l'exécution d'icelle, aprez long débat en quatre diverses séances, a été avisé qu'elle seroit délivrée par deux personnages indiférens, l'un desquels même s'est autrefois employé pour la pais de l'Église de Norwich ; le Dr de Laune les accompagnant, Et ce avec lettre de la part du Colloque à ladite Église, aux fins de l'exhorter à y acquiescer et aussi de reconoître leur ancien Pasteur, non seulement en paroles mais aussi en efets, en s'accordant avec luy pour ses gages tant au regard du passé que de l'avenir : Et en cas que la dite Église n'acquiesce à la sentence, et ne veuille mettre la main à l'exécution d'icelle, le docteur pourra s'adresser au Magistrat du lieu ; Et s'il ne peut avoir le secours de son bras il sera libre de retourner à Londres, ou d'écrire aux Églises sœurs pour avoir leur avis, et particulièrement à celle de Londres ; laquelle par ordre et au nom de ce présent Colloque luy prêtera assistance envers la très honorable Cour du Parlement.»

La réponse du consistoire à cette condamnation par ce qu'il affectait d'appeler la «Rencontre de quelques frères des Églises sœurs», fut d'attribuer à l'avenir les prédications de l'après-midi à d'Assigny et celles du matin à de Laune, et alternativement, avec défense à ce dernier de rien lire ou publier du haut de la chaire «au nom du prétendu Colloque» (24 sept.). Les délégués de celui-ci, prévenus du peu « d'apparence de l'assistance du magistrat du lieu sans autorité de plus haut », s'adressaient au Comité pour les Ministres dépouillés, qui, après confrontation des parties, se refusait le 12 novembre à intervenir, mais, sur une nouvelle pétition, ordonnait à la municipalité de rétablir De Laune et de maintenir la paix dans le troupeau. En décembre, de Laune et les deux délégués de Londres et de Canterbury étaient accueillis à Norwich, selon les termes de leur rapport, « par la désobéissance et le mépris de d'Assigni et de ses adhérents, anciens et diacres ». Loin de céder, ils prétendaient (7 mars 1647) imposer à de Laune une déclaration contre les innovations des Colloques[1], et sur son refus décidaient de ne plus traiter aucune affaire les jours où il présiderait. D'Assigny pétitionnait à son tour au Comité de Westminster, qui cette fois recommanda à l'autorité locale de ne pas s'immiscer dans les questions de Discipline. De Laune de son côté rédigeait une protestation, la faisait signer par ceux « qui tenaient encore pour la Discipline et les Colloques » et obtenait par anticipation une nouvelle réunion extraordinaire du Colloque[2].

[1] « Je soussigné déclare renoncer à tous les rayements et changements que nos Colloques de 1641 et 1644 ont ordonnés en la Discipline de nos Églises et promets de maintenir la Discipline de notre Église selon qu'elle est contenue au livre que j'ai signé à cet effet quand j'ai été reçu pasteur en l'Église de Norwich, reconnaissant que n'appartient aucunement aux Colloques de rien changer ou innover en la Discipline sans le consentement exprès et formel de chaque Église, ni de décider affaire quelconque d'aucune Église sans la soumission et consentement exprès d'icelle . . » *Actes*. Se référer à l'exemplaire de la Discipline signé par les pasteurs de Norwich et qui remontait à 1589, c'était désavouer les modifications apportées par la révision de 1641 et dont le but principal était l'autorité omnipotente du Colloque.

[2] L'art. 3 du XXVIIe Colloque prévoyait le cas : « Le prochain Colloque sera en 1648, sinon que quelque affaire extraordinaire et pressante le requière autrement, dont l'avertira l'Église qui sera pressée *ou le Pasteur seul en cas d'opposition en son Église.* » — Voir la Déclaration du Comité de Westminster, mentionnant les deux pétitions contraires, 24 juillet 1647, à l'*Appendice* XLIV.

Norwich n'envoya personne à ce XXVIII° Colloque, ce dont l'Église fut censurée : selon les précédents, de Laune siégea, bien que sans délégation consistoriale, et produisit ses plaintes. On lut «les déclamations du sieur d'Assigni faites en chaire contre les Colloques, …du tout désavouées comme témoignage de rébellion contre la Discipline… Est ordonné que tous les Actes qui ont été faits en ledit consistoire contre les Colloques depuis la venue du sieur d'Assigni et à l'encontre de la personne et de l'entretènement de leur ancien et légitime pasteur, M. de Laune, sont déclarés nuls ; les Actes du dit consistoire, jugé irrégulier, qui se pourront faire en telle qualité seront tenus pour nuls. Vu la continuation et aggravation de la rébellion du s^r d'Assigny son interdiction est ratifiée et l'Église derechef exhortée de n'adhérer point à sa rébellion »[1].

Condamnant derechef pasteur et consistoire, le Colloque n'en sentait pas moins son impuissance vis-à-vis d'une Église qui récusait son autorité. Un autre conflit avait éclaté à Canterbury, plus personnel et plus restreint, mais aussi difficile à dominer par les seules forces morales dont il disposait : il y voulut joindre celles des Églises flamandes, et le V° Synode fut convoqué expressément pour trancher les différends des françaises. Il siégea du 20 septembre 1647 au 7 février 1648.

Pour Norwich le cinquième Synode prit la décision suivante :

«Ce Synode, ayant été informé par M. le Dr de Laune de la résistance de M. d'Assigny, qui, non-obstant que le dernier Colloque ait interdit son ministère a néanmoins continué à y prêcher, et des anciens et des diacres et d'une grande partie du peuple qui maintiennent le dit d'Assigny au mépris du Colloque et refusent à leur ancien pasteur le Dr de Laune son entretien et sa place dans le consistoire s'il ne souscrit à des conditions qu'il considère comme destructives de la Discipline ; envoya une lettre adressée aux frères de ce consistoire datée du 2 sept. pour leur donner avis de cette réunion synodale, comme un remède conve-

[1] XXVIII° Colloque. Art. 30 à 34, 39, 45, 46 (9 septembre 1647).

nable contre des désordres et des divisions dans les Églises et le moyen le plus propre à les rétablir dans leur paix et union, avec une affectueuse invitation à envoyer leurs députés à ce Synode, et à persuader M. d'Assigny à venir avec eux, à laquelle ils n'envoyèrent aucune réponse jusqu'au 4 novembre et prétendirent alors qu'ils ne pouvaient envoyer leurs députés tant que le Synode n'aurait pas répondu à de certaines questions qu'ils adressaient, qui en effet tendent à déshonorer et renverser la Discipline de nos Églises. Cependant le Synode leur envoya une autre lettre datée du 11 nov., promettant de satisfaire à leurs questions, ce qui ne peut être fait jusqu'à ce que les députés soient ici et qu'on entende leurs raisons, et les exhortant sérieusement à ne pas fomenter de désordre dans l'Église, leur signifiant du reste que le Synode touchait à sa fin ; et après un nouveau délai d'un mois, voyant qu'ils ne voulaient envoyer ni lettre ni députés, et que, par la négligence du remède leurs désordres risquent de continuer et augmenter, au déshonneur de Dieu et au grand détriment de l'union et de l'édification de cette congrégation et scandale de nos Églises dans ce royaume : — Il a été résolu qu'une Pétition serait présentée au nom de ce Synode aux honorables maisons du Parlement ou au Comité pour les Ministres dépouillés afin qu'il leur plaise interposer leur autorité pour rétablir la paix et l'édification dans cette pauvre congrégation par l'observation de l'ordre et de la Discipline de nos Églises, et pour ratifier leur propre décret du 29 juin à cette intention... Le Comité accorda que leur ordre du 29 juin serait exécutoire, à moins de raison montrée à l'encontre, pour le 17 janvier. »

Par avance, le novembre 1647, le consistoire de Norwich avait résolu « absolument de ne pas se soumettre à la Compagnie de Flamands et de Wallons assemblés à Londres sous le nom de Synode au préjudice de l'ancienne Discipline de nos Églises, de nos bourses et des chartes de notre Église, de la prérogative du Roi et des lois du Royaume. » L'intervention du Parlement menaçait d'être plus redoutable, mais la crise politique en suspendit les effets. Revenu à Norwich en mars 1648, de Laune protestait contre toutes les procédures du consistoire et était exclu de la chaire jusqu'à résipiscence. Le conflit ne prit fin qu'en 1650[1].

[1] Détails complémentaires et extraits des Actes à l'*Appendice* XLIV.

Divisions à Canterbury.

Le V⁰ Synode s'était ensuite occupé de Canterbury dont les divisions avaient été soumises à son jugement, après avoir été l'objet de l'examen et des vains efforts des XXVII⁰ et XXVIII⁰ Colloques. L'Église de Canterbury s'était retrouvée à la chute de Laud presque aussi importante qu'auparavant (93 baptêmes pour 1640, 110 en 1642 et 83 en 1643), mais l'accord si difficilement obtenu par le Cœtus n'avait guère duré. Les attaques se poursuivaient contre Poujade [1]. Déjà le XXV⁰ Colloque s'informait auprès des consistoires de Nîmes et de Saint-Hippolyte des raisons de sa séparation d'avec sa femme, et le XXVI⁰ le déclarait « entièrement innocent ». Au XXVII⁰ on incriminait tant sa doctrine que sa conduite privée et la Compagnie, en raison de la difficulté de l'affaire, se fortifiait par l'adjonction du D⁰ de Laune et d'un membre de l'Assemblée de Westminster, M. de la Place, de Guernesey, qui pendant les absences de Delmé pour vaquer à ses nouveaux devoirs, le suppléait dans son Église de Canterbury.

Joseph Poujade.

L'enquête porta : 1° sur l'appui donné par le pasteur à des accusations formulées contre la doctrine de son collègue Delmé « dans le livret d'une femme »; 2° sur deux séries d'objections soulevées par le consistoire et d'autres contre celle de Poujade; 3° sur ses légèretés d'attitude, ses violences de langage et ses personnalités du haut de la chaire [2]. On se refusa néanmoins à réveil-

---

[1] Né à Montpellier, *Professor linguarum* au collège Mauritien de Cassel 1622, pasteur de l'Égl. française de Brême 1623-1630 (*Bull. de la com. des Égl. wallonnes* V. 23), à Anduze 1631, Saint-Hippolyte 1632, auteur d'une réplique à Goulart, qui avait attaqué son Sermon contre les Arminiens.

[2] Voir à l'*Appendice* les accusations, les défenses, les jugements du Colloque sur chacune, et les sentences du Synode. L'hérésie de Poujade était celle des trois natures en Christ; il admettait le salut des papistes avant la Réformation, et même la possibilité de ce salut depuis. Dans ses objections à la doctrine de son collègue, il en est une qui montre les allusions de la politique transportées jusque dans la chaire : Delmé avait pris pour texte la parole de Samuel : Si vous persévérez à mal faire vous serez consumés vous et votre roi.

ler les débats intérieurs de l'Église entre ceux qui avaient tumultueusement soutenu Poujade et le consistoire qui avait blâmé ces tumultes par un acte dont les partisans du ministre demandaient la radiation; on laissa subsister l'acte, les exhortant tous à procurer « une bonne réunion en leur Église ». Le 6 juillet, « la Compagnie, après un long et sérieux examen de ce qui concerne le sieur Poujade, a trouvé bon, après une vive représentation des fautes remarquables en lui au regard de la doctrine et du gouvernement en l'Église et de la vie, de lui faire demande s'il serait content de se tenir à la convention faite entre lui et son Église; sur quoi le dit sieur a déclaré qu'étant libre en vertu de la dite convention, et de ce qui par la Compagnie lui était représenté, il y acquiesçait. Et ainsi a formellement promis de ce jour même en six mois se retirer de l'Église de Canterbury... De quoi la Compagnie s'est contentée, à condition qu'étant de retour en l'Église, il n'émeuve le peuple, mais plutôt emploie tout son pouvoir à apaiser les tumultes qui pourraient s'élever, se réservant au reste le droit de procéder plus avant au cas qu'il vienne à enfreindre ses promesses ». (Art. 50).

Poujade ne les tint pas et les registres de Canterbury, interrompus complètement de 1644 à 1646 et reconstitués à grand'peine en 1649 par les anciens à partir de 1646, portent l'annotation : « Le Registre a été quelque temps délaié par les grans et incroiables troubles advenus par Poujade et sa faction en la rupture et déchirement de l'Église »[1].

L'article 65 du XXVIIe Colloque autorisait une Église qui prétendrait avoir quelque chose à opposer contre son pasteur, soit au regard de la doctrine, soit au regard des mœurs, à recourir à l'assistance des pasteurs voisins ou, à leur défaut, à donner avis de ses griefs aux Églises sœurs. Le 1er mars 1647, les

---

[1] *Registre de Canterbury.* Somerset House.

délégués des Églises de Londres et de Douvres s'unirent « en classe » à Canterbury à ceux du consistoire local, et prononcèrent la déposition de Poujade. Il leur opposa la constitution d'un consistoire indépendant et en appela « au Synode des deux langues », persistant en son appel et refusant de se rendre au XXVIII⁰ Colloque, malgré trois sommations à comparoir [1].

« L'appel du sieur Poujade jugé irrégulier, le régulier étant de la Compagnie des trois Églises au Colloque, cela lui est néanmoins accordé, suivant la demande de l'Église de Canterbury et l'avis des autres... de sorte que le Colloque, ayant autorité de terminer ce différent, réfère la décision au Synode des deux Nations, sans que cela tire en conséquence... Le refus du sieur Poujade ayant été jugé un mépris du Colloque à l'autorité duquel il doit être soumis, et une manifeste rébellion. La Compagnie le représentera à l'adjonction de nos Frères Flamens. L'envoi vers iceux est conclu pour demain afin de commencer le Synode lundi prochain 20ᵉ de Septembre. »

Le Vᵉ Synode consentit à s'occuper de l'appel, malgré son irrégularité, mais il n'admit Poujade qu'en qualité d'appelant; il eut voulu davantage et apportait deux lettres de députation, l'une « de certains se qualifiant d'anciens et de diacres » et l'autre des Hommes Politiques de Canterbury, le députant avec Nathanaël de Neu, ancien, Samuel de Neu, Pierre le Houc et Samuel Pinson. « Il lui fut dit que la Discipline ne connaît pas la charge de Députés du peuple et ne pouvait donc les admettre ». L'ancien Nath. de Neu pourrait assister, non comme député, mais au même titre que les autres anciens de Londres.

---

[1] « Le sieur Poujade étant appelé pour la 3ᵉ fois a répondu que la conclusion de ses susdits prétendus députés était qu'il en avait appelé au Synode et non au Colloque, ce qu'il prétendait lui avoir été accordé par le Comité du Parlement, qui l'avait néanmoins renvoyé à un appel régulier. » XVIIIᵉ Coll. Art. 20, 23, 24, 25.

Les députés du consistoire régulier de Canterbury et ceux de Douvres récusés par Poujade, renoncèrent de plein gré à leurs voix.

La sentence du Synode, prononcée le 24 décembre, confirmait pour une durée de six mois la suspension du pasteur, l'engageait à se réconcilier avec sa femme ou à obtenir le divorce, et exigeait de lui un témoignage public de repentance, tant au sein du Synode que dans l'Église wallonne de Canterbury «personnellement devant la chaire» et en spécifiant, selon des degrés prescrits, les objets de cette repentance. Poujade se soumit en ce qui était de la repentance devant le Synode, «confessant ses fautes et promettant amendement de vie, s'adressant humblement aux députés, ministres et anciens de Canterbury, avouant ses torts à leur égard ; eux, de leur côté (à condition d'accomplissement), lui pardonnèrent et promirent d'oublier ce qui s'était passé. Cette réconciliation fut scellée en se donnant mutuellement la main. M. Poujade fut également réconcilié en présence du Synode avec tous ceux avec lesquels on pouvait craindre quelque rupture, par exemple MM. Le Keux, Cisner et l'ancien Barth. Colier de Londres. Deux copies de la sentence en français furent signées par le Synode et remises l'une à l'ancien de Canterbury et l'autre à M. Poujade. »

Deux ministres et deux anciens devaient se transporter à Canterbury pour y promulguer les résolutions synodales, assister à la reconnaissance, exhorter en public et en particulier à paix et réconciliation, et « pour un sceau de vraie réconciliation » à la réception de la sainte-cène par tous les membres de l'Église régulière se conformant à la Discipline. Mais ce jour était encore loin : l'exigence de la repentance devant l'Église jetait un blâme public sur tout son passé, compromettait à l'avenir la dignité et l'efficacité de son ministère : Poujade refusa d'accomplir cette clause, sinon « sous des conditions auxquelles le

Synode ne pouvait consentir », et on remit indéfiniment l'envoi des députés. Pour Canterbury comme pour Norwich, le résultat du Synode avait été aussi nul que celui du Colloque.

D'abord, au contraire on put croire à un succès. Bien que depuis sa rentrée Poujade eût « ordonné à son procureur de poursuivre ses procès, qu'il ne se fût jamais présenté au consistoire et n'eût parlé à aucun ancien pour procurer sa réconciliation », il avait néanmoins quitté ensuite la ville « avec son bagage », et songeait à établir une Église à Faversham ou ailleurs, nouvelle confirmée par le Cœtus devant lequel il venait de comparaître[1]. Delmé et cinq anciens mandaient le 24 janvier 1648 au Synode que dans l'incertitude de son retour on ne retarderait pas plus longtemps la célébration de la cène. Mais ses adhérents refusèrent les méreaux, attendant, dirent-ils, des éclaircissements formels. Aussi le 20 mars de La Marche et Calandrin furent-ils envoyés à Canterbury avec deux anciens déclarer et expliquer la sentence de condamnation.

La veille Poujade, revenu « juste au moment où ils étaient en bonne espérance d'une heureuse union », et recevant l'hospitalité dans la chaire de saint Dunstan, s'y était violemment élevé contre les assemblées ecclésiastiques[2]. En vain le Recorder de la ville, mis en demeure par Delmé sur le conseil du Cœtus interdisait-il le culte dissident[3]. Poujade, en minorité dans le consistoire, mais

---

[1] Lettre de l'Église de Canterbury au Synode 24 janvier 1648, 4 et 21 février, et au Cœtus 22, 24 (« Relevé des déportements du sieur Poujade depuis la sentence du 24 déc. »), 25, 29 février, 2, 3, 9 mars 1648; lettres du Cœtus à l'Église 18 fév. (« ils sont intervenus auprès du Comité de Westminster »), 24 fév. (confirmation par le Synode de la sentence), 20 mars, envoi des députés. *Ecc. L. Bat. Archiv.*

[2] « Il a dit en ses prêches : Nous ne sommes pas indépendants, mais nous ne voulons pas dépendre des classes, colloques et synodes qui ne font point droit, et nous y laisser mener comme on mène un bœuf. » — Certifié par le secrétaire du consistoire. *Ibidem.*

[3] *Ibidem.*

soutenu par les Hommes Politiques, continuait à n'en pas tenir compte. Le 30 mars enfin, le Comité pour les ministres dépouillés saisi par le consistoire, citait devant lui les parties, et sur la résolution du Parlement du lendemain, s'en rapportant à son intervention, interdisait le 17 avril à Poujade d'officier ou d'accomplir aucun acte contraire à la sentence du Synode : il prescrivait en outre au Maire et aux Justices de Paix « de maintenir l'ordre dans l'Église de Canterbury et de la continuer dans ses jouissances et privilèges »[1].

Cette fois Poujade dût céder et partir. Loin de se réconcilier ses adhérents le remplaçaient au mois d'août par François de la Prix auquel d'Assigny, le réfractaire de Norwich, venait imposer les mains[2]. C'est encore au Comité de Westminster que le consistoire régulier s'adresse[3]. Le 20 octobre 1648, après comparution des parties et audition de leurs conseils, « tant pour les anciens et familles tranquilles de la congrégation wallonne et française que pour M. de la Prix et ses confédérés », le Comité s'en référa au Parlement lui-même. Celui-ci le 22 novembre lui renvoya l'étude de l'affaire, lui enjoignant de « veiller à ce que la dite congrégation jouisse en paix de sa Discipline accoutumée[4]. » Devant l'appui réitéré prêté au consistoire par le

---

[1] Lettres au Cœtus des 21, 22, 28, 30 mars, 9 avril 1648. — Ordre des Communes du 31 mars et Acte du comité du 17 avril, placard imprimé. — *Ibidem.* Voir à l'*Appendice* XLV la curieuse lettre du 21 mars et l'arrêt du 17 avril.

[2] Extrait des *Actes* du Cœtus du 18 août « après son ordination il leur administra la communion, au grand trouble de cette Église. »

[3] Le *Committee for plundered ministers* créé en déc. 1632 pour secourir les ministres dont les opinions puritaines avaient causé la destitution sous Laud ou l'expulsion par les Cavaliers, et leur allouer des subsides pris sur les bénéfices retirés aux ministres royalistes de Londres et des alentours ; on étendit ses attributions en l'unissant au Comité chargé des enquêtes sur la conduite des pasteurs incriminés, dit *Comité des ministres scandaleux.* »

[4] *Ecc. L. Bat. Archiv.*

Parlement, de la Prix renonça à la lutte et partit pour l'Allemagne[1].

Les trois quarts du troupeau étaient pourtant demeurés dans la sécession[2]. Poujade ne tarda pas à y reprendre sa place. Il rentra en scène au commencement de l'année 1649 et ce ne fut qu'à l'automne suivant que de nouvelles poursuites et condamnations, prononcées par le Comité pour les ministres dépouillés, parvinrent à lui faire abandonner définitivement et Canterbury et l'Angleterre[3].

[1] Revenu d'Allemagne en juin 1656 « après y avoir prêché souvent et rapportant de bons témoignages, de la Prix sollicite du Cœtus la main d'association » La faute ayant été commise à Cantorbéry, on l'y renvoie. *Actes du Cœtus*. Il se rend alors dans les Pays-Bas et se présente au Synode de Middelbourg « avec plusieurs témoignages honorables de diverses Églises et Académies, tant d'Angleterre que du Palatinat et même de France. Ayant demandé qu'ensuite d'iceux et du profond déplaisir qu'il proteste d'avoir de s'être mis au service d'une Église divisée d'une autre, il plût à cette Compagnie de lui donner la main d'association, Elle lui a déclaré être joyeuse de voir qu'il condamne et désapprouve le désordre passé : mais, d'autant qu'il n'est pas de la juridiction de notre Synode, elle n'a pas jugé d'aller plus avant, mais, après l'avoir consolé et exhorté à la patience, elle écrira une lettre à l'Église de Canterbury en sa faveur, à ce qu'elle veuille admettre la satisfaction que ledit sieur est prêt de lui donner, et le recevoir à la paix de l'Église. » *Synodes wallons*. — Enfin, en octobre, il apporte au Cœtus l'attestation qu'il a fait cette paix avec l'Église de Canterbury et reçoit la main d'association. *Actes du Cœtus*.

[2] Crespin, second successeur de Poujade, assure que la plus grande partie de l'Église, au moins quatre pour un, l'avait suivi à cause de la valeur de sa prédication, et l'un de ses plus violents antagonistes, le pasteur Bugnet de Calais reconnaissait que « les partisans de M. Poujade faisaient la plus grande partie de l'Église qui le suivait parce qu'il prêchait beaucoup mieux que son collègue duquel les sermons dès longtemps n'étaient pas agréables au peuple », et ailleurs, que du reste, « il ne voulait pas justifier tout plein de choses qui se sont passées mal à propos. » *Bulletin* VIII, 139.

[3] Il semble préférable de résumer ici la suite et la fin du pénible épisode, bien qu'il ne se soit terminé que sous la République. C'est le 20 fév. 1649 que Delmé et l'ancien du Thoit écrivent au Cœtus : « Le maître architecte de la fabrique, ou plutôt confusion schismatique, est de retour : il a prêché deux fois Dimanche, ralliant à St Dunstan sa troupe. » La Prix s'était retiré et les autres « en grande partie allaient se réconcilier à la condition du retranchement d'un article de la discipline. » Le 8 avril ils mandent qu'ayant représenté aux

Résolue à ne point se remettre sous la direction de Delmé, la congrégation indépendante demeura deux ans sans pasteur. En Maire et Recorders l'infraction faite par Poujade à l'ordre du Comité, ils ont répondu « que l'ordre les obligeait seulement de garder la paix parmi eux, mais non de les obliger à garder la discipline de nos Églises, et que par conséquent il fallait derechef s'adresser au Comité pour obtenir un ordre exprès qui enjoignit d'empêcher Poujade de prêcher en cette assemblée schismatique : » Le 15 « P. a prêché Dimanche dernier dans la nouvelle chambre qu'ils ont louée et ils menacent d'y transporter les bancs de l'Église. »

Saisi une fois de plus, le Comité pour les ministres dépouillés citait Poujade à comparaître devant lui le 24 juillet, ordonnant à ses anciens de se désister, autorisant les Justices de paix à « procurer obéissance aux ordres du Parlement. » Sur le fond même de l'affaire il ouvrait une enquête confiée à un Sous-Comité, avec charge de convoquer quelques membres du Synode afin d'examiner sur quelles preuves et évidences cette assemblée avait basé sa sentence. Le Cœtus délégua à cet effet Calandrin, de La Marche et les anciens Hoste et Fervacques, « avec mission de représenter quelques-uns des scandales commis par Poujade. » Le 2 août Delmé rendait compte au Cœtus « de leur bon succès »; le 2 septembre, avec les remercîments de son Église « pour l'aide et assistance donnée de temps en temps en l'affaire », il apportait copie de l'ordre du Comité obtenu le 24 août contre Poujade. « Le Cœtus a agréé l'affection de ladite Église, en la congratulant de l'heureux succès de leurs troubles, avec ses vœux et prières à Dieu pour leur paix et prospérité. » *Actes du Cœtus.*

Poujade avait promis au Comité de partir. Avant le jugement il avait publié en anglais son Apologie : il y reproduisait la sentence du Synode, avec réfutations en marge des divers paragraphes, la faisant suivre des *« Reasons of my justification or self-clearing against the said unjust sentence »* et la terminant par deux textes des Écritures : Habakuk I. 2. 3. 4, Lament. 1, 12. *An apologie of Joseph Poujadie, minister of the French Church in Canterbury, to the false and unjust accusations of his adversaries (of the pretended Wallon and Flemish Synod) proved and ratified by their own sentence denounced against them.* London, pr. by Clowes 1649, 1 page in-fol. à 2 col. *Ecc. L. Bat. Arch.*

Au moment de s'embarquer pour Calais il faisait paraître une *Complainte de l'Église françoise de Canterbury sur l'injustice et l'imposture de certains prescheurs cabalistes à la suprême autorité d'Angleterre assemblée en Parlement.* — *Actes du Cœtus.* Ce fut la flèche du Parthe, le réconfort laissé à ses fidèles. Tous les efforts des autorités locales échouèrent devant leur ténacité : on alla jusqu'à en emprisonner deux, sans triompher de leur résistance qui ne prit fin qu'après la mort de Delmé, par l'accord de 1654. Voir à l'*Appendice* XLV une lettre très détaillée des membres de la municipalité confessant leur impuissance. 18 sept. 1649.

II.

1649 il n'y a plus que vingt-neuf baptêmes d'inscrits dans les actes de la congrégation régulière : la Halle même et les Chartes industrielles sont entre les mains de la sécession[1], dont les membres sont dénoncés à plusieurs reprises par le consistoire et par le Cœtus aux sévérités des Églises de l'étranger[2] : Jean de la Place de Jersey qui était venu seconder Delmé, quitte Canterbury après deux ans de suffragance, et offre ses services aux Wallonnes de Hollande[3].

La congrégation de Norwich détachée en entier du réseau synodal, celle de Canterbury coupée en deux, celle de Londres divisée et subdivisée, telle était la déplorable situation des grandes Églises du Refuge au moment des luttes suprêmes entre le Roi et la République naissante, luttes politiques et nationales, mais luttes religieuses aussi auxquelles ces communautés ne pouvaient, de par leur essence même, demeurer absolument étrangères. Presbytériennes, relevant de cette Réforme française inspiratrice de la Réformation d'Écosse, ayant souffert de par l'épiscopat dont Charles Ier persistait à reconnaître les droits, elles ne pouvaient que désirer le triomphe du Parlement et des principes covenantaires, mais étaient loin de concevoir ce

---

[1] Plaintes de la congrégation de Canterbury à la cour de Burghmote. Burn. 45.

[2] « Sur la lecture de la lettre de l'Église de Canterbury à cette Compagnie, l'Église d'Amsterdam est priée de lui écrire une de consolation au nom du Synode. » Sept. 1648 *Synode de Middelbourg*, qui condamne formellement les adhérents au schisme. — L. de Leyde, 22 nov. 1648 à l'Église de Canterbury, regrettant leurs divisions ; ils ont reproché à Élie Catteau (duquel ils leur avaient écrit) de s'être mis dans le schisme et lui ont enjoint repentance. — Actes du *Synode de Haarlem*, avril 1649, confirmant le rejet des schismatiques et du *Synode de Mœstricht*, 18 Août 1649 « contre ceux qui sortent des Églises schismatiques d'Angleterre. » Envoyant copie au Cœtus Delmé demande « s'il ne faut pas prévenir les Églises de France, à cause du libelle qui court et dont l'auteur est allé en France. » 6 nov, 1649. *Ecc. L. Bat. Arch.*

[3] *Synode de Haarlem*, avril 1649. Il desservit l'Église de l'Olive jusqu'en 1651.

triomphe jusqu'en ses dernières et terribles conséquences. Et quand leurs conducteurs se laissaient entraîner dans l'arène, une portion considérable des fidèles se refusaient à les y suivre. Ainsi Delmé, qui participait aux délibérations de Westminster, avait vu son troupeau de Canterbury l'abandonner pour Poujade; ainsi encore la vieille Église des réfugiés français de Londres, dominée par le pasteur non français et non réfugié, Jean de La Marche, représentant de la réaction puritaine dans ce qu'elle avait de plus passionné et de moins réfléchi, véhément «jusqu'à la doctrine de Ravaillac», disent ses adversaires, voyait s'éloigner d'elle une centaine de ses membres les plus considérés.

Pendant ces années d'épreuves, l'attitude de Jean d'Espagne est différente. Lui aussi est au nombre des presbytériens et des parlementaires, mais de ceux qui ne cessent d'espérer un rapprochement avec «le Roi mieux informé», et se réclament de la monarchie tout en la combattant. Effrayé, comme beaucoup de puritains, de l'intervention militaire et de ses menaces, il adresse au ciel des vœux ardents pour le succès des négociations qui vont s'ouvrir à Newport et où Pembroke jouera l'un des rôles principaux. Il interrompt le cours de son étude biblique hebdomadaire et, par de transparentes allusions, transporte dans ses sermons les questions qui préoccupent les esprits. Il traite d'abord celle «touchant deux partis qui se font la guerre : scavoir s'il est tousjours vray que l'un des deux a tout le tort et que l'autre a tout le droit. Il advient souvent que *tous les deux* ont tort à divers esgards. En la guerre d'entre Abimélech et les Schemites, tous les deux partis estoyent coulpables et Dieu ruina l'un par l'autre »... Quelques jours après il aborde le sujet de front et prend pour texte l'accord juré entre David et les États de son royaume après une guerre civile de sept ans. « La nôtre, dit-il, en est venue à sa septième année ; Dieu veuille que se soit la

Attitude de J. d'Espagne

dernière, et qu'ayans si longtemps invoqué le Dieu des batailles, nous puissions remercier le Dieu de paix ». Se défendant d'apporter « des interprétations sinistres », il étudie : 1° le devoir de David et des rois en général ; 2° le devoir des peuples envers les rois et envers eux-mêmes.

Dans ce sermon, dont il n'a laissé qu'un abrégé reproduit dans une seule édition de ses œuvres, d'Espagne se montre résolument monarchiste. Il ne se dissimule pas les égarements des rois, « où trouvera-t-on un thrône qui soit exempt de tache ou de vermoulure ? » mais « où trouver en quelque espèce de gouvernement que ce soit des hommes infaillibles, puisque celuy duquel Dieu mesme avoit fait le choix et lequel il avoit placé de sa propre main sur le siége royal, a esté tant irrégulier ? *Néanmoins les désordres de la personne n'ont point fait supprimer l'ordre establi de Dieu* », et il ajoute : « C'est une merveille si la teste ne tourne point à celuy qui est eslevé en un si haut lieu, mesme avec meilleurs cervaux ». Les conseils de modération qu'il adresse aux rois, il ne les réserve pas à eux seuls ; il voudrait les faire entendre de même « aux supériorités qui leur sont adjointes au gouvernement d'un mesme Royaume et qui sont, ou *semblent* leur estre collatérales et avoir quelque part en la souveraineté ; que si ces deux authorités se choquent et qu'il y ait conflict de juridiction, l'exemple de Dieu mesme oblige les *deux partis* à tascher de surmonter l'un l'autre en Sagesse plustost qu'en Puissance ».

A cette première partie qui se termine, comme un funeste présage, par un rappel aux rois de la brièveté de leurs jours[1], en succède une seconde plus affirmative encore des droits et de la nécessité de la royauté. « Parlons maintenant aux peuples »... et le prédicateur leur montre le Christ prescrivant les devoirs

---

[1] « J'ay bien dit vous estes dieux, vous êtes enfants du souverain ; toutesfois vous mourrez comme les hommes et tomberez aussitost qu'un autre. »

envers César, et Dieu quand il voulut renverser l'État des Juifs comme premier acte de sa justice leur ôtant un roi, «tant il y a que la ruine de leur État commence par le renversement du throne». La péroraison est tout entière consacrée aux maux de la guerre, à l'espérance de la réconciliation : «Que donc les chefs des Tribus aillent dire à leur Roy : Voici nous sommes ta chair et tes os ; Toy et nous ensemble, estanchons ce sang, esteignons ce feu, relevons ces pitoyables ruines ; redonnons à l'Église son lustre, aux Loix leur vigueur, aux peuples une heureuse paix »[1].

Ces paroles éloquentes étaient prononcées, sans doute en présence de Pembroke, le 11 septembre 1648, avant-veille du départ des commissaires pour l'île de Wight. Le 5 décembre, le Parlement acceptait le résultat de leurs négociations comme base possible de paix : sa ratification, comme les concessions de l'infortuné Charles Ier venaient trop tard. Une troisième puissance, l'armée, enivrée d'ambition et de fanatisme, était déjà la maîtresse des destinées de l'Angleterre : le deux décembre elle avait enlevé le roi, le six elle portait la main sur le Parlement.

Pembroke, un des douze Lords restés dans la Chambre Haute, refusa comme ses collègues de sanctionner l'institution arbitraire de la Cour de justice. Quand elle eut livré Charles Ier à l'échafaud, l'Europe monarchique, après avoir laissé périr le roi, voulut rendre tous les Réformés solidaires du crime des indépendants[2].

---

[1] *Sermons* de J. d'Espagne.

[2] Quant à la France, la conduite de Mazarin pendant toute la durée de la lutte est dictée par un double sentiment : la conviction de l'inutilité des démarches médiatrices, vu l'opiniâtreté réciproque des deux partis, et la crainte de se compromettre pour l'avenir, vis-à-vis de l'Angleterre elle-même, par son intervention en faveur d'une cause peut-être déjà perdue. Le 8 fév. il écrivait à son ambassadeur : « Il faut avouer que je ne scay point de cause qui l'ait (Charles) pu porter aux résolutions qu'il a prises contre ses propres intérêts

et les conseils que vous lui avez donnés... Si vous recognoissez que dans l'opiniastreté des sujets de ce prince, quelque office et quelque obligeance que nous puissions faire pour le rétablissement de ses affaires, elle sera superflue, vous devez vous mesnager de telle sorte avec ses sujets qu'ils ne puissent recevoir de vostre conduite aucune occasion d'aigreur et de dégoust contre nous, à quoy ils ne sont que trop portés. » Et quand de Bellièvre, sentant autrement que le cardinal l'honneur du souverain qu'il représente, demande à retourner en France, il lui répond : « Guérissez-vous de ce scrupule que vous avez que la dignité du roy de France puisse estre blessée en ce que ce parlement pourra faire contre celui de la Grande Bretagne. »

Aussi s'excusera-t-il, presque à l'heure suprême, de « céder aux sollicitations de la reine et d'envoyer des Varennes... c'est un office que nul prince ne peut s'empescher de rendre, ce me semble, et je me suis asseuré que cela se fera en sorte, par vostre prudence et adresse, pour que si le contentement du dit roy ne s'en suit pas, il ne nous arrivera au moins aucun préjudice. »

La tragédie accomplie, il écrit : « C'est la plus estrange nouvelle... ça esté le spectacle le plus affreux... LL. MM. et toute la cour l'auroient pleuré avec des larmes de sang s'il y en avoit... Ce qui nous perce le cœur d'une douleur plus vive c'est que nos affaires domestiques et la précipitation imprévue de ce funeste accident ne nous ayent pas permis de rendre à ce prince en ceste occasion tous les offices que nous eussions désirés... » Mais il ne néglige pas d'ajouter « quelque inutiles qu'ils eussent deu lui estre. » Lettres de Mazarin aux amb. de Bellièvre et de Grignon dans La Ferrière, *Recherches faites à la Bibl. de Saint-Pétersbourg. Archives des missions scientifiques, 1867.*

CHAPITRES XII et XIII

INTERRÈGNE

1649-1660.

CHAPITRE XII

LA RÉPUBLIQUE.

« Lorsque les Indépendans d'Angleterre eurent fait mourir leur Roy, ils jugèrent bien que cette action causeroit de l'horreur dans les esprits ; c'est pourquoi ils publièrent une espèce de Manifeste pour leur justification[1]. » L'horreur dont parle Amyraut, ce sont les Réformés français qui s'en rendirent presque exclusivement les interprètes. Les vieilles monarchies demeurèrent d'abord comme frappées de stupeur sous le coup qu'elles n'avaient pas assez tenté de prévenir, et dont elles n'allaient guère prolonger les ressentiments ; le catholicisme s'en prévalut pour opposer à la doctrine de la déposition des souverains et

Protestations contre la mort du roi.

---

[1] « .. Et d'autant que plusieurs écrivains anciens et modernes, et des conciles entiers se sont servis de ce passage : *Ne touchez point à mes oints et ne faites point de mal à mes Prophètes* pour montrer que Dieu défend d'attenter à la personne des souverains, ils se proposèrent entre autres ce témoignage à réfuter et firent leur effort pour y répondre .. Comme je couvais cet écrit de l'œil je ne trouvai pas étrange que ceux qui ont commis un tel attentat, et qui ont renversé le royaume d'Angleterre sens dessus dessous, pervertissent l'intelligence de l'Écriture et essayassent de montrer qu'ils n'avaient rien exécuté contre le commandement de Dieu. Mais je ne crus pas alors qu'il se trouvât aucun homme bien sensé qui donnât lieu à leur interprétation ni qui se laissât arracher des mains une si auguste sentence que le Prophète nous rapporte comme prononcée de la bouche de Dieu même, pour rendre sacrés et inviolables les personnes élevées aux souveraines dignités. » Début du *Discours de la Souveraineté des Roys*, par Moyse Amyraut 1650.

de l'assassinat des tyrans tant reprochée aux jésuites, cette condamnation d'un roi livré au bourreau par ses sujets protestants.

Déjà en 1644 le Synode de Charenton s'était inquiété de la doctrine des « Indépendants »[1], l'avait condamnée comme préjudicielle à l'Église et dangereuse à l'État et avait enjoint à toutes les provinces, mais plus particulièrement à celles qui confinaient à la mer, d'empêcher que le mal ne jetât ses racines parmi les Églises de France. En 1646 le savant ministre Blondel insistait auprès des pasteurs d'Écosse sur la nécessité pour les presbytériens d'affirmer leurs principes monarchiques[2], et des reproches étaient venus de France contre l'attitude militante de Jean de La Marche à Threadneedle street[3]. Quand le « cruel attentat » eut été commis, les membres des Églises de France, « frappés d'horreur et d'étonnement » comprirent le devoir et sentirent l'urgence de prévenir des confusions plus ou moins voulues, de réfuter les accusations lancées contre le presbytérianisme, de se dégager en un mot de toute solidarité avec les Indépendants[4].

---

[1] « Ces gens jouissaient du scandale qu'ils donnaient. En religion ils étaient Indépendants. Ils pensaient que toute congrégation chrétienne avait, sous l'autorité du Christ, une suprême juridiction dans les choses spirituelles ; que les appels aux synodes provinciaux et nationaux n'étaient guère moins contraires à l'Écriture que les appels à la Cour des Arches ou au Vatican, et que la papauté, l'épiscopat et le presbytérianisme étaient tout simplement trois formes d'une même grande apostasie. » Macaulay.

[2] *Lettre de M. Bochart à M. Morley* 1650.

[3] *Bellon à Ferry*.

[4] A Genève on demandait le 23 fév. 1649 « sur les nouvelles d'Angleterre, faut-il continuer à prier pour le Roy ou simplement pour le Royaume, puisqu'on est incertain s'il y a un autre Roy ou non ? — Les Seigneurs ont esté offensés de quelques termes en un sermon, où on a parlé trop avant des affaires de la Grande-Bretagne ; à l'avenir en acte public on n'en parlera en façon quelconque. » En novembre « les uns priant d'une façon, les autres d'une autre, on n'usera ci-après d'autres termes que ceux de prier pour la paix de la Grande-Bretagne. » *Procès-verbaux Genève*.

« Nous nous abandonnâmes tout à fait », dit Bochart, « aux larmes et à l'affliction et solemnisâmes les funérailles du Roi par un deuil universel. Nous craignions mesme que l'atrocité de ce crime commis par ceux que la pluspart croyent estre de mesme religion que nous, n'attirast un blasme sur nos Églises que le temps n'effaceroit jamais, et que les vices des personnes ne l'imputassent à la doctrine. Et pour obvier à ce mal, les plus célèbres pasteurs du Royaume détestèrent ce crime d'une mesme voix, comme directement opposé aux règles de la Parole de Dieu. Et advertirent soigneusement leurs troupeaux qu'ils eussent à se garder de ce levain et de tirer en exemple un crime commis par ceux qu'un de nos Synodes Nationaux a condamnés par article exprès [1]... »

---

[1] « .. Mesme il y en eust qui publièrent leurs sentimens par escrit. Comme MM. Vincent et Héraut, tous deux pasteurs excellents, l'un à La Rochelle, l'autre à Alençon. Et un autre de grande réputation tant en Angleterre qu'en France qui parle ainsi en la préface de la requeste des XLVII pasteurs de Londres traduite en françois : C'est le crime le plus criant qui ait été commis depuis la mort du prince de gloire et qui esbranle toute la terre et fera porter le deuil à tous les gens de bien jusques à la fin du monde. Et pour vous dire que ce deuil a été sensible à toutes sortes de conditions, MM. de Petiville et de Brieux, tous deux de ceste ville, tous deux conseillers des cours souveraines, l'un aujourdhuy à Rouen et l'autre cy-devant à Metz, ont pleuré la mort de vostre prince en beaux vers latins et détesté la barbarie de ceux qui en sont les autheurs. Et M. Porrée, célèbre médecin à Rouen, s'est dignement acquitté du mesme devoir en sa préface sur la traduction du Livre du Roy. » *Lettre de M. Bochart à M. Morley.* Porrée s'en montre en effet très préoccupé : « Que tous les peuples connoissent et que la postérité apprenne qu'estant nay François et faisant par la grâce divine profession de la Religion réformée, j'ose bien dire aussi que tous ceux qui l'enseignent et qui la professent comme il faut en ce Royaume, voire tous les vrays Protestans du reste de l'Europe, détestent avec moy cet exécrable Parricide de tout leur cœur et en ont des ressentiments qu'ils porteront jusques au bout du monde .... et quoy que de certains esprits partiaux et déraisonnables en veuillent dire et fassent passer ce crime pour un honteux opprobre à la Religion protestante, laquelle sembloit estre en possession de reprocher cette infâme doctrine et cette malheureuse pratique à ses plus noirs adversaires; qu'ils scachent néantmoins, que quand les autheurs de ce meurtre criant, ne seroient pas esloignez (Dieu

La défense de la mémoire de Charles Ier devant l'Europe fut confiée par son fils à Claude Saumaise que Milton fut appelé à réfuter, ce dernier attaqué ensuite lui-même avec violence dans le *Clamor sanguinis regis ad cœlum adversus parricidas anglicanos*, imprimé en caractères rouges à la Haye, sur un manuscrit anonyme envoyé d'Angleterre par Pierre du Moulin, le troisième fils de l'éminent ami et collaborateur de Jacques Ier [1].

mercy) comme ils sont, de la pureté de nostre Religion, qu'au moins nous les désavouons hautement comme des personnes particulières (quelque corps qu'ils s'imaginent composer) et qui par cette action dénaturée ne scauroient en aucune façon préjudicier au général des Églises réformées, lesquelles, grâces au Tout-puissant, se sont tousiours veues très saines de cette lèpre de perfidie envers leurs souverains : Si ce bon Roy paroist en quelques endroits de son divin ouvrage, reprocher ses disgraces aux Presbytériens et ne pas les distinguer nettement des Indépendans en ce poinct, c'est une chose très constante qu'il en avoit seulement à quelques-uns de cette Isle qui portent bien un mesme nom avec nous, mais lesquels passent tout à fait les bornes du respect et de cette religieuse retenue qu'on doit avoir envers les puissances..» Porrée, traduction de l'*Eikon Basilike*. Rouen 1649, dédié à Charles II. En l'envoyant à Saumaise il l'engageait à « promener son incomparable génie dans ce beau champ et à faire voir doctement et heureusement à tout le monde la laideur de ce crime inouï. » *L. de Porrée à Saumaise*, 10 juillet 1649. *Bibl. nat.* — L'année suivante, Denis Cailloué, principal auteur de cette traduction, publiait chez son parent Jacques C. et trois autres libraires protestants de Rouen, Viret, Besongue et du Bosc sous le titre de *Prédiction où se voit comme le Roy Charles II doit estre remis aux Royaumes après la mort de son Père*, un recueil, dédié au comte de Bristol, de pièces traduites de l'anglais et de vers français adressés à la reine et à son fils : la dernière poésie, *Avis aux Roys et aux Peuples*, engageant les souverains à prendre en main la querelle de Charles II qui est la leur, se termine par cette strophe : Grand Dieu preste à Charles ta foudre — Avec le succez de Louis.. Que les plus mutins foudroyez — Laissent les peuples effroyez — D'attenter contre les couronnes; — Maintien ce destin favory — De dompter les âmes felonnes — En la race du grand Henry. » A la Révocation les Cailloué transportèrent leur imprimerie en Angleterre.

[1] Alexandre Morus en surveilla l'impression ; elle avait été précédée de la «*Défense de la religion réformée et de la monarchie et église anglicane*, 1650.» — « Saumaise n'avait pas attendu, pour faire éclater son indignation, que Charles la lui demandât et la payât; huit jours après l'exécution du roi, il avait dans une lettre spontanée et soudaine, maudit passionnément ses ennemis devenus ses juges. *La défense royale pour Charles Ier adressée à*

Tandis que les conducteurs des Églises de France tenaient à protester hautement contre la mort violente du roi de la Grande-Bretagne, beau-frère de Louis XIV, la congrégation de Threadneedle street, sous ses deux ministres dont aucun n'était français, obtenait du Parlement en don le temple (avec maisons adjoignantes comme presbytère) reçu à bail autrefois du chapitre de Windsor maintenant dépossédé de ce bénéfice [1] ; à l'occasion du centenaire de l'allocation première de ce lieu de culte, une collecte pour sa reconstruction produisait 473 L. st. Le 24 juillet 1650, on célébrait ce premier Jubilé du Refuge en Angleterre, s'unissant « aux Flamands pour rendre actions de grâces à

Le Jubilé de Threadneedle street.

Charles II fit grand bruit, plus encore par le nom de l'auteur que par le mérite de l'ouvrage . . quand le livre parvint à Londres le gouvernement s'en préoccupa et, dans une séance du Conseil d'État, il fut décidé que Milton devait y répondre. » Guizot, *Rép. d'Angleterre*. Le jeune roi écrivit à l'apologiste : « Monsieur de Saumaise, je croyois vous avoir beaucoup d'obligation lors que vous entreprîstes d'employer vostre plume pour la défense de ma cause, mais puisque vous vous en estes si dignement acquitté, je croirois manquer à ce que je dois à la vérité, à moy mesme et à vous si je ne vous rendois ce tesmoignage de vostre mérite et de mon ressentiment. Il est vray que j'ay un interest commun avec tous les princes souverains de reconnoistre cette vérité que vous soutenez avec tant de raison, c'est que les peuples ne doivent prendre les armes contre leurs rois. Il est aussy vray que j'ay un intérest particulier de vous remercier de l'honneur que vous faites par tout à la mémoire du roy mon père, et de l'affection que vous tesmoignez en plusieurs endroits pour ma personne et pour mes interests. Mais il y va de l'interest de tous les gens de bien et en effet de tous les hommes de reconnoistre la piété, candeur et le courage que vous tesmoignez dans la description de ces exécrables parricides d'Angleterre, qui sont depeints au vif dans cet excellent tableau de vostre ouvrage. Pour moy je ne cesseray jamais d'avouer les sentiments d'estime que j'ay pour vous ny à quel point je m'estime vostre redevable que je n'aye le moyen de vous faire voir par des effets, ce que je désire avec ardeur, que vous n'aves pas obligé un prince (*ingrat* effacé) méconnaissant et que je suis véritablement, Monsieur de Saumaise, vostre très bon et affectionné amy Charles R. A Breda ce 7ᵐᵉ d'avril 1650. » *Bibliothèque du Protestantisme français*.

[1] « On présente à la femme du sieur Corbet une pièce de vaisselle d'environ 10 l. st. en reconnaissance de la peine que ledit sieur a prise pour notre Église. » *Actes du Consistoire*.

l'Éternel de tant de grâces et de faveurs qu'il lui a plu octroyer à nos prédécesseurs et à nous qui les avons succédé, de nous avoir établi et continué l'espace de cent ans en la possession de la vraie Religion avec la liberté de continuer en notre langue, et aussi la liberté de gagner notre pain en paix dans le Royaume [1] ».

Ce jour de fête n'était pas sans côtés sombres : beaucoup des membres de la congrégation et non des moins estimés manquaient à l'appel. En vain le 1er janvier 1649 on avait exhorté l'assemblée à « fréquenter les prédications plus soigneusement et à s'abstenir des Assemblées schismatiques ; la crise nationale n'avait fait qu'augmenter la sécession ». La Compagnie avait publié à nouveau en février 1650 les actes du Colloque contre le schisme et les assemblées schismatiques ; poussée à l'extrême par la désertion croissante elle ne reculait plus devant le scandale de la lecture, du haut de la chaire le dimanche matin, de « l'Acte du Synode d'outre-mer touchant M. d'Espagne [2] ».

C'était réveiller gratuitement des accusations pénibles, non prouvées et démenties par un quart de siècle d'enseignement évangélique et de juste considération, à un moment où l'attitude du seul pasteur de Londres vraiment français lui conciliait les sympathies, non plus seulement de ses compatriotes domiciliés à Westminster et de plusieurs de ceux fixés dans la Cité, mais d'un groupe important d'Anglais ne sachant où trouver ailleurs la satisfaction de leurs besoins religieux.

A l'écroulement de la monarchie, sérieux échec pour le presbytérianisme, succédait un interrègne où la confusion religieuse

---

[1] *Actes.*

[2] « Plusieurs fréquentent la Compagnie déréglée du sieur Jean d'Espagne ; le silence a causé accroissement du désordre et fait une rupture plus grande à cette Église qu'elle n'était au commencement, au grand déshonneur de Dieu, scandale de la nation et de toutes les Églises de notre langue et profession tant en cet État que par deçà. » *Actes du Consistoire.*

n'avait d'égale que le désordre civil. Tandis qu'au loin Cromwell domptait l'une après l'autre l'Irlande et l'Écosse, et que son absence encourageait les résistances du Parlement-Croupion comme les aspirations ultra-démagogiques des Niveleurs, le plus étrange chaos était, dans le domaine spirituel, le premier fruit de la victoire des Indépendants. Ce n'est pas sans raison qu'Amyraut parle de « la confusion que ces gens veulent introduire au gouvernement de l'Église, du meslange de tant de sectes et d'hérésies dont ils y laissent souiller la pureté de l'Évangile et corrompre la Religion, de la porte qu'ils ouvrent toute grande aux fureurs des enthousiastes et aux grotesques de leurs révélations », et que Bellon écrit à Ferry [1] : « Généralement l'armée sont devenus tous prêcheurs, dégorgeant blasphèmes horribles et empêchant les bons ministres de faire leurs fonctions à moins d'être sectaires comme eux ; voilà l'état de l'Église anglicane d'aujourd'hui ».

La congrégation de Durham House, que son service en français et la protection de Pembroke garantissaient contre les investigations de la malveillance, devint alors, selon un témoin oculaire, le refuge « d'une grande partie de la noblesse et des meilleurs de la gentry [2] ». A la mort de Pembroke l'hospitalité fut continuée par

---

[1] *Bibl. du Prot. français.*

[2] « Personne ne peut ignorer que dans ces derniers temps où l'horreur et confusion ont régné dans l'église et dans l'estat, combien la parole du Seigneur estoit précieuse et comme au lieu d'icelle et de la pure administration des sacremens nous n'avions rien que des prières faites (comme on dit) sur le champ, avec des prédications farcies de blasphèmes, d'hérésies et de sédition, auxquelles personne ne pouvoit se joindre sans trahir sa conscience envers Dieu et sa fidélité envers son prince ; cela m'obligea ou plustost me contraignit premièrement à fréquenter l'Église françoise qui lors s'assembloit à la maison de Durham pour y jouir des excellentes prédications et doctrine orthodoxe de nostre autheur qui alors estoit suivi et gousté par une grande partie de la noblesse et rendoit à Dieu et à César ce qui leur appartenoit. » Henri Browne, *Avant Propos de l'Essay des merveilles de Dieu par J. d'Espagne.*

II

L'Église sécessionniste de Canterbury. son fils[1]. L'éclat voulu par le consistoire de Threadneedle street n'eut d'autre résultat que d'encourager d'Espagne à sortir de sa réserve et à prendre parti dans la question de Canterbury, dont la congrégation « schismatique » ne cessait, depuis la retraite forcée de Poujade de réclamer de lui l'envoi d'un conducteur. Les trois quarts de l'Église, « huit ou neuf cents personnes environ, se réunissaient régulièrement deux fois tous les dimanches au temple de Saint-Pierre, pour ouïr la lecture de deux sermons de Calvin et des prières ordinaires avec le chant des psaumes [2] ». N'ayant plus de ménagements à garder envers les Églises du Colloque, d'Espagne se décida maintenant à venir en aide au troupeau sans pasteur.

Le 2 mai 1650 il prononçait devant la communauté séparée

---

[1] « Combien de fois nous a-t-il répété que le plus grand honneur qu'il eût sceu avoir étoit que Dieu fust servi dans sa maison ? Combien de fois nous a-t-il tesmoigné le plaisir qu'il prenoit que Dieu fust célébré chez luy et que le peuple y trouvast son instruction ... Entre les dernières paroles que nous avons eues de son affection, trois sepmaines avant sa mort il nous prononça celles-ci : « Si Dieu me retire de ce monde j'ay un fils auquel je donneray « charge, autant qu'un père peut commander à ses enfants, que vous ne man- « quiez point de lieu pour vous assembler. » Nous relevons aujourdhuy ces paroles comme la manteline d'Élie laquelle il nous a laissée lorsqu'il montoit au ciel. Puisque Jacob est mort nous irons vers Joseph et lui dirons : Ton père a dit avant sa mort je te prie que ces gens-ci trouvent faveur en tes yeux. . » *Abrégé du sermon funèbre au sujet de la mort du comte de Pembroke advenue le 23 janvier 1650*. Hébr. XI, 4.

[2] « Croira-t-on que des gens ainsi disposés, témoignant un si grand zèle pour le service de Dieu, se seraient tenus séparés des autres par simple opiniâtreté ou pour de légères occasions ; se seraient-ils exposés à tant de difficultés par où il leur a fallu passer, auraient-ils employé presque tout ce qu'ils possédaient pour maintenir leur cause ? (car ils ont été cités devant les magistrats, on les a accusés de rébellion contre l'État, on a inventé toutes sortes de moyens pour les perdre ou du moins pour les faire tous bannir) . . Dans leur misère ils ne savaient à qui s'adresser qu'à M. d'Espagne : plusieurs fois ils avaient envoyé vers lui. » *Lettre de Crespin au pasteur Vincent de La Rochelle*, après dix mois d'exercice, plaidoyer provoqué par les attaques du pasteur Bugnet, de Calais. *Bull. du Prot. français*. VIII, 138.

un sermon préparatoire à l'ordination ; le 5 il prenait sur lui « en suite de l'approbation donnée par divers pasteurs qui avaient examiné le candidat et jugé de sa capacité, à la réquisition de l'Église et en vertu de la commission par elle donnée » d'imposer les mains, quoique seul, à Théodore Crespin et de l'installer solennellement comme ministre[1]. Les deux discours, publiés en abrégé, laissent concevoir une haute idée de son éloquence. Dans le premier il avait eu à cœur de défendre sa propre cause ; pour développer « ce que c'est qu'annoncer Christ par contention et débat », d'Espagne prononce un réquisistoire contre ses adversaires ecclésiastiques, contre la publicité apportée à ces tristes désordres, contre la prétention des uns à posséder exclusivement le droit d'annoncer Christ, à réduire plutôt les assemblées qu'à en multiplier le nombre, et il présente une justification des autres qui, ayant recherché l'union et lutté contre l'esprit de division et de sectes, sont toujours repoussés et contraints au schisme, une plainte contre la crédulité et la précipitation des Églises étrangères qui les condamnent sans les entendre [2], un appel à Dieu et à son éternelle paix. Le second discours, exposé des deux qualités nécessaires au ministère sacré, la Science et la Conscience « (Urim et Thummin, Lumières et Perfections, cognoissance et droicture) », fut suivi d'une exhortation directe au candidat, d'une prière et de la formule d'imposition ; la célébration de la cène, suspendue depuis tant de mois, rassembla ensuite le troupeau autour de son nouveau conducteur.

[1] Voir *Appendice* XLV. Théodore Crespin, écuyer, sieur de la Chabosselaye en Anjou, paroisse de Chazé sur Argos, canton de Condé, fils de Zach. Crespin, min. de Marennes et petit-fils de Pierre Crespin, conseiller au Parlement de Bretagne.

[2] « Les Églises sont adverties de ne point admettre à la sainte cène ceux qui viennent avec les témoignages des Assemblées schismatiques d'Angleterre, qu'ils n'aient témoigné leur repentance et désavoué le schisme, tant de leur doctrine que de leurs mœurs, au Synode de nos Églises. » *Syn. de Middelbourg* 1648. — « La Compagnie gardera telle correspondance d'union qu'elle

L'incontestable irrégularité de cette consécration fournissait aux adversaires de d'Espagne les motifs d'en appeler à la solidarité disciplinaire des Églises réformées de l'étranger, et d'obtenir leurs rigueurs contre les adhérents des deux sécessions. « Tous ceux de notre troupeau que leurs affaires obligent d'aller demeurer ailleurs, offrent de se ranger aux Églises de ses lieux-là », écrit Crespin, « ils se présentent aux consistoires avec nos témoignages, ils demandent, ils supplient avec larmes, mais pour tout cela on ne les admet point à la participation de la sainte-cène ; il faut premièrement qu'ils disent que nous sommes schismatiques et qu'ils ont offensé Dieu de s'être trouvés en nos Assemblées... on ne les veut ni ouïr ni instruire, il faut qu'ils confessent contre leur conscience une faute qu'ils ne savent point avoir commise[1] ». A Canterbury même leur situation s'était au contraire affermie : on leur avait alloué un lieu de culte, la chapelle de l'ancien palais archiépiscopal, et le 14 octobre 1654 la municipalité leur enjoignait de « choisir un nombre convenable

ne recevra les attestations des schismatiques Despagne, Poujade, Aiton et Chrespin, de ceux qui là-dessus voudront communiquer en nos Églises. » *Syn. de Heusden* 1654.

[1] « Plusieurs de mes auditeurs sont à présent traités de la sorte, entre autres un de nos diacres qui s'est retiré en l'Église de M. Bugnet, mais sans pouvoir obtenir cette consolation de participer au sacrement. Ne suffit-il point qu'ils se présentent pour être membres des Églises (qu'ils n'ont jamais offensées et qui n'ont que faire en notre querelle sinon pour tâcher d'y mettre fin) et promettent de se soumettre à la discipline des lieux où ils vont? J'ose protester que la paix serait faite entre nous si les ministres de delà la mer n'eussent point tenu la main à nos parties avec une telle rigueur.. Ni plusieurs ministres ensemble, ni les magistrats de la ville, ni les commissaires du Parlement, ni les soldats n'ont pu vaincre ce peuple par la force, et moi je les conduis par la douceur pour ce qu'ils se soumettent volontairement à la parole de Dieu et à la discipline ecclésiastique : on disait qu'ils étaient des taureaux indomptés, cependant ils se laissent mener avec un filet; la charité fait tout où le pouvoir, l'autorité et la violence se trouvent inutiles. J'espère qu'en peu de temps Dieu nous fera obtenir cette consolation qui nous manque de vivre en aussi bonne intelligence avec les autres Églises que nous faisons entre nous. » *Crespin à Vincent.*

d'Hommes politiques, qui prêteront serment selon la coutume et recevront annuellement un warrant signé et scellé par le maire et l'un des juges de paix, pour le meilleur exercice de leur charge, la prévention de désordres parmi les dits étrangers, et pour mieux les mettre à même de tenir leur congrégation dans l'obéissance au gouvernement de la Cité ». C'était les reconnaître officiellement et sur le même rang que la communauté dont ils s'étaient détachés[1].

Apaisement à Norwich.

A Norwich, le calme commençait à renaître, en dehors de l'action du Colloque. Le 6 janvier (juin?) 1650 le consistoire ordonnait encore « que pour le présent M. d'Assigny préside », mais le 13 juin il reconnaissait M. de Laune « estre leur ancien et légitime Pasteur et promettait le maintenir pour tel contre ceux qui entreprendroyent d'objecter ». De nouvelles élections publiées le 20, sanctionnèrent cette restauration. D'Assigny, retournant à Jersey, dès que les parlementaires s'en emparèrent, y fut nommé recteur de Saint-Martin[2].

Mort de J. de La Marche.

Mais à Londres même la mort subite de Jean de La Marche, le 13 octobre 1651, permettait d'espérer ce que Bellon appelle « le rétablissement de l'Église et la réparation de ses brêches ».

Élection de Stouppe et Delmé.

Les modérés prirent les devants : « Ayant obtenu de Messieurs les Pasteurs de l'Église de Paris un jeune homme nommé M. Stoube, natif de Zurich et par sa seconde naissance de Genève, étant arrivé ici, il y a eu d'abord quelque répugnance, ces factieux disant qu'il n'étoit venu que sur nos recomman-

---

[1] « Ordre aux étrangers demeurant dans la ville et fauxbourgs, ayant leur lieu d'assemblée publique pour le culte dans le palais de feu l'archevêque et étant de la congrégation de Théodore Crippaine. » *Livre de la cour de Burghmote.* Vol. IV, p. 331.

[2] La Restauration le destitua comme intrus avec défense d'exercer le ministère dans l'île; lettre du gouverneur à la cour d'Heritage. Son fils Marius reçut les ordres anglicans et laissa plusieurs ouvrages dont « *The Divine Art of Prayer* »; il mourut en Essex en 1717. — Agnew, 3e éd. I, 120.

dations et que, le recevant, les français auroient le dessus ; ayant envisagé cette affaire, enfin nous avons obtenu victoire, l'ayant fait prêcher et lui ont donné texte, en trois sermons qu'il a faits il a tellement satisfait l'assemblée qu'en dépit de la malice il sera reçu au contentement des gens de bien »[1]. Bulteel vint de Douvres[2] consacrer Stouppe qui accepta de prêcher une fois par quinzaine à la communauté italienne réunie à la Chapelle des Merciers[3]. L'année suivante, Élie Delmé, né en Angleterre, fils

[1] *Bellon à Ferry*. « Jean Stouppe, recommandé par Bugnet de Calais, avec témoignage de l'Égl. de Paris. » *Actes du Cons.* « Suisse de nation, nourri à Genève, a demeuré longtemps en Dauphiné, précepteur des enfants de Montbrun, d'auprès duquel il a été appelé à Londres pour y être ministre. » *La Milletière à Mazarin.* — Sa famille était non de Suisse, mais de Chiavenna, dépendance italienne des Grisons.

[2] Cette mention du *Livre de Copie de Lettres* du consistoire prouve que le Jean Bulteel de Douvres, père du secrétaire de Clarendon, était bien, contrairement à l'opinion d'Agnew, l'ancien pasteur de Canterbury. On l'invita « à assister à l'examen auquel plusieurs de nos frères pasteurs assistèrent avec MM. les anciens et diacres du Cœtus des Églises flamande et françoise de Londres, l'ayant ouï tant en son sermon ad clerum et ses thèses latines et aussi en ses réponses à tout ce qui lui fut mis en avant et objecté, receurent tel contentement qu'il fust jugé capable d'estre receu et confirmé au Saint Ministère. Vous me fistes l'honneur de me requérir de faire le presche et l'action le jour de son ordination; là assistèrent les honorez frères M. Calandrin et M. Cisner qui tous trois donnasmes l'imposition des mains au dit frère M. Stouppe. Or je mets ce sermon en lumière p. c. q. cest acte de l'imp. des mains a esté peu fréquent et usité dans v. Église; car il y a près de 50 ans que feu M. Aurelius, fils d'un Italien, fust receu ministre de v. Église ; les autres Pasteurs venus depuis estoyent min. et la pluspart vieux avant que d'estre ministres de v. Église.. » *Sermon fait à l'Église françoise de Londres, le 29 d'aoust 1652 avant l'imp. des mains de M. Stouppe par J. Bulteel, min. de la P. d. D. avec l'action et ses circonstances.* Londres 1653, 76 p. non compris l'Épître à MM. les P. A. et D. de l'Égl. fr. de L.

Les flamands du Cœtus ne se décidèrent à concourir à l'examen, « action plus propre au Colloque » que sur l'insistance du consistoire français et promesse que ce ne serait pas tiré à conséquence. *Actes du Cœtus.*

[3] Mercers Chapel, Cheapside, où les négociants italiens avaient rétabli et entretinrent assez longtemps un culte. (Stow.) Ils eurent pour pasteur 1656-1660 Ph. de Bresmal, ancien prêtre, doct. en th. ; le Cœtus après l'examen lui imposa les mains et se l'associa ; il présidait à son tour. *Actes.*

du pasteur de Canterbury, était appelé à la troisième place, qui lui était réservée depuis 1646 : déchargé par le Synode de La Haye en avril 1653, confirmé en juin, il fut reçu en août avec imposition des mains par Cisner, aidé de Bulteel et de Calandrin ; on porta de quatre-vingt-dix à cent L. S. le traitement de chacun des ministres.

Le Cœtus valida ces deux élections, à défaut du Colloque, pour la réunion duquel le consistoire de Londres, qui avait jugé nécessaire, vu les troubles politiques, de la contremander en juin 1649, n'obtenait plus en 1652 l'assentiment des autres Églises ; réunion d'autant plus désirable pourtant, qu'il s'agissait de rétablir la concorde à Canterbury. Aussitôt la mort de Jean de La Marche et l'élection de Stouppe, Crespin demandait à entrer en communion avec le consistoire de Threadneedle street : celui-ci répondait par l'expression d'un même désir, mais n'osant « lui donner la main d'association sans le concours des autres Églises », poursuivait la convocation du Colloque, espérant « que la dite Assemblée, plus sage par l'expérience de nos malheurs passés, jugera de tout ce qui sera proposé en justice, équité et modération chrétienne »[1]. Le vieux Delmé et son reste de troupeau étaient seuls à s'y opposer. Malgré une première convocation pour le 4 mai 1653, « les diverses matières à traiter le requérant absolument », le Colloque ne put se réunir que l'année suivante, sans doute à cause de la maladie de Delmé, décédé le 22 avril 1653 et remplacé par son filleul, Ph. Le Keux, pasteur à Douvres. Le Cœtus alors, intervenant, correspondit à plusieurs reprises avec « l'Église régulière » et avec « ceux de la nouvelle Assemblée » de Canterbury, mais sans obtenir le moindre succès. La sécession prenait même un second pasteur, Aiton[2].

---

[1] *Copie des Lettres de Thr. street.*
[2] Analyse de la correspondance à l'*Appendice* XLV d'après les *Actes*.

D'Espagne à Somerset House.

La congrégation de Jean d'Espagne entrait dans une nouvelle phase de son existence accidentée ; la démolition de Durham house l'obligeait à un troisième exode. Appuyée par les hautes influences de Pembroke et de Whitelocke, sa pétition à la Chambre des Lords en obtenait, le 3 avril 1653, *« during pleasure »*, l'usage de la chapelle que Charles Ier avait consacrée dans le palais de Somerset aux dévotions catholiques de la reine Henriette-Marie [1]. La communauté prenait alors le nom d'*Église françoise de Westminster*, et dans le sermon d'inauguration le pasteur demandait au Parlement, dont il célébrait la charité, de rendre parfaite l'œuvre commencée en leur octroyant la perpétuité de ce lieu d'assemblée [2] : « Qu'il soit dit que dans le mesme

---

[1] « Ayant demandé que ferons-nous pour une place ? d'Espagne me fit la mesme response qu'Abraham fit à Isaac, *Dominus providebit*; ce qui se trouva peu après véritable, car il pleut à Dieu de toucher le cœur de plusieurs de la noblesse, qui nous firent avoir un ordre de la maison des Seigneurs, pour exercer nos dévotions dans la chapelle de la maison de Somerset, ce qui fut cause que non seulement on en chassa les Anabaptistes, Trembleurs et autres gens de pareille farine qui s'en estoient emparez, mais aussy a empesché la démolition de la dite maison de Somerset, car comme ainsi soit qu'il y eût par deux fois ordre donné pour vendre la dite maison nous fismes tousjours en sorte que la Chapelle fut exemptée d'estre vendue, ce qui rompit le dessein de ceux qui vouloient achepter la dite maison, d'autant que leur intention estoit de faire bastir une rue à travers la place où est la dite Chapelle. » — H. Browne. Avant-Propos de l'*Essay sur les merveilles de Dieu*. — Délibérations du Conseil d'État, 1er fév. 1653 : «Le Lord commissaire Whitelocke présentera au Parlement les désirs du ministre et de la congrégation de Français qui ont eu dernièrement leur exercice dans la chapelle à Somerset House, priant que ce lieu, étant séparé de Somerset House, soit réservé pour leur usage et non offert en vente avec le reste de la maison, » *Cal.* XXXIII, 25.

[2] «... Vous savez, vous savez qu'en nostre patrie nos concitoyens, nos propres parents selon la chair, nous forcent d'aller bien loing, si nous voulons chercher J. C. Car ils le chassent même hors des villes, comme un lépreux. Là les bêtes de proie ont leurs retraites et les vautours y ont leurs nids, mais le fils de Dieu n'y a point où il puisse reposer sa tête... Le passereau et l'arondelle trouvent leur logement même dans les plus superbes palais ; mais les enfants de la maison sont réduits aux déserts, aux torrents, aux forêts, aux gouffres, comme des oiseaux dangereux. Encore même on nous en chasse

bastiment où l'Idolâtrie avoit posé son principal siège dans vostre terre, et à la mesme nation à laquelle on y preschoit la superstition, et en la mesme langue en laquelle on l'y preschoit, vous avez establi pour tousjours le vray service de Dieu... Si seulement vous dites le mot cette merveille se fera »[1].

C'est à un autre qu'il appartenait dorénavant de le prononcer. La lutte, tantôt sourde, tantôt ouverte, entre un Parlement voulant réduire à rien l'armée, et une armée voulant amener le Parlement à signer sa propre dissolution, était arrivée à son point critique; la prévision d'Amyraut se réalisait : « On ne s'accordera pas longtemps au partage de la dépouille d'un grand roy et sera bien malaisé de tenir diverses têtes unies à porter une couronne ». Quinze jours après l'octroi de Somerset Chapel, les derniers restes du Long Parlement, ne voulant point se dissoudre d'eux-mêmes, étaient expulsés par Cromwell.

L'Angleterre laissa faire. Quant aux puissances étrangères, depuis la prise de Worcester et la fuite de Charles II, elles n'attendaient qu'une consolidation quelconque de l'état de choses nouveau par une concentration des pouvoirs, pour traiter avec la Grande-Bretagne d'une manière officielle et suivie; elles abandonnèrent sans scrupule le roi sans couronne, prêtes à voir cette couronne se poser sur la tête du dictateur dont l'alliance

---

souvent. Combien de lieux y a-t-il esquels ou par violence ou par artifice on supprime nos assemblées ? Les portes de la maison de Dieu y sont renversées par terre, ses barres sont brisées, les voyes de Sion se lamentent de ce que nul ne va plus aux solennités. Muraille de Jérusalem jette larmes nuit et jour. Mais si notre patrie nous est si contraire cette nation fait actes de vraie mère envers nous. »

[1] « ... Et enfin nous rendrons ce tesmoignage au dernier jour, aux oreilles du fils de Dieu, quand il sera assis en son tribunal, que vous l'avez logé chez vous, luy qui estoit estranger. Et le prierons qu'il vous donne et à nous un domicile éternel ès cieux. » *La Charité du Parlement d'Angleterre envers l'Église Françoise dont le sieur Despagne estoit pasteur, représentée par luy en un Sermon,* sur Luc. VII. 5.

était escomptée à l'avance par chacune d'elles[1]. Les Églises du Refuge de langue française pouvaient, sans manquer à leur fidélité monarchique nationale, saluer l'avènement de celui auquel Louis XIV lui-même, il est vrai de par Mazarin, allait écrire « la joie qu'il avoit de la grandeur où la divine Providence l'avoit élevé ».

Avènement de Cromwell.

A la dissolution du Parlement, l'autorité passait entre les mains d'un nouveau Conseil d'État (29 avril 1653) — huit officiers, quatre civils, sous la présidence de Cromwell, — chargés de la nomination d'une assemblée de cent quarante-quatre membres, qui s'attribua le titre de Parlement et fut ouverte le 4 juillet. Ce Parlement, après avoir confié la direction à un Conseil d'État de trente et un membres, sous la même présidence de Cromwell, vota sa propre renonciation et lui remit, le 12 décembre, tous ses pouvoirs. Le 16, « l'*Instrument de gouvernement* » était dressé et Olivier Cromwell proclamé Lord Protecteur de la République d'Angleterre, d'Écosse et d'Irlande.

[1] En 1650 déjà, les intérêts commerciaux en souffrance et la crainte d'être devancé par l'Espagne faisaient souhaiter à Colbert une forme de reconnaissance de la République « qui ne favorisât pas le mauvais exemple de la dégradation de la Royauté »; en janvier 1651 Mazarin discutait devant le Conseil jusqu'à quel point les dangers de l'abstention et les avantages d'une reconnaissance pouvaient justifier ou non ce qu'il qualifiait encore de « bassesse et de honte »; depuis, ses agents à Londres n'avaient cessé de poursuivre les préliminaires et de rechercher les garanties d'une reconnaissance. Le 2 déc. 1652, de Bordeaux était officiellement envoyé au Parlement d'Angleterre, quoique sans le titre d'Ambassadeur, et il rétablissait les relations entre les deux États (Voir Guizot, Documents annexés à l'*Histoire de la Révolution d'Angleterre* I.) Il avait pour secrétaire Marc-Antoine de Crossat, sieur de la Bastide, à qui sa qualité de protestant facilita l'accès auprès des hommes du jour. Les services qu'il rendit lui valurent d'être chargé à la Restauration d'une mission officielle à la cour d'Angleterre 1662 et d'y retourner dans l'ambassade de Ruvigny. Après la Révocation, le controversiste qui s'était attaqué deux fois à Bossuet et avait répondu à MM. du clergé sur les Actes de l'assemblée de 1682, l'ancien de Charenton que ni menaces ni promesses ne parvenaient à convertir, fut expulsé de France, 1687. C'est à Londres qu'il se fixa, naturalisé 1697, mort 15 mars 1704.

Les deux Conseils d'État successifs et le Parlement transitoire s'étaient occupés tous les trois des Réfugiés. Le 21 mai 1653, « sur la plainte de M. d'Espagne des troubles apportés à la prédication dans la Chapelle de Somerset House, accordée à lui et à sa congrégation par le dernier Parlement, ordre est donné que l'usage de la Chapelle soit continué à cette congrégation pour la durée de l'octroi, et que personne n'y trouble l'exercice du culte : le major-général Lambert pourvoira à ce qu'une garde y soit de service pour empêcher les désordres [1] ». Les 2 juin et 28 juillet on étudie la pétition d'Hatfield Chase, le 4 juillet on continue l'exemption de taxes en faveur de Sir Th. Mayerne, « étranger de naissance, très éminent dans sa profession, lui exprimant l'estime des membres du Conseil pour sa qualité et ses talents, et à quel point sa résidence ici leur est agréable [2] ».

La République et les Réfugiés.

Le 8 août, Jean d'Espagne apportait au généralissime Cromwell les remercîments de son troupeau pour la continuation de l'asile accordé dans Somerset House. Il lui offrait un de ses Traités de théologie, mais éprouvait le besoin de rendre hommage, en tête de sa dédicace, à ses précédents bienfaiteurs et de proclamer son éternelle gratitude envers *tous les membres du dernier Parlement*[3]. Le discours du pasteur connu pour son attitude presbytérienne, n'a pas sa spontanéité accoutumée[4]. « Son Excellence nous répondit très gracieusement », ajoute-t-il

[1] *Council of State, Days Proceedings, Calendars* XXXVI.
[2] *Calendars* XXXVIII.
[3] Dédicace à Cromwell de *Shibboleth ou la Réformation de divers passages de la Bible.*
[4] « Que l'Éternel bénisse V. E. pour toutes les faveurs que nous recevons de vous. Le Seigneur votre Dieu a dit qu'il aime les étrangers. En cela vous suivez son exemple. Néanmoins, Mgr., nous ne sommes pas étrangers pour vous. Nous parlons le langage de Canaan, et beaucoup de votre nation qui fréquentent notre assemblée savent que Christ est au milieu de nous. Tandis que Christ conversoit dans le monde il ne parloit que dans un langage qui étoit alors celui d'Israël, mais depuis qu'il est monté au ciel, il a parlé aussi en grec depuis alpha jusqu'à oméga.. »

II

comme poste-face de son livre, « ayant déclaré que notre reconnaissance était dûe plus à l'Estat qu'à sa personne, il nous assura qu'il emploiroit toujours son pouvoir à nous protéger, et prononça ces paroles que nous n'oublierons jamais : J'aime les étrangers mais principalement ceux qui sont de nostre religion ».

Il ne devait pas tarder à le leur prouver : son appui n'était point superflu. Au lendemain de la révolution les vieilles antipathies nationales et rivalités industrielles avait repris un nouvel essor. Dès le 26 avril 1649 des tisserands français se plaignaient au Cœtus des prétentions des maîtres de leur Halle (n'accorder 4 outils qu'aux établis depuis dix ans, traiter les autres « selon leur merci et prudence » ou les expulser du pays). En octobre mêmes doléances des orfèvres. Le Cœtus comprit son devoir : il fut infatigable dans ses revendications : négociant en vain pendant toute l'année avec les maîtres tisserands anglais ; appuyant en 1650 par de La Marche deux pétitions des artisans étrangers au Conseil d'État ; en 1651 sur la présentation d'une contre-requête des anglais au Parlement essayant vainement d'obtenir d'un député ami, le Maj. Gen. Skippon, celle d'une motion protectrice ; déléguant en 1652 auprès des Maîtres de la Halle aux tailleurs qui molestaient ses nationaux ; préparant pétition sur pétition, et toujours déconseillé de la porter, vu les complications extérieures et intérieures sans cesse renaissantes[1].

Rôle militant du Cœtus. 1649-1653.

Enfin l'ordre se raffermit. Aussitôt, le 23 août 1653, Strickland présentait au Parlement, par ordre du Conseil, une pétition des « étrangers de la congrégation française et wallonne dans et aux environs de Londres » ; le 2 septembre, le Parlement la renvoyait, « comme matière intéressant la République, vu l'avantage qu'il y a à encourager les étrangers dans l'exercice de leurs

[1] *Actes du Cœtus* : 6, 10, 20 mai, 20, 28 juin, 5 juillet, 2, 9, 13, 23 sept., 21, 28 oct., 29 nov., 2, 9, 16, 23, 25, 30 déc. 1649 ; 6 janv., 3, 17 fev., 21, 25 avril, 5, 12, 16 mai, 30 juin, 29 sept. 1650, 28 oct. 1651, 9 mai 1652.

manufactures », à l'examen du Conseil d'État. Celui-ci, les 19 et 20, décidait : 1° « de représenter au Parlement que le Conseil, ayant reçu récemment plusieurs pétitions, tant d'étrangers et protestants que des Églises flamandes et françaises, en faveur des personnes de ces nations vivant à Londres et à Westminster, se plaignant qu'ils sont molestés dans l'exercice de leurs industries et professions, étant mis en accusation aux sessions, et en butte à d'autres procédés du même genre que les lois pénales appliquent en pareils cas, en raison de quoi plusieurs familles ouvrières sont en danger de périr : laquelle matière le Conseil ayant considérée, comme aussi l'ordre du Parlement du 2 septembre sur l'avantage d'encourager les étrangers, il prie le Parlement de reconsidérer plusieurs des lois pénales sur ce sujet et d'en abroger, ainsi qu'il le jugera convenable ; — 2° d'écrire au Lord Maire et à la corporation de Westminster de suspendre jusqu'à nouvel ordre toutes poursuites réclamées contre les protestants étrangers à l'occasion de l'exercice de leurs industries [1] ; — 3° de confier l'enquête à une Commission ». Le 27, sur pétition contre les étrangers reçus des maîtres et directeurs des diverses corporations d'artisans de Londres, il ordonnait de remettre aux réclamants copie de celle des congrégations françaises et wallonnes, et renvoyait la leur au même Comité pour ouïr les deux parties et en rapporter. Le conflit devait reprendre aussitôt l'établissement officiel du Protectorat.

---

[1] Au très hon. Lord-maire : « We have thought fit to signify unto you that the Parliament hath by especial order referred to the Council to consider of the condition of several strangers now inhabiting in England, which, being now under consideration, they desire your Lordship to give order that all proceedings made against protestant strangers for exercising their several vocations within the city of London or Liberties thereof may be suspended and forborn until further order. — President H. Laurence. Whitehall, 20 sept. 1653. » Même lettre pour la corporation de Westminster. *Cal.* XL, 94.

CHAPITRE XIII

LE PROTECTORAT.

Conduite ecclésiastique de Cromwell.
L'*Instrument de Gouvernement*, base de la nouvelle constitution de l'Angleterre, stipulait la liberté et la protection des cultes chrétiens, sauf toutefois « le papisme et l'épiscopalisme », mais n'imposait aucune forme particulière, aucun credo officiel[1]. Les efforts presbytériens pour restreindre ces clauses aux « professants des principes fondamentaux du Christianisme » et pour dresser un formulaire de ces principes de foi obligatoires, échouèrent par suite de la prompte dissolution du Parlement et

---

[1] « Art. 35 : Que la religion chrétienne contenue dans les Écritures soit maintenue et recommandée comme la profession publique de cette nation. 36 : Que nul ne soit contraint de se conformer à la religion publique par pénalités ou autrement, mais qu'efforts soient faits pour les gagner par la saine doctrine et l'exemple d'une bonne conversation. 37 : Ceux qui professent la foi en Dieu par J. C., quoique différent en jugement de la doctrine, culte ou discipline publiquement maintenue, ne sont pas empêchés, mais seront protégés dans la profession de leur foi et l'exercice de leur religion, tant qu'ils n'abuseront pas de cette liberté pour injure civile des autres et la perturbation de la paix publique, pourvu que cette liberté ne s'étende pas au papisme et à l'épiscopalisme, ou à ceux qui sous une profession de chrétiens s'adonneraient à la licence. Toutes lois, ordonnances d'état ou clauses quelconques contraires à cette liberté sont abrogées. »

de la volonté bien arrêtée du Protecteur[1]. Avant le Protectorat, alors qu'anticipant son pouvoir futur il avait ouvert l'assemblée dont les membres, choisis par lui, devaient s'effacer pour lui laisser l'autorité souveraine, Cromwell les avait exhortés à exercer la justice « envers un infidèle aussi bien qu'envers un croyant... Ayez soin de tout le troupeau, aimez les brebis, aimez les agneaux ; soyez doux et tendres envers tous ; si le plus pauvre chrétien, le chrétien le plus égaré désire vivre en paix sous votre autorité, protégez-le [2]. » Et au milieu des reproches accumulés dans son discours de dissolution du premier Parlement électif, il jetait celui-ci : « N'avons-nous pas récemment peiné sous le fardeau de la persécution ? Convient-il alors de s'appesantir lourdement sur les autres ? Est-il généreux de demander la liberté et de ne la point donner ? Est-il hypocrisie plus grande, pour ceux qui ont été opprimés par les évêques, que de devenir eux-mêmes les plus grands oppresseurs aussitôt qu'ils sont af-

---

[1] La Commission parlementaire résumait en seize articles ces principes indispensables (la personalité de Dieu, la trinité, l'expiation, les peines éternelles), la proposition de Baxter de se restreindre au symbole, à l'oraison dominicale et au décalogue ayant été trouvée trop large. Leur intention, d'après Neal (qui les en blâme énergiquement) était « d'exclure non seulement les déistes, les sociniens, les papistes, mais les ariens, antinomiens, quakers et autres ». Dans l'*Humble Pétition et Avis*, sur lequel furent basés en 1657 la seconde investiture de Cromwell et son pouvoir, royal moins le titre, on demandait, sans l'obtenir il est vrai, la rédaction d'une confession de foi qui serait convenue entre le Protecteur et le Parlement et recommandée au peuple ; et reproduisant les mêmes assurances de liberté et de protection pour ceux qui différeraient dans l'exercice du culte et de la discipline, on stipulait néanmoins la nécessité de professer la foi en la trinité, en l'existence éternelle du Fils et en la parole révélée dans les Écritures. Mais cette confession de foi ne fut jamais promulguée, et les principes plus larges de Cromwell prévalurent jusqu'à sa mort. — L'ordonnance du Parlement pour la stricte observation du dimanche (1656) rend obligatoire l'assistance au culte « dans quelque église ou chapelle où s'accomplit le vrai culte de Dieu, ou à quelque lieu d'assemblée (*meeting place*) des chrétiens ne diffèrent pas en matières de foi de la profession publique de la nation. »

[2] Discours d'ouverture du Parlement dit *Barebone*, 4 juillet 1653.

franchis du joug?[1] » Ses sentiments à l'égard des Églises du Refuge ne pouvaient donc être douteux ; il n'entrerait pas dans leurs querelles, tous auraient mêmes droits à ses yeux, mais il serait toujours disposé à venir en aide, fût-ce contre ses compatriotes, à ces membres dispersés de la grande famille protestante pour laquelle il aspirait, même en dehors de l'Angleterre, à se montrer, dans le vrai sens du mot, un protecteur. Et d'abord à ceux de son voisinage immédiat.

Pétitions contre les étrangers, non avenues. Le 11 janvier le Conseil l'informait que le Recorder de Londres, avec quelques Aldermen et citoyens, étaient venus au nom du Maire, des Aldermen et des bourgeois exprimer les désirs de la Cité sur l'ordre donné par le précédent Conseil d'État de suspendre les procédures contre les étrangers, et « qu'ils avaient offert diverses raisons à l'encontre ». Le 4 mai on revenait à la charge et c'est au Protecteur qu'était apportée la pétition des maîtres et directeurs des Compagnies des ouvriers de Londres, marchands-tailleurs, tisserands, faiseurs de peignes,

---

[1] De même dans le discours du 12 sept. 1653 : « La liberté de conscience est un droit naturel ; qui la réclame, la doit donner aux autres. »

Pendant la Révolution le choix des ministres rétribués par l'État appartint aux conseils presbytéraux, c'est-à-dire aux seuls presbytériens. L'ordonnance du Conseil du 20 mars 1653/4 institua trente-huit commissaires, Scrutateurs (*Tryers*) — 8 ou 9 laïques, 30 ecclésiastiques presbytériens, indépendants et même 3 baptistes — chargés d'examiner et approuver toute personne présentée, nommée, ou élue à une cure d'âmes, et qui devait promettre obéissance au gouvernement. Les Tryers restèrent en fonctions jusqu'en 1659. Une seconde commission avait la charge d'exclure les ministres et maîtres d'école convaincus de scandales, d'ignorance ou d'insuffisance. Lire ou employer fréquemment le Common-Prayer-Book était un de ces scandales et à partir du 1er janvier 1656 défense fut faite de garder dans les familles comme aumôniers ou instituteurs des ministres « *ejected* », mais les Anglicans paisibles ne furent pas poursuivis, le Parlement n'ayant pas confirmé la défense. Les lois pénales, n'étant pas visées dans les articles constituants, étaient tombées en désuétude : on ne s'attaqua d'une manière effective qu'aux quakers et aux catholiques.

rubanniers, couteliers et cartiers[1]. Ils annexaient à leur requête deux exposés des motifs [2].

Le 11 janvier 1655 la pétition de « l'Église française qui s'assemble à Somerset House, pour le libre exercice à Westminster de leurs commerces et professions », ainsi que la première lettre du Conseil d'État en 1653, furent déférées par ordre du Conseil à une commission de trois membres, les colonels Sydenham,

[1] « Nous apprenons que les étrangers français et hollandais, dans et autour de Londres, ont pétitionné le Parlement, non seulement pour le libre exercice de leur religion, mais pour le libre usage de leurs commerces. Le cas a été référé au Conseil d'État qui ordonna suspension des procédures .. un comité fut nommé : l'affaire regardant toute la cité et la nation, nous avons pétitionné au Lord-Maire ; on nous a ordonné de faire un rapport au Conseil sur les nombreux abus commis par les étrangers. On vous le présenta le 11 janvier et depuis nous attendons de jour en jour, mais ne parvenons pas à être entendus. Pendant ce temps l'ordre du Conseil d'État nous prive du bénéfice des lois contre les étrangers. Nous avons remarqué que le dernier Parlement était très enclin à répondre aux désirs des étrangers (quoiqu'ils ne soient en rien avantageux à l'État) ».

[2] « Le nombre des artisans nationaux est plus que suffisant, leur adresse égale celle des étrangers ; les nationaux sont astreints à l'apprentissage, ils sont incorporés et punis pour ouvrage mauvais ou incorrect, ils ont à payer les droits de corporations et impôts, en sorte que les étrangers qui n'ont pas leurs fardeaux vendent à meilleur compte et accaparent le trafic : ils se maintiennent par ce qui nous soutiendrait ; à peine pouvons-nous vivre, nous la pépinière des soldats ; toute l'armée étant formée d'ouvriers si on la licenciait ils ne trouveraient plus d'emplois, les étrangers s'en étant emparés, car en général désaffectionnés (pour le gouvernement) ils sont demeurés chez eux alors que les Anglais s'engageaient dans la cause du Parlement ; il ne reste aux derniers que les métiers déshonnêtes de portefaix ou de ramoneurs. Si d'être protestants, réfugiés ici pour cause de persécution est une raison pour les autoriser à commercer, c'en est une meilleure encore pour les nationaux. La loi leur a permis de travailler comme serviteurs de maîtres anglais, mais ils ne doivent pas être eux les maîtres, car il n'est pas prudent de les favoriser eux et de nous mécontenter nous ; et en France et en Allemagne un Anglais ne peut travailler qu'en qualité de serviteur. » La seconde pièce sur le traitement des Anglais à l'étranger se termine par ces mots : « Nous prions que les étrangers, par une semblable tolérance, ne nous mangent pas le pain de nos bouches. » Elle est signée par sept peintres, trois bijoutiers, trois menuisiers, cinq couteliers, douze tailleurs, un fabricant de peignes et quatre tisserands. *State papers.* LXXI, n° 20, 4 mai 1654.

II

Jones et Montague, avec référence au besoin au conseil légal de la République et pouvoir de citer devant eux les parties[1]; elle reçut le 19 avril communication de la pétition des artisans de Londres; celle-ci porte au dos la mention « non poursuivie ». Le 6 novembre enfin le Conseil, seul arbitre en l'absence du Parlement, étudie une dernière fois la question, et ordonne que lettre sera écrite pour les Protestants étrangers au Lord-Maire de Londres et la pareille à Westminster. Elle est aussi catégorique et décisive que pouvaient le souhaiter les Réfugiés[2].

Protégés dans leurs groupements généraux, ils ne l'étaient pas moins dans les cas individuels; leurs pétitions en font foi[3].

[1] *Council Book. Domestic. Interregnum.* Record office.

[2] Le président Lawrence au Lord-maire, 7 nov. 1654 : « Les protestants étrangers habitant dans et près Londres ont représenté à S. Altesse et au Conseil le danger auquel la rigueur des lois les expose quand ils exercent leurs vocations étant « *aliens* ». Pendant de longues années il a été à honneur en Angleterre d'abriter ceux de la religion réformée qui, pour motifs de conscience, ont fui de leur pays et trouvé ici un lieu de refuge; la même affection leur a été témoignée depuis, comme il appert par le renvoi du Parlement au Conseil d'État (sept. 1653) et la lettre de ce Conseil au L.-M. suspendant les procédures contre eux. Et aussi, comme les Églises réformées dont plusieurs viennent d'être si cruellement traitées à l'étranger, ressentiraient toute sévérité de notre part, nous recommandons la matière à vos soins, afin que les protestants étrangers puissent librement exercer leurs industries sans être punis de par la loi, car ils seraient sans cela réduits à la mendicité. » *State papers.* CI. 10. — Le 11 nov. le Cœtus « recognoissant la grâce et singulière affection de M. le Protecteur » envers les Églises, député Stouppe, Calendrin et quatre anciens le remercier « de sa faveur extraordinaire. » *Actes du Cœtus.*

[3] Fév. 1655 : Pétition de Robert Michel, maître du navire le Saint-Louis de Dieppe, demandant une passe pour aller au cap Verd « il est bon protestant. — Accordé. Pétition au Protecteur de Jacques Collelas, maître de l'Anne de Dieppe, dont on veut saisir le chargement; « toutes les personnes intéressées dans son navire sont de bons protestants. » — Ordre pour leur en faciliter la réacquisition. Pétition de Louis du Moulin au Protecteur pour le paiement des arriérés de la pension de 100 liv. st. de son père, suspendue depuis six mois. — Ordre de paiement. Déc. 1554. *State papers,* XCIV et LXXVII. On assure que le médecin Luc Morin de la Faculté de Montpellier s'était attaché à la personne du Protecteur : c'est à Londres qu'il publiait *Dilucidatio articulorum controversorum inter Lutheranos, Calvinianos et Arminianos,* 1656, in-12.

Mais l'ambition de Cromwell visait plus haut. Entré en rapports intimes avec tous les États protestants de l'Europe, allié de la Suède depuis avril 1654, depuis juin des Pays-Bas, des Cantons suisses, des villes hanséatiques, depuis septembre du Danemark, « il voulait » écrivait La Milletière à Mazarin, « assembler en un Concile les représentants de toutes les communions protestantes pour les réunir en un seul corps par la confession commune d'une même foi ». Il est permis de douter qu'il ait jamais conçu ce rêve d'uniformité doctrinale protestante; il y faut voir une interprétation erronée de son véritable dessein, constituer un faisceau des puissances réformées, lui donner l'impulsion, en devenir, en un mot l'âme dirigeante [1]. Et tant que ce Conseil général des intérêts protestants n'existerait pas, en tenir lieu à lui seul, ne se désintéressant d'aucune question touchant à ses co-religionnaires, toujours en éveil à leur sujet, toujours prêt à se mettre en avant pour leur défense. Il y avait là, à ses yeux, une des raisons d'être de sa surprenante fortune, un des plus sûrs moyens de l'affermir.

Visées protestantes de Cromwell.

Fidèle à ce principe, quand et Mazarin et l'Espagne, au nom des deux vieilles monarchies catholiques, briguèrent à l'envi

---

[1] « Stoupe » dit l'évêque Burnet dans ses Mémoires, « m'a quelquefois entretenu d'un grand dessein de Cromwell qui voulait signaler le commencement de son règne, s'il prenait jamais la qualité de roi, par l'établissement d'une Compagnie pour travailler à l'avancement de la religion protestante en opposition à la congrégation de la propagande : elle devait être composée de sept conseillers et de quatre secrétaires, le 1er pour France, Suisse et Vallées ; le 2e pour Palatinat et autres pays calvinistes ; le 3e pour Allemagne, Royaumes du Nord, Turquie ; le 4e les Indes orientales et occidentales. Les secrétaires auraient 500 liv. st. de traitement pour entretenir de bonnes correspondances partout, la Compagnie dix mille livres de rente et son siège au collége de Chelsea. Cromwell avait Stoupe en vue pour la place du premier secrétaire. » Burnet, *Histoire de son propre temps.*

Strype, dans ses additions à la description de Londres par Stow, parle de ce projet d'une agence de correspondance entre les Églises réformées, mais le siège en eût été, selon lui, l'ancien hospice de la Savoie, avec affectation ad hoc des revenus. Stow, *Survey of London*, I, 212.

l'alliance de la jeune république d'Angleterre, Cromwell, avant de faire son choix, voulut connaître les vrais désirs des protestants français. Déjà avant le Protectorat, lors du triomphe de Mazarin sur la Fronde et de l'emprisonnement du prince de Condé, un des partisans de Condé le marquis de Cugnac, troisième fils du duc de Caumont la Force, retiré en 1651 en Angleterre, s'était efforcé de gagner l'appui du Parlement à une cause qu'il eût voulu identifier avec celle des réformés. Un mémoire, insistant sur les vexations et les dénis de justice dont ils étaient victimes, sur l'occasion favorable offerte par les revendications des princes, sur les menaces d'une ligue des puissances catholiques contre les protestants de tous pays, mémoire qui allait jusqu'à prévoir la défection du comte de Daugnon, le gouverneur de Brouage, La Rochelle et pays d'Aunis, fut placé sous les yeux du gouvernement anglais. Il l'incitait à faire des ouvertures secrètes aux protestants français, et à les encourager par les assurances de sympathies parlementaires à se joindre au parti des mécontents [1]. Il est vrai qu'envoyé dans le midi de la

---

[1] « Bien que depuis la guerre de La Rochelle et la ruine de ceux de la religion, la France ait été constamment troublée par des guerres étrangères, cependant elle leur a fait journellement sentir sa haine et sa violence en les privant de plusieurs de leurs Églises et Écoles en divers lieux et y établissant des papistes, en les frustrant de leurs charges, offices et liberté d'industries, en faisant une honteuse distinction entre eux et les autres sujets du royaume, et par d'habituels délais et dénis de justice tant au Conseil que dans les Parlements et cours subalternes, ainsi que par d'autres molestations contraires aux édits, de l'exécution desquels cette cour continue à se soucier fort peu.

« Ce mauvais traitement convainc aisément ceux de la religion du peu de faveur qu'ils doivent attendre de la dite Cour quand, délivrée des tracas de ces guerres, elle sera libre de prendre avantage de leur faiblesse et de leur défaut de places fortes pour achever leur destruction. Pourtant la confiance qu'ils ont en Dieu, qui, dans leur plus étroite gêne et leur condition la plus infime, a d'ordinaire suscité quelques moyens de les préserver, les a jusqu'ici fait se résoudre à prendre patience et à demeurer dans un respect et une obéissance serviles, plutôt que d'encourir le blâme d'avoir contribué, pour si peu que ce fût, aux dissensions de l'État. La reine, pendant et depuis sa

France en mission confidentielle auprès des réformés, le colonel Sexby en avait bientôt rapporté les impressions les moins favorables[1].

Et maintenant depuis l'avènement d'un pouvoir plus stable, il ne s'agissait plus d'insinuations anonymes ; des offres positives de deux grandes monarchies, devenaient chaque jour plus sérieuses et plus pressantes. Bordage, élevé au rang d'ambassadeur, proposait à Cromwell, au nom de la France, de reprendre ensemble Dunkerque sur l'Espagne, et de le laisser à l'Angleterre. Barrière et Cugnac, qui venait d'épouser la fille de Turquet de Mayerne[2], continuaient à représenter Condé, appuyaient en son nom Cardenas et l'Espagne, au service de laquelle le prince avait mis son épée, et assuraient que de ce côté se tournaient les sympathies des réformés français.

Pouvait-on y croire ? Faisant traîner en longueur les négociations, Cromwell demandait à insérer dans le projet de traité avec la France des garanties pour la liberté de conscience et

Enquête en France.

---

régence a souvent loué leur conduite et fidélité, mais elle ne leur en a jamais fait éprouver aucun bénéfice autrement qu'en paroles. Maintenant Dieu, par une providence spéciale, a conduit les affaires du royaume à une passe telle, par les divisions de la maison royale au sujet du cardinal Mazarin, que les deux partis, tant celui du roi que celui des princes, recherchent à l'envi ceux de la religion pour les attirer de leur côté... » *The brief Information of the present condition of those of the Religion in France; and of the way to provide for their redressment in the present juncture. Febr. 1661/2.* — Mémoire non signé. *British Museum*, *Add. Mss.* 32,093, fol. 281.

[1] « Le solonel Sexby, envoyé en France en 1651 faire une enquête sur l'état du pays et les affections du peuple, et dont un envoyé en Languedoc parmi les protestants a été pris et mis à la torture, réclame des dédommagements, quoiqu'il ait déjà reçu mille livres. » 9 mai 1654. *State Papers* LXXI.

[2] « 23 mars 1652, dans l'église de Kensington, par le Rév. Calandrin, Pierre de Caumont, marquis de Cugnac, marié à Élisabeth de Mayerne » : elle mourut à Chelsea le 10 juin 1653 : sa sœur Adrienne, fiancée le 18 janvier à Armand de Caumont, marquis de Montpouillan, frère de Cugnac, l'épousa le 21 juillet 1659 et mourut à La Haye en 1661. Agnew. *French Protestant Exiles.*

la sécurité des sujets protestants de Louis XIV[1], et en attendant il avait envoyé auprès d'eux l'un des ministres de Threadneedle street, bien qualifié pour cette mission délicate, Jean Baptiste Stouppe.

J.B. Stouppe. Étrange figure que celle de Stouppe sous ses aspects divers ; traité par les uns, dont Burnet, d'intrigant prêt à se vendre au plus offrant, n'ayant de protestant que l'écorce, par les autres d'homme d'honneur et d'honnêteté[2], d'érudition et de sens[3]. S'il avait incontestablement le génie de l'intrigue, on peut dire que, pourvu des dons les plus divers, il a réussi dans toutes les branches où son activité s'est exercée[4]. Le même homme dont les trois sermons d'épreuve avaient « tellement satisfait » ses pieux

[1] Le 30 juin 1654, le sec. d'État Thurloe écrit à Pell, envoyé de Cromwell auprès des cantons suisses : « M. Bourdeaux reste encore ici, on est en traité avec lui. Un article (à ce que j'entends et crois) sur lequel on insiste, est que les protestants de France jouissent de tous les privilèges à eux accordés par l'un quelconque des précédents souverains ; et l'on m'a dit que de ceci on ne se départira point. » — 19 août : « Nous ne pouvons encore arriver à aucun accord avec la France, et n'en sommes même à peine aussi près que lorsque nous commençâmes. L'amb. ne veut entendre parler de rien faire pour les protestants, dont les intérêts nous sont, je l'espère, assez précieux ici ». Thurloe, *Coll. of State Papers.* D'autre part les *Instructions pour M. de Bordeaux* portent le 24 août : « Je n'estime pas qu'il faille rien accorder aux Anglois, par traité ni par écrit, en faveur des religionnaires de France, pour ne les lier pas ensemble, de notre propre consentement, par un intérêt si sensible que celui de la religion. Il se faut contenter de les assurer de bouche que le roi traitera toujours fort bien ses sujets de la religion protestante réformée et ne souffrira point qu'il soit fait dans son royaume à leur préjudice aucune contravention aux Édits ». 1er mars 1655 : « Le Protecteur ne veut point de clause générale qui regarde les rebelles pour n'ôter pas à nos religionnaires l'espérance de trouver un asile... Leur dessein (est) de se réserver la liberté de secourir les religionnaires de France s'ils étoient persécutés. » De Bordeaux à Brienne.

[2] Cam. Rousset cité par P. de Witt, *Les Collaborateurs du colonel Stoppa*, *Bull.* XXXII ; aussi Féer, *Un Pamphlet contre les Hollandais, Bull.* XXXI.

[3] La Milletière.

[4] « La Compagnie a été fort satisfaite de ses doctes et pertinentes solutions à toutes les difficultés proposées, et de sa grande dextérité à exposer et réconcilier les passages des Écritures.. Bon latin, bonne élocution, orthodoxe doctrine, succincte et méthodique exposition de son texte. » *Actes du Cœtus* à l'Examen de Stouppe.

auditeurs à Threadneedle street, qui recevait les remerciments des Églises vaudoises « pour le saint zèle déployé en leur faveur », qui entretenait et centralisait les correspondances protestantes de Cromwell avec la France et la Suisse[1], saura entrer en relations politiques avec Mazarin, obtenir un jour la confiance de Louvois, combattre la Hollande de la plume et de l'épée, et mourir dans un âge avancé, de la mort des héros, à la tête de son régiment.

En 1654, cette carrière accidentée en est à ses débuts. « Cromwell », relate Burnet d'après les renseignements recueillis plus tard de Stouppe lui-même, « l'envoya faire une tournée par toute la France pour s'aboucher avec les personnes les plus considérables du parti protestant, pour en étudier la force et les dispositions présentes, le degré d'oppression sous lequel il gémissait, et de confiance qu'il avait en la personne du prince de Condé. Stouppe, après avoir fait à Paris, descendit la Loire, vint à Bordeaux, passa ensuite à Montauban et traversa la partie méridionale de la France pour se rendre à Lyon. Ses instructions portaient qu'il ne parlerait qu'en simple voyageur et qu'il assurerait néanmoins les réformés du zèle et des attentions de Cromwell, dont il faisait partout de grands éloges ». Ce voyage ne fut pas sans dangers. Mazarin en avait été informé par La Milletière et, selon Mestrezat, « en avait conçu un mauvais soupçon »[2]. Il voulut s'emparer de l'agent secret, mais de Lyon

---

[1] Voir les lettres de nouvelles adressées à Stouppe de Suisse et des Vallées, 1654, 1655. Thurloe, *Coll. of State Papers*.

[2] « Toutes ces circonstances rendent sa négociation digne d'être observée ». *Lettre de la Milletière*. — « Mazarin a dit au duc d'Arpajon être sûr que les Anglais avaient envoyé un ministre pour agencer quelques entreprises sous main avec les protestants contre le royaume; cela vient de ce que M. Stoupe a traversé. » *Lettre de l'agent anglais Augier, 22 mai 1654*. Thurloe. — Mestrezat, tout en approuvant les projets de réunion des communions chrétiennes conçues par l'écossais Dury, l'engageait à ne pas venir en France traiter avec les Églises « à cause des soupçons laissés par la tournée de Stouppe, qui a été,

Stouppe avait gagné Genève[1]. Arrêté une première fois à Bâle[2], il s'était rendu par Francfort en Hollande et à Spa, où il avait noué des relations avec le prince de Tarente, qui venait de faire campagne avec Condé[3] : emprisonné de nouveau, comme Français, à Dunkerque, il était réclamé par l'Angleterre et arrivait à Londres en juillet[4]. « Il revint avec la nouvelle que les Protestants étaient fort à l'aise et nullement en disposition de remuer, parce que le Mazarin, uniquement occupé du soin d'accumuler les richesses dans sa famille, s'attachait, comme un bon moyen, à l'observation des Édits qui était alors plus exacte qu'on ne l'avait jamais vue. Il rapporta aussi à Cromwell que le prince de Condé n'était pas bien dans l'esprit des Réformés »[5].

avec un bon zèle, mais peu de politique, dans quelques parties du royaume assurer les Églises réformées de la bonne volonté de la république d'Angleterre et a eu quelque conférence avec M. de Montbrun ». *Pell à Thurloe.* En avril 1654, Ruvigny avait été réfuter auprès de Mazarin les accusations portées contre les protestants de Cognac d'avoir prié pour le Protecteur. Thurloe.

[1] « Le cardinal mit des gens en campagne pour arrêter Stouppe. Il avait déjà parcouru le Languedoc et les Cévennes, lorsqu'il apprit qu'on le cherchait. Il s'évada, mais il n'eut pas le temps de sauver ses papiers qui furent saisis. » *Mémoires du Prince de Tarente.*

[2] Lettres de Thurloe à Pell dans lesquelles il s'inquiète d'avoir si rarement des nouvelles du négociateur.

[3] « Il vint me trouver à Spa, et ne pouvant me montrer sa commission qui avait été prise, il m'assura seulement de bouche qu'il avait charge du Protecteur de me promettre tout ce qui pouvait dépendre de lui, si je voulais me mettre à la tête des protestants de France, lorsqu'il serait temps d'agir pour les intérêts de la cause commune. Je lui répondis que je voyais avec douleur les mauvais traitements que les réformés recevaient en France par les contraventions manifestes que l'on y faisait tous les jours à l'Édit... la conclusion fut que je demeurerais en Hollande, jusqu'à ce que le Protecteur se fût déclaré contre la France ou contre l'Espagne : que si c'était contre la France et qu'il parût dans le Languedoc quelque disposition à le seconder, je prendrais avec lui des mesures plus certaines dont M. le prince pourrait se prévaloir ». *Mémoires de Tarente.*

[4] L. de Bordeaux à Brienne.

[5] « ... persuadé qu'il serait homme à sacrifier tout ce qu'il a d'amis et les plus belles causes du monde à son propre agrandissement ». Burnet.

Aussi dans la correspondance établie avec le prince de Tarente, Stouppe pouvait-il lui mander le 25 août que les négociations avec Barrière pour le prince de Condé étaient rompues et il ajoutait : « M. de Bordeaux est très-jaloux de Stouppe depuis son dernier voyage ; surtout parce qu'il sait que depuis son retour il a vu le Lord Protecteur plusieurs fois. C'est pourquoi il a écrit en France qu'on devrait intercepter ses lettres afin de découvrir la correspondance qu'il entretient avec ceux de la Religion »[1].

Bordeaux, un an plus tard, proposait à Mazarin de gagner la confiance de Stouppe et de se l'attacher par une récompense : approuvé par le cardinal, écouté par Stouppe, il recevait d'utiles renseignements pour une question nouvelle, saisie par le Protecteur avec un empressement passionné, celle des Vaudois du Piémont, en proie aux cruelles persécutions de leur souverain, le duc de Savoie. Le 25 janvier on leur ordonnait d'évacuer neuf de leurs communes ; tandis qu'on leur assignait une audience à Turin pour présenter leurs réclamations, le même jour 17 avril ils étaient livrés « aux violences de soldats fanatiques ou licencieux déchaînés contre des hérétiques vaincus » (Guizot). Un régiment français qui traversait le pays pour se rendre chez le duc de Modène, arrêté dans sa route, paraissait s'être joint aux troupes du duc de Savoie pour accomplir cette œuvre cruelle » (Cromwell à Louis XIV)[2].

Les Vaudois du Piémont.

---

[1] « Il a perdu plusieurs lettres, apprend qu'il va y avoir une assemblée à Rouen, prie le prince de lui en faire tenir des lettres qu'il pourrait communiquer de sa part à M. le Protecteur qui lui en serait fort obligé, demande s'il est vrai que le prince ait fait sa paix avec le roi ; le traité avec la France sera long à conclure ». Thurloe et Vaughan.

[2] Si quelquechose peut atténuer la conduite de Stouppe acceptant de Mazarin un présent de 300 liv. st, et se vantant d'avoir repoussé les offres bien supérieures de l'Espagne et les nouvelles propositions de Condé, c'est d'abord qu'en favorisant les vues du cardinal il savait être d'accord avec le sentiment des protestants français, et en second lieu que, ne livrant sur les affaires vaudoises que ce qui pouvait engager la France à leur venir en aide,

Le massacre des Vaudois fournissait à Cromwell l'occasion ardemment désirée de parler de haut et de prendre position devant l'Europe, encore à peine accoutumée à ce nouveau venu dans le concert des souverains. Le 17 mai, il recevait la pétition, immédiatement envoyée au Conseil, « d'anciens et frères de diverses congrégations dans et autour de Londres, sur la situation malheureuse des Vaudois forcés de fuir dans les montagnes plutôt que de renoncer à la vérité »; elle demandait un jeûne « pour leurs souffrances et nos péchés ». Le 25, le Protecteur écrivait au duc de Savoie, au roi de France, au cardinal, invoquant sa solidarité religieuse avec les persécutés, plaidant leur cause avec insistance et fermeté : il adressait en même temps au peuple d'Angleterre, avec le récit des douleurs des Vaudois[1], l'invitation à consacrer le 7 juin à la prière, à l'hu-

---

il contribuait à obtenir l'intervention de Louis XIV qui devait mettre fin à leurs souffrances. Les lettres de Bordeaux à de Brienne (Guizot, Documents historiques, vol. II), celles surtout du 8 et du 23 juillet 1655 sont une preuve des capacités diplomatiques du ministre grison : « Le Protecteur » écrit de Bordeaux, « a bien la vanité de vouloir passer pour défenseur de la foi, quoiqu'il n'en prenne pas le titre. Il se flatte aussi que nos prétendus réformés mettent en lui toute leur espérance; ce n'est pas qu'il ait paru ici aucun homme de leur part . . . Le ministre Stouppe prétend être le seul négociateur et ne se cache point d'avoir commerce avec l'Espagne. Il m'a rapporté que lundi dernier Barrière l'envoya chez l'ambassadeur qui lui proposa d'aller en Savoie pour distribuer quelque argent aux révoltés et qu'il a refusé cette commission . . Il me parle des intentions de ce gouvernement, m'assurant qu'il souhaiterait plutôt la guerre que la paix en ces quartiers et *que si Sa Majesté ou M. le duc de Savoie* ne presse l'accommodement devant l'arrivée de l'envoyé du Protecteur, qui ne doit point passer par la France, cette affaire recevra beaucoup de traverses, tous les États protestants et l'Espagne étant bien résolus, par différents principes, de ne rien épargner pour entretenir ce feu. » *Bordeaux à de Brienne*, et Mazarin répond : « Je vous puis dire pour ce qui est de l'accord des Huguenots de la vallée de Lucerne que, si ces gens-là veulent se contenter de choses raisonnables et au-delà, M. le Protecteur qui témoigne de prendre tant de part en leur protection aura grand sujet d'être content des offices que S. M. a utilement interposés en leur faveur . . . »

[1] « *A collection or narrative sent to H. H. the Lord Protector . . concerning the Bloody and Barbarous Massacres . .* » publié par ordre de Crom-

miliation, au jeûne « pour les souffrances passées, condition présente et futur secours », des *saints* que Milton, dans un de ses sonnets immortels, demandait au Seigneur de venger [1].

Après la lecture de la déclaration du haut de la chaire, une collecte devait être faite à domicile par les ministres et les anciens [2]. L'élan fut considérable ; les dons affluèrent au point d'inspirer des craintes aux gouvernements étrangers sur l'emploi ultérieur de ces trente-huit mille livres sterling. A l'intérieur, la compassion pour les victimes consolida le pouvoir de celui qui s'était rendu si promptement et si hautement leur interprète. A l'extérieur, toutes négociations d'alliances étaient suspendues et bientôt Louis XIV, intervenant auprès du duc de Savoie, se dégageait vis-à-vis de Cromwell de toute participation à l'expulsion des Vaudois. Ce n'est toutefois qu'après l'obtention par eux, sur les instances du roi, des lettres patentes de grâce, que

---

well, Londres 1655, par Stouppe. « V. Altesse ayant jugé convenable que j'imprime les écrits que j'ai reçus, etc. » Léger, le principal correspondant de Stouppe, sollicitait son envoi en mission de la part de Cromwell ; leurs relations remontaient plus haut ; un peu avant l'édit d'expulsion les Églises française et hollandaise de Londres avaient fait une collecte pour les pauvres habitants des Vallées. Lettre de Dury à Pell. Vaughan. *Hist. of Cromwell.*

[1] « Avenge, o Lord, thy slaughter'd saints, whose bones
    Lie scatter'd on the alpine mountains cold... » XIIIe Sonnet.

[2] « Nous de la même foi et espérance, qui jouissons de la protection, ne devrions pas négliger nos pauvres frères, mais devrions exercer la compassion, et, possédant la paix et l'abondance, les secourir dans le sentiment profond de leurs calamités et du danger futur des Églises protestantes. » *Déclaration à lire dans toutes les Églises.* — Instructions pour la collecte. Circulaire du président du Conseil aux sherifs et magistrats de toutes les villes. Nouvelle lettre aux sherifs. Lettre de rappel en janvier 1656. *State papers. Cal. Domestic.* Vol. XCVII, 44. XCIX, CXXIII. Comme exemple de l'état des esprits : Lettres de plusieurs capitaines de navires au secrétaire de l'amirauté en réponse à sa circulaire : « Que le Seigneur soit avec son peuple dans ce jour solennel et qu'il entende ce cri du sang de ses saints. » Willoughby : « Je suis heureux que nos gouvernants cherchent l'aide du Seigneur pour ce restant et qu'ils s'occupent d'y pourvoir, etc. » Id. vol. XCVII, 86, 87. Ce même 7 juin Cromwell écrivait sur les Vaudois, « Amplissimis consulibus et senatoribus Genevensium. » *Bibl. de Genève*, m. f. 197, portef. 10.

fut enfin signé le traité de l'Angleterre avec la France du 23 octobre 1655.

Cromwell et Mazarin.

Il y avait plus d'un an que Mazarin, en prévision de cette conclusion désirée, avait pris soin de ménager les susceptibilités du Protecteur. Quand Amyraut, plus royaliste que le roi, crut pouvoir emprunter un des exemples de son sermon sur l'Éclipse, à la récente révolution d'Angleterre, en décrire à grands traits les causes, en montrer et en blâmer l'issue, « le Chancelier fit venir les pasteurs de Paris et les semonça au nom de la Cour, leur disant que le Roi était en traité avec l'Angleterre et n'endurerait pas qu'on publiât de telles invectives contre son gouvernement »[1]. Le cardinal trouva cependant l'intervention de Cromwell au moins intempestive, alors que les protestants de Nimes le prièrent, par Jacques de Vignolles, de s'interposer en leur faveur après les troubles de décembre 1656. Sans perdre un jour, le Protecteur envoya un exprès à Mazarin; la lettre de créance latine portait ce simple post-scriptum autographe en français: « Je viens d'apprendre la révolte des habitans de Nimes, je recommande à Votre Éminence les intérêts des Réformés »[2]. L'ambassadeur Lockart recevait l'instruction de partir immédiatement si la sollicitation n'était pas écoutée.

Elle le fut. Bientôt le traité offensif et défensif du 23 mars 1657 prépara l'action commune des deux pays et la prise de Dunkerque sur l'Espagne.

---

[1] Pell à Thurloe, nov. 1654. — Amyraut s'était exprimé en ces termes: «... Mais enfin tout a réussi à l'avantage de ceux qui se sont servis de l'occasion pour s'établir sur le trône, et pour mettre tout ensemble sous le joug d'une domination incomparablement plus absolue, plus dure et plus insupportable que la précédente, peuple et grands et Indépendants. Car c'est à cela que tendait leur ambition, et pour y parvenir ils n'ont épargné ni la finesse, ni la violence, ni l'apparence de la piété. Et Dieu par sa providence a favorisé leurs desseins, pour des raisons qui ne nous sont pas connues... »

[2] Oldmixon.

Un des premiers actes du Protecteur, aussitôt la signature de *Appel à la colonisation.* la paix avec les Provinces-Unies, avait été de provoquer une immigration de colons des Pays-Bas et des Flandres, pour continuer le dessèchement et la culture des grands marécages qui avaient donné de si bons résultats au Level d'Axholme. Il assurait à tout protestant étranger, appartenant à une nation en amitié avec la République, qui se rendrait acquéreur ou fermier dans les 93,000 acres restant à drainer, la qualité pour lui et ses descendants de «*free denizen*» et tous les privilèges et avantages des autres citoyens[1].

Les épreuves subies par les occupants d'Hatfield Chase et de *Sandhoft.* Sandhoft n'étaient toutefois pas de nature à les encourager. La petite congrégation réformée, reconstituée après la chute de Laud sous Jean d'Espagne et Berchet, continuait à être victime des troubles civils qui ensanglantaient et dévastaient l'Angleterre, les insulaires s'en étant prévalus pour assouvir leurs rancunes contre les étrangers (1650). Ils se ruèrent un dimanche sur les propriétés et les habitations, pillèrent et détruisirent quatre-vingt-deux maisons de Sandhoft, interrompirent le culte, chassèrent le ministre et convertirent le temple en étable. Comme les fidèles persistaient à s'y réunir, après enlèvement des portes, fenêtres, bancs, chaire, «ils y installèrent les abattoirs et y enterrèrent les charognes». Loin d'empêcher les insurgés, les soldats du Parlement, sous le major Wyldeman et le colonel Lilborne, s'étaient mis d'accord avec eux, le fanatique colonel s'installant au presbytère. Sur les plaintes des colons, un rapport fut présenté à la Chambre le 2 juin 1653, un second le 28 juillet par le major-général Lambert[2] : le 31 août, le Conseil d'État

---

[1] Ordonnance «*for the better preservation of the works of the great level of the Fens*» du 20 mars 1654, signalée par M. Moens.

[2] Extraits des dépositions dans l'étude de M. Overend, *Hug. Soc. Proc.* II. Quelques accusés se disculpaient en invoquant les sentiments anti-parlementaires des participants.

ordonna de procéder contre les émeutiers, mais les préoccupations étaient ailleurs; en décembre, l'affaire revenait devant le Comité des pétitions avec nouvelle enquête; le 18 août 1654, J. Gibbon et les autres participants s'adressaient au Protecteur, lui rappelant les pillages, la destruction de l'église, l'impossibilité d'obtenir justice. Le 8 août 1655, à la mort de Berchet, rien encore n'était fait. Malgré un ordre formel du Conseil d'État de rentrée en possession des participants étrangers et de remise en état du temple, les insulaires revenus à la charge avec leur avoué les en expulsaient de nouveau le 21 janvier 1656. Une dernière pétition des «français et hollandais protestants étrangers», Hatfield Chase, 18 mars[1], était examinée par le Conseil le 9 avril, retournée avec apostille du Protecteur le 15 et aboutit le 19 juin à la nomination de quatre commissaires de plus. Enfin le major-général Whalley reçut l'ordre de surveiller le Level et d'y «maintenir toutes personnes en leurs droits et surtout les étrangers dans le libre exercice de leur religion au lieu accoutumé». L'apaisement ne fut complet qu'après la Restauration ; mais alors de nombreux colons avaient renoncé à la lutte et quitté l'île d'Axholme et Sandhoft.

La pétition de 1656 porte cinquante-quatre signatures, en tête celle de «Jean de Kerhuel, pasteur»; dont l'élection en 1655 par les seuls Français, malgré les Flamands, avait été déclarée nulle par le Cœtus; sur sa consécration en avril 1656 « par quelques ministres anglois », il lui refusait, jusqu'à l'ap-

[1] Ils se disaient «appauvris par leur longue attente et encouragés par l'aide accordée aux protestants de Savoie... Nous supplions qu'on renouvelle un ordre qui nous délivre de leurs violences, nous dédommage de nos souffrances et pourvoie à notre sécurité dans l'avenir, car nous nous étions réfugiés ici pour être protégés contre la persécution.» *State Papers. Commonwealth Domestic.* XXXVII, XXXVIII, XXXIX, LXXVII, CXXVI n° 57. La pétition *in extenso* avec signatures dans Overend. *H. Soc. Proc.*

probation de son ordination par un Colloque de sa nation, la qualité de « ministre de nos Églises étrangères »[1].

On retrouve bientôt des noms de Sandhoft sur les registres d'une Église nouvelle, THORNEY ABBEY, établie dans les anciennes possessions d'un monastère du Cambridgeshire. Quatorze familles entières sur soixante et une[2] et plusieurs membres de vingt et une autres[3] avaient offert au comte de Bedford de drainer ses terres marécageuses, insalubres et presque inhabitables: « ils y avaient réussi », dit Leti, « après une immense fatigue et dépense et y cultivèrent le colza sur une grande échelle pour en extraire l'huile ». A ces colons de Sandhoft s'en joignirent quelques-uns de Norwich, et en septembre 1653 le culte fut régulièrement organisé dans la langue et avec la discipline françaises par Ézechiel Daunois, originaire de Compiègne, qui avait exercé le saint ministère en Picardie jusqu'en 1651 et occupé pendant un an la charge d'aumônier de la garnison wallonne de la Brille[4]. D'après son épitaphe, l'Église, dont il est dit avoir été le premier pasteur, aurait commencé en 1652: à cette date, l'évêque de Lincoln Wren avait donné licence à Étienne de Cursol: il a pu remplir les fonctions jusqu'à l'arrivée de Daunois en 1653, mais aucune trace de lui

Église de Thorney-Abbey.

---

[1] Les Flamands demandaient un culte dans les deux langues. Après sa protestation contre l'élection et une vive réplique des Français, le Cœtus leur avait fait écrire officieusement, avant la consécration, de « ne point prostituer notre Discipline à l'Angloise. » Les Français ayant passé outre, le Cœtus manda aux Flamands qu'ils ne pouvaient faire avec Kerhuel aucun acte sacramentaire « par lequel son ministère pourroit être autorisé. » *Actes du Cœtus.*

[2] Blancart, Blantiland, Descamps, Egar, Flahaw, Le Haire, Hardica, Harley, de La Haye, de Lanoy, de Lespierre, Massingarbe, Du Quesne, Taffin.

[3] Smiles, par la comparaison des listes.

[4] Immatriculé à Genève 1616, pasteur à Sezanne 1625, à Lizy 1626, Compiègne 1650, auteur des *Remarques sur la rétractation de Pierre Jarrige réjésuitisé*, Leyde 1651, manuel de controverse où la critique de la confession auriculaire occupe à elle seule 127 pages. — Son épitaphe dans Burn et Agnew.

II.

n'est restée dans le registre[1]; sa situation antérieure vis-à-vis de Threadneedle street ne lui permettait point de diriger un troupeau aspirant à entrer dans l'union synodale.

Au XXIXe Colloque (1654), « Les Députés de l'Église de Thorn Abbey, M. Éz. Daunois, Pasteur, et le sieur David le Conte, ancien, ont exhibé leurs lettres de créance et les fondements de l'établissement de leur Église, et ont été reçus pour être unis et incorporés au Colloque de nos Églises ». A ce même Colloque, « le sieur du Perrier s'étant présenté plusieurs fois à cette Compagnie désirant témoignage, après avoir exhibé diverses attestations de son Église et d'ailleurs, on lui a octroyé sa demande ». L'Église dont il présentait attestations était Whittlesey[2] : il n'en est plus fait mention depuis : le voisinage immédiat de Thorney Abbey, la similitude des travaux ont amené la fusion spirituelle des deux colonies, et du Perrier prenait à Southampton le poste laissé vacant par la mort de Daniel Sauvage (1655).

Southampton. Cette congrégation continuait à languir :

« Ayant remontré l'extrême nécessité dans laquelle elle est et le peu de moyens qu'elle a d'entretenir le saint ministère, la Compagnie, prévoyant la totale dissipation de ladite Église si elle n'est secourue des autres (la conservation de laquelle toutefois est grandement importante), et se croyant obligée de communiquer aux nécessités des saints suivant commandement de l'apôtre, a trouvé nécessaire de contribuer par an la somme de 15 liv. st., de quoi les Députés des Églises sont exhortés d'avertir leur consistoire [3].

Le 7 avril 1657, le Conseil enjoignait aux commissaires pour le maintien des ministres d'allouer des augmentations, de 13 L. 6 s. 8 p. à Gabriel du Perrier, ministre de la congrégation fran-

---

[1] Warner, *The history of Thorney Abbey.* La première page des Baptêmes manque.

[2] Les témoignages de W. étaient datés des 1er août 1652 et 13 nov. 1653. — *Actes du Cœtus* 1656.

[3] XXIXe Colloque.

çaise de Southampton[1] et 16 L. à J. d'Espagne : les Églises du Refuge, ou au moins quelques-unes d'entre elles, recevaient donc sous le Protectorat des subsides de l'État.

A Norwich, malgré des résistances individuelles, dont quelques-unes se prolongèrent jusqu'en 1654,[2] la retraite graduelle de P. de Laune ramenait la paix. L'Église ne se fit cependant pas représenter au XXIXᵉ Colloque[3]. L'arrivée de nouveaux réfugiés, à laquelle voulurent s'opposer les nationaux, fut, pour la congrégation wallonne, l'occasion d'obtenir une confirmation de ses anciens privilèges. Le 5 octobre 1655 elle adressait une pétition au Protecteur : « Protestants, nous quittâmes notre pays natal dans les temps de persécution et avons toujours trouvé en celui-ci un sanctuaire.. »[4]. On y joignait les certificats reçus

Norwich.

---

[1] *Augmentation of Livings* et *Book of Trustees*. Bibl. de Lambeth.

[2] Refus de rester membres de l'Église, comparutions des récalcitrants, interdictions de voter, censures, menaces de recours au magistrat. *App.* XLIV. Le 11 nov. 1655 le consistoire convient d'allouer à de Laune 40 sh. par mois tant qu'il restera au milieu d'eux ; on refuse de les lui continuer en juin 1657 comme n'y demeurant plus : il meurt en oct. à Hegworthingham—Moens.

[3] Aussi l'art. 12 porte-il ; « Proposition ayant été faite, assavoir si une Église membre du Colloque ne recevant point de profit d'être membre dudit Colloque, il n'est pas permis à cette Église-là de se détacher du Colloque sans consentement des autres Églises? La Compagnie a répondu que non ; car telle rupture et séparation contreviendrait à l'ordonnance de J. C. selon laquelle les Églises particulières doivent avoir telle union ensemble qu'elles ne composent qu'un même corps. Et que pour cet effet les Églises particulières sont obligées, autant que faire se peut, de se joindre sous une même règle et Discipline, et de conserver cette union et communion ensemble, laquelle ne peut être violée par aucune personne ou par aucune Assemblée sans faire tort aux Églises avec lesquelles elle était conjointe, qui ont intérêt en leurs membres et sont manifestement endommagées par la perte et séparation d'iceux. Joint que si un particulier se séparant de l'Église de laquelle il est membre en renonçant à la communion d'icelle commet une grande faute, la Compagnie juge que l'Église ou l'Assemblée qui se détache de la communion des Églises de son ressort tombe sous une pareille et plus grième répréhension. Vu qu'une telle séparation est plus injurieuse à la gloire de Dieu et beaucoup plus scandaleuse à tous que celle d'une personne particulière. »

[4] «.. Ayant des patentes d'Édouard VI et de ses successeurs pour l'exercice de notre religion dans notre langue et pour l'usage de nos industries. Mais,

de la municipalité le 10 décembre 1611 et l'ordre du Conseil du 29 mars 1612. La pétition, renvoyée à une commission fut l'objet d'un rapport analytique favorable (26 juin 1656) et ordre donné (le 27), « que le Maire, les Justices et Aldermen de Norwich soient enjoints de laisser les pétitionnaires jouir de tous les privilèges à eux accordés par les précédents Rois et Reines d'Angleterre sans aucune interruption, jusqu'à ce qu'ils prouvent au contraire, par raisons suffisantes pour satisfaire le Conseil, qu'il ne convient pas de les leur continuer ». Lettre à cet effet est adressée à la municipalité en date du 2 juillet au nom de Son Altesse et du Conseil [1].

Clément et Le Franc. De Laune « âgé de 83 ans et son Église sans presche », avait accepté en novembre 1655 un auxiliaire, Isaac Clément de Middelbourg, examiné et reçu pasteur le 14 décembre par le Cœtus : il retournait aux Pays-Bas en avril 1657 et était remplacé en juin par le prosélyte Jacques Le Franc [2].

étant principalement des artisans, nous avons été dernièrement empêchés de donner de l'ouvrage à des étrangers venus pour cause de religion .. vu notre diminution, ce serait notre ruine irrémédiable et les protestants étrangers seront découragés de venir. Norwich est le premier lieu ayant reçu des protestants étrangers qui enseignèrent aux Anglais des industries lainières et enrichirent la nation ; soutenus par les princes, par les maires et aldermen de cette ville, nous sollicitons les mêmes privilèges, afin de pouvoir maintenir nos pauvres et payer nos impôts ».

[1] Imprimée par Moens sous le titre de *Licence du Lord Protecteur pour les Wallons de Norwich*, elle reproduit presque mot à mot la pétition.

[2] Jacques le Franc, réfugié en Angleterre à sa conversion au protestantisme, venait en pleine tourmente anti-épiscopale, de recevoir les ordres anglicans, des mains d'un prélat « *in partibus* ». — « Je l'avais amené depuis quelque temps » écrit Evelyn, « à une entière adhésion à la doctrine et à la discipline de l'Église d'Angleterre, auxquels il avait jusqu'alors fait quelque opposition et le 7 mai 1656 il fut ordonné à la fois diacre et prêtre par l'évêque de Meath ; je payai les redevances à S. S.. très pauvre et en grand besoin ; telle était la nécessité où notre clergé se trouvait réduit ». *Diary*. Le Cœtus, requis par Le Franc, déclare que son ordination « par des orthodoxes ministres anglois étoit en bonne et deue forme, laissant à la discrétion de l'Égl. françoise de le laisser prêcher si elle le juge à propos ». *Actes*.

A Douvres, Étienne Payen remplaçait en 1653 Philippe Le Keux, lui-même successeur à Canterbury de son frère Pierre Le Keux et de Delmé, morts tous deux à quelques mois de distance[1]. *Douvres.*

Les sept années écoulées depuis le XXVIIIe Colloque n'avaient pas été sans porter leurs fruits. Quand le XXIXe se réunit à Londres, le 7 septembre 1654, il était préparé à l'accomplissement d'un grand acte de sagesse chrétienne, la pacification de l'Église de Canterbury. La copie textuelle des Actes est préférable à toute analyse ou commentaire : *Canterbury, fin du schisme.*

« *Acte de la réunion de l'Église de Canterbury.*

« 1. Comme l'aigreur des contentions allume le feu de la division, aussi met-elle tout en désordre et confusion. La triste expérience a fait sentir cette vérité à l'Église de Canterbury, depuis que ce funeste schisme a non seulement dissous l'unité des affections chrétiennes de ses membres, mais aussi celle de son corps en deux Congrégations. Les moyens ordinaires desquels on s'est servi pour remédier à ce désordre n'ont jusques à présent obtenu le succès que plusieurs s'en promettaient, vu que les maux de cette division étans déjà invétérés et extraordinairement rengrégés, n'ont pu être guéris par les remèdes de la Discipline, dont l'usage combattu de plusieurs perplexités du temps, nous a plutôt laissé le souhait qu'une ferme espérance de la réunion des deux Assemblées. L'expérience néanmoins que nos Églises ont toujours eue de la bonté de ce souverain Pasteur de nos âmes qui les a jusques à présent conservées sous la houlette de sa Divine Providence, et la Charité qu'elles s'entredoivent pour leur bien réciproque, les ayans par un dernier effort fait assembler en ce présent Colloque pour y aviser unanimement à l'édification commune de tout le troupeau ; les deux Congrégations de la dite

---

[1] De 1649 à 1657 le *Livre pour les Tesmoignages receus* en enregistre 38, dont 17 par examen, les autres sur témoignage apporté : parmi ces derniers il en est 6 de Dieppe, 6 de Calais (David de la Croix 1655, Pierre et Jehan Emery 1656), un de Boulogne (Jean de la Croix). De 1649 à 1652 onze retirent leurs témoignages. Dans toute cette période on n'inscrit que 3 mariages et 54 baptêmes. *Hug. Soc. Proc.* III.

Église de Canterbury prenant sérieusement à cœur le scandale épandu par leur division, et les troubles qui depuis plusieurs années les travaillent, y ont aussi envoyé leurs députés : lesquels ayant été ouïs au narré qu'ils ont fait de l'origine et continuation de leurs différens, nous ont déclaré l'ardent désir et sincère affection qu'ils ont d'une part et d'autre pour la paix et réunion de leurs Églises sous un même Ministère et Consistoire, et que pour cet effet ils référoient la décision de leurs différens en cette Compagnie, avec entière soumission et acquiescement à la sentence tant de leur propre part que de la part de leurs Assemblées. La Compagnie, considérant les grandes et extraordinaires difficultés en cette affaire, a été obligée d'avoir recours aux moyens extraordinaires pour parvenir à cette fin commune que tous se proposent, ne suivant pas tant la rigueur de la Discipline que l'Équité d'icelle et la douceur et la charité en ses procédures. C'est pourquoi elle pose pour fondement solide de la réunion : Que les vieilles querelles avec tous leurs effets et dépendances doivent être ensevelies par une Assemblée générale et couvertes d'une oubliance perpétuelle.

« 2. En après la Compagnie étant entrée en l'examen plus particulier de la question qui concerne le ministère de Mons. Crespin, ayant après un long et sérieux débat pesé en la crainte de Dieu les diverses raisons qui d'un côté et d'autre ont été alléguées sur ce sujet, Elle juge que, combien que l'introduction du dit Sr. Crespin en l'Église soit irrégulière, comme n'étant pas conforme aux ordres que nous prescrit la Discipline, en ce qu'il a négligé de s'adresser aux Églises de notre langue pour en avoir leur avis ; Elle ne lui peut pas néanmoins ôter l'essence de son ministère, ni en abolir les fonctions qu'il a exercées jusques à présent, puisqu'il appert clairement que le dit Sr. a non seulement depuis plusieurs années consacré sa personne et étude au St. Ministère et a été aux Propositions publiques où il a fait voir des notables progrès en Théologie, mais aussi a au préalable subi l'examen fait par trois Ministres, en suite duquel il a reçu avec le consentement de la pluspart du peuple l'imposition des mains d'un Ministre, quoiqu'il eût été à désirer que la dite imposition des mains lui eût été conférée par un Ministre de notre Colloque : Et de plus observons au dit sieur un beau talent et diverses grâces de l'esprit, lesquelles comme elles témoignent de sa suffisance et capacité aussi peuvent-elles servir à avancer la gloire de Dieu et à édifier son Église : C'est pourquoi ayans un singulier égard tant à la charitable disposition de l'Église de Canterbury, laquelle ne désire de flétrir ledit Sr. ni de le jeter hors de l'Église, qu'à la tendre affection dudit Sr. pour la paix de l'Église, s'offrant de s'en retirer si nous le lui conseillons, nous déclarons que la confirmation dudit Sr. en son Ministère est non seulement nécessaire pour la réunion de l'Église, mais aussi très expédient pour le repos tant désiré des parties contendantes.

« 3. Le Sr. Crespin néanmoins doit reconnaître que son introduction a été irrégulière et doit aussi en témoigner son marresment devant cette Compagnie en la présence des députés de Canterbury, ce qui a été fait.

« 4. Ce qui étant fait, nous ordonnons que ledit Sr. Crespin sera introduit en l'Église de Canterbury selon la Discipline, assavoir d'être nommé au peuple et au bout de quinze jours confirmé par le Ministre à ce ordonné.

« 5. L'introduction du Sr. Crespin en l'Église ne sera pas au préjudice de l'entretenement de Mons. Le Keux, suivant l'article 66e du Colloque de l'an 1646. Et afin d'éviter toute occasion de division à l'avenir, nous jugeons très expédient, voire et nécessaire qu'il n'y ait qu'une Bourse entre les Anciens, lesquels exhorteront le peuple de continuer leurs contributions pour l'entretenement de leurs Pasteurs. Ce qui aussi doit être entendu de la bourse des Diacres pour la subvention des pauvres.

« 6. Pour faciliter la réunion de la dite Église, nous avons trouvé bon que les deux Consistoires s'assemblent au vieux temple et que le pasteur qui leur sera envoyé conduisant l'action, ils choisiront par la pluralité des suffrages six Anciens et six Diacres du Consistoire du Sr Crespin. Lesquels ajoints à l'ancien Consistoire, seront sans qu'il soit besoin de les nommer au peuple reçus publiquement en l'Église, et les autres trois Anciens et trois Diacres qui resteront seront honorablement déchargés par le Sr. Crespin en sa Congrégation.

« 7. Touchant ceux qui étaient sous la censure avant la rupture de l'Église, nous remettons cela à la prudence du Consistoire et du Pasteur qui à cette fin leur sera député : Néanmoins il sera expédient de n'être pas trop rigoureux en cette recherche, puisque déjà nous avons posé pour fondement de l'union une amnistie générale.

« 8. Ains touchant les choses pécuniaires, ass. du bail ou lesse du temple où la Congrégation du Sr. Crespin s'est assemblée, comme aussi des dettes qui pourraient être survenues, la Compagnie remet cela au Consistoire et au Ministre qui leur sera député : Et touchant le dit temple notre avis est que le Consistoire ferait bien de le prendre en sa possession, pour éviter occasion de nouvelles divisions.

« 10. Pour réponse à la lettre du Sr. Eton (Aiton), la Compagnie agrée fort la soumission et les bons désirs qu'il témoigne à la paix de l'Église jusqu'à renoncer à ses intérêts particuliers, pourvu que son ministère ne soit point flétri : la Compagnie pour cette raison permet que l'Église qu'il a servi lui donne un témoignage de son Ministère parmi eux, mais quant au temps qu'il demande, cela sera remis à la prudence du Consistoire et du Pasteur qui leur sera envoyé pour les aider ès difficultés qui restent sur ce sujet [1].

« 11. La Compagnie ordonne que le Sr. Payen, scribe du présent Colloque, écrira au prochain Synode des Églises walonnes des Pays-Bas, les certifiant que les assemblées de Canterbury sont réunies et en paix, et que le Sr. Crespin s'est soumis à tout bon ordre.

« 12. Item la Compagnie a trouvé bon que Mess. du Consistoire de Canterbury soient requis d'annuler tous les Actes du Consistoire qui ont été faits, touchant les différents arrivés durant cette longue division, tant d'une part que d'autre.

« 14. Pour conclusion nous déclarons, qu'après avoir en la crainte de Dieu travaillé en toute diligence à la susdite réunion, qu'en cas qu'aucun des intéressés ne se trouvent satisfaits de nos soins et peines, ils ne doivent prétendre aucuns avantages de nos Actes faits sur ce sujet. Mais au contraire que les contredisans seront tenus comme gens se plaisans au désordre plutôt qu'à la paix et édification des Églises.

« Lecture ayant été faite de l'acte de la réunion de l'Église de Canterbury, en présence des Députés de ladite Église et des Députés de l'autre Congrégation, ils y ont acquiescé de part et d'autre... M. Cisner sera envoyé au plus tôt muni d'instructions... L'Église de Canterbury a charge de convoquer le prochain Colloque. »

Vaine demande d'union de l'Église de Westminster. L'extinction de ce schisme ne présageait-il pas la cessation d'un autre ? On avait pu l'espérer à la réception d'une « lettre de la part de l'Église de M. Despagne demandant union avec le Colloque, et particulièrement avec l'Église de Londres. La chose ayant été considérée, a été trouvé bon que l'Église de

---

[1] Aiton avait vraisemblablement servi d'aide à Crespin.

Londres qui y est plus particulièrement intéressée entreprit l'affaire. A raison de quoi le Colloque a requis du temps pour considérer la dite lettre.

« L'Église de Londres ayant fait rapport à cette Compagnie touchant les désirs unanimes que leur consistoire témoigne d'avoir pour la réunion de l'assemblée du Sr. Despagne, et la résolution qu'elle a prise d'envoyer quelques-uns de son corps à la dite Assemblée pour sonder, moyennant l'avis et approbation du Colloque, leur disposition à la paix, la Compagnie agréant un dessein si pieux les exhorta de poursuivre cette affaire et de préparer le chemin à la réconciliation et référer le résultat au Colloque.

« L'Église de Londres ayant fait rapport à la Compagnie que, nonobstant beaucoup de bons devoirs qu'elle a faits pour attirer le Sr. Despagne à la réunion qu'il sembloit désirer par sa lettre, elle ne l'a pu, la Compagnie juge qu'il a négligé les moyens de parvenir à cette louable fin : néanmoins l'Église de Londres pourra traiter avec lui selon que le consistoire trouvera à propos [1]. »

Sans doute, cette fois encore d'Espagne voulait reconnaissance comme Église et union, et le consistoire de Threadneedle street fusion pure et simple. Ce dernier, comme s'il eût été condamné à ne posséder jamais la paix intérieure, était à la veille de nouveaux troubles, effets cette fois de la réaction qui suivait la mort de Jean de La Marche.

Depuis cette mort, Cisner et ses partisans avaient repris le dessus et provoquaient la méfiance des avancés : privés de leur chef, ces derniers se ralliaient autour de Delmé, beaucoup plus modéré que de La Marche, mais élu jadis par son influence et désireux d'en maintenir l'esprit. La lutte s'engagea à ce même XXIXe Colloque.

---

[1] Actes du Colloque.

II

La scission à Threadneedle street pour les jours de fête.

« Deux Diacres s'étans au nom de deux autres Diacres présentés devant cette Compagnie comme aussi trois autres frères ci-devant Anciens en l'Église de Londres, lesquels se disoient être députés de la part de plusieurs frères qui avoient exercé la charge tant d'Anciens que de Diacres en la dite Église, pour opposer une certaine proposition faite par l'Église de Londres, comme tendant selon leur opinion à rétablir les Fêtes en nos Églises qui avoient été abolies par le Colloque, et laquelle causeroit de nouveaux troubles et divisions de cette Église ; — La Compagnie leur ayant remontré que leur crainte et jalousie provenoit de ce qu'ils étoient mal informés, puisque la proposition susnommée ne parloit pas du rétablissement des Fêtes, mais seulement demandoit éclaircissement de l'acte du Colloque touchant l'abolition des Fêtes, les a exhortés de se maintenir dans la paix et l'ordre et suivre les voies ordinaires de la Discipline en s'adressant au préalable au consistoire.

« A l'occasion de quoi proposition a été faite, si des particuliers d'un consistoire peuvent députer quelqu'un au Colloque pour opposer une proposition qui se doit faire au dit Colloque par le même consistoire? A été conclu par la Cie qu'il n'est pas permis : mais en cas qu'ils craignent que quelque chose ne soit conclu contre leur sentiment, il leur sera permis de s'adresser à quelque membre du Colloque et le prier que leurs raisons ne soient méprisées avant que la résolution du Colloque soit prise. Et si quelqu'un ne suit ces voies la Cie le juge digne de censure. »

Ceux que le Colloque déboutait ainsi de leur demande avaient cependant vu juste. C'est au rétablissement des prédications des jours de fête, supprimées par de La Marche en 1644 à l'instar des presbytériens d'Écosse et d'Angleterre, que tendaient les efforts de deux des pasteurs. Demander « éclaircissement de l'acte » qui en avait autorisé la suppression, c'était en discuter le bien fondé et admettre la possibilité d'une reprise de ces cultes de Noël et du Vendredi-Saint. La question en était avant tout une de direction ecclésiastique, de rupture avec celle imprimée par les violents, et de retour vers les vieilles traditions du troupeau. De là l'importance exagérée prise aussitôt par le conflit. Quelques mois plus tard, Cisner, secondé par Stouppe,

« afin » disait-il, « de ne pas scandaliser les Églises de France et de Genève », obtenait du consistoire l'autorisation des cultes et fêtes, malgré les protestations d'Élie Delmé qui se référait aux décisions du XXVI⁰ Colloque confirmées par le XXIX⁰ et accusait très vivement ses collègues d'avoir « fait brèche à la Discipline et gouvernement des Églises ». On lui répondit par sa suspension du ministère pour non soumission au consistoire, acte extrême dans lequel il est difficile de ne pas voir des représailles.

Quand il fit appel à un nouveau Colloque, on le cita à comparaître devant le Cœtus, dont la majorité, après recherche des prédédents, avait décidé que ce corps était « juge compétent pour les Églises étrangères de Londres et que dans le cas d'appel d'une partie l'autre était forcée de s'y tenir — le consistoire ayant le droit de l'amener à y paraître ». Delmé récusant la compétence du Cœtus comme juge, mais ne le refusant pas comme témoin et médiateur, lui lut ses offres d'accord non acceptées ; les contre-propositions consistoriales et une rédaction du Cœtus furent repoussées par le pasteur qui, réclamant alors l'intervention de Cromwell, en obtint la convocation d'un Colloque, et plus tard une enquête approfondie sur l'affaire par sept ministres anglais [1].

Colloque convoqué à Canterbury et non tenu.

---

[1] « Delmé était un homme pieux et un bon prédicateur, aussi avait-il pour amis beaucoup de membres de la congrégation qui prirent son parti, et requirent son rétablissement. Cisner ayant refusé de s'en référer au Colloque de toutes les Églises françaises du royaume, selon le droit et l'usage en pareil cas, et voulant que les affaires fussent décidées par eux-mêmes et l'Église flamande de Londres contrairement à leur Discipline faite du consentement de toutes ces Églises, un très grand nombre de familles de la congrégation pétitionnèrent, en 1656, Olivier le Protecteur pour que la cause de Delmé fût renvoyée devant un Colloque. Il l'accorda ». Stow, *Survey of London*. — Voir les trois projets, la venue au Cœtus de « M. Houblon et autres » etc. à l'*Appendice* XLVI.

A la convocation envoyée par Canterbury, Cisner, Stouppe, trois anciens et trois diacres répondirent en avril par une fin de non-recevoir[1], et eux-mêmes en réunirent un autre à Londres en août et septembre. Les deux députés de Norwich furent les seuls à s'y rendre. Les actes de ce Colloque, dont les droits furent contestés, et ceux du suivant et dernier, n'ont pas été enregistrés dans le Recueil des vingt-neuf autres. Sans apaiser le conflit il le porta sur un terrain différent : les cinq membres (trois de Londres, deux de Norwich) donnèrent raison au consistoire de Londres au nom de la liberté des Églises (c'est-à-dire de chaque Église dans les cas particuliers d'importance secondaire) : ils condamnèrent Delmé et ses adhérents pour ne s'être pas soumis à la décision de la majorité consistoriale et surtout pour avoir soulevé la question devant le gouvernement et avoir obtenu de lui une convocation de Colloque dont l'initiative ne venait pas des Églises et une réunion d'ecclésiastiques anglais (dits les *Referees*) sur une question qui ne regardait qu'elles-mêmes. C'était tourner habilement la difficulté : les principes l'emportaient sur les faits : le défenseur des votes antérieurs des Colloques, Delmé, perdait sa cause contre ceux qui ne les avaient pas respectés[2]. Mais un Colloque de cinq membres, dont

Contre-Colloque.

---

[1] Réponse de Londres à la convocation de Canterbury, 16 avril : « Pour vous déclarer franchement notre sentiment nous vous répondons que combien que nous approuvions l'assemblée de notre Colloque réglée par la Parole de Dieu et conforme à notre Discipline, si est-ce néanmoins que nous ne jugeons qu'il se puisse tenir ni au temps ni au lieu nommé par vous, car, premièrement, qui est-ce qui ne sache que les difficultés qui dernièrement ont empêché la constitution du Colloque demeurent jusques à présent et sont dès depuis beaucoup aggravées et multipliées par les pratiques cauteleuses de ceux qui conspirent ensemble à opprimer cette Église et ses justes droits et libertés ». *Copie de lettres, Archives de Threadneedle street.*

[2] C'est ce que confirment les *Actes de l'Église de Norwich*, Rapport sur le Colloque : « Les frères Isaac Clément, pasteur, et Séb. Tavernier, députés au Colloque, étant de retour, ont fait après le deuxième sermon un ample récit de leurs transactions audit Colloque. Ayant reçu deux lettres, l'une

trois étaient juges et parties, pouvait-il être légitimement tenu pour tel? Le résultat fut d'entraîner les Églises dans la querelle intime de celle de Londres. Le Keux déclarait en 1657 que son Église de Canterbury se retirait de l'union du Colloque et se refusait à reconnaître la décision du dernier, et le consistoire de Threadneedle street écrivait à Southampton et au pasteur du Perrier de ne pas se laisser enlacer par cette Église qui « les dessert auprès de Son Altesse et du Conseil d'État »[1].

A quatre reprises le Conseil privé s'en occupe : le 23 juillet 1657 une commission est nommée (les lords Strickland et Mul-

Intervention du gouvernement.

sous le nom des pères de famille, et l'autre du sieur Farvaques », un des adhérents de Delmé, « auxquelles on n'a pas trouvé bon de répondre. Les Actes étant reçus et parcourus, la Compagnie a approuvé ce que le Colloque en général, et les députés en particulier, avaient arrêté pour le maintien des libertés et des privilèges des Églises. L'Église de Londres s'étant plaint du tort qu'elle croyait avoir reçu par une lettre envoyée de ce consistoire au Colloque et montrée depuis par le sieur Delmé à S. Altesse, on a trouvé bon de leur faire entendre par lettre expresse, que comme la lettre n'avait pas été écrite pour préjudicier au Colloque, que seulement pour repeler les députés ; ainsi le Consistoire s'excusait d'avoir aucunement communiqué ladite lettre au parti du sieur Delmé. La Compagnie, après avoir vu et lu les procédures soit des trois autres Églises ou par généralement, soit de celle de Canterbury en particulier, a trouvé leur entreprise aussi bien que les écrits dressés et montrés à S. Alt. pour cet effet, fort irréguliers, et préjudiciables aux libertés de nos Églises, le témoignant par lettre expresse à l'Église de Londres. Les sept ministres anglais nous ayant, sous le nom de *Referees*, désiré par lettre expresse de leur communiquer ce que nous pouvions alléguer sur ces matières, on a trouvé bon de les renvoyer aux Actes auxquels nous nous tenons et d'y joindre un petit récit des choses passées au Colloque par le moyen de nos députés. On a trouvé bon de donner commission et ordre à l'Église de Londres de vouloir au nom de notre Église et des autres Églises dresser une requête à S. Alt. pour la conservation et des Colloques et des privilèges ». 27 sept. 1656. Norwich continue à soutenir seule le consistoire de Londres et à considérer l'immixtion du gouvernement et de ses enquêteurs ecclésiastiques (les *Referees*) comme en opposition avec les droits des Églises du Refuge.

[1] *Copie de lettres.* Les Actes du consistoire presque nuls pour les années de la République sont muets sur ces incidents, d'autant plus graves qu'ils coïncidaient avec de nouvelles vexations des tisserands anglais, et démarches du Cœtus auprès du Comité du Parlement 1656-1657.

grave, le général Desborough, le major-général Skippon) pour ouïr le rapport des sept ministres anglais chargés d'examiner la querelle de l'Église française[1] et pour traiter avec les parties ; le 4 août on lui envoie une pétition des ministres, anciens, et diacres.

Le consistoire avait choisi comme ses délégués les diacres Thomas Papillon et Jean Dubois, deux des membres les plus influents du troupeau, destinés, malgré leur origine française, à jouer à la Restauration un rôle militant dans les affaires de la Cité et de l'État[2]. Après plusieurs comparutions ils résumaient leurs arguments dans une lettre du 8 septembre : se disaient prêts à autoriser Delmé à en appeler au synode, seul juge d'après la Discipline; se défendaient d'avoir protesté contre l'autorité de Son Altesse : « Nous déclarons le reconnaître comme magistrat suprême dans cette nation, et comme tel nous nous soumettrons toujours à ses commandements, activement ou passive-

[1] L'intervention des Sept *Referees* anglais avait exaspéré Stouppe brouillé avec Cromwell (voir Burnet). « Dans une lettre écrite à un excellent pasteur de France, le sieur Stouppe de l'Église française de Londres l'exhortait à prier Dieu pour les Églises françaises d'Angleterre qui étaient, disait-il, à la veille d'être jetées dans la même confusion que les Églises anglaises, par de certains Commissaires presbytériens que Cromwell leur avait donnés, ces gens n'ayant, ajoutait-il, ni ordre ni discipline, non plus que les Indépendants. » *Histoire des nouveaux Presbytériens*.

[2] Thomas Papillon « négociant » était l'arrière petit-fils d'une victime de la Saint-Barthélemy, le petit-fils de Th. Papillon gentilhomme de la Chambre de Henri IV et ambassadeur à Venise, et le fils de David Papillon (né à Paris 1578, emmené de France en 1588 par sa mère qui mourut dans la traversée, naturalisé, ingénieur militaire, auteur d'un traité des fortifications dédié à Fairfax, et de la Vanité des vies et passions des hommes), et de Marie Calandrini, sœur du pasteur de l'église flamande de Londres.

Né à Londres en 1623, il avait appris le commerce chez Thomas Chamberlan, époux de sa cousine Burlamachi. Voir plus loin son rôle politique. Son cousin germain, David Papillon, de la branche aînée restée en France, ancien de l'église de Charenton, fut après la Révocation emprisonné pendant trois ans à Avranches ; expulsé comme opiniâtre, il se retira à Londres et y mourut en 1693. La famille se perpétue. *Memoirs of Th. Papillon of London, merchant, 1623—1702 by A. J. W. Papillon, a lineal descendant*, Reading, 1887.

ment; mais les matières en question concernent la suspension et l'excommunication dont le jugement, par droit irrécusable de J. C., appartient à l'Église et non à un pouvoir extérieur. En plus de ce droit nous en possédons un légal, par patente, par long usage et par loi, car depuis plus d'un siècle jamais aucun roi ou magistrat en cette nation n'a pris sur lui de juger nos matières ecclésiastiques: ils nous ont toujours laissé à notre propre gouvernement ».

Les délégués joignaient à leur lettre un certificat sur la nature et la constitution du Cœtus, la copie de l'ordre du Parlement du 21 janvier 1642 établissant les privilèges des Églises étrangères, celle de l'ordre du Comité pour les ministres dépouillés, du 27 août 1647, abandonnant au Synode, comme au juge propre, la décision sur la suspension d'un ministre, et ils rappelaient à quel point le Parlement avait compris les droits des Églises, puisqu'un des chefs de l'accusation de haute trahison portée contre Laud avait été ses efforts pour les dépouiller de leur discipline. Ce n'était donc point d'une querelle privée ou particulière contre une ou plusieurs personnes qu'il s'agissait ici, — « mais c'est du maintien de cette Église qui du Christ a été remis à eux, et des droits dont les Églises ont joui jusqu'ici par la faveur des prédécesseurs de S. A. et de par les lois du pays. »

Le 7 janvier 1658, la Commission ayant fait son rapport, le Conseil privé, plus embarrassé que jamais, décida qu'elle appellerait en consultation « des hommes experts en droit commun et droit civil, afin de voir comment accorder les dissentiments par une procédure légale d'après la charte accordée à l'Église ou autrement »; la question était exposée pour la dernière fois devant le Conseil le 29 juin [1].

---

[1] *Calendars St. Papers Domestic* CLV et suivants.

Propositions et réponses.

Le consistoire avait essayé pourtant de terminer par lui-même un différend que l'exclusion de la cène, en bloc, de tous les adhérents de Delmé n'avait fait qu'aggraver, et il publiait pour sa justification ses deux propositions des 11 et 15 novembre et les contre-propositions des schismatiques [1].

La première lettre, signée Stouppe, pasteur, Valentin Wanley et Isaac Vanne, anciens, Th. Papillon et Marc Laurens, diacres, propose de soumettre le différend au jugement du Synode, c'est-à-dire de l'Assemblée des deux Colloques des Églises françaises et flamandes, pourvu que tous les députés des Églises françaises se trouvent au Colloque ; M. Delmé sera reçu à prêcher — « pourvu qu'il promette de prêcher paisiblement et sans allusions » ; les suspendus de la cène pour offenses données au consistoire au sujet de ces différends seront réadmis à la communion — « pourvu qu'ils nous donnent une satisfaction chrétienne ; tous différends avant le terme du Synode seront jugés par le consistoire ou le Cœtus ». C'était demander à peu près la soumission pure et simple.

La réponse signée Jacques Houblon, Jean de Lillers, Dan. Farvacques [2], Isaac Le Gay, Jacq. D'Ambrine, Dan. d'Esmarets, Pierre du Quesne (14 novembre), nie qu'il soit en la puissance du consistoire ou de personne de les renvoyer au Synode, « mais uniquement et absolument au Colloque de nos Églises françaises » ; se retirer à une autre judicature serait enfreindre leur discipline ; ils récusent tout jugement du Cœtus, demandent

---

[1] Un exemplaire de cette curieuse plaquette fait partie de la Bibliothèque de l'Hospice pour les descendants de protestants français à Victoria Park, Londres. — « *Réponse aux allégations du S*r *Delmé et de ses adhérans, afin que chacun puisse voir que le Consistoire de l'Église française de Londres a fait tout ce qu'il a pu pour appaiser les troubles de l'Église et pour y remetre la paix.* » 22 pp. in-4°.

[2] Houblon est l'ancien qui représentait le consistoire avec de La Marche au XXVIIIe Colloque, Fervacques celui dont la lettre n'avait pas été prise en considération par le XXXe.

une spécification avec preuves des personnes suspendues, et proposent de se joindre à eux en une pétition à Son Altesse et au Privé Conseil « ayans pouvoir indubitable et authorité d'en prendre connaissance ».

Les seconds articles du consistoire « si doux et si équitables que s'ils ont quelque affection à la paix ils ne doutent pas qu'ils ne les acceptent; s'ils les refusent, ils croiront avoir entièrement satisfait leur devoir envers Dieu », établissent d'abord qu'ils sont pleinement persuadés en leurs consciences qu'il est non seulement licite mais louable de prêcher aux jours de fête; néanmoins ils y renonceront pour le présent, rétabliront Delmé dans sa charge et le recevront aussi bien que les suspendus avec promesse d'oubli — si l'on s'engage de part et d'autre à s'abstenir de faire paraître quelque distinction au regard des ministres ou autres membres de l'Église, de juger les délibérations du consistoire, d'en parler, de se plaindre au dehors des censures reçues, de s'adresser au magistrat civil pour aucune affaire de l'Église sans l'approbation du Cœtus, du Colloque ou du Synode, mais que toutes les matières de l'Église seront jugées et décidées par voie ecclésiastique, selon les règles de l'Écriture et de la Discipline; qu'on ne parlera plus ni dans les sermons ni entre particuliers des différences passées, « de peur de renouveler les anciennes querelles et de s'en aigrir derechef les uns contre les autres ». Signé : Stouppe, Pierre Vignier, Is. Vanne, anciens, Jacob Gosselin, Is. Blondel, diacres.

A ces conditions, de beaucoup plus modérées que les premières, Delmé et les pères de famille qui s'associaient à lui répliquèrent dans des termes d'une extrême intransigeance; « on veut laisser de côté les jours de fête... par quelle autorité les avait-on rétablis? On les relèvera des censures... en quoi Delmé avait-il offensé? Si ses collègues et quelques-uns du consistoire l'ont rendu criminel et jugé sans cause, il a été justifié et absous par plusieurs dignes et judicieux personnages, tant des Églises françoises en cette nation que de sept vénérables ministres anglais ordonnés à cela par Son Altesse sur leur propre proposition et consentement. A ces propositions qu'on n'a aucune capacité de leur présenter, ils en opposeront humblement d'autres selon la Discipline et les Actes des Colloques.

« Que les cinq membres assemblés en août et septembre 1656 à Londres sous prétexte d'un Colloque soient déclarés n'avoir pas été Colloque selon la Discipline des Églises françoises et que leurs Actes imprimés soient désavoués... d'autant qu'ils ont été absolument déclarés et jugés n'avoir point été un Colloque régulier par presque quarante personnes, ministres, anciens, diacres. Qu'ils promettent et déclarent n'admettre plus longtemps les exercices publics sur les jours de fête, comme ayant, par une usurpation sur la puissance des Colloques, introduit l'observation d'iceux. Que M. Delmé soit rétabli dans son ministère et charge en même façon publique qu'il a été suspendu, avec paiement de l'arriéré — à ce qu'il ne soit plus longtemps exposé à une telle flétrissure que vous lui avez mis indignement. Que les autres suspendus de la Cène pour ces différends y soient pleinement réadmis avec satisfaction publique pour cette suspension injuste. Que pour la paix de toutes nos Églises, avant aucun traité ultérieur, M. Cisner demande son congé; que trois mois après il puisse être déchargé de son ministère[1]. Que M. Stouppe confesse sa faute et reconnaisse son erreur publiquement pour avoir soutenu et défendu M. Cisner et promette publiquement de se mieux conformer et d'être plus obéissant à

---

[1] « Icelui ayant été un perpétuel perturbateur et violateur du repos et de la tranquillité, ennemi commun de notre gouvernement et rebelle contre nos Actes et Colloque... » Les Houblon avaient été ardents partisans de La Marche et de tout temps opposés à Cisner: ici encore la politique n'est pas étrangère au débat religieux.

notre Discipline. Enfin qu'un Colloque soit convoqué à Canterbury pour tout régler et établir pour l'avenir. Pour dernier moyen ils accepteraient, comme contraints et forcés, un arbitrage de personnes choisies de part et d'autre ou un recours commun à l'État ».

Cette virulente et inacceptable réplique porte vingt-neuf signatures[1]. On était plus loin que jamais de s'entendre dans cette confusion d'attributions, de droits et de principes ecclésiastiques. « Ce conflit persista pendant quelques années », conclut Stow ; les mémoires de Papillon nous apprennent que c'est grâce à l'intervention des pasteurs de l'Église flamande et de David Stuart, ministre venu des Pays-Bas, qu'un projet d'accord fut enfin accepté par les deux parties. On s'en remettait au jugement d'un Colloque de toutes les Églises françaises du royaume, avec l'assistance de César Calandrin et Thomas Diodati de la part du consistoire de Londres, et de David Stuart et Musy au nom de Delmé et de ses adhérents. Ce Colloque, dont une partie des Actes s'est conservée dans les archives de l'Église hollandaise de Londres, s'y réunit du 2 juin au 30 juillet 1658[2]. Il décida « qu'il y avait eu des irrégularités commises par défaut d'amour mutuel, qui avaient causé des factions et ruptures menaçant l'Église » : il leur ordonna donc de s'humilier devant Dieu, de se demander mutuellement pardon, de s'embrasser les uns les

---

[1] « Soubscrit par nous qui sommes cordialement désireux de continuer avec vous en toute communion fraternelle selon notre devoir chrétien et gouvernement ecclésiastique, si vous l'avez pour agréable, Is. Le Gay, Benj. Ducasse, Jac. Deneu, Jac. Lordell, Is. Jurin, Jean Jorion le jeune, Pierre Houblon le jeune, P. Hochart, Barth. Six, Élie Delmé, Jacq. Houbelon, P. Duquesne, John de Lillers, Dan. Farvacques, P. Houbelon, Jean Willan, Abr. Dessden, And. Lemaire, Dan. du Prye, Paul de Farvacques, Abr. Sy, Jean Basin, Jean Tavernier, Jac. Dambrin, Dan. Desmarets, Bon. Dambrine, Jean Ducasse, Pic. Jorion, Phines Blind. »

[2] Le *Copie de lettres de Threadneedle street* mentionne le Colloque sans aucun détail.

II

autres et de détruire tous les mémoires et livres qui s'y rapportent. Delmé confessera « être marry d'avoir en ses paroles et comportements donné occasion au consistoire, d'estre mécontent de luy et de le juger trop attaché à ses sentiments ». Ses adhérents qui ont été suspendus, demanderont pardon et seront rétablis[1]. Tous acquiescèrent sauf six.

La Compagnie réconcilia ensuite avec le consistoire quatre diacres, les blâmant d'avoir délaissé leurs charges, et examinant les reproches faits à certains sermons de Cisner, condamna trois de ses expressions, tout en déclarant orthodoxe le fond de ses doctrines.

Second schisme de Canterbury.

Avec l'affaire de Londres, le XXXIe — et dernier — Colloque traita celle du second schisme de Canterbury, où les anciens partisans de Poujade venaient d'appeler, comme successeur de Crespin, Pierre Jannon de Sedan[2]. Le reste de la congrégation refusant de l'admettre, les premiers avaient de nouveau fait sécession et obtenu l'usage de l'église de Saint-Pierre : malgré les efforts du consistoire de Londres, ce schisme dura jusqu'à la Restauration et occupa même les Églises hors de l'Angleterre[3].

---

[1] Houblon déclara refuser soumission au présent Colloque, pour n'être point constitué selon la discipline : Legay, de Lillers, Duquesne, d'Ambrin et Desmarets refusèrent obéissance après la sentence. — A l'*Appendice* XLVII tout ce qui a été retrouvé des *Actes du XXXIe Coll.*

[2] Au départ de Crespin, Canterbury s'adressait sans succès au Synode de Bréda pour en obtenir un pasteur. Pierre Jannon avait d'abord succédé à son père comme imprimeur à Sedan ; pasteur en 1650 à Étapes-Boulogne, il était déchargé en 1657 « à cause de son indisposition. » *Syn. de la Ferté.*

[3] Lettre du consistoire de Threadneedle street, 10 juillet 1659 « à l'Église de Canterbury, qui est sous la conduite de M Jannon... ils sont fort marris d'apprendre que leurs frères n'ont accepté aucune des offres qu'ils leur avaient faites pour tâcher de terminer leurs différends. » — *Copie de lettres.*

« Sur la lecture de lettres de l'Église de Canterbury en laquelle elle demande que cette Compagnie déclare schismatique l'assemblée du sieur Jannon en la dite ville et de n'en point recevoir les témoignages qui viennent de sa part et sous le nom du sieur Payenne, la Compagnie a trouvé bon de recevoir comme

Le jour où se réunissait le Colloque est celui de la prise de Dunkerque, dernier succès de la politique du Protecteur. Sa mort, le 3 septembre, laissa la souveraineté de la Grande-Bretagne entre des mains impuissantes à la retenir. *Mort de Cromwell.*

Le 26 septembre 1658, on alla saluer le second Protecteur au nom de toutes les Églises réfugiées en Angleterre. Richard Cromwell répondit aux députés : « Messieurs, vos expressions sur votre perte et la mienne sont de chrétiens les meilleurs. C'est en effet une grande perte pour vous, pour moi et pour toutes les Églises protestantes. Dieu seul peut réparer cette brèche. Vos paroles m'obligent à être votre ami. En retour de vos bons vœux et de vos prières je vous dois affection. Je vous regarde comme les têtes et les chefs des diverses Églises étrangères que vous représentez. Comme étrangers, on doit vous plaindre, et comme étrangers chrétiens on doit vous apprécier. Vous êtes membres de Christ et j'espère l'être aussi. Je vous aimerai comme je m'aime moi-même. Christ est le maître et le magistrat n'est qu'un serviteur. Et un serviteur s'élèvera-t-il contre son maître ? Ferai-je mal à ma main ? Bien moins souffrirai-je qu'un membre du Christ reçoive injure. Il me faut avouer que je suis quelque peu surpris de développer un discours tel que le vôtre, mais je renfermerai tout en ceci : Vous pouvez avoir confiance que je vous maintiendrai dans vos personnes et dans vos libertés religieuses et civiles : et si aucun veut vous nuire je vous défendrai. Et je veux aussi procurer la liberté des Églises affligées au *Audience de Richard Cromwell.*

---

du passé le témoignage de toutes les Églises d'Angleterre qui nous sont connues et desquelles on les a reçus ci-devant ; mais pour ce qui est des assemblées irrégulières, on recevra les personnes qui viendront, non en vertu de leurs témoignages qu'ils apporteront, mais sur l'assurance qu'ils donneront d'avoir été auparavant membres d'une Église régulière, et sur la déclaration qu'ils feront, qu'ils sont ennemis de toute division et s'assujettiront aux ordres de nos Églises. » *Syn. wallon de Flessingue.* Sept. 1658.

dehors. Nous sommes dans la même barque, et je mettrai au défi tous vos ennemis et les miens[1]. »

Huit mois après l'investiture du second Protecteur, sa démission imposée par l'armée replongeait l'Angleterre dans l'anarchie.

Dernier appel et mort de J. d'Espagne
Les Églises n'avaient plus qu'à compter sur elles-mêmes et à laisser en silence passer l'orage. Dans le laconisme des Actes de Threadneedle street à cette époque, il est une mention toutefois qui ne peut manquer d'impressionner : « 14 novembre 1658... le sieur d'Espagne, malade, a demandé qu'on envoie un ministre prêcher en sa chapelle... » Le vieux lutteur, à bout de forces physiques, allait-il enfin céder et demander grâce ? On l'espéra. « Ils désirent *qu'au préalable* son assemblée soit réconciliée et réunie à la leur » ; et le 19 décembre on propose au troupeau de Somerset Chapel que « les deux assemblées soient réunies en une seule Église servie par les pasteurs qui seront dans l'une et dans l'autre, gouvernée par un seul consistoire et entretenue par une même bourse et néanmoins que les pasteurs prêcheront dans leur lieu accoutumé ». Au cri de détresse du pasteur mourant, préoccupé de la disette spirituelle de son troupeau, on répondait par la concession si longtemps refusée des deux lieux de culte, mais en exigeant d'abord le désaveu du passé : ministre et fidèles se turent, et le 25 avril 1659 Jean d'Espagne emporta avec lui dans la tombe toute possibilité de réunion et d'oubli.

Le consistoire de Threadneedle street ne le comprit pas. Assemblé le jour même de la mort de Jean d'Espagne, il crut au contraire le moment venu de faire cesser le schisme qui l'avait si longtemps froissé. « Maintenant que M. d'Espagne est mort on trouve à propos de tâcher de réunir son assemblée avec notre

---

[1] En hollandais dans les archives de l'Église holl. de Londres, traduit et reproduit par Moens. *Dutch Church Registers. Historical introduction.*

Église sous un même gouvernement, et pour cet effet on a jugé qu'il fallait, quand une assemblée générale des chefs de famille dudit quartier se ferait, y adresser et envoyer des députés pour les exhorter et inciter à la réconciliation et à la paix. On a nommé M. Stoupe, MM. Bouquet, Le Roy, Sochon et Tripier anciens, et pour diacres MM. Papillon, Blancart, Dubois et Wicart. On a aussi trouvé à propos d'écrire à l'Église de Paris pour lui donner à connaître l'état et les conditions de l'Église de M. d'Espagne et pour les prier de détourner les personnes qui pourraient avoir dessein de venir en ce pays pour succéder audit sieur, de ne pas venir pour fomenter la division qui y a été formée »[1].

Élections pastorales à Westminster.

Les délégués revinrent de l'assemblée générale de Somerset avec la seule réponse : « Ils remercient et considéreront la proposition ». Le deuil de la congrégation ne leur en permettait plus d'autre. Déjà ils avaient écrit à Jean Labadie, le célèbre mystique, qui, banni de Montauban, était forcé de quitter Orange et acceptait leur vocation ; mais sur sa route Genève le retint et l'Église de Westminster consentit, sur la demande de la Vénérable Compagnie, à lui rendre sa parole[2]. Le 2 octobre,

---

[1] *Actes du Consistoire.* — « Nous ne doutons pas que vous ne sachiez qu'il y a plusieurs années que M. d'Espagne, se prévalant des désordres du temps et de la condition où était alors notre Église destituée de pasteurs, forma une Assemblée qui a été condamnée comme irrégulière et schismatique par tous nos Colloques et Synodes, quoiqu'elle ait toujours subsisté depuis. Maintenant que M. d'Espagne est mort, bien que ce soit dans notre dessein de conserver dans cette Assemblée la prédication de la parole pour la commodité de ceux qui demeurent en ce quartier fort éloigné du lieu où nous nous assemblons et dont la plupart sont membres de notre Église, néanmoins nous souhaitons de réunir cette Assemblée sous le gouvernement d'un même consistoire ; » ils les prient de dissuader Labadie d'Orange de venir servir dans cette Église (25 avril). Le 9 mai ils apprennent la nomination de Labadie : « Puisqu'il vient, qu'on l'exhorte à réunir cette Église irrégulière à la leur », lettre signée de Cisner, Stouppe, neuf anciens et sept diacres. *Copie de lettres.*

[2] Acquiesçant par lettre du 13 août 1659 au désir de la Vén. Comp. de Genève, ils répondent à ses exhortations : « en regard à l'union recommandée

le consistoire de Threadneedle street réitéra sa démarche. Le 16, on lui envoie les délégués de Somerset House Chapel (entre autres M. Coladon) ; à leur tête le ministre de Sandoft, Kerhuet, qui leur annonce avoir été choisi ce jour-là pasteur de ladite assemblée et leur présente, non une réponse directe à leurs propositions, «mais un écrit contenant des plaintes». Sur les regrets qu'on leur en exprime, «ils demandent que premièrement on les reconnaisse pour Église et qu'alors ils sont contents de traiter», et quand on désire réponse écrite aux propositions, «ils disent n'avoir pas dessein de réponse, mais demander satisfaction de ce qu'on ne les reconnaît pas comme Église...» et se retirent [1]. Être reconnus pour Église, c'était légitimer leur sécession première et faire rendre la seule réparation possible à la mémoire du pasteur dont les restes reposaient dans cette Église, «fondée et conduite par lui», selon l'expression de l'épitaphe composée par un de ses fils dans la foi, le Dr Théophile de Garencières [2].

avec l'Église de Londres, ils sont les premiers à la rechercher ; ils offrent encore à présent de lui donner la main de concorde et de paix et de les embrasser comme frères au Seigneur, mais requièrent au nom de Dieu qu'ils n'attentent plus aucune domination sur eux comme ils font, qui est le subject de leur mésintelligence.» La Comp. «avise de penser cy-après aux moyens de réunir les deux Églises». *Procès-verbaux, Archives de la Comp.* Genève.

[1] *Actes du Consistoire*, petit registre.

[2] «Post exantlatos in Dei vineæ cultura per annos 42 labores, Meritus orbis admirationem Quotquot bonorum recordationem Fama, non solem legibus, sed etiam calumniatorum Ore confidente et Chirographo, integrà. Et (quod caput est) Ecclesia Gallo-Westmonasteriensi, In cujus sinu corpus ejus conditur, Auspiciis suis et ductu, Hispanis frustra reluctantibus fundata. Senio confectus, sensibus integer, mori se sentiens, Placide ultimum dormivit. Anno 1659. Aprilis 25. Aetatis 68. Theophilus de Garencieres D. Med. ejus proselyta, posuit.» — En tête de l'*Essay des merveilles de Dieu en l'Harmonie des temps qui ont précédé les jours de Christ*. Londres, 1662, avec le portrait de Jean d'Espagne. «*Doctrine singulari, studio indefesso, morum suavitate, adversorum Tolerantia inclytus.*» Th. de Garencières, né à Paris, docteur de l'université de Caen 1637, de celle d'Oxford 1657, membre du College of Physicians de Londres ; venu en Angleterre comme médecin de l'ambassade il avait été converti par .d'Espagne. Pour la liste bibliographique

Un autre lieu de culte s'était ouvert au quartier de Covent-Garden, où « M. Frogier prêchait dans une église de M. Manton ». Le consistoire de Threadneedle street s'en plaignit au propriétaire, le comte de Bideford; il n'en est plus question dans les Actes postérieurs[1]. A Sandhoft, abandonné par Kerhuel, on envoyait Samuel de la Prix, et l'année se terminait par une grande leçon de la mort, la disparition presque simultanée de Cisner et d'Élie Delmé : Cisner le 13 novembre, Delmé le 24 décembre 1659. Stouppe était en voyage à Paris. Le pasteur Jérôme, du Mans, consentit, sur les prières du consistoire, à desservir intérimairement l'Église, mais non à y accepter vocation définitive[2]. Un jeune proposant dieppois, Jacques Felles fut élu avec David Primerose, de Rouen, petit-fils de Gilbert Primerose, dont le souvenir était encore vivant et vénéré dans l'Église. Ce dernier fut seul accepté par une assemblée de pasteurs réunie à défaut de Colloque (les deux flamands de Londres et le flamand de Sandwich, Stouppe, le Keux de Canterbury, du Perrier de Southampton, Bresmal de l'Église italienne et Escoffier des vallées du Piémont), et qui ajourna Felles, à qui manquait un témoignage de sa propre Église.

Élections à Threadneedle street.

Le Cœtus « fortifié » de Duræus et Escoffier l'examina à deux reprises, loua ses dons mais, critiquant ses opinions « nouvelles et dangereuses », lui fit signer une promesse dogmatique explicite et conseilla d'attendre le consentement de Dieppe [3].

complète des œuvres de J. d'Espagne, toutes composées en Angleterre, *France Prot.* 2e éd.

[1] Un Frogier était ministre à Pamiers, 1651-1656. Peut-être sont-ce les adhérents de Frogier qu'en sept. 1660 le consistoire songe à relever de leur suspension de 1659, « avec les mêmes offres, sans l'acceptation desquelles ne sera pas levée ». *Actes.*

[2] « M. Jérôme demande à ne pas être élu. » *Actes.* Après l'élection il devenait collègue de Kerhuel pour la congrégation de Westminster.

[3] La promesse à l'*Appendice* XLVIII, avec extraits des Actes sur les examens et le conflit entre le Cœtus et le consistoire sur la confirmation de Felles.

Préludes de la Restauration.

Mais une question d'un autre ordre s'imposait maintenant à tous les esprits. L'Angleterre rejetée du protectorat à l'oligarchie militaire, du Parlement votant une république sans chef unique au Conseil des généraux, au Comité de salut public, de nouveau à l'Assemblée représentative et bientôt à la prépondérance du général Monk, dans la confusion de ces Parlements tour à tour dissous, rappelés, changés, modifiés, l'Angleterre aspirait ardemment à retrouver la stabilité et ne l'entrevoyait que par la monarchie. Les Indépendants persistaient seuls à s'y opposer. Déjà les presbytériens, redevenus momentanément les maîtres, rêvaient de relever le trône sur les bases de l'accord accepté trop tard en 1648. A ce moment solennel il restait un dernier nuage à dissiper. Ce roi, auquel on était prêt à rendre hommage, appartenait-il à la Réforme? Quels gages lui avait-il jamais donnés? Une réaction anglicane ou même catholique ne serait-elle pas la conséquence de son avènement? La réaction anglicane, on y croyait déjà, mais la catholique épouvantait et l'on n'en voulait à aucun prix.

Charles II avait bien écrit aux ministres de la congrégation anglaise de Rotterdam : « Le monde ne peut que voir notre constante et ininterrompue profession de la religion chrétienne en tous lieux. Aucun homme n'a plus ni ne peut plus manifester son affection et son zèle pour la religion chrétienne que nous ne l'avons fait (7 nov. 1658) » : au lieu des preuves de cet attachement à sa foi, on se rappelait les efforts de sa mère pour convertir les enfants de Charles Ier; on se rappelait aussi que pendant son séjour à Paris, il n'avait jamais voulu s'asseoir aux pieds de la chaire de Charenton.

Plaidoyers des pasteurs de France.

Et cependant, c'est aux pasteurs français seuls que Charles Stuart et ses conseillers pouvaient demander d'éclaircir les doutes de la nation et de lui garantir les vrais sentiments religieux du prince. Trois ministres, originaires de l'île de Jersey, réfugiés en

France pour cause d'attachement à la monarchie, étaient intermédiaires naturels entre elle et le pastorat réformé qui leur avait fraternellement ouvert ses rangs, Le Couteur, ministre de l'Église de Caen, Brevint et Durel, chapelains des ducs de Turenne et de la Force [1]. Les conducteurs des Églises de France ne faillirent pas à ce que l'on attendait d'eux. L'occasion leur était fournie de se dégager, d'une manière irrécusable, de toute solidarité avec ceux qui avaient porté la main « sur l'oint du Seigneur » ; bientôt leurs lettres, traduites et imprimées, furent répandues à profusion en Angleterre.

La plus importante est celle du célèbre Maximilien de l'Angle de Rouen, vice-président du dernier Synode de Loudun : « *La Religion du Sérénissime Roy d'Angleterre Charles II* » [2].

---

[1] Philippe Le Couteur ou Le Coulteur, fils du sieur du Carelet, receveur royal à Jersey, un des trois pasteurs de Caen de 1656 à 1662 à la Restauration doyen à Jersey. Daniel Brevint, petit-fils du réfugié Cosme Brevint, étudiant à Saumur 1638, chassé d'Oxford et de Jersey par les parlementaires, consacré à Paris par l'évêque anglican Cosin et pasteur à Compiègne avant d'entrer dans la maison de Turenne ; à la Restauration prébendaire de Durham et doyen de Lincoln. Jean Durel, né en 1626, chassé d'Oxford par les troubles en 1643, admis à Saumur (*Theses theologicæ : De communione sub utraque specie, Præside D. Mose. Amyraldo, respondente Joanne Durello Cæsareo Britanno, Theses Salmurienses*); aumônier de sir J. Carteret à Élisabeth Castle, envoyé par lui en mission à Paris, 1650, il y séjourna et y reçut le 12 juin avec Brévint les ordres anglicans du diaconat et de la prêtrise des mains de l'évêque de Galloway, dans la chapelle de sir Rich. Browne, le représentant de Charles II. Voir la description de la cérémonie et l'analyse du sermon du doyen de Peterborough par Evelyn qui y assistait. *Diary*. — Lors du voyage de Bochart en Suède, appelé par exprès à Caen, Durel y remplit les fonctions pastorales en 1652 et devint ensuite ministre d'Armand de Caumont, qui venait de succéder à son père dans la dignité ducale. Ces pasteurs avaient tous trois reçu l'institution du Synode de Normandie; Le Couteur et Durel épousèrent en 1662 et 1664 les filles de Maximilien de l'Angle.

[2] « *D'escritte en une lettre à un de ses amis* » édité à la fois à Genève, à Leyde et en anglais à Londres 1660, 58 pages in-12. « Monsieur, j'ai loué Dieu avec tout ce que je connais de gens de bien quand j'ai appris que les affaires d'Angleterre tendaient au rétablissement de votre Roi. Et je le loue encore des apparences qu'il y a qu'il veut avoir pitié de ce misérable Royaume

Se réjouissant des perspectives nouvelles qui s'ouvrent pour l'Angleterre, ayant toujours cru que les Presbytériens, redevenus le parti le plus puissant, éloigneraient d'eux « par les exemples de leur fidélité l'opprobre dont on les a flétris en les accusant d'être complices de la mort de Charles de bénite et glorieuse mémoire » et, bien qu'estimant que l'obéissance due au souverain ne doit pas dépendre de la religion qu'il professe, de l'Angle s'efforce de prouver que « doublement oint du Seigneur » celui-ci adhère de cœur à la foi protestante, ainsi que de réfuter la calomnie d'engagements secrets pris avec Rome [1]. Il ne l'a jamais vu ni ne lui a parlé, il n'a aucun engagement avec lui ni réel, ni de parole, ni d'espérance personnelle, et quoi-

que je connais de longtemps et où j'ai prêché l'Évangile quelques années parmi un peuple qui m'aimait et en qui j'ai remarqué beaucoup de piété. Il est vrai que les peuples qui maintenant composent cet État là, font un habit fort bigarré et de diverses couleurs, ce que Dieu n'agrée pas en sa Loi. Et que cette prodigieuse mêlée de grenouilles et de sauterelles, c'est-à-dire de sectaires qui couvrent presque toute l'Angleterre, me faisait craindre que l'ire de Dieu ne pesât plus longtemps sur cette désolée nation. Mais Dieu qui est riche en miséricorde et qui était disposé à pardonner à Sodome pour l'amour de dix justes, a encore plus d'inclination à pardonner à sa Jérusalem en considération de tant de gens de bien qui sont au milieu d'elle, qui aiment Dieu sincèrement et sur qui son nom est invoqué. »

[1] « J'ai essayé depuis quelques années que cette calomnie est montée du puits de l'abîme, à en savoir la vérité ; j'ai employé toutes sortes de moyens pour découvrir quel était son cœur envers Dieu ; pour cela je l'ai suivi de l'œil tout le temps qu'il a été en France . . . Et ce qui m'a porté à cette curiosité n'était pas que je fusse du sentiment de quelques-uns qui tiennent que s'il se trouvait que le Roi ne fût pas de la Religion protestante il faudrait nonseulement abandonner ses intérêts, mais s'opposer de tout son pouvoir à son retour à la couronne : car je n'ai point ainsi appris Christ. Et je ne saurais me persuader que ce soit un assez juste titre pour priver un homme de son bien, de ce qu'il n'a pas un même sentiment que nous en la Religion . . . Ce n'était donc pas que j'eusse la moindre pensée que le rétablissement du Roi dans l'héritage de ses pères dût dépendre de sa Religion, et que si j'eusse trouvé qu'il eût été imbu des erreurs de l'Église romaine je l'eusse jugé non admissible à cette haute dignité: mais je m'en suis voulu instruire pour ma satisfaction et pour celle des gens de bien . . . »

qu'il lui souhaite tous les biens imaginables il n'en attend pourtant point de lui, — mais il veut épandre le bruit partout où il croit que cette bonne nouvelle pourrait aider à faire rendre justice à la meilleure cause du monde. Or il sait, par ceux qui l'approchent, qu'il adhère certainement de cœur à la religion protestante «autant que l'on peut juger de la profondeur de cette partie-là»; qu'après la déroute de Worcester «ses propos partaient d'un cœur que l'Évangile avait sanctifié; il parlait tout à fait le langage de Canaan... il n'y a que la vraie religion qui donne cette trempe-là...». En partant d'Amiens, Charles II lui a fait demander par la fille du comte d'Holland «de se souvenir de lui en ses prières, parce que le sachant pasteur d'une Église populeuse il était bien aise de lui témoigner qu'il était dans une même communion que lui...»; il s'est rencontré en des prédications en plusieurs endroits de la France[1]; s'il n'a pas assisté à celles de Charenton, la faute en est à ses conseillers anglicans, accusant les presbytériens d'avoir contribué à la catastrophe de son père, et lui montrant que les agents de l'usurpateur occupaient le banc des ambassadeurs du roi d'Angleterre; le consistoire n'aurait pu du reste le disputer à ceux que Louis XIV «admettait en la fonction de leurs charges auprès de sa personne». Les Jésuites craignent son rétablissement; «tous les ministres de la religion protestante de tous les endroits de l'Europe le demandent à Dieu avec instance comme un acte de souveraine justice, le germe de bénédictions futures, le rameau

---

[1] «.. particulièrement en cette ville (de Rouen) ou avec le marquis d'Ormonde qui l'accompagnait il écouta sans s'asseoir le presche de M. Jansse mon collègue .. Et il est remarquable qu'il s'est trouvé incognito dans ces Assemblées et que par conséquent il n'y avoit rien qui l'obligeast à cela que sa dévotion. Si chacun eust sceu quel il estoit et s'il se fust fait connoistre, la grande inclination que ses ennemis ont à interpréter sinistrement les actions de cet infortuné prince auroit fait dire qu'il en usoit ainsi afin de regagner créance parmi ses peuples. Mais puisqu'il ne voulut pas estre cognu c'est un témoignage assuré qu'il n'a point eu d'autre visée que sonædification particulière.»

d'olivier apporté par la colombe comme une marque que les déluges sont passés ».

Daillé écrivait de même le 7 avril à Le Roy, un de ses amis français de Londres : « Si le roi n'est pas venu à Charenton à leur grand regret (et cela par raison de politique), il a cependant été au sermon à Caen, à Rouen, à La Rochelle.» Trois jours auparavant son collègue de Charenton avait écrit à Stouppe : « Rien n'est arrivé de plus étrange en nos jours que les révolutions de l'Angleterre, de l'Écosse et de l'Irlande; après la mort tragique du feu roi, l'espoir avait été donné qu'une république pourrait être établie qui serait la merveille et l'admiration du monde. Mais les divers changements qui sont survenus depuis de temps en temps, et les confusions qui sont à redouter font croire à beaucoup que Dieu réduira les affaires en leur premier état et placera les trois couronnes sur la tête d'un monarque. — On fait courir le bruit ici que la chose qui pourrait empêcher le Roi d'être rappelé dans l'héritage de ses pères est l'opinion qu'il est devenu catholique... » Drelincourt dément ce bruit, quoique de lui-même il ne puisse rien rapporter sur la religion du prince, « puisque par des raisons d'État nous n'eûmes pas l'honneur de sa présence à notre Assemblée de Charenton, le seul lieu où en corps officiel nous pouvons témoigner du respect que nous portons à des princes étrangers en communion avec nous ». Il conclut comme de l'Angle : « Vos Presbytériens ont en main l'honneur et la réputation de nos Églises. S'ils rappellent ce prince sans l'intervention d'aucun pouvoir étranger, ils acquerront une gloire immortelle et fermeront à jamais la bouche de ceux qui nous accusent à tort d'être ennemis de la royauté et nous imputent faussement la maxime « pas d'évêque pas de roi ».

Drelincourt s'adressait à l'ancien confident et agent de Cromwell auprès des Églises, pour qu'il influençât dans le sens monarchique les presbytériens anglais. Gaches, le troisième pasteur de Charenton, l'avait devancé, en écrivant directement, le 23 mars, au plus éminent d'entre eux, Richard Baxter : « Le Roi n'a jamais abandonné la profession de la vraie religion, même aux endroits où il en aurait pu essuyer perte », et il insistait sur la nécessité pour les presbytériens, les tout premiers, de préparer et hâter son retour [1].

Le 29 mai, Charles II rentrait à Whitehall. Tous les actes du Long Parlement non pourvus de la sanction royale étant considérés comme nuls, l'épiscopat redevenait, par le fait même, sauf pour les congrégations du Refuge, la seule forme ecclésiastique légale en Angleterre.

[1] ... « Je confesse qu'il n'a jamais honoré notre église de sa présence, ce qui nous a vraiment attristés, mais parce que la cause des Presbytériens semblait nous concerner, nous qui sommes presbytériens, et parceque la mort du roi a été attribuée aux presbytériens, il ne pouvait que nous rester étranger. » Les lettres sont dans Bishop White Kennet. *Register and Chronicle London 1728.*

« Ces ecclésiastiques ne doivent rien savoir de nos affaires » s'écriait Baxter assez justement. « Ils prient pour le succès de mes labeurs, quand ils sont occupés à me persuader d'y mettre fin par les prélats qui me feront taire, moi et des centaines d'autres. Ils me persuadent de faire ce qui me séparera de mon troupeau... et cependant je suis pour restaurer le roi, afin que, lorsque nous serons réduits au silence, notre ministère à bout, plusieurs de nous en prison, nous puissions avoir la paix de la conscience dans l'accomplissement de notre devoir, et dans nos souffrances l'exercice de la foi, de la patience et de la charité. »

En 1662, Charles II recommandait le jeune Raymond Gaches pour la première vacance dans le collège de Christ Church à Oxford. Le troisième fils du pasteur de l'Angle, Jean-Maximilien, et le sixième de Drelincourt, Pierre, passèrent de bonne heure en Angleterre, et ne tardèrent pas à obtenir des grades dans l'université et des positions dans l'Église nationale : comme à Pierre Du Moulin auquel Charles II accordait, le 29 juin, la prébende de Canterbury et le rectorat de Llawchaiadar autrefois donnés à son père, on pourrait leur appliquer à tous deux les paroles de l'épitaphe de P. Drelincourt doyen d'Armagh : « Patriam relinquit adolescens, Ecclesiæ Anglicanæ desiderio non suæ infortunio, habuit que Angliam non Asylum sed Patriam. »

CHAPITRES XIV et XV

CHARLES II

1660—1685.

CHAPITRE XIV

LES ÉGLISES ET LA RESTAURATION.

Au roi légitime remonté sur le trône de ses pères, les hommages et les vœux de l'union des congrégations réfugiées de langue française étaient apportés le 18 juin 1660 par J. Baptiste Stouppe, seul pasteur en fonctions dans celle de Londres. L'ancien agent de « l'usurpateur » sut remercier le ciel d'avoir, avec le roi, ramené « la paix dans l'État et la religion dans l'Église », et recommander la cause des étrangers au souverain qui avait connu les douleurs de l'exil[1]. « La harangue

Charles II harangué par Stouppe.

---

[1] Le discours est en entier dans le petit volume des *Actes* VI, 28. Il débute : « Béni soyez-vous grand prince qui venez au nom de l'Éternel par la voix de Dieu, où il vous a lui-même conduit comme par la main, et par la voix du peuple laquelle en cette occasion a été véritablement la voix de Dieu. Béni soyez-vous grand prince qui présentement avez dissipé nos craintes, écarté nos dangers et fait cesser nos misères ... Quoiqu'en vertu de votre parole de Roi nous nous attendions de partager avec le reste de vos sujets cette bénédiction que V. M. nous promet à tous de l'usage chrétien de ses afflictions, néanmoins permettez-nous, Sire, de vous dire que la qualité d'étrangers nous fait espérer encore en particulier quelque part à cet effet de votre bonté, car si J. C. a souffert en la terre comme étranger, afin qu'étant dans son règne et dans sa gloire il pût ériger un trône de grâces pour avoir compassion des infirmités des fidèles qui sont étrangers dans le monde, aussi éprouvons-nous Sire que, maintenant que vous êtes sur le trône, vous serez touché des misères des étrangers par le souvenir des incommodités que vous avez souffertes en un pays étranger, vous qui deviez régner dans le vôtre. Nous espérons encore Sire, que, sous la protection du Roi domestique et défenseur de la foi, nous jouirons en notre langue de l'exercice de la Religion

finie, S. M. répondit en ces mots : Messieurs, je vous remercie de l'affection que vous me témoignez ; je vous protégerai comme des Églises professant la religion réformée de laquelle je fais aussi profession, et je protégerai aussi les Églises réformées avec vous » [1].

Réformée qu'il a lui-même professée dans la France parmi les ennemis et persécuteurs de la vérité. Nous supplions pour cet effet très-humblement V. M. de nous confirmer, pour la jouissance de notre discipline, les libertés lesquelles vos royaux prédécesseurs ont de leur pure grâce octroyé à nos ancêtres qui, comme des tisons recouvrés du feu, fuyant de tous les endroits de l'Europe la persécution de l'Antechrist, ont trouvé dans ce pays béni du ciel un asile à leurs vies et à leurs consciences, et de continuer à nos pauvres artisans la faveur qu'ils ont toujours trouvée sous les ailes de l'autorité royale... »

« Les ministres français, italien et hollandais vinrent présenter leur adresse à S. M., un Monsieur Stoope prononçant la harangue avec grande éloquence. » Evelyn. *Diary.*

[1] Parler en termes généraux de protection « aux Églises réformées » c'était répondre aussi à ces protestants qui de France, de Piémont ou de Suisse lui envoyaient avec leurs félicitations l'expression de leurs espérances. Le 17 juin le comte Maignart de Bernières lui écrivait de Paris son espoir que les effets de la reconnaissance du roi envers Dieu le porteraient à relever ceux de même religion que lui de l'injure soufferte depuis tant d'années, et à employer son autorité royale à repousser les violences de leurs ennemis...
« C'est assez dire à un grand Roy de la bouche duquel il y a desja sept ans j'ay entendu de grandes parolles, et pour les confirmer emprumpterai celles de J. C. dans son Évangille : Que serviroit à l'homme de gaigner tout le monde et de perdre son âme ? Voilà Sire ce second et principal Royaume pour lequel il faut que V. M. face de nouveaux efforts et duquel je luy souhaitte l'acquisition avec plus de passion que je n'ay fait celuy dont elle jouit maintenant.. Ce sont aussy les sentiments de mes amys, lesquels emprumptent ma plume pour témoigner à V. M. l'effusion de leur cœur. » — Le 18 août lettre de félicitations du chev. de Marigny. — *Lambeth Library Mss.* vol. 646, nos 52 et 74.

Les pasteurs et anciens des vallées du Piémont assemblés au Synode de La Tour le 24 juin 1660 lui adressaient un éloquent plaidoyer en faveur de leurs « troupeaux désolés. » — *Même volume*, n° 75.

A Genève, la Vénérable Compagnie décidait le 25 mai 1660 « d'écrire une lettre de congratulation au Roi, comme l'ont fait les Églises de Suisse. » Elle fut signée par de Labadie et de La Fontaine. Sans leur adresser de réponse directe, Charles II termine celle « aux seigneurs Syndiqs et Magistrats de la République de Genève » par ces mots : « En aucune chose qui sera de l'inte-

Si, pendant son discours, l'orateur avait pu croire à un oubli du passé, l'illusion fut de courte durée : « M. Stouppe fait rapport (à la Compagnie) que le roi, après avoir reçu favorablement les députés et nous avoir promis sa protection, nous ayant recommandé en termes fort pressants de rappeler M. Hérault au milieu de nous, il a été résolu par le commun consentement de lui écrire au plus tôt et de le prier de venir servir notre Église »[1]. On donna connaissance aux chefs de famille de l'ordre royal et l'on se hâta de remplir les deux autres vacances. Malgré le refus de Dieppe de se dessaisir de Felles[2] et l'opposition motivée du Cœtus, le consistoire persista à le garder jusqu'à la décision du Synode de Normandie et à lui faire imposer les mains en même temps qu'à David Primerose par Le Keux, Stouppe, Le Franc et Du Perrier. Comprenant les signes des temps, Stouppe demanda sa décharge; on eut le tort de le prier de « rester encore ». Le traitement fixé pour chacun des trois pasteurs à quatre-vingt-quatre livres sterl. fut porté à cent pour Hérault, arrivé en septembre, et qui consacra ses premières prédications à célébrer la restauration de Charles II[3].

Rappel, par ordre, de Hérault.

rest de la pure Religion laquelle nous professons en commun ne serons de nostre bon gré et volonté en rien inférieurs ou en dessoubs du mérite et de l'honneur de nos prédécesseurs, et de cela vous donnerons toute asseurance, désirant aussi que vous en asseuriez vos ministres qui nous ont fait lire leurs affectionnez respects... » *Bibl. de Genève*, mf. 197ᵃᵃ, port. 11.

[1] *Actes du Consistoire.*

[2] Dieppe avait d'abord consenti, mais sur la protestation de quelques fidèles le Synode de Normandie l'avait rappelé et Dieppe retirait son consentement. Le Cœtus voulut imposer sa sentence au consistoire, d'où une quasi-rupture ; ce dernier fit écrire au contraire à Dieppe par Th. Papillon qu'ils gardaient Felles « considérant qu'il a été régulièrement déchargé et que les Églises étrangères n'ont pas d'ordres à recevoir d'un synode français ». Celui de Normandie finit par le leur attribuer. *Mém. de Th. Papillon, Actes du Consistoire et du Cœtus* et *Appendice* XLVIII.

[3] Stouppe prit un congé temporaire : dans ce même mois de septembre il résida quelque temps à Genève où la Vén. Comp. lui offrit la chaire de Saint-Pierre ; il l'occupa le dimanche soir 30. *Archives de la Vén. Comp.* Genève.

II

Démarches de Londres contre Westminster.   Le prompt acquiescement du consistoire de Threadneedle street aux volontés royales lui faisait espérer d'obtenir en retour gain de cause sur la dissidence de Westminster. L'ancien troupeau de Jean d'Espagne, admis à présenter pareillement ses hommages à Charles II, se trouvait dans une situation difficile : Somerset Chapel redevenait propriété de la reine-mère et de ses aumôneries catholiques. Il s'agissait pour le consistoire de Threadneedle street de prévenir un transport ailleurs de sécessionnistes avec l'affermissement d'une sanction royale. « Le 23 sept. la Compagnie apprenant que ceux de Somerset font des efforts pour se faire déclarer Église régulière, décide de s'y opposer vigoureusement et pour cela de présenter requête à S. M. d'empêcher qu'il n'y ait point d'autre Église que celle de Londres... Présentée au roi par le maître des Requêtes, elle a été renvoyée par devant l'Archevêque de Canterbury : le ministre Primerose, des anciens et des diacres iront le saluer et lui recommander l'affaire »[1].

Intervention de l'ambassadeur de Ruvigny.   Le marquis de Ruvigny venait d'apporter à Charles II les félicitations officielles de Louis XIV que son gouvernement jugeait préférable, vu l'état des esprits, de confier à un protestant[2].

---

[1] Charles II avait promu à Canterbury l'ancien évêque de Londres Juxon, qui avait assisté son père sur l'échafaud, et à Londres G^{me} Sheldon, un des conseillers du feu roy et des plus rigides adversaires des presbytériens. Le Cœtus le priant d'accepter la charge de superintendant, après avoir réclamé d'abord copie de leurs chartes, il dit que l'ordre récent du roi plaçait toutes les Églises étrangères sous leurs évêques ; il ne jugeait donc pas nécessaire de lui présenter l'élection, « mais promit de nous protéger et plutôt d'étendre nos privilèges que de les diminuer. » Le Cœtus « estima bon d'en rester là pour le moment ». 25 déc. 1660. *Actes.* — A l'*Appendice* les Requêtes des deux congrégations. — « Ceux de Londres avaient essayé par tous les moyens possibles de renverser cette nouvelle Église. Leur dernier assaut eut lieu à la Restauration. Car à peine le roi fut-il de retour qu'ils lui demandèrent de détruire la congrégation française de Westminster et de leur défendre de s'assembler dorénavant. » *Kennet's Chronicle.*

[2] De même on choisit le réformé de la Bastide pour l'ambassade de 1662. La sœur de Ruvigny avait épousé le comte de Southampton dont elle laissa deux filles, Lady Noël et Lady Vaughan devenue plus tard Lady Rachel Rusell.

Allié à l'aristocratie anglaise, précédé par la réputation de ses brillantes campagnes, où il avait toujours été du parti du roi, même contre La Rochelle, le député général des Églises réformées de France crut pouvoir s'appuyer de sa situation et de son expérience pour s'occuper de celles du Refuge en Angleterre, et il envoya prier le consistoire de Threadneedle street de « s'accomoder avec ceux de Somerset ». Ils le remercièrent « de sa bonté » ; mais quand il les engagea à remettre leurs différends entre les mains d'arbitres, ils s'y refusèrent péremptoirement et recherchèrent les documents qui les en empêchaient, tout en se déclarant prêts à écouter avec joie les propositions qui leur seraient faites. Accepter un arbitrage, c'eût été se départir, et renoncer au bénéfice, de leur attitude de seuls ayants-droit, de par la Charte d'Édouard VI.

En attendant, ils décidèrent de ne pas admettre à prêcher dans leurs Églises ceux qui se seraient fait entendre à « l'assemblée » de Westminster, de déférer aux ordres du Roi et du Parlement en prêchant le jour de Noël[1], et, sur la demande du Cœtus, de reconnaître un superintendant et de nommer à cette charge l'évêque de Londres. De son côté, l'évêque déclarait à Hérault « qu'il ne donnerait point de lieu au Commun-Jardin pour prêcher, et que ceux de ce quartier eussent à se joindre à notre Église comme à l'Église authentique ». La Compagnie le fit dire à ceux qui y résidaient et députa vers le Roi en janvier pour enlever à force d'insistance l'interdiction du culte français de Westminster. On les renvoya à l'évêque de Londres.

« Ruvigny, plein d'esprit, de sagesse, d'honneur et de probité, fort huguenot, mais d'une grande conduite et d'une grande dextérité.. Le roi se servait souvent des relations que sa religion lui donnait en Hollande, en Suisse, en Angleterre et en Allemagne pour y négocier secrètement et il y servit très utilement... Sous un extérieur fort simple c'était un homme qui savait allier la droiture avec la finesse des vues et des ressources. » Saint-Simon, *Mémoires*.

[1] Les autres Églises prirent la même mesure : on prêcha deux fois le jour de Noël, une fois le lendemain et une fois le 1er janvier.

Ici doit se placer l'intervention directe de Jean Durel, rentré en Angleterre à la suite du roi et mis en rapports intimes avec l'ancien troupeau de d'Espagne par les marquis de Cugnac et de Montpouillan, gendres de Mayerne et neveux du duc de la Force. A la fois pasteur réformé et ministre anglican, ayant rempli les fonctions dans l'une et dans l'autre communion, il était moins frappé de leurs différences de rites que pénétré de leur solidarité protestante, et il entrevoyait la possibilité d'un appui plus direct donné par des protestants d'origine française et par les réfugiés de l'avenir à cette monarchie légitime dont la restauration se confondait avec celle de l'épiscopat. En mars, la question des Églises du Refuge de Londres et de Westminster était résolue par une déclaration royale:

« Charles roi,

Déclaration du roi.

« Étant informés par les ministres et autres députés de l'Église wallonne dans la cité de Londres qu'il ne devrait y avoir qu'un seul lieu, et non plus, pour tous ceux de la langue française où ils puissent être autorisés à se réunir pour le service divin, nous sollicitant humblement de dissoudre la congrégation française de la cité de Westminster aux abords du Covent-garden, comme n'ayant aucune autorité légale : Et d'autre part ceux de la dite congrégation nous ayant représenté plusieurs bonnes raisons, montrant les grands embarras auxquels ils seraient livrés s'ils étaient privés de la liberté de se réunir en ou près de la dite ville de Westminster, sollicitant humblement notre gracieuse permission et royal assentiment pour la continuation de leurs dites Assemblées : Nous, prenant en considération la dite requête et humble désir, à cette fin qu'ils puissent entendre la sainte parole de Dieu et le servir dans leur propre langue, permettons gracieusement par ces présentes à autant de ceux qui se soumettront à l'Église d'Angleterre sous la juridiction immédiate de l'évêque de Londres, comme doivent le faire toutes les congrégations qui sont dans son diocèse, aussi bien les étrangères que les autres, et qui se serviront du Livre de Commune Prière établi par la Loi, dans leur propre langue française ainsi qu'il est reçu dans l'Ile de Jersey, de se réunir pour le service divin dans la petite chapelle de la Savoye, par le consentement du maître d'icelle, ou en tout autre lieu convenable, et d'avoir autant de ministres pour accomplir les saints offices qu'on jugera utile, pourvu que leurs noms nous soient d'abord apportés, et que les personnes soient présentées par les marguilliers (*churchwardens*) de la dite congrégation française, à l'évêque de Londres, leur ordinaire, pour être par lui instituées. Et, afin que ladite congrégation française d'après le mode de l'Église d'Angleterre soit d'autant mieux établie et ceux qui en voudront être faits membres d'autant plus encouragés, c'est notre gracieuse volonté et plaisir de constituer la pension de M. Jean Durell, ministre de l'Église d'Angleterre pour l'organisation d'icelle présentement et pour y continuer son ministère, à la subsistance duquel nous pourvoirons. De plus, nous plaisant gracieusement à maintenir à ladite Église wallonne de Londres son entier privilège sans la moindre diminution, Nous ordonnons et requérons par ces présentes que ceux de la dite congrégation de la cité de Westminster ne continuent plus leurs assemblées de la manière qu'ils l'ont fait jusqu'ici sans autorité légale, à partir de la prochaine fête de Pâques, et que d'ici là ils aient à les dissoudre. — Donné à notre cour de Whitehall le 10 mars de la XIIIe an. de notre règne. Par commandement de S. M. Edw. Nicholas. »

« Le Roi, par sa bonté accoutumée », dit l'évêque Kennet, « avait trouvé dans sa sagesse le moyen de donner raison aux deux partis en leur accordant leurs demandes »[1]. Il serait plus juste d'affirmer qu'il les avait condamnés tous deux. Threadneedle street était contrainte de renoncer définitivement au maintien de sa situation de seule *Église française de Londres* — et ce n'est pas sans intention que la Déclaration la baptise *wallonne;* — si elle conservait le prestige de l'ancienneté et les garanties de la charte d'Édouard VI sanctionnée par Élisabeth, elle n'en voyait pas moins s'établir à côté d'elle une autre Église, officiellement

---

[1] De même Wood : « Le roi accorda les deux demandes, en dissolvant la congrégation de Westminster et en érigeant une nouvelle Église. » *Athenæ Oxon.*

reconnue et même directement rattachée à l'État par le traitement alloué à l'un de ses ministres.

Hésitations de l'Église de Westminster.   Cette autre cependant, loin de saisir avec empressement les grâces offertes, se demandait si ce n'était point les payer trop cher que de renoncer à sa discipline, à sa liturgie, à son indépendance presbytérienne, pour embrasser les formes et se ranger sous la direction de « l'épiscopalisme » anglican. Abandonner le culte des confesseurs et des martyrs, le culte de leurs pères, de leurs frères de France chaque jour plus menacés, remplacer les prières répétées depuis leur enfance par une traduction de formules étrangères où ils croyaient retrouver un écho de l'Église de Rome, comme ils en croyaient voir un reflet dans les surplis du ministre, les génuflexions du fidèle, la distribution de la cène sans la table de la communion, n'était-ce point, en un mot, rompre avec leurs traditions les plus chères ? Réfugiés pour la foi huguenote, n'allaient-ils point commettre un véritable acte d'infidélité ?

L'auteur de la solution adoptée par Charles II sut retarder d'abord, et empêcher ensuite leur refus. L'émotion la plus vive s'était emparée du troupeau de Westminster. A l'assemblée des chefs de famille convoquée par les pasteurs et anciens, « deux ou trois » des plus ardents refusèrent absolument toute soumission ; mais Hierôme, le plus âgé des deux pasteurs et le modérateur de la réunion, s'efforça de démontrer « que l'occasion s'offrait d'affranchir les Églises de France de l'imputation gratuite et souvent répétée de condamner l'Église d'Angleterre ».

Consultation des Églises de l'étranger.   On décida d'écrire « au delà des mers pour savoir, d'après le jugement des pasteurs de France et de Genève, si l'on pouvait, en bonne conscience, consentir au sacrifice de la liturgie et à se soumettre à la juridiction de l'évêque de Londres »[1]. Avant le

[1] Voir à l'*Appendice* la lettre écrite à Genève et signée des principaux opposants dont trois anciens Dury, Paulin et Schogue.

retour des réponses, le pas était franchi. La majorité des chefs de famille avait, par l'organe du consistoire, rendu grâces au Roi, et s'était soumise « très volontiers » à ses désirs ; le même corps s'était présenté chez l'évêque et l'avait nommé « leur pasteur ».

Les réponses d'ailleurs étaient de nature à les encourager. Si l'Église de Paris n'avait pas voulu en adresser une collective [1], si le consistoire de Genève avait apporté quelque hésitation et requis quelques explications supplémentaires avant de se prononcer [2], une seule lettre, celle de Bordeaux, leur conseillait de

[1] « L'Église de Paris ne répondit pas. En partie par la même raison pour laquelle M. Hierosme ne voulait pas qu'on leur posât la question au nom de toute la congrégation, c'est-à-dire qu'il ne pouvait mettre la chose en doute, le monde entier sachant que les Églises réformées françaises depuis la Réformation ont pris grand soin d'entretenir communion et bonne correspondance avec l'Église d'Angleterre ; en partie parce que si une telle question devait être débattue et décidée à nouveau, on aurait regardé comme une grande présomption de la part de ministres d'une Église unique, quelque considérable qu'elle pût être, et quelque nombreux et doctes qu'ils fussent, de prendre sur eux une affaire de si haute importance. » *Kennet's Chronicle.*

[2] La lettre de Westminster lue en séance le 19 avril 1661 était remise avec la copie de celle de Charles II et une plus intime de Colladon à « quelques frères » chargés d'examiner « les Liturgies d'Angleterre et la dernière déclaration du roi sur icelles, pour résoudre de la réponse qui sera faite. » Déjà Turretin avait dû communiquer à l'un des pasteurs de l'Église wallonne de Londres une lettre reçue de Westminster par Labadie : selon la réponse la Compagnie « délibérera sur ce qu'elle aura à faire pour écrire aux deux Églises sur leur différend. » *Procès-verbaux. Arch de la Vén. Comp.* Genève : « Les raisons pour lesquelles nous avons tardé quelque peu à délibérer dans notre Compagnie et à répondre étaient surtout d'éviter l'imputation d'être enclins à donner des lois à ceux des autres pays. Est-ce la même Liturgie que celle des règnes d'Élisabeth et de Jacques ou une nouvelle de Laud ? Car s'il est question seulement des Communes Prières qui ne sont en aucune opposition avec la forme du service usitée en France et en ce lieu, comme il y a uniformité de doctrine vous savez qu'on ne s'est pas attaché à ces petites difficultés, et que de même que ceux de notre manière peuvent communiquer avec l'Église d'Angleterre, de même la noblesse anglaise et d'autres de la même nation qui ont passé par ce chemin ont communiqué avec nous en France et dans cette Église en témoignage de parfaite union. Puisque le roi dans sa lettre enjoint seulement que le Livre des Communes Prières soit employé dans votre congrégation sans rien spécifier d'autre, que S. M.

se réunir de préférence à l'Église de Threadneedle street. Et encore, sur l'interrogation aussitôt posée à nouveau par Durel: « Qu'ont-ils à reprocher à l'Église d'Angleterre? » les ministres s'empressaient de lui écrire, Goyon que « s'ils ont écrit de la sorte c'est qu'ils pensoient que la nouvelle Église seroit la ruine de celle des Wallons qui a toujours subsisté jusqu'à ce jour, mais qu'ils ne croient pas que la conscience soit blessée de servir sous l'Église anglicane », et Rondelet : « J'ai appris que la lettre de notre consistoire écrite à quelques particuliers de l'Église françoise de Londres a causé quelques troubles,.. on n'a rien dit au consistoire contre l'honneur et l'autorité de l'Église anglicane... je la considère comme la meilleure de toutes pour garder les hommes en bon ordre et respect, pour supprimer les scandales et extirper les hérésies ».

Présentée sous cette face, la question ne pouvait être douteuse : jamais les Églises réformées de France n'avaient repoussé la communion avec l'Église anglicane ; la réciproque eût été moins facile à démontrer : on le vit plus tard lors de la controverse sur les réordinations. Aussi de l'Angle, après s'être réjoui de la restauration du roi et du rétablissement de la liturgie et discipline de l'Église d'Angleterre « par laquelle cette Église pendant tant d'années a été enrichie de tant de bénédictions », avoue-t-il ne pas comprendre « ce que veulent tous ces haïsseurs de la paix de l'Église qui clabaudent et parlent comme si les Églises françoises étoient de grands adversaires de l'ordre épiscopal et comme si nous le tenions pour tout à fait contraire au royaume du Christ... Dieu nous préserve d'avoir une opinion aussi perverse et inconsidérée. Je suis sûr que ni M. Daillé, ni M. Amiraut, ni M. Bochart, ni aucun de mes collègues de

pourvoit gracieusement à l'entretien d'un ministre, et que pour exprimer la hauteur de sa puissance il laisse l'Église wallonne dans sa condition présente sans en diminuer les privilèges, on ne peut que bien prendre une telle façon de procéder. » *Lettre de Chabrit de Genève au docteur Colladon.*

Rouen ne l'ont approuvée jamais, et moi qui suis le moindre de mes frères en suis aussi loin qu'aucun ». En effet, Bochart et Daillé avaient répondu dans le même sens, ainsi que Vauquelin de Dieppe, La Fresnaye de Saint-Lô, Morel de Saint-Pierre-Église, Martel de Montauban. Du Bosc rendait hommage à l'utilité de l'épiscopat et s'efforçait d'en expliquer la non-existence dans les Églises de la réforme française. Le Moyne de Rouen allait beaucoup plus loin et regrettait pour elles l'épiscopat et les cérémonies [1]. « Le nom de schisme peut faire plus de mal à l'Église en un seule année que tous les excès de l'autorité épiscopale en un âge... Plût à Dieu que nous n'eussions d'autres différences avec les évêques de France que leur dignité ! Combien volontiers je me soumettrais à eux », écrit Gaches à Brevint, et le pasteur de Charenton exprime le désir que quelques-uns des « Wallons » vinssent assister au service et communier pour montrer qu'ils n'y sont pas contraires. Drelincourt, qui avoue néanmoins souhaiter quelques modifications dans la liturgie anglicane, « bénit Dieu que, nonobstant les efforts de l'Église wallonne de Londres pour démolir l'Église françoise de Westminster, celle-ci continue à subsister par la bonté et la libéralité du Roi ». La princesse de Turenne félicite son aumônier de la charge qu'il accepte dans l'Église nouvelle et du Bosc lui écrit : « Vous me serez aussi cher sous le surplis de l'Angleterre que sous la robe de France et je vous embrasserai d'aussi bon cœur dans la chapelle de la Savoye que je l'ai jamais fait dans le

---

[1] « Pour ma part je bénis Dieu pour notre Réformation en France, mais je ne crains pas de dire que si nous avions conservé des évêques et autant de cérémonies qui auraient servi à fixer l'attention du Peuple sans superstition, nous aurions vu certainement de beaucoup plus grands progrès de Réforme, et la résistance vaincue de beaucoup de personnes qui sont écartées de notre communion par l'irrégularité de notre gouvernement et la sécheresse de notre culte. » Lettre de Le Moyne. Il fut nommé quinze ans plus tard docteur d'Oxford, 5 avril 1676.

temple de Bourg-l'Abbé »[1]. Toutefois, pour faciliter la transition, la vieille pierre d'achoppement du surplis était, comme dans les îles normandes, provisoirement épargnée aux ministres de la Savoye, et ce provisoire dura plus d'un siècle[2].

Inauguration du culte conformiste de la Savoye.
C'est à Durel, juste récompense de tant d'efforts, que revint l'honneur d'inaugurer le culte dans la chapelle de la Savoye le 14 juillet 1661, devant un auditoire nombreux où l'aristocratie anglaise était représentée par le duc et la duchesse d'Ormonde, les comtesses de Derby (Charlotte de la Trémoïlle), d'Ossory et d'Athole (filles de la comtesse de Derby), les comtes de Stafford, de Newcastle et de Devonshire. Il avait pris pour texte la 1re épître aux Cor. XI. 6 : « Si quelqu'un se plaît à contester, nous n'avons pas cette habitude, non plus que les Églises de Dieu », et il joignait à ses protestations pacifiques des éclaircissements propres à répondre aux objections ou à calmer les scrupules des anciens paroissiens de Jean d'Espagne[3].

L'après-midi la chaire fut occupée par Le Couteur, qui donna, ainsi que Brevint, quelques prédications françaises avant leur prise de possession de bénéfices dans l'Église nationale. Charles II n'avait pas oublié les services rendus. En 1662, le Couteur devenait doyen de Jersey, Brevint, docteur en théologie à Oxford et prébendaire de Durham, vingt ans plus tard doyen de Lincoln[4]. Durel, fidèle à son nouveau troupeau, avec le titre d'un

---

[1] Bourg-l'Abbé était le lieu de réunion de l'Église de Caen.

[2] Délibération du consistoire de la Savoye 1769.

[3] Par exemple sur la répétition réitérée de l'oraison dominicale dans la liturgie anglicane que les Huguenots taxaient de vaine redite et que Durel explique comme l'obéissance à l'ordre du Seigneur : « Quand vous priez, priez ainsi : Notre Père .. » et comme le recours à son intercession particulière toutes les fois qu'on présente requête à Dieu. *Sermon prononcé en l'église de la Savoye la première fois que le service de Dieu y a esté célébré selon la Liturgie de l'Église anglicane, dédié au duc d'Ormonde.*

[4] Deux de ses sermons français sont au *Mss. Conrart, XIV. Bib. nat.* Paris.

des chapelains ordinaires de S. M., recevait le privilège exclusif pour la traduction et la publication de la liturgie anglicane en langue française[1], en 1663 une prébende à Salisbury, bientôt après une seconde à Windsor et une troisième à Durham[2]. Il justifiait ce redoublement de faveurs en défendant, par sa parole et par sa plume, la liturgie et le gouvernement de l'Église d'Angleterre et en s'appuyant sur les lettres reçues de France pour en accentuer la conformité avec les autres communions réformées[3].

[1] Jusqu'à la version de Durel on se servit de celle de P. de Laune dont une seconde édition parut en 1661 ; la première de Durel est de 1665 (de Tournes à Genève et Dunmore à Londres) : puis en 1667, 1677, 1678, 1683, 1688 (La Haye), 1689, 1695, 1700 (Amsterdam), 1702, etc. Des éditions de Londres celles de 1703 à 1705 ont paru chez de Varennes, 1705 D. Mortier, 1706 et 1717 « les libraires françois dans le Strand », 1719 des Varennes et du Noyer, 1729 N. Provost et C°, 1748 et 1764 Paul Vaillant, 1763 Daniel d'Aillaud, tous Réfugiés ou descendants de Réfugiés. En 1705, un libraire de Berlin, Dan. le Jeune, publia une version « par une personne très compétente ». Les *Nouvelles Littéraires* en mentionnent une en 1719 par d'Abbadie, une en 1721 à La Haye « par huit ou dix pasteurs conformistes. » De 1550 à nos jours on compte 65 éditions de la liturgie anglicane en français, 23 depuis le XIXe siècle. — Renseignements bibliographiques recueillis par M. Le Grouchy, communiqués par le Rev. Hoskins.

[2] Déjà le 25 oct. 1661 le Roi recommandait à l'év. de Winchester « M. Durel, min. de l'Égl. française, qui a été le principal instrument pour introduire dans cette Église la liturgie anglaise, pour la vacance à venir d'une sinécure en possession de l'év. de Galloway : sa nécessaire assiduité à l'Égl. française le rend inapte à une autre promotion. » *State papers*, Cal. XLIII, 110. — Le 9 oct. 1662, Ordre royal que la traduction française de J. Durel du Livre de prières soit employée, aussitôt imprimée, dans toutes les églises paroissiales de Jersey et Guernesey, dans la congrégation française de la Savoye et dans toutes les autres conformées à l'Église d'Angleterre avec licence à lui pour l'impression exclusive de ladite traduction. *Cal.* XLI, 12. — 10 avril 1665, Lettres du Roi au doyen et chapitre de la chap. roy. de Windsor, les priant de dispenser J. Durel, un de leurs chanoines, des jours de résidence, eu égard à sa charge comme un des prédicateurs constants de la cong. fr. de la Savoye pour laquelle il ne reçoit pas d'allocation. CXVII, 93. En 1669, lettre du chancelier à l'Université d'Oxford pour lui faire conférer le grade de docteur. Nommé doyen de Windsor en 1677, Durel y mourut en 1683.

[3] *La Liturgie de l'Église anglicane*, sermon prêché dans l'Église de la Savoye, traduit sous le titre : *The Liturgy of the Church of England asserted. A view of the government and publick worship of God in the reformed*

Il avait une dernière ambition, celle de mettre fin aux ressentiments de Threadneedle street, dont le consistoire, avant même l'inauguration officielle de la Savoye, délibérait d'envoyer chez « les autres qui se tiennent séparés, leur dire qu'ils doivent choisir entre les deux... on le leur dira le plus doucement possible »[1]. Durel, par une lettre instante, supplia le consistoire de se « désister de ce dessein et de ne rien faire qui empêchât celui qu'ils témoignent de vouloir vivre en union avec nous ». Cette démarche courtoise et fraternelle décida la Compagnie à n'envoyer l'avertissement qu'à ses ressortissants[2]. Au mois d'août, après l'inauguration, Hérault, dont les principes ultra-monarchistes s'accommodaient fort mal de cette opposition à une création royale, proposa « qu'on permît aux pasteurs de cette église de prêcher en l'église de la Savoye ». Pour la première fois il y a détente : « On a jugé qu'il fallait laisser à la liberté des pasteurs d'y prêcher s'ils le jugent à propos ».

Chapelle de la Savoye. Le 24 déc. 1662, par acte passé entre l'évêque de Londres Sheldon, le maître de la Savoye et les chapelains perpétuels d'icelle d'une part, et le Dr J. Colladon[3], médecin ordinaire du

---

churches beyond the seas : wherein is shown their conformity and agreement with the Ch. of E. as it is established by the act of uniformity 1662. Aux critiques opposées à ce livre par les non-conformistes, entre autres par Hall « *Apologie des Puritains d'Angleterre à MM. les pasteurs et anciens des églises réformées de France.* Genève 1663 », et par L. du Moulin, il répliqua dans une étude approfondie : « *Sanctæ Ecclesiæ Anglicanæ adversus iniquas atque inverecundas Schismaticorum criminationes vindiciæ.* L. 1669.

[1] *Actes du Consistoire.*

[2] En 1662 Durel se présente au cons. de Threadneedle street pour s'enquérir d'un indigent et proposer « qu'il y ait plus d'intelligence entre eux au sujet des passants. On prendra cette proposition en considération. » *Actes.*

[3] D'une famille berrichonne réfugiée à Genève en 1550, fils du professeur de médecine Esaïe, il était venu en Angleterre où on le graduait à Cambridge en 1635 ; après son mariage avec la nièce de Turquet de Mayerne il s'établit auprès de lui et lui succéda en 1661 comme médecin du roi. Naturalisé avec sa femme et ses enfants le 5 avril 1663, il fut anobli le 8 août 1664. — Voir généalogie Agnew, 3e éd. et la *Fr. Protestante.*

roi, Henri Browne[1], Étienne Bedard, chirurgien, Jean de Billon Lamare d'autre part, les maîtres et chapelains cédaient pour quarante années cette partie de l'hôpital ou dortoir de la Savoye appelée le « *Chapel Ward* », avec une petite pièce, autrefois cellule contiguë, — « afin que les preneurs et diverses autres personnes natives du royaume de France, actuellement domiciliées dans les cités de Londres et de Westminster ou les fauxbourgs ou libertés d'icelles, et professant la religion réformée, puissent s'y assembler pour entendre lire le service divin et prêcher la parole de Dieu — aux conditions acceptées préalablement par elles, et consenties par le roi dans ses lettres du 10 mars 1661, de constant usage du livre de Commune prière et de l'administration des sacrements, et de soumission immédiate à la juridiction de l'évêque de Londres ». La chapelle[2] qui leur était allouée dans la vaste enceinte de la Savoye, formait l'extrémité de l'ancien hôpital confinant à Dutchy Lane, qui la séparait seul des dépendances du palais de Somerset. La congrégation n'émigrait que de quelques pas : son lieu de culte restait placé à distance égale entre les cités de Westminster et de Londres. Le nom de la Savoye, se substituant à celui de Westminster, devait la suivre dans ses migrations postérieures et lui demeurer jusqu'à nos jours, alors que, depuis longtemps, les derniers vestiges des bâtiments compris sous cette appellation sont presque entièrement effacés[3].

[1] L'ami de Jean d'Espagne.
[2] « Neat building and conveniently large. » Stow, *Survey of London*, ed. Strype.
[3] La Savoye (le nom vient d'une toute première résidence en ce lieu de Pierre de Savoie, oncle de la reine Éléonore, épouse de Henri III), renfermait avec les bâtiments, en forme de croix, de l'hôpital de Saint-Jean définitivement supprimé sous Jacques Ier, de nombreuses dépendances utilisées comme casernes, logements de pensionnés et de pauvres, et plusieurs chapelles en plus de celle devenue église paroissiale, d'où le nom de Savoy étendu à tout le quartier. Déjà Evelyn dit avoir été entendre prêcher Jean d'Espagne à « la

Séjour de Morus.

A l'adoption du rit anglican correspond la disparition de Kerhuel : on ignore s'il faut l'attribuer à son décès ou à son refus de se résigner au changement après avoir dû sa consécration aux presbytériens anglais. Un des pasteurs de Paris, Alexandre Morus, eut la pensée de le remplacer. Il était sous le coup de l'interdiction d'un an édictée par le Colloque de Charenton, à la suite de son occupation violente de la chaire, malgré une suspension prononcée arbitrairement par le consistoire. Ayant pris hautement parti contre le bourreau de Charles Ier, Morus avait lieu d'espérer de son fils un accueil d'autant meilleur que ses amis inébranlables, le duc et surtout la duchesse de la Trémoïlle, l'accompagnaient de leurs recommandations les plus chaudes.

Charles reçut très gracieusement le ministre qu'on proscrivait, s'il faut en croire sa noble protectrice, beaucoup plus « par envie de ses dons remarquables et jalousie de ses succès », que pour « la négligence de petites choses » et le trop peu d'austérité de ses allures. Il l'admit à la cour, s'entretint souvent et familièrement avec lui, mais eut garde d'imposer son élection à un consistoire prévenu déjà, et, de par Durel et Brevint, tout entier à la dévotion des Turenne, ses plus ardents adversaires. « Vous ne sauriez croire avec quelle affectation l'Hostel (de Bouillon) tasche de dominer ici. Je voudrois que vous eussiez veu les Bibles reliées en bleu et les grands rubans de la plus belle largeur pendans à frange d'or (avec les armes) sur la chaire de l'église », écrit-il à la duchesse de la Trémoïlle. La comtesse de Derby, retenue dans ses terres, ne pouvait plaider sa cause : on allait jusqu'à refuser la chaire de la Savoye à l'éloquent ministre que le roi faisait prêcher deux fois dans sa chapelle privée. Arrivé

Savoy », parce que Somerset-House était comprise dans la paroisse : elle n'appartenait ni à Londres ni à Westminster, mais aux libertés du duché de Lancastre qui séparait juridiquement les deux cités.

à la fin de décembre 1661, Morus retournait en France le 29 mai[1].

Durel et Hiérosme restèrent pasteurs en titre de la Savoye, le premier activement jusqu'en 1666, le second jusqu'en 1667 : il partait alors pour l'Irlande et y recevait plusieurs bénéfices[2]. Mais la congrégation ne manquait point de ministres. Elle eut successivement, parfois simultanément, André Lombard 1664-1668[3], Jean-Maximilien de l'Angle, dont Durel épousa la sœur, *Les pasteurs de la Savoye.*

[1] « A la chapelle royale prêcha ou plutôt harangua le fameux orateur Monsieur Morus, en français. Étaient présents le Roi, le Duc, l'ambassadeur de France, lord Aubigny, le comte de Bristol et un monde de catholiques romains, attirés par le désir d'entendre cet éloquent Protestant. 12 janvier 1662. » Evelyn. *Diary*.

Les pénibles démêlés de Morus avec le consistoire de Charenton sortent de notre cadre. Pour les détails de son séjour à Londres voir son attrayante correspondance avec la duchesse de la Trémoïlle conservée au chartrier de Thouars et publiée par M. Paul Marchegay. *Bull. du Prot. français*, XXI. Dans une lettre à M. Blacal, la duchesse, après avoir accusé la malice des ennemis de Morus, écrit : « Si le bruit qui court est vrai, la contagion en a passé jusques où vous êtes, car on dit que les ministres de l'église françoise, ayant craint qu'on le leur donnât pour collègue, ils écrivent de tous côtés pour avoir des mémoires contre lui... » et elle s'étonne qu'on lui refuse la chaire où on a laissé monter Hespérien (Voir articles Morus et Hespérien, *France Prot.*). Elle demande au pasteur : « Ne saurait-on tirer MM. Brevin et Durel du nombre de ceux à qui vos dons font ombrage ? » Il répond qu'il en est « cruellement traité. »

[2] 9 mars 1667 : Certificat du Lord-chancelier autorisant Hiérosme à habiter l'Irlande. 1668 : Pension de trente liv. st. 9 mars : Nomination de *Precentor* à la cath. de Waterford. Le 14 juillet Charles II « prenant connaissance de la piété et de la science de Jean Hiérosme (auquel le Lord-lieutenant, en considération de ce qu'il est étranger et un qui *non seulement s'est soumis de bonne heure au gouvernement de l'Église d'Angleterre mais a amené la congrégation française à s'y conformer*, a donné le vicariat de Chapel Isold), lui accorde une maison. » En 1676, l'ancien ministre de Fécamp reçut les vicar. de Mullingar et Rathconnell, en 1677 les rectorats de Church et Piercetowne, en 1680 ceux de Clonegan et de Newtownelenan. — Agnew 3ᵉ éd.

[3] Né à Nîmes 1635 (d'après son acte de baptême aux archives municipales; lui-même se rajeunissait de trois ans), min. en 1661, fut reçu en Angleterre 1663 où « ayant exercé son ministère pendant l'espace de 5 ans il repassa en France, fut à Nîmes voir sa famille, et y fut engagé » en 1668. (Acte de ma-

1668 [1], Durand de Bréval 1669 (peut-être plus tôt), et Richard du Maresq au moins depuis 1672. D'ailleurs, en juin 1675 le roi, mettant le comble à ses faveurs, accordait aux doyen et chapitre de Westminster, ainsi qu'à leurs successeurs et ayants-droit une annuité de soixante livres sterling sur le trésor royal, pour être divisée également entre les ministres prédicateurs de l'Église française de la Savoye, « en addition à ce qui leur est déjà alloué de ladite Église selon l'ordre de S. M. en son Conseil ». Il affermissait l'Église et en assurait l'avenir.

riage de son frère en nov.). De nouveau en Angleterre en 1672 pendant trois mois « pour demander son congé et en rapporter ses livres et ses meubles ; » d'où plaintes du consistoire de Nîmes et ordre de l'Intendant « de ne pas souffrir que le sieur Lombard, ministre, prêche dans l'église à cause de son absence hors du royaume sans avoir la permission du roy par écrit, et d'en avertir le sieur . . On lui en écrit à Londres. » (*Actes du Cons. de Nîmes*). Il ne fut relevé de l'interdit et rétabli dans ses fonctions à Nîmes que par ordre royal du 23 juillet 1675. En 1677 il redemandait un congé qui lui fut refusé « puisqu'il a fait divers voyages, que le dernier même lui fut funeste. » Il donne alors sa démission, dessert quelques mois Calvisson et Lyon et est arrêté à Paris et mis à la Bastille, mai 1680, au moment où il se disposait à retourner à Londres. « Interrogé s'il connaît Richard, secrétaire de Mil. Arlington, il répond qu'il ne le connaît pas ; c'est un ministre des Cévennes, appelé Grenier, qui lui a envoyé une lettre pour Richard à Londres. Il connaît Mme la comtesse d'Arlington et elle venait entendre son prêche. — Quelle condition lui offrait-on à Londres ? — On proposait de lui donner 100 liv. st. mais ayant su qu'il se présentait un autre ministre français pour remplir la place qui était vacante et que cela pouvait faire quelque contestation il avait changé de sentiment et n'avait plus de pensée de passer à Londres, et au contraire quelques amis qu'il a à Paris se mettent en peine de le faire prêcher à Charenton. » Ravaisson, *Archives de la Bastille VIII*. Supposant qu'il s'occupait de politique internationale au moins autant que de religion on le retint à la Bastille jusqu'au 2 janvier 1681. On le retrouve cependant à Londres en octobre, comme pasteur de la Savoie, remerciant Charles II de sa Déclaration.

[1] Nommé chanoine de Canterbury en 1678 et recteur de Chatham dans le comté de Kent, il s'y retira sans pourvoir à sa place, d'où les plaintes adressées à l'évêque de Londres par le consistoire, voir *Appendice*. Lettre du 19 nov. 1679.

Tandis que l'Église conformiste recevait une existence légale et des revenus officiels, celle de Threadneedle street se voyait au contraire dépossédée par le chapitre reconstitué de Windsor du droit absolu de propriété du temple que lui avait concédé le Parlement de Cromwell : on l'assignait même en paiement du loyer des années d'interrègne. En octobre 1661 le bail lui était consenti à nouveau avec stipulation de cinquante livres pour l'arriéré[1]. Plus que jamais le consistoire sentait la nécessité de resserrer le faisceau des fidèles : afin qu'aucun ne pût se dégager de son influence, il partageait les quartiers entre les pasteurs pour la visite des familles et la consolation des malades, attribuant Bishopsgate et Shoreditch à Hérault, Temple-Bar, Blackfriars et Cripplegate à Stouppe, Allgate et Houndsditch à Felles, Blanchapton (Whitechapel), la ville St. Helen, James Street, Southwark et Ste. Catherine à Primerose[2]. Soucieux de conserver ses relations avec l'aristocratie nationale, il envoyait remercier le comte de Lauderdale et le chevalier More « de l'honneur qu'ils nous ont fait de venir communier dans notre église mai 1661 », et afin de rivaliser avec la Savoye réservait des bancs « pour les personnes de conditions du dehors, 1662 ». Ces appuis lui devenaient indispensables. Alors que les congrégations presbytériennes anglaises attendaient avec anxiété la législation ecclésiastique en préparation, un coup de foudre apprenait au consistoire que Charles II, s'il récompensait les services, savait se rappeler les offenses.

Nouveau bail de Threadneedle street.

« Aujourd'hui ce mercredi 4 de sept. (1661) à onze heures du matin nous avons reçu une lettre de S. M. qui nous commande de faire savoir à M. Stouppe, notre Pasteur, qu'il lui défend de retourner dans ses Royaumes sans sa permission et le

Expulsion de Stouppe.

---

[1] En 1667 nouveau bail de quarante ans sur le pied de huit livres.
[2] En 1664 on détacha James St. pour en faire un cinquième quartier avec l'hôpital, première mention de cet utile établissement charitable.

déclare déposé de sa charge dans cette Église pour les raisons qui sont alléguées dans cette lettre, et qu'il entend que désormais cette Église ne recevra aucun Pasteur sans que son nom soit présenté à S. M. et à M. l'Évêque de Londres [1]. Et là-dessus la Compagnie obéissant à S. M. a résolu d'envoyer au devant de M. Stouppe que nous croyons être déjà dans Angleterre et sur le chemin de Londres, MM. de Grave et Tavernier, diacres, avec une lettre pour partir aussitôt et lui en donner avis. Et cependant cette Compagnie a résolu de députer envers M. le Secr. Nicolas MM. Hérault, pasteur, et de Lilers et Fervaques, anciens, pour l'avertir que nous n'avons reçu qu'aujourd'hui 4 de sept. (la lettre) datée du 28 d'Août, que nous croyons que M. Stouppe est déjà passé en Angleterre et sur le chemin et que si nous avions reçu la lettre plus tôt nous aurions plus tôt obéi » [2].

---

[1] « Étant informés qu'un certain M. Stouppe, ministre de votre église, un indiscret affairé, se mêlant notoirement de matières qui ne sont pas de sa vocation au plus grand déshonneur d'icelle (ayant été un agent connu et un habituel pourvoyeur de nouvelles du dernier usurpateur, ainsi qu'en témoignent abondamment plusieurs de ses lettres encore existantes), est maintenant allé au-delà des mers, pour la seconde fois dans l'espace d'une année, sans en informer Nous ou Notre conseil ou obtenir Licence ou Permission de ce faire, ce qui est le devoir connu de tous Nos sujets et aurait dû spécialement ne pas être négligé par un dont sa précédente désaffection ouverte vis-à-vis de Nous et de Notre gouvernement a justement rendu dangereuses et suspectes toutes circonstances douteuses de son déportement et de ses actions ; — Nous avons estimé bon d'exiger de vous, par la présente, de ne pas admettre dorénavant ou employer ledit M. Stouppe pour votre ministre, mais de lui donner aussitôt à comprendre que Notre Volonté et Plaisir est qu'il ne se permette pas de retourner dans ce ou tout autre de Nos royaumes ou états sans avoir obtenu d'abord Notre licence et autorisation. Et Notre Volonté et Plaisir est de plus qu'aucune personne, n'étant pas Notre sujet né, soit à l'avenir pris par vous et admis comme ministre de cette église avant que son nom soit présenté à Nous et au très révérend père en Dieu l'évêque de Londres en charge. » « Au dos : « M. Stouppe déposé de sa place dans l'église française de Londres. » *State Papers*.

[2] *Actes du Consistoire*.

A cette prompte soumission la Compagnie joignit cependant un dernier appel au souverain. Stouppe, arrivé le 29 septembre, au lieu de retourner sur ses pas, avait sollicité du roi un sursis [1], s'était présenté au consistoire et avait demandé un témoignage. On écrivit au roi, le priant de lui accorder audience ou de le faire entendre, et dans le témoignage, où l'on commençait par constater que « le Roi a déclaré qu'il était suspect à cause de quelques attachements qu'il a eus ci-devant avec ceux qui s'étaient emparés de l'État », et qu'ils ne pouvaient se point soumettre aux ordres de S. M., ils accordaient audit sieur qui s'y soumettait aussi en toute humilité « la demande qu'il nous a faite de se pouvoir retirer en nostre bonne grâce. Nous ne pouvons pourtant le laisser partir sans avoir un extrême déplaisir, vu l'édification singulière que cette Église a toujours reçue de lui, tant par sa conversation au milieu de nous que par ses excellentes prédications, où il n'a jamais rien enseigné qui ne soit conforme aux saines paroles de Jésus-Christ. — Signé : Hérault, Felles, Primerose, pasteurs; Bouquet, Le Roy, Boucheret, Belon, Coqueau, Wicart et Blondel, anciens ». Ils le laissaient forcément partir, mais ils ne le destituaient pas.

Stouppe, étranger de naissance, expulsé d'Angleterre, regardé comme coupable de lèse-majesté, ne pouvait songer à trouver un poste dans les Églises de France. Son frère aîné commandait depuis 1652 un des régiments suisses au service de

---

[1] « Pétition de J. Bapt. Stouppe, min. de l'Église française. Le pétitionnaire obéit à la lettre de V. M. aux pasteurs et anciens de son église leur commandant de ne pas le garder pour leur ministre; n'a été informé qu'après son arrivée de Votre plaisir qu'il ne retourne point dans ce pays, ne se serait pas permis de revenir; prie qu'on l'autorise à rester deux mois de plus pour mettre ordre à ses affaires. » *State Papers Cal.*, placée par erreur dans le règne de Charles 1er 1640. CCCCLXX. 88.

Louis XIV : le ministre déchargé échangea sa robe pour l'uniforme et commença une carrière nouvelle[1].

Canterbury. Tentatives de Jannon. Avant son renvoi, Stouppe avait été indirectement mêlé, comme tout le consistoire de Threadneedle street, aux troubles de Canterbury, où Jannon cherchait à profiter de la réaction gouvernementale pour mettre la sécession en possession des droits du consistoire régulier. Parmi les Églises du Refuge, s'il en était une qui pût se croire assurée contre une pareille spoliation, la vieille wallonne réformée de Canterbury devait être celle-là, abritée dans la crypte même de la cathédrale, comme un constant mémorial de la fraternité et de la tolérance anglicanes. C'est cet asile que Jannon prétendit lui ravir. Réconcilié une première fois avec l'Église dont il s'était séparé, le maire ayant reçu l'ordre de les réunir et de leur imposer son acceptation comme ministre (1661)[2], il avait voulu introduire à sa suite comme troisième pasteur le suisse Stockart ; sur le refus de la majorité, il avait fait appel au roi qui les renvoyait à l'arbitrage

---

[1] Pierre Stouppe le fit premier lieutenant-colonel du régiment qu'il forma en 1672 pour la campagne de Hollande pendant laquelle J. Baptiste composa à Utrecht en 1673, sous le titre de « *La Religion des Hollandais* », une attaque contre les sectes qui s'y multipliaient et une défense des réformés qui avaient consenti comme lui à servir contre ce pays protestant. Nommé le 28 janvier 1677 colonel du régiment suisse créé pour l'expédition de Sicile, incité par Louvois au moment de la Révocation « puisqu'il était déterminé à ne pas changer de religion » à s'éloigner de France pendant quelque temps et à visiter l'Italie, il accompagnait à Rome le futur évêque Burnet (B. *History of his own Times*). Promu brigadier en avril 1689 il publia en 1690 un mémoire justificatif des colonels du pays des Grisons qui servaient en France, adressé aux Ligues grises, et fut blessé mortellement à Steenkirke, août 1692. — Zurlauben. *Histoire militaire des Suisses au service de France;* Bayle, art. *Spinoza;* Basnage, *Annales des Provinces-Unies.*

« A sa mort son successeur ayant remplacé l'aumônier protestant par un catholique, la plus grande partie des troupes fit défection. » D'Auvergne.

[2] « Par ordre envoyé de la Cour les deux partis sont réunis en un corps sous Le Keux et Jannon, avec un consistoire formé de moitié de chacun des deux. Le cons. de Threadneedle street les exhorte à subir patiemment le jugement du magistrat. » *Actes du Consistoire.*

des prébendaires de la cathédrale[1]. Le consistoire de Threadneedle street s'empressait de fournir à Le Keux l'attestation requise de n'être point à la tête d'un troupeau indépendant, mais d'une congrégation faisant partie de la communion des Églises jointes en un même Colloque, et de recommander sa cause aux chanoines du Moulin et Casaubon[2]. Jannon alors, fort de l'exemple de la Savoye, déclara embrasser avec son troupeau le rite anglican, et c'est à eux que le lieu de culte fut remis par les arbitres ; tout au plus autorisait-on Le Keux de continuer à y prêcher le dimanche après midi.

Jannon conforme.

A la nouvelle de ce déni de justice, Stouppe, des anciens et des diacres furent délégués pour aller assister Le Keux, et tout en s'efforçant de ramener Jannon à la discipline des Églises réformées, et en conseillant à Le Keux de ne pas appeler de second pasteur en titre, afin de réserver la place à Jannon dans l'espérance d'une réconciliation, on lui prêta Felles comme auxiliaire provisoire. Alors intervint l'évêque de Londres : « il apprend qu'ils ont envoyé à Canterbury un député ou des députés qui semblent se joindre avec M. Le Keux pour empêcher l'accord qui doit se faire avec l'Église anglicane ; il les prie de les rappeler et de ne plus se mêler de cette affaire ». On se disculpa et l'on obéit[3].

Mais il ne suffisait pas à Jannon de s'emparer officiellement de la place ; il voulait empêcher Le Keux et sa congrégation d'y subsister à côté de lui. Le 2 août il envoyait à la cour les

---

[1] Pétition des Wallons qui ne sont pas de la congrégation de M. Jannon, reproduite dans Martin, *Christian firmness of the Huguenots or sketch of the history of the French Refugee Ch. of Canterbury*. 1881.

[2] Pierre du Moulin avait sollicité en mai 1660 et obtenu le 29 juin la prébende de Cantorbéry, avec le rectorat de Llanrhaidar donnés à son père par Jacques Ier. *Cal. State Papers*.

[3] Stouppe et Primerose assurèrent à l'évêque que Felles n'y allait que pour prêcher : on lui ordonna de revenir. 11 août. *Actes du Consistoire*.

« Raisons pour lesquelles M. Le Keux et ses adhérents ne doivent pas être autorisés à former une congrégation par eux-mêmes à Canterbury », raisons où il savait réunir toutes les insinuations propres à réveiller les susceptibilités monarchiques et épiscopales et où il concluait en ces termes : « Sur quoi il est humblement désiré par M. Jannon et sa congrégation (consistant de plus de cinq cents personnes), que M. Le Keux et ses adhérents soient privés de l'usage de la crypte ou voûte (dans laquelle les Wallons se réunissent pour le culte public), jusqu'à ce qu'ils puissent se libérer de ce chef d'accusation et de tous autres qui seront soulevés contre eux, — et que M. Jannon, qui, conforme à l'Église d'Angleterre, ait seul l'usage de ce lieu d'assemblée pour lui et sa congrégation régulière, jusqu'à ce que M. Le Keux et ses adhérents aient donné satisfaction à S. M. et à l'Église pour leurs scandaleuses offenses »[1].

Exclusion du troupeau non conformiste.

L'esprit de représailles qui tendait à prévaloir dans les conseils de la monarchie favorisa Jannon ; le roi ordonna aux prébendaires de lui attribuer exclusivement la crypte : ils firent comparaître Le Keux et ses anciens, leur intimèrent l'ordre de l'évacuer promptement et prirent soin d'en assurer l'exécution[2].

Le Keux et ses compagnons d'épreuve partis pour Londres dans l'espoir d'être au moins autorisés à tenir leur culte réformé ailleurs, y furent suivis par Jannon même muni pour le secrétaire d'État Nicholas d'une lettre du chapitre et de copies des paroles amères prononcées par son ex-collègue les dernières fois qu'il

---

[1] Voir à l'*Appendice* les Raisons invoquées.

[2] Lettre au sec. Nicholas signée du vice doyen et de six prébendaires dont Méric Casaubon et P. du Moulin, 12 oct. 1661 : « Jannon et sa congrégation sont devenus les paisibles possesseurs du lieu. Ils espèrent que cette affaire amènera une heureuse réconciliation parmi ceux de la nation wallonne. » *State papers Cal.* XLIII, 53.

lui avait été permis d'occuper la chaire[1]. Le maire de Canterbury mandait de son côté à sir Nicholas les « machinations » des opposants et leurs ressentiments effectifs à l'endroit des nouveaux conformistes. Du moment où le roi prenait parti pour ceux des Wallons « qui désertent le presbytérianisme pour se conformer à la façon épiscopale », le maire s'empresse de l'imiter ; il croirait manquer à son devoir de lieutenant de S. M. et de fils de l'Église d'Angleterre, s'il ne dénonçait pas ceux « dont la désaffection pour la dernière le portait à douter de leur fidélité au premier »[2].

L'affaire prenait des proportions inattendues : l'appel à des privilèges remontant à un siècle passait, par suite des coïnci-

[1] « . . Le sieur Le Keux et quelques autres sont venus en ceste ville pour demander à S. M. un lieu pour prescher à Canterbury en leur particulier outre celuy qu'il a plû à S. M. de nous accorder, lesquels employent M. le comte de Manchester pour cet effet. Trouvés bon, Monsieur, je vous supplie que je vous dise, que si le Roy leur accordait leur demande cela ruineroit absolument les premières intentions de S. M. et le bon dessein que nous avons. Le sieur Le Keux est capable d'entretenir le trouble partout où il est : Et non content de sa mauvaise et scandaleuse conduite du temps passé, vous verrez s'il vous plaist par le mémoire icy joint un échantillon de ce qu'il a dit et fait depuis quelques semaines . . . » L. de Jannon au sec. Nicholas. 18 oct. 1561.

« Le Dimanche 15e j. de sept. 1661 l'après-midi Ph. Le Keux dit en chaire : Qu'à cause que l'Église étrangère se soumettait au gouvernement de l'Église anglicane elle s'en alloit estre privée de l'Évangile et que par ce moyen la Parole de Dieu s'en alloit luy estre ostée. Ce qu'il répéta jusques à trois fois dans son sermon. Et dit qu'il prioit Dieu instamment qu'il lui pleust appesantir sa main corporellement et spirituellement sur ces méchans là qui estoyent cause de cela. Le Dimanche 22, il dit encore : ouy, l'Évangile s'en va estre esteint par des nouvelles superstitions qu'ils vont introduire en l'Église . . et s'en vont tourner la Parole de Dieu en des chansons et s'en vont chanter une heure durant au Temple. Le jeudy 26, il dit encore en chaire : Plusieurs étrangers sont sortis du bourbier de l'idolâtrie et sont venus en ce pays pensans y ouyr prescher la parole de Dieu. Mais voicy pour la dernière fois que l'Évangile sera presché icy en pureté . . . Le dit Le Keux a toujours esté un des plus grands ennemis du Roy jusques à l'avoir apellé en chaire le grand traistre Stuart. » *State Papers Dom.* XLIII, 73 et annexe.

[2] *State Papers*, Charles II. Dom. XLIII, 92. Voir la lettre à l'*Appendice*.

dences politiques et religieuses à l'heure où se préparait l'Acte d'Uniformité, pour une résistance au retour de l'ordre et pour une attaque contre l'Église du souverain. La solidarité des vieilles Églises du Refuge s'affirma en présence du péril de leur sœur. Toutes les congrégations s'unirent à la pétition de celle de Canterbury, sollicitant l'autorisation de se chercher un autre lieu de culte. C'est ce que nous apprend le renvoi par le roi aux doyen et prébendaires de Canterbury, le 20 mars 1662, de la « pétition des anciennes Églises wallonnes à Canterbury *et ailleurs en Angleterre* ». Charles II « ayant », disait-il, « par une triste expérience reconnu beaucoup de mauvais effets du manque d'uniformité dans le culte », déclarait vouloir que les pétitionnaires se conforment « à la bonne et paisible conduite du reste de leurs concitoyens »[1].

La condamnation était prononcée. Deux mois plus tard, lors de la publication de l'Acte d'Uniformité, les spoliés crurent trouver dans l'article exceptionnel en faveur des réfugiés l'autorisation légale à s'assembler de nouveau[2]. Deux des juges de paix de la ville le crurent comme eux et leur permirent de louer une salle où ils transportèrent les registres et célébrèrent le culte selon le rite des Églises de France.

Mais on ne les regardait plus comme des réfugiés. Le 3 septembre 1662, le roi écrit aux maire et aldermen de Canterbury : « Depuis vingt ans il y a eu des divisions scandaleuses parmi les Wallons ; elles ont mis en danger la paix de la ville : plusieurs d'entre eux, avec Ph. Le Queux, se sont déclarés indépendants et ont rompu communion avec les autres. Les maire et

---

[1] *Cal. State Papers Dom.* Ch. II, LII, 91.

[2] Ils l'écrivent à Threadneedle street lui demandant un pasteur. Le Keux avait-il renoncé à la lutte, ou s'agit-il d'un second ministre nécessaire dans une congrégation aussi importante ? Le consistoire répond qu'ils devraient d'abord s'assurer d'un lieu de culte. *Actes.*

aldermen les réunirent, mais les dissentiments éclatant à nouveau, le Doyen et les Chanoines les jugèrent inconciliables. Pierre Jannon avec cinq cents communiants s'est librement soumis au gouvernement de l'Église anglicane et en a accepté la Liturgie, mais les autres ont l'audace de s'assembler comme des fanatiques dans une maison particulière. Nous vous requérons donc, vous maire et juges de paix de Canterbury et tous autres nos ministres et officiers en ces lieux, de leur défendre de se réunir à l'avenir, et dans le cas où ils continueraient de les amener à juste punition selon l'acte du Parlement pour l'Uniformité du service divin, *comme ils ne sont pas une de ces églises étrangères qui sont exemptées des pénalités du dit Acte*, n'y ayant jamais eu plus d'une seule congrégation de Wallons autorisée à Canterbury par nos royaux prédécesseurs, laquelle s'est volontairement, de son propre mouvement, conformée il y a environ deux mois à l'Église d'Angleterre, à laquelle nous requérons et enjoignons à tous les dits Wallons, de quelque condition et qualité qu'ils soient, de se joindre, comme le seul moyen d'exister dorénavant ensemble en paix et unité. — Et, comme le nombre de ceux qui se sont jusqu'ici séparés est considérable, Nous, par tendre soin de leur édification, leur accordons la liberté de choisir eux-mêmes un ou plus de ministres comme ils le préféreront, pour se joindre aux autres, afin d'être les ministres de tous indifféremment dans une seule et même congrégation, sans aucune espèce de distinction, pourvu que les dits ministres soient institués par l'archevêque comme orthodoxes, *conformistes* et hommes de bonne vie »[1].

Cette étrange interprétation de la loi allait-elle enfin anéantir leur résistance? Vu l'importance numérique des Wallons et leur influence industrielle dans la ville, la question en devenait une

---

[1] *Record office : Ecclesiastical Business. Entry Book.* 1661-1662.

d'ordre public : les correspondances particulières en font foi[1]. Deux mois s'étaient écoulés, ils ne cédaient pas encore. « Ils ont demandé le temps de réfléchir, écrit un témoin oculaire... et ils ont alors absolument refusé » ; et il donne la raison de leur opiniâtreté : « Sir Thomas Peyton, le Recorder de la cité (Juge des sessions trimestrielles), leur grand refuge, a suspendu l'exécution de la lettre de S. M., sous prétexte d'un statut d'après lequel si le Roi est mal informé ses Édits sont non avenus ! » Un homme s'était donc trouvé pour les défendre même contre Charles II. La clairvoyance du magistrat avait percé à jour les arguments de Jannon ; sa conscience ne lui permit pas de laisser un libre cours à un ordre basé sur une erreur. Si à l'heure actuelle, comme aux temps d'Édouard VI et d'Élisabeth, l'Église calviniste réformée a conservé un sanctuaire sous le chœur de la cathédrale anglicane, on le doit à l'énergie de Sir Th. Peyton, s'opposant à l'exécution de la lettre royale et en appelant, au nom de la justice anglaise, au roi mieux informé.

Justice rendue.

L'instruction reprise à nouveau par le procureur général Finch aboutit à l'accord proposé par lui, accepté par six mandataires de chacun des deux partis, et soumis au Conseil le 12 novembre : il s'appuyait sur les autorisations des précédents souverains, argument décisif invoqué dans le Mémoire des réclamants[2]. Le 14 novembre, un ordre du Conseil donnait force de

---

[1] Lettres de W. Kingsley au colonel Culpepper, 2 nov., du colonel Culpepper au sec. d'État Bennet, 3 nov. *Cal. State Papers Dom.* LXII, 18, 30.

[2] La pétition « de la congrégation des Wallons et Français vivant dans et autour de la ville de Canterbury, descendants des Églises étrangères dans ce royaume qui, par divers orages et violentes tempêtes de persécution pour cause de religion, ont été jetées sur les côtes de cette île, rassemblées, entretenues, accueillies, protégées, privilégiées et favorisées par l'autorisation d'exercer leur propre discipline ecclésiastique, par le bon roi Édouard VI, la vertueuse reine Élisabeth, le sage roi Jacques, le religieux roi Charles confesseur et martyr, » relève chronologiquement les actes des souverains précédents. Le Mémoire annexé : « *The case of the Walloons*, etc. » résume

loi à l'accord; il enjoignait : 1° l'oubli de toutes les divisions du passé; 2° la réunion des deux partis en une seule congrégation wallonne, continuant l'exercice de la religion protestante *selon les rites et discipline exercée sous la protection des monarques précédents;* 3° l'élection d'un nouveau ministre; 4° l'interdiction au pasteur de rien dire contre la liturgie anglicane; 5° le soutien de leurs propres indigents. A ces conditions le roi consent à leur accorder le lieu habituel d'assemblée près de la cathédrale, à les déclarer *faisant partie des Églises Réformées autorisées par S. M. et comme telles non exposées aux pénalités de l'Acte d'Uniformité,* et il ne permet pas qu'on les impose pour le soulagement d'autres indigents que les leurs [1].

« Les anciens des deux Églises françoises de Canterbury ayant obtenu de la bonté du Roi le rétablissement de l'ancienne Église sous notre gouvernement se présentent (devant la Compagnie de Threadneedle street) et demandent le prêt d'un Pasteur... on demande à voir d'abord le sceau de S. M. » Satisfaite sur ce point, la Compagnie envoie Hérault, qui prêche aux deux services du 23 novembre sur le même texte, très de circonstance, Rom. XV, 5. 6. 7 [2], puis Primerose, et en mars Felles. Comme il n'est plus question ni de Le Keux ni de Jannon, il est à présumer que l'art. 3 impliquait leur double décharge : Jannon occupe en 1664 le rectorat de St Pierre-Port à Guernesey. Après un refus du pasteur Simon, quittant Sandoft pour Bacqueville en Normandie, l'Église de Canterbury adressa vocation en avril 1663 à Élie Paul d'Arande, Anglais de naissance, mais fils de l'ancien ministre d'Amiens, d'Étaples et de Southampton. Né

---

les principales phases de l'histoire intérieure de l'Église et rappelle les services rendus en 1648 à la cause royale. Ils sont reproduits dans l'ouvrage du rev. Martin, la pétition p. 43, le mémoire p. 53.

[1] *Cal. State Papers Dom.* LXII, 118 et *Actes du Consistoire de Londres.*
[2] Sermons imprimés dans *Le Pacifique royal en joye.*

en 1625, Paul d'Arande était destiné à l'Église nationale; l'Acte d'Uniformité qu'il ne put se décider à souscrire venait de lui faire perdre le vicariat de Mayfield en Sussex [1]. Il servit l'Église jusqu'à sa mort en 1669 et fut remplacé par Arnaud Boucherie 1670-1685 [2]. Delon (peut-être celui de Fénestrelles) avait été nommé second pasteur en octobre 1666. Sous ce double ministère l'Église atteint son apogée. La crypte devenait trop étroite pour un troupeau de 2500 âmes, presque le cinquième de la population totale de la ville, qui devait sa prospérité à leurs industries du lainage et des soieries rayées, fleuries et tissées d'or et d'argent. Aussi les ressentiments de quelques citoyens qui eussent voulu faire peser sur eux une plus lourde part d'impôts, qui leur reprochaient de se gouverner par eux-mêmes, remettaient sans cesse leurs privilèges en question et leur faisaient interdire la vente au détail [3], sont-ils compensés par le témoignage officiel de la municipalité rendant hommage, le 11 mai 1676, aux membres de la congrégation wallonne « qui vivent très paisiblement et en bon ordre, sont très laborieux et industrieux dans l'art du tissage et autres manufactures, par lesquelles non seulement ils soutiennent tous leurs indigents, sans permettre à aucun de mendier ou d'être à charge à d'autres, mais donnent de l'ouvrage à plusieurs centaines de pauvres anglais, et sont également de grande aide et bienfait à ladite ville, supportant une forte proportion des impôts publics, et fournissant des soldats et des armes pour les milices, ce que la ville, pauvre par elle-même, eût été incapable de bien endurer sans eux. »

[1] « Homme de grands mérites, prédicateur de valeur et de conversation agréable. » Calamy cité par Agnew.

[2] « 17 aoust 1669 nostre cher pasteur M. Paul d'Arande. 3 juillet 1685 Arn. Boucherie l'un des pasteurs de nostre Église. » *Registre mortuaire de Canterbury.*

[3] *Ordres de la cour de Burghmote.* Vol. V, 27 juillet 1663, 29 mars 1664, 15 août 1665, 9 avril 1667, 25 août 1668.

On n'en continuait pas moins à repousser toutes leurs demandes d'admission aux franchises de la ville[1]; mais ils obtenaient par une charte royale, l'existence corporative et politique sous le nom de : « Les Maîtres, Gardiens (Wardens), Assistants et Corporation de la Compagnie des Tisserands en soie de la cité de Canterbury »[2].

Une dernière fois la congrégation avait eu à faire appel au souverain. En janvier 1676, la Cour ecclésiastique de Canterbury, méconnaissant les droits positifs d'une Église de Réfugiés à célébrer les cérémonies privées de ses ressortissants, déclara clandestin le mariage dans l'église wallonne de Jean Six et Marie Le Houcq, célébré par le pasteur Delon, excommunia les conjoints et suspendit le ministre. Député à Londres par le consistoire et les chefs de famille, Delon plaida et gagna sa cause auprès du Conseil d'État : il en obtint réhabilitation du mariage et rentrée en fonctions du pasteur[3]. La suprême tentative de faire

---

[1] « 9 avril 1667 : Aucune personne de la congrégation de Wallons et étrangers dans cette ville ou devant en faire partie à l'avenir, ne devra être admise ou assermentée aux libertés et franchises de la ville. — 3 sept. 1672 : Ordre empêchant les Wallons d'être admis à la franchise de la ville. *Ordres de la cour de Burghmote*, vol. V. — 1677 : Plaintes des Wallons : en plus de leurs pauvres qui depuis quatre ans leur ont coûté 1818 liv. st. ils contribuent pour les ministres anglais, pour les pauvres des paroisses, emploient près de mille ouvriers anglais, font le service de constables et autres, et cependant voient repousser toutes leurs pétitions pour obtenir la franchise de la ville. » — Martin.

[2] On traitait le Maître de Mylord ou V. Seigneurie ; il y avait deux Wardens et neuf assistants : Jean Six, premier maître, J. du Bois et Jacques Six, Wardens ; J. Bout, Ged. d'Espaigne, Paton, Le Houcq, Lepine, Manaque, P. des Fervaques, H. d'Espaigne. Ph. Lepère, assistants. Les réunions mensuelles se tenaient dans leur Halle aux Blackfriars, emplacement de la chapelle unitaire actuelle. — Martin.

[3] Les *Act-Books* de l'Arch. de Canterbury nous apprennent que Delon, lors de son élection, et sur recommandation expresse de Durel, avait été autorisé à recevoir les ordres anglicans *extra tempora*. Était-ce reprise des projets d'anglicisation, ou plutôt satisfaction donnée, dans la personne du second pasteur, à ceux qui jadis s'étaient ralliés à ces projets et au gouvernement qui les avait soutenus ?

II

considérer tous les descendants des Réfugiés comme soumis aux lois ecclésiastiques anglicanes et à l'acte d'Uniformité, avait abouti à consolider leur position.

L'Acte d'Uniformité.

L'acte d'Uniformité a joué dans l'histoire ecclésiastique et religieuse de la Grande-Bretagne un rôle trop important pour qu'on puisse n'en citer que le nom sans en étudier sommairement l'esprit et les résultats, au moins en ce qui touche au Refuge. L'esprit est celui de toute réaction. Il est certain que Charles II eût été plus large que ses conseillers et son Parlement. On craignit qu'il ne le fût infiniment davantage et le spectre du catholicisme fit donner gain de cause à l'exclusivisme épiscopal. Fidèle aux lettres adressées de Bréda aux deux Chambres avant son rappel, et à sa promesse d'avoir égard aux consciences « délicates », le roi avait proposé au Parlement, le 25 octobre 1660, une déclaration qui eût concilié les presbytériens modérés. A l'épiscopat rétabli, à l'interdiction des cérémonies contraires à la loi, au rétablissement des anglicanes[1], elle ajoutait (sauf pour les chapelles royales, les cathédrales et collégiales) la dispense de la génuflexion à la cène, du signe de croix au baptême, du serment d'obéissance canonique dans l'ordination, l'installation ou l'induction, la conservation des bénéfices sans l'exprès assentiment aux trente-neuf articles, et terminait par les nobles paroles de Breda : « Nul ne sera inquiété pour des différences d'opinion en matières de religion qui ne troublent point la paix du Royaume ». Ces concessions réclamées depuis l'origine de la Réformation en Angleterre eussent retenu dans

[1] « Toute Église nationale a le pouvoir d'établir pour ses membres des cérémonies, lesquelles, quoique préalablement indifférentes, cessent de l'être quand elles sont établies par la loi : nous sommes donc contents d'exercer de l'indulgence envers les consciences délicates jusqu'à les dispenser d'user de telles cérémonies qui leur sont une offense, mais non jusqu'à les abolir. »

l'Église officielle ou lui eussent ramené la grande majorité des presbytériens[1]. A la première lecture, la Chambre décida de ne point passer outre, et lorsque les élections de mai 1661 eurent renouvelé le Parlement, l'élément presbytérien n'y figurait plus qu'en infime minorité. Les évêques avaient repris leurs sièges dans la Chambre des Lords et le vote de l'Acte dit « pour le bon gouvernement et règlement des corporations », exigeant les serments d'allégeance et de suprématie de toutes personnes pourvues de charges dans le gouvernement des villes, corporations ou bourgs, ordonnait que nul ne fût à l'avenir « élu ou choisi à aucune des charges ou places susdites s'il n'avait, une année auparavant, pris le sacrement de la cène selon les rites de l'Église d'Angleterre ».

C'était exclure tous les non-conformistes de toutes les branches de la magistrature, de toutes les fonctions de la plus humble municipalité. Après les stériles conférences de la Savoye où les ecclésiastiques presbytériens essayèrent vainement de faire modifier le Livre de Common-Prayer, les Communes votèrent, à une majorité de six voix et malgré une certaine opposition, et les Lords sanctionnèrent le « *Bill pour l'Uniformité des prières publiques et l'administration des Sacrements et autres rites et cérémonies* ».

Tout ministre est tenu de se servir du « *Common-Prayer* » et de déclarer, avant le 24 août, son assentiment et consentement à ce qui s'y trouve contenu, sous peine d'être privé *ipso facto* de ses promotions ecclésiastiques. Tout doyen, chanoine et prébendaire, tout maître, chapelain et instituteur dans un collège, maison d'école ou hôpital, tout professeur public et maître de conférences, tout recteur, vicaire, curé, lecteur dans une

---

[1] Ils venaient de rééditer « pour l'information et l'avantage du public » la lettre de 1557 des ministres de Genève contre le rite anglican, et les réflexions de Calvin à Knox et Whittingham sur la Liturgie. — Londres 1660, in-4º.

église, tout maître tenant école publique ou privée ou précepteur dans une famille, devra avant ledit jour signer la déclaration de l'illégalité de toute prise d'armes contre le roi et celle de conformité à la liturgie de l'Église anglicane, sous peine de perte d'emploi, de prison et d'amende. Personne ne sera apte à posséder aucun bénéfice, ou ne devra se permettre d'administrer le sacrement de la cène avant d'avoir reçu l'ordination par un évêque, sous peine pour chaque offense d'une amende de cent livres sterl. Aucune autre forme de prières ne sera employée dans aucune église, chapelle ou autre lieu de culte public. Nul ne sera reçu comme lecteur ou ne sera autorisé à prêcher ou à lire un sermon ou autre lecture dans une église ou une chapelle, s'il n'est approuvé et licencié par l'archevêque ou évêque, et, après avoir lu les trente-neuf articles, s'il n'a déclaré à iceux son assentiment et son consentement non feints.

Ainsi on ne se borne pas à rendre à l'anglicanisme toutes les positions, mais aucune autre forme de culte anglais n'est plus tolérée à côté de lui. La compression était si absolue qu'on en vint à prêter à la cour l'intention d'exagérer les exigences dans l'unique but de les rendre inacceptables et de forcer à une tolérance générale dont eussent bénéficié les catholiques[1]. Le 24 août, environ deux mille ecclésiastiques renoncèrent à leurs positions officielles, sans avoir même, comme les deux cents qui avaient démissionné lors de l'abolition du catholicisme sous Élisabeth, le dédommagement d'une pension[2]. Élie d'Arande

---

[1] Rapin-Thoyras estime que le dessein du Parlement était de pousser les presbytériens au désespoir et au crime contre le gouvernement. « Le but de Charles » dit l'historien moderne Green, « était de procurer la tolérance pour les catholiques en faisant sentir aux presbytériens le poids de la persécution. »

[2] Sous le régime presbytérien les femmes et enfants des expulsés de leurs bénéfices avaient continué à toucher le cinquième des revenus : voir plaintes d'Anne, femme de Pierre du Moulin qui avait été frustrée de ce cinquième. *Calendars de la ch. des Lords. Rep. on Hist. Mss.* VII.

était de ce nombre. L'histoire du protestantisme anglais pendant les dix années suivantes serait celle des vaines tentatives de Charles II pour amener une atténuation des rigueurs, comme celle aussi des souffrances des presbytériens, des aggravations redoublées imposées par les Communes jusqu'à la presque entière disparition des conventicules en 1670 [1].

Le Bill d'Uniformité contenait cette clause : « Pourvu que les pénalités de cet acte ne s'étendent pas aux étrangers ou non naturalisés (*Foreigners or Aliens*) des Églises Réformées étrangères autorisées — ou à être autorisées — par la Majesté du Roi, ses héritiers et ses successeurs en Angleterre ». Cette exception sauvait les Églises du Refuge. Toutefois la publication du Bill compliquait leur situation. On a vu que la clause invoquée

Situation difficile des Églises étrangères.

---

[1] Le 26 déc. 1662 le roi déclare que nonobstant le Bill d'Uniformité il a l'intention d'accorder son indulgence aux consciences délicates et demandera au Parlement un acte à cet effet : à l'ouverture de la session de 1663 il exprime le désir d'exercer son pouvoir d'indulgence à l'égard des dissidents paisibles ; les Communes le prient de n'en rien faire afin de ne pas établir légalement le schisme et affaiblir le Bill d'Uniformité. Au 1er juillet 1664 toute personne au-dessus de 16 ans, assistant à un meeting religieux non anglican où se trouveront cinq personnes au moins en plus de la famille, est passible la première fois de trois mois de prison, la seconde de bannissement aux Plantations ; en cas de retour peine de mort. Les sherifs avaient pouvoir discrétionnaire sur les conventicules et les assistants. L'acte d'Oxford 31 oct. 1665 interdit aux non-conformistes le séjour à moins de cinq milles de distance de toute cité, corporation ou bourg, ou de toute paroisse où ils ont été en fonctions ou ont prêché ; ils ne peuvent ni enseigner dans les écoles ni recevoir de pensionnaires. Le discours du roi au Parlement 1667 lui demande d'établir une meilleure union et pacification des esprits en matière de religion ; les évêques modérés préparent un projet de conciliation ; le Parlement en interdit d'avance le dépôt, et la durée légale du Bill contre les conventicules venant à expirer, les Chambres le prorogent le 11 avril 1670 avec augmentation des amendes et autorisation à les prélever en cas d'indigence des coupables sur toute autre personne présente, à la pleine discrétion du juge de paix : la compassion de ce dernier l'expose lui-même à la peine : « toutes ces clauses devront être interprétées dans le sens le plus étendu pour la suppression des conventicules et l'encouragement de toutes personnes à ce employées. »

par les Wallons non-conformistes de Canterbury avait été de prime abord considérée comme non avenue pour tous du moment où une minorité s'était ralliée à l'Église anglicane. Chaque congrégation avait donc besoin de posséder ses titres indiscutables, sous peine du risque imminent de suppression, et il restait peu d'espérance de voir autoriser à l'avenir de nouveaux groupements strictement réformés.

De plus, si les Églises subsistaient, qu'en serait-il des fidèles? Jusqu'à quelle descendance leur accorderait-on le bénéfice d'être considérés comme étrangers, et la naturalisation sollicitée par plusieurs n'obligerait-elle pas ceux-ci à renoncer au culte calviniste et à faire profession d'anglicanisme? La clause les exempte des pénalités, mais les prive tout autant que les presbytériens nationaux de l'exercice des moindres charges civiles qu'ils avaient espéré briguer après obtention des franchises. Ne s'applique-t-elle pas à eux aussi l'interdiction de tout enseignement public ou privé? Et n'aura-t-on pas le droit de les accuser de solidarité avec les dissidents anglais toutes les fois que l'un de ces derniers, même à leur insu, aura participé à leur culte, ou les aura entendus prier Dieu et lire la Parole sainte? Quand l'évêque de Londres fit demander au consistoire de Threadneedle street si l'on ne recevait aucun Anglais non conformiste comme membre de l'Église[1], on entrevit l'arme fournie contre eux à la malveillance.

Question de la réordination. Sous le point de vue ecclésiastique, l'Acte d'Uniformité apporte une modification profonde dans les rapports entre l'Église anglicane et les autres communions réformées. La nécessité de la réordination des ministres du culte n'avait jamais été établie légalement. Quels que fussent les sentiments de plus en plus accentués des évêques, on avait pu jusqu'ici soutenir encore la thèse que l'Église anglicane reconnaissait la validité des ordres

---

[1] *Actes du Consistoire.*

conférés par les Églises étrangères et citer le cas de bénéfices possédés par des ecclésiastiques n'ayant reçu l'imposition des mains qu'en France, à Genève ou dans l'Église presbytérienne d'Écosse. En 1617, l'évêque Morton avait refusé de réordiner un ministre déjà reçu au delà des mers, déclarant ne pas vouloir donner matière de scandale aux Églises étrangères; Gilbert Primerose avait été chapelain du roi et chanoine de Windsor, et Pierre du Moulin chanoine de Canterbury sans l'ordination épiscopale [1]. Cet état de choses cessait *ipso facto* par le Bill d'Uniformité, et malgré les arguments invoqués plus tard pour faire envisager la réordination comme une simple nécessité d'obéissance à la loi civile, elle n'en demeura pas moins, aux yeux du grand nombre, une déclaration de la non-suffisance de leurs droits spirituels, sinon un blâme jeté sur tout le ministère étranger. Aussi fut-elle une vraie pierre d'achoppement pour certains pasteurs du Refuge et une source de divisions entre les ministres qui s'y soumirent et ceux qui estimèrent, au contraire, que leur conscience leur défendait de l'accepter [2].

---

[1] Il est vrai que la question avait déjà été soulevée en 1578 pour le doyen de Lincoln Whittingham qui ne possédait que l'ordination de Genève, mais on laissa tomber l'affaire; en 1584 dans un cas semblable Travers s'appuya sur le statut d'Élisabeth c. 12 admettant les autres formes d'ordination à la condition de souscription aux 39 articles; en 1582, Grindal donna licence à Morrisson, ordiné par les presbytériens d'Écosse, de prêcher et administrer les choses saintes dans toute la province de Canterbury. Lord Bacon s'élevait en 1590 contre ceux qui osaient prétendre que les Anglais ordonnés en pays étrangers n'étaient pas des ministres réguliers. (Cardwell). Usher, le tolérant archevêque d'Armagh, écrivait en 1655 : « Pour marquer ma communion avec ces Églises que je chéris et que j'honore comme de vrais membres de l'Église universelle, je déclare avec la même affection que je recevrais le saint sacrement de la main des ministres français si j'étais à Charenton. »

[2] Deux ouvrages de Groteste de la Mothe (*Correspondance fraternelle de l'Église anglicane avec les autres Églises réformées et étrangères.* La Haye 1705. — *Entretiens sur la Correspondance fraternelle.* Amsterdam 1707) écrits pour justifier les pasteurs de France acceptant la réordination anglicane, réunissent avec talent les arguments qui la présentent comme

Par une tolérance toute spéciale on permit à un réfugié non ré-ordiné, Charles de Beauvais, de conserver son bénéfice et d'y

une question de forme plutôt que de fond. « Pendant très longtemps les ministres étrangers ont eu la liberté d'exercer leur ministère dans l'Église anglicane sans recevoir une nouvelle ordination . . D'où vient donc la nécessité de l'ordination nouvelle? Les évêques la dérivent de la Loi dite Acte d'Uniformité . . Soit qu'ils crussent que l'exception en faveur des ministres étrangers les déchargeait seulement de l'amende pécuniaire qu'elle portait contre les contrevenants, soient qu'ils fussent persuadés que l'esprit de la Loi était qu'aucun ministre de l'Église anglicane n'y exerçât son ministère sans une ordination épiscopale, ils ont pensé qu'il était de leur devoir de la conférer aux ministres étrangers pour les qualifier selon la Loi du Royaume. Ils donnent donc une nouvelle ordination selon une loi civile, ce qui n'empêche nullement qu'ils disent que l'ordination des Églises étrangères est valide. D'autres ajoutent que le gouvernement des Églises étrangères étant *défectueux*, leurs ministres, quoiqu'ils soient de vrais ministres, sont obligés de rectifier ce défaut quand ils se trouvent dans un royaume où cela se peut aisément. Leur ministère étoit bon dans un pays où ils ne pouvoient faire mieux, mais la Providence les ayant tranportez dans un Royaume où ils ont plus de liberté, c'est à eux à en profiter en donnant à leur ministère une *plénitude de perfection*. Donc si on donne en vertu de la loi civile, c'est une force majeure, on obéit à la loi ; ce n'est pas annuller une première ordination. Si on pense que le ministre étranger en a besoin pour parvenir à sa plénitude, on suppose seulement qu'il est imparfait . . »

Cette imperfection, attribuée plus ou moins selon les évêques, mais attribuée cependant positivement par eux aux ordres conférés en dehors de Église anglicane, donne à la question un caractère beaucoup plus grave que ne l'avoue Groteste de la Mothe. Il cherche à prouver la communion de l'Église anglicane avec les réformées ; ce qu'il prouve, c'est surtout la communion de ces dernières avec l'épiscopale selon le mot de Claude : « Comme nous sommes assurez que vous ne méprisez pas notre simplicité, nous ne devons pas aussi nous élever contre votre dignité. » Si les ecclésiastiques anglais ne se seraient pas associés tous aux paroles du doyen de Lichfield Binks, trouvant que les ordinations étrangères ne sont pas selon l'institution de J. C. et ne sont approuvées par aucun anglican orthodoxe, mais ne pensant pas que leur irrégularité « ferme les avenues de la miséricorde de Dieu », — si le sentiment de la plupart est plutôt celui de l'év. de Derry Bramhall « les Églises réformées ont la nature et l'essence de l'Église ; elles n'en ont ni l'intégrité ni la perfection », — il est certain néanmoins que la réordination imposée aux réformés, et non toujours aux prêtres catholiques convertis, prouve qu'il s'agit ici de la succession apostolique et de son caractère sacerdotal. L'Église anglicane y avait constamment tendu, mais tolérait quelques exceptions : elle n'en admet plus à partir de l'Acte d'Uniformité.

remplir les fonctions de son ministère plus de huit années après la promulgation de l'Acte d'Uniformité[1], mais cette faveur exceptionnelle fut la dernière de ce genre et les Églises du Refuge, comme leurs pasteurs, durent renoncer à l'espoir, tant qu'elles n'accepteraient pas des conducteurs munis de la consécration anglicane, d'être aidés par des secours ou des bénéfices de l'État. Pour l'éventualité, encore vague mais déjà probable, d'une nouvelle immigration de Réfugiés, ce manque de ressources et cette impossiblité presque certaine de dresser d'autres Églises non conformistes, les plaçaient à l'avance sur un pied d'infériorité vis-à-vis de la Savoye et des congrégations françaises qui s'établiraient dans les mêmes conditions que celle-ci.

Mais d'abord elles avaient à s'assurer le droit à l'existence. Dans la plus jeune, Thorney-Abbey, le pasteur Daunois était cité à comparaître devant l'évêque d'Ely : le consistoire de Londres s'empressa de lui envoyer le témoignage « d'avoir toujours eu communion avec eux, étant du même Colloque ». Le 13 août 1662, une déclaration du roi datée de Hamptoncourt signifie son bon plaisir « que les français, wallons et autres étrangers qui ont longtemps résidé à Thorney-Abbey, île d'Ely, soient autorisés à exercer leur religion protestante et discipline dans la langue française, dans l'église de Thorney, comme ils l'ont pratiquée jusqu'ici, avec pouvoir de choisir leurs propres ministres et officiers, sous l'approbation de William, comte de Bedford, auquel Thorney appartient, et de l'évêque du diocèse »[2]. Daunois reçut comme collègue, en 1668, Jean Mesnard,

Thorney-Abbey. Assignation et autorisation.

---

[1] Groteste, *Corr. fraternelle.* Charles de Beauvais obtenait une passe pour retourner en France en janvier 1656; il sollicitait en 1660 l'expulsion de l'ecclésiastique entré en possession de la paroisse de All-Hallows the Great à Londres, qui lui avait été donnée par l'arch. de Canterbury. *Cal. State Papers Interregnum.* Dom. CCXXVI et *Charles II.* Dom. XXII, 49.

[2] *Cal. State Papers*, LVIII, 39 et *Entry-Book Rec. office.*

pourvu de certificats des pasteurs de Calais, Albouy et Tricotel. Quittant pour raison de santé en 1670, il succéda, malgré sa jeunesse, à Drelincourt dans la chaire de Charenton[1] ; il était remplacé à Thorney par David Michely, 1671 [2]. Daunois mourut le 24 février 1674, après cinquante-quatre années de ministère, dont vingt-deux à Thorney-Abbey [3].

Interruption de l'Église de Douvres. L'Église de Douvres perdait en 1662 son pasteur, Étienne Payen, retourné en France ; inquiétée par le ministre anglican et les magistrats, elle sollicitait l'année suivante l'octroi de patentes royales. Les demandant avec le rite non-conformiste, et devant son érection première à un Parlement «rebelle», le succès était douteux ; le consistoire de Londres lui-même estimait ne pas devoir intervenir [4]. On échoua, et pendant près d'un quart de siècle la vie officielle de l'église s'arrêta [5]. Dans le registre on trouve, immédiatement après le baptême célébré le 21 avril 1661, un nouvel en tête : «Icy suivent les batistaires qui se sont célébrés en la mesme Église françoise restablie en l'an 1685 sous le ministère du Sr. Salomon de la Becque» [6].

[1] «Nous eussions bien souhaité que cet arbre eût pu prendre racine en ce terroir pour pouvoir jouir de plus près des fruits excellents qu'il y a eu sujet d'en espérer.» Lettre de condoléance à Thorney Abbey signée par Hérault et Primerose. Il avait été admis au ministère par le Synode de Clermont 1667.

[2] Cousin germain de celui de Londres, et non Méquilly comme l'appelle Warner *Hist. of Thorney Abbey*, qui ne l'a pas reconnu non plus dans Michel David : sa liste de pasteurs est fort incomplète.

[3] Épitaphe dans Burn.

[4] *Actes du Consistoire de Threadneedle street.*

[5] Les comptes s'arrêtent le 5 sept. 1660, mais il y a encore six baptêmes jusqu'en avril 1661 ; la dernière réception comme membre de l'Église est du 5 août, Catherine Tatnell «par un ample tesmoignage du Sr de Focquembergue, ministre de Dieppe».

[6] «La mesme Esglise...» elle n'était donc pas dissipée : sans doute les actes privés s'accomplissaient à Canterbury La reprise des baptêmes est du 21 oct. 1685, celle des mariages avec en tête : «Continuation des mariages célébrez en l'Église françoise de Douvres» de janvier 1686. — Crisp, *Registers*.

Sandtoft demandait également un pasteur, de la Prix ayant quitté la petite Église si éprouvée. Le premier Parlement après la Restauration, requis de mettre fin à l'anarchie dans l'île d'Axholme, proposait d'exempter de l'acte d'indemnité les dévastateurs du temple de Sandtoft, et envoyait un commissaire spécial, Reading, rétablir l'ordre comme agent de la Couronne et protecteur des droits civils des Réfugiés. Les insurgés ne cédèrent que devant la force et le régime exceptionnel auquel l'île fut soumise se prolongea pendant près d'un quart de siècle. « J'ai été obligé de demander des lettres d'aide et des ordres de la Chambre Haute », écrit Reading, « ainsi que des députations des échevins des trois comtés limitrophes. Je me suis pourvu de chevaux, d'armes, de munitions ; j'ai engagé des hommes de guerre : j'ai livré trente-et-un combats où j'ai perdu beaucoup de monde. Ces mesures avec de nombreuses mises en accusation, poursuites judiciaires et procès, ont réduit les insulaires à l'obéissance. J'ai consolidé l'Église, procuré un suffragant et rendu l'île tranquille et florissante »[1].

Dernières années de l'Église de Sandtoft.

Reading avait réédifié le temple et le troupeau eût volontiers gardé le proposant Simon envoyé par le consistoire de Londres (1662) : on demandait pour lui l'imposition des mains, mais il accepta de préférence le poste normand de Bacqueville. Petit, élu en juin 1663, manifesta le désir de prêcher quelquefois en anglais : « on leur écrit (de Londres) de prendre leurs mesures pour que cela ne nuise pas à leur Église » : aussi ne fit-il pas long séjour ; en 1664, il était remplacé par un proposant envoyé d'Amsterdam, Samuel Lambert, qui donna grand contentement à l'Église (lettre au consistoire de Threadneedle street) et la servit près de six ans. Son nom disparaît au moment des

---

[1] Citation des *Mémoires de Reading*, par M. Collison, *Bull. de la Société du Prot. franç.*, VIII, 344.

troubles qui reprirent en 1669 et provoquèrent une démarche du consistoire de Londres auprès du duc de Buckingham[1]. Vers cette époque ou un peu après, les malheureux colons réclamaient l'appui de Reading contre ceux qui les forçaient « à ensevelir le nom d'Église et de Ministres François, sous prétexte que nous sommes du nombre de ceux qui tiennent conventicule à part contre les lois du royaume : mais outre la liberté générale que S. M. donne à tous les protestants de France, celle dont notre Église en particulier a été appuyée depuis plus de cinquante ans leur en pouvoit bien persuader le contraire, s'ils pouvoient agir circonspectement et charitablement envers les pauvres étrangers et non pour quelque peu d'intérêt comme ils font... Nous vous supplions de nous prêter la main ; particulièrement puisque les forces de M. notre Recteur ont été signifiées activement sur la poursuite de nos gages ». Si la mention des cinquante années n'est pas exagérée, cette réclamation daterait du ministère de Jacques de la Porte[2] : élu en 1670, il quitta la petite Église en 1678. Elle eut grande peine à le remplacer. L'élément hollandais avait disparu presque entièrement : le français se fusionnait avec les nationaux, ou, privé de secours religieux, quittait la contrée. Quelques persévérants, impuissants à réunir plus de trente livres pour le traitement pastoral, sollicitèrent l'aide de la « *Court of Sewers* » ; ils avaient lieu d'espérer que la présence d'un ministre, condition essentielle de l'existence de la colonie, amènerait un nouveau contingent des

---

[1] « On en parlera à M. de Buckingham qui y est intéressé par des terres qu'il a en ce quartier-là. » *Actes du Consistoire de Londres* qui nous fournissent les dates des élections des pasteurs, manquant ou inexactement données dans les excellents articles des *Proceedings of the Hug. Society*, II, 265 et sq.

[2] Ce fragment d'une supplique sans date retrouvée dans la vieille Bible de Genève 1648 qui servait au Temple, avec une page de sermon du dernier pasteur, pourrait même appartenir à la pétition adressée en 1681 à la Court of Sewers. Article de M. Collisson. *Bull.* VIII.

persécutés du roi de France[1]. Favorablement accueillie le 30 septembre 1681, la requête leur procura l'envoi de Le Vanely, mais en 1683, la pension ayant sans doute été discontinuée, ils exposaient à Londres leur détresse et leur incapacité à subvenir au traitement du pasteur. En décembre 1684, ce dernier demandait à se retirer « faute d'entretien »[2]. Deux ans après, les bestiaux paissaient sur l'emplacement du temple[3]. L'Église de Sandtoft avait vécu. Les registres, perdus aujourd'hui, tenus en langue française, renfermaient, de 1648 à 1681, quatre cent quatre-vingt-dix-neuf baptêmes et plus de quatre-vingts noms de familles différents[4].

L'Église de Southampton luttait contre les mêmes difficultés pécuniaires, mais, mieux soutenue, parvenait à gagner des temps nouveaux. Elle perdit en 1661 un de ses membres les plus zélés : « le grand serviteur de Dieu Paul Mercier décéda le 22 Aoust et fut ensépulturé dedans ceste Églize le Lundy ensuyvant ; iceluy estoit un des grands pilliers de ceste Églize et plein d'aumosnes »[5]. Son pasteur du Perrier « ne recevant pas sa subsistance » l'avait quittée en juin : le consistoire de Londres promit d'allouer « aussi longtemps qu'il pourra » huit L. S. à

Difficultés de Southampton.

---

[1] Pétition adressée à la *Court of Sewers* séant à Turnbridge, par Beharel, M. Bruynee (Brunier) Egarr, Leleu, Morillion, Tafinder et Tyssen.

[2] *Actes du Consistoire de Londres.*

[3] Paroisse actuelle de Belton. *Proceedings of the Hug. Society*, II, 272, art. du Rév. Lemoine.

[4] Le plus célèbre est celui des de La Pryme, réfugiés d'Ypres, qui n'est pas éteint. Le Rév. Abraham de La Pryme, ministre angl. de Thorne, mort en 1704, laissa des manuscrits utilisés par l'antiquaire Stovin dont les notes ont été publiées dans le *Yorkshire archeological and topographical Journal*, vol. VIII, 238. — Voir dans les *Supplementary notes by W. Moens*, *Proceedings of the Hug. Society*, vol. II, 277, la liste des ouvrages à consulter et celle des noms d'apparence étrangère dans le relevé des propriétaires du Lincolnshire en 1875.

[5] *Registre mortuaire* — 1672 : «Joseph de la Mothe, ancien de ceste Église et un des seigneurs magistrats de la ville. » *Ibidem.*

son successeur. Après un intérim de Bonamy, on élut en 1663 Jean de la Place, mais il mourut le 6 mars, et l'élection de son frère[1] ne fut pas ratifiée par l'évêque de Westminster, qui contesta sa vocation et s'opposa formellement à son admission. On prit alors, en 1665, Jean Couraud ou Courault, ancien pasteur de Marcillac. Son ministère de vingt-trois années fut signalé par deux incidents. La peste éclata deux mois après son arrivée : « Dieu ayant affligé nostre ville du plus terrible de ses fléaux qui a obligé la pluspart des habitants d'abandonner leurs maisons, et M. Bernert leur pasteur estant détenu de maladie... nous avons en son absence baptisé dans nostre Église françoise un petit enfant anglois, et ce par l'ordre de M. le Maire le 23 juillet 1665 ; de même en novembre, M. Bernert n'étant pas de retour »[2].

En 1668, l'évêque de Winchester cite le consistoire à comparoir devant lui, et demande en vertu « de quoi ils s'assemblent, et que, comme ils étoient tous anglais l'exception de l'Acte d'Uniformité (pour les Églises étrangères) ne les regardait pas »[3]. Le consistoire de Threadneedle street réclama aussitôt de l'Église flamande la réunion du Cœtus; mais le danger était déjà écarté : Southampton avait pu montrer à l'évêque la date de l'établissement de l'Église sous la protection de l'un de ses prédécesseurs, le Dr Horne, la liberté laissée en 1613 après enquête par Brent, et s'en était référée aux promesses du Roi à son arrivée. « L'évêque ayant lu cet écrit, leur dit qu'il ne vouloit pas s'opposer à la volonté du Roi, et aussi les renvoya après les avoir bien reçus et fait disner avec lui ». L'état de la congrégation

---

[1] Peut-être de Guernesey, exclu des postes nationaux pour ne s'être pas conformé.

[2] Ont signé avec le pasteur les diacres J. Page, Aaron Guillaumot, Jean Ralins, Baillehache. *Actes de l'Église de S.*

[3] *Actes du Consistoire de Threadneedle street.*

restait précaire : en 1672, la misère de l'Église et du pasteur étaient extrêmes[1] : le troupeau s'amoindrissait au point de ne plus célébrer qu'un baptême par an de 1678 à 1680. Il y en a dix en 1681, preuve de la reprise de l'immigration.

Le Franc à Norwich.

L'Église de Norwich avait été laissée en paix par l'évêque Reynolds, le seul ecclésiastique presbytérien qui eût accepté à la Restauration la dignité épiscopale ; mais elle était de celles où s'agitent toujours quelques ferments de discorde. Le Franc, qui avait déjà froissé ses collègues du consistoire par des prédications anglaises dans diverses églises de la ville[2], prétexta l'insuffisance de son traitement pour ne prêcher en français qu'une fois par dimanche et consacrer régulièrement l'après-midi à une paroisse anglaise. Sur l'opposition du consistoire, il fit citer ce dernier devant le magistrat ; il en résulta, non l'autorisation civile dont Le Franc voulait se prévaloir, mais la nécessité de sa démission (déc. 1664). Après avoir prêché pendant un semestre encore « comme passant », il s'attacha définitivement à l'Église anglicane, dont il avait les ordres depuis huit ans[3]. Les difficultés matérielles du troupeau étaient réelles, puisqu'en 1669 le ministre, les anciens et les diacres assemblés « pour considérer la malheureuse position de l'Église prête à périr à cause de sa pauvreté » demandaient au roi de pouvoir contraindre les membres de l'Église à contribuer à son maintien[4]. Ce ministre était Jacques Stockmans, proposant de Leyde, nommé le 23 août 1665 : dix-huit ans plus tard, ses paroissiens « ne l'ayant plus en édification »

---

[1] Lettre au consistoire de Londres, remerciement pour des secours, signée Couraud p., Abrah. de Chardonnel et de Chaume anciens, Jean Guillaume, diacre, *Actes du Consistoire de Threadneedle street*.

[2] « Le Franc : *The Touchstone of Truth* (la pierre de touche de la vérité) », Cambridge 1662, cinq sermons prêchés dans plusieurs églises de Norwich.

[3] Recteur à Norwich de l'église de Saint-Clément 1668, de Saint-John 1677 ; mort avril 1680. Mœns.

[4] Nouveaux recours au magistrat et à l'évêque contre les récalcitrants 1669-1672. *Actes*.

en cherchaient un autre; Stockmans survécut peu à l'arrivée de Pierre Chauvin (élu le 21 janvier 1684), ministre de Vieillevigne en Bretagne, réfugié à Londres, « où il avait prêché cinq ou six fois et satisfait par ses prédications ». Le nombre des baptêmes, cinq en 1680, était de dix-neuf en 1684[1].

L'Église de Thorpe le Soken, fondée en 1683, est conformiste et sans relations avec les précédentes.

Threadneedle street, faits particuliers.

« Quand il y aura un Colloque, comme il y en peut encore avoir si quelque Église en souhaitait un, nous ne refuserions pas d'y envoyer des députés », écrivait Canterbury à Londres en 1670, et plus tard Norwich réclamait ce Colloque pour l'aider dans le choix d'un pasteur. Le consistoire de Londres répondait par l'impossibilité de le convoquer, et demeurait, à défaut du Colloque, le conseiller des Églises sœurs, le correspondant et le recours des troupeaux dispersés et des pasteurs errant à l'étranger[2]. Il rétablissait pour l'un d'eux, le sieur de Sainte-Foy, l'office de Consolateur, après avoir entendu le récit « des persécutions et souffrances endurées par lui en France »[3], mais se refusait à recevoir, avant un an d'épreuve, l'abjuration des

[1] Le consistoire exhorte les fidèles « à vivre comme des réformés, des persécutés et des frères de J. C., de peur qu'on ne mette les verges entre les mains de l'Église. » 5 juin. *Actes.*

[2] 1664 mai : Secours donné à M. Courbières, pasteur des Églises interdites de Provence, id. aux délégués de l'Église de Strasbourg. — 1670 : Sam. Perrot vient demander assistance au nom de l'Église d'Annweiler dont il est pasteur. — 1670 : Moïse Benoist, ministre à Béarn, a passé six mois à Londres, prêché plusieurs fois et reçoit un bon témoignage. — 1677 : Demande de secours de l'Église flamande de Glückstadt. *Copie de lettres* et *Actes.*

[3] 26 avril 1665, *Actes* et *Copie de lettres*. En 1667, Drelincourt faisait part, au nom du consistoire de Paris, des intentions d'un vieillard généreux M. Mouche, sieur de Colombiers, avocat au Parlement, désirant donner 240 liv. st. à six pasteurs, soit 40 liv. st. à chacun « pour aller prêcher l'Évangile aux lieux où il n'a pas encore été annoncé »; le suisse Meige s'offrit, mais M. Mouche le récusa parce qu'il ne pouvait apprendre l'indien. Primerose proposa de confier la mission à la Société anglaise pour la propagation de l'Évangile fondée en 1648 : on écrivit au donateur pour lever ses scrupules et l'œuvre reçut les fonds en 1668. *Id.*

ecclésiastiques romains. Ce sage délai parut exagéré à l'Église de Paris, qui, par l'organe de Gaches, lui reprocha de l'imposer par «motifs d'épargne et de prudence humaine». Primerose se chargea de réfuter l'accusation, mais, à l'avenir, ce fut vers la Savoye que se dirigèrent les prosélytes.

La Savoye, c'était l'écharde constamment plantée dans leur chair, avec laquelle il fallait vivre désormais, mais à laquelle on ne savait point se résigner. N'était-il pas douloureux d'apprendre que deux de leurs propres officiers, MM. Girault et Lichière, étaient devenus membres de l'Église conformiste, «d'où il paraît que ces messieurs reçoivent les membres de nostre Église sans avoir témoignage de nous[1]». En tout ils entendaient demeurer séparés, et quand Charles II eut terminé sa déclaration de guerre contre la France par une promesse de constante protection pour les Réfugiés[2], deux députations distinctes vinrent lui en exprimer leur reconnaissance : les délégués du consistoire «wallon» se joignirent aux Flamands ; la Savoye présenta de son côté, par l'organe du ministre Lombard, une adresse imprimée et publiée par ordre du roi[3].

Adresses au roi.

[1] Avril 1664 : *Actes*, sur une réclamation de la Savoye.
[2] «... Et, comme il reste dans notre royaume beaucoup de sujets du roi de France et pareillement des États généraux des Provinces-Unies, Nous déclarons et donnons notre parole royale que tous ceux-là de la nation française ou flamande qui se conduiront avec soumission envers Nous et ne correspondront pas avec nos ennemis, seront en sécurité en leurs personnes et biens, et affranchis de toute molestation et trouble d'aucune sorte, et de plus Nous déclarons que si des sujets français ou des Pays-Bas, soit par affection envers Nous ou Notre gouvernement, soit à cause de l'oppression qu'ils rencontrent chez eux, viennent en Notre royaume, ils seront par Nous protégés dans leurs personnes et biens, et spécialement ceux de la Religion réformée dont les intérêts seront toujours très particulièrement avoués par Nous. Whitehall, 9 fév. 1665/6. *Déclaration défendant aux sujets de S. M. de communiquer avec ceux du roi de France en réponse à la Décl. de guerre de Louis XIV du 16/25 janvier.*
[3] «.. Permettez-nous, Sire, de le répéter une fois de plus, mais en peu de mots de peur d'abuser de votre patience royale, notre Église en cette occasion

Incendie de Threadneedle street.

Moins d'un an après que l'orateur de la Savoye eut affirmé les droits tout particuliers du monarque à la reconnaissance de ce troupeau pourvu par lui d'une église et des moyens de s'y maintenir, un immense malheur s'abattait sur son aînée : la vieille chapelle de Saint-Antoine, donnée par Édouard VI aux premiers Réfugiés et toute peuplée des vénérables souvenirs du passé, le temple d'a Lasco, de des Gallars, de Cousin, de La Fontaine, de Marmet, disparaissait dans le formidable incendie du 12 au 15 septembre 1666. Celui de Jésus échappa aux flammes et les Flamands en accordèrent l'usage provisoire pour les prédications le dimanche de 8 à 10 du matin et de midi à 2 heures (« avec la confession des péchés ») ; les jours de communion, à 9 et à 2 [1]. L'assemblée des chefs de famille vota à l'unanimité une collecte pour la reconstruction du temple : on traita des matériaux de l'ancien avec Durel, devenu le trésorier du chapitre

entre en de plus avancées et de plus particulières pensées et réflexions, elle goûte cette bénignité de V. M. avec plus de délice et de douceur que le reste des François qui l'ont en commun avec nous, parce qu'elle est une Église qui a l'honneur d'être votre propre ouvrage et qui doit son établissement et sa subsistance à Vous même. Elle vous regarde, grand sire, comme son fondateur et son patriarche. C'est V. M., qui, semblable à un autre Apollon, a fixé cette île flottante : Vous avez procuré le repos à cette arche, et quand nous avons la bénédiction de nous y présenter fréquemment devant le trône de grâce, nous nous souvenons que c'est pour toujours, sous l'ombre bénie et la protection prospère de V. M. C'est pourquoi, comme cette Église a été confirmée dans ses premiers privilèges par cette sage, chrétienne et protestante déclaration de V. M., et qu'en même temps V. M. l'a soutenue même quand en apparence elle était au moment de tomber, et que quelques-uns étaient inclins à croire que les intérêts de l'État réclamaient sa destruction... donc, bien que l'oracle par lequel elle subsiste encore ait été prononcé en faveur de tous les François, il apparait combien plus spécialement elle touche et regarde ces membres desquels son corps est constitué. Et il est aussi des plus évidents et certains que nos ressentiments devraient être et sont beaucoup plus forts et plus passionnés que ceux des autres. »

[1] En 1671 les fr. français désirent qu'il soit enregistré au livre du Cœtus qu'ils ont toujours réclamé et réclament encore un droit sur le temple de Jésus ; les fr. flamands répondent qu'ils ne leur reconnaissent aucun droit. *Actes.*

de Windsor, et l'acte du Parlement ne permettant que la réédification de trente-neuf églises paroissiales, on sollicita et l'on obtint des évêques de Londres et de Winchester, de l'archevêque de Canterbury et du Lord-maire[1] l'autorisation indispensable à l'érection du nouveau. La collecte produisit 2592 liv. st. 15 s. 10 d.; il restait mille livres à trouver. Le 22 août 1669 l'œuvre était achevée, on distribuait les bancs et l'on inaugurait le second temple de Threadneedle street, qui devait durer jusqu'en 1841[2].

Un fait trop rare pour ne pas mériter une mention spéciale s'était produit le 18 novembre 1668 : « M. de l'Angle demanda à M. Primerose d'aller prêcher à la Savoye à sa place et qu'il prêchera chez nous »[3]. On aimerait à voir se renouveler cet échange de chaires entre ces pasteurs, nés tous deux à Rouen et désireux de rétablir les liens d'amitié noués en France. Felles était décédé depuis 1665; Hérault, qui postulait avec instances un bénéfice anglican[4], eût prêté les mains à la concilia-

[1] Le Lord-maire avait assisté solennellement au culte le 22 mai 1664.

[2] « Notre Temple fut relevé par les souscriptions des membres sans secours étranger, dévouement au bien public qui nous paraîtra d'autant plus admirable si nous nous rappelons que l'année précédente avait été marquée par une peste qui avait exigé de la part des membres de l'Église des sacrifices très-grands pour le soulagement des malades et les soins à donner aux mourants. Ce fut un temps de visitation extraordinaire où chacun devait sentir le besoin de s'humilier profondément devant Dieu. Nous avons peine à nous représenter l'horreur de ces jours-là. Mais ils furent abrégés et nos prédécesseurs, décimés eux-mêmes par la maladie, furent cependant rendus capables d'élever sur les ruines encore fumantes un sanctuaire à l'Éternel. C'est par ces grandes épreuves qu'ils étaient préparés pour de grandes bénédictions. » Baup: *Discours historique prononcé dans l'Église française protestante de Londres en Threadneedle street, le 3 janvier 1841, jour où le service divin y fut célébré pour la dernière fois.*

[3] *Actes du Consistoire de Threadneedle street.*

[4] 9 janv. 1662, Hérault au roi : « Il a été vainement recommandé aux évêques pour une promotion, sollicite la pension de cent livres que recevait Marmet, remplirait volontiers un emploi dans le service de S. M. — 1666 : Requête de

Bart. Piélat. tion¹, mais les laïques demeuraient intraitables. Ils admirent cependant les suppléances intérimaires de Barthélemy Piélat, né à Orange, ancien ministre de Meaux, qui avait déjà prêché pour Durel à la Savoye et paraît avoir continué à y prononcer quelques sermons². Ce n'est qu'en 1671 qu'on procéda à l'élec-

H. pour que le roi écrive sept lettres (le mot Charles) au bas de la déclaration lui attribuant la première vacance à Windsor ou Westminster, l'incendie ayant diminué les ressources de la congrégation au point de l'empêcher de lui payer son allocation. — 1667 : Demande d'une recommandation auprès de l'év. de Saint-Asaph. — 20 déc. 1670 : Promotion au doctorat à Oxford ; 15 août 1671, à la mort de Méric Casaubon, reçoit sa prébende de Canterbury. *Cal. State Papers. Dom.* XLIX, 23 ; CLXXXIII, 85 ; CLXXXIX.

¹ Il avait consulté le Colloque de Normandie sur la question « assavoir s'il est à propos que les pasteurs de l'Église françoise de Londres preschent dans une chapelle de fondation royale quand ils en seront priés et au réciproque qu'on prie les pasteurs de ladite chapelle de prescher par intervalle dans l'Église françoise ? » Lettre à Morin, pr. de Saint-Pierre sur Dives, de Bochart qui ajoute : « Je ne trouve pas les inconvénients que quelques-uns s'imaginent et (déchirure) qu'il n'y en ait beaucoup plus à les refuser. » Billet aut. s. d. *Bibl. du prot. fr.*

² Les Actes de l'Église ne font aucune mention de Piélat, mais il raconte dans la préface de « *La Panacée spirituelle pour tous les fidèles chrestiens composée de diverses consolations contre la mort et les afflictions, dédiée à l'Église françoise de Londres,* — L. 1670 » qu'il a remplacé (suppléé) Hérault à Londres après avoir prêché pour Durel et Primerose. En plus du sermon sur Genèse I, 1, prononcé à Charenton le 11 fév. 1653 (Saumur 1664) on en a trois de lui imprimés à Londres : « *Le Triomphe chrétien* dédié à S. A. R. Mᵐᵉ la duch. d'York, prononcé un jour d'Ascension en l'ég. franc. de la Savoye (chez Jacques Magues, libraire en Russel street) 1670. — *Sermon de consolation contre la mort* prononcé quelques jours après le décès de Mgr le comte de Dohna (amb. de Suède) 1670, dédié à la comtesse d'Arlington » donc prêché sans doute à la Savoye (Eccl. VIII, 8). — « *Sermon présenté au Roy Charles Second, contenant les solides consolations contre la mort et le souverain remède contre les afflictions de tous les fidèles chrétiens, mais particulièrement de ceux qui solemnizent avec Jeusne et Oraison le 30ᵉ de Janvier, jour anniversaire du martyre de Charles Premier, prononcé dans l'Église françoise de Londres,* dédié au roi Charles II, 1669 (1670 n. s.?) » : le 1ᵉʳ et le 3ᵉ ont le même texte, IIᵉ ép. à Tim. II, 11, 12. — Voici le passage le plus frappant du sermon commémoratif, favorisé, suivant l'orateur, « de l'attention particulière des François qui vivent ici dans un parfait repos et dans une sainte liberté » · « Malheur à ces pacificateurs dissimulez qui

tion du troisième ministre. Les candidats, rendus plus nombreux par la tristesse des temps, étaient de la Roque, ministre à Vitré, Mussard à Lyon, Legendre à Honfleur, Simon à Bacqueville, Le Page aux Colonies, Vallée à Harlem, Moulins à Charleville, La Gaillarderie autrefois au Poitou, et Marc Michely de Genève à Couches en Bourgogne : ce dernier fut élu, Southampton notifiant son approbation et une requête à Charles II obtenant la sanction royale. Ce ministre distingué était enlevé le 18 mai 1674 [1].

Marc Michely.

faisoient à ce bon Roy des propositions pour le surprendre de quelque façon qu'il les receut. C'est ainsy que les Juifs faisoyent des questions dilemnatiques à N. S. afin de l'enlacer. Malheur à ces perfides qui demandèrent combien voulez-vous donner et nous vous le livrerons. Malheur à ces gens-d'armes et à ces soldats, qui ne furent pas moins inhumains et moins insolens avec luy que ceux qui vinrent saisir N. S., jusque-là qu'un d'entre eux cracha sur lui comme on fit sur le Seigneur. Malheur à ces auteurs d'injustice qui le faisoient promener par terre et par mer, de prison en prison, comme J. C. fut mené devant Anne beau-père de Caïphe, et devant Pilate. Malheur à ces Juges qui ne recognoissent pas qu'ils occupent la place de son tribunal, comme les juges de J. C. ne recognoissoient pas qu'ils n'auroient point d'autorité si Dieu, par une permission adorable, ne la leur avoit laissée. Malheur à ces Sanguinaires qui n'ayans pas tesmoigné moins d'applaudissement au couronnement de ce Roy, que les troupes juives envers J. C. avec leur Hosanna, maintenant ils crient Exécution, Exécution, comme ces autres Crucifie, Crucifie. Malheur en un mot à tous ceux qui n'ont pas recognu sa Royauté. » — Le pasteur de Méans et de Londres semble avoir terminé sa carrière aux Pays-Bas, cultivant les lettres et la médecine, dont il est dit Docteur sur le titre de plusieurs de ses œuvres. Après le *Secrétaire inconnu,* Lyon 1671 et 1677 (la première lettre est la dédicace à Charles II du sermon commémoratif), il publie à Amsterdam les *Lettres nouvelles et curieuses,* l'*Antigrammaire,* des *Études de médecine,* etc. Voir Arnaud, *Hist. des Protestants de Provence,* II, 404.

[1] « Il commença ses fonctions en nous représentant que toute notre gloire doit être tirée de la croix de J. C. par laquelle le monde nous est crucifié et nous au monde, Gal. IV, 4. Il s'arrêta ensuite à expliquer assés au long quelques textes détachés et entre autres ce beau passage de Malachie IV où Dieu promet de faire lever sur ceux qui craignent son nom le soleil de justice qui porte la santé en ses ailes; et celui de J. C. rassurant les disciples parce qu'il y a plusieurs demeures dans la maison de son Père où il s'en irait nous préparer le lieu, Jean XIV, 23, et celui de Saint-Paul disant : j'ai

Proposition royale.

Cette perte, grande par elle-même, faillit l'être encore davantage par ses conséquences. Peu de jours après le décès de Michely, la compagnie recevait une lettre du roi « aux ministres, officiers et chefs de famille de l'Église françoise de Londres ». Ayant appris la mort d'un des trois pasteurs, Sa Majesté « a jeté les yeux sur M. Josué Bonhomme [1] comme sur une personne propre pour servir l'Église, et il désire que quand on procédera à une élection on ait un égard particulier audit Bonhomme, si on le trouve aussi propre et aussi plein de mérite qu'il le croit être ». Cette intervention directe du souverain dans le choix des ministres créait un désastreux précédent. On se rendit chez le secrétaire Coventry; en novembre on retourna l'assurer que personne dans l'Église, sauf un, ne témoignait désirer Bonhomme. Cet unique, dont provenait l'incitation première, c'était on le comprit aussitôt, le ministre Hérault. Imposé par Charles II à l'Église, il avait pris à tâche de l'amener à son ultra-royalisme, sinon de lui ravir ce qui lui restait de liberté.

Projets d'Hérault. Lutte avec le consistoire.

L'hésitation du consistoire provoqua ses emportements. « Il s'agit de l'honneur du Roi... on est mal affectionné à sa personne à lui parce qu'il est affectionné à celle du Roi... les uns sont mutins mutinants, les autres mutins mutinés, tous mu-

---

combattu le bon combat, 2 Tim. IV, 7, 8. Après cela il s'attacha à expliquer la nature des vertus auxquelles J. C. promet la béatitude dans les seize premiers versets du V⁰ de Saint-Matthieu : cela étant il passa à l'examen des sept dernières paroles que ce grand Sauveur mourant prononça sur la croix, et de là à traiter sur le Psaume I⁰ʳ des propriétés d'un homme de bien et des récompenses qu'il comporte, et enfin il termina son ministère par l'examen de la lutte de Jacob avec l'Ange et par celui des paroles de David se promettant que Dieu n'abandonneroit pas son âme au sépulcre. Gen. XXXII, 24, Ps. XVI, 10, 11. *Sermon prononcé le 21 may 1674 à l'enterrement de feu M. Michely par David Primerose de la mesme église* (en présence du cercueil) sur Nombres XXIII, 10.

On était loin des séries de La Fontaine et même de Marmet.

[1] Peut-être le pasteur de Fécamp 1660; évidemment descendant du Josué Bonhomme, ministre réfugié à Jersey pendant les guerres du XVIᵉ siècle.

tins »[1]. On en était arrivé à l'éclat, prévu depuis quatorze années, entre la Compagnie, où les tendances de puritanisme avancé n'avaient pas entièrement disparu, et le pasteur qui, après l'Acte d'Uniformité, acceptait un canonicat à Canterbury en signant les trente-neuf articles, et avait proposé au roi, sous la forme d'un « *Avis pour le bon gouvernement des Églises étrangères dans ce Royaume* » la suspension de leurs privilèges, et la modification de fond en comble de leur organisation séculaire[2].

Le consistoire avait-il déjà connaissance de cet étrange mémoire secret, qui insiste sur une double nécessité, prévenir le retour des « troubles, désordres et confusions » comme on en a vu sous Jean de la Marche[3], ôter aux revendications des presbytériens anglais l'exemple de l'indépendance des Églises du Refuge ? Le remède, il le trouve dans la création d'un Surintendant ou *Évêque*[4], avec des pouvoirs tels qu'a Lasco ne les avait jamais entrevus, jusqu'à celui de l'ordination des pasteurs, de leur choix exclusif et de la nomination aux divers postes[5], en un

[1] Il les compare plus tard à Coré, Dathan et Abiran soulevés contre Moïse, et quand on refuse des secours au prosélyte de La Mothe, membre de la Savoye, il déclare la conduite du consistoire infâme. Il avait déjà fait en 1672 un séjour dans son canonicat de Canterbury, avec l'assentiment de la Compagnie. *Actes*.

[2] Deux exemplaires de ce curieux écrit, rédigé en français, se sont conservés, l'un à la Bibl. Bodléienne, l'autre au Record office. On le trouvera *in extenso*, considérations préliminaires et règlements en 14 articles, à l'*Appendice* LIV. La date est incertaine : comme il y est question de la prochaine nomination d'un troisième pasteur, il aura été présenté au gouvernement soit après la mort de Felles, soit après celle de Michely : en tous cas il est probable que le consistoire n'en aura été informé qu'en 1674 ou 1675.

[3] « Un J. de la Marche qui estoit un vray boute-feu, prescheur de sédition, de révolte, de rébellion et de parricide contre le feu Roy. » *Avis*.

[4] « Ce surintendant (car ainsi le pourroit-on qualifier ou bien mesme Évesque, selon qu'il seroit jugé plus à propos)... » *Avis*.

[5] « ...Tellement que sans sa cognoissance, son consentement et son authorité, aulcun n'y puisse estre establi pour pasteur : ni aussi, après y avoir esté establi en estre déposédé ou s'en retirer. » *Avis*.

mot un véritable patriarcat de langue française institué à côté de l'Église anglicane et qui, par une pente rapide, conduit à la fusion. C'est l'annihilation des consistoires, l'abolition de toutes les prérogatives des Églises, l'autorité souveraine remise entre les mains d'un seul homme, et celui-là qui doit être « de probité bien reconnue, zélé pour le service de Dieu et du Roy et bien intentionné pour l'Église d'Angleterre et avoir bonne connaissance de l'état des Églises étrangères de ce royaume, *qui doit être choisi d'entre leurs ministres* » celui-là, l'auteur du Mémoire n'a pas besoin de le nommer.

Plus ou moins au courant de ce danger suprême, le consistoire, mal reçu par Coventry, qui lui reprochait ses lenteurs, lui adressa une lettre explicative : elle débutait par des plaintes contre les violences du langage d'Hérault, assurait qu'on pouvait se passer d'un troisième ministre, que « Bonhomme ne seroit pas agréable à l'Église et avoit laissé de mauvais souvenirs en Normandie par sa manière de prêcher », et que de plus la Discipline exigeait pour une élection la présentation de plus d'un seul candidat, et concluait en demandant « de pouvoir, comme par le passé, élire librement leur pasteur ». La lettre est signée par tous les diacres, tous les anciens et le ministre Primerose[1]. En mars 1675, Bonhomme envoyait lui-même à Coventry son désistement.

Toutefois, les dissentiments avec Hérault s'aggravaient. Après une longue conférence sans résultat, il résuma ses griefs dans un long réquisitoire : « La Marche est mort, mais non son esprit... ils ont donné à la Cour l'occasion de se ramentevoir que cette Église a été, non seulement la première, mais aussi

---

[1] Les anciens Jurion, Dobie, Wicart, Delmé, Du Thais, du Rou, du Clou, de Grave, de Hausy, Bazin, Carbonnel, Blondel, du Pérédé ; les diacres Samuel d'Espaigne, Pierre Baudry, Noël de Launay, Jean du Dies, Abr. Caris, Ph. du Bois.

la seule qui ait été saluer Cromwell après son établissement : si Cromwell leur avait envoyé semblable recommandation, ils l'auroient reçue avec une bien autre démonstration de respect et y auroient déféré avec une tout autre promptitude... Il demeure d'accord avec eux *qu'il a fait ce dont ils se plaignent,* mais il a eu raison de le faire ».

L'allusion porte sur le Mémoire secret[1]. Le consistoire voulait une rétractation, Hérault s'opiniâtrait dans son hostilité. On finit par faire dire au pasteur qui avait attenté à la constitution de l'Église, « qu'il mériteroit d'être interdit de l'exercice et fonctions du ministère, et que ses gages lui seroient retranchés jusqu'à satisfaction de sa part ». A ce moment lord et lady Hollis, qui s'étaient liés avec Hérault pendant leur séjour en Normandie avant la Restauration, obtinrent sa démission volontaire moyennant une pension de 66 liv. st. (30 juin 1675). Il se retira à

---

[1] Peut-être l'allusion a-t-elle aussi trait au fait inscrit dans les *Actes* de l'Arch. de Canterbury : « Héraut, natif de France, ayant vécu plusieurs années en Angleterre, et étudié depuis longtemps la théologie, a pétitionné S. G. pour la faculté de recevoir les deux ordres sacrés du Diaconat et de la prêtrise de l'Église d'Angleterre, *à quelque moment que ce soit, et par tout évêque qui veuille les lui conférer,* selon la Constitution de l'Égl. d'A. Ce qui, sur le témoignage du S. évêque de St Asaph à S. G. lui a été accordé, 15 fév. 1670/1. » *Act. Books of Arch. Sheldon,* III, 57, Lambeth Libr.

On relève des pétitions et autorisations semblables pour Pierre Drelincourt 2 sept. 1672 et Jacques Guille 12 août 1673 (III 164, 200), tous deux maîtres-ès-arts de l'Univ. de Sedan. Le prélat avait donné le même « fiat » le 2 juillet 1666 pour Vital Delon, de l'Univ. de Montauban (II, 9) ; mais ce dernier base sa demande sur ce « qu'il vient d'être choisi pour servir dans l'Égl. françoise de Canterbury », ce qui pourrait indiquer une des conditions mêmes de la paix rétablie sous la sanction royale.

Dans la position d'Hérault l'acte est plus grave. Pasteur d'une Église qu'il sait jalouse à l'excès de son indépendance presbytérienne réformée, il se ménage, pour l'heure opportune, l'obtention assurée des ordres anglicans, soit qu'il arrive à cette direction suprême qu'il convoite et prépare, soit qu'une défaite signalée l'oblige au contraire à quitter définitivement Threadneedle street.

Canterbury [1]. Après double publication devant le troupeau de sa décharge, nul ne s'y opposant, le consistoire élut à sa place Pierre Muyssart ou mieux Mussart (1675-1681), naguère ministre à Lyon : des prédications intérimaires avaient été confiées aux pasteurs réfugiés Jean Séverin (ministre de Prouville, 1667-1672), et H. Viridet (ministre de Grosménil) et au proposant Wicart[2]. On crut aussi le moment opportun de renouveler l'ancienne injonction aux ministres «de visiter autant que possible tous les membres de l'Église indifféremment, pour estre mieux instruits de la piété des familles et de leur application à remplir les devoirs que l'Évangile impose aux chrétiens ; pour cet effet, ils partageront leur tâche suivant les différents quartiers et pourront prendre l'ancien du quartier quand ils voudront faire quelqu'une de ces visites » [3].

L'évêque de Londres demanda un compte rendu de l'affaire Hérault et des garanties pour le pasteur déchargé[4]. Charles II

---

[1] Il y mourut le 5 nov. 1682 et fut enterré dans la cathédrale ; il laissait une veuve et quatre filles (*notes généalogiques* de M. Wagner) ; la 3e, Anne fit en 1720 un legs de 10 liv. st. à la congrégation française conformiste de Malt-House-Chapel.

[2] En 1678, Wicart, né à Londres, mais immatriculé à Genève en 1674, remplaçait provisoirement Mussart absent à Genève ; il entrait ensuite dans l'Église anglicane sous les auspices de l'év. de Lincoln et devenait doyen de Winchester. Viridet fut chapelain du duc d'Ormonde et ministre de la nouvelle Église française de Dublin. En 1677 : «M. Séverin va être ministre à Saint-Christophe». *Actes :* il entra dans l'Église anglicane en 1683. En 1678-1679 prédications intérimaires de M. de Souliers.

En 1680 et 1681 la Compagnie prenait la décision suivante : « Les ministres pourront donner la chaire aux Proposants le mercredy, mais ils s'en abstiendront le dimanche, excepté la maladie des Pasteurs et les cas de nécessité. » *Les ordres du consistoire.*

[3] *Les ordres du consistoire des ministres et anciens de l'Église françoise de Londres* (1675-1712). Man. communiqué par M. César Pascal.

[4] Dans sa réponse à l'évêque le consistoire rappelle qu'Hérault a fait chanter le Psaume Ier pour témoigner « qu'il nous regardoit comme une assemblée de malins au conseil desquels on est bien heureux de ne se point

alla plus loin. Le 22 mai 1676 on lut du haut de la chaire un ordre royal pour approuver la conduite d'Hérault « comme vrai et fidèle ministre de l'Évangile et bon et loyal sujet », et le consistoire et l'Église furent requis « d'accomplir entièrement et fidèlement » leur accord avec lui.

On s'inclina sous le blâme : les droits de l'Église étaient sauvés quand même et l'heure n'était pas aux récriminations. Ces luttes intestines sont les dernières. L'Église se recueille en prévision des grands devoirs qui vont s'imposer à elle. Si elle a donné elle aussi, et trop longtemps, le pénible spectacle des faiblesses et des misères inhérentes à toute œuvre où l'homme a sa part d'action, on ne saurait pourtant lui appliquer la parole du Maître : « Si le sel perd sa saveur, avec quoi la lui rendra-t-on ? » On le vit bien, quand le vieil arbre dont les racines plongeaient dans le passé, reçut, par la grâce de Dieu, comme une sève nouvelle, et retrouva une seconde vigueur pour abriter sous son ombre tout un peuple de proscrits pour la foi.

trouver : une autre fois il interrompit la dévotion de l'Église qui attendoit la bénédiction, pour lui dire, après le chant du ps. 109, qu'il souhaitoit que ses ennemis profitassent des imprécations que David y fit contre ces malheureux qui le persécutoient. » *Actes.*

CHAPITRE XV

LES PRÉLUDES DE LA RÉVOCATION.

Révocation progressive de l'Édit de Nantes.
Le règne de Charles II en Angleterre correspond en France à la révocation de l'Édit de Nantes. Signée quelques mois après sa mort, elle avait commencé au lendemain de la disparition de Mazarin : elle se poursuivit pendant vingt-quatre années avec des alternatives d'atténuation ou de recrudescence de rigueurs, d'abord isolées et espacées, puis rapprochées et redoublées, suspendues mais jamais désavouées[1], reprises et multipliées jusqu'à la consommation, par cette reconnaissance officielle, le 18 octobre 1685, de l'acte savamment préparé, inexorablement accompli. Pour que Louis XIV pût accepter la thèse illusoire, « il n'y a plus de Protestants en France, l'Édit de Nantes n'a désormais point de raison d'être », il fallait qu'une succession sans exemple de dénis de justice, d'exclusions, de spoliations et de violences eût brisé la résistance des uns, acheté l'apostasie des autres, ou fait préférer par un grand nombre à la honte d'une conversion forcée, à l'abandon et au reniement de leur

[1] « Le Conseil a suspendu l'exécution de la sentence qu'il a rendue pour la démolition de seize temples... c'est leur ruse ordinaire ; quand on se plaint d'un arrêt comme contraire à l'Édit de Nantes, ils ne révoquent jamais la sentence, mais le roi ordonne d'en suspendre l'exécution à jour indéterminé ; l'arrêt reste ainsi en force et peut être exécuté suivant le bon plaisir. » *Lettre de l'amb. Brisbane. Rep. Hist. Mss. IV*, 242.

foi, le renoncement à la patrie, les dangers de la fuite, les souffrances et les misères de l'exil[1].

Les convertisseurs s'étaient attendus au départ de quelques opiniâtres, puisque, à l'aurore de la persécution, le roi de France défendait aux protestants d'habiter les villes frontières et maritimes dont ils n'étaient pas originaires (pour La Rochelle 4 oct. 1661). Mais le mouvement ne tarda pas à dépasser tout ce qu'ils avaient pu redouter. Un peu ralenti par la guerre (1666-1667), il reprenait avec un nouvel élan et provoquait l'édit d'août 1669, interdisant aux sujets du roi de se retirer de son royaume pour aller s'établir sans sa permission dans les pays étrangers. L'émigration ne discontinua point. Et ce n'étaient plus seulement quelques ministres frappés ou menacés d'interdit, quelques gentilshommes à la recherche d'une position, quelques artisans, c'étaient des familles entières qui désertaient le pays natal et emportaient au loin, avec les vertus des huguenots, les industries et le génie de la France.

Parmi les nations appelées à s'enrichir le plus de ces pertes, on pouvait à l'avance, comme au seizième siècle, désigner l'Angleterre; mais, comme au seizième siècle aussi, la clairvoyance de quelques hommes d'État fut d'abord tenue en échec par l'aveugle hostilité des intérêts privés. Charles II était à peine remonté sur le trône de ses pères, qu'il recevait, le 24 novembre 1660, une pétition, revêtue de trois cent cinquante et une signatures « au nom de plusieurs milliers », des boutiquiers, commerçants et artisans dans et autour de Londres, signalant

Trois pétitions contre les étrangers.

---

[1] « Il est de notoriété publique: Que depuis l'an 1660 jusques en oct. 1685 il se rendit en France 309 Arrêts, Déclaration et Édits, au préjudice des Religionnaires nés sujets de Louis XIV . . Mais peu de personnes sont instruites qu'en 1660 il y avait en France 813 Temples consacrés par lesdits Religionnaires à y servir Dieu publiquement et en toute liberté de conscience et que depuis l'an 1660 jusques en l'an 1684 Louis XIV en fit interdire ou démolir 570. » *Mss. de Lausanne, Bull. du Prot. fr.* XXXIV.

le dommage causé au commerce par l'importation des toiles de laines, des dentelles, des rubans et soies, très accrue depuis la paix conclue par Cromwell avec les Français; de même par l'importation de diverses espèces de marchandises que les étrangers vendent en secret au détail, et par leur exercice de leurs professions dans la cité de Londres; ils demandaient réparation par une proclamation royale et par la mise en vigueur des lois existantes. Renvoyée par le Conseil, le 28, à la Commission du commerce, elle fut l'objet d'un rapport défavorable (14 mars 1661)[1]. Le 2 septembre 1661, les commissaires appelés à donner leur avis sur la demande des drapiers de New-Sarum (Salisbury) pour l'interdiction de l'entrée de tous lainages fabriqués à l'étranger, présentèrent de nouveau un rapport dans le même esprit d'impartialité. Ils allèrent même plus loin; car, après avoir confirmé le précédent mémoire, démontré par une enquête que les importations avaient été minimes, rappelé que les lois étaient assez strictes et les droits assez élevés, recommandé la surveillance des douanes, ils

---

[1] « Il est vrai qu'il y a des multitudes d'étrangers qui s'occupent aux manufactures spécifiées dans la pétition, mais : 1º le nombre en est très grand, s'élevant à plusieurs milliers, et les empêcher d'exercer leurs métiers serait les exposer à une très grande misère; 2º un grand nombre, sinon la plus grande partie, se sont établis ici pour cause de religion et de conscience; 3º les Hollandais invitent toutes sortes d'étrangers à venir habiter chez eux, surtout les artisans, et il est certain que c'est dans le grand nombre des habitants que consiste la force d'un royaume; 4º si ces gens devaient s'en aller, ils établiraient leurs manufactures ailleurs, au préjudice du royaume; de même qu'au contraire les étrangers, en venant ici, ont apporté de temps en temps dans ce royaume les industries les plus considérables de lainages, telles que les fabrications de bayes à Colchester, les étoffes de Norwich et de Sandwich, et tous ces draps anciens et nouveaux, comme les fabrications de soieries de Londres, Canterbury, etc.; 5º ce sont des gens de classe pauvre qui ne changent pas de résidence et n'emportent pas hors du royaume la richesse du pays, mais qui se marient et s'incorporent ici, et élèvent et occupent dans les mêmes industries leurs enfants, qui eux deviennent des Anglais natifs. De par ces raisons le Conseil ne peut pas estimer qu'il soit opportun de rien proposer de nouveau pour les restreindre, mais qu'on laisse aux lois leur cours. » *State Papers Dom.* XXI. 108. 110.

conclurent en priant S. M. «de donner tout possible encouragement à tous les artisans étrangers aussi bien en draps qu'en tous autres lainages, à se transporter ici et à s'y établir». En 1663, sous la signature anglaise Herbert, paraissaient de curieuses pages françaises en faveur des réfugiés [1]. Le 29 avril 1664, les marins se plaignaient de l'accaparement du commerce de transports par les Français «venus pendant les derniers troubles»[2]. La guerre suspendit les immigrations et les plaintes des nationaux. Mais en 1669, les vexations reprenant, les Églises française et flamande de Londres présentèrent au Conseil royal une requête «pour que les étrangers puissent travailler sans être molestés». On les fit comparaître devant le Comité du commerce («pour le négoce»), ainsi que le Lord-maire et le directeur des Halles[3]. Depuis deux ans déjà le gouvernement songeait à faciliter la naturalisation, et le Comité y voyait l'unique remède au dépérissement croissant de l'industrie.

Les lois anglaises ne contenaient aucune disposition générale relative à la naturalisation et dont auraient pu se prévaloir les étrangers désireux de l'obtenir. Considérée comme une pure faveur, elle dépendait du bon plaisir du souverain qui, pour chaque cas, soit envoyait une lettre-patente (*Warrant*) au procureur ou au solliciteur général, lui donnant ordre de dresser l'acte d'indigénat (*Grant of Denization*), soit permettait au Parlement de la conférer par une décision spéciale, sur rapport de la commission nommée à cet effet. Les non-protégés rencontraient des obstacles presque insurmontables, tous de décourageantes lenteurs. Parmi les sollicitations qui avaient salué le retour de Charles II, de la part tant des Français anciens serviteurs de son père que des nouveaux venus dans le

La Naturalisation.

---

[1] *Considérations en faveur des étrangers qui sont en Angleterre*, etc. Appendice LV.
[2] *Cal. State Papers Dom.* XLI. 4, XCVII. 60.
[3] *Actes du Consistoire de Londres.*

royaume[1], plusieurs avaient la naturalisation pour objet : les premières années de la Restauration comptent néanmoins un fort petit nombre d'obtentions[2].

[1] Relevons-en quelques-unes dans les *Calendars* : 1660, Pétition de Guy le Moine pour le Fellowship à Pembroke Hall Cambridge « destiné à un Français »; il a 72 ans et a passé sa vie à enseigner sa langue à la noblesse ; (sans effet, la dotation d'une comtesse de Pembroke, née Marie de Saint-Paul de Valence, datant du moyen âge et ne se rapportant pas aux Réfugiés). Octroi à Nic. Le Fèvre des charges de professeur de chimie et pharmacien ordinaire de la famille royale [chimiste des plus distingués, démonstrateur au Jardin-des-Plantes à Paris, nommé directeur du Laboratoire de Saint-James et membre de la Société Royale, mort à Londres 1674]. Pétition de Méric Casaubon pour les arriérés de la pension accordée à son père par Jacques Ier. — 1661, Pétition de P. Chamberlan, seul médecin survivant de LL. MM., pour réadmission à sa place : Déclaration du roi que le dit, qui a aidé à son heureuse naissance, devient son premier médecin ordinaire. Pét. d'Esther, veuve du graveur Briot mort à Oxford à la suite de Charles Ier. — 1662, Pét. de P. Blondeau pour la naturalisation « afin de pouvoir mieux gouverner ses ouvriers et profiter de sa patente d'ingénieur de la monnaie qui l'autorise à la frapper d'après sa nouvelle invention avec lettres sur l'exergue (il avait déjà été employé par Cromwell). Warrant conforme avec permis d'exercer toute industrie dans le royaume pendant vingt-et-un ans. — 1664, Pét. de Pierre Massonet, sous-gouverneur, maître d'écriture et de français sous Charles Ier; octroi d'une pension de 100 L. — 1665, Pét. d'Antoine Choqueux, engagé en 1634 par l'avis de Mayerne pour soigner la maison du roi, chirurgien ordinaire en 1643; paiement de l'arriéré et nomination comme chirurgien ordinaire. — 1667, Lettre de Durel sollicitant un dégrèvement d'impôts pour M. de Cugnac, qui a à peine du pain à manger et aucune propriété en Angleterre. *Cal. State Papers Domestic*. De plus, Charles II, sur la demande transmise par Morley, devenu évêque de Winchester, acceptait la dédicace du grand ouvrage d'histoire naturelle biblique de Sam. Bochart, *Hierozicon*, imprimé à Londres 1663.

[2] Naturalisations d'après Agnew, les *Calendars* des *State Papers* et ceux de la Chambre des Lords, 1660, 27 août : la comtesse de Derby (Charlotte de la Trémoille), la comtesse d'Ossory, Lady Culpepper (certificat que ladite Lady C. est bonne protestante et a reçu le sacrement dans la congrégation hollandaise de Londres; le mariage ne conférait pas de droit la naturalisation; de même Louis XIV après la Révocation refusait le permis de sortir à Lady Douglas, née Anne de Bey de Batilly, sous prétexte qu'elle était sa sujette) : ces trois nat. manquent dans Agnew. — 1661, Armand de Caumont, marquis de Montpouillan, Pierre Petit, Jacques du Conget. — 1662, Isarz, Daveizar, Gabay, la Fontaine dit Wicart, Coquart. — 1663, vingt-trois, dont les Colladon et

Le 19 novembre 1667 on présentait à la Chambre des Communes un projet de loi pour la naturalisation en masse des étrangers : la seconde lecture, le 3 décembre, fut suivie de longs débats le 4 et le 7 : le 19, le Parlement était ajourné, et à la rentrée, en février 1668, le Bill ne fut plus repris. Cette première tentative avait échoué [1]. *Projet de loi avorté. 1667.*

En Écosse, au contraire, le Parlement, mieux inspiré, publiait le 8 décembre 1669 un acte de naturalisation pour les étrangers protestants qui apporteraient leurs biens ou établiraient de nouvelles industries et manufactures [2]. Il est aussi général et complet que possible, leur accordant tous droits et privilèges des nationaux « pour en jouir aussi librement sous tous les rapports que s'ils étaient nés dans le royaume d'Écosse », S. M. y déclarant de plus que « sur demande à lui faite par ces étrangers, *Acte de naturalisation en Écosse. 1669.*

Blondeau et trois par la Chambre des Lords. — 1664, Laurence du Puy et Louis de Durfort, marquis de Blanquefort, sixième fils de Guy de Duras et d'Élisabeth de la Tour (petite-fille du Taciturne), émigré au moment de l'abjuration de ses frères, les futurs ducs de Duras et de Lorges : Charles II le créa Lord, baron de Duras, et l'envoya ambassadeur extraordinaire en France 1677 ; Jacques II le fit comte de Feversham (manque dans Agnew). — 1666 quatre, 1669 quatre, 1670 Isaac Perrot, 1672 cinq, 1676 Franç. Mayot, 1677 quatre et dans un acte du Parlement huit (Reneu et Raoul de Bordeaux, Savary de Dieppe, Cousteil de Montauban, Vigorons de Nimes, Testard de Blois, Pelat de Croix en Cévennes et Ph. Mussard de Genève); 1679, La Mothe, Luzancy, Marie de l'Angle, épouse de Durel; 1680, Armand Boucherie, de Vérigny, Papillon. Le 28 avril la Chambre des Lords délivrait l'attestation que le nom d'Isaac Amy, protestant français, ne se trouvait dans aucun des Actes de naturalisation depuis le commencement du règne de Charles Ier, certificat nécessaire pour empêcher la saisie de ses biens en France sous prétexte de cette naturalisation. *Rep. on Hist. Mss. XI, Rep. H. of Lords.*

[1] *Journal of the House of Commons.*

[2] « Our Soverane Lord, out of his innate bounty and royall inclination to favour and protect strangers and for the incres and promoveing of trade and manufactories, being graciously pleased and willing to give incouragement to strangers to repair to and duell and reside within this Kingdome, have therefor thought fit, with advice and consent of his Estates of Parliament, to heirby statute, ordeane and declair that all strangers, being of the Protestant religion... etc.

il leur accorderait le libre et public exercice de leur religion dans leurs propres langues et la liberté d'avoir des églises dans le royaume »[1]. La clause s'adressait aux réformés français; on ne voit guère qu'ils en aient profité avant une douzaine d'années[2].

En Angleterre, la question était soulevée l'année suivante au sein de la commission nommée par la Chambre des Lords pour « s'enquérir des causes de l'abaissement des revenus et du dépérissement du commerce » (28 octobre 1669 à 9 mars 1670). Des membres du Conseil consultatif du commerce récemment institué, et dont faisait partie Th. Papillon, furent appelés à déposer devant elle : tandis que M. Child s'attaqua « aux industries introduites en Angleterre par la suite des persécutions à l'étranger », Papillon déclara, au contraire, qu'une liberté générale d'établissement accordée aux étrangers serait avantageuse au pays « à condition que ce soient des étrangers qui puissent s'incorporer à la nation et devenir anglais... sans quoi ils exporteraient les richesses », citant comme exemples les Juifs qui ne s'incorporent jamais, « tandis que les Français, Wallons et

---

[1] Le tout à condition pour chacun de présenter aux Lords du Conseil privé une pétition exposant les noms, lieux de naissance et de précédente demeure et protestantisme du demandeur; l'extrait de l'acte du Conseil les déclarant être dans les conditions voulues leur servira à tous égards de naturalisation suffisante et leur sera délivré sans autres frais que la redevance de neuf livres d'Écosse pour les secrétaires et leurs gens. L'acte dans Agnew. Cette naturalisation, malgré l'union politique des deux royaumes, ne leur conférait aucun droit en Angleterre, où les Écossais n'étaient naturalisés que sur Warrants individuels, comme tous autres étrangers.

[2] Agnew en trouve la raison dans l'autorisation de résidence et de trafic que les municipalités avaient le droit d'accorder *motu proprio* sans nécessité de naturalisation. Celle d'Édimbourg permettait en 1669 à Anne Salomon, Française, de vendre des pierres fines, en 1675 à Louis de France d'ouvrir une école publique de musique; professeur à celle d'Aberdeen en novembre, il s'installait définitivement à Édimbourg en 1682, année où Jean Debaut y recevait un terrain pour établir une corderie de marine. Agnew.

autres protestants se marieraient ici et deviendraient un avec nous »[1]. La commission adoptant cette opinion, résolut comme remède au manque de population du royaume, de recommander un Bill pour la naturalisation des étrangers [2].

Le 16 novembre 1670, après une première modification, on le proposait aux Lords sous la forme suivante : « Attendu qu'il est avantageux au pays d'avoir ici des étrangers pour enseigner aux manufacturiers anglais, — tout étranger, étant chrétien, qui prêtera les serments d'allégeance et de suprématie devant le maire ou le principal magistrat de toute cité ou ville incorporée, ou devant deux ou plusieurs juges de paix, devra, sur l'enregistrement d'un certificat à cet effet à être enregistré par le greffier du Parlement — être naturalisé aussi pleinement que par un acte du Parlement ». A ce Bill, de tendances si libérales, les Communes, dans les séances des 19, 22 et 23 novembre, apportèrent quelques amendements, renonçant pourtant à une clause conditionnelle de conformité avec l'Église anglicane. Voté par les Lords le 2 décembre et renvoyé aux Communes le 3, il était proposé le 19 pour figurer à l'ordre du jour du lendemain, mais quarante-et-une voix contre trente-six remettaient cette lecture à trois semaines : après deux nouveaux renvois, le 4 et le 8 mars 1671, la première lecture eut lieu le 5 avril; le 16, la prorogation du Parlement vint une seconde fois annihiler le projet [3].

Second projet de loi de naturalition. 1670-1671.

Les Chambres ne se réunirent à nouveau qu'après un intervalle de dix-huit mois. Le roi en avait profité pour revenir enfin sur les mesures de rigueur dont « une triste expérience de douze années avait montré le peu de fruits », et publier le 15 mars 1672 la *Déclaration de Tolérance*, « tant », est-il dit, « pour apaiser

Déclaration de tolérance. 1672.

[1] *Memoires of Th. Papillon.*
[2] *Rep. on Hist. Mss.* VIII. House of Lords.
[3] *Lords Journal* XII. 365. 378. *Commons Journal.* IX. 186.

nos sujets sur ces points que pour inviter les étrangers, dans la conjoncture présente, à venir et à vivre parmi nous ». L'anglicanisme demeure entier dans ses doctrine, discipline et gouvernement et les seuls conformistes peuvent obtenir des bénéfices ou des dignités de l'Église; mais l'exécution de toutes lois pénales en matières ecclésiastiques contre quelque sorte de non-conformistes ou de récusants que ce soit est suspendue, et les non-conformistes auront des lieux de culte à la condition que leurs conducteurs soient approuvés. De cette approbation étaient expressément exclus les catholiques romains, à qui l'on n'accordait aucun lieu de culte, toutefois on leur permettait « leur part dans la commune exemption des lois pénales, et l'exercice de leur culte dans les maisons particulières ».

C'en était déjà trop pour l'intolérance des masses surexcitées par l'attitude de Charles II, qui, à ce moment même, s'alliait à à la France contre les Pays-Bas, nommait des officiers catholiques dans les troupes envoyées en Hollande et plaçait la flotte sous le commandement de son frère, dont le papisme n'était guère douteux. Les Communes crurent, ou feignirent de croire à un complot pour la suppression du protestantisme et de la liberté et, dès l'ouverture de la session, déclarèrent que des lois pénales en matières ecclésiastiques ne pouvaient être suspendues que du consentement du Parlement. Charles II ne résista point: le 8 mars, la Déclaration de Tolérance fut reprise, le sceau royal qui la consacrait oblitéré, les licences déjà données privées par là de toute valeur. Le 25, les deux Chambres votaient à l'unanimité l'*Acte du Test* : « Toute personne occupant un emploi de l'État, civil ou militaire, est astreinte, avec la prestation des serments d'allégeance et de suprématie, à signer une déclaration contre la Transsubstantiation, et *à recevoir le sacrement selon le rite de l'Église d'Angleterre* ».

L'Acte du Test.

Le vote de l'Acte du Test prouva la sincérité des méfiances, puisque les presbytériens qu'elle frappait l'appuyèrent eux-mêmes contre les catholiques ; ses conséquences immédiates, les démissions volontaires, au nom de leur foi catholique, du duc d'York, du ministre Clifford, de centaines de fonctionnaires et d'officiers, parurent justifier toutes les appréhensions. Mais, avec les difficultés et les perspectives de nouvelles persécutions pour les non-conformistes, renaissaient aussi les entraves apportées à l'immigration des réformés de France. Dans la précédente session on avait été amené à reconnaître l'utilité pour le pays de cette immigration : à l'ouverture de celle-ci, le 8 février 1673, la Chambre des Communes résolut qu'un Bill serait introduit « pour la naturalisation générale des étrangers de la Religion réformée » et en confia la préparation à quatorze de ses membres. Le député Cheney apportait le projet le 12 mars ; le 24, à la seconde lecture, cent-huit voix contre soixante-et-une le renvoyaient à une commission composée du procureur général, des quatorze anciens membres, de dix-huit nouveaux et de tous les députés des ports de mer, avec réunion fixée au lendemain et pouvoir de requérir toutes personnes, papiers et documents[1]. De leur côté, les Lords avaient fait étudier le Bill par une commission au nom de laquelle le comte d'Anglesey en proposait le 27 l'adoption, à condition d'y ajouter quelques amendements dans la formule du serment et la durée de la loi, amendements lus, discutés et votés dans la même séance avec l'ensemble du projet[2].

Troisième projet de loi de naturalisation. 1673.

---

[1] La proposition de convertir à cet effet toute la Chambre en comité secret avait été repoussée par 151 voix contre 94. L'introduction dans la commission, avec voix délibérative, des représentants des ports répondait aux craintes d'accaparement du commerce maritime par les marins réfugiés, voir le « Proviso » du projet de loi définitif.

[2] « Députation du Cœtus pour remercier le Cte d'Anglesey qui a fait comprendre à quelques frères la grande faveur dont il a usé envers les deux Églises pour la continuation et le maintien de leurs privilèges. 16 mars 1673. » *Actes.* La récente adoption du Test le fit introduire par les Lords dans le

Précédé de considérations sur l'avantage pour un pays de posséder en abondance des gens industrieux et travailleurs, il stipulait, comme le projet de 1671, que « toute personne, étant chrétienne, quoique née au delà des mers sous une juridiction étrangère, aurait tous les droits d'un sujet naturalisé, en prêtant un serment prescrit d'allégeance à la couronne, et en signant la déclaration contre la Transsubstantiation (substituée par les Lords aux serments d'Allégeance et de Suprématie), devant le maire ou le principal magistrat de toute ville, ou devant deux justices de paix, et apportant un certificat d'eux en témoignant, pour être enregistré dans un livre par le greffier du Parlement ou son député — à condition que la clause Car. II. 18, exigeant que tout navire anglais et un maître ait les trois quarts des matelots anglais soit encore entendue de personnes nées sous l'allégeance de S. M. et non de personnes naturalisées ». Les Lords avaient ajouté une clause restreignant le bénéfice de l'acte aux personnes naturalisées dans l'espace de cinq années à partir du 25 mars 1674, et une seconde requérant les juges de paix d'enregistrer les noms des personnes naturalisées à leur prochaine session trimestrielle.

Ajournement indéfini.

Porté le même jour aux Communes sous cette rédaction définitive, le Bill n'attendait plus que leur vote pour avoir force de loi : au lieu de l'accepter à cette dernière lecture, la Chambre, par 76 voix contre 60, prononça l'ajournement ; le lendemain, le Parlement était prorogé[1].

A la rentrée du mois d'octobre, le Bill ne fut pas de ceux que la Commission d'étude des projets de loi suspendus estima né-

---

serment à prêter par les Réfugiés naturalisés : « Je jure que je porterai foi et vraie allégeance à notre Souverain le Roi, à ses héritiers et successeurs, ainsi m'aide Dieu. Je déclare que je ne crois pas qu'il y ait aucune transsubstantiation dans les éléments du pain et du vin avec le sacrement de la Cène, sur ou après la consécration par quelque personne que ce soit. »

[1] *Lords Journal* XII. *Commons Journal* IX. *Rep. on Hist. Mss.* IX, 19.

cessaire de reprendre. Alors que le Parlement d'Irlande promettait à tous les protestants français qui viendraient se fixer dans l'île des lettres de naturalisation et l'admission gratuite dans toutes les corporations, la question d'une naturalisation en masse était, en Angleterre, enterrée pour plusieurs années. Si les Chambres consentirent à s'occuper des Réfugiés, ce fut, sous l'influence de leurs tendances et de leurs terreurs antipapistes, pour attirer les faveurs royales, non sur les réformés de vieille date, mais sur les prosélytes français abandonnant le catholicisme pour la religion anglicane.

Une de ces conversions avait fait sensation. Vers la fin de 1666 ou le commencement de 1667, le capucin et docteur en théologie François Durant de Bréval quittait l'aumônerie de la reine-mère pour embrasser la foi protestante. Les ressentiments de ses anciens amis et coreligionnaires le poursuivirent longtemps. On le dépeignit d'abord comme « ayant dans les dernières guerres offert ses services au Roy d'Angleterre contre le Roy de France »[1] ; plus tard, quand il eut remplacé dans un des postes de la Savoye André Lombard, retourné à Nimes, on s'attaqua violemment à sa doctrine. Après l'avoir apostrophé sur la voie publique, le supérieur des capucins porta dans la chaire de Somerset House ses accusations contre le sermon prêché le

Les Prosélytes.

D. de Bréval.

---

[1] « J'ay un bon témoin du contraire et qui scait que la passion qu'en effect je luy témoignay alors pour son Royaume fut sans préjudice de la fidélité que je devois à celuy dans lequel je suis né. Mais pour vous dépeindre en un mot l'Esprit et la syncérité des gens qui me persécutent, vous devez scavoir qu'aussitost après mon changement ils me voulurent faire passer icy pour un Espion contre l'Angleterre affin de me perdre mieux parmi les Anglois sous une qualité si odieuse; Et deux ou trois ans après voicy qu'ils veulent que j'aye été un Espion pour l'Angleterre contre la France affin de m'attirer la haine des françois qui sont icy. Je rends grâce à Dieu de m'avoir toujours conservé dans les sentimens que je devois à ces deux Royaumes, que je regarde tous deux comme ma Patrie, puisque je suis né dans l'un et que je me prépare à mourir dans l'autre. » *Aux Lecteurs*. Préambule du sermon *La Foy victorieuse*, etc.

dimanche précédent, d'où la publication dans les deux langues du discours incriminé, pour faire connaître « à toute la terre l'imposture de ses ennemis »[1]. Ils ne réussirent pas à entraver sa carrière : honoré du titre de chapelain ordinaire de S. M., il était nommé prébendaire de Rochester, quatre ans plus tard de Westminster, où les difficultés d'une langue étrangère ne l'empêchèrent point de faire apprécier sa prédication très vivante. Aussi renonça-t-il à la chaire de la Savoye pour se consacrer entièrement à l'Église nationale[2].

Bien qu'un des prosélytes, Martin Breton, ex-prédicateur à l'église Saint-Paul de Paris, ait abjuré à la chapelle royale de Saint-James entre les mains de l'évêque de Londres (19 novembre 1676), la cérémonie avait lieu d'ordinaire à la Savoye. On y assista successivement à la renonciation solennelle « aux erreurs de Rome » de Pierre Bérault 1671, François de la Motte et Hippolyte de Luzancy 1675, Louis des Escotais 1677.

Bérault et De La Motte.

Le moine Pierre Bérault avait été converti par Claude au moment même où il songeait à venir en Angleterre comme missionnaire pour ramener les hérétiques au giron de l'Église de

---

[1] « Me trouvant dans la rue le dimanche d'après mon sermon lorsque j'allois à l'Église françoise de la Savoye avec un des anciens, il m'arresta le plus incivilement du monde, et me dit que je devois estre honteux d'avoir presché tant de saletez, tant d'infamies, tant de crimes et d'abominations qui avoient si horriblement scandalisé tout le monde. Je vous avoue que ce langage me surprit et m'émut... il m'obligeoit à donner ma prédication au public pour avoir encore plus de témoins et plus de juges que je n'avais eu d'auditeurs, bien que le nombre eust été plus grand que l'Église n'étoit capable d'en tenir... *La Foy victorieuse du monde dans les justes, sermon presché à la Savoye dans l'Église françoise le dimanche 10e jour d'octobre 1669 par D. Breval autrefois Prédicateur de la Reine-mère* ». Londres 1670, 32 p. in-4°, — traduit aussi en anglais par P. du Moulin. Voir à l'*Appendice* la péroraison du *Sermon prononcé devant le prince d'Orange* et dédié au prince : « Quoyqu'il vienne d'une Église étrangère, ne le traitez pas en étranger. »

[2] Plaintes du consistoire de la Savoye, 18 nov. 1679. — « L'après-midi ce fameux prosélyte M. Brevall a presché à l'abbaye en anglais et extrêmement bien, 11 fév. 1672 ». *Diary of J. Evelyn.*

Rome. Fénelon lui-même approuvait pleinement ces envois d'ecclésiastiques « travestis en laïques pour cacher leur caractère et leur religion » et dispensés de tout acte public de leur culte[1]. Après avoir exposé du haut de la chaire les raisons de son changement, Bérault renonça au ministère et se consacra à l'enseignement des langues[2]. De la Motte, ancien frère prêcheur de l'ordre des carmélites, publia en français et en anglais son sermon de rétractation : il y fit le tableau de ses luttes intérieures et de sa résistance de sept années contre les avertissements de sa conscience et implora le pardon de Dieu pour avoir si longtemps hésité à y obéir[3].

Chastelet de Luzancy. De la Motte insistait sur ce que les situations qu'avaient occupées les prosélytes avant leur conversion témoignaient en faveur de la sincérité de celle-ci et de la pureté de leurs motifs ; mais des doutes sérieux s'élevèrent sur la valeur morale de l'abjuration d'Hippolyte de Chastelet, dit de Luzancy, fils du comédien Chastelet dit de Beauchasteau. Il avait été trappiste et prédicateur à Montdidier, était passé en Angleterre et avait abjuré le

---

[1] « Nos missionnaires n'en font aucun en Angleterre pour n'exciter point mal à propos une persécution. » Fénelon, *Lettres sur l'Autorité de l'Église*.

[2] « *L'Église de Rome évidemment prouvée hérétique par P. Bérault qui en abjura les erreurs à Londres le 2 avril 1671* », dédié à l'év. de Londres. — « *Le véritable et assuré chemin du ciel* », en franç. et en anglais, 1682. — « *L'Église d'Angleterre prouvée être évidemment la sainte Église catholique* », en anglais, 1683. — *Bouquet, ou un amas de plusieurs vérités théologiques, propres pour instruire toutes sortes de personnes, mais particulièrement pour consoler une âme dans les troubles*. Londres 1685, fr. et anglais en regard. — Bérault fut naturalisé en 1697.

[3] *Les Motifs de la Conversion à la Rel. Réf. du sieur Franç. de la Motte, cy-devant prédicateur de l'ordre des Carmes, prononcez en partie par luy-même*. Londres 1675, 120 p. in-4°. C'est un développement du sermon publié un mois après l'abjuration comme réponse à ceux assurant qu'il n'oserait « coucher sur le papier les choses dites, étant toutes contraires et inventées à plaisir ». On en donna une traduction anglaise sous le titre plus accentué de « *The Abominations of the Church of Rome discovered in a Recantation Sermon etc.* » Texte Rom. V. 20. Voir fragment à l'*Appendice* LVII.

11 juin 1675[1]. Quelques mois après, il remplissait Londres du bruit d'une tentative d'assassinat religieux dont il aurait été l'objet, « le Rév. père Saint-Germain, jésuite et prédicateur de la duchesse d'York, avec plusieurs autres, l'épée et le pistolet en main, » ayant extorqué sa signature au bas d'un acte d'abjuration du protestantisme. L'imagination populaire s'empara de ce grief qui alimentait sa passion. On en fit une affaire d'État.

Le 8 novembre, lord Hollis en saisit la Chambre des Seigneurs, lord Russell celle des Communes : on demandait au roi de faire arrêter et poursuivre Saint-Germain comme coupable de tentative d'assassinat[2]. Le 13, les Communes, « trouvant nécessaire d'encourager les conversions à l'Église d'Angleterre, particulièrement celles du Dr Breval, de M. Luzancy et de M. de la Motte, décident de remercier S. M. de ce qu'elle a déjà fait pour le premier et de lui recommander les deux autres ». Mais l'enquête poursuivie devant le Conseil royal fut loin d'être concluante. Tandis que Luzancy soutenait avoir été contraint de signer sa rétractation et avoir reçu de l'argent pour retourner en France, le mémoire justificatif de Saint-Germain assurait que les premières avances étaient venues du prosélyte, cherchant à se faire acheter et inventant le complot comme vengeance de son insuccès[3]. « Les Seigneurs », rapporte une pièce manuscrite du temps, « étaient sur le point de rejeter l'affaire, mais le garde des sceaux dit que, d'après les lois de l'Angleterre, c'est une trahison digne de mort que de

---

[1] « *Vous connaîtrez la vérité et la vérité vous affranchira, Sermon prêché à la Savoye le 11 juillet 1675, par M. de Luzancy, licencié en D., le jour de son abjuration* ». Il y a aussi une édition en anglais.

[2] *Commons Journal :* « Le min. de l'Angle a rencontré Saint-Germain dans St James Park. »

[3] Voir aussi : Compte rendu de l'interrogatoire de Luzancy par les conseillers privés à Whitehall, le 11 nov. 1675. *Reports on Hist. Mss.* VII. Coll. Sir H. Verney, — et Copie du mémoire de M. de Luzancy sur la manière dont sa rétractation lui a été extorquée. *Reports on H. M.* Coll. Lord Braye.

tascher de persuader aux autres de renoncer à la Religion établie et d'embrasser celle de Rome, et que, dans le factum dudit Prestre on voit par sa propre confession qu'il en est coupable. Là-dessus on a arresté qu'on chercheroit le dit prestre de Saint-Germain, qu'on se saisirait de sa personne comme traistre et que celui qui l'àmèneroit devant la Justice aurait 300 l. pour récompense » [1]. Luzancy avait pour lui le Parlement, l'opinion populaire, le souverain lui-même, puisque une proclamation royale était promulguée pour sa protection. Et pourtant les pasteurs réfugiés, dont plusieurs nourrissaient des préventions contre les prosélytes, qu'ils accusaient d'être trop souvent des espions à la solde de Louis XIV, continuaient à mettre en doute la véracité de l'attentat. Le ministre du Maresq, appelé à occuper la chaire de la Savoye à l'occasion d'une double abjuration, en profita pour distinguer entre les conversions sincères et celles qui ont pour objet « des avantages terrestres, voire même l'accomplissement des convoitises de la chair ». Dans la préface publiée en tête du sermon il ne craignit pas d'attaquer par son nom le moine converti que « des larmes répandues à propos, et des gémissements étudiés ont, par une vertu miraculeuse, sanctifié dans l'esprit de quantité de gens ». De Luzancy porta plainte à l'évêque de Londres. Compton fit saisir le pamphlet et suspendit du Maresq des fonctions pastorales ; il envoyait son protégé à Christ Church Oxford, où, sur la recommandation du chancelier duc d'Ormonde, on le graduait maître ès arts le 26 janvier 1676, et quoique l'enquête eût été abandonnée après l'éclat de son collègue, l'évêque lui donna le 18 décembre 1678 le vicariat de Doverscourt en Essex [2].

---

[1] *Bibl. du Prot. français*, Paris.
[2] Les *Lettres édifiantes* reconnaissent dans Hippolyte de Luzancy, qu'elles traitent d'imposteur, l'enfant poëte François de Beauchasteau, auteur de la Lyre du Jeune Apollon, encouragé par Mazarin, choyé par les dames de la

L. des Escotais.

Quand Louis des Escotais, ex-capucin, prédicateur à Meudon, « séjour le plus agréable du monde où la grâce commença les premiers fondements de sa conversion, ne se trouvant pas assez fort pour faire une profession publique au milieu des ennemis de la foy, prit la résolution de se retirer dans un pays où il fût permis de professer ouvertement la parole de Dieu », il eut à lutter encore contre les impressions fâcheuses qu'avait laissées de Luzancy et il décrit en termes assez justes la situation délicate d'un prosélyte : « D'un costé ceux desquels il abandonne le parti deviennent ses plus cruels et plus irréconciliables ennemis : d'un autre un grand nombre de ceux avec lesquels il fait profession de la pureté de l'Évangile ne se veulent point fier à luy ; ils le craignent (comme les Juifs craignaient saint Paul) : ils craignent que sa conversion ne soit intéressée et imparfaite, ou du moins ils craignent qu'elle ne soit pas de durée » [1].

L'interdiction du ministre du Maresq fut levée par l'intervention de son éminent coreligionnaire, l'envoyé du roi de France [2]. Le marquis de Ruvigny avait accepté en 1674 de remplacer de Croissy auprès de la cour d'Angleterre, mais non de prendre le titre d'ambassadeur, qui l'eût astreint à faire célébrer la messe

cour, et complètement oublié ensuite. La *France Protestante* admet aussi ce qui nous paraît être une confusion de deux frères ; le nom de François ne se trouve dans aucun acte concernant Hippolyte de L., et il n'était pas homme à laisser dans l'ombre le souvenir de ses lauriers précoces. Le catholique Lingard le qualifie d'aventurier, l'évêque Kennet ne conclut pas. On a cependant les preuves des excellentes relations que de Luzancy avait su conserver. Il mourut à Londres et fut enterré le 20 avril 1713 à Southweald dont il était vicaire.

[1] *Mémoires de M. des Escotais, cy-devant appelé dans l'Église romaine le très vénérable père Cassion de Paris, prestre et prédicateur de l'ordre des Capucins, ou les motifs de sa conversion*, dédiés à l'évêque de Londres. Londres 1677, LXXXVIII et 105 pages.

[2] Du Maresq reconnut sa faute « de n'avoir pas attendu l'imprimatur épiscopal. »

dans sa chapelle particulière[1]. Cette lacune, très sensible aux catholiques anglais, le fit rappeler après un séjour de deux ans à peine. Il avait prêté au troupeau de la Savoye l'appui de sa présence assidue au culte[1], mais son optimisme persévérant ne lui permit point de préparer de nouvelles facilités d'émigration et de réception en Angleterre pour les sujets protestants du souverain qu'il représentait officiellement et qu'il persistait à croire incapable de révoquer l'Édit de Nantes[2]. Et pourtant il avait été à même de constater, et n'a pas dû laisser ignorer à son gouvernement, l'impression produite à l'étranger par les rigueurs exercées contre les réformés. C'est pendant son ambassade qu'en 1675 « le chevalier Wheeler, homme d'esprit et de cœur, avoit présenté au Parlement un écrit où il avoit recueilli divers exemples des injustices qu'on faisoit aux Réformez : pour les tirer de mémoires moins suspects il avoit fait lui-même presque le tour du Royaume, afin d'y ramasser les faits les plus certains et les plus incontestables. Il en avoit donné un exemplaire à chacun des membres du Sénat, et il s'en étoit répandu plusieurs milliers dans le Royaume »[3].

---

[1] Burnet. II. 447. (La Haye 1727, in-12.)

[2] « Le vieux Ruvigny me dit qu'il resta longtemps dans l'illusion par rapport au roi. Il savait qu'il n'était pas naturellement sanguinaire. Il voyait son ignorance en pareilles matières. Son bigotisme ne pouvait provenir d'un principe intérieur. Ainsi pendant plusieurs années il se flatta de l'espérance, que le dessein progresserait si lentement que quelque accident imprévu pourrait le détruire. » Burnet, *Histoire de son temps*. IV, 88. 89. Cependant Ruvigny reçut à cette époque, ainsi que sa femme et ses fils des « lettres de naturalité » confiées plus tard à ses nièces ; « Elles seront mieux entre vos mains que les miennes .. elles peuvent servir puisqu'il n'est rien de plus incertain que les événements », leur écrivait-il en janvier 1680. Ruvigny revisita l'Angleterre en 1681 et 1685, mais ne s'y établit à demeure qu'après la Révocation.

[3] Élie Benoit, Liv. XVI. Sir Georges Wheeler avait commencé en oct. 1673 en comp. du Rév. Hickes, sa tournée d'enquête en France ; il en publia les résultats au retour d'un voyage en Orient avec Spon. Entré dans les ordres en 1683, prébendaire de Durham, etc., il demeura l'ami fidèle des protes-

Pétition de l'Église de la Savoye.

Les sympathies étaient éveillées, mais elles demeuraient encore platoniques. La non-reprise des projets de loi de naturalisation générale ou d'encouragement aux artisans étrangers avait affaibli la position de ces derniers et stimulé leurs adversaires. Le 20 février 1677 la Chambre des Lords recevait une pétition des « pauvres protestants françois de l'Église françoise de la Savoye », exposant qu'en conséquence de la proclamation royale du 9 février $166\frac{5}{6}$ ils avaient fui les persécutions du roi de France et cherché un refuge en Angleterre, qu'ils s'y étaient conformés à l'Église anglicane et ayant fait l'apprentissage de leurs métiers dans leur patrie, avaient joui pendant quelque temps des effets de la proclamation de Sa Majesté et travaillé honnêtement dans leurs professions sans molestations ou entraves. Dernièrement cependant ils avaient été inquiétés par des inspecteurs qui, prétendant qu'ils n'avaient pas servi leurs temps d'apprentissage, refusaient de les laisser exercer leurs industries, sauf contre de grosses amendes, qu'ils étaient dans l'impuissance de payer [1].

Bill pour l'encouragement des Protestants étrangers. 1677-1679.

Après audition de ces doléances, « les Lords spirituels et temporels assemblés en Parlement » ordonnèrent au Comité des pétitions de préparer un « Bill pour l'encouragement de tels protestants étrangers qui sont présentement dans ce royaume ou qui y viendront à l'avenir, afin qu'ils exercent leurs métiers respectifs comme il pourra être avantageux à ce royaume »[2].

Le 26 mars, on le lisait à la Chambre des Lords pour la première fois, le 29 pour la seconde : renvoyé à la commission et amendé dans ses séances des 5, 6 et 7 avril, il était représenté

tants français, et fonda pour eux en 1703 la chapelle de Wheeler street dont il assura l'existence par son testament. Voir seconde partie. — Déjà en 1668 on publiait à Londres sous le titre : « *A brief Relation of the Persecution and sufferings of the Ref. Churches of France* », la traduction intégrale de la *Relation sommaire* de 1666 qu'Élie Benoit attribue à Claude.

[1] Invité par du Maresq à s'associer à la pétition et aux frais, le Cœtus s'abstint. *Actes.*

[2] *Lords Journal*, XII., 20 et 21 février 1677.

sous sa forme modifiée le 9 et, après vote favorable, transmis aux Communes le même jour. Les cités de Londres et de Westminster l'avaient vivement attaqué devant la commission : leurs délégués assuraient que l'établissement d'étrangers dans les faubourgs leur était aussi préjudiciable que dans la cité même ; que le Bill révoquait six statuts antérieurs sans en alléguer raison aucune ; qu'ils avaient déjà plus d'industriels que l'industrie n'en pouvait nourrir ; que la Déclaration du roi n'avait amené que quelques gens de peu, retournant chez eux après fortune acquise, sinon laissant leurs familles à la charge publique ; enfin, que le Bill accordait aux étrangers des facilités refusées aux nationaux. On avait répondu au nom des étrangers que le principal commerce de la cité était en gros, et qu'eux étaient des artisans, mettant en œuvre des matières brutes appartenant aux négociants anglais ; qu'ils étaient venus par suite de l'invitation du roi à se soustraire aux persécutions dans leurs pays ; qu'ils avaient dépensé leur avoir en procès avec la cité. Le recorder répliqua que les trois quarts des habitants de la cité étaient des marchands au détail et des artisans [1].

Le Bill avait cependant résisté à ces attaques, mais il en sortait affaibli par les amendements. On avait sacrifié tout ce qui, dans la rédaction primitive, semblait reconnaître un avantage quelconque apporté au commerce anglais par l'établissement des Réfugiés : ainsi le titre proposé d'abord « Acte pour donner pouvoir et licence à des Protestants étrangers de s'établir pour l'accroissement et l'avantage du Commerce », était changé en « Acte pour donner pouvoir à des Protestants étrangers d'exercer leurs industries dans les places y désignées ». Tout le préambule rappelant l'invitation et les promesses royales disparaissait [2],

---

[1] *Reports on Hist. Mss.* IX Rep., 2ᵉ part. *Cal. of the House of Lords.*

[2] « Considérant que, sur la constante déclaration de V. M. de votre bienveillance envers les étrangers de la religion réformée, sujets français et des

tandis qu'on ajoutait à la clause de l'apprentissage l'exigence des sept années, que les droits acquis par un chef de famille lui étaient enlevés quand il cessait de l'être, et que surtout on accentuait la nécessité de se rallier à l'Église anglicane. Cette modification est significative : la seule attestation religieuse acceptée est celle des ministres de la Savoye, alors que la première rédaction ne spécifiait pas cette Église de la Savoye, désignait formellement la congrégation hollandaise et laissait au moins le bénéfice du doute pour Threadneedle street. Désormais il ne devait plus être question que des conformistes [1].

Pays-Bas, et de votre invitation à se rendre dans ce royaume, non seulement plusieurs d'entre eux qui étaient alors dans les États de V. M. furent désireux d'y continuer dans l'exercice de leurs diverses industries et vocations, mais d'autres se sont transportés et se transportent journellement avec leurs biens dans les royaumes de V. M., comptant sur la gracieuse protection dont ils ont en effet joui pendant quelque temps, — mais que dans ces derniers temps (bien qu'ils se soient conduits en toute fidélité envers V. M. et soumission et obéissance aux lois de ce royaume) ils ont été fortement inquiétés et molestés dans leurs personnes, industries et vocations par plusieurs informations et actions intentées, excitées et poursuivies devant les tribunaux par des dénonciateurs et autres, contrairement à vos très pieuses intentions : afin donc qu'ils puissent à l'avenir être tranquilles en leurs personnes et leurs biens... » Tout ce passage était supprimé. *Ibidem.*

[1] Projet de loi amendé, avec les suppressions de la première rédaction entre [ ] et les additions en italiques : « *Pour l'encouragement d'étrangers* » (foreigners and strangers) « *professant la vraie religion protestante ainsi qu'elle est maintenant établie dans l'Église d'Angleterre*, ce Bill autorise tous tels étrangers qui [à l'avenir] *sont déjà ici ou qui* viendront dans ce pays, étant chefs de maison et non commensaux » (householders and not inmates) « et de la religion protestante suivant l'Église d'Angleterre, et ayant servi comme apprentis le temps requis dans leurs pays respectifs, *et ayant exercé leur industrie pendant sept ans depuis leur apprentissage, cette durée étant celle que les apprentis servent d'habitude en Angleterre*, à exercer tout métier, mystère, occupation dans la cité de Westminster, les faubourgs de la cité de Londres et les comtés de Middlesex, Surrey et Essex, sans être molestés par aucune accusation, délation » (indictement, information) « ou action basée sur une loi pénale quelconque. A condition que les dites personnes aient d'abord obtenu une licence des Justices de la dite ville et comtés, à être accordée aux sessions trimestrielles sur la production d'un certificat

Battus par le vote de la Chambre Haute, les opposants, que ces concessions n'avaient pas désarmés, revinrent à la charge auprès des Communes : ils réussirent d'abord à retarder la mise à l'étude du Bill. Il fut lu devant la Chambre pour la première fois le 16 février de l'année suivante, pour la seconde le 21 mars, et renvoyé après débat à une commission de soixante-dix membres (dont Papillon[1]) chargée d'ouïr les mandataires de Londres et de Westminster, et d'introduire la clause que tous bénéficiaires de l'acte seraient forcés d'enseigner aux Anglais leurs arts et industries[2].

Mais tandis que les prohibitionnistes s'efforçaient d'empêcher la sanction du Bill, d'autres membres du Parlement, dans un esprit tout différent, préoccupés au contraire de l'exportation à l'étranger des laines et du dépérissement de l'industrie lainière dans le pays même, en cherchaient un remède dans le redoublement de l'immigration. Le 27 mars 1678, la commission d'étude proposait à la Chambre des Lords l'introduction d'un Bill pour encourager la venue de tous protestants étrangers, ouvriers en

---

de leur religion comme ci-dessus, signé par les ministres et marguilliers de la française *Église dans la Savoye* [ou hollandaise congrégation dans les cités de Londres et de Westminster], et aussi un certificat qu'ils sont chefs de famille, donné par le ministre et les marguilliers de la paroisse où ils vivent, et un également du notaire public du lieu, qu'ils ont servi leur apprentissage *et exercé leurs industries pendant sept ans après*, et sur leur prestation des serments d'allégeance et de suprématie devant les dites Justices. On n'exigera pas plus de *2 s. 6 d.* pour un tel certificat ou licence, et le refus de le livrer sur preuve suffisante fournie par deux témoins, sera passible d'une amende de *20 nobles.* » Les Lords ajoutèrent de plus la clause finale enlevant le bénéfice dudit acte à toute personne ayant cessé d'être chef de maison et étant devenue un commensal. *Rep. on Hist. Mss. IX. Cal. of the H. of Lords.*

[1] Élu en 1673 à Douvres par l'opposition libérale, il prit une part active et très anti-catholique aux travaux parlementaires jusqu'en 1681.

[2] La Commission prévint aussi les Églises du Cœtus, même par affiches aux portes des deux temples « afin qu'elles pussent être entendues. » L'évêque leur conseilla, si elles voulaient être comprises dans l'Acte, de préparer un modèle de Bill d'accord avec la Savoye et de le lui montrer. *Actes du Cœtus.*

tapisseries et autres tissus de laine, avec promesses de naturalisation et de privilèges semblables à ceux des Églises françaises et hollandaises, mais à condition de la signature préalable de la Déclaration contenue dans l'acte pour la répression de l'extension du papisme. On en proposa le renvoi à la commission du Bill précédent, afin que ce dernier pût être modifié par une adaptation « non aux seuls Français, mais à tous les protestants étrangers ».

Ces mots indiquent le retour aux principes d'une large tolérance. Quand, en effet, le 22 juin, on représentait à la Chambre des Lords, en nouvelle première lecture, un projet amendé de l'« Acte pour donner pouvoir et licence à des protestants étrangers d'exercer leurs industries dans les lieux y mentionnés », l'obligation de conformité à l'anglicanisme a fait place à celle de ressortir, soit d'une paroisse anglicane, soit d'une des Églises étrangères réformées ou luthériennes, autorisées à Londres, et de respecter la liturgie nationale[1]. Les artisans qu'on désirait

[1] « Pour l'encouragement d'étrangers professant la vraie religion protestante, il sera permis à tous étrangers, étant chefs de maison et de la religion protestante, et ayant servi comme apprentis dans les territoires où ils sont nés, ou ont été élevés, selon le temps fixé par la loi et les coutumes de ces lieux respectifs, et ayant accompli dans l'exercice de leurs industries le nombre d'années d'apprentissage pour parfaire la durée de sept ans, de s'établir et d'exercer tout métier ou occupation dans lesquels ils ont fait leur apprentissage, dans tout lieu de la cité de Westminster et des faubourgs de Londres, en Middlesex, Surrey et Essex, sans molestation de par aucune loi pénale quelconque. — A condition qu'ils obtiennent une licence de la dite ville et comtés à la session générale trimestrielle : elle leur sera accordée sur production de certificat de conformité à l'Église d'Angleterre *ou aux Églises Réformées Étrangères Française, Hollandaise et Luthérienne* autorisées par le roi à Londres, et sur promesse de ne faire ou dire rien tendant au blâme ou au mépris de la liturgie, de la doctrine ou de la discipline de l'Église d'Angleterre, ou qui puisse donner une juste cause de scandale ou d'offense à aucun des bons sujets protestants de S. M., et aussi qu'ils soient chefs de maison et non simples commensaux, et qu'ils aient servi leur apprentissage, et sur la prestation par eux des serments d'Allégeance et de Suprématie devant les dites Justices. Le refus de leur administrer le serment ou de leur accorder le certificat après

attirer étant hollandais, flamands ou wallons, il n'était que pratique de leur accorder la liberté de culte, et Threadneedle street en bénéficiait autant qu'Austin Friars.

Sur la seconde lecture, le 2 juillet, on envoya le Bill à un comité de trente-deux membres (le garde des sceaux, l'archevêque d'York, six évêques et douze comtes, dont Feversham). Une fois encore le recorder fit valoir les objections de la Cité; les baillis, directeurs et assistants de la Compagnie des tisserands demandèrent à être entendus[1]. Néanmoins, le 12, le Bill reparut devant les Lords et, sur rapport favorable du comte de Bridgewater, après double lecture des amendements, il obtint de nouveau un vote d'assentiment. Le 13, il fut porté aux Communes[2]. Mais déjà le 15 elles étaient prorogées jusqu'au

preuve de la vérité des faits donnée par deux témoins, entraînera une amende de 40 s. On n'exigera pas plus d'un sh. par licence, sous peine de dommage de 10 s. à la partie lésée, — A condition que cet acte ne s'étendra pas à toute personne cessant d'être chef de maison, ou se révoltant à la Papauté ou à toute autre religion. » — *Rep. on Hist. Mss.* IX et *Lords Journal* XIII. 258.

[1] Le Recorder évoquait les prohibitions de 1 Rich. III, 12, assurait que les artisans nationaux travaillaient aussi bien que n'importe quel étranger et manquaient d'ouvrage, et il refusait d'admettre une exception pour les boutiquiers. Offley, l'avocat des étrangers, rappelait les exemptions accordées dans St. Martin's le Grand malgré les statuts prohibitoires 14 Henri VIII. « Ces hommes ont été invités par la proclamation du roi : ils sont protestants et ont servi leur temps d'apprentissage; ils se grefferont non seulement dans le royaume, mais encore dans l'Église d'Angleterre. D'ailleurs, les Reports de Hutton mettent en question la validité actuelle des statuts de Richard III et de Henri VIII. » Reading, avocat de la Compagnie des tisserands, en maintenait la valeur ainsi que celle du statut 15 Élisabeth sur les sept années d'apprentissage. Les tisserands ajoutaient que le Bill, favorisant les étrangers tandis que les Anglais étaient encombrés déjà dans toutes leurs industries, serait la ruine des ouvriers nationaux : ils pourraient en maintenir 30,000 si on interdisait les manufactures étrangères. Le Bill n'avait aucun souci de l'obligation pour les étrangers de vivre selon le règlement des Compagnies : les tisserands les laisseraient volontiers habiter la Cité aussi bien que les faubourgs, mais à condition de s'y conformer aux Corporations existantes. — *Reports on Hist. Manuscripts* IX, 2ᵉ part., 88-111.

[2] *Lords Journal* XIII. 287.

1ᵉʳ août, et ne se réunissaient que pour être renvoyées successivement au 29 et au 1ᵉʳ octobre. A la rentrée du Parlement il ne fut plus question de le reprendre.

Rejet du Protestant Strangers Bill. 1678.

Un autre projet de loi, moins industriel que charitable et qui semblait, comme tel, avoir plus de chances de succès, celui « pour le soulagement des pauvres protestants étrangers », avait subi les mêmes vicissitudes [1]. Présenté aux Lords une première fois le 27 mars 1678, une seconde le 11 mai, repris, après la prorogation du 13 au 23 mai, avec un nouvel en-dos les 23 et 24, il était voté le 31 mai sur un rapport favorable de l'évêque de Londres, qui proposa, par voie d'amendement, sans l'obtenir, la naturalisation générale [2]. Les Communes en écoutèrent à leur tour la lecture le 11 juillet... et le repoussèrent le lendemain [3].

Rapports de Brisbane et Savile.

Tandis que ces continuels rejets neutralisaient les bonnes intentions du gouvernement, ses agents en France ne cessaient, au contraire, d'insister sur l'opportunité d'une naturalisation en

---

[1] *Protestant Strangers Bill: Act to procure relief for poor Protestant Strangers:* « Considérant que beaucoup de convertis, provenant des pays étrangers, abandonnant les erreurs de l'Église de Rome, d'autres, élevés protestants, contraints par la persécution dans leur patrie, se réfugient ici en Angleterre sous le gouvernement protestant de cette nation, et devraient, en conséquence, pour l'honneur et l'avancement de la vérité, être pourvus d'un entretien convenable; mais, afin que de faux protestants abusent le moins possible de la charité des personnes bien disposées; et considérant que beaucoup des Églises protestantes de l'étranger, par suite de la pauvreté et de l'oppression qu'elles endurent, ne peuvent procurer à leur jeunesse une éducation qui les mette à même de réussir dans leurs diverses carrières; afin de procurer à ces personnes affligées quelque soulagement et d'élever cette jeunesse dans la vraie foi et dans la crainte de Dieu, — quatorze commissaires seront nommés pour recueillir les charitables dons des personnes bien intentionnées, pour le support des étrangers protestants, et particulièrement des convertis qui cherchent un refuge dans ce pays, et pour l'éducation de leur jeunesse. Les commissaires pourront nommer des agents à cet effet, et ils administreront les capitaux de toute manière favorable à leur accroissement : les vacances seront remplies par le roi ». — *Rep. on Hist. Mss.* IX. 114.

[2] *Commons Book*, 27 et 28 mai.

[3] *Journal of the Commons* IX. 513.

masse. L'ambassadeur Brisbane écrivait le 1er mai 1679 : « Il paraîtrait conforme à ce qu'on fait maintenant en Angleterre contre le papisme, d'édicter quelque loi en faveur de tous les protestants étrangers qui viendraient s'y établir, leur accordant à peu de frais et facilement la naturalisation, l'exemption des droits d'étrangers et pendant un certain temps celle des corvées, et même la faculté de repartir »[1], — mais cette grande pensée préoccupa surtout Henri Savile, le frère du conseiller et futur ministre d'État lord Halifax : il occupa la charge d'envoyé extraordinaire de février 1679 à mars 1682. Très bien vu des protestants, dont il fréquentait assidûment le culte de Charenton[2], très sensible à leurs souffrances, dont il ne manquait jamais d'enregistrer une à une les aggravations, il l'était surtout aux avantages que l'intolérance de Louis XIV pouvait procurer à la Grande-Bretagne. Il écrit déjà à son frère, le 6 juin 1679, que les protestants français, tremblants de crainte d'une persécution violente, sont prêts à se rendre en Angleterre en nombre si considérable que la nation en retirerait un grand avantage, si « vous pouvez, par une naturalisation facile, le leur rendre le moins

---

[1] *Reports on Hist. Mss.* IV, 242. Coll. Marq^s de Bath. Mentionnant l'arrêt du Conseil contre les écuyers et maîtres d'Académies protestants et la fermeture en une heure de temps de la seule parisienne, celle de Foubert, il propose d'avoir en Angleterre un de ces établissements qui ont rendu en France de si grands services. 20 janv. 1679. — Evelyn cherche à Londres, le 17 sept. 1681, un local pour l'Académie de Foubert ; le 9 août 1682 le Conseil de la Royal Society consent à patronner l'établissement projeté, afin de diminuer les grandes dépenses annuelles de la nation pour envoyer en France des jeunes gens apprendre les exercices militaires. « Ils sont dans les premiers écuyers de l'Europe », écrit-il en 1684 de Salomon. F. et de son fils Henri, qui fut aide-de-camp de Guillaume III à la Boyne. — *Diary of John Evelyn.*

[2] On voulait lui imposer un aumônier anglican. « Je n'en ai jamais eu moins besoin, car je n'ai jamais manqué Charenton un seul Dimanche depuis que je suis en France... je suis devenu un vrai pilier de Charenton ». L'année suivante : « Une grande assiduité à Charenton m'a acquis une connaissance et amitié générale parmi les Huguenots ». *Savile Correspondence.*

du monde aisé... Je ne sais à quel point vous êtes mûrs pour de tels desseins, mais après avoir fait quelques démarches, je crois que vous trouverez celui-ci bien nécessaire ». Lord Halifax — « le premier des hommes d'État de cette époque »[1] — lui répond : « Si la crainte d'une persécution inspire aux protestants la pensée de se retirer ici, je suis sûr que nous renoncerions à tout bon sens en ne les encourageant point de notre côté par toutes les invitations possibles. Ceci a toujours été tellement mon principe que je me suis étonné de voir négliger la chose même que nous devrions rechercher : et ceux qui n'ont pas assez de zèle pour l'essayer comme préservation de notre religion, devraient avoir assez d'esprit pour le faire comme encouragement de notre commerce »[2].

Protestant Foreigners Bill. 1680. C'est à l'influence directe de Savile qu'est due la nouvelle tentative et la présentation à la Chambre des Lords, le 17 décembre 1680, d'un projet d' « Acte pour encourager les protestants étrangers à venir dans ce royaume et à y s'établir », projet dont on peut lui attribuer l'intelligente rédaction[3].

---

[1] Macaulay.

[2] Il ajoutait : « Je vous approuve d'aller à Charenton et d'appuyer les protestants, ce que je considère comme la principale tâche d'un ministre anglais en France ; mais je suis disposé à penser que cela pourra rendre cette Cour un peu lasse de vous ; c'est une méthode à laquelle ils ont été si peu habitués dans ces derniers temps, qu'ils la prennent comme une injure ».

[3] *Protestant Foreigners Bill, Draft of an Act for the Encouragement of Protestant Strangers to come into and inhabit this Kingdom :* « D'autant que les Protestants dans les nations étrangères souffrent actuellement de grandes et lourdes oppressions et afflictions et, frappés journellement de rigueurs inusitées, sont réduits à un état des plus affligeants et lamentables, et le tout uniquement à cause de leur adhésion à la vraie religion que les ennemis de la Réformation travaillent partout à déraciner, en conséquence, nous, de V. M. les très obéissants et loyaux sujets, les Lords et Communes assemblés en Parlement, ayant un fort tendre regard et compassion pour les soufffrances de tous les Protestants en détresse dans les pays au-delà des mers, supplions bien humblement V. M. qu'il puisse être arrêté et décrété :

« Que tous et chaque personne, et personnes, de la religion protestante

Jamais on n'avait été aussi au fond de la question, et la composition du comité nommé après la seconde lecture témoigne de

nés hors des domaines de S. M., et tous les négociants, commerçants et trafiquants en tous biens, denrées ou marchandises, artisans, ouvriers ou autres travaillant ou manufacturant des marchandises ou denrées, ou tous marins ou gens de mer qui habitent présentement quelque part en ce royaume ou qui, à quelque époque postérieure dans un laps de temps de 7 ans à partir de ce présent Parlement, transporteront ses, ou leurs matériel et famille dans quelque partie du royaume, avec l'intention qu'eux et leurs enfants après eux, habitent, résident et restent dans quelque lieu d'icelui — sera, ou seront, après son, ou leur, arrivée dans ce royaume, avec son, ou leurs, matériel, biens et famille, ou familles, et après avoir prêté les serments et donné les signatures ci-après déterminées, jugés, réputés et tenus être libres et naturels sujets du royaume sous tous les rapports, condition et degré, et à tous effets, interprétations et usages, comme si eux et chacun d'eux étaient nés dans ce royaume.

« Pourvu toujours que personne de l'âge de seize ans et au-dessus soit susceptible d'aucun bénéfice de naturalisation par l'acte projeté, jusqu'à ce qu'il ait prêté le serment d'obéissance communément dit d'Allégeance et le serment de Suprématie, et aussi fait et signé la Déclaration mentionnée dans l'Acte dit pour une plus effective préservation de la personne et du gouvernement du roi en frappant les Papistes d'incapacité parlementaire, lesquels serments seront prêtés et la déclaration s. d. faite et signée dans la Haute-Cour de Chancellerie ou devant les Justices de Paix du Comté, où le protestant étranger se rendra à quelque session trimestrielle publique, qui auront pouvoir de l'administrer, et le feront coucher dans un registre conservé à cet effet, sans payer d'autres ou plus grands honoraires que douze pence. — Et qu'il soit de plus décrété par la s. d. autorité que toutes et quantes personnes naturalisées par cet acte, qui exerceront ou désireront exercer un art, métier ou travail manuel, pourront librement l'établir et l'exercer dans toute cité, bourg, ou ville incorporée de ce Royaume, sans opposition, empêchement ou interruption d'aucune personne quelconque, nonobstant toute loi, tout statut, acte de Parlement, chartes, coutumes, libertés, franchises, privilèges, usages ou autres matières ou choses au contraire. Et de plus tous les commerçants, industriels, artisans, ouvriers et marins, naturalisés ainsi qu'il est dit ci-dessus, qui désireront être admis dans la confrérie, corporation, société ou association d'une industrie, d'un métier ou d'un état dans une telle cité ou commune incorporée, et qui feront connaître son, ou leur, désir au principal magistrat du lieu, ou à telle autre personne, ou personnes ayant pouvoir de le ou les y admettre, qu'alors, et en semblable cas tout magistrat principal ou autres ayant autorisation de faire telles admissions, admettront aussitôt un tel commerçant, industriel, artisan, ouvrier ou marin à être frère, ou membre de la société ou confrérie, à laquelle il demande à participer — et au défaut

l'importance qu'on lui reconnaissait (le duc de Cumberland, le Lord-président du Conseil, le garde des sceaux, les évêques de Londres, de Rochester, d'Ely, de Bath et d'Exeter et dix-huit comtes, dont Halifax). La Chambre des Communes confiait de même, le 31 décembre, à une commission de vingt-huit membres le soin de préparer un Bill « pour la naturalisation générale de tous les étrangers protestants, leur donnant licence d'exercer leurs industries en corporations » — (parmi eux le col. Birch, sir Clarges, M. Duboys et plusieurs autres ayant fait partie des commissions précédentes). Le 3 janvier 1681, les Lords augmentaient de deux nouveaux membres le comité d'enquête[1]. Le 18, le Parlement était prorogé, et Halifax écrivait à son frère : « Mon aide n'a pas manqué à *votre* Bill de naturalisation, mais des questions plus graves étant pendantes, il n'a pu être expédié : quand le prochain Parlement se réunira, je ne doute point qu'il ne passe, si la session a quelque durée. »

Le Parlement suivant n'eut qu'une semaine de vie : ouvert le 21 mars 1681, il était dissous le 28, et Charles II, qui avait repris les chartes des villes et supprimé la représentation nationale, gouverna désormais en monarque absolu.

sera passible d'une amende envers S. M. de cent livres, et de plus la personne refusée, sur serment d'un tel refus éprouvé, fait devant les Justices de paix aux prochaines sessions trimestrielles, sera et est fait par la présente, membre de la Société dans laquelle il a prié d'être admis, aussi pleinement et amplement à tous égards que s'il avait été admis suivant la forme usuelle, nonobstant toute pratique ou usage antérieur à l'encontre. Et que de plus il soit décrété qu'aucune personne naturalisée par cet acte, qui exercera un commerce, métier, manufacture, état ou occupation manuelle, n'emploiera, ne prendra, ne retiendra ou ne gardera à son service aucun apprenti, homme de journée, ou serviteur par contrat au-dessus du nombre de... en plus de ses fils ou filles, ni aucun apprenti ou serviteur dans ce nombre qui ne soient pas protestants, sous peine d'une amende pour chaque offense de..., moitié pour le roi, son héritier et ses successeurs, et l'autre moitié à celui ou ceux qui la solliciteront en justice, amende à être recouvrée dans toute Cour de Record par action de dette, bill, plainte ou information... »

[1] *Lords Journal*, XIII, 719, 722, 728.

Il ne dépendait plus que de sa volonté souveraine d'ouvrir largement l'Angleterre aux protestants français. Mais jusqu'à quel point le stipendié de Louis XIV s'intéresserait-il à ses victimes? Leur tendre une main secourable, n'était-ce point tarir la source des faveurs secrètes qui, seules, lui permettaient de gouverner sans contrôle en se passant des subsides parlementaires? Aux nouvelles instances de Savile, assurant que « le manque d'un acte de naturalisation dans une pareille conjoncture était la chose la plus cruelle », et que « si le Bill avait passé, cinquante mille âmes auraient déjà franchi la mer », Halifax répondait : « Je m'efforcerai de justifier mon protestantisme en faisant tout ce qui est en mon pouvoir pour l'encouragement de ceux qui viendront chercher ici un sanctuaire —, quoique, même en cela, vu notre situation présente, il faille user d'une grande délicatesse de méthode, afin de ne pas fournir là-bas une occasion à un redoublement de persécutions, ou afin, en discutant le pouvoir d'un prince sur ses sujets, de ne pas amener en retour à notre égard une question qui pourrait à peine être résolue en notre faveur... Je vous conseillerais même d'être circonspect dans vos expressions, sans rabattre de votre zèle légitime pour la religion ».

La conversion à sept ans.

Savile tint bon : il y avait urgence; les réformés étaient prêts à envoyer leurs enfants « par fournées », pour les soustraire à l'éducation romaine. Pendant ces délais, le coup prévu s'appesantit sur eux le 16 juin 1681, mais si la monstrueuse Déclaration qui permet aux enfants de se convertir dès l'âge de sept ans, les soustrait à l'autorité paternelle et défend leur éducation à l'étranger, fut comme un défi porté aux lois divines et humaines, elle eut pour résultat immédiat de lever les derniers scrupules et de forcer Charles II à se prononcer hautement.

Depuis plusieurs années, mais surtout depuis les derniers mois, on travaillait l'opinion publique par des écrits, traductions ou originaux, pamphlets en quelques pages ou mémoires approfondis, destinés à calmer les susceptibilités nationales et amener le roi à l'affirmation énergique de la solidarité protestante[1]. L'avocat Ed. Everard, dans un mémoire justificatif fort bien rédigé et très précis, reproduisait l'Édit de Nantes et les déclarations de Saint-Germain, en relevant article par article les dispositions légales et les violations répétées. Il présentait son étude au roi d'Angleterre, au nom des protestants français, « pleurant des larmes de sang, ayant les cœurs et les reins brisés »[2], lui

---

[1] *Papists Mercy and Justice, being an Account, not of those (more than an hundred thousand) massacred in France by the Papists, formerly, but of some later Persecutions of the French Protestants, set forth in their Petition to the French King*, 1679, trad. par Ezreel Tonge de la Requête présentée en vain à Louis XIV en faveur des réformés de Vaux Jaucourt près d'Avallon. Sur cette procédure inique Él. Benoît. XII, 80. — *A Memento for English Protestants*, 1680, résumé des massacres en divers pays fait dans un but anticatholique anglais. — *The deplorable state and condition of the French Protestants*, 1681. — *The humble petition of the Prot. of France lately presented to H. most Chr. M. by the m*al *de Schomberg and the Marq. of Ruvigny*, en français avec traduction anglaise en regard. — *The King of France his new order to his subjects professing the Protestant religion at Charenton 1681.* — *Animadversiones upon the French King's Declaration against the Protestants given at Versailles, 17 june 1681*, etc. etc.

Le *Christianismus Christinandus or Reason for the Reduction of France to a more Christian state in Europe* 1678, est un écrit purement politique, poussant à la guerre : les passages acrimonieux contre toute sympathie pour les provenances françaises, de quelque nature qu'elles soient, ne pouvaient qu'exercer une influence défavorable à la cause des Réfugiés.

[2] « It is for the amplifying of your name and Dignity, for the Patronizing and securing of true Religion at home and abroad, and in special gratitude to my Masters in the faith, that I introduce these undone French supplicants to petition and appeal to Y. M. and Your grand Council for Your mediation or some other Redress, which they with all possible submission and reiterated application, nay with tears of blood and with broken Hearts and Backs, have long sought in vain of that incroaching monarch that rules and tramples over them : as may appear by these following sheets . . » *The great pressures and grievances of the Protestants in France and their apology to the late ordinances made against them . . . gathered and digested by E. E. of Gray's Inn, sometime Under-Secretary to the French King.* — Londres 1681, in-fol. 82 pages.

rappelait son titre de Défenseur de la Foi, les ambassades envoyées en pareil cas par ses prédécesseurs, et, tout en le remerciant du récent transport en Caroline de quelques-uns des plus indigents, lui demandait de préférence de les protéger sur place : « une transportation trop considérable affaiblirait dans la chrétienté l'intérêt protestant ». C'est une intervention directe auprès de Louis XIV qu'Everard sollicitait.

La pensée de Savile était la même alors que, s'adressant au secrétaire d'État Jenkins, il réunissait, le 22 juillet, dans un plaidoyer suprême, tous les arguments de nature à détruire les dernières hésitations. C'est à la prospérité de son pays, c'est à la gloire de son maître qu'il songe quand il lui propose de reprendre les nobles traditions d'Élisabeth, et de se déclarer à la face de l'Europe le protecteur naturel de tous les protestants en souffrance : *Insistance de Savile.*

« Et maintenant, Monsieur, laissez-moi vous entretenir quelque peu des protestants de ce royaume. Leurs excessives souffrances présentes sont connues de toute l'Europe, et je laisse Sir Richard Mason ajouter à ce que j'en ai écrit antérieurement quelques détails de nature, je l'espère, à rendre Sa Majesté sensible à leurs calamités: il peut donc n'être pas mauvais de lui faire savoir ce que dans une telle occasion le monde attend de lui qui est le premier prince protestant en Europe. S'il n'est pas garant du Traité de Nantes, il l'est au moins d'un autre de l'année 1626 qui confirme celui-là; ainsi, il est autant en droit de prendre des mesures pour maintenir ce traité, que pour le dernier conclu à Nimègue dont il était médiateur: pour ce qui est du droit, il est certain : s'il en fera usage et jusqu'où, là est la question.

« La première, si ce n'est la seule objection, sera que sur la demande de soulagement pour les Protestants ici (en France), ce roi fera la pareille pour les Papistes d'Angleterre; mais sur quel traité le roi (de France) peut-il édifier une telle prétention? ou quelle parité y a-t-il entre les conditions de ces gens? Nous avons des lois d'ancienne date actuellement en force contre nos catholiques, et elles n'ont jamais été encore vigoureusement mises à exécution: ces gens-ci ont des lois positives en leur faveur, aussi positivement violées par la persécution d'iceux, nonobstant la garantie d'un prince étranger. Un groupe des nôtres est actuellement convaincu de projets dommageables à notre gouvernement: le corps entier de ceux-ci est en une obéissance parfaite et a été personnellement de si bon service à ce même roi que, dans un de ses Édits, il reconnut lui-même devoir la couronne qu'il porte à leurs services pendant la dernière guerre civile. Ce ne devrait donc pas être un argument bien péremptoire pour empêcher le Roi de plaider leur cause, surtout, quand selon toute apparence humaine, ses intérêts tant étrangers que domestiques recevraient une nouvelle vie par sa protection avouée de tous les protestants de l'Europe; situation que le Dieu Tout-Puissant a si longtemps offerte à sa famille, et qui, sans nul doute, sur un fondement aussi solide, le ferait fleurir à l'égal d'un grand prédécesseur à lui, qui trouva cette unique manière d'être tranquille pendant sa vie et glorieuse après elle.

« Si maintenant la situation présente de Sa Majesté admet ces mesures, la méthode la meilleure ne serait-elle pas de commencer par une Déclaration à toute l'Europe en français et en latin, pour offrir faveur et encouragement à tous ceux qui recevant préjudice dans tout autre pays par suite de leur profession de la Religion Réformée, pourraient venir et se réfugier dans le sien? L'effet en serait qu'aucune restriction quelconque n'empêcherait d'aller à lui ces gens qui se soumettent ici à leurs misères faute d'assurance de n'en pas rencontrer d'aussi grandes ailleurs, tandis que les faux rapports de quelques hommes mal intentionnés, sur la position actuelle de nos affaires, font hésiter tous ceux qui voleraient en Angleterre dès la première assurance publique qu'ils y seraient bien reçus.

« J'ai déjà insisté à ce sujet, auprès de vos prédécesseurs, sur le nombre de marins français de cette religion, sur leur bonne volonté et leur facilité à émigrer, sur le nombre considérable de gens fortunés prêts à vous arriver, même avec de grandes sommes; j'avais une fois (et j'espère que sur de bons engagements je pourrais les regagner) préparé une compagnie d'hommes qui vous auraient apporté la manufacture de toiles à voiles, dont il est si grand besoin en Angleterre : mais tout ceci était basé sur les espérances d'un Bill de Naturalisation, qui, échouant si malheureusement, a diminué mon crédit auprès d'eux, aussi bien que mon espoir de rendre un service considérable à la nation. Néanmoins toutes ces choses peuvent être encore recouvrées par une Déclaration cordiale, par l'établissement de quelque sorte de Comité où les étrangers pourraient s'adresser dès leur arrivée, et par une banque dans la Cité, fondée expressément dans le but de les mettre à même de transporter leurs biens en grand secret.

« Quoique je me sois arrêté trop longuement déjà sur ce sujet, je ne puis omettre de vous dire que les portes de France sont fermées pour tous les Protestants au-dessous de seize ans: la semaine dernière à Dieppe on a refusé à 300 l'embarquement pour l'Angleterre: et quoique je sache que tout prince peut fermer ses portes à ses propres sujets, je me demande si — quand il ne s'agit pas d'un crime — on peut régulièrement les empêcher d'aller dans les terres d'un prince ami. Je livre cette ciconstance aussi bien que toutes autres à votre jugement supérieur, sollicitant mon pardon pour cette longue importunité: je la concluerai par mes vœux les plus ardents pour que Sa Majesté prenne souci de cette affaire autant qu'il peut être compatible avec son pouvoir et sa dignité, afin de délivrer ces pauvres opprimés près de souffrir toutes les misères que pourront inventer la malice des Jésuites et exécuter le pouvoir illimité de ce monarque qui, dans les choses de cette nature, s'est si complètement abandonné entre leurs mains que leur crédit excite la jalousie de tous les autres ministres; pas un de ces derniers n'approuve ces méthodes, mais ils déclarent volontiers en toutes occasions qu'ils n'en sont pas les auteurs. Je suis, Monsieur, votre très fidèle et très obéissant serviteur   Hen. Savile. »

Mais la cause était gagnée depuis la promulgation de l'édit sur les enfants. La situation politique de Charles II lui-même exigeait qu'il ne se désintéressât pas plus longtemps du sort des réformés de France, sous peine de compromettre ce qui lui restait en Angleterre de légitime popularité. Ne l'accusait-on pas déjà ouvertement de préparer à son royaume un avenir catholique, de concert avec un allié dominateur, désireux d'anéantir le protestantisme sur l'une comme sur l'autre rive de l'Océan ?[1]

---

[1] Les contemporains ont été jusqu'à penser que, pour calmer les méfiances de ses sujets, Charles II aurait obtenu qu'on sursît en France à quelques interdictions d'exercice: « leur bon droit reçut, comme on le prétend, un

« Ce que vous écrivez des pauvres protestants est d'un grand sens et d'une noble compassion », répond Jenkins à Savile. « Il y a huit jours qu'un mémoire, rédigé par quelqu'un d'entre ceux déjà arrivés ici, a été lu devant S. M. en Conseil. S. M. ordonna immédiatement qu'une lettre à l'évêque de Londres et au Lord-Maire fût soumise à sa signature pour la prompte organisation d'une collecte... Le mémoire a été renvoyé à une commission, et dans huit ou neuf points demandés par les Français pour aider et faciliter leur transport et leur établissement, il n'y a rien à quoi les Lords n'aient consenti en tant que faire se pourra». Il est vrai qu'il ajoute : « Le grand point d'intercéder pour eux auprès du Roi de France n'a pas été encore débattu »[1]. Ce même jour 28 juillet, le roi signait à Hampton Court l'ordre

peu de secours des remontrances du roi d'Angleterre ou de ceux qui gouvernoient sous son nom.. Les Anglois étoient également offensés et des grandes conquêtes qu'on avoit laissé faire au roi de France et de la manière dont il traitoit les Réformés : ce double chagrin les rendoit moins traitables pour leur prince propre.. Les liaisons avec l'Angleterre étoient plus étroites que jamais, quoiqu'on fît plus de mistère pour tromper le monde. On crut donc que cette situation d'affaires avoit beaucoup servi à sauver l'Église de Caen — maintenue après avoir été sur le bureau du Conseil presque toute l'année, — aussi bien que celles de la même province conservées l'année précédente : les lieux étoient voisins des États anglois : ce qui se faisoit dans le Cotentin et dans le Bessin sur le bord de la mer, sous les yeux pour ainsi dire des habitans de Gerzé, pouvoit persuader qu'on faisoit la même justice aux Réformés par tout le Royaume... » Élie Benoit. Liv. XVI. Savile écrit au contraire à Jenkins : « Les commissaires pour la Religion continuent à détruire les temples en tous lieux : celui de Caen l'a échappé belle il y a environ un mois, mais celui de Carentan a été condamné, et la raison donnée est qu'il était trop près de la côte d'Angleterre, ce qui effraie ceux de Dieppe... » 1ᵉʳ mars 1681. *Correspondance* CXLIV.

[1] « .. Je recherche dans les Archives ce qui a été fait de la sorte en d'autres temps par cette couronne. Il est certain, comme vous le dites, que les Français demanderont la réciproque. Je ne suis pas sûr que le feu roi ait été garant de la paix après la prise de La Rochelle, mais j'ai peur qu'il ne soit que trop vrai que le Roi très chrétien est garant pour les papistes d'Irlande. »

qui, sans prononcer les noms de France ou de Français, ne vise toutefois que les sujets protestants de Louis XIV.

[1] « S. M., par son ordre en Conseil du 21 juillet dernier, s'étant plu gracieusement à renvoyer un mémoire présenté à S. M., en faveur des protestants affligés à l'étranger, à l'examen du Comité des Très Hon. Lords de ce Conseil pour le Commerce et les Plantations, avec injonction d'en donner leur avis ; et leurs Seigneuries ayant fait aujourd'hui leur rapport à S. M. en Conseil ; — S. M., après mûre considération d'icelui, a daigné déclarer qu'il se tient obligé en son honneur et conscience à consoler et soutenir tous tels protestants affligés, qui, à raison des rigueurs et sévérités dont on use envers eux pour cause de religion, seront forcés de quitter leur pays natal, et désireront s'abriter sous la protection royale de S. M., pour la préservation et le libre exercice de leur religion. *Ordre royal du 28 juillet 1681.*

« Et à cet effet S. M. a daigné déclarer de plus, qu'il accordera à chacun de ces infortunés protestants qui viendra ici pour refuge et pour résidence, les lettres de Denization sous le grand Sceau, sans aucun frais quelconque, et de même tels privilèges et immunités compatibles avec les lois, pour la liberté et le libre exercice de leurs industries et métiers : et de même que S. M. recommandera au Parlement, à sa prochaine session, de passer un Acte pour la naturalisation générale de tous tels protestants qui viendront comme il a été dit ci-dessus, et pour étendre ultérieurement les libertés et franchises accordées par S. M., ainsi qu'il pourra leur être raisonnablement nécessaire. Et, pour leur encouragement, S. M. daigne également leur accorder de ne

---

[1] « A la cour de Hamptoncourt. Présents : Le roi en son Conseil, le Lord arch. de Canterbury, le L. Président, le L. Garde des sceaux, les comtes de Clarendon, de Bath, de Craven, de Halifax, de Conway, les vicomtes Fauconberg et Hyde, le L. évêque de Londres, le secrétaire Jenkins, le Chancelier de l'Échiquier, MM. Seymour et Godolphin ». Nous n'avons pu trouver de traduction française contemporaine.

payer aucuns droits plus élevés, en aucun cas, que les propres sujets de S. M. ; et d'avoir tous les privilèges et immunités qu'ont généralement les sujets-nés de S. M. pour l'admission de leurs enfans dans les écoles et les collèges.

« Et S. M. a daigné de même ordonner, et il est en conséquence ordonné par les présentes, que tous les officiers de S. M., tant civils que militaires, fassent un bienveillant accueil à tous tels Protestants qui arriveront dans un port quelconque en ce royaume de S. M., les pourvoient de libres passeports et leur donnent toute assistance et appui dans leur voyage vers les lieux où ils désirent se rendre. Et les tr. hon. Lords Commissaires du Trésor de S. M. donneront aux commissaires des Douanes de S. M. l'ordre de laisser librement passer les dits Protestants, avec leurs biens et meubles de plus grande ou de moindre valeur, avec leurs outils et les instruments de leurs professions et industries, et en général tout ce qui leur appartient pouvant être importé selon les lois actuellement en vigueur, sans rien exiger d'eux.

« Et pour le futur soulagement et encouragement des dits Protestants nécessiteux, S. M. a daigné ordonner un Bref général en ses Royaume d'Angleterre, souveraineté de Galles et ville de Berwick, pour recueillir les charités de toutes personnes bien disposées, pour le soulagement des dits Protestants qui peuvent en avoir besoin. Et afin que, lorsqu'il en arrivera, ils sachent où s'adresser à des personnes qualifiées pour placer leurs requêtes et doléances devant S. M., Elle a daigné gracieusement désigner le Révérendissime Père en Dieu S. G. le Lord arch. de Canterbury, et le très rév. père en Dieu le Lord évêque de Londres ou l'un d'entre eux, pour recevoir toutes les susdites requêtes et pétitions et les présenter à S. M., afin qu'ordre y soit donné selon nécessité. »

Savile écrivait de Paris le 2 août : « Vous ne pouvez vous

figurer la joie qu'il y a ici sur les nouvelles du souci que le roi daigne avoir des Protestants qui cherchent un refuge en Angleterre : il n'y a pas de doute qu'il n'en sentira bientôt les bons effets », et le 19 octobre le ministre Primerose remerciait le monarque au nom des deux vieilles Églises étrangères de Londres et recevait la réponse : « Je promets de vous donner toute la protection imaginable »[1]. Le même jour, la gratitude de la congrégation de la Savoye était exprimée au roi par André Lombard, qu'elle avait été heureuse de recouvrer, alors que, désertée par Breval et par de l'Angle, elle s'était vue en 1679 réduite au seul ministère de du Maresq[2].

---

[1] « Sire, nous venons nous jeter aux pieds de V. M. pour vous témoigner le profond ressentiment que nous avons de toutes les grâces que Vous avés faites aux Étrangers protestants qui viennent chercher dans vostre Empire un asile pour leur conscience. Nous en avons, Sire, une reconnoissance si sensible que nous n'avons pu nous abstenir de la faire éclater jusques devant vous. C'est à la vérité une grande hardiesse à des personnes comme nous d'approcher de V. M., mais considérans que ce Dieu infini qui a son trône dans le ciel daigne accepter les remerciemens de ses créatures, nous avons creu que Vous ne dédaigneriés pas de recevoir les nostres et que Vous agrééeriés que nous rendions nos hommages à vostre clémence... » *Remerciement fait au Roi de la part de l'Égl. françoise et de l'Égl. flamande de la ville de Londres, prononcé par David Primerose, min. de l'Égl. françoise, imprimé par le commandement de S. M.* — 2 pages in-folio à 2 col. dans les deux langues.

[2] « Lombard, ministre de réputation, par un discours tout plein d'allusions aux histoires de l'Écriture-Sainte et aux affaires politiques, lui fit entendre également et la justice du secours qu'il accordoit et la reconnaissance que les Réformez auroient en tout tems de cette faveur. Cette harangue fit beaucoup de bruit, et les copies en furent en peu de temps répandues par toute la France. » Élie Benoit, L. XVII. 491. Voir l'exorde à l'*Appendice* LIX.

La réélection de Lombard avait été précédée d'une requête à l'évêque de Londres, constatant le tort fait à l'Église par les bénéfices anglicans conférés à ses pasteurs et qui empêchaient leur résidence continue au sein du troupeau : « nos Églises françoises d'outremer n'estant point accoustumées d'estre servies par procureurs ou vicaires, la constitution ne le permettant point... signé Denise, secr. du consistoire. 18 nov. 1679 ». A l'*Appendice* LVIII d'après les *Mss. Rawlinson*, Oxford.

La décision royale ne fut pas sans soulever de protestations : l'écho s'en retrouve dans la préface d'une traduction des Actes de l'Assemblée générale du clergé de France de 1682. L'auteur anonyme, et très probablement catholique, sinon français, s'efforce de taxer d'exagérations les « étranges clameurs et les hauts cris poussés récemment sur d'horribles, sanglantes, et presque inexprimables cruautés exercées par les Papistes de France contre les Protestants, c'est-à-dire contre les calvinistes du pays », et de mettre ses compatriotes en garde contre les « feintes et tromperies qui, sous le prétexte de la religion, profitent des présentes surexcitations anti-papistes du peuple anglais pour encombrer la ville et le pays, priver de secours les indigènes pauvres, retirer le pain de la bouche des industriels honnêtes, et rendre l'Angleterre l'égout de la France, en favorisant et entretenant des essaims de vagabonds, quelques-uns papistes déguisés, et les meilleurs encore protestants qui haïssent l'épiscopat plus que le papisme et ne viennent pour aucune autre cause de persécution que celle imposée par leur paresse, leur mendicité ou quelque autre méfait. » Des efforts du clergé pour ramener les Huguenots, c'est tout au plus s'il reconnaît que le choix laissé aux enfants contre la volonté paternelle et les essais de conversion des mourants ont « quelque chose de pénible pour des consciences sensibles, et ont pu faire émigrer quelques personnes (sans nul doute) pieuses. Le reste ne sont que tentatives légitimes, que cruautés prétendues, aussi fausses que toutes les imputations dont on charge les catholiques anglais, et il ne peut mieux faire que de livrer aux méditations et à l'examen impartial du public l'adresse fraternelle de l'Assemblée du Clergé aux frères séparés et les lettres d'envoi de Louis XIV »[1].

[1] *Actes of the gen. assembly of the clergy of France, concerning Religion, translated into English for the satisfaction of Curious Inquisitors into the present French Persecution of Protestants.* Londres 1682, 36 p. in-4°.

A cette apologie de l'intolérance, Gilbert Burnet, le futur évêque de Salisbury, l'ami fidèle des réformés, fit une première réponse, traduisant et examinant à son tour la lettre du Clergé de France aux Protestants [1]. Une autre fut la réunion, sous le titre général de « l'État présent des Protestants en France » de six lettres publiées successivement, depuis le mois d'août 1681, pour entretenir le zèle compatissant des protestants de la Grande-Bretagne en faveur de leurs frères de France et réfuter les accusations portées contre eux d'être les adversaires de l'épiscopat et de la monarchie. Inspirées par les écrits de Claude, elles sont accompagnées d'une Préface rédigée plus spécialement au point de vue anglais et affirmant que le pays pourrait accepter sans danger, et même avec avantage, un million de ces chrétiens à qui Louis XIV entendait permettre « ni de vivre chez eux ni d'aller à l'étranger » [2]. Une troisième réponse à citer parmi plu-

[1] Burnet. *Letter of the clergy of France to the Protestants translated and examined.* Londres 1682. — « Le traité du Dr. Burnet fut aussitôt traduit en françois et fort bien reçu. » Élie Benoit.

[2] *An Apology for the Protestants of France, in reference to the Persecutions they are under at this day.* London 1683. — Second titre : *The Present state of the Protestants in France.* Six lettres traitant : 1º Des droits des Protestants en France d'après les édits ; 2º de la manière dont les édits sont violés et de leurs motifs de s'expatrier; 3º de ce qu'ils ne sont pas anti-monarchistes; 4º des accusations de Maimbourg contre leur loyauté; 5º de leur innocence sous Louis XIII; 6º de ce que les Papistes sont les anti-monarchistes, 94 pp. in-4º . . « Si vous désirez savoir pourquoi je publie ces lettres sachez, que la haine implacable de laquelle les Persécuteurs des Protestants français poursuivent ceux de ces pauvres gens qui ont été chercher un asile sous la protection de notre bon Roi, le rend absolument nécessaire. Car, lorsque par toutes les voies imaginables de cruauté ils les ont contraints à se résoudre d'abandonner leur pays et tout ce qu'ils possèdent, non seulement ils leur font le plus grand des crimes de toute tentative de départ, mais, après qu'ils se sont enfuis ils s'efforcent de les empêcher de subsister où que ce soit, et spécialement en Angleterre. Aux uns on les représente comme ennemis de notre Religion établie, quoiqu'ils désirent être regardés comme des frères en professant la même foi et en se soumettant à la même discipline. Aux autres, on les fait apparaître comme une multitude mêlée, mi-protestante, mi-papiste, tandis que l'exa-

sieurs autres fut le sermon prononcé à l'occasion de la Collecte générale par le Rév. Hickes, jadis témoin oculaire des souffrances endurées par les réformés, et resté en relations avec eux depuis le voyage d'enquête de Sir Georges Wheeler[1].

men rigoureux de leurs attestations fait ici par les Églises de leur propre nation rend cette suggestion impossible. Mais afin que rien ne manque pour ajouter un surcroît d'affliction à la misère de ces pauvres fugitifs, et pour les rendre pires qu'improfitables à leurs frères, on suggère au commun peuple l'idée qu'ils viennent leur enlever le pain de la bouche, encombrer les manufactures peuplées déjà au point de paraître surchargées, et remplir à l'excès le pays. Cette objection, si nous la considérons strictement selon les intérêts du pays, n'a aucun poids ni aucune valeur Car beaucoup des manufactures qu'ils apportent sont de celles que nous ne possédions pas encore, et sont par conséquent pour nous du plus grand et du plus irrécusable avantage. D'autres, quoique non entièrement nouvelles, apportent déjà un tel perfectionnement à ce que nous avions du même genre, qu'ils créent en quelque sorte une industrie nouvelle. Il en est aussi qui viennent en aide à une industrie en pleine activité, mais qui manquait de bras pour l'alimenter. — Maintenant s'il en est d'assez malheureux pour apporter ce dont nous étions déjà trop remplis, je voudrais prier qu'en tant qu'hommes nous considérions les communes lois d'humanité et laissions la nécessité prendre la place de l'incommodité, et qu'en tant que chrétiens nous ayions des égards particuliers pour ceux qui sont de la domesticité de la foi. Quant au danger d'une surabondance de population il n'est aucun homme réfléchi qui n'estime que notre nation a besoin de plus d'un million d'âmes, et qu'un pays n'est riche qu'en proportion du nombre de ses habitants. »

[1] *The true notion of Persecution stated in a Sermon preached at the time of the late Contribution for the French Protestants.* By G. Hickes D. D. Chaplain to his G. the Duke of Lauderdale and vicar of Allhallows, Barkin. Londres 1681. Texte 2 ép. aux Cor. IV, 9. Il y donne un résumé très complet des mesures arbitraires prises contre les Réformés, et mentionne déjà, en parlant de leurs efforts pour soustraire leurs enfants à la foi romaine, l'envoi par mer des plus petits cachés dans des balles de marchandises .. « La Providence en a jeté un grand nombre sur nos côtes en naufragés, et elle compte que nous ne leur témoignerons pas une médiocre bienveillance, mais que nous les recevrons courtoisement, et que nous leur ferons du bien d'une manière toute spéciale, comme à ceux qui sont d'entre les domestiques de la foi. Ils sont persécutés, mais nous ne devons pas les abandonner; ils sont grièvement abattus, mais dans une telle extrémité nous ne devons pas souffrir qu'ils soient détruits. » Lors de son séjour à Paris, Hickes était entré en rapports suivis avec Justel et en avait reçu de douloureuses confidences sur les projets de Révocation des Édits.

Le résultat de cette Collecte avait fait honneur à la charité anglaise. Dès les premiers mois, le diocèse de Chester avait donné 245 liv. sterl. : du 21 juin au 14 décembre 1682 on recueillait dans le seul ressort de Lincoln 720 liv. sterl. et dans celui de Winchester 282, plus cent livres, don personnel de l'évêque [1].

La période de la grande immigration s'ouvrait pour se prolonger pendant vingt ans : il devient impossible de recueillir les noms de tous ces exilés volontaires, dont le plus petit nombre seulement sont enregistrés dans les actes de naturalisation. Charles II, qui ne réunissait plus son Parlement, n'avait point décrété de lui-même la naturalisation en masse : un seul brevet *Grant of Denization,* pouvait embrasser plusieurs postulants, mais un premier ordre royal, *Warrant,* suivi de cet acte même, le *Grant,* pourvu d'une signature du roi et revêtu du grand sceau, continuaient à être chaque fois indispensables, et entre le Warrant et le Grant pouvaient s'écouler des mois entiers. De là une entrave. Il y en eut une seconde impossible à méconnaître. Le premier Warrant de naturalisation donné « en conséquence de l'ordre du 28 juillet », et auquel tous les autres sont conformes, le fut en faveur de Pierre de Lainé, précepteur des enfants du duc d'York (Savile l'avait eu comme secrétaire à Paris) : il contient la clause « qu'il a reçu la sainte communion » [2]. Ces mots

La grande immigration.

---

[1] *Account of money paid into the Chamber of London upon the Brief for relief of the distressed french Protestants* à l'*Appendice,* d'après les *Rawlinson Mss.* à Oxford.

[2] « En conséquence de notre ordre en Conseil du 28 juillet en faveur et pour l'aide et support des pauvres protestants en détresse qui, à raison des rigueurs et sévérités dont on use envers eux à cause de leur religion seront forcés de quitter leur pays natal et désireront s'abriter sous notre protection royale pour la préservation et le libre exercice de leur religion, dont Pierre de Lainé est un, — comme il appert, par un certificat suffisant produit par un de nos principaux Secrétaires d'état — et qu'il a reçu la sainte communion, notre Volonté et Plaisir est que vous prépariez un Bill

furent presque aussitôt entendus de la communion dans l'Église anglicane (Jacques II les précisa), et un seul Warrant, l'avant-dernier du règne, les remplace en faveur d'Alexandre Dalgresse, « ministre françois persécuté », par la stipulation du serment d'allégeance et de suprématie [1].

Dans ces premières naturalisations après juillet 1681 figurent des personnes de toutes conditions, mais les professions sont rarement données, parfois des familles entières avec leurs serviteurs, quelques gentilshommes (d'Agar, de Falasseau, de Gu-

pour notre signature, pour être soumis au grand sceau, contenant notre Grant pour faire dudit P. de L., étranger-né, un libre citoyen de ce notre royaume d'Angleterre, et qu'il ait et jouisse de tous droits, privilèges et immunités des autres libres citoyens. Pourvu que ledit P. de L. vive et continue avec sa famille dans ce notre royaume d'Angleterre ou ailleurs en nos États : ladite denization sera passée aussitôt sous notre grand sceau, sans qu'il ait à payer aucuns droits ou charges — ce pourquoi le présent sera votre Warrant. Par le commandement de S. M.., Jenkins. A Notre Procureur — ou Avocat-Général. »

[1] Agnew donne les listes des *Grants* de Denization par Lettres Patentes royales ainsi qu'elles sont enregistrées dans les *Patent Rolls*. Elles contiennent, hommes, femmes et enfants, neuf en 1681 ; treize cent quatre vingt treize en 1682 (un seul acte du 8 mars naturalisant 1165 personnes de cinq cent-vingt-quatre familles différentes); quarante, dont une veuve avec ses neuf enfants, en 1683 ; cent-cinq en 1684 et soixante-dix-sept en 1685.

Durrant Cooper, *Lists of Foreign Protestants and aliens resident in England 1618-1688* (Camden Society), a publié les noms relevés dans les ordres royaux (Warrants) qui précédaient les actes mêmes ou Grants, d'où la différence des dates : (certain warrant d'oct. ou de déc. p. ex. n'est suivi d'exécution par un Grant qu'en mars, ou en juin, ou plus tard encore). Ces listes sont beaucoup moins complètes et très inférieures comme orthographe à celles d'Agnew qui elles-mêmes laissent à désirer. Les Warrants fournissent quelques détails, ainsi celui du 17 nov. 1681 concerne six marins. On ne retrouve pas dans Agnew les Actes de Nat. des d'*Agar*, famille parisienne descendant d'un dominicain converti en 1626, et dont quatre fils et leurs familles sont mentionnés dans les Warrants du 14 oct. 1681 : Jacob (peintre de portraits, de l'Académie Royale de Paris, rayé comme protestant, plus tard peintre du roi de Danemark); Isaac ingénieur militaire et capitaine aux gardes de Charles II, Théodore, lieutenant et Abraham exempt aux gardes du corps.

schon, de l'Orme, de Carron), et déjà quelques pasteurs (J. Max. de l'Angle, Le Chénevix, ministre de Mantes, Lortie, Isaac Claude, Luc de Beaulieu [1], et en 1684 du Bourdieu, Majon, Lumeau du Pont, Sartre). Savile recommandait de préférence les manufacturiers qui pouvaient importer des industries nouvelles [2]; il revenait à la pensée de fonder à Londres une banque protestante française et se réjouissait de l'accueil fait au célèbre voyageur Chardin, fils d'un orfèvre de Paris, qui, à son arrivée à Londres retour des Indes, avait été anobli et envoyé comme plénipotentiaire de la Grande-Bretagne auprès des États de Hollande. Le chimiste Moïse Charas était nommé apothicaire de Charles II [3], Justel bibliothécaire de Saint-James [4] et Denis Papin membre de la « Royal Society » [5]. Le Royal College of Physicians de Londres admettait à la licence en 1683-1684 les médecins français Philippe Guide de Montpellier, Louis Le Vasseur de Paris, Jean Peachi (?) de Caen et Sébastien Lefèvre d'Anjou [6].

[1] De la fac. de Saumur, réfugié 1667, vicaire d'Upton 1670, lecteur en D. à la chapelle Saint-Georges, Windsor, chapelain du juge Jeffreys jusqu'à la Révolution, prébendaire de Saint-Paul 1687 et de Gloucester, mort 1723; a écrit: *Take heed of both extremes . . against Popery and Presbytery . . dial.* Londres 1675. — *The Infernal observator.. dial. transl. from french.* L. 1684.

[2] Lettre en faveur d'un faiseur de toiles, Bonhomme de Paris « qui veut se retirer avec toute sa substance et pourra fournir quelque lumière pour l'introduction en Angleterre de la fabrication de la toile à voiles, projet que j'ai toujours tant caressé. » De même pour un mercier : « Si vous refusez d'accepter les commerçants substantiels avec leurs marchandises, ils iront en Hollande : ceux-là auront tous les riches et nous les pauvres seulement. »

[3] Chardin et Charas naturalisés avec leurs familles le 8 mars 1682.

[4] « L'érudit et incomparable » Henri Justel, comme l'appelle Jenkins, avait été vingt ans secrétaire de Louis XIV et fut autorisé par lui à passer en Angleterre, mais non à vendre ses biens. *Papiers de l'amb. Preston, Rep. on Hist. Mss. VII.* Coll. Graham : sa charge de bibliothécaire rapportait 200 l.; naturalisé 1687 il devint un centre littéraire à Londres et y mourut 1693, laissant un fils recteur de Clewer. — Agnew.

[5] D. Papin, arrivé à Londres 1675, inventa sa marmite 1681, résida à Venise 1682-1684 et quitta l'Angleterre pour la Hesse 1687. — Agnew.

[6] Munk et Agnew.

II

Théodore Maimbourg, le cousin du célèbre jésuite, qui, après s'être fait protestant, était rentré dans le giron de l'Église, puis retourné de nouveau à la foi réformée, passa en Angleterre en 1683, afin de se soustraire aux peines contre les relaps : Charles II lui confia l'éducation d'un de ses fils.

Les interdictions d'émigrer. La cour de France s'était cependant émue de l'invitation lancée par l'Angleterre : à l'appel de Charles II du 28 juillet 1681, trop rapidement suivi d'effets, répondait d'abord, le 14 mai 1682, la « Défense aux gens de mer et de métier de la R. P. R. d'aller s'établir dans les Païs Étrangers, à peine de galères perpétuelles », et le 14 juillet la Déclaration générale « par laquelle S. M. défend à ses sujets de sortir de son Royaume sans sa permission pour aller s'établir dans les Païs étrangers, et qui déclare nuls les Contrats de vente, et autres dispositions des biens de ceux de la R. P. R. un an avant leur retraite » ; elle ne fut enregistrée que le 2 décembre [1].

Les difficultés de l'émigration paraissaient dorénavant insurmontables. Plus d'espoir pour les uns, gentilshommes, grands propriétaires fonciers, hommes de finance, de réaliser leurs biens et de s'assurer hors de France les ressources nécessaires à la vie ; l'édit avait même un effet rétroactif. Plus d'espoir pour les autres, manufacturiers et commerçants, de transporter avec eux leurs marchandises ou les matières premières destinées à continuer leurs industries : et pour ceux dont tout l'avoir consistait dans la vigueur ou l'adresse de leurs bras, pour « les gens de mer et les gens de métier », l'effroyable menace des galères, peine plus horrible sans doute qu'une mort violente.

---

[1] Louis XIV avait autorisé le 7 oct. 1680 Isaac Aymé, natif de St Just en Saintonge, retenu par le roi d'Angleterre pour l'un de ses chirurgiens « à faire les devoirs de sa charge, sans tomber sous le coup des édits contre les émigrants. » *Arch. Étrang. France* 950 fol. 132. — En 1681 il avait accordé des prolongations de séjour à l'étranger de 5, 6 et 7 ans à Drelincourt, Justel et Lebas, attaché à la cour de Charles II. *Arch. Nat.*

Ils s'y exposèrent pourtant. Les gardes placés sur tous les chemins, les délateurs payés de la dépouille de leurs victimes, l'exemple des fugitifs saisis avant d'atteindre le port du salut, rien n'arrêta l'expatriation : les dragonnades du Poitou eurent pour effet de la décupler. A la marée montante de la persécution correspondra cet exode de jour en jour plus sensible par l'arrêt des manufactures, le ralentissement du commerce, l'appauvrissement du pays. Les quelques biens matériels que les Réfugiés, surtout les premiers, réussirent, par exception, à sauver avec eux, qu'étaient-ils encore auprès des forces vives, des aspirations généreuses, des loyautés, des volontés persévérantes, des consciences en un mot dont la patrie devait faire son deuil?

A Savile avait succédé auprès de la cour de France l'ambassadeur Preston (mars 1682-août 1685) : sa correspondance ne parle plus de facilités à offrir aux réformés désireux de s'établir en Angleterre, mais il est accablé de demandes de recommandation pour ceux qui espèrent obtenir des passeports, ou chargé de solliciter la faveur de ces autorisations à émigrer que le roi se plaît à ne pas toujours accorder, et sait refuser même aux instances de Charles II [1].

[1] Lettres : A l'évêque de Londres, quelques jours avant la Déclaration, « sur les instances de M. Claude et d'autres personnes très respectables de la Religion, pour M du Plessis, ancien lieutenant de cavalerie, gentilhomme très estimé qui s'est retiré en Angleterre pour cause de sa conscience, ce que beaucoup d'autres du meilleur rang et condition projettent de faire s'ils peuvent trouver un moyen d'emporter leurs biens » ; — au même, pour M. Rolas, « très appuyé par les pasteurs et anciens de Charenton, voudrait une bourse à Cambridge pour son fils » ; — au même pour M. D'Allemagne ; — au comte d'Arran, garde des sceaux d'Irlande, pour M. Chaille d'une des meilleures familles de La Rochelle ; — 1683 au Lord chambellan d'Arlington pour M. Sartre, à l'évêque de Londres pour M. du Bourdieu ; — 1684 à l'évêque d'Oxford pour le fils du pasteur Lesueur de la Ferté-sous-Jouarre ; au comte de Huntingdon pour M. de Feuquière très désireux de servir sous ses ordres.
Ordres de Charles II d'essayer d'avoir des passes et permis de séjour à l'étranger : Obtention pour le peintre Rambour, « homme honnête et de

La situation de la plupart des immigrés justifiait la collecte générale ordonnée par le gouvernement et qui eut lieu en mars et avril 1682 [1]. Au mois de juin 1681, Mme de Lagny, encouragée par les consistoires de Threadneedle street et de la Savoye, avait fait une première quête pour subvenir aux besoins les plus impérieux [2]. Le 3 août, le Cœtus décidait, sur la demande du Lord-maire, de se réunir chez l'évêque de Londres et d'y traiter à fond la question des voies et moyens. La Compagnie

talent, qni a beaucoup travaillé pour Louis XIV et pourra être utile à Windsor»; pour Madame Cordin, la blanchisseuse de la reine, pour M. Amonnet le grand fabricant de dentelles (son frère et sa belle-sœur, restés en France, furent à la Révocation enfermés à la Bastille et à la citadelle d'Amiens avant leur expulsion en 1688 avec saisie de leur fortune, *France Prot.*); « S. M. serait contente que vous ayiez un permis de départ pour Petitot qui travaille sur émail, de venir en Angleterre où il a été juré serviteur de notre feu roi il y a plus de cinquante ans. » Jenkins à Preston avril 1683. Vains efforts pour Mme de la Barre et ses enfants voulant rejoindre leur tante la marquise de Régny : « J'ai aussi informé M. de Croissy que c'était une affaire dans laquelle S. M. m'a ordonné de faire toutes les instances possibles en son nom et que j'espérais donc qu'elle ne serait pas refusée. Lundi dernier j'en reçus cette réponse qu'il en avait informé le Roi son Maître, qui dit se bien souvenir que la chose lui avait été proposée plusieurs fois et particulièrement il n'y a pas longtemps par M. de Ruvigny, et que, comme il l'avait refusé alors, il ne pouvait l'accorder maintenant, parce que c'est contre la règle qu'il a résolu de suivre en toutes matières de cette sorte. » Preston avait ordre d'invoquer les mots de la Déclaration « sans nostre permission », qui semblaient admettre des exceptions. *Corresp. de Lord Preston*, qui renferme de curieux détails sur les tentatives de conversion in extremis des Anglais décédant à Paris, 1683, un séjour en France de sept années devant les assujettir aux lois contre les protestants français. *Reports on Hist. Mss. VII.* En juillet 1682 la femme du pasteur de l'Angle passait trois semaines à la Bastille, accusée « d'avoir invité une femme de la religion dont le mari a changé, à la suivre en Angleterre avec quatre petits enfants. » Ravaisson, *Archives de la Bastille.*

[1] La cour de Burghmote de Canterbury allouait le 29 nov. 1681 cinq L. st. « à certains protestants en détresse arrivant de France et traversant cette cité, pour leur être distribués par l'intermédiaire des surveillants et officiers de la congrégation wallonne ». — *Orders of the Court.* VI, p. 176.

[2] *Actes du Consistoire*, peut-être faudrait-il lire Regny.

(de Th. st.) se partageait en trois sections pour la répartition des secours à ses ressortissants [1]. Mais le 10 mai de l'année suivante le Lord-maire la prévenait qu'on n'assisterait plus les Réfugiés anciens et nouveaux que pendant quatre semaines à compter du jour de leur arrivée.

Il est permis de croire que cette mesure ne fut pas suivie d'exécution, et d'y voir plutôt une manifestation du mécontentement du Lord-maire à l'endroit d'une Compagnie dont faisaient partie Th. Papillon et Jean Dubois. Ces anciens défenseurs des droits ecclésiastiques des Églises du Refuge l'étaient devenus des droits civils des électeurs de la Cité que le gouvernement aspirait à leur retirer. Élus en 1682 aux deux places de sherifs pour 1683, par le triomphe de la liste de l'opposition contre celle de la couronne que patronnait le Lord-maire, ils étaient invalidés par lui malgré leur écrasante majorité deux fois répétée ; un violent conflit s'ensuivit entre les sherifs nommés par les électeurs et ceux de la seule nomination du maire et de la municipalité : il se termina par l'éjection des premiers et leur condamnation « pour rébellion » à une amende telle, que Papillon, seul

Th. Papillon. Conflit dans la Cité.

---

[1] Le 9 janvier 1682 « les deux Compagnies (celle des Anciens et celle des Diacres) ont approuvé la division suivante des quartiers : Sainte-Catherine aura tout Petticoat Lane, Gravel Lane, Rose Lane, Bell Lane et les deux côtés de Winford street; Blanchapton aura jusqu'à Irongate chez M. le Quien; Hounsditch aura Wheeler street des deux côtés jusqu'à Phœnix-Street et Quaker-Street des deux côtés jusqu'à la Pompe; Algate aura Blackeagle-Street et Eagle-Street et le reste de Quaker-Street; Bishopsgate aura Varcorn Alley avec le carré joignant jusqu'à M. Beverley ; Cripplegate aura Hog Lane et ce qui est entre Hog Lane et Hallowell. » *Actes*. Les admissions à la cène, assez peu nombreuses depuis un quart de siècle commençaient à s'accroître; à la fin de 1682 on trouve Marie et Judith de Saint-Amand, natives de Paris, Pierre Humphrey du Bosc de Rouen, et sa mère Judith, femme de Pierre du Bosc, Marie Gaillard de Rouen, Guillaume de Senne de Dieppe et plusieurs de ses concitoyens. *Livre des personnes qui sont examinées pour participer à la Sainte-Cène avec les noms de leurs répondants de 1655/56 à déc. 1691.* — Archives de l'Église française de Londres.

survivant, préféra s'exiler que de la payer et ne revit l'Angleterre qu'après la Révolution [1].

Ipswich. Son départ priva les Réfugiés d'un de leur meilleurs amis : il occupait depuis trois ans la charge de trésorier des fonds (environ 2000 L. st.) réunis par soixante-dix donateurs dits « Aventuriers, pour établir de pauvres protestants français à Ipswich, dans la manufacture des toiles », œuvre qui avait procuré du travail aux Réfugiés, mais ne rapportait rien encore aux prêteurs volontaires [2].

[1] Papillon se fût volontiers retiré dans le pays de ses ancêtres. « Vous savez », écrit-il d'Amsterdam à sa femme, « que je ne serais pas venu dans ces contrées si j'avais pu aller en France et y jouir de l'exercice de la religion ; ce que vous imaginez que nous pourrions obtenir en France, garder un ministre dans la maison, ne se peut. A Rouen ils n'ont plus d'exercice public ; aucun pasteur n'est autorisé à prêcher ou à prier dans une famille, à visiter les malades ou à baptiser les enfants ; aller dans un pays où il faut être ainsi privé de tous les exercices du culte, c'est à quoi je ne puis consentir. » Il a laissé des réflexions sur ses épreuves et un traité de la sainteté du sabbat écrit pendant son exil, qui font honneur à ses fortes convictions chrétiennes. Aussitôt l'avènement de Guillaume III, il fut envoyé à la Chambre des Communes par ses anciens électeurs de Douvres et nommé par le roi membre de la Commission des Cinq, chargée de la distribution des secours aux Réfugiés. *Memoirs of Th. Papillon.*

[2] Dans les *Mem. de Papillon*, la reproduction fac-similé du procès-verbal de l'assemblée générale du 9 février 1682, remerciments à Papillon de sa grande charité, du soin et des peines prises dans cette affaire ; parmi les signataires, l'évêque de Londres, le Lord-maire, le doyen de Canterbury, le comte de Berkeley et Jean Dubois. Pointer dit : « M. Firmin établit quelques protestants français à Ipswich, 30 nov. 1681 » Ils étaient placés sous la direction du parisien Bonhomme, venu sur l'invitation de Savile, mais le départ de Papillon compromit l'entreprise. Quatre ans plus tard on se voyait forcé de réduire le salaire des ouvriers et d'offrir en vente des lots de toiles à prix réduits. Voir à l'*Appendice* lettre de Carbonnel à l'évêque de Londres De son côté la municipalité recommandait à la sollicitude du gouvernement « la manufacture française de toile établie à Ipswich il y a quelques années par l'ordre exprès de S. M. de bienheureuse mémoire : d'autant qu'elle est apte à devenir dans la suite très avantageuse, non seulement à notre ville, mais aussi à tout le royaume ; et cependant est en danger de tomber par manque d'un fonds nécessaire à son entretien, en conséquence nous les

Ce conflit, où l'opposition libérale de la Cité de Londres avait choisi, pour en défendre les vieux privilèges, deux membres de la congrégation française wallonne, devait indisposer contre elle le monarque et ses conseillers, déjà peu favorables à son existence presbytérienne et indépendante. Dans une des altercations entre la municipalité et les deux sherifs élus, on leur avait jeté le reproche « d'être des protestants français ou wallons venus dans cette nation chercher un abri, y ayant acquis des biens, prêts à renverser le gouvernement et à couper la gorge aux citoyens. Il en est venu beaucoup d'autres dernièrement et en peu de temps ils seront pareils à ceux-ci »; et le Lord-maire aurait ajouté : « J'espère que le roi prendra des mesures pour les renvoyer de nouveau dans leur pays »[1]. Charles II faisait exprimer au consistoire « son indignation contre l'Église, de ce que plusieurs de ses membres avaient paru, lors de l'élection des sherifs, dans le parti qu'il n'approuvait point ». Primerose, trois anciens et trois diacres durent en porter les excuses de la Compagnie à l'évêque de Londres et au Lord-maire[2].

On ne saurait être surpris que, recevant un mémoire de M. de Lortie « sur l'avantage qu'il y auroit à attirer un million de Protestants qui sont dans la nécessité de quitter la France, si le roi vouloit leur donner des terres dans les comtés de York et de

---

Baillis gardes du port et autres citoyens de la dite ville d'Ipswich, déclarons par la présente que nous sommes très désireux de voir encourager cette industrie par toutes les personnes et tous les moyens légalement possibles. Nous le désirons d'autant plus ardemment que les Français qui habitent notre ville se conforment paisiblement, cordialement et volontiers au gouvernement établi et dans l'Église et dans l'État. — 26 signatures — 8 juin 1685 ». Bibl. Bodléienne *Rawlinson Mss. C. 984, 59*, publié par M. Weiss *Bull. du Prot. fr.* XXXIV. Nous ne trouvons pas de trace d'Église française pour cette petite colonie dans le comté de Suffolk.

[1] *Mém. de Papillon.*
[2] En août l'évêque encouragea le Cœtus, après un attentat, à présenter au roi l'adresse de Primerose : « Sire, Quoique nous ne soïons d'aucune considération dans votre État, nous osons pourtant. . » *Actes.*

Somerset », le consistoire ait trouvé l'affaire « si difficile et de telle nature qu'une Compagnie comme la nôtre ne peut pas s'en mêler ; le Roi est parfaitement informé de tout ce qui se passe en France à l'égard de nos Églises ; il n'a point besoin de nos remontrances ; assurément il ne laissera pas passer l'occasion qui semble se présenter de fortifier ses royaumes s'il juge que cela soit de son intérêt »[1]. La Compagnie se contentait de faire son œuvre quotidienne, de s'attacher Le Sueur comme consolateur des malades avec un traitement mensuel de deux livres sterling, d'ouvrir une école gratuite pour les enfants pauvres dans Brick-lane (décembre 1682), de servir d'intermédiaire entre les Anglais charitables et les Réfugiés[2] : mais alors que l'affluence des fidèles la portait à prier les hommes de laisser le bas du temple aux femmes, l'Église n'avait plus qu'un seul ministre en titre, Primerose. Le manque de fonds avait empêché de prendre comme troisième pasteur Piozet, proposé par l'Église de Paris ; on ne l'avait engagé en juin 1680 qu'à titre provisoire, et malgré le décès de Mussard (1681), ce provisoire se prolongea jusqu'en 1683.

Lambinon et Quick.

Godefroi Lambinon, pasteur à la Brille, vint donner alors trois prédications d'essai, mais l'ancien Amonnet ayant rapporté

---

[1] *Actes du consistoire.*

[2] « M. Bendish offre de recevoir et d'entretenir chez lui pour lui tenir compagnie à la chasse un gentilhomme réfugié. On lui recommande M. de la Clède qui a eu un commandement considérable dans les vaisseaux de France et nous paroist digne d'estre considéré dans la disgrace qu'il souffre pour la conscience qu'il a envers Dieu. » *Copie de Lettres.*

Le vieux Jacques Houblon, décédé en 1682, exhortait ses enfants dans son testament « à être particulièrement charitables envers l'Église française.. Je ne sache pas de charité mieux dispensée ou administrée plus fidèlement. » Suivant Baxter certains piliers d'église s'intéressaient moins aux Réfugiés, fussent ils ministres condamnés à la mort ou à l'exil, du moment où ils n'acceptaient pas les évêques diocésains et la conformité ; il se plaisait en conséquence à leur réserver leur part des aumônes dont quelques amis généreux lui confiaient la distribution, le reste étant attribué aux pasteurs presbytériens interdits et aux indigents. Agnew.

qu'à l'occasion des soulèvements de Nîmes il avait parlé « très fortement contre les tyrans qui persécutent l'Église, jusqu'à avancer qu'on pouvoit les regarder comme des bêtes féroces et courir sur eux », la Compagnie déclara que « s'il étoit dans ces sentiments il ne pouvoit être proposé à la prochaine élection ». Elle convoqua et entendit ses interlocuteurs, Séverin, Piozet et le presbytérien Quick. Bien que les termes incriminés fussent démentis, l'affirmation par le ministre Quick de la légitimité de la résistance des protestants opprimés, et celle par Lambinon de la responsabilité devant Dieu d'un roi, « surtout un roi chrétien, et encore très chrétien, s'il fait mourir ses sujets obéissants et fidèles », suffirent pour écarter une candidature compromettante en des jours d'extrême réaction ecclésiastique et royale [1].

[1] L'entretien s'était passé dans le temple de Threadneedle street, « après le presche du 26 mai 1683 », pendant la lente sortie de la foule. Quick et Lambinon envoyèrent des lettres explicatives et justificatives dont le premier obtint l'insertion dans les Actes; il avoue qu'à Piozet lui annonçant « de fort mauvaises nouvelles, car à cause de ces tumultes de Nîmes le roy n'a point voulu écouter leurs députés et a envoyé mille soldats à l'encontre d'eux, et pour cela ceux de la religion se sont soulevés en leur propre défense », il a répondu « que la loi de nation leur donnoit le droit de se défendre contre les iniques insultes et attentats de leur adversaire... Le scrutateur des cœurs cognoist avec combien de douleur et d'angoisse j'ay compati aux souffrances et persécutions de ces pauvres Églises, et je crois, que si j'eusse témoigné de la joie et souhaité le bon succès à leur entreprise, je n'aurois point péché ni contre Dieu, ni contre ma chère patrie d'Angleterre, ni contre messieurs les réformés de France... » Quick demeura fidèle à ces généreuses sympathies, et le prouva par la publication en 1692 du *Synodicon* qui précéda de dix-huit ans le recueil d'Aymon, et par la rédaction de cinquante biographies de pasteurs français *Icones Sacræ Gallicanæ*, conservées à la Dr Williams Library à Londres. — Quant à Lambinon qui rappelait les paroles de Quick « j'espère que Dieu aura esgard à la bonne cause de ces pauvres gens réduits au désespoir et qu'il les assistera contre leur cruel persécuteur », il assurait ne s'être mêlé lui-même à l'entretien que pour réfuter la théorie de Séverin « que les rois avoient un droit absolu sur la vie et les biens de leurs sujets.. et qu'ils étoient maîtres aussi de leur religion, du moins en ce qui est de l'extérieur et des cérémonies. » Lettres reproduites *Bull. du Prot. français* V. 43.

Le ministre de Fécamp, Faucon, prêcha également en 1683, mais se retira lors de l'élection définitive de Piozet : à défaut du Colloque, elle fut annoncée aux consistoires de Norwich, Southampton, Thorney Abbey, Sandoft et Cantorbéry ; sauf le dernier, tous répondirent en l'approuvant. Quand le vénérable Du Bourdieu, chassé de Montpellier, vint offrir ses services, la Compagnie ne put lui proposer qu'une prédication non rétribuée et le prévint qu'il ne siégerait pas au consistoire, « où n'entrent que les ministres en fonctions »[1]. Il refusa et se rattacha bientôt, comme Faucon, à la Savoye.

D'ailleurs, si les fidèles étaient déjà à Londres nombreux au point de permettre aux originaires de la seule ville de Nîmes d'y constituer toute une société de fraternité et de secours mutuels[2], on y voyait encore peu de pasteurs. A la jeune Église française de Dublin demandant l'envoi d'un second conducteur, le consistoire répondait : « Bien que la désolation des Églises de France soit fort grande et que l'on en ait déjà interdit beaucoup, il n'est pourtant venu en cette ville que sept ou huit ministres d'entre eux. Il y en a quatre qui sont établis dans les Églises françoises que l'on a nouvellement érigées en ce Royaume. Et il y a encore trois qui sont sans employ, savoir M. Vergnon qui étoit dans une petite Église du Poitou » (Pouzauges), « M. de la Salle qui servoit l'Église dans la mesme province et M. Chauvein qui servoit celle de Vieillevigne en Bretagne... il a presché cinq ou six fois et a satisfait l'Église par ses prédications »[3]. En 1684,

---

[1] *Actes du Consistoire.*

[2] *Establissement de la Société des Enfans de Nismes fait dans la ville de Londres en l'année 1683. — La Paix de Dieu soit avec nous*, 9 pages in-fol. Le préambule rappelle l'antiquité de la ville de Nîmes dont les armes sont reproduites sur le frontispice ; le règlement comprend trente-quatre articles, Nicolas Lichère est le doyen. *Brit. Museum.*

[3] « Vergnon est un homme d'environ 50 ans ; il a une famille qu'il a laissée en Poitou. MM. de la Salle et Chauvin ne sont point mariés et

Gravisset, ministre d'Arthenay jusqu'en 1682, était engagé pour prêcher pendant un semestre, à l'expiration duquel on le retint un an de plus.

Ce qui arrêtait les pasteurs et les dirigeait vers la Hollande de préférence à la Grande-Bretagne, c'était l'incertitude de l'accueil que leur réservait le clergé anglican. Certes ce dernier prenait à cœur la détresse des serviteurs du Christ ; on imprimait des listes de ceux frappés en France [1], on s'occupait d'assurer leur subsistance en Angleterre. Le 28 septembre 1683, l'archevêque-primat soumettait à tous les évêques de sa province la proposition, émanée de ministres réfugiés, d'accepter dans chaque diocèse l'entretien annuel de l'un d'eux. « Mon désir », leur écrivait-il, « est de recevoir une prompte réponse, dans la ferme espérance qu'elle sera telle qu'il convient à nous de la faire, eu égard à la détresse de leur condition et à la prospérité de la nôtre » [2]. Mais les réformés n'apprenaient point sans un pénible étonnement que non seulement on espérait d'eux une entrée en masse dans les rangs de l'Église anglicane, mais que l'adhésion à ses formes était jugée insuffisante tant que l'ecclésiastique réfugié ne se soumettait point à une ordination épiscopale. Exiger la réception du diaconat et de la prêtrise pour le ministre vénérable expulsé de la chaire d'où il avait, pendant près d'un

La réordination.

---

semblent l'un et l'autre approcher de 40 ans. 11 mars 1683. » — *Copie de Lettres*, Archives de l'Église de Threadneedle street. Chauvin s'engageait la même année à Norwich avec approbation de l'évêque de Londres.

[1] *A List of the Names and Residencies of the underwritten ministers with their Sentence and condemnation*, June 26, 1684. Elle en contient 46 du Bas-Languedoc et des Cévennes.

[2] Circulaire datée de Lambeth, à l'*Appendice* d'après les *Mss. Rawlinson* d'Oxford. — Lettre d'envoi de l'évêque de Lincoln de la circulaire aux archidiacres de son diocèse, avec injonction de présenter la liste de souscription à ceux du clergé qui en ont les moyens, après en avoir pris eux-mêmes l'initiative à son exemple ; il s'inscrit pour douze liv. st. pour la première année. *Mss. de la Lambeth Library*. Vol. 953, VIII.

demi-siècle, conduit les âmes à Dieu, pour le savant professeur en théologie chassé de l'Académie où il avait préparé les futurs conducteurs des Églises, c'était les confondre, « comme s'ils étaient de simples laïques (Claude) », avec les proposants, leurs disciples ou leurs élèves ; c'était prétendre leur enlever leur caractère pastoral reçu par l'imposition des mains de leurs pairs ; c'était, — à leurs yeux du moins, — porter atteinte à la valeur et à l'honneur de leur carrière passée.

Compton et Claude.
Beaucoup ne surent point s'y résigner. L'évêque de Londres, Compton, dans un désir de conciliation, avait cherché d'avance à les y amener. Il demandait au plus en vue des pasteurs de Charenton son avis sur « les différends des Épiscopaux et Presbytériens d'Angleterre » et s'empressait de faire publier, en la traduisant, la réponse dans laquelle Claude assurait qu'on pouvait en bonne conscience vivre sous le gouvernement épiscopal, que la paix et la concorde fraternelle étaient indispensables dans l'Église, qu'il considérait l'anglicane comme une sœur aînée digne de tendresse, de respect et de vénération, et blâmait le schisme des presbytériens d'Angleterre, sans cacher cependant son désir de voir d'autre part apporter des tempéraments et, en retirant des pierres d'achoppement, faciliter la réunion [1].

---

[1] A l'*Appendice* du livre de l'évêque de Worcester Stillingfleet « *Unreasonableness of separation* », Londres 1681, avec lettres de l'ancien pasteur de Rouen Le Moine approuvant les 39 articles et de Samuel de l'Angle ; elles sont reproduites dans Spanheim *Œuvres*, tome II et dans Groteste de la Mothe, *Entretiens sur la Correspondance fraternelle*. Amsterdam 1707. Ce dernier en parle ainsi : « Nous devons ces trois lettres à la vigilance de milord évêque de Londres, prélat que la Providence semble avoir élevé pour la consolation des Réfugiez pour qui il a une si infatigable charité depuis leur dispersion . . Il a anticipé le tems de notre disgrace en s'attirant des lettres qui ont fait connoître le respect que nous avions même autrefois pour l'Église anglicane, et qui par là ont contribué à l'accueil fraternel qu'elle nous a fait . . » *Correspondance fraternelle*. La Haye 1705. — La lettre de Claude du 29 nov. 1680 est dans ses *Œuvres posthumes. Correspondance*. L. XXXVIII.

La publication de son effusion toute intime, les applications qu'on s'empressa de faire aux réformés de France de ce qu'il avait cru désirable d'obtenir des presbytériens de la Grande-Bretagne, émurent profondément le vieux pasteur[1]. C'est avec une vivacité inaccoutumée qu'il s'en expliquera auprès du prélat. S'il a voulu « témoigner de son désir ardent de voir heureusement cesser les divisions de l'Église anglicane par un bon et chrétien accommodement, si, dans cette vue, il a dit ce qu'il souhaiterait des non-conformistes, il a dit aussi ce qu'il désirait des autres ». Se laissant aller « à l'emportement de son zèle », et avec une liberté de langage qui pouvait sembler excessive à un évêque de Londres de la part du pasteur de l'Église de Charenton prête à succomber sous la tempête, Claude exhorte son auguste correspondant à y apporter de son côté « sans esprit de parti, tout ce que la douceur, la charité, la condescendance et la prudence demandent, pour n'avoir rien à se reprocher devant Dieu et pour attirer sa bénédiction ». Et, se rendant alors l'interprète des plaintes que soulève le gouvernement de « MM. les Épiscopaux », ardents à poursuivre les autres par les peines des lois comme des ennemis, despotiques à l'égard des ministres, rigidement attachés à des cérémonies qui choquent, il a garde d'oublier les deux griefs qui lui tiennent le plus au cœur : « On se plaint que vous ne voulez recevoir personne au ministère qu'il ne reconnaisse par serment que l'Épiscopat est de droit divin, ce qui est une géhenne à la conscience... On se plaint que pen-

---

[1] « Plusieurs personnes n'ont pas tout à fait bien pris mes sentiments et mes expressions touchant l'état présent de l'Église d'Angleterre... J'ay été surpris et étonné de voir ma lettre imprimée et rendue publique. En ce que j'ai écrit je n'ay eu pour but que deux choses, de nous justifier d'une calomnie que quelques-uns nous imputent, de croire qu'on ne peut faire son salut sous le gouvernement épiscopal, et d'aider autant que ma faiblesse en seroit capable à une bonne et sainte réunion des deux partis. » L. de Claude à Mme de Régny.

dant que vous ne ré-ordinez point les Prestres Romains qui passent vers vous, vous ré-ordinez les ministres receus deça la mer dans les Églises de France, de Hollande, etc...[1] Au nom de Dieu, Monseigneur, travaillez tous à ôter ces sujets de plainte s'il y a quelque chose de vrai ou à les éclaircir s'ils sont supposez, et que toute l'Europe chrétienne sache qu'il n'y a rien que la gloire de Dieu et l'amour de l'Église de son Fils puisse exiger de vous que vous ne soyez prêts à le donner »[2].

Le sentiment de Claude ne varia point. Son fils reçut en mai 1682 l'autorisation de quitter la France, et l'ancien secrétaire honoraire du roi, Abraham Tessereau, retiré en Angleterre[3], lui obtint en juin la naturalisation dans la pensée de l'attirer à Londres : Claude l'envoya d'abord en Hollande, attendre ce qu'il en adviendrait de la question de réordination. Le 5 janvier 1684 il écrit à Tessereau : « J'ay eu bien de joye d'apprendre qu'on a eu soin dans le lieu où vous estes de M. de l'Angle ; je ne dis rien de la condition qu'on luy a imposée comme aux autres. Je suis persuadé qu'il n'a rien fait qu'il n'ayt cru le pouvoir faire en bonne conscience, cependant je ne l'eusse point fait, mais il peut estre que je me trompe »[4]. Le 2 février, après avoir raconté les tristesses qui l'entourent ; « Ce n'est pas que vous en soyez exempt dans le lieu où vous estes ; n'y eust-il que les ré-ordinations qui s'y font tous les jours de nos ministres. Je vous avoue

---

[1] Ce fait positif souffrait des exceptions, ainsi que le dit Groteste de la Mothe : « Nous en connaissons plusieurs qui ont été ré-ordonnez, soit pour mieux purger leur première ordination, soit pour édifier mieux les Églises qui les appellent ». De plus les prêtres étaient obligés, pour exercer leur ministère dans l'Église anglicane, de prendre une licence ; « or cette licence, donnée après un examen de doctrine et de mœurs n'est pas, selon moi, essentiellement différente d'une ordination plus solenelle. » G. d. la M. *Entretiens sur la Correspondance fraternelle.*

[2] 16 avril 1681. Lettre XXXIX.

[3] Naturalisé 1683.

[4] Lettres inédites.

qu'elles me choquent furieusement et tout ce que nous avons icy de gens de bien n'en sont pas moins scandalisez que moy. On a beau les pallier sous prétexte d'ordre politique; à quelle cause qu'on les puisse mettre cela à mon avis ne vaut rien, et MM. les épiscopaux me pardonneront si je dis qu'ils font un tort irréparable à la Réforme et par conséquent à eux-mêmes d'en user ainsi ; mais pour nos ministres c'est une lascheté et une prévarication que la postérité leur reprochera. Je ne scay comme quoy M. de Lortie l'entend, mais il me semble par sa conduite qu'il n'est allé en ce pays-là que pour estre l'auteur et le promoteur de cette honte et de cette flétrissure que nous recevons. Dieu le luy veuille pardonner... Je vous supplie de me dire si MM. du Bourdieu père et fils ont subi le joug de la ré-ordination. Mme de Regny qui en a écrit à Mme de Ruvigny le croit, cependant je doute encore à l'égard du père, car il m'avoit exprimé des sentiments contraires ». Claude se sentait aussi froissé de ce qu'on eût conféré les ordres à des ministres condamnés par les Synodes. L'évêque de Londres avait consacré Souverain déposé en Poitou pour socinianisme (dont était également accusé Lortie). « Je luy en ai escrit fort honnestement et respectueusement, mais pourtant d'une manière fort plaintive ».

La charité chrétienne de Compton ne connaissait pas le ressentiment : plus le corps pastoral de France était accablé et affaibli, plus il apportait d'égards à l'écouter : sa réponse, lettre d'intercession en faveur de Souverain, pour être présentée au consistoire de Paris, empreinte d'une parfaite sérénité et d'une ardente compassion, émut Claude profondément, et à l'extrême vivacité de sa première effusion, il ne serait que juste d'opposer la reconnaissante déférence de celle-ci [1].

[1] « Mgr. Depuis que j'ay l'honneur d'être connu de vous, j'ay toujours eu une très grande vénération pour vous comme pour un prélat que Dieu a donné à son Églize dans ces derniers et tristes temps en sa grande miséricorde pour nous être un exemple de piété et de vertu solide. Mais la dernière lettre

Enfin, le 10 mai, M. Dubourdieu le fils lui a dit « qu'il savoit de fort bonne part qu'on avoit résolu parmi MM. les Évêques qu'ils ne souffriroient plus désormais qu'aucun ministre fust appellé dans l'Église de Londres qu'il n'eust reçu l'ordination de leurs mains... Aussi je me confirme entièrement dans la pensée d'en demeurer là, et de ne pas faire un pas davantage dans une affaire qui trouveroit des obstacles de la part des Évêques. Je vous supplie donc de les laisser faire. Dieu pourvoyra d'ailleurs par sa bonne et sage providence à ma famille. Ce que vous avez eu la bonté de faire suffit, et ce seroit forcer nature que d'aller plus loin »[1].

que je viens de recevoir de vous m'a rempli d'admiration Vous n'avès point méprisé la bassesse et l'affliction où se trouvent à présent nos pauvres troupeaux. Vous avés non-seulement écouté nos plaintes et les avés adoucies, mais encore vous avés bien voulu en quelque sorte abandonner vos propres intérêts pour entrer dans les nôtres et pour nous donner une satisfaction que nous ne recevrons jamais de votre main qu'après l'avoir mille fois baisée avec humilité et avec tout le respect que nous vous devons. C'est là, Mgr. le caractère d'un grand et bon serviteur de Dieu, qui n'a devant les yeux que la gloire de son Maistre et le bien de son Église... J'oze vous assurer que mes collègues ne seront point d'un autre sentiment que moy et que pour M. Souverain l'honneur de votre intercession aura tout l'effect que vous en sauriez désirer... Je finis en vous assurant que nous faisons tous des vœux pour vous et pour votre Églize contre laquelle nous sommes fort éloignés de prendre aucune mauvaise impression. Le Seigneur la veuille faire abonder en grâce... etc. » Paris, avril 1684. — *Bull. du Prot.* XII, 70.

[1] Il revient dans la même lettre sur le fond de la question de l'invalidité, pour l'Église anglicane, des ordres conférés en France, « pensée absurde en elle-même et insoutenable, mais pensée qui a un grand fond d'iniquité et qui va tout droit à renverser toute la réforme et la leur mesme. Car si nous n'avons point de légitime vocation nous n'avons nul droit de société, ni d'assemblée et ainsi ceux qui nous dispersent ont raison. Et si nous n'avons nul droit d'assemblée parce que nous n'avons point d'Évesque, ils n'en ont nul aussi parcequ'ils sont hors de tout le corps des Évesques duquel la vocation dépend, et qu'ils sont détachez de l'unité et de la source qui donne selon ces faux principes la légitimité à la vocation. » Lettres inédites.

Claude paraît ignorer que l'exigence anglicane provient précisément de la pensée du maintien de la succession dite apostolique par l'intermédiaire de Cranmer et des évêques d'Édouard VI et d'Élisabeth.

L'Angleterre n'eut donc point l'honneur d'être la retraite suprême et le tombeau de Jean Claude, et du Bosc éprouva plus tard les mêmes scrupules que lui [1], mais d'autres ministres distingués ne les partagèrent point. Ils pouvaient invoquer l'exemple d'un de ses collègues à Charenton, Samuel de l'Angle, accueilli avec empressement 1682, nommé docteur par l'Université d'Oxford 1683, prébendaire de Westminster aussitôt sa réordination, et destiné à terminer à Londres l'existence qu'il y avait commencée [2].

[1] Du Bosc : « Le chevalier Chardin, son ami, avoit entretenu M. l'évêque de Londres de l'état où il se trouvoit, et cet illustre Prélat avoit offert fort obligemment son crédit pour luy procurer un bénéfice digne de luy s'il vouloit se retirer en Angleterre. Deux choses l'empêchèrent de prendre ce dernier party : la mort du roy Charles II et la ré-ordination qui n'étoit point à son goût. Juin 1685. » Legendre. *Vie de Pierre du Bosc*.

[2] Né à Londres en 1622, pendant le ministère transitoire de son père, reporté en France l'année suivante, pasteur de Rouen 1647, de Charenton 1671-1682, vicaire de Steventon, décédé 1693 laissant deux fils dont un pasteur dans l'Église anglicane et, par ses filles, de nombreux descendants dans les ministres de cette Église. H. Wagner, *Pedigree of the Du Moulin and de l'Angle families*. De l'Angle était un des trois pasteurs français dont l'évêque Compton avait fait imprimer les réponses, et la chaleur de son adhésion ne pouvait laisser de doutes sur sa décision future : il suivait du reste des traditions de famille . . « Pleut à Dieu, Mgr. que tout ce qu'il y a de chrétiens égarez dans le monde voulussent recevoir votre Réformation. Je répandrois de bon cœur tout ce que j'ai de sang pour leur procurer un si grand bien . . . Puisque l'Église anglicane est une véritable Église de N. S., puisque son culte et ses dogmes sont purs et n'ont rien de contraire à la Parole de Dieu, et puisque quand la Réformation y a été reçue elle y a été reçue avec l'Épiscopat, et en y établissant la Liturgie et les cérémonies qui y sont aujourd'hui en usage, il est sans doute *du devoir de tous les Réformés de votre Royaume de se tenir inséparablement unis à cette Église*, et ceux qui ne le font pas, sous ombre qu'ils désireroient plus de simplicité dans les cérémonies et moins d'inégalité entre les ministres, commettent sans doute un très grand péché. » Son ordination est inscrite dans le *Repertorium :* « Sam. de l'Angle, sacræ theologiæ Professor, per Rev. in Christo Patrem ac Dominum Henricem permissione divina London. Episcopum in sacros diaconatus et Presbyteratus ordinis admissus. 12 oct. 1683. » Quand il vint prendre possession de son titre à Oxford, « tous se levèrent par révérence ; le professeur de théologie le présenta par une harangue, il prit place parmi les docteurs et remercia de l'honneur accordé. » Wood. *Athenæ Oxon*.

Liste des Français ordonnés à Londres. Les noms des Français ayant reçu l'ordination des mains de l'évêque de Londres sont, pour les années avant la Révocation, les suivants [1] :

1677.

24 janvier	François de La Mothe, olim presbyter Carmelitarum. Prêtrise.	
14 juin	André Fréd. Forneret, litteratus Diaconat.	Immatriculé Genève 1666 [2].
4 et 12 juillet	Jean Bertrand. D. P.	
20 novembre	Louis des Ecotais, sacerdos et conciniator Ord. F. F. min. Cap. P.	
5 décembre	Hip. de Chastelet de Luzancy. P.	

1678.

16 avril	Charles Marie du Veil, Dr Théol. Égl. Rom. P.	Manque au Repertorium [3].

[1] Nous les relevons dans les *Orders sacred and general conferred by the Bishops of London*, du *Repertorium* de Newcourt (Histoire paroissiale du diocèse), Londres 1710, 2 vol. in-fol., et dans les Livres d'obédience. *Subscription Books, Act Books of the Bishop*, conservés aux Archives de la cathédrale de Saint-Paul, où tous les ordonnés sont tenus d'attester qu'ils souscrivent aux trois formules placées en tête des registres : I. Le serment de suprématie; II. Le livre de Commune prière et le serment d'uniformité; III. Les trente-neuf articles, et de s'inscrire eux-mêmes en ces termes : « Ego.. (le nom et parfois la provenance).. ad sacrum diaconatus (ou presbyteratus) ordinem admittendus hisce tribus articulis præfinis omnibusque in his consentio, lubens et ex animo subscribo. » Il y a peu de noms qui ne figurent sur les deux listes. La nationalité n'étant pas toujours indiquée nous avons pu comprendre, par erreur, dans la liste quelques noms qui appartiennent, non au Refuge, mais aux îles ou à de vieilles familles de la conquête normande. On fit à la plupart des protestants ayant exercé des fonctions pastorales en France, la concession de leur conférer le même jour les deux ordres, et de supprimer le délai réglementaire minimum de trois mois entre l'obtention du diaconat et celle de la prêtrise. Les dates prouvent que plusieurs ministres ont dû cesser leurs fonctions et quitter la France deux ou trois années plus tôt qu'on ne l'avait cru jusqu'ici. — Au revers du *Subscription Book* sont inscrites les signatures en vue d'une nomination à un poste ou d'une autorisation à prêcher.

[2] D'une famille réfugiée à Lausanne au seizième siècle, publia à Oxford 1673, une dissertation *De persona et officio Christi mediatorio*.

[3] Le plus savant des trois frères israélites convertis par Bossuet et successivement devenus protestants; chanoine de Sainte-Geneviève, docteur et pro-

1679.

16 mars	Henri Boyer. P.	
septembre	Simen Sayon. D.	
21 décembre	Alex. de Soulies. D.	

1680.

7 mars	Isaac (Addée) du Petit-Val. D.	Né à Paris, im. Genève 1657, nat. 1681.

1681.

2 août	Jacques d'Allemagne, gallus. D.	Né à Paris, past. de Sézanne[1], nat. 1687.
18 décembre	Pierre des Forges. D.	Naturalisé 1691.
» »	Paul Bertrand, de Cozes. D.	Fils du past. P. B de Cozes.
» »	Gui de Bonneval, Bach. ès Arts de l'Univ. de Caen. D.	
» »	Jacques Poullain Dumesnil, de l'Univ de Caen. D. P.	

1682.

17 janvier	Paul Bertrand, M. A. de l'Ac. de Saumur. P.	Vide supra.
» »	René Guibert. D.	Nat. 1687, peut-être celui de St Laurent d'Aigouze?
20 février	André Lortie. D. P.	Past. de la Rochelle 1674-80[2], nat. 1681
» »	Jacques Rondeau. D. P.	P. du Plessis-Marly 1679-82.
» »	Elie Brevet. D. P.	Past. de Bourgneuf jusqu'en 1681[3], nat. 1688.
10 mars	Alexandre Sion, Gallus. D.	Nat. 1693.
25 mars	A. F. Forneret. P.	Vide supra.
» »	César de Beaulieu, M. A de l'Ac. de Saumur. D. P.	Manque au Repertorium. Past. de Quintin 1676-82, nat. 1682[4].

fesseur de théol. à Angers, abjura en Hollande en 1677, publia 1678-1681 des Commentaires sur les Évangiles, les Petits prophètes et les Actes, devint ministre baptiste. — Agnew, 3e éd.

[1] Commissaire royal au Synode de Charenton 1671, suspendu par le Synode 1673, devenu catholique; repenti, passa en Angleterre où il répara sa faute.

[2] Décrété de prise de corps à Paris pour avoir donné des lettres de recommandation pour la Hollande à un agent provocateur qui le dénonça.

[3] Interdit du ministère par le tribunal de La Rochelle pour avoir fait la prière à un malade qui avait promis, dit-on, de se convertir.

[4] Accusé par une femme d'avoir profané l'hostie, décrété d'arrestation.

16 juin	Pierre des Forges. P.	Vide supra.
Sept. et oct.	Pierre Legrant. D. P	
28 novembre	Jean Desaguliers. D. P.	Past. d'Aitré-Angoulins 1680-81 [1].
1er décembre	Isaac Addée, de l'Université de Sedan. P.	Vide supra.

1683.

11 et 12 janv.	Samuel Bois, litteratus. D. P.	
19 janvier	Guillaume Hugues. D. P.	
8 février	François Barbat, de l'Acad. de Puylaurens. P.	Nat. 1683 [2].
4 mars	Alexandre Sion, gallus. P.	Vide supra.
» »	Samuel Prat, litteratus. D. P.	Manque au Repertorium.
12 mars	Jacques Bergnon. D. P.	[3].
» »	Jean-Baptiste de Rosemond, parisien. P.	Nat. 1681 [4].
18 avril	Jac. de Bia, de Montauban. D.	[5].
» »	David de Cloux, de Sedan. D.	Nat. 1683.
18 avril et 3 mai	Antoine Nabes, de Puylaurens. D. P.	[6].
26 mai	Jean Séverin. D. P.	Min. de Prouville j. 1672.
19 juin et 3 juillet.	Jean Cabrol. D. P.	
12 octobre	Samuel de l'Angle, Prof. de Théologie. D. P.	
11 décembre	Antoine Moye, litteratus. D.	
13 décembre	Jean de la Salle, gallus. D. P.	Min. de Chizé 1678-82 [7], nat. 1683.
» »	Jérémie Majou, id. D. P.	Min. de Ciré 1678-81 [8], nat. 1684.

[1] Interdit pour avoir exhorté ses paroissiens à la persévérance. Plus tard min. de Swallow street.

[2] Fils du pasteur de Réalville : en 1688 deux autres ministres Barbat furent naturalisés.

[3] Peut-être J. Vergnon de Pouzauges.

[4] Traducteur d'œuvres des évêques Barlow, Stillingfleet et Burnet.

[5] Banni comme relaps, au moment d'être consacré, pour avoir signé comme enfant un acte d'abjuration chez les jésuites. *France prot.*, 2e éd. Prébendaire de Lincoln, 1696-1746.

[6] Devint ministre en Irlande. V. acte de mariage 1684. Agnew, 3e éd.

[7] Exercice interdit le 15 juin 1682.

[8] Banni pour cinq ans pour avoir exhorté son troupeau à la persévérance.

13 décembre	Jean Courdil, id. D. P.	Min. du Sieur de la Cassagne 1681-83 [1].
24 décembre	Abraham Faucon, id. D. P.	Min. de Fécamp 1674-81 [2], nat. 1685.
» »	Pierre Broca de Hondespleus, id. P.	Manque au Repertorium, min. de Casteljaloux 1679-82 [3], nat. 1696.
29 décembre	Jac. Souverain, id. D. P.	Min. à Aillères 1676-79.

1684.

4 janvier	Thomas Satur, de Montauban. D. P.	Past. à Montauban 1660-1683 [4], nat. 1686.
» »	Jean Dubourdieu, de Montpellier. D P.	Past. à Montpellier 1681-1682 [5], nat. 1685
16 février	Jean Du Maresq	[6].
16 mars	Philippe le Roy, gallus. D. P.	Min. de Châtillon s. Indre 1679-83 [7], nat. 1691.
1er août	Michel David. D. P.	Manque au Repertorium. Nat. 1684, pasteur de Castelnau de Mirande 1676-77.
» »	Jac. Sartre. D. P.	Past. de Montpellier, nat. 1685 [8].
8 décembre	Alex. Dalgres, de l'Académie de Puylaurens. D. P.	Manque au Registre de souscription. Nat 1684.

1685.

24 février	J.-Bapt. de Rosemond. P.	Vide supra.
17 août	Jean Gommart, gallus. P.	Puylaurens.
» »	Salomon Delebecque, id. D P.	Min. de Prouville 1675-81.

[1] Attaché pendant trois ans à Saint-Paul de Londres, passa en Amérique, fut pris au retour et enfermé à Nantes d'où on le conduisit à Copenhague.

[2] Église détruite 1681 par l'interdiction des lieux d'exercice où se faisait le culte, Maupertuis et Ougerville.

[3] Condamné par le parlement de Bordeaux, sur la dénonciation du supérieur des capucins de Casteljaloux, au bannissement perpétuel, 30 avril 1683.

[4] Interdit avec ses collègues de Montauban, 1683, à la suppression de l'exercice sous prétexte d'assistance au culte de relaps.

[5] Banni de Montpellier avec ses collègues à la suppression de l'exercice sous prétexte d'assistance au culte de relaps.

[6] Peut-être des îles normandes.

[7] Exercice interdit 1683.

[8] Très recommandé à l'év. Compton par Claude, *Bull.* XII.

Après la Révocation.

26 novembre Jacob Asselin, de Dieppe. D. P Past. à Dieppe 1677-85, nat. 1688.
19 décembre Étienne Fouace, de l'académie de Leyde. P. Manque au Repertorium. Min. de Crocy, nat. 1687.

Une enquête dans les divers diocèses permettrait seule de constater le nombre des postes et des bénéfices conférés par l'Église anglicane à des Français de naissance. Les nominations et autorisations de l'évêque de Londres pour ces mêmes années, comprennent les suivantes : [1]

1677.

2 mars Ch. Legard, envoyé aux Barbades [2].
14 avril Pierre de Gua, litteratus, ad docendum litteras in Civit. Londinensem [3].

1678.

2 janvier Louis des Ecotais, ad prædicandum Verbum Dei in et per totam diocesim Londinensem.
11 mars Jean Chrysostome du Chavol [4], ad prædicandum Verbum Dei in et per totam diocesim Londinensem.
16 octobre Fr. de la Mothe, au rectorat de Birchmagna, Essex.
18 décembre H. de Lusancy, au vicariat de Doverscourt.

1679.

Raymond Gaches, au rectorat de Barling.

1683.

7 septembre André Lortie, au rectorat de Paglesham.
27 novembre Barbat, ad prædicandum dans l'église paroissiale d'Althorne.

---

[1] *Livres d'obédience.* — *Archives de Saint Paul.*

[2] Français ?

[3] Nat. 1681, descendant de P. du Gua, seigneur de Mons en Saintonge le fondateur de Port-Royal en Nouvelle-Écosse. *France Prot.*

[4] Nat. 1685. M. A. d'Avignon, donc prosélyte; un des chapelains ordinaires du roi 16 oct. 1676, et du régiment d'Arran, chanoine mineur de Westminster, mort 5 août 1687. — Agnew.

1684.

16 février	Jean-Baptiste de Rosemond, au rectorat de Barling, vice Gaches décédé.
3 mars	Isaac du Bourdieu, ad prædicandum Evangelium in Ecclesia Gallicana.

1685.

24 septembre	Charles Legard, ad prædicandum dans l'église paroissiale de Southminster.
27 novembre	Paul Bertrand, gallus, ad prædicandum Verbum Dei in Marylanda apud Americanos.
30 novembre	Louis de Compiègne du Veil, ad docendum litteras in et per totam urbem Londinensem [1].

Dans les nominations de l'archevêque de Canterbury, Sancroft :

> Jean Brasier à Ardington 1678.
> Max. de l'Angle, prébendaire de Canterbury 1678, recteur de Kengerstone 1681, vicaire de Sibertswold 1683, de Saint-Georges de Canterbury 1686 [2].
> Sur la recommandation du Marquis de Ruvigny le chancelier de l'université d'Oxford fit conférer le grade de D. D. le 9 sept. 1685 à l'un des professeurs de Saumur Jacques le Prez, quoiqu'il n'ait été ré-ordonné qu'en mai 1686.

Groupés autour de la Savoye, demeurant en relations avec elle, les pasteurs français conformistes contribuaient à en rehausser l'importance spirituelle et lui attiraient les fidèles de leurs anciennes congrégations de France. Le consistoire avait inscrit au nombre de ses ministres en titre, peut-être dès 1682, mais certainement pour 1684, Faucon et Satur. Il s'était empressé d'ouvrir ses rangs au vénérable du Bourdieu, qui, plus qu'octogénaire, prêchait le 29 mai 1684 le sermon pour l'anniversaire de la naissance et de la Restauration de Charles II [3]; bien-

Les du Bourdieu

---

[1] L'aîné des frères (Daniel, baptisé L^s Compiègne) bibliothécaire de Charles II et son interprète pour les langues orientales.

[2] *Lambeth Library.*

[3] Discours *De l'obéissance aux rois et aux magistrats*. La traduction anglaise est dédiée à Henry Savile.

tôt il lui adjoignait son fils Jean, que l'archevêque de Narbonne s'était vainement flatté de gagner et de retenir en France[1]. Du Bourdieu «père» avait-il fini par accepter la réordination? L'absence de son nom des deux listes des ordonnés et son inscription sur celle des autorisés à prêcher, feraient croire qu'on ne la lui a pas imposée[2]. Si les fonctions sacerdotales étaient réservées exclusivement aux ecclésiastiques revêtus du diaconat et de la prêtrise anglicane, il est hors de doute qu'on admettait des non-réordonnés dans la chaire de la Savoye : Samuel de l'Angle y avait prêché à l'un de ses précédents voyages; l'érudit Jean Le Clerc s'y fit régulièrement entendre de 1682 à janvier 1683.

Jean Le Clerc.

Les opinions de Le Clerc sur la grâce, et la largeur générale de ses tendances, ne lui permettaient pas de signer le Consensus et d'occuper un poste à Genève, où il était né d'une famille réfugiée au seizième siècle, et où il avait été consacré. De Saumur et de Paris il était venu visiter Londres; il s'offrit aux ministres de la Savoye comme auxiliaire pour la prédication et se lia surtout avec André Lortie. « Rien dans ses sermons », nous dit son biographe anglais, « ne fut de nature à offenser le moins du monde son auditoire, bien que son raisonnement reposât sur des bases différentes de celles des autres : le commun peuple n'en aurait pas été troublé, ou n'aurait même pas pris garde à lui, n'eussent été les méfiances et incitations de quelques ecclésiastiques »[3]. Renonçant à l'Angleterre, il alla occuper une chaire, d'abord à l'église, puis au collège des Remonstrants d'Amsterdam. A ce moment Souverain essayait vainement d'obtenir,

---

[1] *Lettre au duc de Noailles. Bull. du Prot.* 1.

[2] La signature d'Is. du Bourdieu n'est au bas d'aucun Acte dans le Registre des Baptêmes et Mariages de la Savoye. Il mourut à Londres en 1699 à 95 ans.

[3] *An account of the Life and writings of M. John Le Clerc, Phil. and Hebrew Professor in the Coll. of the Arminians at Amsterdam to this present year 1711.* — Londres 1712.

comme les autres ordonnés, l'usage de celle de la Savoye. L'évêque de Londres avait envoyé à Is. du Bourdieu, par Piozet, la lettre où Claude acceptait ses déclarations d'orthodoxie, « avec ordre de reconnaître son ordination et de le regarder d'un même œil que les autres ministres français de la ville » : le vieux pasteur de Montpellier persista à repousser un collègue dont les opinions dogmatiques avaient été condamnées par un Synode de France [1].

Pendant les six mois de son séjour, Le Clerc « prêcha tous les dimanches alternativement dans l'église française de la Savoye ou dans l'église grecque, car il y avait encore très peu de prédicateurs sortis de France ». Cette assertion du biographe contemporain serait une preuve de l'ouverture, à cette date déjà, d'un second lieu de culte pour la communauté française conformiste de Londres [2]. La tradition qui fait remonter au règne de Charles II l'inauguration de l'annexe de Spring-Gardens, ne repose que sur une requête, sans date, rappelant que ce roi accorda aux ancêtres des pétitionnaires le droit au bail d'un terrain dans Spring-Gardens et qu'ils y érigèrent une chapelle de la valeur de deux mille livres. Le don d'un emplacement dans ce quartier neuf et élégant est possible, mais sur les registres il n'est fait mention de cette chapelle qu'à la date tardive de 1703, et des deux mille livres de frais qu'en 1709.

Le Temple « des Grecs ».

Par contre, il est certain qu'en 1685 la congrégation de la Savoye était en pleine possession du temple dit *des Grecs,* dans Hog Lane (maintenant Crown-Street Soho). Construit en 1677

---

[1] « Je souhaitte de tout mon cœur que ce jeune homme vous donne de l'édification et que les soubçons violents qu'on a eus, au reste, contre luy sur le sujet du socinianisme, se trouvent mal fondés, et en attendant que sa conduitte achève pleinement de les effacer, il est de la justice et de la charité chrestienne de recevoir les déclarations qu'il fait de n'être point entaché de cette lèpre. » Lettres de Claude. *Bull.* XII.

[2] La *France Prot.* dit, par erreur, qu'il prêchait alternativement à l'Église wallonne et à la Savoye.

pour l'usage des négociants grecs, quand il fit retour à la paroisse anglicane de St. Martin in the Fields, dans un échange consenti par elle pour l'érection de Ste. Anne de Soho, l'acte royal du 31 mai 1685 qui sanctionne cet échange, indique « le terrain sur lequel est bâtie l'église appelée l'Église Grecque, dont se servent maintenant les Protestants Français » ; ils en ont, sans doute, fait usage depuis 1682.

Actes de la Savoye. Tous les Livres d'actes de la congrégation de la Savoye retrouvés jusqu'ici, datent de 1684. Le *Livre des mariages* [1], « commencé au nom de Dieu à Londres le 1ᵉʳ may 1684 », s'ouvre par des mariages que célèbrent Richard du Maresq, Satur, Faulcon, et en 1686 Dubourdieu fils, signant tous « pasteur », ou « ministre de la dite Église », — J. Billon La Mare, lecteur de l'Église [2], J. Bapt. de Rosemond et Is. Addee, sans désignation, ce qui indique qu'ils avaient l'usage du temple pour des cérémonies privées sans faire partie des desservants en titre. Un second registre renferme d'un côté les *Reconnaissances*, de l'autre les *Abjurations* : le réconcilié ou le converti était tenu de signer la mention le concernant. Il y a onze reconnaissances pour 1684, six pour 1685 [3] ; six abjurations pour 1684, quatre

---

[1] *Rolls Yard, Somerset House.*

[2] Fils de J. de Billon sieur de la Mare et de Franç. Le Roy, de Paris, né le 6 août 1656, filleul de Jacques Androuet du Cerceau (*France Prot.*), devint le lecteur et un des ministres de l'Église des Grecs. *Actes.*

[3] « Personnes qui s'estans Revoltéz de la vraye Religion, En ont fait Reconnaissance en cette Église : 6 juillet 1684 Pierre Prévost de Cyré en Poitou, âgé d'environ 26 ans, a fait sa Reconnoissance publiquement dans cette Église de la faute qu'il avait faite de quitter notre sainte Religion pour embrasser les Erreurs de l'Églize Romaine, et a témoigné de vouloir vivre et mourir dorénavant dans la pureté de l'Évangile, ce qu'il a signé de sa propre main, fait au Consistoire ce jourdhuy Dimanche. — 14 août, David Barthélemy de Montpellier, environ 24 ans. — 17 août, Jean Simon de Dieppe environ 33 ans, François Benoist de Paris environ 17 ans. — 22 août le sieur Pierre d'Estournelles, Jacques d'Est. son fils, Judith d'Est. sa fille, Marguerite d'Est. sa nièce de Sedan. — 5 oct., le sieur Rançon, cy-devant Jacobin, ayant eu le malheur

pour 1685[1]. Ce sont les humbles prémices des conversions et des innombrables reconnaissances après la Révocation.

La fin du règne de Charles II vit se fonder trois Églises du Refuge. Le Lord-prévôt, les magistrats et le conseil municipal d'Édimbourg accordaient en 1682 aux protestants français l'usage de la chapelle dite de Lady Yester, centre d'une paroisse presbytérienne dissoute à l'établissement du rite anglican. Ils la gardèrent cinq ans et l'échangèrent par ordre, en juillet 1687, pour la grande salle du Collège, ayant pour premier pasteur François Loumeau du Pont, fils du ministre de fief de M. du Suau en Poitou : « condamné à faire amende honorable à Poitiers, il s'était retiré en Angleterre »[2], où il obtint la naturalisation le 21 janvier 1685. A la Révocation, son père, Philippe, le rejoignit et lui fut associé. Un troisième Loumeau du Pont devait continuer la tradition de cette famille dans l'Église

Église d'Édimbourg.

---

de scandaliser l'Église en fréquentant quelques Assemblées papistes pour laquelle cause il avoit esté suspendu de la sainte cène pour quelque temps et ayant tesmoigné du desplaisir de sa faute a esté receu à la paix de l'Église, promettant doresnavant de vivre d'une vie sans reproche et conforme à la discipline de l'Église. — nov., Joachim Garnauld de Chastellerault, Abraham Collet d'Alençon. — 1685, Charles Gautier de Rochefort, Abr. Jacques, Jean Suire de Saint-Maixent, Jean Normand, Isaac Deslandes, Daniel Savaritz. » — *Archives de l'Église St Jean la Savoye.*

[1] Dim. 18 mai 1684, aujourd'huy le sieur Jean du Beslay, de Vandommois, cy-devant Bénédictin, a fait abjuration des erreurs de l'Église Romaine et a promis de vivre et de mourir dans la profession de la Rel. Protestante, laquelle il a embrassée, en foy de quoy il a signé le présent acte; Antoine du Chesne, de Paris, 18 ans. — 1er juin, Jean Dalis de Pô, chirurgien. — 29 juin, Estienne Maindestre, cy-devant capucin de la prov. de Touraine. — 18 août, Jeanne le Riche et sa fille. — 1er janvier 1685, Catherine de Boulemont, âgée de 30 ans, a fait abj. entre les mains de M. de l'Angle. — 12 avril, Marie d'Agoureau, âgée de 20 ans, de Paris, . . entre les mains de M. Dubourdieu père. — 17 mai, Marie Gantelier, âgée d'environ 30 ans, de Thouars, entre les mains de M. Trouillart, qui a prêché. — 30 août Fr. Gandouët de Deuil auprès de S. Jean Saintonge. » — *Archives de l'Église St Jean La Savoye.*

[2] Lettre de l'intendant de Limoges à Louvois, 1684; le père était alors encore en France. *France Prot.*, 2e éd.

française d'Édimbourg qu'elle desservit pendant cent-quatre années[1].

Église de Rye.
Les deux autres Églises sont les premières conformistes françaises hors de la Savoye, de Dublin et des îles normandes. L'une ressuscitait un nom éteint comme Église française depuis le seizième siècle, et n'était appelée qu'à une existence modeste et de peu de durée. Le 18 avril 1682, le vicaire et les principaux habitants de Rye certifient « à qui de droit que les protestants français établis dans la ville sont des gens calmes, inoffensifs et doux ; ils servent Dieu constamment et uniformément, selon les us et coutumes de l'Église d'Angleterre. De plus, nous croyons que c'est faussement qu'ils ont été accusés de papisme ou de mauvaise conduite, n'ayant jamais rien vu de mal en eux ». Le 8 mai, les habitants déclarent consentir à ce que « les protestants français *nouvellement établis* en ce lieu continuent leurs assemblées de 8 à 10 le matin et de midi à 2 heures l'après-midi, et qu'ils aient l'usage de la chaire et des sièges comme jusqu'à présent »[2]. Ils eurent comme pasteur Paul Bertrand, ancien ministre de Cozes, réordonné en 1681-82, et qu'on proposait en 1685 de remplacer par Jérémie Majou, « parce que ceux qui composent cette Église de la Rie ont été les brebis du Père de M. Majou et qu'ils ont beaucoup d'amitié pour le fils »[3], preuve que la petite communauté était de formation récente et composée de Poitevins. Dans une adresse de reconnaissance envoyée par eux l'année suivante à l'archevêque-primat, ils s'intitulent : « Les Maîtres Pescheurs françois »[4].

---

[1] Article du *Scots Magazine*, 1786, à la mort du dernier, suivie de la fermeture de l'Église. — Agnew, 3ᵉ éd., II. 516.

[2] *Cal. State Papers Domestic*. 1682, n° 65.

[3] Liste des ministres françois que la Persécution a contraint de quitter leur patrie... *Mss. Rawlinson* 964, fol. 276. *Bull. du Prot. fr.* XXXIV.

[4] *Mss. Rawlinson* et *Appendice*.

Les premières pages du « *Registre des Actes du Consistoire de l'Église françoise Recueillie à Thorp le Soken en Essex depuis l'an 1683* » en racontent la fondation en ces termes :

Église de Thorpe le Soken.

« Au nom de Dieu,

« Le 4ᵉ jour de juin 1683 Mgr. l'Évêque de Londres m'a donné commission de me rendre à Beaumont et de Prescher dans l'Église Angloise de cette Paroisse à cause des Protestans de nostre Nation que la Persécution avait rassemblés dans cette contrée, Le Comité me promettant pour cet effet les appointements nécessaires pour ma subsistance. Le 1ᵉʳ jour de Juillet suivant m'y estant transporté pour cela, Je preschay après-midy dans la ditte Église. Mais les Paroissiens Anglois s'estant opposez à nos Exercices, sous prétexte qu'ils les privoient de la Liberté de vaquer deux fois tous les Dimanches au Service divin, comme ils avoient accoutumez de faire, Et nous, de nostre costé, jugeans qu'il nous estoit beaucoup plus commode de nous Assembler à Thorp le Soken qu'en aucun autre endroit du voisinage, Nous en demandasmes de Concert la permission à mon dit Seigneur, en présence de Son Clergé qu'il avoit convoqué à Colchester. Là il nous accorda la liberté de prescher à Thorp et en telle autre Église du voisinage que nous le jugerions à propos et il y recommanda en mesme temps aux Ministres des Paroisses voisines de n'y mettre de leur part aucun obstacle. En vertu de cette Licence Nous avons fixé le lieu de nos Assemblées aud. Thorpe Le Soken où J'ay presché pour la première fois le Dimanche 29ᵉ jour de Juillet 1683 et nous est enjoint de vacquer à toutes fonctions du Ministère Évangélique, conformément aux Canons et aux Constitutions de l'Église Anglicane.

Sévérin, Pasteur. »

« Au nom de Dieu.

« Le 1ᵉʳ jour de Janvier 168$\frac{3}{4}$ L'Église, par la bénédiction de Dieu croissant en nombre de personnes, J'en assemblay les chefs et leur représentay deux choses. La Première que pour satisfaire tout ensemble à Lordre et aux Constitutions de l'Église anglicane, à laquelle nous sommes obligez de nous conformer, il étoit nécessaire de choisir deux personnes entre les autres pour exercer la charge d'Anciens au milieu de nous. La seconde que la Pention qui m'estoit donnée pour les fonctions de mon Ministère estant très médiocre et Provisionnelle, et accordée pour un temps seulement, il seroit nécessaire, tant pour ma propre subsistance que pour accoutumer les chefs de famille à payer le Ministère à l'avenir, pour la subsistance de l'Églize elle-même, que chacun se cottizat Pour cet effet selon son zèle et ses Facultez. Sur quoy il a été résolu que l'on travailleroit incessamment à ces deux choses, et pour satisfaire à la première J'ay nommé de ma part le sieur Jean de l'Estrille sieur de la Clède, dont la vertu est exemplaire et la piété en édification à tous ; et l'Assemblée a nommé de son costé le sieur Daniel Olivier dont elle cognoissoit le zèle et la dévotion. Et tous deux acceptans cette charge ont promis de s'acquitter autant qu'ils le pourront des Exercices de cet Employ, ce qu'ils signent en ce lieu. Quant à la seconde un chacun se taxa volontairement selon ses forces, ce qui se continuera toujours à l'avenir.

John Delestrilles de la Clède, ancien [1].

Daniel Olivier, ancien.   Sévérin, ministre. »

« 4 Avril. — Les anciens se trouveront alternativement à la porte de l'Église à l'issue de tous les services pour solliciter et recevoir la charité des fidèles. — 29 juin. Le sieur Alex. Sasserie s'établit au milieu de nous et fait don d'une coupe d'argent pour la Communion » [2].

---

[1] L'ancien officier de marine recommandé par le consistoire de Threadneedle street. Il est naturalisé ainsi que Sasserie dans le brevet du 2 juillet 1681.

[2] *Reg. d'Actes. Bibl. de l'Hôpital Protestant français de Londres.* — Le Registre des Baptêmes, Mariages et Décès est bien tenu : le premier baptême, Marthe Sionneau, est du 6 mars 1684 ; le premier mariage, Charles de la Porte de S. Jean de Gardonnenque et Louise Plumail de Niort en Poitou, du 13 mai 1684 ; le premier ensevelissement, Isaac de Sèvre, dit La Chaboissière, « décédé au Seigneur âgé d'environ 73 ans », du 1ᵉʳ mai 1685 ; la signature du pasteur confirme tous les actes. — *Registre au Rolls Yard. Somerset House.*

La création d'une quatrième Église avait été projetée trois ans auparavant : l'archevêque Sancroft écrivait au recteur d'une petite paroisse rurale de Bocton, dans le Comté de Kent :

«Attendu que le porteur de la présente M. le marquis de Venours, noble et honorable Gentilhomme du Poitou en France, a été par les extrêmes rigueurs de la Persécution excitées récemment dans cette Province contre ceux de la Religion Réformée (et contre lui en particulier) forcé de quitter son pays natal : d'où s'étant échappé, il a choisi de se placer sous la protection de Notre Gracieux Souverain, et de chercher ici son repos, et pour ce faire, a loué et pris du très Honorable Comte de Chesterfield une Maison et des terres dans votre paroisse, ayant l'intention de s'y établir conjointement avec une petite Colonie de ses compatriotes qui sont, non seulement des professants de la Religion Protestante, mais des confesseurs et des victimes pour icelle, et tous désireux de servir Dieu et de célébrer les offices publics de notre très Sainte Religion selon l'usage de l'Église d'Angleterre (au gouvernement et à la Discipline de laquelle ils se soumettent aussi entièrement). — En conséquence je requiers vous et le reste des habitants de votre Paroisse, et vos voisins tant les ministres que les autres, de les recevoir et de les assister selon que l'occasion s'en offrira, avec toutes les expressions et les instances de charité chrétienne, et de bienveillance fraternelle dûs à des étrangers affligés, appartenant à la même foi et à la même Communion que nous.

«Et vu qu'ils n'entendent pas la langue anglaise, et sont en conséquence autorisés à célébrer les saints offices dans la langue française, (ainsi qu'ils sont, et ont été depuis plusieurs années célébrés dans l'Église française à la Savoye) j'ai en conséquence institué, et j'institue par la présente M. Jacques Rondeau, un Prêtre de l'Église d'Angleterre, pour officier et leur prêcher dans votre Église Paroissiale de Bocton-Malherb, et je vous requiers par la présente de leur y donner à cet effet libre accès, et usage d'icelle aux heures et moments de la journée qui n'entraveront pas vos assemblées publiques ordinaires [1]. »

Les registres de la paroisse anglaise, aujourd'hui de Boughton-Malherb, près Maidstone, ne portant aucun nom français

---

[1] « Pour M. Stanhope, Recteur de Bocton-Malherb, Kent » minute de lettre 11/21 fév. 1681/2. *Act Books of Arch. Sancroft* IV. 180 *Lambeth Library.*

ni aucune mention de cette congrégation, il semble qu'il n'aura pas été donné suite aux bienveillantes intentions de l'archevêque en faveur d'une des victimes des dragonnades. Cette recommandation du prélat prouve au moins que du Poitou le marquis de Venours avait gagné d'abord l'Angleterre et y résida quelque temps avant de s'occuper des intérêts de ses compatriotes réfugiés, en Brandebourg, en Danemark et en Hollande [1].

Approches de la Révocation.

En France tout annonçait la catastrophe finale. Le 6 décembre Preston écrivait : « Depuis que le roi a pris la résolution d'obliger par toutes sortes de moyens ses sujets de la R. R. à embrasser la catholique, M. de Louvois, qui s'accomode en toutes choses à son plaisir, a proposé au roi de faire d'un seul coup la cassation de l'Édit de Nantes qui est le seul boulevard de ceux de la Religion ; mais M. le Chancelier qui en prévoit mieux les conséquences, et d'opinion contraire, ainsi la chose ne sera pas exécutée pour le présent. » Mais trois jours après il ajoutait : « Le Temple de Sommières est rasé et celui de Nîmes fermé. Dans ces trois jours on a publié une Déclaration du roi ordonnant qu'à l'avenir les Consistoires ne se tiennent que chaque quinzaine et en présence du Juge royal du lieu. Cette déclaration semble être l'avant-coureur de l'abrogation de l'Édit de Nantes [2]. »

On eût dit qu'avant de prononcer l'arrêt Louis XIV attendait l'avènement en Angleterre d'un monarque ouvertement détaché de la Réforme. Le 16 février 1685 la mort de Charles II replaçait le catholicisme sur le trône d'Édouard VI et d'Élisabeth.

---

[1] Sur Charles Gourjault, marquis de Venours voir Élie Benoit, et Erman et Réclam. *Mémoires.* — J. Rondeau avait été pasteur du Plessis-Marly.

[2] *Rep. on Hist. Mss.* VII. Coll. sir Graham.

CHAPITRE XVI

JACQUES II

1685.

CHAPITRE XVI

LA RÉVOCATION DE L'ÉDIT DE NANTES.

Le prince que les députés des Églises de Londres (Threadneedle street), Canterbury, Norwich et Thorney-Abbey, unis à ceux des Hollandais, saluaient à son avènement au trône, en sollicitant la confirmation de leurs privilèges, et qui leur répondait qu'ils auraient de lui « la même protection que du roi son frère et de ses ancêtres, qu'il les regardait comme de loyaux sujets et qu'il le ferait paraître »[1], — Jacques II était non seulement catholique ardent, mais particulièrement mal disposé pour les presbytériens. S'il admettait l'anglicanisme, religion officielle de son État, et dont les formes aristocratiques ne lui semblaient pas incompatibles avec des changements postérieurs et décisifs, il n'avait jamais cessé d'éprouver une répulsion instinctive pour le calvinisme pur : depuis son enfance il lui reprochait la chute et la mort de Charles Ier. Dans ses entretiens avec l'ambassadeur de France, il se plaisait à confondre les réformés français avec les presbytériens et autres conformistes d'Angleterre et à les accuser « d'avoir tous des principes de république et entière-

Sentiments du roi.

---

[1] *Actes du Consistoire*, 22 fév. 1685.

ment opposez à la monarchie »[1]. S'il n'eût été retenu par les sympathies croissantes de ses sujets pour les huguenots, et par leurs méfiances, croissantes aussi, à l'endroit d'un monarque catholique, ami déclaré de Louis XIV, il eût retiré toute protection à ces fugitifs dont il contestait les souffrances et ne désapprouvait point la persécution. Moralement et politiquement forcé d'en recueillir, il réserva au moins ses faveurs aux conformistes.

L'émotion fut grande au sein du troupeau de Threadneedle street quand un bruit, déjà répandu en France avec intention, mais à tort, dans les derniers jours de Charles II[2], celui de l'entrée obligatoire des Réfugiés dans l'anglicanisme sous peine d'expulsion du pays, parut prendre une sérieuse consistance. Le 27 mai, le Grand Comité de Religion proposait à la Chambre des Communes de présenter une adresse au roi pour lui demander de mettre en vigueur, par proclamation royale, « les lois contre tous Dissidents quelconques de l'Église d'Angleterre ». Elles eussent frappé les réformés du Refuge, bien que dirigées surtout contre les catholiques; mais à cause de ces derniers le gouvernement fit rejeter le projet : la Chambre se contenta de voter un ordre du jour de confiance en la parole de Sa Majesté et en sa déclaration réitérée de « soutenir et de défendre l'Église d'Angleterre telle qu'elle est maintenant établie par la loi, et qui nous est plus chère que nos vies ».

Temple à Thorpe le Soken.

Le danger n'était écarté que momentanément. La petite Église de Thorpe le Soken venait d'envoyer à Londres son prin-

---

[1] Dépêche de Barillon à Louis XIV. Windsor, 1ᵉʳ oct. 1685. — *Archives des affaires étrangères à Paris.*

[2] On écrit de Paris le 24 janvier 1685 au syndic royal directeur de la chancellerie de Strasbourg : « Le Roi d'Angleterre a fait publier un Édit par lequel il est ordonné que tous les Français qui se sont retirés dans ses Estats à cause de la Religion et qui ne sont pas conformistes ayent à en sortir dans six mois. » Citation de M. Rod. Reuss. *Bull. du Prot.* XXVI, 72.

cipal membre, Alexandre Sasserie [1], solliciter l'autorisation épiscopale nécessaire à l'érection d'un temple, 13 mai 1685. « Nous vivons dans une contrée qui n'est pas une des moins fertiles du Royaume », expose le mémoire à l'appui, « mais que les colonies de l'Amérique, ou d'autres considérations ont presque rendue déserte, le pays n'étant pas habité autant qu'il pourrait l'être, et plusieurs métairies considérables y étant en friche. Le bâtiment d'un temple attirant au milieu de nous des peuples de toutes parts, principalement dans ce temps ici que chacun sait être très contraire au repos et à la liberté de nos frères, contribuerait aussi à peupler le pays, qui a été autre fois le séjour de la noblesse, et qui n'est plus aujourd'hui qu'une espèce de solitude, remplie de fougères et de genêts. »

Le négociateur avait été chargé d'ajouter que « le changement arrivé dans l'État, ayant persuadé à la pluspart de nos frères d'outremer que l'État de la Religion y allait aussi recevoir de l'altération, rien ne serait plus capable de détromper les gens qu'une permission authentique de construire un temple nouveau ».

L'évêque approuva le projet, conseilla de demander un emplacement au seigneur du lieu, promit sa licence, et Sasserie, accompagné cette fois du pasteur Sévérin, retourna porter à Londres les pleins pouvoirs signés des deux anciens et de plusieurs chefs de famille [2]. Le 30 mai, l'évêque Compton et le duc d'Albemarle écrivaient au sieur André Wharton, seigneur de Thorpe, qui, le 3 juin, faisait don nominatif à Sasserie, comme étant seul pourvu de lettres de denization, du boulingrin pour en

---

[1] « Un des principaux membres de notre Église de qui la vertu est exemplaire et le zèle ardent, et ses mérites ne sont pas moins connus à Londres qu'à Paris. » Lettres à l'évêque. *Registre de Thorpe-le-Soken*.

[2] « Puiechegut, Messien, Potier, Maria, Delaporte, Bonnet, Paul Caes, Sam. de Courcelles, Jean Sionneau, Pontardant, Benj. Turquain. » *Actes*.

laisser l'usage à la congrégation française : sur la liste de souscription mise en circulation à Londres, le duc d'Ormonde et le comte de Bedford s'inscrivirent chacun pour dix livres sterling[1]. Les habitants ayant fait opposition au don du terrain, le consistoire en acheta un autre dans le même bourg, mais Sasserie devait retourner auprès du prélat exposer les difficultés soulevées d'une part contre eux par l'ordinaire contestant la licence de bâtir et de célébrer un culte, de l'autre par le ministre anglican exigeant des droits « que les Protestants François n'ont pas accoutumé de payer dans d'autres endroits du royaume » Compton répondit sur le premier point qu'ils avaient tous droits de construire, mais sur le second, que le Parlement seul ayant droit d'ériger une paroisse nouvelle dans une déjà existante, et l'Église française n'étant pas établie par l'autorité de cette auguste assemblée, ses membres devaient payer au ministre ce qui lui était dû, au même titre que les autres paroissiens.

S'il leur donnait ainsi tort vis-à-vis de l'administration ecclésiastique, l'évêque les protégeait néanmoins contre l'hostilité déclarée de leurs voisins de Colchester, les accusant de favoriser l'insurrection de Monmouth. Leur déclaration[2] portée à Colchester par le ministre anglican de la paroisse, accompagné par de la Clède et de Maisonneuve, était corroborée par une lettre du prélat au maire de Colchester[3], et par une du chevalier Clarges

---

[1] La recette totale s'éleva à 70 liv. st. 10 s. 10 d., la dépense à 68 liv. st. 10 s. Les frais des deux premiers voyages à 10 liv. 10 s.; l'achat du terrain à Salomon Green, 160 pieds de long et 131 de large, à quinze livres. *Ibid.*

[2] « Ce présent acte est pour certifier à tous ceux qu'il appartiendra que nous, Protestans François, déclarons par ces présentes que nous voulons très promptement et volontairement servir S. M. Jacques Second, Roy d'Angleterre, Écosse, France et Irlande, Défenseur de la Foy, etc., et exposer nos vies et nos biens contre Jacques Scott, cy-devant Duc de Monmouth et tous autres traitres, rebelles et ennemis du Roi et du Royaume d'Angleterre. »

[3] « Mr. Je suis fâché de ce que de pauvres Protestants qui se réfugient ici, qui sont absolument conformes à l'Église anglicane, et qui font une sincère

à son collègue au Parlement, Sir Nath. Lawrence [1]. Aussi le consistoire put-il bientôt enregistrer dans ses Actes : « Le maire, le député et le juge de paix de Colchester nous promettent protection et enjoignent au ministre anglais de faire savoir à toutes les paroisses dont il est vicaire que l'intention de S. M. est de nous protéger, comme étant assuré de notre fidélité à son service ; ils ont résolu de nous rendre justice toutes les fois qu'on nous ferait tort. »

Pendant leurs séjours à Londres, Sasserie et Sévérin s'étaient enquis de la situation générale des Réfugiés. Ils avaient appris, non sans surprise, que « l'Église de la Savoye ne sollicitait au Parlement que la naturalisation particulière de quelques-uns des Protestants de nation française. La déclaration du 28 juillet 1681 leur paraissant étendre beaucoup plus avant la promesse royale et faire espérer à tous les pauvres Protestants affligés en leur patrie au sujet de leur Religion qui viendraient en ces États chercher la consolation dont ils étaient privés en France l'Acte de Naturalisation générale, ils consultèrent plusieurs Lords, présentèrent une requête au Roi, puis une aux Communes par le Chevalier Temple, sollicitant l'assemblée d'accorder gratuitement à tous leurs pauvres frères, en quelque lieu qu'ils se retirent des États de S. M., cette générale Naturalisation. La Requête fut entérinée et il leur fut permis de présenter un Bill à ce sujet » [2].

C'est donc aux députés de la petite et toute récente congréga-

---

déclaration de leur fidélité, soient persécutés nonobstant cela, comme j'apprends que quelques-uns ont fait. Il faut que cela procède de quelque esprit fanatique. C'est pourquoi je vous supplie d'apaiser cette chaleur, afin que nous ne soyons pas forcés d'importuner le Roi sur ce sujet, et vous obligerez, Mr. votre très-humble et assuré ami et serviteur Henry de Londres. »

[1] « Quelques protestants français ont été troublés nouvellement par quelques conestables et officiers de Colchester sur un mauvais et préjudiciable rapport fait contre eux... »

[2] *Actes de Thorpe-le-Soken.*

tion de Thorpe le Soken que s'applique une mention des procès-verbaux de la Chambre des Communes du 16 juin. Les naturalisations, en effet, avaient continué à être individuelles, quoique assez nombreuses depuis quelques mois. Déjà par le warrant du 24 mars, suivi du grant du 4 avril 1685, Jacques II avait accordé cette faveur à cent cinq protestants français (parmi eux les ministres Abr. Faucon, Is. Gomarc, Ch. Piozet et D. de Charol, ainsi que treize femmes et vingt-six enfants). De son côté, le Parlement comprenait quelques Français dans l'Acte de naturalisation du 23 mai dit « Jean Esselbron's Nat. Act. » (dont Francis Durant de Brevall), dans l'acte du 25 juin, dit de « Magdelaine Pelissary », et soixante-dix-neuf autres (dont sept femmes et vingt-cinq enfants) dans celui du 2 juillet [1]. L'acte du 25 juin porte la mention significative et désormais formelle « que les personnes naturalisées ont pris la communion selon l'usage de l'Église d'Angleterre » [2].

Nouveau bill de naturalisation générale.
Le 6 juin on avait présenté à la Chambre des Communes un Bill pour autoriser des protestants étrangers à exercer diverses industries dans Westminster et autres lieux : on décida, le 13, de passer à la seconde lecture ; c'eût été comme une reprise du projet présenté et repoussé dix ans auparavant. C'est ici que se place l'intervention de Sasserie et de Séverin. Le 16 juin, on lut « une pétition de divers pauvres protestants français demandant l'autorisation d'introduire un Bill pour une naturalisation

---

[1] Listes nominatives des naturalisations du 4 avril et 25 juin (celle-ci avec les provenances) dans Agnew, 3e éd., II, 53, 77. — Les deux autres. *Cal. of the House of Lords. Rep. on Hist. Manuscripts.* XI, XIII, XIV.

[2] Marg. Pelissary le 7 juin à l'Église française, Antoine Arias à Saint-Paul, deux autres à St-Mary Aldemary, etc.
Le 16 oct. 1685 présentation à la Chambre des Lords du certificat attestant que Louis, comte de Feversham, capitaine des gardes et chambellan de S. M. a pris la cène selon l'usage de l'Église d'Angleterre. *Rep. on Hist. Mss.* XIII.

générale des Protestants qui sont présentement établis en Angleterre et pays de Galles, et ville de Berwick sur Tweed, et îles de Jerzé et Guernesey, et pour ceux qui viendront d'au delà des mers, dans un délai à limiter ».

On se plaçait ainsi au point de vue le plus large. La Chambre, consultée sur l'opportunité d'un pareil Bill, se partagea, mais les voix favorables l'emportèrent par 156 oui contre 114 non; on en confia la préparation à une commission[1], qui après deux ajournements en donna la première lecture le 29 juin; à la seconde du 1er juillet, le Bill fut renvoyé à un nouveau comité de cinquante-sept membres dont faisaient partie le Sous-Chambellan et l'Avocat Général avec recommandation expresse d'y ajouter une clause capitale : « Que la Liturgie de l'Église d'Angleterre présentement traduite, par Licence, en français, sera dorénavant en usage *dans toutes les Églises et congrégations françaises* : et qu'une condition de la naturalisation projetée par le Bill sera que toute personne naturalisée par icelui ou les enfants d'icelle, se rendant à une congrégation autre que là où on se sert de la Liturgie de l'Église d'Angleterre, ou à un conventicule quelconque, dès ce moment deviendront inaptes à recevoir aucun bénéfice de leur naturalisation, étant dès ce moment considérés à tous égards comme étrangers, et comme si cet Acte de naturalisation n'existait pas ».

Cette clause additionnelle était le coup de mort porté aux Églises non-conformistes du Refuge. Le consistoire de Threadneedle street apprenait le lendemain le désastreux vote de la Chambre des Communes : « en conséquence de la naturalisation toutes les Églises françoises doivent embrasser la Liturgie anglicane »[2]. On nomma séance tenante des commissaires chargés de

[1] Le Vice-Chambellan, les sirs Richard Temple, H. Goodrick, Th. Meres, Th. Clarges, J. Lowther, Lord Digby, MM. Garway et Pepys.
[2] *Actes du Consistoire*, 3 juillet 1685.

suivre de près la question et de prendre toutes mesures « pour la conservation de l'Église ».

Cependant Canterbury, fidèle à l'ancienne union non-conformiste, informait la Compagnie, le 12 juillet, de la nomination du pasteur Paul George, comme successeur d'Arnaud Boucherie, décédé le 3[1]. On se contenta de répondre : « Nous n'empêcherons point». Le 4 août, avant l'enregistrement de la loi proposée, le Parlement s'ajournait jusqu'en novembre : les espérances de naturalisation générale disparaissaient, mais la vieille Église d'Édouard VI était sauvée une fois de plus ! [2]

C'est chaque jour maintenant qu'elle et la Savoye voyaient arriver de nouveaux fidèles. Ils retrouvaient plus d'une fois sur la terre étrangère leurs pasteurs dont la chaire venait d'être renversée et la parole interdite. C'est à ceux là surtout que Louis XIV voulant, selon la formule la plus usitée, « les traiter favorablement », accordait une autorisation de sortie. On en relève, « pour demeurer.. passer.. s'aller habituer.. s'établir » ou « se retirer » en Angleterre, huit en 1682, quatre en 1683, six en 1684 et cinquante en 1685 avant la signature de la Révocation[3].

Persécution croissante en France.

Mais si Louis XIV admettait assez volontiers l'expatriation des ministres dont la fidélité eût encouragé la résistance de leurs troupeaux, il devenait inexorable pour tous ses autres sujets réformés[4]. Le 7 avril de cette année terrible, « le marquis de

---

[1] Burn a mal lu les chiffres du registre de Canterbury et prenant la mention 4 ans 1/2 de ministère à la mort de P. George pour 41 à 42 ans, il a placé par erreur son élection à la date de 1648.

[2] A la suite de la prorogation Séverin et Sasserie suspendent la poursuite de la naturalisation générale des Protestants français. *Actes de Thorpe-le-Soken.*

[3] Liste de leurs noms relevés aux Archives étrangères par M. N. Weiss, à l'*Appendice* LXIV.

[4] Comme exception on peut citer l'autorisation à s'exiler accordée en août 1685 au conseiller du Parlement François Le Coq et à sa femme Marie de Beringhen : on avait vainement essayé d'user leur constance dans les prisons ; on retint leurs biens et le plus jeune de leurs enfants : ils s'établirent à Londres.

Moilac, gouverneur de Nantes, a arresté plusieurs personnes de la Religion, particulièrement de Saumur, qui voulaient s'embarquer pour passer en Angleterre »[1].

« Le roi est informé que plusieurs de ses sujets de la R. P. R. passent dans les pays estrangers au préjudice des deffenses portées par les édits, soubs prétexte d'estre domestiques des princes, ambassadeurs et autres estrangers[2]. »

Seignelay recommande de la part du roi, le 25 juin au lieutenant de police La Reynie, et le 30 aux officiers de l'amirauté à Calais, Dunkerque, Saint-Valery, La Rochelle et autres ports « de tenir soigneusement la main à ce que les estrangers ne fassent passer avec eux aucuns domestiques faisant profession de la R. P. R. »

En septembre, un riche marchand de Bordeaux est accusé d'avoir caché sa fortune pour fuir en Angleterre. On écrit de La Rochelle le 11 que de dix à vingt des principaux réformés, qui s'étaient déguisés de diverses manières, ont essayé de s'embarquer pour l'Angleterre... mais ils ont été découverts et aussitôt condamnés aux galères... et le 25 : « Les nouvelles qui viennent de la Rochelle sont des plus effrayantes : on parle de traiter les réfugiés fugitifs comme des déserteurs, de leur couper le nez et les oreilles, de les marquer d'un fer rouge sur la joue et autres choses semblables »[3].

S'étonnera-t-on de l'impression produite dans les pays protestants ? En Grande-Bretagne le contraste est frappant entre l'attitude du peuple, surexcité par ses propres appréhensions, et celle du roi, enclin à suivre un jour l'exemple donné à Versailles. C'est aux dépêches de Barrillon qu'il faut demander la vérité sur l'état des esprits et surtout sur les sentiments de Jacques II.

Rapports de Barrillon.

---

[1] Lettres au directeur de la chancellerie à Strasbourg.
[2] *Correspondance administrative.*
[3] Extraits de la *Gazette de Harlem*, relevés par M. Enschédé.

L'ambassadeur ne cache point à son maître « qu'une chose si avantageuse pour la religion catholique et si glorieuse pour la personne de Votre Majesté excite la jalousie des Anglois et redouble leur aigreur contre la France », — que « le peuple de Londres reçoit avidement tout ce qui se débite dans les gazettes touchant les moyens dont on se sert pour avancer les conversions en France ». Il cite comme propagateurs de ces nouvelles « les plus emportés et les plus insolens huguenots françois, le ministre Satur, le ministre Lorthie, le ministre Langle, surtout un dangereux homme nommé Bibo[1] faisant le philosophe, Justel, Gaudé[2], La Force, Aimé[3], Lefèvre et Rosemond, et un vendeur de tous les plus méchans livres qui s'impriment en Hollande et ailleurs contre la religion et contre le gouvernement de France. C'est le Bureau, huguenot françois, qui en fournit à tout le monde, et il fait imprimer actuellement en françois et en anglois une lettre supposée qu'il dit avoir reçue de Nyort, où l'on rapporte cent cruautés exercées par ordre du Roy contre les religionnaires[4].

« Ce qui fasche davantage les Anglois, c'est qu'ils ne voyent de remèdes ny de moyens d'empescher ce que Vostre Majesté a entrepris ne réussisse. On parle à Londres fort librement dans les maisons de caffé[5] de ce qui se passe en France sur cela, et

---

[1] Henri Bibauld, sieur de Mascauld, de La Rochelle, naturalisé par acte du Parlement, le 2 juillet 1685, ainsi que Rosemond.

[2] Un Gaudé est naturalisé en 1682, un autre en 1687.

[3] Peut-être Salomon Eymé, nat. en 1688.

[4] *Copie d'une lettre escritte par le sieur Thomas Bureau de Niort en Poitou, le 30 aoust 1685, à son frère marchand libraire à Londres*, reproduite d'après la transcription de la Bibliothèque bodléienne à Oxford dans *Bull.* XXXIV. François Bureau, sa femme et ses enfants avaient été naturalisés en 1684. Thomas les rejoignit et obtint la naturalisation avec les siens en 1688.

[5] « Les cafés pourraient être désignés comme une institution politique importante de cette époque. Le Parlement n'avait pas siégé pendant plusieurs années. Le conseil municipal de la cité avait cessé d'exprimer l'opinion des citoyens. Les réunions publiques, les harangues, les manifestations et tous

beaucoup de gens s'imaginent et mesme disent tout haut que c'est une suite de ce que l'Angleterre n'est pas gouvernée par un Roy protestant et que les Anglois ne sont pas en pouvoir ny estat de secourir les prétendus réformez leurs frères. »

Par contre « on parle sur cela avec une grande réserve à la Cour et le Roy d'Angleterre ne prendroit pas plaisir qu'on s'expliquast trop librement sur ce qui regarde la religion catholique. Il prend luy-mesme souvent l'occasion de parler contre les calvinistes » [1].

« ... Ce qui se mande icy par tous les ordinaires des succez dont Dieu bénit les soins de V. M. pour la conversion de ses sujets de la R. P. R. fait un plaisir sensible au Roy d'Angleterre. Aussitost que les lettres de France arrivent, il me tire à part pour scavoir ce qu'il y a de nouveau à cet égard. Il a esté surpris de voir dans une lettre que j'ay receüe de M. de Luçon [2] que de 7000 huguenots qui estoient dans son diocèse il n'en reste plus que deux ou trois cens. Ce progrez merveilleux augmente, à ce qu'il me paroist, le zèle et l'ardeur de S. M. Britannique pour l'avancement de la religion catholique en Angleterre [3]... »

Et quelques jours plus tard :

« Il y a ici beaucoup de protestans zélez, ou faisans semblant de l'estre, qui parlent avec beaucoup de chaleur contre ce qui se passe en France à l'égard des sujets de V. M. de la R. P. R.

---

les moyens modernes d'agitation n'étaient pas encore en usage. Il n'existait rien qui ressemblât à notre journal. Les cafés étaient donc les principaux organes de l'opinion publique de la métropole.» Macaulay, *Histoire d'Angleterre*.

[1] Lettre de Barrillon à Louis XIV, 1ᵉʳ octobre 1685. *Archives du ministère des affaires étrangères*. Paris.

[2] Henri de Barrillon.

[3] Barrillon à Louis XIV. Windsor, 11 oct. 1685. De même le 18 oct. : « Je fus informé hier par des lettres particulières du succez estonnant arrivé en Languedoc et en Dauphiné sur la conversion des hérétiques. Je ne manquay pas d'en informer aussitôt le Roy d'Angleterre qui en tesmoigne toujours une extrême joye. »

Le Roy d'Angleterre connoist bien que ceux qui prennent ces sortes d'affaires à cœur et qui les exagèrent n'ont pas de bonnes intentions à son égard. Il me dit hier que Milord Halifax estoit un des plus emportez sur cela, et qu'il le trouvoit d'autant plus mauvais qu'il connoissoit que Milord Halifax n'agissoit pas par principe de conscience et de religion. »

La Révocation.
Halifax n'était que fidèle à la ligne de conduite des Savile [1], Jacques II à la sienne. Louis XIV savait à quoi s'en tenir quand, ayant frappé le dernier coup, il écrivait à Barrillon, le lendemain de la Révocation :

« Je suis bien aise de vous dire que Dieu ayant donné tout le bon succèz que je pouvois désirer aux soins que j'apporte depuis longtemps à ramener tous mes sujets au giron de l'Église, et les avis que je reçois tous les jours d'un nombre infini de conversions qui se montent déjà à près de cinquante mille personnes, ne me laissant plus lieu de douter que mesme les plus opiniastres ne suivent l'exemple des autres, j'ai interdit tout exercice de la R. P. R. dans mon Royaume par un Édit dont je vous envoye copie et qui doit estre incessamment porté dans mes Parlemens, et il se rencontrera d'autant moins de difficulté dans l'exécution qu'il y aura peu de gens assez opiniastres pour vouloir encore demeurer dans l'erreur [2]. »

[1] Savile n'était pas sans se préoccuper des projets de son souverain : il écrivait déjà en juillet : « J'estime que les deux ou trois mois prochains seront tellement critiques pour nos affaires qu'on verra, d'ici-là, si l'Angleterre peut, à aucun degré, être un sanctuaire pour des Protestants en détresse. » Grâce à lui le fils aîné d'Halifax, Lord Eland, avait épousé, avril 1684, demoiselle Esther de la Tour Gouvernet; il mourut sans enfants 1688, elle en 1694 et fut enterrée à Westminster.

Le roi dévoilait à Barrillon ses projets pour un avenir peu éloigné, « écarter Halifax, faire révoquer le Test et l'Habeas corpus, dont l'un est la destruction de la Religion catholique et l'autre de l'autorité royale. » L. de Barrillon, 29 oct.

[2] La phrase suivante était biffée : « et que la cause de la tolérance de ceste religion estant cessée, il est juste aussy qu'elle prenne fin. » Louis XIV à Barrillon, Fontainebleau, 19 oct. 1685. Minute. *Archives des affaires étrangères.*

« Je suis asseuré que le Roy d'Angleterre aprendra avec beaucoup de joye la résolution que V. M. a prise », répond l'ambassadeur. En effet, Jacques demande à posséder une copie de l'Édit : on s'empresse de la lui remettre :

« On ne scauroit témoigner plus de joye que ce prince en fait paroistre, de voir les mesures que V. M. prend pour achever de détruire l'hérésie dans son Royaume. Il m'en a parlé plusieurs fois depuis trois jours en des termes qui marquent assez que ce qu'il dit part du fond de son cœur [1]. »

Aussi quelques jours après, annonçant à son représentant la continuation des conversions dans toutes les provinces du royaume, l'abjuration de toutes les villes, même les plus « opiniâtres », la certitude que la publication de l'Édit et les exhortations des évêques et des missionnaires « achèveront de donner à ce grand ouvrage la perfection qu'il souhaite et que ses soins et les bénédictions de Dieu ont si fort avancé », le roi de France termine par cette parole significative : « C'est tout ce que vous en pourrez dire pour le présent au roy d'Angleterre. J'aprens cependant avec bien de la joye qu'il donne tous les jours de nouvelles marques de son zèle pour le restablissement de nostre Religion dans son Royaume, et il ne trouvera aussi jamais une conjoncture plus favorable pour en procurer les avantages. [2] »

Le dernier mot sera donc, selon Louis XIV, le retour de l'Angleterre au catholicisme. Il se trompe. La Révocation de l'Édit de Nantes aura pour conséquences la révolution de 1688 et la chute des Stuarts.

---

[1] Barrillon au roi. Londres, 29 octobre.
[2] Louis XIV à Barrillon. Fontainebleau, 25 oct. 1685. Minute. *Archives des affaires étrangères.*

CHAPITRES XVII à XXI

LES

ÉGLISES RÉFORMÉES

DES

ILES DE LA MANCHE.

CHAPITRE XVII

AVANT LE SYNODE CONSTITUANT DE 1576.

On embrasse sous le nom d'Iles Normandes, Iles de la Manche ou, en anglais, *Channel Islands,* le groupe des îles de Jersey, Guernesey, Sark et Aurigny, situées sur les côtes de Normandie, dont la première n'est éloignée que de vingt-cinq kilomètres, la seconde de moins de cinquante, tandis qu'elles le sont du point le plus rapproché de l'Angleterre de cent-quarante et de cent-dix. La population des deux principales était évaluée en 1629 à vingt-mille âmes pour Guernesey, à trente-mille pour Jersey, plus peuplée, plus fertile, mais moins commerçante[1]. Ces chiffres, exagérés même pour le commencement du dix-septième siècle, le seraient certainement de beaucoup pour le milieu du seizième, où l'archipel ne devait guère posséder en entier plus de trente à trente-cinq mille habitants. Faisant partie du duché de Normandie, il a été uni à l'Angleterre sous Henri Ier, troisième fils de Guillaume le Conquérant et en a suivi constamment depuis les destinées politiques, tout en conservant son caractère normand et une grande indépendance législative. Quant à ses

---

[1] Heylin, *Survey.* — « Guernesey avait environ 8000 âmes vers 1650 et 10,500 en 1727. » Tupper, *History of Guernsey.*

destinées religieuses, il continua, jusqu'aux jours de la Réforme, à dépendre de l'évêché normand de Coutances[1].

Il est vrai que dès la rupture de Henri VIII avec Rome, 1537, les religieux franciscains étaient expulsés du couvent que Richard II avait fondé pour eux à Guernesey, et transportés en Normandie comme étrangers (Français), et pour s'être refusés à prêter serment au nouveau chef de l'Église d'Angleterre : on confisqua leurs biens à son profit[2]. L'évêque n'envoyait pas moins l'année suivante son suffragant Pinchon procéder aux ordinations; mais en 1542 le désaccord s'accusa. Mons. de Coutances réclamait auprès du monarque la reconnaissance de son droit de juridiction spirituelle sur les Iles, « attendu qu'elles faisaient partie du duché de Normandie », tandis que le Conseil privé chargeait l'ambassadeur à Paris de protester contre cette prétention, « contraire aux droits de son souverain et constituant un empiétement au profit de l'évêque de Rome, dont l'autorité avait été abolie par les lois et statuts auxquels ledit évêque de Coutances devait se soumettre comme les autres prélats ». Chose étrange, le gouvernement français adopta cette opinion, et défendit à l'évêque d'exercer la juridiction spirituelle au nom de l'évêque de Rome « *quem nonnulli Papam vocant* », lui enjoignant

[1] Les deux bulles d'Alexandre VI, dont la première transférait les Iles au diocèse de Salisbury et la seconde au diocèse de Winchester, bien que la seconde notifiée en janvier 1499 par Henri VII à l'évêque Langton ait été enregistrée sur le bullaire où elle se trouve encore, n'eurent qu'un effet transitoire. Les registres de Winchester de l'époque n'indiquent l'institution que d'un seul recteur, celui de S. Brelade à la date du 1er janvier 1500 (Rev. Lee, *Winchester Registers*, art. des *Clarke's Guernesey News* fév. 1890) tandis que les tournées d'ordination de 1497 et de 1514 sont accomplies par le suffragant de l'évêque de Coutances et que c'est l'occupant de ce siège qui en 1502, 1505, 1506 et constamment depuis, confirme les curés nommés sur présentation du roi ou de ses lieutenants. — Dupont, *Histoire du Cotentin et de ses Iles*. Caen 1885.

[2] Dupont d'après Tupper et le *Ms. Vespasian*, F. XIII, 138 du *fonds Cotton*. British Museum.

de ne le faire qu'au nom et sous l'autorité de S. M. le roi d'Angleterre[1].

Elles n'étaient donc point officiellement détachées du ressort de Coutances. On demandait seulement à l'évêque d'ignorer la suprématie papale et d'accepter, pour cette partie de son ressort, la suprématie ecclésiastique du roi. N'était-ce pas exiger de lui d'en partager la révolte spirituelle? Quoi qu'il en soit, il ne s'agissait pas encore de protestantisme.

Comme on l'a dit fort justement[2], « le peuple de ces îles, où l'anglais n'était ni parlé ni compris au seizième siècle, était habitué à se tourner du côté de la France pour y trouver le foyer de sa vie religieuse. Le catholicisme était une importation française; il en fut de même du protestantisme. L'archipel normand était prédestiné d'ailleurs, par sa situation géographique autant que par sa langue, à devenir un refuge » pour les persécutés de la terre ferme. Dès que les opinions nouvelles se furent répandues en Normandie, qu'elles y eurent trouvé des adhésions et suscité des oppositions violentes, elles durent franchir ces passes étroites et pénétrer dans les deux îles principales.

Les premiers importateurs de « l'hérésie », ou pionniers de la Réforme, dont on ait gardé trace sont, pour Guernesey le colporteur évangéliste Denis le Vair, de Fontenay près Bayeux, pour Jersey Martin Langlois et Thomas Johanne : ces derniers furent acceptés comme ministres et il fut officiellement pourvu à leur entretien par un acte de la Cour royale de l'île en date du 21 août 1548[3]. Le moment était opportun. Non seulement le

---

[1] *State Papers*, VIII, IX, 38.

[2] Math. Lelièvre, *La Réforme dans les Iles de la Manche*, Bull. du Prot., XXXIV. Encore en 1814 presque aucun enfant jersiais ne parlait anglais. *Reports of the R. Commissioners* 1861.

[3] « Tous les juretz et curetz de cette isle ont délibéré et volontairement donnent aux susdits maistre Martin et maistre Thomas chascun ung quartier de froment, pour une foys payés, estre délibvrés aulx susnommés à la prochaine

gouverneur en titre, bien que non résident, Somerset, avait embrassé les principes de la Réforme, mais il les inculquait au jeune roi placé sous sa tutelle et ils devaient bientôt revêtir force de loi pour l'Angleterre entière. Langlois fut naturalisé le 5 octobre 1549[1]; peut-être lui confia-t-on la paroisse de Saint-Sauveur, où l'on cite un ministre Martin au nombre de ceux venus de France remplacer les prêtres catholiques : Molinos, Guérin, Pierre Baptiste, et, dans la paroisse de Saint-Jean, Nicolas Maret. Réfugiés par suite des édits proscripteurs de Henri II, en 1547, 1549, 1551, ou missionnaires poussés par leur ardeur de néophytes, ils étaient les bienvenus, répondant aux aspirations de plusieurs, au début dans les classes aisées surtout, et activant la transformation souhaitée par le gouvernement. Le 15 avril 1550, l'envoi par le Conseil royal aux Églises des Iles de la Liturgie anglicane, avec l'injonction de s'en servir, supprimait officiellement le catholicisme[2].

Le gouverneur de Jersey, Hugh Pawlet, ordonnait après enquête sur les fondations pieuses (« messes, obits, luminaires, fraternités et autres choses abusives »), et inventaire des ornements, vases, croix, ostensoirs, cloches « et toutes autres choses superstitieuses », la confiscation des unes, la vente des autres au profit du roi. Et tandis que les prêtres réfractaires au changement

---

feste S. Michel, pour entretenir les susnommés, ung an prochain venant pour annoncer au peuple la parole de Dieu purement et sincèrement, selon le texte de l'Évangile. »

[1] « En la présence de M. le Lieutenant pour le Roy en ceste Isle de Jersey, de la justice et des Estats de ceste ditte isle, maistre Martin Langloys a esté juré et a prins serment sollempnell d'estre vray subject et obéissant à nostre souverain sire le roy Edouard VIme . . . »

[2] Licence à Thomas Galtier à Londres d'imprimer en français tous livres d'Église tels que Livres de Commune Prière, Homélies, Injonctions pour l'usage des Églises à Calais, Guisnes, les îles de Jersey et de Guernesey. — Strype, *Memorials* II, 30. L'ordre du roi dans les notes de Durell sur Falle. *History of Jersey*.

étaient expulsés ou captifs, le Conseil royal prolongeait dans la forme, tout en l'annihilant dans le fond, la juridiction ecclésiastique de l'évêque de Coutances[1] !

Cependant c'était l'anglicanisme que la couronne imposait aux Iles et non ces formes presbytériennes que les protestants français venaient d'y importer. Avant que le conflit eût éclaté ouvertement entre les deux tendances, la mort d'Édouard VI interrompait son œuvre, et l'avènement de Marie amenait une réaction, sévère à Jersey, impitoyablement cruelle à Guernesey[2].

Les pasteurs avaient dû fuir. Celui de Saint-Clément à Jersey, Soler, ancien jacobin d'origine espagnole, donnait en 1554 les premières prédications protestantes dans la presqu'île du Cotentin, favorisé par les seigneurs de Sainte-Marie d'Aigneaux, de Briqueville, de Colombières et autres, qui recueillirent les ministres et qu'on retrouve bientôt dans la suite du comte de Montgommery. Rentré en France, Denis le Vair y subit avec intrépidité le martyre, cette même année, à Rouen. Les principales familles des Iles, refusant d'aller à la messe, cherchèrent à l'étranger la satisfaction de leurs besoins religieux[3]. Guillaume de Beauvoir, un des hommes les plus distingués de Guernesey, accompagna jusqu'à Genève le pasteur Thomas Bertram qui

---

[1] « La volonté du Roi est que l'évêque de Coutances en Normandie soit autorisé à exercer la juridiction ecclésiastique sur les îles, ainsi que lui et ses prédécesseurs en ont usé en toutes choses non incompatibles, ni contraires aux lois, ordres et formules, arrêtés et prescrits par le *Livre de prières* ou à ce qui sera ultérieurement prescrit par S. M. en son conseil en cette matière. » — Dupont.

[2] Récit du martyre par le feu des Caussey, une mère, ses deux filles dont Perrotine épouse du ministre en fuite Massy, et un nouveau-né. Foxe, *Book of Martyrs* : les pièces du procès *State Papers, Addenda, Élizabeth* IX, 4.

[3] Guill. Carteret bien accueilli en France, où il avait résisté aux offres du roi, avait séjourné chez le vidame de Chartres, et dans la ville, déjà très protestante, de Caen. — Rapport de Sir A. Pawlet, *State Papers, Addenda, Elizabeth* IX, 25.

avait occupé à Jersey la cure de Saint-Brelade [1]. Ils entrèrent en relations intimes avec Calvin et Chauvet. Aussi, à la mort de Marie, après que Bertram fut revenu à Jersey en visitant Caen et Saint-Lô, Beauvoir obtenait-il pour Guernesey l'envoi de Nicolas Baudouin de Rouen [2], « éloquent et orné de bonne grâce », ainsi que le qualifiaient les ministres de Genève dans leurs chaudes recommandations [3].

Les Iles s'étaient retournées de nouveau d'autant plus aisément vers la Réforme qu'ils la voyaient faire d'incessants progrès parmi leurs voisins de Normandie et que les alternatives des luttes religieuses et civiles embrasant toute la province, surtout le Cotentin qui leur faisait face, rejetaient sur leurs rives des fugitifs encouragés par l'avènement d'Élisabeth. Son vigilant ambassadeur, Throckmorton, allait jusqu'à s'en inquiéter et à recommander au Conseil privé de veiller à ce que parmi ces émigrants il ne se glissât point d'agents de la cour de France,

---

[1] Beauvoir s'associa à l'Église anglaise fondée le 1er novembre 1555 et dirigée par Knox, dont les registres le mentionnent comme établi à Genève avant le 13 octobre : nommé diacre à la seconde élection consistoriale, le 16 déc. 1556, il le fut de même aux deux suivantes 1557 et 1558 (Prof. A. F. Mitchell, de l'Univ. de S. Andrews), *Livre des Anglois or Register of the English Church at Geneva* 1555-1559, 18 p. in-8° avec fac-simile.

Bertram ne fait point partie de la congrégation de langue anglaise mais il est inscrit sur les registres genevois. Son prompt retour à sa cure de Jersey dès l'avènement d'Élisabeth (*State Papers, Addenda, Elizabeth* IX, 25) porterait à croire qu'il en était originaire, n'était qu'il figure sur une liste de ministres « venus de France ».

[2] *Livre du Recteur*, 1559; imprimé par erreur de lecture Nic. Bandonyn.

[3] Lettre de Calvin, 26 décembre 1559, signée de son pseudonyme Charles Despeville, au nom de la Compagnie « au sieur Guill. Beauvoir, marchand, demeurant à Guernesey, et à ses compagnons qui font profession de l'Évangile. » *Lettres françaises;* une de Chauvet, même date, « à Beauvoir, pour Nic. Baudoyn, ministre », *Bull.* XVII, 254, avec une communication de M. Achille Maulvault. Chauvet avait servi de solliciteur auprès de la Vén. Compagnie.

préparant une conquête de l'archipel normand[1]. Contre les probabilités toujours redoutées et toujours menaçantes d'une surprise de ce genre, la constitution dans les Iles d'un solide noyau calviniste formait assurément la meilleure des garanties.

Il y régnait encore, il est vrai, au début du règne, une confusion ecclésiastique, reflet des incertitudes de la souveraine elle-même. Des paroisses les unes étaient confiées de nouveau à des ministres de France faisant œuvre de missionnaires sur un sol rude et difficile à féconder et où selon les paroles de Chauvet à Beauvoir « le Seigneur avait encore mis peu de réformation »[2], les autres conservaient leurs « curez » qui n'avaient pas cessé de relever de l'évêque de Coutances : son autorité supérieure, jamais officiellement abolie, raffermie au contraire sous Marie, avait continué à être transitoirement admise par le gouvernement d'Élisabeth. Le 29 novembre 1559 le vice-gouverneur de Jersey demandait à connaître sur ce sujet « le plaisir de la reine ». Le 25 janvier suivant, Sir H. Pawlet rappelait à Cecil ses avertisse-

[1] L. de Throckmorton à Cecil. *State Papers, Eliz.* 1103. Les rapports des gouverneurs et correspondances privées font constamment mention de semblables rumeurs. Voir p. ex. les propositions de M. de Glatigny à Pierre de Rocquier de Jersey de livrer l'île au roi de France, en temps de paix, 30 nov. 1559 ; 28 nov. 1562 « un gentilhomme normand habitant Jersey pour cause de religion, est invité par un ami à venir en France, car bien que la persécution y soit grande et pitoyable, il ne peut cependant rester aux îles sans danger »; 8 déc. préparatifs en Bretagne sans doute pour s'emparer de l'archipel. *State papers, Addenda, Elizabeth* IX, XI. — 6 janvier 1563, communication par le huguenot La Mothe Thibergeau des offres de M. d'Étampes, d'entrer au service du roi avec le commandement de cent arquebusiers « qui seraient employés non contre leurs frères français mais contre les Anglais dans les îles de Jersey et de Guernesey où les fugitifs pour cause de religion ont coutume de se retirer », faux frères venus de Bretagne dans les îles et prêts à la trahison, etc. *Intelligence from Newhaven concerning Guernesey, State Papers, Eliz. Dom.* XLII; le 13 Throckmorton écrit de Chartres : « Il se brasse ici quelque intrigue pour surprendre une des îles. » — *Ibid.* LXXXIII.

[2] La propre femme de Beauvoir n'était pas encore protestante. *Bull.* XVII, 255.

ments sur les affaires de l'île, demandant des instructions positives pour son frère le doyen : « Il faut qu'on décide de quelque ordre à suivre, car la plupart des habitants n'affectionnent pas ces pratiques nouvelles en fait de religion, produits des fantaisies particulières d'un petit nombre, surtout de français, et contraires à la loi. » Et tandis qu'il critique ainsi les agissements presbytériens, on écrit que le prêtre Pacquet de Jersey est emprisonné pour avoir célébré la messe et donné les sacrements, le peuple ne venant au culte que par contenance, que le curé Morayne de Guernesey est en fuite, et que « tous les prêtres sont suspects, étant sujets jurés de l'évêque de Coutances, et liant le peuple à une obéissance étrangère ». De nouveau, le 25 mars, le gouverneur insiste sur l'absolue nécessité, puisque les habitants ne sont pas soumis aux lois pénales de l'Angleterre, de les conduire par quelques ordres de la Reine ou du Conseil au doyen en matières religieuses, aux baillis en matières civiles, afin de les maintenir dans l'uniformité [1].

Il semble les avoir obtenus pour l'île placée sous son commandement, alors qu'à Guernesey, en 1561, le manque de ressources faillit faire repartir Baudouin [2]. Enfin, le 16 mai 1562, la reine confiait aux commissaires ecclésiastiques le soin de mettre fin au désaccord régnant entre ses sujets guernesiais faute d'une réglementation ecclésiastique et de cette uniformité que la sagesse du gouverneur Pawlet avait su établir

---

[1] *State Papers, Addenda, Elizabeth*, IX, 38, 53, 57. — Cette indépendance vis-à-vis des lois pénales du royaume était si complète qu'à l'heure actuelle on invoque encore à Jersey le grand Coutumier du Pays et Duché de Normandie du règne de Henri III, éd. de 1539 avec commentaires de Bouillé d'Alençon, et la Coutume réformée, 1585. *Report of the Comm. appointed to inquire into the Civil. Mun. and Eccl. Laws of the Island of Jersey . . presented to Parliament*. Londres 1861.

[2] François de St Paul priait Calvin de diriger Baudouin vers sa très populeuse Église de Dieppe.

à Jersey[1]. Lui-même paraît avoir fait partie de la commission[2], dont le principal acte fut l'introduction dans l'île de John After, revêtu deux ans plus tard de la charge de doyen.

Baudouin recevait en lui un énergique auxiliaire; « supprimant les jours d'apôtres et de fêtes », défendant au peuple de s'agenouiller dans les églises, d'observer les abstinences, « chassant les anciens curés pour mettre les *Normands* à leur place », faisant les enterrements « sans prêtres et sans prières », administrant « les sacrements sans surplis ou cappe, et donnant à un chacun assis tous ensemble le pain, et après la coupe »[3], After établissait franchement les formes protestantes, voire même calvinistes pures. En 1563, les gouverneurs les sanctionnaient, Baudouin obtenant l'autorisation de faire élire à Saint-Pierre-Port, chef-lieu de Guernesey, des anciens et des diacres et de constituer un consistoire : un arrêt du Conseil privé, Westminster 9 juin, lui attribuait un traitement régulier, « soixante quartiers de froment à prendre sur les ventes perçues dans la paroisse de Saint-Sauveur à raison des frairies, obitz et messes » confisquées au profit de la couronne[4]. De même à Jersey, où

---

[1] «.. Puisqu'il en est qui doutent de l'extension de votre commission à Guernesey, comme faisant partie du duché de Normandie et non inhérente au royaume d'Angleterre, nous vous autorisons à ouïr les plaintes, et à donner ordre au capitaine de G., au doyen et aux jurés de maintenir le gouvernement ecclésiastique selon les lois de l'Angleterre. » *The Queen to the Commissioners Ecclesiastical for reforming religion in Guernesey;* min. par Cecil. *State papers, Addenda, Elizabeth* XI, 53.

[2] *State Papers, Addenda, Elizabeth* XI, 66.

[3] Dénonciation au Cons. privé, citée par Dupont d'après le *Recueil de Havilland.*

[4] « Nous avons esté advertis que Nic. Baudouin, preschant en l'Isle de Guernesey, est un homme, par sa sagesse et sçavoir, fort propre à telle vocation, et par sa bonne doctrine travaille assiduellement à advancer la gloire de Dieu, à l'honneur et estat de la M. de la R. en lad. Isle, pour autant que nous apercevons qu'il n'y a présent aucun envie que telle quy s'élève de la dévotion et bonne volonté du peuple par voye de charité et de libre vouloir

la Cour royale ordonnait le 26 mai de brûler les bréviaires et livres catholiques, l'Église de Saint-Hélier était régulièrement dressée par Guillaume Morise, seigneur de la Ripaudière, qui avait été ministre au pays d'Anjou. A la première cène « administrée selon la pureté de l'Évangile, assistèrent Sir Amias Pawlet », lieutenant de son père le gouverneur en titre de l'île, « M. de Saint-Ouen et la plus grande partie des plus notables et principaux gens de bien »[1]. Le 22 juin 1564 l'organisation presbytérienne était complète et le premier Synode des Iles de la Manche se réunissait à Guernesey, où Élisabeth, par un ordre du 23 septembre 1563, venait de fonder sur l'emplacement de l'église et du cimetière des Cordeliers le collège qui porte encore son nom. Un savant réfugié, Adrian Saravia, né en Artois d'une famille espagnole[2], en fut nommé directeur en même temps que vice-gérant du doyen After.

Cette rupture avec les traditions ecclésiastiques des Iles ne pouvait cependant s'accomplir sans protestations. Les concep-

---

et liberté; nous avons pensé raisonnable de vous requérir que sur considération de l'estat de lad. Isle, vous preniez entre vous ordre que telz froments ou autres choses quy seront trouvez estre à la disposition de la Royne, vous en preniez telles convenantes portions envers le relief du prescheur, comme par vos sagesses penserez estre raisonnable et nécessaire parce qu'il puisse être digne de continuer son travail et debvoir, comme il a fait jusques icy. » Copie de l'acte de la main de Baudouin aux Archives du greffe de la Cour royale de Guernesey. — « Baudouin dressa à S. Pierre Port une Église réformée selon la Parole de Dieu et le pur Évangile, en laquelle Église il ordonna des anciens, et établit des diacres, un consistoire et une bonne Discipline. » *Chroniques de Jersey*, mémoires anonymes du XVIIe siècle, publiés à Guernesey 1832, à Jersey 1858 : une des principales sources pour cette époque.

[1] *Chroniques de Jersey*.
[2] Né en 1531 à Hesdin; fugitif du couvent des Franciscains de Saint-Omer 1557, étudiant à Oxford 1561, ensuite pasteur de l'Église française d'Anvers et fondateur de celle de Bruxelles, mort 1613 prébendier de Gloucester, Canterbury et Westminster, et devenu un violent adversaire du presbytérianisme et de Th. de Bèze. — Voir sur ses débuts Van Langeraad, *Guido de Bray*. Zierikzee 1884, p. 99.

tions et les besoins religieux ne sauraient être les mêmes pour tous, et quelles que soient les tendances d'un peuple ou d'une époque, ce n'est pas en un jour et par les décrets d'une autorité temporelle qu'on obtiendra, pour une transformation de ce genre, l'unanimité des adhésions. Bien que l'élan vers les idées nouvelles fût réel et non restreint aux seules classes aisées, les persécutions sous Marie en sont la preuve, le catholicisme avait de sérieuses attaches dans le pays : on attribuait, non sans quelque apparence de raison, à la protection des souverains pontifes et à leurs bulles l'espèce de neutralité dont les Iles avaient longtemps joui entre la France et l'Angleterre [1]. Mais les dénonciations, en vingt-cinq articles, adressées en 1564 au Conseil privé contre After et Baudouin, n'avaient aucune chance de succès; elles se terminaient cependant, fort habilement, en accusant les prédicateurs nouveaux de s'élever contre les règlements de l'Église anglicane elle-même, de ne pas donner à la reine le titre de Défenseur de la Foi, en un mot de se soustraire de leur côté avec leurs ouailles à l'uniformité voulue par Élisabeth [2].

[1] A la sollicitation d'Édouard IV, le pape Sixte IV confirma dans sa bulle du 1er mars 1483/4, enregistrée à Coutances, la neutralité accordée par le roi, et menaça d'excommunication et malédiction éternelle quiconque molesterait les insulaires, soit dans les ports soit en vue des Iles : bulle insérée dans un *Inspeximus* de Henri VIII. — Falle, *Hist. of Jersey*, App. VII. « Je dois vous rappeler qu'autrefois la condition de ces îles dépendait des bulles du Pape et des patentes de la France, aussi bien que des privilèges de l'Angleterre ; c'est pourquoi ils préféreraient être amis de tous que sujets d'aucun, et la plupart n'aiment pas les derniers changements en Angleterre . . 15 déc. 1562 » : le gouv. Chamberlain à Cecil. — Le 28 août 1566 After écrivait encore au même : « Ces îles ont été longtemps préservées de l'invasion par des privilèges d'Angleterre, des patentes de France et des bulles de Rome . . et sont maintenant abandonnées à la seule faveur de l'Angleterre . . Le peuple aime les privilèges anglais, mais aucune loi ne peut les retenir de Rome ». *State Papers, Addenda, Elizabeth* XI, XIII. Les Actes des Colloques témoignent à plusieurs reprises de la persistance chez quelques-uns de l'attachement aux formes catholiques.

[2] Dupont, *H. du Cotentin* III, 441, d'après le *Recueil de Havilland*.

A ce moment elle venait d'accueillir gracieusement à Richmond deux envoyés diplomatiques de Charles IX, Artus de Cossé et son neveu Philippe, évêque de Coutances, et n'avait pas repoussé la requête que ce dernier avait jugé opportun de lui présenter : « de lui voulloir conserver et fayre jouyre des droicts, privilèges et libertés ès isles de J. et de G. tant à cause de l'évêché de Coutances que de l'abbaye de Lessay». Il renouvelait l'année suivante ses instances auprès du Conseil privé, qui, en réponse, lui adressait le 13 avril 1565 des lettres invitant les gouverneur, bailli et jurés de Guernesey à examiner sa demande « conformément à la justice, suivant qu'ils l'estimeront raisonnable ». Saisie de l'affaire le 17 août par les procureurs de l'évêque contre le doyen After, la Cour royale de l'île ouït les parties le 26 octobre.

Le représentant de l'évêque reprochait à After, « qui se qualifiait de doyen et curé des paroisses de Saint-Martin et de Saint-Pierre du Bois», de n'avoir pas reçu l'institution canonique : il répondait que « sujet à la Majesté de Notre Souveraine Dame la Reine d'Angleterre, il lui avait prêté serment de renoncer au pape et à toute juridiction forayne suivant les lois et ordonnances du royaume», et reconnaîtrait l'autorité de l'évêque si celui-ci consentait à prêter serment à la reine, comme ses collègues dans l'épiscopat, et « à renoncer le pape et ses consorts accordant aux lois ecclésiastiques d'Angleterre, ou accordant aux Églises réformées du diocèse de Coutances ». Il concluait en se disant prêt à répondre « devant la majesté de la Reine et son noble Conseil »[1].

Le procureur de l'évêque avait protesté contre la mention des « Églises réformées » de son diocèse, et déclaré qu'il n'en renfermait que de catholiques. Néanmoins c'est sur l'existence dans le ressort ecclésiastique de Coutances de ces congrégations réfor-

---

[1] Dupont, d'après les *Archives de la Cour royale de Guernescy*.

mées qu'Élisabeth venait de s'appuyer pour justifier aux autres, et sans doute à elle-même, une double dérogation à son inflexible règle de l'uniformité anglicane. Le seigneur de Saint-Ouen, Hélier de Carteret, délégué auprès d'elle pour contrebalancer l'effet des dénonciations et obtenir confirmation de l'œuvre du premier Synode, lui avait exposé la situation vraie, le secours spirituel apporté aux Iles « qui se trouvaient destituées de ministres de leur propre nation pouvant prêcher dans leur propre langue vulgaire, par plusieurs savants ministres de bonne doctrine et de bonne et sainte conversation, qui voyant que les superstitions et idolâtries étaient du tout rejetées et abolies ès dites Iles, s'y étaient réfugiés pour y prêcher purement l'Évangile, ainsi qu'ils font en l'Église française de Londres et ès autres Églises réformées du dit Royaume d'Angleterre »[1]. Il ne lui avait pas caché que « si on ne leur permettait pas de prêcher l'Évangile, d'administrer les Sacrements et de faire prières publiques *ainsi qu'on fait ès Églises Réformées*, et ordonner et établir des Anciens et des Diacres, et avec ce y avoir un Consistoire et une bonne discipline, ils s'en retourneraient et par ainsi que les dites Iles demeureraient sans ministres qui leur puissent prêcher l'Évangile selon leur langage, et que partant que cela leur serait un grand destourbier et retardement à travailler à la gloire de Dieu et au salut des pauvres âmes ». Bien qu'il s'agit, non plus d'étrangers réfugiés dans ses États, mais de ses propres sujets-nés, la reine avait compris les raisons majeures et cédé. Son Conseil mandait le 7 août 1565 aux baillis et jurés des deux Iles :

« Comme la très excellente Majesté de la Reine entend que les Iles de Jersey et Guernesey ont anciennement dépendu du diocèse de Coutances, et qu'en iceluy diocèse sont certaines Églises bien réformées accordant à la doctrine mise en avant en ce Royaume; connaissant aussi que vous

[1] *Chroniques de Jersey.*

avez un ministre lequel depuis son arrivée à Guernesey.. (Jersey).. a usé de semblable ordre à prêcher et administrer lequel est pratiqué aux dites Ég. Réf. ainsi qu'il est usé en l'Église de Genève et en l'Église française de Londres; — S. M. pour divers respects et considérations mouvantes sa hautesse, veut et permet le dit ordre de prédication et d'administration être continué à St-Pierre-Port.. (à St-Hélier).. ainsi que ci-devant a été accoutumé par led. ministre, entendant toujours que le résidu des paroisses de la dite Ile rejetteront diligemment toutes superstitions usées aud. diocèse, et ainsi continueront l'ordre du service ordonné et mis en avant en ce royaume avec les injonctions nécessaires pour le propos [1]. »

La restriction aux deux paroisses chefs-lieux, sans doute les deux seules déjà réorganisées, n'eut point d'effet : toutes embrassèrent le presbytérianisme, « plusieurs ayant gardé leurs anciens curés devenus protestants » [2]. Ces derniers conservaient même leurs appellations catholiques; au bas d'Actes des chefs plaids figurent, fraternellement confondues, les signatures des « *ministres* » et celles des « *curés* », alors que depuis longtemps le protestantisme seul avait droit d'existence dans les Iles [3].

[1] Math. Lelièvre, *Bull*. XXXIV d'après les *Chroniques;* l'original anglais dans Falle. — Le 10 mai 1567 « sur la demande instante des habitants on permet que la forme de prière dans l'église de St Hélier soit celle fixée par la Reine pour l'Église française de Londres, mais dans toutes les autres paroisses le Livre de la Liturgie de la Reine doit être employé sans innovation. » Lettre du Conseil à Amyas Pawlet se rendant à Jersey. *Cal. State Papers, Add. Eliz.* XIII, 74.

[2] Lettre de Saravia en 1607 citée par Dupont.

[3] Par exemple acte du 14 avril 1572 punissant les adultères, hommes et femmes, à trois semaines de prison, avec trois expositions le samedi dans la « caige » et 24 lasches de fouet par les carrefours de la ville, 12 lasches seulement pour les paillards, « et ce par le consentement des Bailli, Jurés, Capitaine et gouverneur, et en la présence et consentement de M. Nic. Baudouin, ministre de Saint-Pierre-Port, M. Nic. Le Duc, min. de la paroisse de Saint-Martin; Jacques Amy, curé de Saint-Saulveur; Th. de Beaugy, curé de Valle; Edm. de La Roque, curé de Saint-Andry; Guill. Pacquet, curé du Catell; Thomas le Colley, curé de Tortevall; Pierre Le Lacheur, curé de la Fourest et Franc. Regnault, vicaire de Saint-Pierre du Bœs. » *Ordonnances de la Cour Royale*. — En 1588 Th. de Beaugy est nommé « fermier soubs Perruquet de la *cure* du Valle. » Le mot de cure restait synonyme de celui de Rectorat, car de Beaugy avait été institué par l'év. Horne.

Dorénavant l'alternative n'était plus admise : empiétant sur les privilèges de Guernesey, le Conseil privé révoquait sept des jurés, soupçonnés de réaction catholique, et la Cour royale de l'île reconstituée par de nouvelles élections, rédigeait et promulguait dans ses sessions législatives, dites Chefs Plaids, de la Saint-Michel de 1566, de Pâques et de la Saint-Michel de 1567 des règlements ecclésiastiques d'une sévérité toute calvinienne. Aussi les prêtres récidivistes Nicolas Paquet et Jean Mourin étaient-ils condamnés pour avoir dit la messe « et ainsi grandement failli et offensé contre Dyeu, la majesté de la reine et sa justice, » à demander pardon et faire amende honorable[1]. Saravia cependant se plaignait à Cecil de l'indifférence religieuse des habitants, de leurs mœurs violentes, du peu de succès de l'école, où il ne comptait que dix jeunes insulaires ; les instances du gouverneur et celles de ses collègues le retenaient seules au poste qu'il n'allait pas tarder à quitter[2].

Monseigneur de Coutances ne se décourageait pas. En avril 1567 il réclamait du gouverneur la rentrée en jouissance de ses droits, menaçant de se plaindre à la reine[3]. Celle-ci trancha

[1] *Archives de la Cour royale*, citées par Dupont.

[2] L. de Saravia à Cecil, 26 fév. 1565 : « Trois ou quatre personnes seulement assistent au culte ; si un ecclésiastique parcourt la campagne, il est accueilli par des moqueries et des rires et souvent on lui jette de la boue. Ils sont pires que les Turcs et les *jurés connivent à tout cela*. » Il y a ici, sans doute, une incitation à leur révocation en avril suivant. L. du gouv. Chamberlain au même, 24 sept. 1566, sur le désir de Saravia de retourner en Flandres, vu l'apaisement des troubles : « Ce serait un grand embarras, vu le manque d'hommes de hautes capacités pour l'enseignement de la jeunesse et l'exposition de la saine doctrine ; je vous en prie persuadez-le de rester, il aimerait à être naturalisé et mérite cette faveur. » — L. de Saravia au même, 31 janv. 1567 : « Il n'a pu obtenir l'autorisation pour son départ de ses frères (les ministres?) et n'a pas voulu s'en passer. » *Cal. State Papers, Addenda, Elizabeth* XII, 65 ; XIII, 31, 67. — En 1572, il est inscrit comme ministre de Flandres sur la liste des pasteurs réfugiés à Londres.

[3] Lettre transmise à Cecil en mai. *Cal. State Papers, Addenda, Elizabeth* XIII, 77.

définitivement la question le 16 mars 1568 : une lettre adressée aux gouverneurs, baillis et jurés portait rejet de la demande par le motif que les Iles, séparées et affranchies pour toujours des évêques de Coutances, étaient à perpétuité annexées et réunies à ceux de Winchester, et leur ordonnait, dans le cas d'une réclamation de droit quelconque par l'évêque de Coutances, de s'en référer au Conseil royal [1].

D'ailleurs, pendant toute la durée presbytérienne cette dépendance du siège anglican de Winchester eut un caractère plus nominal qu'effectif. Le doyen de Jersey, Pawlet, catholique jusqu'à sa fin, était mort en 1565. Ses pouvoirs furent joints postérieurement à ceux du doyen de Guernesey, After. La commission épiscopale qui fut réitérée à celui-ci le 14 juin 1569, pour affirmer sa situation très contestée par le bailli, est aussi explicite que possible et comprend la juridiction ecclésiastique dans tous ses détails, décision des cas litigieux, confirmation ou mise sous le séquestre des bénéfices, citation à comparaître et punition des délinquants, excommunication mineure et majeure des incorrigibles, validation des testaments [2]. Elle était accompagnée d'Injonctions en vingt articles, constatant l'exception réformée pour les deux paroisses chefs-lieux, mais pour celles-là seulement, ordonnant pour toutes les autres le rite anglican d'après le livre de Commune Prière, la prédication au moins six fois par an de sermons sur l'autorité de la reine en toutes causes ecclésiastiques — « contre le pouvoir usurpé naguère par l'évêque de Rome » —, et sur l'ordre du service divin et d'administration des sacrements « maintenant établis à l'encontre des inventions et rêves fantastiques papistes ». Lecture doit être faite une fois par mois « des principaux points de religion

---

[1] *Lansdowne Mss.* 94, 21, cité par Dupont.

[2] 14 juin 1569 : Commission de l'évêque à J. After, doyen de Jersey, Guernesey, Chausy, Alderney, Erme et Serk. *Reg. de l'évêque Horne*, fol. 66 et 67, communication du Rev. Lee.

publiés par les Archevêques et Évêques du royaume d'Angleterre pour l'unité de doctrine ». Nul ne doit être admis à la communion s'il ne sait le catéchisme ; l'absence du culte ou un mauvais déportement à icelui rend passible d'une amende de douze deniers au profit des pauvres : les incorrigibles sont punis par les censures de l'Église et finalement cités devant l'évêque. Nul « curat » ne sera admis à servir dans une paroisse sans une licence spéciale de l'évêque de Winchester ou de son député ès causes ecclésiastiques à Guernesey [1].

Il semble que ces Injonctions franchement anglicanes sont demeurées lettre morte. Le Synode de 1564 avait été une première confirmation du presbytérianisme, et depuis cette assemblée, où After assista sans en occuper la présidence, son action devenait, en réalité, de plus en plus restreinte, bien qu'il en soit encore fait mention [2]. Ainsi les règlements de 1567 stipulaient son intervention : tout habitant devait assister le dimanche, matin et soir, au sermon et aux prières, sous peine d'être puni « à la discrétion de la justice, et ce par consentement du capitaine et assentiment du doyen ». De même, c'est lui que l'évêque charge d'installer les recteurs de 1569 à 1571 [3]. Après cette

---

[1] « Qu'examen et enquête soient faits des sages femmes, si elles usent de prières, invocations ou cérémonies autres que celles autorisées par la parole de Dieu, selon les lois ecclésiastiques de l'Église d'Angleterre. — Que les églises soient tenues décemment, en bon état de réparation et de propreté ; qu'elles soient pourvues de pupitres, tables de communion etc. » *Ibidem*, fol. 67.

[2] « Le premier Synode fut tenu à Guernesey, dont fut membre J. After qui avait le titre de doyen de Guernesey, mais il ne présidait pas, et n'avait pas plus de pouvoir ou d'autorité que le reste du Synode : il ne paraît pas non plus qu'il ait accompli aucune espèce de fonction ecclésiastique dans l'île comme ministre. Il avait conservé l'homologation des testaments. » — Warburton.

[3] Th. de Beaugy à Saint-Samson de Guernesey et Ed. de la Roque à Sainte-Marie d'Aurigny 1569. Th. Marrinell à Aurigny 1571. « Receptaque ejus hujusmodi obedientia, scriptum fuit Decano Insula pred. pro ejus Inductione », ou « ad ipsum inducendum. »

date son nom ne paraît plus. Le décanat ne s'accordait pas avec les principes égalitaires du ministère calviniste. After n'eut point de successeur.

Les registres épiscopaux de 1573 à 1575 contiennent encore six nominations aux rectorats des Iles ; au moins quatre des bénéficiaires sont des réfugiés français, Henry, l'Houmeau, Leduc, Berny[1]. Présentés par le gouverneur, ils prêtent le serment d'obéissance canonique et de renonciation à toute autorité extérieure ; il n'est plus question de l'installation par un doyen. Après le Synode de 1576 et la publication officielle de la Discipline, le livre d'Actes de l'évêque ne renferme plus aucune nomination ou confirmation de ce genre. L'ère de l'indépendance presbytérienne avait commencé.

Chaque Église eut son pasteur, ses anciens et ses diacres constituant le consistoire. Les douze paroisses de Jersey (la capitale Saint-Hélier, Saint-Brelade, Saint-Clément, Grouville, Saint-Jean, Saint-Laurent, Sainte-Marie, Saint-Martin, Saint-Ouen, Saint-Pierre, Saint-Sauveur, la Trinité) formaient un Colloque : l'autre se composait des dix de Guernesey (la capitale Saint-Pierre-Port, Saint-André, la Forêt, Sainte-Marie du Câtel, Saint-Martin « la plus riche paroisse de l'île » dit le Colloque de 1586, Saint-Pierre-du-Bois, Saint-Samson, Saint-Sauveur, Torteval, Le Val), d'une d'Aurigny et de la nouvelle congrégation de Sark

---

[1] Ed. Carteret à Saint-Laurent de Jersey 1573, Pierre Henry alias Dangy à Saint-Martin de J. 1574, Math. L'Houmeau à Saint-Pierre-du-Bois à Guernesey, Nic. Le Duc à Saint-Martin de G., Nic. Berny à Saint-André de G., Jaspre Tahim à Aurigny 1575. « Ac Rector ejusdem de canonicam obedientiam prestando deque renuntiando auctoritatem forinsecam deque non locando ac primitus juratus receptaque ejus hujusmodi canonica obedientia scriptura fuit universis et singulis ad ipsum inducendum. »

A remarquer dans ces nominations de 1569 à 1575 qu'elles pourvoient à des rectorats vacants, les uns par la mort du titulaire, les autres juridiquement, *littime* (Saint-Pierre-du-Bois, Saint-Martin) ou *de jure* (Saint-André et Aurigny), les bénéficiaires ayant été dépossédés, peut-être pour catholicisme.

ou Sercq. Cette île, d'abord repaire de brigands, puis garnison française pendant six ans, reprise et donnée par Élisabeth en 1562 au seigneur de Saint-Ouen Hélier de Carteret, avait reçu par ses soins, en 1563, une colonie de quarante familles et bientôt le ministère de Cosme Brevin [1], qui en fit une Église modèle [2]. Aux Colloques avaient encore séance les aumôniers anglais des deux forteresses Montorgueil à Jersey, Château-Cornet à Guernesey, où les gouverneurs suivaient aussi le rite réformé.

Le second Synode — 23 septembre 1567 — et le troisième — 1er juin 1568 — tenus tous deux à Guernesey, avaient estimé devoir, par déférence, envoyer saluer l'évêque de Winchester : le quatrième — 12 septembre 1569 — décida que les articles votés, ainsi que ceux des précédentes Assemblées, seraient recueillis et présentés au prélat par le doyen, de la part de toutes les Iles, en même temps que la Discipline de l'Église française de Londres, résolution qui faisait prévoir la rédaction et la demande de sanction d'une semblable à l'usage du groupe des vingt-quatre Églises. On l'attendit sept années.

[1] Né à Angerville (Calvados), ou à Angoville, maître d'école à Neuchâtel en Suisse, ami de Farel, pasteur à Étobon, à Montbéliard et dans les Églises vaudoises de Fénestrelles et Pinache, il dut quitter celles-ci, ayant mécontenté le peuple par « les brocards, paroles affectées et exclamations exagérées dans ses prédications. » On rendait les meilleurs témoignages à sa doctrine et à sa vie. *France prot.* 2e éd.

[2] « Il n'y a Église en toutes les isles ny ailleurs, mieux réformée, ny où le peuple soit mieux gouverné et mieux réglé en la crainte de Dieu qu'en celle de l'isle de Sercq... Un ministre vray serviteur de Dieu, haïssant vice et excellent tant en sa vie qu'en sa doctrine, ainsi qu'il fait cognoistre en ses sermons et en son consistoire, car assurément il n'y flatte ny épargne personne, grands et petits, en ses répréhensions. » *Chroniques.* Le 1er registre « des personnes mariées et des enfans baptisés » à Sercq commence en juin 1570 « ensuivant l'arrest par ordonnance faict au Colloque des frères ministres de Jersey et Guernesey et autres isles assemblés le vend. 19me de may mil Vccc septante. » Sous le nom de Colloque il s'agit d'un Synode, le cinquième.

La constitution politique des Iles, si exceptionnelle en son genre et restée plus normande qu'anglaise, venait puissamment en aide au presbytérianisme. La couronne était représentée dans chaque île par un gouverneur anglais ou son lieutenant, et par un bailli guernaisiais ou jersiais choisi par le souverain ; mais les principales attributions législatives appartenaient aux États, issus d'un suffrage local à deux degrés, et surtout à la Cour royale, tribunal composé seulement des douze jurés ou jurats élus, et du bailli comme président, donc uniquement d'insulaires : les ordonnances de cette Cour, rendues dans les sessions trimestrielles des *Chefs plaids*, revêtaient force de loi immédiate, bien que temporaire, sans avoir besoin de confirmation par le gouvernement ; l'assentiment des États suffisait ensuite à en assurer la permanence. Ce pouvoir législatif étendu, et presque indépendant, complété par un pouvoir judiciaire à ses divers degrés, avait été reconnu expressément en 1568 par le Conseil privé lui-même. On entrevoit les facilités offertes aux propagateurs des idées nouvelles : il leur suffisait, pour donner force de loi à leurs accentuations calvinistes les plus rigoureuses, d'obtenir l'assentiment de la magistrature locale [1].

Déjà sur un point magistrats et ministres étaient pleinement d'accord, l'extirpation radicale du catholicisme ; les jurés-justiciers de Jersey ne condamnaient-ils pas à la prison Guillaume Fautrart pour avoir assisté à la messe en Normandie, et introduit dans l'île un livre papiste et de l'eau bénite? Sur la question

---

[1] La constitution a peu varié depuis : à Guernesey les États se composent de 37 membres, le bailli, le procureur, 12 jurés, 8 recteurs, 15 députés, élus par les 180 douzeniers qu'élisent à leur tour les plus imposés; les jurés le sont à vie par les « États d'Élection », composés des précédents, de tous les recteurs et des connétables. La Cour Royale a conservé ses droits législatifs. Celle de Jersey n'existant plus, ses pouvoirs ont passé aux États, composés du bailli, 12 jurés, 12 recteurs, 12 connétables, 14 députés. Les gouverneurs ont droit de présence et de veto. Marshall. *The Constitutional Position of the Channel Islands in the British Empire.* Guernesey 1890.

des délits de toute nature et des peines correspondantes on l'était beaucoup moins. Le deuxième Synode allant jusqu'à l'extrême limite, sinon au-delà de ses pouvoirs encore mal déterminés, avait imposé des amendes et même des châtiments corporels : le quatrième reconnut que la punition des crimes appartenait d'abord au magistrat civil et que le consistoire n'avait point à infliger d'amendes pécuniaires, mais le cinquième — Sercq 1570 — arrêta qu'en cas de négligence du magistrat, ou d'indulgence exagérée, l'Église n'en procéderait pas moins contre les coupables. Un membre du consistoire de Guernesey, Nicolas Carey, s'opposa à cet empiétement sur la juridiction civile qui en mettait en cause l'infaillibilité ; on le déchargea de ses fonctions [1].

De leur côté, les magistrats s'occupaient de discipline ecclésiastique. Ils ordonnaient à Guernesey, en octobre 1575, de célébrer le culte le mercredi dans chaque paroisse de campagne « là où il y a un ministre », une personne au moins de chaque maison, « en état d'entendre et de comprendre », devant y assister, à moins d'excuse valable : de même en ville le mercredi et le samedi sous peine d'une amende de cinq sch., moitié à la reine, moitié aux pauvres ; les boutiques de la ville devaient être fermées pendant le service du mercredi [2]. La disette de ministres obligeait fréquemment de confier à un pasteur le soin d'un second troupeau ; le Synode des 14-15 septembre 1575 permettait à ceux dont le traitement était insuffisant de recevoir pension d'une autre paroisse [3].

[1] Citation de Warburton dans Tupper, *The history of Guernsey and its bailliwick*, G. 1854, in-8°.

[2] *Ordonnances de la Cour royale de Guernesey*.

[3] Les ministres ayant renoncé aux redevances pour les mariages, baptêmes, enterrements et communions, le gouverneur et les jurés leur concédèrent une dîme sur le bétail. Sur la plainte d'Effart et de Milet du non-paiement depuis cinq ans, la Cour royale de Guernesey ordonnait le 13 mai 1585 le prélèvement d'un gros d'argent par veau et poulain et de trois mailles d'argent pour chaque dixième agneau. — Duncan, *Hist. of Guernesey*.

Il en arrivait néanmoins de France, pour plus ou moins de temps, selon les circonstances politiques : les uns isolément pour quelques jours ou quelques semaines, forcés de quitter leurs congrégations dispersées et, si elles tardaient à se reconstituer, acceptant un poste dans les Iles ; d'autres entraînés dans les émigrations plus nombreuses provoquées par les reprises des troubles civils, surtout aux années tristement mémorables de 1568, 1572 et 1585.

« Incontinent que les Églises de J. et de G. furent ainsi rétablies et réformées », rapporte le chroniqueur anonyme, « les nouvelles en furent semées et divulguées partout, à raison de quoi plusieurs gens de bien et notables personnages se transportèrent ès-dites Iles pour y entendre la sainte parole de Dieu purement et librement prêchée, et aussi pour éviter le grand danger des troubles et persécutions qui se faisaient en France, lesquels y furent amiablement et humainement reçus, et sont et ont toujours été de temps en temps bien entretenus et protégés tant des capitaines, que des gentilshommes et autres gens de bien desd. Iles. »

Le 11 septembre 1568, lors de l'Édit d'expulsion du royaume de France de tous les ministres, le lieutenant-gouverneur Amyas Pawlet écrivait de Jersey à Cecil :

« Dix-sept ministres de la parole de Dieu dans le duché de Normandie se sont rendus ici pour leur sécurité pendant ces temps de troubles ; aussi M. de Colombier et M. de Ste Marie [1], hommes de grands revenus en Normandie. Aussi le Bailli de St Sauveur et autres. Nous les recommandons à votre faveur : ils n'en attendent aucune de leurs ennemis et sont en majeure partie trop pauvres pour faire tort à cette île ; leur séjour

---

[1] François de Briqueville, baron de Colombières, un des plus intrépides lieutenants d'Andelot et de Montgommery, qui avait pris une part active au soulèvement de sa province, et Jacques de Ste-Marie, seigneur des Agneaux, lieutenant de Condé : c'est sous sa direction que les Huguenots s'étaient emparés de Bayeux en 1562.

ici sera profitable aux habitants pour la location des maisons et la vente des denrées. Faites-moi savoir votre plaisir sur eux et sur d'autres. Le baron de Colonces, homme de bonne condition, a l'intention d'être ici sous peu.

« Noms de ceux qui se sont transportés du duché de Normandie dans l'Ile de Jersey depuis le 3 septembre 1568 :

Pierre Loyselleur, min. de Bayeux,
Mathieu de la Faye, m. de S^t Lô,
Raymond la Montaine, m. de Carentan,
Estienne Lair, m. de Colleville,
Pierre Henry. m. de Ste Marye,
Guillaume Bonhomme, m. du Val de Sers,
Jehan Quesnel, m. de Coutances,
Robert Couye, m. de Soule,
Jacques de Franaux, m. de Heuville (ou Neuville?)
Toussaints Bruiner, m. de Ganry (lisez T. Le Bouvier de Ganeray),
Pierre Bence, m. de Courseulles,
Jehan Guyot, m. d'Aubigny,
Germain Philippe, m. de Séqueville,
Arnoult le Cordier, m. de Noyers,
Gylles le Lavandier, m. d'Aulnay,
Ursin Bayeux, m. de Colomby,
Pierre de Chaumont, m. de Ste Marie du Mont.

« Les vi fils de M. de Colombiers, le plus agé a sept ans. Le fils ainé de M. de Ste Marie ayant six ans. Le bailli de St Sauveur le Vicomte âgé de vingt-quatre ans. M. de Vaucelles, homme de petite condition[1]. »

Déjà l'année précédente la commission nommée pour étudier la situation et les ressources défensives des Iles avait recommandé de dresser le relevé des étrangers y séjournant, et de n'en admettre qu'après enquête du gouverneur « afin d'éviter le danger de leur présence en nombre excessif »[2]. L'immigration de 1568 inquiéta certains esprits. Le vieux gouverneur Hugh Pawlet, transmettant à Cecil les dépêches de son fils, qui devait lui suc-

---

[1] *State papers Dom. Addenda*, *Elizabeth* XIV, 24. Madame de Mouy, réfugiée en Angleterre, tandis que son mari combattait et périssait dans la seconde guerre de religion, était probablement aux Iles ; elle se remaria à de la Noue.

[2] *State papers. Ibidem* XIII, 117, 31 déc. 1567.

céder en 1570, mande que « tout en aimant le zèle qu'on met à Jersey à recevoir les étrangers pour leur aide présente, il ne peut cependant, par bien des raisons, approuver leur séjour dans l'île, sinon comme passage, et il conseille de les diriger, eux et les autres qui les suivront en plus grand nombre encore, vers l'Angleterre même; ils y seront plus en sûreté, mieux secourus, et l'on écartera ainsi des Iles les dangers qu'ils pourraient attirer sur elles». En effet, pour beaucoup de Réfugiés, tant de cette immigration que des postérieures, l'archipel normand ne fut qu'une première étape, facile à gagner en très peu d'heures, et d'où ils s'embarquaient pour Southampton. Néanmoins, après les massacres d'août et de septembre 1572 il s'y établit à demeure, pour quelque temps, une colonie très aristocratique, dont les noms sont relevés par le chroniqueur anonyme, comme « *Seigneurs et autres gentilshommes de France qui se sont retirez tant en l'Isle de Jersey qu'en l'Isle de Guernesey* ».

En dépit de l'orthographe on y reconnaît une partie de la famille de Châtillon et les principaux défenseurs de la cause en Normandie :

« M. le comte de Montgomery et Madame la Comtesse sa femme[1], M. de Liage[2] et Madame sa femme, M. de Caslitton[3] et Madame, M. de Montmorial et Madame sa femme[4], M. le Commandeur de l'ordre de

---

[1] Déjà, après le funeste tournoi du 10 juillet 1559 où il avait involontairement tué son roi, Montgommery s'était réfugié avec sa femme, par Avranches, à Jersey, dont le gouverneur H. Pawlet lui était allié : il n'avait pas encore embrassé le protestantisme et ne resta que peu.

[2] Jacques de Lorges, fils aîné de Montgommery.

[3] François de Châtillon, fils aîné de d'Andelot.

[4] Julien de Tournemine, sieur de Montmorial et son épouse Marguerite de Châtillon, fille aînée de d'Andelot. Pierre de Tournemine, baron de Campsillon, frère de Julien, habita de 1573 à 1575 Guernesey où naquirent deux de ses fils, baptisés par Guill. Bonhomme, Montgommery étant parrain du second. *France prot.*

Malte[1], M. le baron de Coulosse, Madame de Laval[2] et son maître d'hôtel et tout son train, Madame femme du cardinal Castillon[3], M. Daignaux[4], M. de Colombiers[5], M. Bisson, M. de Moydeville, M. de Montfossey, M. de Groneville, M. de la Branche et sa femme, M. de Saint-Voist, M. des Granges et plusieurs autres gentilshommes et gens de bien desquels les noms ne sont point ici. »

Groupés autour de Montgommery qui avait gagné les Iles normandes à la suite du massacre et y avait rassemblé sa famille, ils secondaient ses projets, suivant avec anxiété ses démarches réitérées auprès d'Élisabeth. La reine voulait bien refuser son extradition à Charles IX, mais non l'aider à des entreprises nouvelles[6]. Ils l'accompagnaient, d'abord dans sa vaine tenta-

[1] Louis de Lorges, frère de Montgommery, abbé commandataire de S¹-Jean.
[2] La veuve de d'Andelot.
[3] La veuve d'Odet de Coligny.
[4] Sainte-Marie.
[5] De Briqueville, gendre de Montgommery.
[6] « J'ay sceu certainement que Montgommery est passé ès isles de J. et de G. où il a, à ce que j'ay sceu, délibéré de demeurer, expressément pour avoir et tirer toujours la commodité des maisons qu'il a le long de la coste de Normandie et Bretagne. Je l'eusse envoyé prendre comme il m'estoit fort aysé et que j'en ay bien le moyen, pour estre lesd. isles fort près de moy; mais ne voullant en façon que ce soit donner aucune occasion à lad. Roine, ma bonne sœur et cousine, de penser que je veuille rien faire ny entreprendre sur ses possessions sans sa permission, j'ay différé et retenu ceux qui l'y eussent aisément esté prendre, jusques à ce que luy en ayés parlé et requis, comme vous fairés de ma part, me permettre d'y pouvoir envoyer. 7 sept. 1572. » Ch. IX à La Mothe Fénelon. — 29 sept. : « touchant à la Reine, Sire, ce que me commandiés du comte de M. qu'elle voulût mander à ses officiers de Gersé de le consigner en vos mains. » La Mothe au roi. — 2 oct. : « m'a dit la Royne, quand je lui ay dernièrement parlé qu'elle voulût mander à ses officiers de Gerzé de le remettre entre voz mains, ou bien vous permettre de l'y envoyer prendre soubs bonne seureté de ne meffayre de la valeur d'une paille à nul de vos subjectz ; que, à la vérité, le cappitayne de Gersé l'avoit advertye de sa fuyte, aussitost qu'il y estoit arrivé, et qu'elle avoit mandé audict cappitayne qu'il scavait bien l'ordonnance de l'isle, de n'y debvoir recepvoir aulcun estranger, dont s'assuroit qu'il n'y estoit plus... »
Le même au Roi. *Correspondance.*

Élisabeth toutefois fortifiait les Iles normandes, mais n'écoutait pas les

tive pour ravitailler La Rochelle et son inutile prise de Belle-Isle, plus tard lors de son dernier débarquement en France. Walsingham lui avait écrit en janvier 1574 qu'il eût à se retirer de Guernesey : c'est de Jersey qu'il partit en mars pour cette campagne de Normandie où il devait se couvrir de gloire, mais succomber sous le nombre et trouver une captivité terminée par la torture et le supplice. La famille, privée de son chef, dépouillée de ses biens et de sa noblesse, resta encore quelques mois à Jersey, d'où elle passa à Southampton, pour être plus à portée de solliciter les indispensables libéralités de la reine[1].

Les ministres restaient assez volontiers : ils trouvaient d'anciens collègues de France établis à demeure, parfois des Églises à desservir, puisque les candidats insulaires faisaient défaut[2],

supplications de Montgommery de « ne plus différer de secourir tant de gens de bien et de bon peuple.. car ce sont autant d'âmes desquelles Dieu peut demander compte à S. M. » Montg. au Cte de Sussex, rade de Belle-Isle, 22 avril 1573. *British Museum*.

[1] En avril 1573 Montgommery avait remercié Sussex d'avoir eu « le Jeudi avant Pâques, le jour où S. M. lavait les pieds des pauvres, souvenance de luy et de luy avoir fait ce bien de faire souvenir à S. M. d'avoir pitié de la nécessité où étoit sa femme. » Après sa mort, la malheureuse veuve, « postponant sa honte à sa nécessité », expose à Leicester sa très grande pauvreté. Dieu l'a réduite à un tel état qu'elle a été contrainte achever de vendre quelque reste de petits joyaux qu'elle avait, pour se nourrir elle et sa famille; elle supplie « que S. M. lui fasse cest honneur et faveur d'estendre sa bénignité envers elle pour lui donner quelque commodité de vivre cependant qu'elle sera réfugiée soubs son aille, jusqu'à ce qu'elle ose entreprendre s'en retourner en France . . . 3 sept. 1574. Yzabeau de la Touche. » *British Museum, Fonds Cotton, Nero. B. VI*. Elle avait conservé son aumônier Michel Forest, voir chap. VII, Église de Southampton.

[2] Le successeur du gouverneur de Guernesey Chamberlain, Sir Thomas Leighton, à sa prise de possession le 2 juin 1579, écrivait à Cecil : « Il y a infiniment trop de Normands et d'étrangers dans ces îles, » et demandant l'entrée de deux étudiants guernaisiais à Oxford et à Cambridge il ajoute le 16 nov. « Toutes les îles prieront pour vous, et nous pourrons avoir de bons prédicateurs nés dans le pays, tandis qu'actuellement nous sommes forcés d'avoir des ministres français. » *Cal. State Papers, Add., Éliz.* XVIII, 70, XIX, 26.

et une atmosphère presbytérienne qu'ils eussent vainement cherchée à Londres. L'annaliste en a dressé une liste, que nous insérons malgré ses lacunes, dont la plus regrettable est celle des dates : elle ne paraît se rapporter qu'aux temps avant le Synode décisif de 1576 [1].

S. ALIX, [2]
PIERRE BAPTISTE,
NIC. BAUDOUIN,
BENY (lisez Berny de Troyes, m. de Vitré, réfugié après la St Barthy.),
TH. BERTRAM,
BONESPOIR (Marin Chrétien, dit Bonespoir),
JOSUÉ BONHOMME,
BOUILLON (Pierre Le Roy, dit Bouillon),
COSME BREVIN,
DE CHAUTMONT (min. de Ste Marie du Mont, de la liste de 1568),
MARIN CHESTES (déjà nommé),
DANGY (alias Pierre Henry, de la liste de 1568),
DES MOULINS (m. de Camilly),
DES SERFS,
DES TRAVAUX (? de Franaux, m. de Heuville, de la liste de 1568),
JULIEN DOLBEL,
DU PERRON (Julien Davy du Perron), [3]

---

[1] « Il y en a eu qui y ont resté plus longuement que les autres, mais à leur liberté, tout le tems qu'ils y ont été gardés et protégés en toute sureté de danger, les noms desquels pour la pluspart ensuivent et en spécial de ceux qui durant le temps des troubles et persécutions se sont retirez en lad. isle de Jersey. » Le Chroniqueur a inscrit les noms sans observer l'ordre d'arrivée ; les organisateurs des premières Églises sont confondus avec des réfugiés de la St Barthélemy. A défaut de régularité de dates nous les disposons alphabétiquement : plusieurs se retrouvent sur la liste de Londres de 1572 et n'auront que traversé l'archipel normand.

[2] Bien que marqué G. et non S. Alix, par faute d'impression ou lecture défectueuse du manuscrit, il s'agit ici de Simon Alexius, protégé de Cranmer, auteur sur sa demande des dialogues : *De origine novi dei missatici quondam in Anglia mortui nunc denuo ab inferis excitati*. Genève 1558. — *France Prot.* V, 1118.

[3] Le père du futur cardinal, réfugié de Dieppe en déc. 1562 avec femme et enfants, resta jusqu'à la paix, revint aux Iles pour trois ans lors de la prise d'armes de Condé et une dernière fois à la St Barthélemy. *France Prot.* et Daval, *Histoire de la Réformation à Dieppe*.

Du Val,
Vincent Du Val (Le Bas, sieur du Val, m. de Caen),
Froiderue,
Gérin (ou Guérin),
Jacques Girard,
Jean Girard,
de Haleville (? Housteville, m. de Ranville),
Pierre Henry (alias Dangy, déjà nommé)[1],
Ed. Hérault,
Th. Johanne,
Math. Laigneaux (lisez Lhoumeau, m. de Vitré),
de La Ripaudière (du pays d'Anjou),
Toussaint le Bouvier (de Ganeray de la liste de 1568),[2]
Le Churel,
Nic. Le Duc,
Laurent Machon (Masson),
Nic. Maret,
Martin (? Martin Langlois),
Ol. Mesnier,
Jean de Monange (de St Aubin sur Arques),
Moulinos,
Claude Parent (m. de Bayeux),
Pinçon (m. de Caen),
G. Riche,
Treffroy.[3]

On ignore combien, parmi les ministres français réfugiés, ont occupé des charges dans les Iles, mais leur influence y fut longtemps prépondérante, on pourrait dire exclusive. L'épiscopalisme anglican, s'il eût essayé de prévaloir, eût été neutralisé

---

[1] Blessé en 1562 chez le sieur de Haultgars près Valognes (Dupont III, 381), il épousait à Saint-Hélier en 1575 Catherine de Gennes, de Vitré.

[2] Il séjourna à Serk comme auxiliaire de Brevin de 1574 à 1576.

[3] Le Chroniqueur termine par deux noms qui ne sont pas de réfugiés français, Arthur Wake, min. du château de Montorgueil et Percival Wyborne, min. du Château-Cornet, anglais de naissance mais occupant des aumôneries presbytériennes et signant à ce titre la Discipline de 1576. De la liste de 1568, quatorze manquent sur celle-ci, où est aussi oublié Germain Berthelot, un des réformateurs de la Basse-Normandie, fondateur de l'Église de Ste Honorine de Chardonne et qui est dit y être venu en 1562 de Jersey. La Ferrière Percy. *La réforme dans le canton d'Athis.*

par le constant apport d'éléments calvinistes et presbytériens. Bien loin de se placer sous une autorité nouvelle, les pasteurs, constamment entravés ou menacés en France dans l'exercice de leur ministère, trouvant pour la première fois leur liberté d'action, s'empressaient d'en profiter. Quoi de surprenant qu'ils en aient abusé quelquefois? que dans ces îles, éloignées du centre de l'État, sur ce sol presque vierge, ils aient tenté de constituer le régime ecclésiastique et religieux de leurs rêves, aussi absolu que celui de Genève et auquel le pouvoir civil, protestant comme eux, serait tenu de prêter main-forte? Quoi de surprenant encore qu'ils aient rencontré des résistances et n'aient pas toujours réussi à en triompher?

Ils n'avaient pas tardé à être déçus dans leur espoir d'être obéis sans conteste. Dans un sentiment d'impuissance finale, en 1575, alors que cinq d'entre eux venaient de recevoir l'institution épiscopale, — dans les dernières conférées par Horne, — ils se résignèrent à recourir à l'assistance et à l'autorité du prélat. Le ministre Nicolas Berny lui demandait, le 13 décembre, « au nom de toute l'Église de Guernesey », aide et conseil dans le cas d'Élie Bonamy[1]. Ce fils d'un des jurés persécuteurs sous Marie, s'était rallié d'après la loi à sa paroisse protestante en 1570, mais pour la déserter au bout de trois ans, n'assistant à la pré-

---

[1] « Ut nobis nihil unquam fuit optatius nihilque jucundius, reverende, quam te de ecclesiarum nostrarum statu ac felicibus initiis certiorem faciendi, tibique de nostro imprimis erga te officio vel potius observantia testificandi occasionem offerri; ita sane nihil gravius molestiusque fuit, quam nunc id nobis argumenti obtrudi, quo apud te patrem nostrum conqueri potius quam de prospero in Christi opere successu congratulari cogimur; minime quidem id facturi, nisi in eo negotio, quod ad tuum munus quoque spectat, opera potissimum tua atque auctoritate nobis opus esset; venia tamen digni, quod non ita jucundum nuntium coacti afferamus, de quo ut nobis pro christiana caritate pluribus tuum agere liceat rogamus, ut cum eo, de cujus sincero in ecclesiam Christi zelo non dubitamus. Surrexit inter nostras incolas Elias quidem Bonamy, vir ἄτακτος, nec impietate et pertinacia minus nobilis, quam opibus et amicis potens... »

dication que contraint et forcé, ne s'approchant plus de la table sainte, exemple trop suivi par d'autres. Demeuré sourd aux admonestations des ministres, tant en particulier qu'en présence des anciens, cité devant le Synode, répondant qu'il ne « connaissait en ce lieu ni Église recueillie ni Presbytère », il refusait d'abord de se soumettre à la confession publique, et après l'avoir enfin promis, par crainte de l'excommunication [1], il avait au jour dit, loin de tenir sa parole, fait acte, non de repentir, mais de défi : « Vous arracheriez plutôt la lune du ciel avec vos dents que de moi une confession publique ». Le Synode ré-assemblé avait enjoint la publication de l'excommunication dans toutes les paroisses des Iles au prochain jour de cène, mais on redoutait l'effet de ses impostures, et Berny suppliait le prélat d'interposer son autorité, et de défendre au besoin auprès de la reine leur cause, « ou plutôt la sienne propre et celle de la jeune Église » [2].

Loin de saisir avec empressement l'occasion d'établir sa suprématie effective sur les Églises et de les diriger vers l'anglicanisme, le sage évêque Horne rend hommage aux efforts des ministres ; il promet de les seconder autant qu'il le pourra et de s'entendre à ce sujet avec le gouverneur Sir Thomas Leighton.

---

[1] .. « Ille audita ecclesiæ censura tergivarsi cœpit, publicam scelerum suorum confessionem facturum se plane negat . . Tandem vero precibus, vel ex Dei verbi admonitionibus, vel potius tremendi ejus judicii minis atque excommunicationis virga veluti quodam fulmine territus, ecclesiæ censuræ acquiescit.. »

[2] « .. Qua in re non modo judicium tuum atque auctoritatem interponi obnixe omnes flagitamus, sed manum tuum adjutricem imploramus, ut (si quando opus sit) apud regiam ipsam majestatem, nostram, imo tuam ac ecclesiæ nascentis causam suscipias et fortiter tuearis : quam operam ut Christo præstare non recuses, vehementer etiam atque etiam rogamus, atque adeo per ipsius Christi nomen obtestamur, quem assidue precabimur, ut potente sua manu te custodiat, tuaque consilia in tanto tibi commisso munere suo Spiritu dirigat ; nostramque aberrantem ovem (gravissima alioqui multa dignissimum, nisi resipuerit) veræ pœnitentiæ dono in viam salutis reducat. Bene vale, reverende vir, et nos fratresque nostros cum tota ecclesia et ama et tuere. Gerenesii, Idibus Dec. 1575. Tuus in Christo obsequentissimus. » *The Zurich Letters. Second series.* Ep. CVI.

LES ÉGLISES RÉFORMÉES DES ILES DE LA MANCHE.   393

Si le ton du pasteur n'est guère celui d'un humble desservant s'adressant au diocésain dont il dépend, la réponse du prélat n'a rien de dominateur ou d'autoritaire : on croit entendre un des réformateurs envoyant ses vœux et ses conseils à son ami et compagnon d'œuvre [1].

---

[1] Elle est intéressante à lire en entier, dans le texte original : «Gratias et pax in Christo! Doleo profecto, fratres in Christo carissimi, tam inanem cuiquam inesse vecordiam, ut cum sancta pace gaudere possit, male tamen, licet ex multorum incommodis, suam sibi, ut vult videri, comparare tranquillitatem : quando revera, dum cæcam, temerariam, impiam cupiditatem satagit explere suam, non aliis adeo incommodat, atque se ipsum in summum præcipitem dat discrimen. Verum Satanæ τὰ νοήματα haud ignoramus : quam prompta sit scelerata illius voluntas ad ecclesiæ tranquillitatem interturbandam; quam sit nefandum ejus consilium ad horrenda facinora aptum ; quam paratos suos habeat satellites, qui astute et accurate illius imperium exequantur, non opus est ut disseram. Quis enim ignorat, qui vel a limine salutare Christi evangelium salutaverit? Certe, certo scio, vos, fratres, non dico vestro malo, sed summo vestro et totius ecclesiæ incommodo, edoctos didicisse, quot et quantos excitaverit hactenus, et quotidie excitat, Satan Davos, qui omnia interturbent, et maxime ecclesiæ pacem labefactent. Immanis illa bestia, quanta potest ferocitate, invadit ovile Christi : gregem Dominicum dissipare, imodilaniare, infestissimus lupus cogitat : violenta frendentis leonis vi raptatur misella ovicula. Quid facias? Obfirmata fide bestiæ est resistendum, assiduis precibus implorando defensionem a summo Pastore, Jesu Christo : patefactis et detectis lupi machinationibus, abigendus est baculo pastorum et latratu canum : stolidum pecus ex unguibus, antequam leonis dentibus dilanietur, eripiendum est, et, si fieri potest, ad caulas reducendum. Atqui hic (quantum ex vestris literis intelligo) nihil reliquistis intentatum : omnem curam et diligentiam ad haud bonum illum Bonamy conservandum adhibuistis : quod est fidissimorum officium pastorum, istius insolentiam, superbiam, contumaciam quibuscunque licebat rationibus emollire, supprimere, retendere, strenuam navastis operam; et cum quod velitis efficere non possitis, me adjutorem dari postulatis. Ne dubitetis, fratres, quin plures habituri sitis adjutores; et me ipsum, quantum possum, ad hanc rem adjutorem fore profiteor paratissimum. Spero me eam rationem initurum, qua sentiet falsus ille frater (si tamen frater sit dicendus) quid sit summum animarum Pastorem Christum Jesum provocare, ecclesiam Dei contemnere, et sacrosanctam disciplinam ludificare, imo proculcare.

«Consilii autem mei rationem exposui communi utriusque nostrum amico et fratri in Christo, mihi summopere dilecto D. Leighton, insulæ præfecto. Quod reliquum est, fratres, rogo vos συναγωνίσασθαί μοι vestris pro me apud Deum

Cet appel eut cependant un résultat pratique, l'établissement officiel de la discipline exercée jusqu'ici officieusement, et sans doute d'une façon irrégulière et diverse selon les paroisses, et sa sanction solennelle par les autorités des Iles dans le Synode des 28, 29 et 30 juin 1576. Les deux pouvoirs, le civil et l'ecclésiastique, s'alliaient pour le maintien du régime presbytérien à tous ses degrés. Et dans cette « *Police et Discipline* » à laquelle chacun est tenu d'obéir sans conteste, qui rend le pasteur maître presque absolu de sa paroisse et lui confère, sur tous les fidèles, des droits d'investigation spirituelle excessifs, aucune mention n'est faite d'une surintendance de l'évêque, voire même d'une attache quelconque au ressort épiscopal de Winchester.

precationibus. Ego vero, nisi mei ipsius oblitus, vestri immemor haud sum futurus. Salutate, quæso, ex me συνεργούς omnes et totam ecclesiam. Valete. 16 jan. 1576. Vester in Christo frater carissimus et symmysta, Robertus Hornus. » *The Zurich Letters*, 1re série. Ep. CXXX.

CHAPITRE XVIII.

DISCIPLINE ECCLÉSIASTIQUE.

La Discipline a revêtu deux formes : celle de 1576, très explicative, un peu diffuse, comme il appartient à l'établissement d'un régime nouveau, fut remplacée en 1597 par une rédaction simplifiée, dont les articles, plus courts, et disposés dans un ordre plus logique, n'apportent que sur trois points des modifications significatives. Malgré l'intervalle qui les sépare, il est préférable de les étudier ensemble. Le fond étant le même que dans les autres ordonnances presbytériennes de l'époque, on indiquera surtout ce qui est plus spécial aux Iles de la Manche[1].

---

[1] Jusqu'ici les historiens modernes n'ont étudié que la seconde forme, ne possédant de la première que l'exemplaire, plus qu'à moitié détruit par le feu, du British Museum, *Cotton. Mss. Calig.* E. VI, 324. Un autre qui s'est conservé intact dans la Bibl. de l'Arsenal à Paris, 3847 (170 H. F.), met à même de relever les différences entre la rédaction de 1576 et celle de 1597. La seconde forme a été imprimée en 1642, en 1656 dans le *Survey* du Dr Heylin, en 1815 dans *History of Guernesey* de W. Berry, en 1885 par le Rev. Lee, recteur de St Pierre-Port, *Discipline ecclésiastique des Iles de la Manche*, d'après l'exemplaire qui appartenait à St André de Guernesey et qui porte, à la date de 1615, les signatures du pasteur de La Marche, de l'ancien Guille et du diacre Querypel. La première ne l'a jamais été ; nous la reproduisons à l'*Appendice*.

Dès l'abord, dans la première forme, une Préface, supprimée lors de la seconde, démontre la nécessité de cette *Police et Discipline*, « gouvernail du navire » de l'Église de Dieu, mais qui doit être « enserré et retenu en ses bornes, de peur qu'en extravagant et usurpant ce qui n'est pas sien, elle mette tout en confusion et désordre... La Police ecclésiastique, qui vrayment est spirituelle, est diverse et distincte de la Police et jurisdiction civile, et ne fault pas que ces deux glaives soient unis dans une gaîne... » Il y a là un demi-aveu de certaines exagérations d'autorité, de certains conflits du passé. Mais, tout en distinguant entre les deux domaines, la Discipline fait plus qu'admettre l'intervention du magistrat civil ; elle s'appuie constamment sur son pouvoir et compte en user à son propre bénéfice. Ce caractère la distingue aussi bien de celle des Églises de France que des Disciplines successives des Églises du Refuge en Angleterre. Il s'accuse aux premières lignes :

« L'Église qui est la Compagnie des Fidèles peut estre divisée en trois ordres et estats, assavoir ès magistrats, en ceux qui ont charge en l'Église, et au reste du peuple... Le magistrat *fidèle*, qui est le premier et principal membre de l'Église, et ordonné par dessus tous sans exception, a le glaive en main pour faire garder les commandements de Dieu *tant de la première que seconde table de la Loy*... » et l'on spécifie, parmi ses obligations :

« Quant à la première table il procurera à son pouvoir que l'honneur et pur service de Dieu soit maintenu, toutes idolâtries et superstitions abbattues, les blasphêmes réprimez, le ministère de la Parole de Dieu révéré, que le peuple assiste à la prédication ès jours ordonnez, faisant à ceste occasion cesser toutes trafiques, jeux dissolus et scandaleux, comme cartes et dez, danses et aultres desbordemens, fermer les boutiques et chastier tous contempteurs de Dieu et perturbateurs de l'ordre et réformation ecclésiastique...[1] »

Après avoir prescrit leur devoir à ceux qui ont le pouvoir civil en main, la seconde préoccupation est de bien composer le corps pastoral, dépositaire de la juridiction religieuse. Il est formé de trois éléments : les proposants, les anciens curés, les pasteurs réfugiés. Avec les garanties accoutumées pour tous ceux chargés du soin des âmes, « légitime vocation intérieure, bonne vie, conversation paisible et honneste », on demande aux proposants « un bon commencement en la doctrine du catéchisme, d'estre doués de sens commun, de quelque jugement et dextérité et d'avoir goûté les bonnes lettres, s'il est possible », (la connaissance des langues grecque et hébraïque, si possible, ajoute la seconde forme). « Là où il y aura leçons de théologie il y aura de plus une proposition toujours dressée, où ceux qui voudront se dédier au ministère s'exerceront sur quelque épistre de saint Paul ou autre texte plus en forme d'homélie que de leçons, comme s'ils estoient devant le peuple... et recevront, après, amiable censure de leur doctrine et façon par le ministre qui sera élu par la Compagnie des ministres ».

Les difficultés d'exécution et le petit nombre des candidats firent effacer de la deuxième forme ce chapitre de l'*Assemblée des estudians et proposans*. Il en fut de même du suivant, qui, nécessaire à un moment de transition, n'avait plus d'application en 1596 : les anciens curés ne seront « receus qu'avec examen et

---

[1] Devoirs résumés en un seul article de la 2ᵉ forme : « Le Magistrat doibt tellement veiller sur les corps et sur les biens, que sur tout il doibt procurer que l'honneur et service de Dieu soient maintenus. Et pourtant comme il punit le meurtre et le larrecin, et autres péchez contre la 2ᵉ table, il doibt aussi punir les blasphémateurs, contempteurs de Dieu, et idolatres, qui pèchent contre la première table ; et tous ceux qui contre l'honnesteté et paix publique s'addonnent à dissolution et jeux illicites ; comme d'autre costé il doibt conserver les bons et les advancer en biens et honneurs. » Ch. II. Du Magistrat.

bonne preuve tant de leur vie que de leur doctrine, lesquelles cognues la main d'association leur sera baillée », après promesse prêtée par eux.

« Quant aux ministres qui auroient exercé le ministère en d'autres Églises et seraient envoyés ou réfugiés en ces Iles, il suffira pour estre receus à prescher et estre employez au service de quelque Église qu'ils ayent approbation et bon tesmoignage de celles dont ils seroient partis et soyent bien connus. » Simplifiant cet article, la deuxième forme en joint un autre dont on avait eu l'occasion de sentir la nécessité, mais qu'on n'observa pas toujours : « Les ministres réfugiez qui seront employez en quelque paroisse devant les persécutions, ne partiront que six mois après avoir demandé congé, afin que l'Église ne demeure pas sans pasteur. »

Sur la question du choix des ministres les deux formes ne sont pas absolument d'accord. La première pose d'abord le principe qu'ils « seront *nommez et présentez* par Messieurs les Gouverneurs auxquels ce droit appartient », et les fait ensuite examiner par les ministres et anciens assemblés en Colloque, avant de les nommer au troupeau qui les demande, de les y faire prêcher trois ou quatre fois (les proposants « tête nue », ajoute la deuxième forme), et de laisser le peuple libre d'approuver ou de refuser l'élu : en cas de conflit, le gouverneur et le Colloque jugent en dernier ressort. La seconde forme, pour accentuer la prépondérance pastorale, établit d'abord que « les officiers de l'Église seront esleus par les ministres et anciens sans priver le peuple de son droit, et par mesme authorité seront deschargés ou suspendus et déposez », et seulement dans un article subséquent que « tous ceux qui seront choisis pour exercer charge publique en l'Église seront premièrement *nommez* à Messieurs les Gouverneurs ou à leurs Lieutenants, après l'approbation desquels ils seront nommez au peuple ; s'il n'y a opposition, ils seront receus en leur charge dans quinze jours après ». La différence est entière : les gouverneurs qui, dans la première rédaction, avaient le choix, ne conservent plus que la ratification ou le *veto*.

Sans le spécifier, la première forme paraît admettre ce qu'établit positivement la seconde, l'élection à vie des ministres « s'ils ne sont déposez pour quelque faute qu'ils ayent commise ».

Le chapitre de la « Déposition des Ministres », dont l'analyse détaillée des vices, imperfections et crimes rappelle en les développant celles des Disciplines de Genève et de N. des Gallars, et qui remet le prononcé de la déposition « à MM. les gouverneurs et ministres assemblés en colloque, l'Église advertie s'il est expédient », a disparu de la seconde forme, qui reste muette sur ce grave sujet. Par contre, elle admet, jusqu'à un certain point, l'intervention doctrinale des fidèles : « S'il y a quelcun qui se scandalise du presche de quelque ministre, il viendra vers le d. Min. de dans vingt quatre heures pour estre satisfait, sauf à se pourvoir au consistoire dans les huit jours, à faute de quoi il ne sera plus recevable. Et en cas de discord les ministres en jugeront à leur prochaine conférence. »

Les docteurs, élus selon la première forme comme les pasteurs, le sont, dans la deuxième, par le Colloque. Les maîtres d'école, « présentez par MM. les gouverneurs et examinez et approuvez par la Compagnie des ministres » (1re forme) — « premièrement nommez par ceux auxquels le droit de nomination appartient », à cause des droits de certains seigneurs, « et ensuite examinez par la Compagnie » (2e forme), — « instruiront leurs escholiers en la crainte de Dieu... enseigneront grammaire, rhétorique, dialectique, et autheurs classiques les plus purs en doctrine et en langage.,. mèneront les enfans au sermon où ils auront place en vue de la chaire ». Ils doivent se trouver aux censures de leur paroisse avant la Cène, et sont recommandés, avec leurs Écoles, à la surveillance constante des ministres[1].

Pour l'élection des anciens, la première forme distingue entre la création et la continuation d'un consistoire. Là où il n'y en a point encore de dressé, le ministre doit s'associer « quelque nombre de Mess. de la Justice » et avec tout le corps de l'Église nommer ceux qui leur sembleront les plus propres, l'assistance des magistrats devant diriger et contenir les suffrages populaires[2]. Mais une fois le consistoire établi, le suffrage universel ne fonctionne plus; le choix est remis aux ministres, anciens et diacres « ayans appelé avec eux deux ou trois Mess. de la Justice ». Après exposé de leurs devoirs futurs par le ministre, soit à part, soit en présence du consistoire, et leur acceptation, l'élection est soumise à l'approbation du gouvernement; le peuple à qui on les nomme a un délai de huit ou quinze jours pour faire valoir des oppositions.

Les « anciens ont la charge des mœurs [3] : ils sont ministres, officiers et serviteurs de l'Église pour prendre garde et s'enquérir des mœurs et vie du troupeau, reprendre les fautes légères

---

[1] A Jersey on exigeait leur assistance aux Colloques, *Coll.* 1580, et ils y étaient approuvés en leur charge, *Coll.* 1591. — La rédaction de 1576 : « Les ministres en la paroisse desquels il y aura Ecole prendront garde sur les maîtres, à ce que la jeunesse soit bien instruite et ne perde le temps », était accentuée au Coll. de J. 1577 : « Les écoles seront visitées toutes les semaines par les ministres, chacun à son tour pour voir si les enfants profitent et comme les maîtres font leur devoir. » — « Requête sera présentée à M. le lieutenant et à MM. de la Justice pour la réformation des Ecoles, et que chacun des ministres prenne un compagnon pour instruire les petits. » *Ibid.* 1581. La seconde forme se contenta d'une « visitation sur les escholiers par les ministres deux fois l'an pour mieux cognoistre comme s'advancent les enfants. »

[2] « Par ce moyen lesd. magistrats serviront non-seulement de guide au peuple rude et mal exercé mais aussi de bride.. »

[3] « Les Anciens devront avoir chacun une copie de la Discipline. » *Coll. J.* 1585.

par la parole de Dieu, rapporter les plus grièves au consistoire ». Ils prêchent de parole et d'exemple, leur responsabilité est en jeu sans cesse, chacun pour son quartier et canton, « distribué et assigné selon les vingtaines : ils doivent s'occuper de pourvoir l'Église de pasteurs, de procurer l'honneur et l'obéissance due à la Reine et à ses représentants, d'apaiser les querelles, de visiter les malades et les pauvres »; ils pourront même fiancer en l'absence du ministre, par sa permission. Mais leur mission principale consiste à surveiller, avec une inflexible minutie, l'accomplissement des devoirs religieux [1]. La seconde forme résume tous ces devoirs en quelques lignes, et désigne les anciens, avec les pasteurs et les diacres, comme officiers ecclésiastiques dont l'élection appartient aux ministres et anciens sans priver le peuple de son droit, c'est-à-dire de celui d'opposition après la nomination au représentant de la couronne.

Les diacres, « ordonnés pour distribuer par l'advis du consistoire la libéralité et aumosnes de l'Église selon la nécessité des pauvres », choisis et présentés aux gouverneurs et au peuple comme les anciens, recueillent les offrandes après le sermon ;

---

[1] Ils visiteront, principalement à chascune cène, les familles de leurs quartiers pour scavoir, *tant des voisins que des domestiques* en quelle crainte de Dieu on y vit; si on fréquente les prédications; si on fait en la maison des prières particulières soir et matin, devant et après le repas . . » Dans l'intervalle entre les deux formes le Coll. de Jersey de 1590 déclarait : « Il est advisé que les anciens chacun en son quartier feront debvoir de visiter soigneusement chacune famille pour scavoir si on s'y comporte chrétiennement, faisant prière soir et matin et lisant, principalement au dimanche entre les presches et après, l'escriture sainte, et faisant autre exercice de la religion chrétienne; si on s'abtient des juremens, chansons profanes, jeux scandaleux, observation de festes papistiques, etc »

La seconde forme, moins inquisitoriale dans les termes l'est autant dans l'esprit : « Ils visiteront en tant que faire se pourra les familles de leur quartier à toutes les cènes, et avec le ministre une fois l'an, pour cognoistre comme ils se gouvernent en leurs maisons. » Dans l'une comme dans l'autre ils rapportent les scandales au consistoire, et 2e forme, « dénoncent les contentieux et réfractaires. »

« si la nécessité le requiert ils iront collecter quelque peu de bled ou autres aumosnes dans les maisons les plus aisées ;.., les aumosnes seront distribuées principalement aux domestiques de la foi, ou s'il y a abondance on en pourra aider les étrangers... Ils rendront leurs comptes chaque jour de cène en présence du peuple, tascheront que les pauvres soient nourris sans aller mendier, pourchasseront que les jeunes, propres au travail, soient mis à métier, et advertiront Mess. de Justice afin qu'ils donnent ordre que personne n'aille de maison en maison pour mendier. »[1]

Ils peuvent assister au consistoire avec voix consultative, et « y proposer les nécessitez des pauvres et en dire leur advis, comme aussi en l'élection des diacres. »[2] Ainsi que les autres officiers ecclésiastiques ils signent, avant d'entrer en fonctions, la Confession de foi et la Discipline.

Les anciens et les diacres devaient, selon la première forme, ne pas abandonner leurs charges pour mécontentement, ennui ou autre cause, sinon par le consentement du consistoire, et d'autre part « permettre et ne pas trouver mauvais d'estre deschargés par la Compagnie quand on en trouvera de plus propres à cette charge, attendu qu'elle n'est pas perpétuelle, ou mesme déposez, s'il y avait cause légitime. » La seconde forme ne dit rien de la durée des fonctions, se bornant à décider que « ceux qui ont charge ne peuvent la quitter sans l'advis du consistoire »,[3] qu'ils doivent être déchargés par l'ordre qui les a établis et que ceux qui se privent de la cène et refusent de se réconcilier seront déposés de leurs charges, et les causes déclarées au peuple.

---

[1] Les citations sont de la 2e forme qui abrège les dispositions tout-à-fait semblables de la 1re.

[2] Dans la promesse : « Vous promettez n'aumosner aucune somme sans en communiquer aux ministres et anciens.. Vous promettez visiter les pauvres malades et les *faire penser*. »

[3] « Ceux des anciens qui persistent à demander d'estre déchargés, contre l'advis du Colloque, ne le pourront estre sans infamie. » *Coll. J.* 1594.

La Discipline de 1576 s'occupe ensuite des Assemblées ecclésiastiques. Le peuple s'assemblera deux fois chaque dimanche, le matin prédication sur le Nouveau Testament[1], l'après-dinée catéchisme :[2] deux fois dans la semaine à la ville, le mercredi et le vendredi, une fois dans les autres paroisses.[3] Pendant les prières, le chant des psaumes, l'administration des sacrements, la lecture du texte du sermon, « tous auront la teste descouverte et les genoux en terre. »

Celle de 1597 ordonne de « fermer les temples après le sermon et prières publiques pour obvier à toute superstition.[4] Ils ne seront employez à aucun usage profane et le magistrat sera supplié qu'il ne s'y tienne aucune juridiction civile ».[5]

Le Baptême[6] est administré après le prêche, les pères doivent y assister ; nul ne sera reçu à présenter un enfant qu'il n'ait fait la cène, ou ne soit propre à la recevoir et promette de la faire à la première commodité ; mêmes interdictions de noms que dans les Églises de France ; enregistrement des actes.[7]

---

[1] La restriction pour le choix du texte « à quelque Évangile ou autre livre du N. T. » est spéciale à la Discipline des Iles ; d'ailleurs la seconde parle seulement de prédication de l'Évangile.

[2] « Ceux qui ne viennent aux presches du soir, après avoir esté advertis, seront particulièrement privés de la cène et retranchés publiquement. » *Coll. J.* 1591.

[3] « Au service de semaine il y en aura un de chaque maison pour le moins, suyvant l'ordre de MM. de la Justice et commandement de MM. les gouverneurs. » *Advertissements pour les particuliers* à la fin de la 1re forme. « Nulles prières se feront sans prédication de l'Évangile et pourtant on preschera deux fois la semaine. » *Coll. J.* 1577.

[4] « Le temple de St-Sauveur sera fermé de clef tous les jours qu'il n'y aura presche à ce que tout le reste de la superstition qui s'y commet soit esteinte. » *Coll. G.* 1589.

[5] .. « pour autant que les temples sont dédiez à l'exercice du service spirituel de Dieu et non pour les afaires de ce monde. » *Coll. G.* 1583.

[6] Nous suivons ici l'ordre de matières plus logique de la 2e forme.

[7] Reconnaissance publique des pères qui, ayant des enfants à baptiser, ne se sont pas trouvés au prêche, et de ceux qui s'opiniâtrent à donner des noms

A la Sainte-Cène, célébrée quatre fois par an [1] (Pâques ou le premier dimanche d'avril, le premier de juillet, d'octobre et de janvier), « on communiquera par ordre, étant assis, ce qui est le plus conforme à la première institution, ou debout selon qu'il est accoustumé en quelques Églises, les hommes les premiers et les femmes ensuite. »

On ne recevra à la cène aucun des autres paroisses sans témoignage de son pasteur, ou d'un ou deux des anciens là où il n'y aurait point de ministre. [2] Ceux qui voudront communier « seront catéchisés premièrement par le ministre pour rendre raison de leur foi et doivent savoir l'Oraison du Seigneur, les articles de la foi et les dix commandements ou pour le moins la substance d'iceux, et renonceront au Pape, à la messe et à toute idolâtrie et superstition. » Ils devront aussi promettre de s'assujettir à la Discipline. Outre ce premier examen « chacun doit être derechef catéchisé une fois chacun an pour le moins. [3] »

---

païens. » *Coll. J.* 1593. — « Pierre Arthur a été trouvé coupable de ce que par sa négligence son enfant est mort premier que d'être baptisé. Et partant la Compagnie l'a retranché de la cène et ordonne qu'il sera publié en l'Église où le scandale a été commis. » *Ibid.* 1611.

[1] « Ceux qui ne viennent à la cène, sinon à Pâques, après avoir été advertis d'y venir les autres cènes, s'ils ne le font n'y seront aussy reçus à Pâques. » *Coll. J.* 1577. — « Ceux qui laissent passer une cène sans communier ne sont reçus à l'autre qu'après avoir rendu raison au Consistoire de leur absence. » *Ibid.* 1592.

[2] « La Compagnie est d'avis que l'Église soit avertie qu'un chacun se contienne en sa paroisse pour y participer tant à la parole qu'aux sacrements, et que nul, s'il n'est résident en la paroisse, ne sera reçu à la cène. » *Coll. J.* 1605. — Nul étranger n'est reçu dans une paroisse sans certificat de bonne conduite de son dernier lieu de résidence. *Coll. G.* 1602.

[3] La règle ne souffre pas d'exceptions : « Les anciens seront catéchisés avec leurs familles, toutefois *il gist à la discrétion du ministre* de le faire publiquement. » *Coll. J.* 1584. — « Une fille en l'aage de 19 à 20 ans, aiant été appelée au catéchisme et n'aiant esté trouvée aucunement instruicte pour faire la cène, a esté renvoyée : de quoy la mère offencée a dit avec orgueil et injures que sa fille ne viendroit jamais répondre de sa foy. Et après avoir esté advertie de la faulte qu'elle faisoit, et que pour telle rébellion elle se

A l'examen de la foi se joint celui de la vie. Non seulement il faut être de bonne vie et avoir âge de discrétion (douze ans pour le moins, dit la première forme) mais encore avoir « ni hayne, ni rancune, débat ou noise contre son prochain » et en cas d'inimitié s'être réconcilié avec lui. La seconde forme ajoute : « Si quelqu'un est accusé en Justice d'avoir commis quelque crime, il sera exhorté de s'abstenir de la cène jusqu'à ce qu'il soit justifié, » mais elle supprime l'article retranchant du corps de l'Église ceux qui, en ayant longtemps fait partie, ne veulent communier « soit par mépris, soit pour ne point renoncer à leurs idolâtries ».

Le Jeûne et l'action de grâces solennelles (omises dans la première forme), seront célébrés quand le Colloque ou le Synode le trouvera bon, comme un jour de repos avec deux services.[1]

mettoit en danger d'estre excommuniée, a respondu qu'elle ne s'en donneroit peine et qu'elle-mesme en sonneroit la cloche. On est d'advis que la mère sera privée de la cène, et que lorsqu'on publiera sa privation, on déclarera quant et quant qu'on ne tient point sa fille pour chrestienne. » *Coll. G.* 1589. Retranchement de la cène de ceux qui n'assistent pas aux catéchismes. *Ibid.* 1595. — Sur la requête faite par M. Philippe Maret, avocat du roi, d'être reçu à s'adjoindre à l'Égl. de Grouville et à la communication des sacrements, «lui a été répondu qu'il y sera reçu moyennant qu'étant catéchisé par le ministre et trouvé sain de foi et sans reproche quant à sa vie, et se soumettant à la discipline de l'Église maintenant établie par S. M. en ces Iles, le montre par bons effets pour l'avenir. A quoi acquiesçant led. Maret a aussi promis de l'accomplir. » *Coll. J.* 1609.

[1] « A cause de la multitude de nos péchés, temps fâcheux et grands préparatifs que nos ennemis font, par lesquels Dieu nous menace à bon droit de famine et de guerre et d'autres fléaux de sa vengeance, a été avisé qu'il se fera convocation solennelle mercredi 22 en laquelle chacun sera exhorté de s'humilier avec jeusne et prière pour prévenir par vraie repentance les jugements de Dieu, et que pour cet effet le magistrat sera requis de le faire publier au lieu des cris ordinaires. » — « Ceux qu'on connaîtra avoir pris leur réfection ordinaire le jour du jeûne devant l'exercice des prières publiques seront appelés au Consistoire pour être censurés, selon que le fait le requérera. » *Coll. J.* 1596. — Voir aussi *Coll.* de *G.* 1586, 1593 ; *G.* et *J.* 1599 pour le comte d'Essex et l'armée de Flandres, 1600 pour les troubles d'Irlande et 1601. Le jeûne était célébré « l'autorité de M. le gouverneur et de MM. de la Justice y intervenant. »

Aux clauses habituelles pour les mariages, — triple publication des bans, promesses en présence de témoins, consentement des parents, — on a ajouté, en cas d'un refus déraisonnable de ces derniers, « le conseil du consistoire », et, dans la seconde forme, la possibilité d'un recours au magistrat.[1] La cohabitation anticipée entraîne une reconnaissance de la faute. Les mariages ne doivent pas être retardés plus de trois mois, ou de six en cas de voyage lointain.[2] On a rayé de la Discipline de 1597 l'obligation, inscrite dans la précédente, de savoir pour être reçu à se marier les articles de la foi, les commandements de Dieu et l'oraison, mais on a stipulé pour les étrangers celle d'avoir « congé de Mess. les Gouverneurs ou les Lieutenants. » Ce chapitre du mariage contient de plus la liste des « degréz de consanguinéité et d'affinité selon la loy de Dieu », ou plutôt, ainsi que s'exprimait la première forme, « suyvant les us et coustumes du Royaulme ».[3] L'acte des fiançailles revêtait une sérieuse importance : la première Discipline en a conservé le formulaire, emprunté en majeure partie à celui du mariage même dans les autres liturgies réformées et attribuant ainsi le caractère d'indissolubilité aux deux cérémonies.[4]

[1] Un tuteur maternel ne peut empêcher un mariage auquel le père et les parties consentent. *Coll. J.* 1589.

[2] « On fera remonstrance à M. le gouverneur et MM. de la Justice affin qu'ils donnent ordre de fayre pratiquer l'article de la Disc. au titre des mariages.. » *Coll. G.* 1587. — Plusieurs fiancés « ne tiennent compte d'espouser dans le temps porté par la police. On les appellera au Consistoire, puis au Colloque, enfin on fera plainte au magistrat. On en communiquera avec MM. de Justice. » *Coll. G.* 1595.

[3] Celle du *Common Prayer* anglican.

[4] « Les promesses de mariage seront considérées comme valables même si nul pasteur ni ancien n'a été présent. » *Coll. G.* 1588. — Une jeune fille refuse de ratifier sa promesse de mariage.. « s'il n'est parachevé dans la quinzaine on renverra devant MM. de la Justice, afin d'y donner ordre et y mettre fin. » *Coll. G.* 1601. — « La raison alléguée par Sara Bonvalet contre Jean Bibert qu'il n'a point encore fait la cène, et ne luy sembloit capable de la pouvoir instruire en la crainte de Dieu, n'a point esté jugée suffisante

Dans la Visitation des malades (recommandée par la première Discipline à tous les fidèles), « on les admonestera de faire de bonne heure leurs testaments, pendant qu'ils seront de sens rassis, et ce en la présence de leur ministre ou surveillant ou autres gens de bien et dignes de foi, lesquels les signeront ».[1]

On n'enterrera plus les corps dans les temples mais au cimetière.[2] La Discipline de 1576 les faisait accompagner par le ministre ou un diacre, ou l'ancien du quartier, avec ceux du voisinage à la discrétion des parents et amis, mais sans sonnerie de cloches ni pompes, ni prêche, ni prières pour éviter toute superstition. Le rigorisme calviniste a encore surenchéri en 1597, rédigeant cet article : « Les parents, amis, voisins du trespassé, et autant que les parents en voudront prier, et *mesmes*

---

pour rompre les promesses de mariage qu'elle luy avoit faites dernièrement et en présence d'amis : pourtant est lad. Sara exhortée d'accomplir sa promesse et led. Bibert adverti de s'instruire pour pouvoir communiquer à la cène et honorer son mariage quand Dieu l'y aura appelé. » *Coll. G.* 1606. — Les pasteurs voulaient rester juges sans appel en ces matières : à Guernesey ils l'avaient stipulé formellement, et fait accepter par les magistrats. *Ass. gén. de MM. de la Justice et des ministres.* 1589. — Pour un cas de promesses de mariage non tenues le gouverneur de J. proposait une indemnité ; la Comp. répondit : « les promesses sont obligatoires » ; MM. de la Justice demandaient des raisons « fondées en droit divin. »

[1] Le synonyme de « surveillant » pour ancien est significatif. — En cas de peste les ministres pouvaient consoler les malades soit dehors, soit par les fenêtres, « sans toutefois se hasarder de peur de mettre l'Église en danger. » *Coll. J.* 1591.

[2] La coutume d'ensevelir dans les temples se continua quand même à Guernesey, bien qu'il eût été décidé « pour obvier à toute superstition et ambition, à l'incommodité que l'Église à cause des sainctes assemblées pourroit recevoir, au grand danger qui en pourroit advenir en temps de peste, que lesd. corps ne seroient inhumez au temple de St Pierre-Port non plus qu'aux temples des autres paroisses de l'Isle, sans préjudicier à l'authorité et droit de Mgr. le gouverneur, qui, pour sa personne et autres signallez de sa famille en pourra faire ce qu'il verra estre expédient. » *Coll. G.* 1586. — Le Colloque de Jersey de 1603 signale encore « l'enterrement des morts au temple qui se fait à Guernesey. » A Aurigny on payait « deux escus pièce pour être enterré dans le saint lieu. »

les ministres s'ils en ont la commodité, comme membres de l'Église, et frères, non pour le regard de leur charge, non plus que les anciens et diacres, iront conduire les corps pour l'honnesteté de la sépulture. »[1] Pourtant « on n'enterrera les corps des trespassez sans en advertir les ministres[2]... les corps de ceux qui seront morts estant excommuniez ne seront enterrez entre les fidèles sans ordonnance du magistrat » (2ᵉ forme).

L'excommunication : l'arme dernière qui reste entre les mains des autorités ecclésiastiques! « Tous ceux de l'Église sont sujets aux Censures, tant ceux qui ont charge que ceux qui n'en ont point » (2ᵉ forme). Cette Censure a deux degrés : le premier est l'admonition, privée et secrète pour les fautes légères, publique au consistoire si la faute est publique et apporte scandale ; le second l'excommunication : elle aussi a deux degrés, la simple suspension temporaire de la cène[3], ou « le plein et entier retranchement tant de la cène que du corps de l'Église... comme un membre pourry » (1ʳᵉ forme). Ainsi que dans la troisième Discipline de Londres la procédure s'étend sur trois dimanches : le coupable n'était d'abord nommé qu'au dernier, mais la révi-

---

[1] « .. en laquelle on ne fera presche ni prière, et n'y aura aucun son de cloche, ni aucune autre cérémonie. » De crainte de superstition ou d'imitation catholique, le calvinisme en vient à l'enterrement civil.

Aux Iles on luttait encore contre les souvenirs du passé : « Aux enterrements on ne doit pas distribuer de pain ou d'autre don, ni poser sur eux des chandelles allumées .. c'est une pure superstition qui doit estre réprimée pour couper broche à toute opinion de mérite d'invocation pour les trespassez et de purgatoire. » *Coll. J.* 1592 Le *Coll. G.* 1587 interdit avec les chandelles les prières autour du mort dans la maison, « superstitions tant plus dangereuses que les vieux les prennent et les recommandent aux jeunes et que ceux qui en usent, condamnent ceux qui s'en retirent. »

[2] « Nul à l'advenir n'enterrera son mort sans advertir le ministre, ou l'un des anciens ou diacres. » *Coll. G.* 1595.

[3] « La suspension sera publiée seulement en cas d'hérésie, schisme ou autre faute notable dont le consistoire jugera » dit la 2ᵉ forme, article très-aggravé dans la pratique.

sion de 1597 introduisit l'aggravation de nommer le pécheur dès le second et d'interdire l'assistance au culte à ceux frappés d'excommunication. A Lasco eût blâmé une telle rigueur.[1]

Les Assemblées ecclésiastiques « pour la conduite et règlement de l'Église » (2e forme), sont toutes présidées par les ministres : les matières doivent y être traitées et décidées par la Parole de Dieu sans entreprendre sur la juridiction civile; on peut en appeler d'une assemblée moindre à une plus grande, on gardera registre « des choses mémorables ». Le consistoire, « assemblée du ministre et des anciens, où peuvent assister les diacres et les proposants, se réunit tous les Dimanches. Nul n'y sera appelé » (cité) « sans raison et occasion suffisante et après avoir usé de l'admonition particulière », (« sans l'avis du ministre et de deux anciens » complète la 2e forme). La correction des fautes et scandales appartient au consistoire jusqu'à l'excom-

---

[1] « Ceux qui sont excommuniez sont tellement rejectez de l'Église qu'ils ne doivent estre admis ni aux Prières publiques ni à la Prédication de la Parole, » article préparé par la résolution du *Coll. de Jersey* 1596 : « Il sera proposé au Synode scavoir si les excommuniés doivent assister à la prédication de la Parole. » Déjà au *Coll.* de 1582 : « ceux qui boivent et mangent avec les excommuniez et hantent trop familièrement avec eux, non pour les amener de rechef au giron de l'Église . . seront censurez au consistoire . . s'ils ne se départent seront privés de la cène . . s'ils continuent seront excommuniez comme les autres. » Vingt ans après la seconde Discipline, « Colas Roger désire extrêmement (non obstant son excommunication pour ivrognerie et blasphèmes), d'être admis à l'ouïe de la prédication en l'église de St-Sauveur. » On l'admet « séparément d'avec les autres, teste nue et debout, ouïr la prédication de lad. parole, étant conduit aud. lieu de lad. église par quelqu'un des officiers ecclésiastiques chacun Dimanche au matin et au soir, après la confession des péchés et prière pour l'invocation du St-Esprit, quand le prêche se commencera, et par led. officier ecclésiastique ramené hors l'église quand la prédication se parachèvera avant les dernières prières et bénédiction. Et ce pour ce quartier seulement, pour voir quel sera son amendement, faute de quoi on procédera à son excommunication par toutes les Églises de cette isle. » 26 sept. 1617. — Il aggrave sa faute en ce dernier quartier, on le défère au magistrat, « et cependant est retranché de l'ouïe de la prédication. » 28 mars 1618. *Coll. Guernesey.*

munication réservée au colloque. Les censures des mœurs de tous ceux qui assistent au consistoire « voire et des maistres d'École, y est faite amiablement au dernier précedent la cène. »

Les ministres s'assembleront tous les mois une fois « pour proposer, conférer et exposer les uns après les autres la Parole de Dieu. » C'est l'exercice appelé dans les Églises Réformées du temps, et dans certaines Disciplines, « la Prophétie »; mais ce nom, mis trop en relief au moment du conflit d'Élisabeth avec Grindal, aurait pu nuire à un document destiné à passer sous les yeux de la reine.[1] En 1597 la rédaction fut encore abrégée: « Les ministres proposeront la parole de Dieu chacun à son rang et ce une fois chacun mois au jour et lieu qui sera jugé plus commode. » Les actes mêmes parlent ouvertement de la Prophétie, et le colloque de Guernesey en dressa les règles, copiées en majeure partie sur celles rédigées à Londres, par les pasteurs du Refuge de la St. Barthélemy.[2]

Le Colloque, assemblée de tous les pasteurs avec un ou plusieurs anciens de chaque Église, un seul ancien par paroisse ayant voix délibérative, se réunit quatre fois par an, dix jours avant la cène;[3] le Synode tous les ans en l'une des Iles, alternativement, selon la première forme, et seulement de deux en deux ans à moins de nécessité selon la seconde. « Messieurs de Justice seront priés de faire cesser l'exercice des Plaids ordi-

---

[1] Un des articles suivants s'y rapporte : « Tant celuy qui fera la *prophétie* que ceux qui adjouteront à ce qui aura été dit par le ministre proposant et *prophétisant* auront la teste descouverte. » La Discipline de 1596 ne le contient plus.

[2] Voir à l'*Appendice*. — « On advisera du Jeûne à la prochaine Prophétie, » disait le *Coll. de Jersey* du 7 mai 1600, preuve de la continuité de cet exercice.

[3] Ces réunions furent beaucoup plus fréquentes; les Actes donnent aux Colloques supplémentaires le titre d'« exceptionnels. »

naires et extraordinaires ès jours des Colloques et Synodes, afin que ceux qui y doivent assister n'en soient empeschez. »[1]

La modification essentielle apportée en 1597 fut la suppression d'un paragraphe de ce chapitre du Synode voté en 1576 : « Et là sera esleu le ministre d'une chacune Isle qui debvra aller à son tour aux Synodes Généraux de la France, afin de nourrir le consentement et union tant en doctrine qu'en police. Et cela selon le bon advis de Messieurs les Gouverneurs. Ce qui sera fait à frais communs. » Ne faut-il pas voir ici une résolution platonique, et que le refus d'autorisation du gouvernement empêcha toujours de mettre à exécution? Les Actes des Synodes nationaux ne mentionnent point de délégation des Iles de la Manche. Si cet article compromettant aux yeux de l'État disparut dans la rédaction de 1597, il n'en prouve pas moins que les membres du corps pastoral de l'archipel normand continuaient à se regarder comme les associés, sinon comme partie intégrante des Églises Réformées de France.

Les formules de l'installation des pasteurs, anciens et diacres, de l'excommunication et de la réconciliation, insérées dans le corps de la première Discipline, furent reportées à la fin et abrégées dans la seconde.

Après avoir arrêté que les articles pourraient être modifiés dans la suite, mais seulement de l'avis et consentement du Synode, les Gouverneurs des deux Iles et les députés des Églises promirent de les observer, et y apposèrent leurs signatures le 28 juin 1576.[2] Il ne manquait plus que la sanction royale. Elle se fit attendre.

---

[1] Le Coll. de Guernesey renouvelait cette demande en 1591 et 1604 et repoussait la prétention de « M. Le Fevre, juré, prétendant s'excuser de se trouver aux Colloques à cause de sa charge de magistrat : la Compagnie ne trouve point qu'il puisse l'être. »

[2] « La Discipline ecclésiastique sera lue publiquement chaque Dimanche précédant la cène. » *Coll. J.* 1586.

Au nom du Colloque de 1582, La Ripaudière suppliait le gouverneur de Jersey d'en hâter l'obtention, d'autant plus urgente qu'à Winchester le successeur de Horne faisait acte d'autorité à l'encontre de deux décisions synodales. Le Colloque avait résolu de les maintenir quand même et il fut approuvé par le gouverneur.[1] Jusqu'à l'établissement de la forme anglicane à Jersey sous Jacques Ier, il ne devait plus se produire en matières spirituelles d'intervention épiscopale, et les commissaires nommés par les prélats Watson en 1584 et Cooper en 1589, les deux laïques Louis de Vicq et Richard Wigmore, n'eurent à s'occuper que de questions matérielles ou testamentaires.

Le Colloque règne en pleine indépendance et c'est au pouvoir civil, au gouverneur, ou plutôt encore à la Cour royale de chaque île qu'il demande, trop souvent peut-être, de faire respecter ses décisions. Il est vrai que, surtout au début, le gouverneur et son lieutenant, ou l'un d'eux, partagent les responsabilités, en assistant aux sessions ecclésiastiques ; que d'autre part le clergé formant un des ordres admis aux « États » les pasteurs ont voix dans les affaires insulaires générales et peuvent y introduire celles des Églises.[2]

---

[1] « L'un des frères a produit une lettre scellée du sceau de l'évêque de Winchester contenant l'absolution de Marie Buisson excommuniée par l'avis du Synode pour juste cause. Item les fiançailles d'icelle Marie dont la connaissance serait par lad. lettre évoquée devant les officiers dud. Evêque. Icelui frère a demandé conseil et expédient avis. Or, tant par la résolution des Ministres qu'Anciens, a été trouvé que lad. lettre contrevient à la police et discipline de l'Église, à cause de quoi M. le gouverneur a ordonné et aussi enjoint aux ministres de garder la police entièrement jusques à ce qu'ils aient autre commandement. » *Coll. J.* 29 déc. 1581.

[2] « Les ministres se trouveront aux Chefs-plaids pour fayre les remonstrances à MM. de Justice. » *Coll. G.* 1588. — « MM. Wake et Masson proposeront certaines affaires aux Estats. » *Coll. J.* 1590. — « M. le lieutenant a promis de remontrer aux Etatz que selon la façon ancienne et pour le bien des paroices les Pasteurs desd. paroices soient appelez aux Etatz. . MM. Du Gravier et Guyneau se présenteront aux Estatz au nom des Églises. »

Mais dans leur désir de purifier les troupeaux du moindre ferment mauvais, de faire de toutes leurs ouailles des chrétiens pratiquants et irréprochables, ils ont surpassé en sévérité leurs collègues des autres Églises du Refuge. C'est ainsi qu'ils n'hésiteront pas à renvoyer la communion de trois mois quand les fidèles ne leur sembleront pas assez instruits pour y participer[1]; qu'ils présenteront au magistrat « ceux qui ne veulent se ranger, » et feront enfin publier « que ceux qui ne font pas ouverte et entière profession de la Religion par l'ouïe de la parole et administration des Saints Sacremens seront chassez hors de l'Isle après cognoissance de cause. »[2]

Les Actes des Colloques portent à chaque page la trace du recours à l'autorité temporelle, qu'il s'agisse dans l'ensemble de resserrer à nouveau les liens de la discipline et d'en mieux faire respecter les ordonnances trop négligées[3], ou dans le

Coll. G. 1591. « Députation de M. Roullées aux Chefs-plaids. » *Ibid.* 1601, de même en 1603 aux deux Colloques. — Voir aussi le relevé des assistants aux séances des États. *Actes des Estats de Guernesey.*

[1] « La cène est différée jusques au premier Dimanche d'apvril, en raison que la pluspart du peuple n'a point esté encore catéchisé, et que de ceux qui ont esté catéchisés il y en a plusieurs qui ne sont pas encore propres, qui ont envie de faire leur devoir de l'estre bientost et mesme qu'il est nécessaire de voir la pratique de la religion, suyvant l'ordonnance de MM. le gouverneur et la Justice, devant que de la faire. » *Coll. J.* 25 déc. 1590.

[2] Le *Coll. de G.* du 27 juin 1589 décidait « que ceux qui se monstrent totalement désobéissans à l'ordre establi pour les catéchismes et participation du sacrement seront déclarés au magistrat affin qu'il y pourvoye et que l'Église en soit repurgée, et quant aux consistoyres ils déclareront ceux qui sont tels n'estre tenus ne reputés chrestiens. » Dans la session de sept. on annonçait la publication des billettes les menaçant d'expulsion. — « Les ministres, un chacun en sa paroisse, feront note du nom de ceux qui ont esté entre eux quelque temps sans faire la cène et qui ne se sont point rangez à aucune Église, laquelle note ils bailleront au procureur du roy afin d'y faire pourvoir. » *Coll. G.* 1602.

[3] Remontrances à MM. de Justice, Guernèsey, 24 sept. 1585. — Remontrance faite par le Colloque à MM. de Justice pour leur demander de tenir la main pour que le peuple observe les ordonnances, et analyse de ces huit ordonnances, *Coll. G.* 22 déc. 1587, *Ibid.* sept. 1600. — « Chaque consis-

détail, d'imposer la stricte observation du Dimanche[1], voire l'assiduité au culte[2], châtier les écarts de langage ou de comptoire, après avoir fait devoir par les censures de l'Église de faire ranger les délinquants qui sont en leurs paroisses, s'il s'en trouve entre eux de rebelles, apporteront au procureur le nom d'iceux afin que justice soit faite. » *Ibid.* 1600 ; ceci s'applique peut-être aux délits communs.

[1] « L'Église fera son devoir de prier le magistrat que le Dimanche ne soit point profané pour aller aux moulins. » *Coll. J.* 1579. — « Messieurs de la Justice seront priez de donner ordre que les Dimanches ne soyent point prophanés : Par jeux de quilles, de palet, danses et autres, Par les tavernes, Par les moulins, Par ceux qui sont hors le temple durant les presches et administration des sacremens ; outre plus de réprimer les desguisemens de nuict : Finalement de renouveler l'ordonnance qui avoit esté faicte que de chacune maison vint une personne aux presches qui se font sur la sepmaine, et qu'un chacun au dimanche se trouve en sa paroisse soir et matin autant que faire se pourra. » *Ib.* 1586 : Supplication sera présentée aux États de donner ordre qu'il ne se passe aucun banquet de noces, baptême, relevailles ou autres le Dimanche. *Ibid.* 1586. — « A cause de la prophanation et abus détestables qui se comettent les jours de Dimanche à l'occasion des banquets . . on décide que nul mariage ne se célébrera dorénavant sinon aux mercredis et vendredis — on demandera aux gouverneurs et MM. de Justice de confirmer ce saint advis. » *Ib.* 1592. — « Le gouverneur et MM. de Justice sont priés de donner ordre que les Dimanches ne soient pas prophanés par les tavernes et marchés, suyvant l'heureuse pratique qu'on a vue sous le gouvernement de sir. Am. Pawlet. » *Ib.* 1595. — « Ceux qui seront trouvés avoir gerbé au dimanche seront par les connétables de leurs paroisses présentés au magistrat pour en répondre et en attendant le jugement seront suspendus de la cène. » 1602. — Nouvelles plaintes aux États, 1608.

[2] « Les connestables seront exhortés de faire assister le peuple aux sermons depuis le commencement jusques à la fin, et de remarquer les défaillants. » *Coll. J.* 1585. — « M. le gouverneur a accordé une billete par laquelle sera de rechef fait commandement à tous les habitantz de l'Isle se trouver en leurs paroisses dès le commencement du sermon, surtout aux Dimanches. Et que chacune personne d'aage capable ait à participer au saint sacrement de la cène ou déclarer en temps au ministre ou ancien de sa paroisse la cause qui l'empesche, » *Coll. G.* 1586. — « Deux pasteurs prieront aux Chefs-plaids MM. de la Justice de faire garder les lois à ce que le peuple se trouve au presche sur sepmaine, et faire esclarcir l'ordonnance qui permet aux diacres de prendre des biens des deffaillans selon lad. ordonnance. » *Coll. G.* 1594. — « A cause du mespris qu'on void de la Parolle de Dieu il est advisé que les amendes ordonnées par Justice seront levées sur ceux qui défaudront à venir, ou envoier une personne capable de profiter, aux presches sur semaine, et les anciens seront chargez de mettre par escrit

duite[1], réprimer l'oisiveté et le vagabondage.[2] Comptant, comme un droit, sur l'aide du pouvoir civil, législateur ou justicier, on va jusqu'à en contrôler les jugements, à en signaler les lenteurs[3],

ceux qui s'y trouveront pour bailler aux connétables, afin que les amendes soient levées sur les défaillants. » *Ibid.* 1598. — « Sera proposé aux Estats qu'il soit donné ordre qu'au jour du sabbath un chacun se trouve au presche soir et matin. » *Coll. J.* 1603.

[1] Les séparés, femmes et maris, en cas de non-réconciliation devant le consistoire, seront privés de la cène et dénoncés au magistrat. *Coll. J.* 1593. — « Le magistrat est prié de réitérer les défenses contre les desbordements, danses, jeux de portes et autres. » *Ib.* 1595. De même contre ceux qui dansent « on remontrera à Mgr. le gouverneur pour faire faire commandement à MM. de la Justice d'y donner ordre. » *Coll. G.* 1596, 1598. — Demande aux États « de punir un qui a accusé son ministre d'avoir presché doctrines scandaleuses. » *Coll. G.* 1601. — « MM. de la Justice sont priés de voir que l'amende imposée contre les blasphémateurs soit employée pour l'avancement du collège. » *Ibid.* 1602. — « Le magistrat sera prié de faire rechercher des livres pleins d'erreur, comme Bibles et N. Test. et autres concernant la religion », 1593 et 1605. « Requête sera présentée à M. le lieutenant, à M. le bailly et à MM. de la Justice, à ce qu'il leur plaise prendre connaissance des familles tout entières qui ne font aucune profession de religion. Item des étrangers, hommes et femmes qui entretiennent le peuple aux superstitions de la papauté, et des livres erronés et abusifs concernans la religion, cause de plusieurs désordres en cette Ile. » *Ibid.* 1608.

[2] « MM. de la Justice sont priés de donner ordre que chaque paroisse fournisse à l'entretien de ses pauvres, que les pauvres qui peuvent travailler soient contraints au travail, les autres entretenus pour n'être pas forcés de mendier. » *Coll. J.* 1595 et 1585. — « MM. les Etats seront priés, au nom de cette Compagnie, de contraindre au travail un tas de fainéants qui par leur paresse et oisiveté sont en charge à la république. Et d'ordonner punition rigoureuse aux ivrognes, et clore la main aux prodigues qui dissipent en gourmandises et buveries toute leur substance amenant à pauvreté extrême eux, leurs femmes et leurs enfants, et pour cet effet diminuer le grand nombre de tavernes de cette Isle et ne recevoir pour tavernier sinon gens desquels la prudhomie soit bien connue. » *Ib.* 1602.

[3] « Au cas où le magistrat différera par trop à prononcer sur les personnes accusées.. il sera solicité et *requis* d'en faire son devoir. » *Coll. G.* 1586. « Complainte a été faite de ce que Justice ne fait son devoir.. » *Ibid.* 1600. — Réclamations auprès des États pour faire punir des coupables. *Coll. J.* 1601. — « Admonition faite en Synode à M. le gouverneur touchant l'hérétique Beldin qui est retenu ès prisons de S. M. en cette île sans être autrement appelé ni poursuivi »; on lui demande de s'en souvenir, « à ce que toute occasion de scandale soit ôtée tant aux étrangers qu'aux domestiques. » *Ibid.* 1605.

à les compléter par des peines ecclésiastiques [1], à citer à nouveau et parfois à condamner en consistoire ceux que la Justice avait absous [2], à menacer même des peines de l'Église les agents officiels trop peu zélés au gré des impatiences ou des exigences pastorales. [3]

[1] « Ceux qui par leurs ministres estans reprins pour superstition, ou pour leur tard venir, ou quelque autre faute, les auront rebecqués publiquement, feront recognoissance publique quoy que le magistrat y ait passé. » *Coll. J.* 1586. — « Ceux qui auront été convaincus devant justice d'avoir couru de nuit en réverie, masqués et embastonnés, dont sortent une infinité de débauches et scandales seront déclarés publiquement privés de la cène.. » *Ibid.* 1599. En 1587 après punition publique de quelque crime on était dispensé du témoignage public de repentance, mais non de l'appel devant le consistoire et de la reconnaissance que le châtiment avait été infligé « à bon droit. » *Coll. G.*

[2] On menace d'excommunication ceux qui ne veulent pas reconnaître leurs fautes, « *dont une femme qui a obtenu son pardon de la reine.* » *Coll. J.* 1594. — « La Compagnie a jugé estre équitable que Martin Girard face recognoissance publique pour larcin dont il a obtenu pardon de Sa Majesté. » *Coll. G.* 1598. — « Les ministres recevront des mains des connestables des paroisses les billets de ceux qui pour crime ou scandale public ont été présentés à M. le gouverneur en sa visite, et desquels la Justice s'est réservé la connaissance, lesquels incontinent après que la Justice y aura pourvu, seront poursuivis par les censures de l'Église, soit de recognoissance publique de leur faute, ou d'excommunication s'ils n'obéissent aux advertissemens de l'Église et amendent leur vie. Et quant à ceux qui pour ignorance ou mespris ont esté présentés en lad. visite, *lesquels la Justice a encore pour un temps espargnés*, seront appellés en Consistoire, auxquels temps ayant été donné par led. Consistoire aux ignorans de s'instruire selon les voyes qui leur seront monstrées, aux mespriseurs d'escouter l'Église et obéyr aux advertissemens d'icelle, s'ils ne le font dans le temps qui leur sera limité, seront pareillement poursuivis par les censures de l'Église jusqu'à l'excommunication. » *Coll. J.* 1594. — Grande discrétion à observer avant d'admettre à la cène les personnes suspectes de sorcellerie ou autres qui auraient été présentées en justice pour crimes, « *et néanmoins déchargées par enquête.* » *Ibid.* 1606.

[3] « Veu les insolences et desbordemens qui sont par trop communs en ceste Isle par la négligence des connestables et officiers, la Compagnie est d'advis que ceux qui n'auront fait debvoir de réprimer telles insolences seront privez de la cène. » *Coll. J.* 1589. — « Les connestables seront advertis de faire meilleur debvoir pour faire ranger le peuple aux presches. » *Coll. G.* 1592. — « Les con. seront advertis de faire leur devoir sous peine de plainte aux magistrats par les ministres. » *Ibid.* 1602.

En dehors de son fréquent appel au bras séculier, l'action directe du Colloque s'exerce sur les délinquants par l'imposition de la reconnaissance privée ou publique[1], par leur exclusion de la cène[2], ou par l'excommunication[3], dont la menace

[1] «Jean Héraut, coupable de profond dormir provenant d'excès de boire, scandale donné à toute l'Église durant tout le presche du soir, reconnaît sa faute devant le Colloque; le ministre avertira l'Église publiquement de sa repentance.» 1601. — «Un ancien a juré par le sang dieu : il sera déchargé et fera reconnaissance publique; toutefois il n'est pas jureur ordinaire; il sera à la discrétion du consistoire d'user de quelque modération.» 1602. — «Gille Roussier et Marie Godefroi, ayant présenté attestation sous le signe du ministre et anciens de l'Église réformée de Plouer en Bretagne, par laquelle il est attesté qu'ils ont reconnu leur faute en lad. Église pour s'être mariés à la messe, et ont été reçus à la cène du Seigneur, il a été trouvé bon que cette attestation soit lue publiquement en l'église de Grouville en leur présence, ratifiants le contenu d'icelle et demandants pardon de tous les scandales qu'ils ont commis par cy-devant.» 1611. — Repentance pour un mariage célébré en Angleterre. *Ibid.* 1614. Reconnaissance publique pour avoir assisté à la messe à l'étranger. *Coll. G.* 1610.

[2] «Les taverniers qui auront, contre l'ordonnance de justice, tenu tavernes devant, durant et entre les presches et la nuit, ne seront point receus à la cène.» *Coll. J.* 1591. — Nicolas du Prey et sa femme sont retranchés publiquement de la cène prochaine, lui pour être un ivrogne ordinaire, elle pour tenir taverne ouverte le Dimanche . . et faute de changement et repentance on les poursuivra au prochain Colloque, où il leur est recommandé de se représenter, par une plus griève censure. Après la confession de Jeanne, femme de Souslemot, d'avoir répliqué son pasteur publiquement en chaire dont serait suivi un grand scandale et trouble en l'église, ladite est retranchée de la sainte cène . . Il est commandé à Nicolas de la Haye et à sa femme tenir ménage ensemble et vivre en amitié; car advenant qu'entre ceci et la cène prochaine ils ne se réconcilient, seront l'un et l'autre retranchés publiquement de la cène.» *Coll. J.* 1612. Les plaideurs sont exclus de la cène tant que dure le différend. *Coll. G.* 1606. Retranchements de la cène de femmes pour s'être entre-injuriées, «jusques à ce qu'on voye fruictz de repentance et charité en eux; pour avoir jeté des pierres la nuit contre une porte; pour avoir dit du mal les uns des autres; pour s'être mal comporté envers sa belle-mère; pour paroles scandaleuses..» 1631-1633. *Actes du Cons. de Saint-Martin de G.* Voir aussi extraits des *Actes du Cons. de Saint-André* publiés par le Rev. Lee à la suite de la Discipline.

[3] «Philippine Richarson ne voulant absolument renoncer la messe, après plusieurs advertissemens qui lui en ont esté faits, la Comp. est d'advis qu'elle soit derechef appelée au consistoire, et au cas qu'elle ne fera son debvoir,

répétée n'est pas toujours suivie d'exécution[1]. Relevant dans ces Actes quelques détails caractéristiques, on constate : l'observation scrupuleuse du Dimanche[2], de l'exactitude au

qu'on procède contre elle selon la Discipline par l'excommunication. *Coll. J.* 1589. — « Les blasphémateurs du nom de Dieu et enfants rebelles à leurs parents, s'ils ne se repentent seront nommés publiquement és jours de cène, et s'ils ne s'amendent excommuniés. » *Id.* 1596. — « Le consistoire de Sainte-Marie poursuivra par excommunication les taverniers pour avoir tenu taverne un Dimanche contre l'ordonnance de Dieu et de Justice, et ne s'être voulu ranger pour quelques admonitions qui leur aient été faites. » 1603. — Excommunication décidée contre Legendre et Tourgis pour adultère, « laquelle sentence leur ayant été prononcée, a été commandé au consistoire de l'effectuer. » 1609. — « Nicolas de Prey, ivrogne ordinaire, n'ayant montré depuis la dernière cène fruits de changement en sa vie et conversation, temps d'épreuve lui est donné une fois pour toutes jusqu'au prochain Colloque et faute de changement on procédera à l'excommunication. » 1612.

[1] Longue procédure et délais successifs dans l'excommunication pour brouille de ménage des époux Corbin. *Coll. G.* 1690-1591. — Consulté par Jersey sur une procédure d'excommunication, Guernesey ajoute : « On les prie qu'il leur plaise délayer l'exécution de lad. sentence aussi longtemps qu'ils pourront, et que cependant celuy qui a failly soit sérieusement exhorté, et par le Colloque et par quelque consistoire, pour tascher de le ramener au droit chemin. » *Ibid.* 1606. — Un ménage, poursuivi deux Dimanches consécutifs par l'excommunication, se réconcilie avant le troisième et décisif; « le ministre déclarera en public leur réunion; ils advoueront en se tenant debout devant la congrégation. » *Ibid.* 1608. — « Ordre d'excommunier comme vrai contumace et rebelle à Dieu Jacques Pain qui a abandonné sa femme et refusé de comparaître, s'il ne se range à son devoir d'ici au 1er février. » *Ibid.* 24 déc. 1613. — Le consistoire de Grouville demande un délai avant d'exécuter cette sentence d'excommunication, 25 mars 1614. — Jacq. Pain s'est rendu au Colloque; il y a espérance de réconciliation; la sentence est encore différée jusqu'au Coll. prochain. 25 mars, 2e séance. » *Coll. Jersey.* — Sentence d'excommunication prononcée par le Colloque mais demeurant suspendue. *Coll. G.* 1616.

[2] Etaler pain ou poisson est dit : « par forme d'advis » être une profanation du sabbat. *Coll. J.* 1598. — « Les officiers, tant civils qu'ecclésiastiques, qui vont à la taverne au dimanche contre l'ordonnance de Justice, après avoir esté admonestés au consistoire, s'ils ne s'en abstiennent seront privés publiquement de la cène (auquel article sont comprins aussy toutes autres personnes). » *Ibid.* 1599. — Ceux qui jouent au Dimanche « contre l'ordonnance des Estats », seront privés de la cène « et au reste seront advertis tous pères et mères de famille de retenir leurs domestiques en devoir tout le jour du Dimanche, à

culte[1], et de la participation à la cène[2], les mesures prises contre les superstitions, contre le catholicisme, et tout ce qui paraît s'y rattacher[3], celles contre les sorciers[4], le souci spiri-

peine d'en répondre eux-mêmes. » *Ibid.* — « On proposera au Synode si les bannies et venditions qui se font au temple au jour de Dimanche des froments des trésors » (affermages et ventes des blés des propriétés consistoriales), « ne doivent pas estre retranchées comme une profanation du sabbat. » 1604. — Retranchement de la cène « pour avoir couppé des buissons dans son courtil avec une faucille et paré le long de son fossé, à plein jour le Dimanche, chose insupportable contre les saints commandements de Dieu. » 1631. *Actes du Cons. de Saint-Martin de G.*

[1] « Ceux qui viendront trop tard au presche le jour de la cène ne seront reçus avec les autres; ceux qui s'en seront allés sans attendre l'action de grâces, s'il n'y a nécessité urgente, seront appelés au consistoire pour estre censurés. » *Coll. J. et G.* 1598.

[2] « Chacun consistoire fera un Catalogue, tant des noms de ceux qui ne communiquent à la parole ni à la cène, que aussi du temps qu'il y a qu'ils s'en privent ou en sont privés par leur mauvaise vie, pour en faire rapport au Colloque. » *Coll. G.* 1604, *Coll. J.* 1606.

[3] « Les ministres et anciens visiteront les familles pour remarquer ceux qui sont encore addonez aux superstitions de la Papauté, lesquels seront privez de la cène jusqu'à ce qu'on les voye réformez. » *Coll. J.* 1588. — « Sur la plainte de M. Baudouin qu'il y a en ceste Isle plusieurs livres dangereux, *la Vita Christi* et autres qui y sont portés par de petits merciers venus de Normandie, on avise qu'un ancien de chaque paroisse accompagné d'un connétable, feront recherche ès maisons les plus suspectes, saisiront les livres et les remettront au ministre. Au cas qu'on refuse de les leur bailler, advertiront le magistrat qui a promis y porter la main. » *Coll. G.* 1602. — « Ceux qui ont publiquement dansé le 1er jour de mai seront publiquement suspendus. » *Coll. J.* 1602. — « Trouver quelque moyen expédient pour le magistrat d'abolir la solennité superstitieuse que le peuple se licencie d'observer le 1er jour de mai au grand scandale de notre profession chrétienne et réformée ». *Coll. J.* 1603. — Défense de prier pour les morts, ou de prier dans les églises en dehors de la congrégation. *Coll. G.* 1587. — Répandre le restant de l'eau du baptême, pour empêcher qu'on ne s'en serve contre la fièvre. *Ibid.* 1607.

[4] « Vincent Nyon qui continue à deviner et se mesle de guérir des fiebvres par charmes sera déféré à la Justice. Et tous ceux et celles qui ont eu recours à luy ou aultres semblables seront appelez aux consistoires lesquels cognoistront de la qualité des faultes qu'ils auront faites. » *Coll. G.* 1592. — « Sur ce que la Compagnie a esté informée que c'est un mal trop commun en ces Églises que plusieurs ont recours aux sorciers en leurs afflictions, les uns les

tuel des prisonniers et des condamnés[1], et des dispositions spéciales pour les marins[2].

On le voit, rien n'a été négligé pour rendre, de gré ou de force, tous les membres du troupeau, c'est à dire tous les habi-

priant, les autres les battans ou leur donnant quelque chose pour avoir secours d'iceux, la Compagnie ordonne qu'il sera procédé à l'encontre d'iceux suyvant les ordres autrefois establis sur ce fait par le Colloque. » *Coll. J.* 1611.

La croyance aux sorciers se perpétuait dans le peuple, fortifiée par les jugements des tribunaux civils. Berry assure qu'on brûla sous ce chef à Guernesey de 1598 à 1634 neuf femmes et deux hommes. Quick décrit le supplice d'une « sorcière de quatre-vingts ans » en 1640. *Icones. Life of M. Fautrart.*

[1] « Dorénavant tant le ministre de l'Église de laquelle sera le criminel que le ministre de la ville accompagneront led. criminel jusqu'au lieu du supplice, pour le consoler et faire prière pour lui, sans forclore ceux qui voudront user de mesme charité envers lui. » *Coll. J.* 1596. — « Les ministres visiteront les prisonniers de leurs Églises une fois en quinze jours, accompagnés des diacres, pour leur administrer quelques secours, et au cas que leurs Églises n'y puissent fournir, demanderont secours des autres Églises. » *Ibid.* 1602.

[2] « . . Les pescheurs ne doivent partir au Dimanche mais attendre au lundi matin. » *Coll. G.* 1596. — « On proposera au Synode la censure de ceux qui emploient la nuit du Dimanche ou partie d'icelle à la mer. » *Coll. J.* 1600. — « MM. de la Justice seront priés et les consistoires exhortés de reformer l'abus détestable qui se commet en imposant aux navires et batteaux noms propres à Dieu, ou aux saints personnages, et bref toutes cérémonies superstitieuses et vraies singeries du saint baptesme. » *Ib.* 1602. — « Chacun consistoire exhortera tous mariniers de sanctifier le sabbath en tous lieux où ils se trouveront et principalement ceux qui voyagent en la Terre Neufve. » *Ib.* 1607. — « Sur la proposition faite aux noms de plusieurs gens de bien qui voyagent à la Terre-Neuve et ne peuvent attendre le temps ordinaire de la cène, qu'il fût pourveu par quelque moyen à ce que, devant leur partement, ils y puissent communiquer. Le Colloque, considérant leur saint désir, et la liberté que Dieu nous donne, a donné permission à l'Église de St Brelade (d'avancer) d'autant de temps qu'il sera expédient le jour de la cène d'avril, afin que tant ceux de lad. Église que de toutes autres qui font led. voyage puissent communiquer à la cène devant leur partement. Ceux des autres Églises apportans attestation de leurs ministres. » *Ib.* déc. 1611. — Un père et ses trois fils sont retranchés publiquement de la cène et nommés à l'Assemblée du haut de la chaire « à cette fin que chacun y prenne exemple », pour « avoir esté sy hardis que d'avoir à plein jour de Dimanche à la mer, dans leur bateau, levé leurs applaitz, par deux fois. » Déc. 1630. *Actes de Saint-Martin.*

tants des Iles, purs et irrépréhensibles devant Dieu. Il en doit résulter d'autre part, pour le corps pastoral, une situation singulièrement prépondérante. S'ils ont besoin des magistrats, les ministres ne sont-ils pas cependant juges de la foi individuelle de ces magistrats eux-mêmes? Bien qu'ils aient étudié et relevé avec soin, à Guernesey, dans un curieux mémoire, « *ce qui est commun aux deux gouvernements, en quoi ils diffèrent et ce qui est proprement du devoir de l'ung et de l'autre*[1] », ils n'ont pas reculé devant la suspension de la cène infligée aux fidèles qui, dans leurs discussions s'adresseraient, non au consistoire, mais aux tribunaux civils[2].

[1] « Discours fait par les Ministres en l'assemblée de MM. de la Justice, Du magistrat et du ministère ecclésiastique. » *Actes du Colloque de G.* Janvier 1589. On y trouve ce passage : « Le magistrat estant considéré en sa personne il est certain qu'il est subject à la jurisdiction ecclésiastique. » A l'*Appendice*.

[2] « Ceux qui pour injures et querelles ont recours au magistrat demeurent suspendus de la cène tant que leur différent soit vuidé, et non seulement eux mais tous autres qui comme parties s'entremesleront au procès pour soustenir la cause. » Coll. G. 1606. Peut-être auront-ils réussi à rendre ainsi les procès moins nombreux.

CHAPITRE XIX

L'INDÉPENDANCE PRESBYTÉRIENNE SOUS ÉLISABETH.

Le secrétaire du Synode de 1576 relevant dans les copies de la Police et Discipline un certain nombre des principales signatures, ajoute « et plusieurs autres ». Parmi ces autres ont figuré, puisque tous les pasteurs ont dû la souscrire, les jersiais Ed. Hamon et Ed. de Carteret, et dix pasteurs français, demeurés dans les Iles après la paix de 1577 avec neuf de leurs collègues et compatriotes dont les noms sont au bas du document.

Les ministres réfugiés non pourvus de paroisses retournèrent en France, suivis bientôt même par ceux en fonctions dans les Iles, mais que leurs Églises reconstituées réclamaient avec insistance. Berny et Quesnel repartirent aussitôt pour Vitré et Coutances ; L'Houmeau se prolongea jusqu'en 1579, malgré l'appel du Synode provincial de Bretagne[1]. A Guernesey restèrent

---

[1] « Il sera exhorté et averti par MM. Merlin et Berni de venir visiter son troupeau et essayer de le recueillir comme il l'a souhaité. 26 déc. 1577. » *Actes du Syn. de Châteaubriand.*

avec lui Baudouin, Marin Chrestien dit Bonespoir, Leroy dit Bouillon, Effart, Milet, Leduc et Alix ; à Jersey, de la Ripaudière, Pierre Henry, Th. Bertrand, Julien Dolbel, Guil. Eschard, Guill. Bonhomme, Pierre de la Place, Laurent Masson, Ed. Hérault. Mathieu de la Faye, sieur de la Vigne, et Claude Parent, qui siégèrent avec les précédents au Colloque de Jersey du 19 octobre 1577, occupant les postes de St.-Laurent et de Grouville, durent retourner en France au moins après le traité de Fleix. En 1583 les vacances s'étaient multipliées au point d'obliger le Colloque à confier double paroisse à cinq pasteurs sur six [1].

Possédant une Discipline officiellement sanctionnée et appuyée, une organisation synodale complète et régulière, un corps pastoral éprouvé, le groupe ecclésiastique des Iles de la Manche semblait appelé à un développement évangélique et continu. Ici encore le côté humain a trop souvent pris le dessus. Au Synode de Guernesey de 1583 [2], où les diverses Églises sont représentées, succéderont treize années de rupture entre les deux Colloques et d'interruption de ces assemblées plénières. Les Actes reproduisent les longues correspondances échangées pendant cette scission doublement fâcheuse entre anciens collègues de

---

[1] Hérault, St-Clément et Grouville ; Henry, St-Hélier et St-Sauveur ; Menier, St-Jean et St-Laurent ; P. de la Place, St-Ouen et St-Pierre ; Masson, La Trinité et St-Martin ; Bonespoir, Grouville. — Franc. Le Broc, proposant, consacré et pourvu en déc. 1580 de la paroisse de St-Laurent, paraît l'avoir occupée peu de temps ; en déc. 1583 Josué Bonhomme, sans doute fils de l'ancien min. du Val-de-Sers, recevait l'imposition des mains et déchargeait Menier de cette même Église.

[2] « MM. de la Ripaudière, Wake, Dangy (alias Henry) et Masson sont élus pour aller à Guernezé au Synode, et en cas que M. de la R. seroit malade, M. de la Place ira en son lieu et seront accompagnés des anciens des paroisses dont les ministres demeurent ici, de chacune paroisse un ancien. » Coll. J. 29 mars 1583. C'est la dernière mention dans les Actes du sieur de la Ripaudière ; son décès aura laissé vacante l'Église de Ste-Marie, confiée l'année suivante à Baudouin.

France soumis à une même tribulation. L'indispensable résumé de ces pénibles divisions fournira quelques noms à l'histoire du Refuge.

En 1584, Nicolas Baudouin, l'organisateur de l'Église réformée de Guernesey, attaqué par un de ses collègues, dénoncé à l'évêque et blâmé par le gouverneur pour avoir trop vigoureusement frappé d'excommunication le lieutenant Carey, quittait l'île et offrait, le 27 mars, ses services au Colloque de Jersey. Muni d'une attestation de Walsingham, il recevait, le 25 septembre, le poste de Sainte-Marie [1], qui venait de perdre le vieux Morize de la Ripaudière.

Mais l'année 1585 apportait, et au delà, à l'archipel normand les forces spirituelles qui avaient commencé à lui faire défaut: la Ligue et l'Édit de Nemours du 7 juillet, expulsant de France les pasteurs, les précipitait de nouveau vers ces îles favorisées du ciel, où plusieurs d'entre eux avaient déjà exercé leur ministère. Un prince du sang, le troisième Condé, après la tentative

---

[1] « Comme ainsi soit que diverses informations contre M. Nicolas Baudouin, ministre de la parole en l'Ile de Guernezé sont par ci-devant présentées à feu révérend père M. L'Evesque de Winton par Jean et Louis de Vicq et Nicolas Caraye le Jeune, tant au nom de Nicolas Caraye son père que d'un autre ministre de lad. Ile nommé Pierre Leroy de Bouillon. Combien que par plusieurs raisons j'ai conseillé led. Baudouin de se retirer de lad. charge pour éviter inimitié et semblables inconvénients qui par chaque moindre chose pourroient estre ressuscitez au préjudice du repos de lad. Ile. Néanmoins afin qu'on ne soupçonne que le partement dud. Baudouin hors de lad. ile soit pour aucun crime prouvé ou en vie ou en doctrine, je lui ai accordé cette mienne lettre d'attestation qu'en l'examination des choses à lui imputées aucun crime ou faute n'a été prouvé ou en vie ou en doctrine. Et partant il pourroit estre reçu ailleurs pour exercer son ministère, comme il prie ceux qui font profession de la religion chrétienne de lui favoriser et aider où ils pourront et de le recevoir avec toute douceur et comme homme de bien et ministre de l'Église, en témoignage de quoi je, François Walsingham, chevalier secrétaire et conseiller d'état de S. M. ai soussigné cette présente et mis le sceau de mes armes à Westminster le 12e de fév. l'an de grâce 1584, le 26e du règne de Notre Souveraine dame Élizabeth par la grâce de Dieu reine d'Angleterre, France et Irlande. » *Coll. de Jersey.*

avortée sur Angers, passait une année à Guernesey[1]. D'autres religionnaires moins en vue avaient cherché le même asile et y étaient encore en 1588[2] : c'est la dernière émigration huguenote collective dans les îles de la Manche, le gouvernement anglais y ayant ensuite mis obstacle. Quelques familles françaises se décidèrent à ne plus quitter ce refuge, où elles avaient retrouvé, avec la sécurité, leur langue natale et leur culte[3].

Vingt-deux ministres restèrent provisoirement à Jersey : comme anciens réfugiés revenus :

DE LA FAYE sieur DE LA VIGNE, CLAUDE PARENT, TOUSSAINT LE BOUVIER, DE CHAUMONT.

[1] L. de Condé à Burleigh, British Museum : dans la suite du prince, le chef huguenot François d'Avantigny. *France Prot.*, 2ᵉ éd. I, 600. — « Condé était fort triste et comme bloqué dans cette petite île par le manque de ressources, lorsqu'il vit arriver deux vaisseaux parfaitement équipés qui le venaient quérir. Ce secours inattendu lui était envoyé de La Rochelle par une noble demoiselle qui avoit à peine dix-sept ans ; Charlotte de la Trémoïlle, » sa fiancée. — Duc d'Aumale. *Histoire des princes de Condé*, II, 153.

[2] « *Roolle de ceulx de la vicomté de Coustances qui sont repputés estre aux Isles par les attestations qu'ilz ont envoyé*, 23 nov. 1588, renfermé dans un même cahier avec la liste de ceux qui ont abjuré, suivant l'édit de 1585, de ceux qui sont reputés porter les armes contre le roy, et des femmes qui ne vont à leur messe. — Bibl. nat. *Fonds pr.* 11,941, *anc. Supp. fr.* 5294. Le rôle en contient trente-huit ; parmi eux : « les pasteurs La Benserye et le Bouvier, Marc le Moigne, prestre regnyé de Ganeray, Simon de Pienne sieur de Moigneville (y est décédé), Pierre le roy du Lorey, Mᵉ Jean Bonfort de Muneville sur mer, Charles de Campront escuyer dict Sᵗ Ylaire, Jean Richier escuyer dict la Huetière de Ceprisy, Jean Broc dict Seyennerie, de Saulcy, Mᵉ Jean de Roy dict le Manoir, de Coutance, Jacques de Sancey, escuyer, sieur de Montchaton.., » Deux de ces réfugiés étant « retournés et appréhendés », Michel le Conte de Sᵗ-Denis le Gast, « constitué prisonnier s'est réduit et néanmoins condamné en amende », Christophe Manger, de Chautellon (?), « pour ce qu'il ne s'est voullu réduire a esté battu de verges par trois jours de marché, la corde au coul et banny à perpétuité et ses héritages confisquez. »

[3] A Guernesey les familles maintenant éteintes : Fautrard (venue vers 1568), Fiot, Peschard, Dobrée et Lefèvre de Vitré, Bouillon de Dinan, Hubert et Lainé de Normandie. *Guernesey Magazine*, juillet 1873.

II

comme nouveaux :

SILO LE CERCLER, sieur de Chambrisé, min. de Blain ;
JACQUES GUYNEAU, m. de Sion ;
CLÉMENT MAHOT, m. de Pleugneur ;
CLAUDE CHARRETIER, m. de Ploërmel ;
AIGUES HAY, m. de Crocy ;
GILLES GAUTIER, dit la Benserie, m. de Caen ;
JEAN BAUDART, m. de Siqueville ;
JEAN BAUDOUIN, m. de Chefresne ;
OLIVIER L'ARCHER, m. de Chassegay ;
JEAN GYOT, m. de Briqueville ;
ARTHUR L'ESCALIEZ dit Balandry, m. du Hâvre ;
JEAN DU VAL, m. de Ducey ;
ROBERT LE CESNE, m. des Vées ;
GILLES DE HOUSTEVILLE, m. de Verrières ;
FRANÇOIS OYSEAU, m. de Nantes ;
JEAN BIHAN, m. du Croisic ;
LA FRESNES ;
LA VILLETTE.

Le Colloque confia des paroisses à quatre d'entre eux[1] et fit souvent appel aux lumières des autres.

Guernesey en recueillait neuf :

PIERRE MERLIN (min. de Vitré)[2] ;
NOEL PERRUQUET, sieur de la Mulonnière (m. de Vitré)[3] ;
MATHURIN L'HOUMEAU, dit du Gravier (m. de Rennes)[4] ;

[1] Nominations 14 août 1585 ; Jean Henry, à St-Martin (ne serait-ce pas une erreur pour P. Henry qui occupait déjà cette paroisse ?), de la Benserie à St-Sauveur, de la Vigne à Grouville, de Chaumont à Saint-Pierre, Parent à St-Brelade. Les quinze suivants assistent à la séance du 19 août 1586 ; les autres sont cités dans les *Actes*, mais la Fresnes et La Villette ne sont peut-être que des surnoms ; il ne faudrait alors compter que vingt ministres réfugiés à Jersey en 1585. Il se peut que Du Val et de Housteville aient fait partie déjà du Refuge précédent.

[2] Aumônier de Coligny puis du comte de Laval, modérateur du Syn. Nat. 1583. — Pendant son exil « exerçant alternativement le ministère de la parole de Dieu en ville », à St-Pierre Port 1585-1590, il prêcha en 1589 *XXVI Sermons sur le livre d'Esther* (La Rochelle 1591), remplis d'allusions à la Ligue. Voir *Appendice* LXVIII.

[3] Pasteur de Piriac 1563-1583, réfugié en Angleterre 1568-1570 et 1572-1574, pasteur du Croisic 1581-1584, puis à Vitré.

[4] P. à Rennes 1559-1572, Guernesey 1572-1579, Rennes 1579-1585.

Jean du Quesnel (m. de Coutances);
Jean Viau (m. de Dangeau);
Jacques Roullées (m. d'Ercé);
Jean de Cherpont (m. de la Gravelle);
Jean Marchand (m. de Laval);
Jacques Bernard, dit de la Fontaine (m. de l'Épicelière).

Ils étaient d'autant plus les bienvenus qu'une division, suite du départ de Baudouin, s'était produite dans le corps pastoral. Sur les six ministres restés dans l'île, quatre, Effard, Milet, Leduc et Simon Alix écrivaient à leur tour que le gouverneur, Sir Thomas Leighton, les empêchant d'exercer leurs charges, ils en sollicitaient du Colloque de Jersey. Celui-ci envoyait deux pasteurs réfugiés, et sans fonctions, « l'un de la classe de Caen, l'autre de Bretagne », Guyneau et Baudart, s'enquérir s'ils étaient « absolument quittes et déchargés, afin », disait-il, « qu'on puisse les retenir, prévoyant que ceux qui sont icy venus ne seront pour longtemps et qu'il nous pourroit tourner à dommage de laisser perdre l'occasion qui nous est maintenant offerte » (14 août). Leurs postes étaient si bien considérés comme vacants par le Colloque de Guernesey qu'il les avait déjà remplacés, adressant le 2 août vocation à six des ministres nouvellement arrivés, offrant des prédications à Saint-Pierre-Port au plus illustre d'entre eux, Pierre Merlin, et le 24 septembre s'adjoignant encore un septième [1]. Ce même jour, les pasteurs destitués réitéraient à

---

[1] Colloque extraordinaire : « Le 2e jour du mois d'Aoust 1585 par devant Mgr. Th. Leighton, chevalier, capitaine et gouverneur sous S. M. en l'Isle de G., Thomas Wygmore, Bailly, Jean Blondel, Nicolas Careye, Jean de la Court, Guil. Beauvoir, Ed. Le Feyvre, Th. Le Marchand, Jean Andro, Jean de Saumarais et Pierre Beauvoir, Jurez de la Court Royalle de lad. Isle et en présence de M. Marin Chrestien, min. de la parole de Dieu en la parroisse de St-Pierre-Port, P. Careye pour led. St-Pierre-Port, G. de Halourès pour St-Sampson, Colas Cousin pour le Valle, Jean Rabey pour St-Martin, Jean Girard pour le Castel, Thomas de France pour St-Saulveur, P. de France pour St-Pierre du Bois, Colas Brehault pour Torteval, Fr. Allez pour la Forest et Colas le Peley pour St-André, anciens de l'Église chascun en leur parroisse, assemblez en Colloque au lieu ordinaire du Consistoire de St Pierre

Jersey leurs offres de service, que le Colloque décidait le 20 novembre d'agréer [1]. Simon Alix étant parti pour Genève [2], Effard et Milet entraient en charge en janvier 1586, le premier à Saint-Sauveur, le second à Saint-Pierre [3], à l'indignation du

Port, afin de pourvoir à la nécessité des Églises de ceste Isle à présent destituées de ministres : veu que (Dieu l'ayant ainsi permis), aucuns ministres s'estoyent à raison des troubles de la France, venus retirer en ceste Isle. Et pour cest effect ont esté convenus maistre Mathurin Loumeau, dit du Gravier, M. J. Roulées, M. J. Quesnel, M. Jean Viau, M. Noël Perruquet de la Melounière et M. Jean Cherpont, tous min. de la parole de Dieu. Auxquels ayant esté proposé l'afaire, et estants requis et désirez par mond. seig. le gouverneur et toute l'assemblée de servir en leur vocation aux Églises de ceste Isle à présent dépourvues de ministres à l'advancement de la gloire de Dieu et édification de ce peuple, ont volontairement octroyé et accordé de travailler et employer leur labeur chascun par son esgard en l'œuvre du Seigneur, où on trouveroit bon de les employer, pourveu qu'il ne leur porteroit préjudice à la promesse que chascun d'eux a fait de retourner à son Église quand Dieu permettra qu'ils soyent appelez. Laquelle offre acceptée de par mondit sieur le gouverneur, Bailli, Jury, Ministre et Anciens à la condition susd. led. M. Loumeau a esté ordonné pour la par. de St-Martin, M. Roullés pour St-André, M. Quesnel le Castel, M. Viau St-Saulveur, M. Perruquet St-Sampson, M. Cherpont le Valle, pour y exercer charge de ministre de la parole de Dieu chascun en la paroisse qui lui a esté ordonnée et assignée par ordonnance de mond. seig. le gouv., consent et requeste de M. le Bailly, Jurés, Ministre et anciens susnommez. » — (Signé à l'original par ceux-ci et les ministres entrant en fonctions). *Livre des Colloques.* — Le 22 sept. : « Le min. Marchand, réfugié en ceste Isle pour les persecutions de France est requis de prendre charge de l'Église de la Forest où il a déjà fait quelques presches au contentement de chascun. Accepté lad. charge à condition que la présente ne pourra préjudicier au droit que l'Église de Laval a sur lui. » *Ibidem.*

[1] « On recevra dans des charges les ministres deschassés de Guernesey incontinent après la cène de janvier et les ministres reffugiés déjà reçus ès charges seront priés de continuer jusqu'à ce temps-là. » 20 nov. et 24 déc. 1585. *Coll. J.*

[2] « Simon Alix, natif de St-Sauveur Lendelin, dioc. de Coutances » reçu habitant de Genève, 5 août 1585.

[3] « MM. Effard, Milet et Fautrart se donnent à perpétuité au Colloque et Synode de ces Isles promettant n'en partir jamais sans leur consentement. » 3 janv. 1586. *Coll. J.* Les Actes ne mentionnant pas les pasteurs présents on ne peut savoir si Leduc fut également pourvu, ce qui est possible; il est placé en 1591 à St-Jean. ce qui ne serait alors qu'un changement de poste.

Colloque de Guernesey, qui ayant fait cause commune contre eux avec le pouvoir civil, vit dans leur nomination un blâme de son jugement, une violation de la solidarité synodale. De son côté, le Colloque de Jersey, prenant le parti de ses nouveaux membres, contesta le bien fondé de leurs destitutions et accusa les ministres qui avaient accepté de remplacer les expulsés, d'usurper les charges et de détenir les biens d'autrui.

Des hommes de la valeur de Merlin ou de L'Houmeau ne pouvaient laisser passer inaperçues de semblables imputations; désireuse « de se conduire au plus prez qu'elle pourra, selon la Police Ecclésiastique establie dans le pays, et d'y conformer l'union inviolable avec les autres Églises des Iles, en continuant l'usage des conférences ecclésiastiques », désireuse surtout de pourvoir « à la plainte d'aucuns frères de pardeça d'avoir esté chargez de plusieurs blasmes qui pourroyent empescher le fruict de leur ministère »[1], la Compagnie proposait aux frères de Jersey, le 14 mai, par Merlin, « au nom de tous et par l'authorité et advis de Mgr. le gouverneur et son Lieutenant, pour la composition amiable en douceur et charité chrétienne des choses qui ont altéré l'union et la paix des Églises de ces isles, une Assemblée à Guernesey ; de plus d'écrire à M. de la Fontaine à Londres afin que si bon luy semble il envoie mémoires des choses qu'il verra pouvoir servir pour vuider tous différends ». L'article additionnel, signé de Perruquet, les priait d'envoyer à ladite Conférence des ministres en charge depuis longtemps en leur île (afin d'écarter ceux en cause), et « s'ils trouvent bon, d'y amener des réfugiés qui n'ont exercé aucune charge pour en décider à voix pareilles avec les fidèles de cette isle autres que ceux qui y auront interest ».

Jersey accepta « très volontiers », mais pour un Synode, fixant la date au 12 juillet, offrant le prêche à Merlin et la proposition

[1] Conférence du 6 mars 1586. *Actes du Coll. de G.*

à Perruquet. « Ce n'est pas un Synode », reprit Guernesey, « mais une amiable et simple conférence d'aucuns ministres de l'une et de l'autre isle avec celuy de Sercq, gentz choisis, amateurs de paix, et non passionnez, sans donner peine aux anciens »[1]. A cette conférence du 15 juillet Jersey délégua trois pasteurs en charge, l'aumônier du château Wake, Masson, Parent et deux réfugiés sans fonctions, Chambrisé et Dangy, avec unique mission de demander le Synode, mais le gouverneur lui-même leur opposa un refus d'autorisation. « Le succès de la conférence ayant esté tout autre qu'elle n'espéroit », la Compagnie de Guernesey résolut alors d'envoyer des propositions nouvelles et de les faire appuyer par deux de ses membres, Perruquet et Marchand[2]. Le gouverneur consentit à les accompagner.

Au Colloque de Jersey du 19 août, auquel « à la requête du gouverneur de Guernesey et des ministres députés », on avait convoqué les quinze autres pasteurs réfugiés à Saint-Hélier[3], lecture fut donnée de la lettre signée par L'Houmeau, modérateur, et Quesnel, scribe : ils n'ont pu, malgré leurs efforts, obtenir du magistrat la convocation du Synode ; n'ont pris charge à Guernesey « que par bonne procédure » ; ont perçu les revenus de par l'acquiescement du magistrat ; proposent une réunion arbitrale de ministres, cinq de Jersey choisis par eux et cinq des leurs élus par Jersey, le onzième élu par les dix autres. Interrogés à ce sujet, les Réfugiés admis en consultation déclarent :

« Pour moyenner sainctement la réunion des Églises de G. et de J. il nous semble qu'il n'y a meilleur moyen que par un Synode desd. Iles

---

[1] . . « pour adviser aux moyens d'oster toute aigreur, assopir et esteindre tous différens, maintenir une bonne union et saincte concorde tant en doctrine qu'en discipline : on pourroit revoir les articles de la discipline pour voir s'il y a quelque diversité en la teneur ou en la practique d'iceux, s'il est besoin d'avoir annuellement des Synodes . . . »
[2] Coll. extraordinaire en présence du lieut. gouv. et du bailli, 5 août 1585. *Actes de G.*
[3] Voir les noms plus haut.

s'il se peut obtenir de Messgrs. les gouverneurs ; ou en défaut de ce, que lesd. Églises choisissent douze ministres et douze anciens de toutes les Églises desd. Iles, assavoir quant aux ministres huit de ceux qui sont maintenant en charge ès dites Églises non suspects, et quatre des ministres étrangers choisis par avis commun, auxquels toutes lesdites Églises donneront puissance d'ordonner définitivement de tous les différens survenus depuis quelques années. »

Trois jours après, de la Vigne et cinq des pasteurs sans poste essayaient vainement d'obtenir du gouverneur de Guernesey la réunion du Synode. Froissé par ce refus persistant, et chargé de la réponse officielle du Colloque de Jersey, de la Vigne y fit allusion aux « roys qui n'ont accordé à leurs sujets les Synodes et exercices de la religion pure sinon comme Pharaon l'accorda aux Israëlites », attaque qui, mettant le gouverneur en cause, ne pouvait qu'envenimer le débat et empêcher toute concession des ministres placés sous son action immédiate.

« Trouvant fort étrange qu'on ait ainsi voulu flétrir son nom, lui qui depuis longtemps fait profession de l'Évangile, ayant exposé sa vie (comme encores il est prest de faire) pour le témoignage et défense d'icelle, et afin que la postérité puisse juger si c'est à bon droit qu'avez fait cette comparaison odieuse », Sir Thomas Leighton leur adresse le Sommaire de ses raisons. Il rappelle l'accueil offert à Jersey et le soutien consenti à ceux que le devoir de sa charge l'avait contraint de renvoyer de Guernesey, et, leur reprochant la passion apportée dans le débat, conclut « que lesdits du Colloque de Jersey ne sont juges compétens ni mesme propres pour estre arbitres de tels différens [1] ».

---

[1] « Que mondit sieur, par le debvoir de sa charge, a été contraint faire les commandements par luy faicts de se retirer hors de son gouvernement à quelques ministres qui, mesprisans par trop son authorité (sans laquelle ils n'eussent eu ny pu exercer la Discipline ecclésiastique qui est en son gouvernement) ont grandement abusé de lad. Discipline et ont esté cause de très grands troubles . . . »

Le Colloque de Jersey, composé en partie des ministres accusés ainsi d'avoir abusé de leur position, le prit de haut et il écrivit à celui de l'île sœur qui dans sa séance du 6 janvier 1587 venait d'approuver formellement le refus du gouverneur [1] :

« Malgré les préjugés desquels nous nous pourrions a bon droit ayder contre vous, nous vous concédons l'office et le rang de membres de notre corps s'il vous plaist vous y tenir unis jusqu'à ce que par l'ordre du Synode vos raisons soyent ouyës et juridiquement censurées . . Sur quoy nous avons à vous requérir, au nom de Dieu, de mûrement considérer si aucun membre se peut affranchir de la loy imposée à tout le corps de l'Église, sans se faire tort et enfreindre la police établie . . . »

Si les Guernaisiais persistent à refuser le Synode et à faire offre d'assemblées inutiles, ils remettront eux l'examen de toutes leurs procédures « au jugement de tous hommes équitables, et tout le fait en général à Dieu, qui en fera un remède quand il luy plaira [2]. »

La contre-réplique de Guernesey, signée de Perruquet, scribe du Colloque, n'a pas moins de treize pages. Les différends qui remontent à deux ans avant l'arrivée de la plupart d'entre eux « venus à refuge par la dissipation des Églises de France », et les autres survenus depuis entre les Colloques, sont tels « qu'ils leur font perdre tout appétit de se réunir avec eux en Synode jusqu'à ce qu'ils aient été vidés par une autre Assemblée », car ils savent « que chordes qui sont si mal accordées ne peuvent ensemble rendre une bonne harmonie ». Ils persistent à refuser un Synode ; on serait juges et parties ; la plupart d'entre eux devraient se récuser. Il n'y aurait pas égalité : Aurigny n'a pas

---

[1] . . . « qui ne doibt point par la parole de Dieu estre pressé d'accorder l'assemblée et encore moins le Synode. » *Actes.*

[2] *Coll. J.* 11 mars 1587.

de pasteur, celui de Sercq ne s'est pas réuni à eux depuis deux ans : resteraient ceux de Jersey, ceux-là qui ont été pour la plupart en cause. Les Colloques sont égaux : en France, quand deux Synodes ne s'entendent pas, on prend pour juge un troisième, voisin des autres ; ici il n'y en a pas ; qu'on le rempace par la consultation d'un certain nombre des ministres et anciens qui sont réfugiés aux îles et qu'on se soumette à leur jugement. ... Du reste, les faits incriminés se sont passés à Guernesey, et le gouverneur n'y pourrait souffrir la présence de ceux qu'il a fait expulser... A Jersey il y a vingt ministres réfugiés (hors de charge), deux seulement à Guernesey... L'aggravation du débat vient des lettres échangées. On prétend qu'ils ne peuvent refuser un Synode, que le serment fait à la Police ecclésiastique les y oblige : d'abord un Synode ne peut être juge supérieur s'il se compose de deux Colloques égaux, et ensuite « il n'y a que la parole de Dieu qui impose loy aux consciences et tels articles qui ne sont la parole de Dieu mais humains et pour l'ordre que la parole de Dieu recommande, ne sont tellement acceptés qu'ils ne puissent être changés si la nécessité le requiert »... Ils rappellent l'objet du litige, les positions qu'ils ont occupées en France, l'indépendance politique des deux îles, la rupture de l'union dès avant leur arrivée au Refuge, et ils terminent en se plaignant des blâmes dont on les a diffamés « et qui sont semés tant en France, spécialement à La Rochelle, qu'en Angleterre, en France, à Genève, et peut-être plus loin, au grand préjudice de l'honneur de leurs ministères ».

L'article annexé propose de composer « la tierce compagnie » à laquelle le jugement serait remis, de huit ministres, tous du nombre de ceux réfugiés à Jersey « qui n'y ont eu et n'ont charge, dont le Colloque de Jersey nommera les quatre premiers, et celui de Guernesey les quatre autres, et un neuvième élu par les huit du consentement des parties, plus huit anciens, tous aussi du nombre des réfugiés, dont le Colloque de Jersey en prendra quatre à Guernesey » et vice versa [1].

La proposition enfin acceptée le 27 mai, on procéda au choix des arbitres. Jersey prit les pasteurs Chambrisé, Balandry, Baudart et La Fresne — sur son refus Chartier —, et des anciens réfugiés à Guernesey « les sieurs de la Touche-Maulvaut, de Cray, des Merceries et de la Ganiaye, tous deux de Vitré, Laurent Thomas de Saint-Malo et Georges Barbe de Syon », les trois premiers et le dernier [2]. Guernesey choisit les ministres Guyneau, Oyseau, Le Cesne et de Housteville, qui, refusant de se déplacer vu sa vieillesse, fut remplacé par de la Villette : comme anciens réfugiés à Jersey, MM. de La Rocheleau, de Marlimont, du Plessis sur Dolay et de La Londe; les deux derniers récusés, du Plessis n'ayant pas eu charge d'ancien et de La Londe étant absent, furent remplacés par MM. de La Musse-Ponthue et de la Villesblanc [3].

Mais il surgissait des difficultés nouvelles. Jersey voulait une réunion préparatoire pour décider du lieu; les arbitres hésitaient à accepter la mission et demandaient des assurances positives du Colloque et du gouverneur de Guernesey [4]. Les lettres réclamées arrivent aussi explicites que possible : « la

[1] .. « A laquelle assemblée ce Colloque se soumet tant en général que chacun des particuliers; même luy donne pour son regard authorité de Synode pour vuider tous les différens ecclésiastiques qui sont en ces Isles, tant entre les ministres et anciens entr'eux qu'entre quelques autres personnes, auxquelles tant ministres qu'autres sera délivrée par escript la sentence par laquelle seront absous ou condamnés ceux qui le devront estre, le tout selon la parole de Dieu, la Discipline ecclésiastique reçue en ces Isles l'an 1576 et les lois du pays. » *Actes*.

[2] « Il y en a qui ont esté anciens et ont esté honorablement deschargez comme le sieur Jean Le Fèvre Aubinière de Vitré. » *Lettre de G.*

[3] « Ils estiment fort, et leur gouverneur aussi, la prudence, sagesse et bon conseil de M. de la Musse. » *Ibid*.

[4] Signé de la Villesblanc, de la Rocheleau, de Marlimont, Loiseau, Chambrisé, Baudart, Le Cesne, Guyneau, Balandry. 12 août 1587.

forme du jugement offre toutes les garanties, ils n'auront aucune peine par interjection d'appel ; il est indispensable que les ministres en cause viennent ainsi que quelques membres du Colloque ; ils les requièrent instamment au nom de N. S. J. C. » de s'employer à cette pacification «selon la charité que vous et nous devons aux Églises de ces Iles qui depuis plus de vingt-cinq ans n'ont cessé de nous recevoir en nos fuites et de nous héberger tant humainement » [1].

Le Colloque de Jersey réplique qu'ils se sont réunis extraordinairement, ont prié et exhorté les arbitres choisis :

«Ils nous ont respondu qu'ils ne le pourroyent accepter et ont désiré en estre deschargés pour les raisons qu'ils ont promis vous escrire. De quoy nous sommes infiniment marris pour l'espérance que nous avions conçue que nos Églises en seroyent édifiées. Et plus encor de ce que l'attente de nous revoir par ce moyen restablir en nostre première union nous avoit fait délayer jusques à présent de mettre tout ensemble la main à nos affaires ecclésiastiques auxquelles nous nous délibérons moyennant la grâce de Dieu prendre garde de plus près au mieux qu'il nous sera possible, et nous aider de l'advis et conseil des ministres icy réfugiés, en attendant l'issue qu'il plaira à Dieu donner aux menées et complots qui menacent nos Églises de grande ruine, s'il ne luy plaist y mettre bien tost fin et haster leur délivrance. » [2]

A cette fin de non-recevoir correspond la déclaration des Églises guernesiaises :

« Les frères du Colloque ayans depuis deux ans fait tout devoir à eux possible de chercher et suyvre les moyens pour entrer en réconciliation vraye et syncère avec les frères du Colloque de Gerzé et d'assopir tous différens qui sont entre ces deux Isles, voyans que ceste poursuite a esté inutile ; mesmes se voyans frustrez du fruit qu'ils espéroyent de l'assemblée des arbitres choisis par les deux Colloques, qui ont refusé la charge

---

[1] Signé Loumeau, m. de St Pierre Port, N. Perruquet, m. de St-Samson scribe.
[2] *Coll. J.* 1587.

de vider telz différens suyvant les conditions proposées, Et ne voyans point d'aultres moyens propres pour l'union des deux Isles, de peur d'aigrir davantage les choses au lieu de les adoucir, ont résolu de se contenter pour le présent de ce qui s'est passé sans continuer plus avant telle poursuite, attendans qu'il playra au Seigneur fayre ouverture de quelques moyens plus propres pour réunir ces deux Isles. » [1]

Sur la grande querelle datant de 1585 s'en était greffées des secondaires. Hilaire Fautrart, entretenu en théologie à Genève aux frais des Églises de Guernesey, où il était né d'un père réfugié [2], refusait d'en occuper un des postes, s'offrait à Jersey et était accepté à Saint-Martin, tandis qu'un des ministres de Jersey, Olivier Mesnier, de Saint-Jean, ayant quitté l'île à la suite d'une plainte de ses anciens, restait sourd à trois sommations successives et demandait à ne plus quitter Guernesey [3].

L'essai de conciliation avait échoué. Le Colloque de Jersey continuait à soutenir dans la personne des expulsés les droits souverains en matière spirituelle du pasteur sur ses ouailles : il se refusait à comprendre que les nouveaux ministres de Guernesey, arrivés et entrés en charge après le litige, pouvaient eux se croire en droit de venir en aide à des paroisses en détresse, et de ne pas épouser la querelle de leurs devanciers contre un gouverneur dont dépendait l'existence des Églises.

Les deux Colloques, s'ignorant l'un l'autre, poursuivirent, chacun de son côté, la revision de la Discipline, mettant à

---

[1] 22 sept. 1587. *Coll. G.*

[2] « Hilarius Fautrartus ex Insula Gernezea oriendus, theol. stud. 8 aug. 1581. » *Livre du Recteur*. — Quick, qui ignore les débuts de sa carrière pastorale aux Iles, cite ses thèses : *De causis et effectis Fidei; De Christi Sepultura et descensu ad Inferos*, 1585. *Icones*. — Guernesey le réclamait encore en 1594.

[3] « La Compagnie est d'advis que veu la désertion de son Église et sa rébellion aux lettres du Colloque, qu'on lui rescrive qu'il est suspendu de sa charge, et que s'il ne comparoit au prochain Colloque, on procédera alors à sa totale déposition. » *Coll. de J.*

profit le séjour temporaire des pasteurs réfugiés[1]. A Jersey c'est d'un redoublement de scrupules et de surveillance que témoignent les procès-verbaux des Assemblées[2]. Les secrétaires ont eu le tort de ne donner ni les noms des membres, ni les changements dans les paroisses, d'où l'impossibilité de dresser des listes pastorales complètes. Tout au plus relève-t-on l'admission au saint ministère des candidats « ayant longtemps proposé entre les ministres de l'île », en 1587 Thomas Olivier[3], en 1593 Jean Parent, fils de Claude Parent, le pasteur de St-Brelade, qui lui-même renouvelait sa promesse conditionnelle « de s'obliger pour toujours à sa charge jersiaise »[4]. Un vingt-et-unième ministre réfugié, Pierre Guillaume, ayant offert son service à l'île « avec promesse de n'en partir sans le consentement du Colloque », on l'associa à M. de Housteville pour servir alternative-

---

[1] « Les ministres réffugiez seront priez de lire nostre Discipline, et y observer les choses dignes d'estres revües, pour par ensemble y adviser. » *Coll. J.* 1587.

[2] ..« Sur ce qui a esté proposé touchant la *réformation* des Églises de ceste Isle a esté advisé que les ministres et anciens seront diligens à veiller sur le peuple.. » — Fautrart en appelle contre son consistoire de St Martin qui a voulu recevoir à la paix de l'Église une femme n'ayant pas donné *fruits suffisants* de repentance : « le consistoire a mal jugé et le pasteur bien appelé » : on exhorte le consistoire à ne pas procéder légèrement à la réception de la délinquante. — « Ceux qui n'ont pas voulu franchement renoncer à la messe, mais en ont fait difficulté, s'estans puis après représentez pour y renoncer, *ne seront néanmoins receus* jusques à ce que par expérience on ayt sceu qu'ils ayent quitté l'idolâtrie. » *Coll. J.*

[3] On lui demande « s'il ne se sent pas appelé intérieurement à la charge de ministre ? A respondu qu'ainsi estoit » ; placé à Grouville. *Ibid.*

[4] « Ayant esté requis de M. le Lieutenant et de toute la Compagnie de faire promesse aud. Coll. de continuer sa charge en ceste Isle, s'y est accordé jusques à ce qu'il y ait eu jugement définitif d'un Synode national pour les raisons qu'il a alléguées, par lesquelles il prétend estre deschargé de l'Église de Bayeux, à laquelle il a servy par cy-devant. » 1587. — Jean Parent se consacra aux Églises de France : la lettre du Coll. 19 janvier 1594 apportée par lui à Vitré, où il devenait auxiliaire de Merlin et où il fut assassiné le 25 mai 1622, prouve qu'il n'a pas occupé de poste dans l'Ile. *Reg. de Vitré*, publ. 1890.

II

ment aux Écoles, à condition de signer la confession de foi et la Discipline[1].

A Guernesey il y a un vrai renouveau de vie ecclésiastique et religieuse après l'entrée en fonctions de ces ministres, des plus distingués entre ceux du corps pastoral français de l'époque, et auxquels vint s'adjoindre, le 29 septembre 1585, l'ancien pasteur de Syon, Jacques Guyneau[2]. Les expulsés ayant emporté les Registres paroissiaux et Actes des Colloques, et se refusant à les rendre, tout recommence avec celui du 24 septembre 1585, désigné comme « Premier Colloque ordinaire des Églises de l'Isle de Guernesey depuis qu'elles ont esté refournies de Pasteurs »[3]. Ceux-ci constatent « les scandales, la grande corruption des mœurs, l'observation superstitieuse des festes papales et des danses », et supplient le magistrat « de rafraîchir et faire observer soigneusement les ordonnances », tandis que le gouverneur requiert les ministres « de revoir diligemment la Police ecclésiastique, pour voir s'il y a quelque chose à y changer, ajouter ou diminuer »[4]. Dès le second Colloque, « pour que les

---

[1] 22 sept. 1587. *Coll. J.*

[2] Perruquet remplaçait au Valle Cherpont décédé et laissait son poste de St-Samson à Guyneau, qui acceptait « aux mesmes conditions que les aultres frères des Églises de France ont pris charge en ceste Isle. » *Coll. G.* En 1587 Adrien de Saravia écrivait de Leyde pour offrir ses services. Bien que le Colloque ait décidé « de l'entretenir en la bonne affection portée à l'Ile et de l'inviter à venir », il n'a pas dû donner suite à ce projet, et s'est décidé plutôt en quittant les Pays-Bas à entrer dans l'Église anglicane ; en 1591 il est prébendaire de Glocester.

[3] Les Actes sont tenus avec le plus grand soin, les assistants presque toujours inscrits. Les Coll. étaient présidés par le pasteur ayant proposé en dernier ; « on élira un scribe pour un certain temps » le premier Quesnel, puis Perruquet, Marchand, etc. Les décisions sommaires étaient paraphées sur l'heure par le modérateur, le Procès-verbal définitif lu au Colloque suivant, dressé en double pour le gouverneur et pour le scribe. *Coll. G.* 1585.

[4] Au 2e Colloque « ils l'ont vue et n'y ont rien trouvé qui ne soit bon et saint, ou pour le moins tolérable, jusqu'à ce qu'il y ait été pourveu par une autre notable ou semblable compagnie. » Au 9me, après la rupture, « ayant

ministres se puissent exercer et façonner à bien et fidèlement traicter la parole de Dieu en leurs Églises, et que le peuple soit édifié voyant les richesses de la parole de Dieu et les grâces diverses qu'il élargit à ses serviteurs », on décide de reprendre l'exercice de Prophétie, bien qu'on n'en prononce pas le nom, adoptant avec de légères modifications les règles dressées au sein du Refuge de Londres [1]. Sur la demande du gouverneur, et après conférence des ministres et anciens avec « Messieurs de Justice et mesmement quelque nombre des plus notables bourgeois de la ville », on rétablit les prières publiques « qui souloyent estre faites en la ville de soir et de matin quand il n'y avoit point de presche », mais qui étaient interrompues depuis 1578 [2]. On décide de faire prêcher par les paroisses le jour de Noël. Enfin La Mulonnière ayant relevé en sept articles les points à reprendre et à châtier dans la conduite religieuse et les habitudes du peuple, le Colloque en fait la « Remonstrance à MM. de la Justice », et le gouverneur se les appropriant déclare que lui-même y a pensé « pour les leur proposer les premiers entre ceux auxquels il désire qu'il soit pourvu aux Chefs Plaids »; il ajoute un 8ᵉ article sur ceux « qui continuent fort long espace de temps sans faire la Cène; il veut et entend que les jurés donnent ordre que les ordonnances soyent à l'advenir plus estroitement gardées, et que les amendes soyent exigées des

---

peu aparence d'espérer à l'advenir de pouvoir conférer de la Discipline » avec Jersey « chacun des frères s'employera à la revoir et particulièrement M. du Quesnel qui du commencement a travaillé à la dresser, est prié derechef d'y mettre la main, et de recueillir ce qu'un chacun estimera digne de correction. » 1587. *Coll. G.*

[1] Voir à l'*Appendice*: « L'ordre et la façon simple de bien exposer l'Escripture saincte. »

[2] On espère beaucoup de leur remise en usage, « mesmes à cause de la nécessité de l'Église, maintenant tant grièvement affligée en plusieurs lieux et spécialement au Royaume de France, dont il y a ici plusieurs personnes réfugiées. » *Ibid.* 1586.

infracteurs », la moitié pour la subvention des pauvres, l'autre pour le « bastonneur de la chaussée »[1].

L'action de Sir Thomas Leighton, énergiquement sympathique à l'œuvre réformatrice des pasteurs, n'était pas absolument désintéressée. Le conflit de pouvoirs terminé par l'expulsion des cinq ministres avait laissé d'amers ressentiments ; les échos s'en répercutaient en haut lieu, et allaient jusqu'à ébranler la situation du gouverneur. A plusieurs reprises on avait porté plainte au Conseil privé contre l'arbitraire d'une autorité exercée depuis 1570 presque sans contrôle aucun. En 1579 il avait eu à se défendre surtout contre les griefs des réactionnaires[2] : cette fois accusé d'hostilité envers l'Église, pour avoir réprimé l'ardeur peut-être exagérée de quelques-uns de ses représentants, il avait besoin de prouver que les membres du clergé réformé étaient loin de le considérer tous comme un adversaire. Fort de l'appui prêté aux Merlin, aux L'Houmeau, aux Perruquet, Sir Th. Leighton invoqua leur témoignage pour réfuter des accusations que sa seule parole ne suffisait plus à détruire.

Il leur écrivait de Londres le 10 novembre 1587 :

« Messieurs,

« Veu que ceux qui sont venus ici à plainte contre moy m'accusent envers le Conseil de S. M. comme ung persécuteur de l'Église et perturbateur de l'ordre ecclésiastic, se targeant de l'autorité de l'évesque de Wincester laquelle ils disent avoir esté mesprisée par moy : je vous prie puysque c'est le devoir des pasteurs de rendre conte de leurs brebis et

---

[1] Xe Coll. *Guernesey*.

[2] Sommaire de 28 articles de plainte des habitants de Guernesey ; réponse de sir Th. Leighton aux 28 articles calomnieux présentés aux commissaires de la reine. *Cal. State Papers Dom. Add. Eliz.* XXVI, 29, 30, 31, catalogués à la date du 10 nov. 1579, mais peut-être à tort, et se rapportant alors au 10 nov. 1587. Parmi les griefs ceux d'avoir repris les cloches, fermé les églises, défendu les danses aux noces.

que par la grâce de Dieu je suys ung membre de l'Église, qu'il vous plaise m'envoyer ung certificat signé de vos mains qui tesmoygne quel je suys et quel vous m'avez trouvé et expérimenté et quel est l'estat de l'Église establie en Guernesey, affin que le mensonge estant descouvert la vérité vienne en lumière. Surce je prie Dieu qu'il luy plaise, Messieurs, vous bénir abondamment en toutes sortes de bénédictions, me recommandant humblement à vos bonnes graces et sainctes prières. Votre bien humble et affectionné amy Tho. Leighton. »

Le Colloque se réunit extraordinairement le 6 décembre.

« Les lettres ayans esté leues, la Compagnie a recognu le tort qu'on fait à Mons. le gouverneur qui s'est tousjours employé avec tout soin et diligence pour abolir l'idolâtrie et establir le vray service de Dieu en toutes les paroisses de ceste Isle, chercher la paix de l'Église et y entretenir ung bon ordre et saincte police. Et quant à l'estat des Églises de ceste Isle, tous les anciens ont déclaré qu'ilz ne les ont jamais veues en meilleur ordre, le service de Dieu mieux entretenu et continué, ni une plus grande paix et union auxd. Églises qu'il y a maintenant, par la grâce de Dieu et le soin et diligence de mond. sieur le gouverneur.

« S'ensuit le tesmoignage envoyé par les ministres :

« Nous soubsignés, ministres de la parole de Dieu assemblés en Colloque extraordinaire, auquel se sont trouvés des anciens de toutes les paroisses de ceste Isle de G., avons par les voix et advis uniformes de tous lesd. anciens rendu, et rendons le tesmoignage qui s'ensuit à sir Th. Leighton, chevalier, capitayne et gouverneur soubs et de par S. M. en ceste d. Isle. Scavoir que chacun de nous depuys le temps qu'il y a qu'il a hanté et demeuré en ceste d. Isle de G. ou cognoist led. Seigneur, l'avons trouvé fort affectionné à la vraye piété et religion, de quoy il a rendu bon tesmoignage, fréquentant ordinairement les sainctes assemblées, pour servir à Dieu, l'invoquer, ouyr sa parole et communiquer à ses saincts sacremens, et tenant la main à ce que le service de Dieu soit deuement célébré, sa saincte parole et saincts sacremens purement administrez et les hommes retenus en saincte conversation et bonnes mœurs, au moyen d'ung bon ordre en l'Église et tout respect des supérieurs. Le tout en chacune des paroisses de ceste d. Isle, où il y a maintenant dix ministres exerçans leur ministère et preschans la parole de Dieu, scavoir deux en la ville et paroisse de St-Pierreport et les huict aultres en d'aultres paroisses aux champs. Ayans grand matière de louer Dieu de la charité, humanité et débonnayreté dont mond. sieur le gouverneur a usé envers les membres de Christ affligés pour sa parole et la vraye religion, qu'il monstre par tant de bons effets avoir bien à cœur. Fait aud. G. 13 déc. 1587. Signé par tous les susd. ministres excepté M. de Bonespoir. »[1]

Revenu à Guernesey, Sir Thomas Leighton profita du raffermissement de son autorité pour consacrer une fois de plus et bien définir celle des conducteurs du troupeau. Le 16 janvier 1589 il réunissait dans le temple de St-Pierre Port magistrats, pasteurs et anciens et faisait lire par les ministres et approuver par l'assemblée un « Discours sur la limite des deux juridictions comme fondé sur la parole de Dieu et la pratique vraye des deux jurisdictions »[2], que précédaient quatre articles formels :

« La discipline et police ecclésiastique demeurera et sera exercée selon qu'elle a esté par cydevant receue et heureusement pratiquée en ceste Isle comme fondée sur la parole de Dieu, conforme aux lois de S. M. et authorisée par M. le gouverneur, aprouvée par les évesques d'Angleterre et consentement de messieurs du Conseil.

« Suyvant ceste police les consistoyres et colloques pourront fayre une pleine inquisition des fautes qui viendront devant eux par tesmoignages, enquestes et sermons.

« Les ministres et consistoyres auront le soin de repurger tous scandales et fautes publiques en l'Église, mais quant aux crimes et aultres fautes qui méritent punition corporelle, ou amende honorable ou pécuniayre, la cognoissance en apartient au magistrat.

« La décision des promesses de mariage et des divorces est demeurée aux ministres, en telle sorte que MM. de la Justice leur tiendront la main pour fayre effectuer les sentences desd. ministres quand ilz en seront requis.

« Ceux qui auront esté punis par le magistrat pourront encore estre appellés au consistoyre pour leur fayre sentir leur faute à ce qu'ils facent

---

[1] *Actes du Coll. G.*

[2] « Du Magistrat et du Ministère ecclésiastique », voir à l'*Appendice*.

leur profit du chastiement qu'ils auront receu. Que s'ils ne veulent confesser leur faute seront privés de la cène prochaine.

« Néantmoins si nonobstant toutes admonitions qui leur pourront estre faites, ils maintiennent opiniastrement leur innocence, estans renvoyez à leur conscience seront receus à la seconde cène. »

A cette solennelle et réitérée reconnaissance du Presbytérianisme, le gouverneur mettait le sceau l'année suivante : désirant, disait-il

« Que les articles de la Discipline soient inviolablement observez et gardez, en chascune paroisse on dénoncera de nouveau à ung chascun qu'il ait à vivre chrétiennement et à s'assujettir à la Discipline de l'Église, se trouvant et comparoissant au consistoire et colloque quand selon l'ordre ils y seront appellez... autrement il les tiendra pour désobeissans à Dieu, à l'Église et à ses commandemens. » [1]

La même année, les commissaires royaux Pyne et Napper, chargés d'une enquête générale sur l'état de l'île de Jersey, visaient dans leurs ordonnances « l'usage et discipline des Églises Réformées; laquelle loi a été établie et pratiquée en cette Ile, laquelle demeure confirmée selon qu'elle est signée par les gouverneur, magistrats et ministres de cette dite Ile » [2].

On était cependant à la veille d'embarras nouveaux. L'avènement de Henri IV rappelait en France les proscrits, que le gouvernement anglais ne voyait plus d'ailleurs avec la même bienveillance du moment où l'excuse des persécutions leur faisait défaut. Le 21 décembre 1589, le Conseil privé, « ayant appris la présence dans l'île de plusieurs gentilshommes et marchands français, nombreux au point d'entraîner, s'ils y restaient à demeure, la disette et le manque de vivres », signifiait à sir

---

[1] 6 fév. 1590. XIXᵉ *Coll. G.*
[2] 8ᵉ art. des *Ordonnances.* Le Quesne, *Constitutional History of Jersey*, Londres 1856.

Thomas la volonté expresse de la reine que dans ces temps dangereux il n'autorisât plus aucun étranger à y résider, excepté dans leurs allées et venues pour le négoce et les relations commerciales. « Ils prétendent y séjourner par raison de conscience et de religion : le meilleur témoignage qu'ils en pourraient donner serait de servir leur roi dans un moment de si grands troubles »[1].

Les autorités insulaires eussent volontiers retenu les ministres, mais leurs anciens troupeaux les réclamaient. A Jersey, Guillaume était sur son désir déchargé de l'École de S¹-Pierre, et de la Faye requérait « instamment d'avoir son congé »[2].

La paroisse de S¹-Hélier resta deux ans vacante ; le vieux M. de Bihan, ancien pasteur du Croisic, consentit à l'occuper en juin 1593, mais il mourut en décembre, léguant aux Églises sa riche bibliothèque, dont le consistoire de la ville refusait de se dessaisir. Heureusement Claude Parent n'était pas rappelé encore en Normandie. Le Synode de cette province, incitant le Colloque à des communications ecclésiastiques, on saisissait avec empressement l'occasion de reprendre et porter devant lui la vieille querelle contre les ministres ayant accepté de remplacer à Guernesey les expulsés[3].

---

[1] Tupper, *The History of Guernesey*, p. 524.

[2] « La Compagnie l'a bien fort prié que (suyvant la Discipline) il continuast encore demi-an en l'Église de S¹ Hélier, laquelle en un si subtil partement n'avoit moyen de se pourvoir de ministre. Mais iceluy protestant de la grande affection qu'il avoit de retourner vers sondit troupeau a esté réduit à trois mois. » *Coll. J.*, 25 juin 1591.

[3] « On a écrit au frère de la Vigne qu'il fît entendre au Coll. de Jersey de la part des frères ministres de Normandie s'ils auroient en général ou en particulier quelque chose à proposer au Synode prochain de Normandie ; a esté advisé, d'autant que M. Quesnel estoit de lad. province et Coll. de Caen et qu'il auroit donné scandale en entrant au ministère d'autruy, qu'à la descharge de ces Églises lettres seroyent escrites aud. Synode pour y estre pourveu selon l'ordre et discipline ecclésiastique. » *Ibid.*

D'ailleurs, Guernesey les avait déjà presque tous perdus. Perruquet de La Mulonnière était rentré dès juillet 1590[1] à Vitré, où Merlin ne tardait pas à le suivre[2]. Quesnel rejoignait dans les Flandres son beau-père Loyseleur de Villiers[3], Marchand annonçait son départ pour la fin de l'année. En vain les magistrats essayaient-ils d'obtenir d'eux des sursis, et au nom de l'hospitalité accordée jadis, de les intéresser aux destinées spirituelles des Églises qu'ils abandonnaient[4]. On se résignait forcément à réunir deux paroisses et à diminuer le nombre des services. L'Houmeau Du Gravier, sollicité de se promettre « du tout » à l'Église de St-Pierreport, « comme celuy qui a fait plus longue demeure en ces Isles et qui cognoist mieux par ce moyen la conduitte de lad. Église » ne s'engageait que « pour un an après » qu'il serait redemandé par la sienne de France, Roullée consentait à promettre deux ans. En 1591 Marchand a reçu du « Synode de sa Province au Royaulme de France assignation d'ung trou-

---

[1] En lui accordant son congé « la Compagnie luy a remonstré l'obligation que luy et généralement toute l'Église de Vitré a aux Églises de ces Isles pour le gracieux accueil qu'ilz ont eu en ces derniers troubles et persécutions des Églises de France et plusieurs foys aux précédentes. Et qu'à ceste occasion la Compagnie les prioit au nom de Dieu d'avoir soing de l'entretien des Églises de ceste Isle leur donnant ung proposant pour ung temps. » 26 juin 1590, *Coll. G.* Perruquet mourait à Vitré l'année suivante.

[2] Il écrivait encore de Guernesey le 2 avril à Hotman de Villiers sur les projets d'accord avec les catholiques. Mss. Hotman de V. *Bibl. du Prot. français*, Paris.

[3] On lui donne attestation de s'être porté dans le ministère en la paroisse du Castel « en toute fidélité et diligence.. »; on lui octroye son congé « à condition que de tout son pouvoir il aidera à pourvoir l'Église de ceste Isle selon la promesse qu'il en a signée quand il y fut reçu avec les aultres ministres réfugiez. » 4 sept. 1590. *Coll. G.*

[4] Le gouverneur s'en préoccupe dans les séances des 4 avril et 4 sept. 1590 où il rappelle aux ministres leurs promesses « de ne laisser lesd. paroisses despourvues lorsqu'ilz seroient rappelez de leurs Églises Françoises.. » Les réponses lui paraissant insuffisantes il « s'est retiré n'estant point satisfait d'icelles et a remis toute la conduitte de cest affaire à la Compagnie. » *Coll. G.* Le 25 sept. Vitré n'a pas répondu.

peau »; il demande conseil, on le renvoie au gouverneur, et il reste encore. Il en est de même pour Viau[1]. Marin Chrétien venait de succomber à une longue maladie. Quant à Guyneau, « demandé et répété par ceux de la province de Bretagne par plusieurs lettres adressées tant à M. le gouverneur qu'à lui-même par Madame de Laval, il prie la Compagnie de pourvoir aux paroisses qu'il a en charge »; deux fois on renvoie la décision, malgré la lettre directe de l'Église de Vitré, et il reste jusqu'à son décès, en septembre 1593, titulaire des Églises de St-Sauveur et du Valle.

Pour combler ces vides, on place à St-Martin le proposant Sicard, à St-Sauveur le ministre de la Vallée « présenté par M. le Lieutenant pour prendre charge en ceste Isle »[2], et imposant les mains à Samuel Lhoumeau, fils de Du Gravier, « après bonne et suffisante enqueste faite tant de sa vie et conversation passée que de sa doctrine, ensemble de sa suffisance et fidélité à traitter la parole de Dieu », on lui confie la paroisse de la Forest, fév. 1593, d'où il repart en décembre pour la France. Les Actes sont remplis de doléances des paroisses privées de pasteurs, St-Samson, Le Valle, la Forest, Torteval — on en confie jusqu'à trois à un seul et même ministre[3] — et les anciens et les diacres en viennent à faire eux-mêmes les prières publiques[4].

La détresse spirituelle fut à son comble alors que la Compagnie, après doutes élevés sur la conduite du pasteur Leroy dit Bouillon, enquête approfondie, suspension provisoire, fuite de

---

[1] Malgré leurs instances réitérées pour avoir leur congé, Marchand et Roullée se décidèrent à rester à Guernesey. Viau a dû en partir à la fin de 1591.

[2] « A esté receu et embrassé de toute la Compagnie. »

[3] La Vallée dessert en 1594 St-Sauveur, St-Pierre du Bois et Torteval.

[4] On décide de les faire cesser là où il y aura une fois par dimanche prédication et prières et d'engager les fidèles à se ranger aux exercices des paroisses voisines. XXIXe *Coll. G.*

l'inculpé, et procès par contumace, se vit forcée de prononcer sa déposition [1].

Aussi les Colloques ne purent-ils fournir le ministre demandé pour le Lieutenant-Général de S. M. en Bretagne au service du roi de France [2], et comprirent-ils l'urgence de trouver dans les Iles mêmes les futurs conducteurs des Églises. A Jersey on proposa aux États quatre jeunes gens « comme les plus propres pour estre advancés aux estudes ». Le gouverneur promit d'entretenir Jean Pinel, les ministres se chargèrent de Pierre de la Place, fils de leur collègue de Saint-Ouen : les connétables prélevèrent sur le trésor des paroisses vingt-quatre écus par an pour Thomas Sibirel, et Messieurs de Justice offrirent même somme pour Philippe Marie [3]. Cet exemple fut suivi plus tard par Guernesey [4]. C'est vers Genève et surtout vers Saumur qu'on les dirigea, après des études préalables à l'université d'Oxford.

Cependant les fautes du passé allaient être réparées, grâce au changement des aumôniers de Castle-Cornet et de Montorgueil. Wake, parti en 1592 et provisoirement suppléé par l'un ou l'autre des ministres de l'île, était remplacé en 1595 par Snape, que le Colloque reçut sur témoignages « des Églises de la province de Northampton », insérant dans ses Actes, tant était réelle l'indépendance ecclésiastique de celles de la Manche, ces pièces émanant de congrégations presbytériennes non reconnues, et même combattues par le gouvernement anglais [5]. Le choix fait par le gouverneur de Guernesey avait été plus significatif encore, Wybone, et son successeur Cappelain, étant remplacés à l'au-

---

[1] Les *Actes des Colloques* renferment toute la procédure, les premiers interrogatoires de Bouillon et les longues dépositions des témoins : l'affaire introduite le 27 avril 1593 ne se termina que le 5 octobre.
[2] 25 déc. 1592. *Coll. J.*
[3] *Coll. J.*, 1593 et 1595.
[4] En 1598 sur la proposition de Cartwright.
[5] *Coll. J.* 28 mars 1595.

mônerie du château par Thomas Cartwright, aussi célèbre par ses talents que par ses épreuves. Il avait sans doute été recommandé par Merlin[1]. Le grand professeur et prédicateur puritain, dépouillé par Grindal de son aggrégation de Cambridge, ministre en son exil des congrégations anglaises d'Anvers et de Middelburgh, et à son retour auteur en 1572 de l'Admonition au Parlement qui posa les bases de cette forme de puritanisme sous Élisabeth qu'on a baptisée de son nom, Cartwright avait été emprisonné pendant plusieurs années à la prison de la Fleet. Délivré par l'intervention de Burleigh et de Leicester, le chef de la révolte presbytérienne, le condamné des tribunaux anglicans occupait paisiblement pendant plusieurs années à Guernesey un poste qui relevait directement du pouvoir civil représentant de la reine[2].

La présence simultanée au sein du corps pastoral des Iles des deux ministres anglais non conformistes lui rendit l'union et la paix. Ne pouvant envisager sans tristesse la division de ces Églises pour les principes desquelles ils avaient tant lutté et tant souffert, les deux aumôniers se regardèrent comme les intermédiaires naturels de la réconciliation. Le 26 septembre 1595 « M. Snape a esté prié par la Cie. d'escrire à M. Cartwright touchant la réconciliation des Églises de ces Isles, et que la Cie. trouve bon qu'on y procède par une oubliance de toutes choses passées. En outre sont esleus MM. Parent, Snape, Masson, Olivier et Bonhomme pour recueillir les informations qui seront propres pour faciliter et restablir la réconciliation desd.

---

[1] « M. Merlin était un intime ami de M. Snape et de M. Cartwright, deux éminents ministres anglais non-conformistes qui lurent son Exposition sur Job et la commentèrent dans les Iles. » Neal. *H. of the Puritans*.

[2] Le Rev. Brook, dans son *Memoir of the Life and Writings of Th. Cartwright* ne donne que des détails incomplets sur ce séjour et semble ignorer sa position officielle à Guernesey.

Églises ». Le même jour, au Colloque des Églises de Guernesey tenu à Saint-Pierre-Port,

« M. Cartwright a proposé comme il est à désirer pour la gloire de Dieu et bien de ces Églises qu'il y ayt une bonne réconciliation et sainte union entre les ministres et Églises de ces Isles. Requérant qu'on advisast aux moyens qu'on doit tenir pour y parvenir. Assurant qu'il en a conféré avec M. Snape, et qu'ils estoyent d'advis que pour ne rien altérer on ne parlast plus nullement des choses passées : mais qu'on usast d'une oubliance générale de part et d'autre. A quoy la Cie a faict response qu'elle sera très aise de lad. réconciliation et union et qu'elle la désire de tout son cœur comme elle le fera paroistre par effect; priant M. Cartwright d'escrire à M. Snape et l'asseurer que quand les ministres de Gersé recognoistront les Ministres qui sont en ceste Isle pour serviteurs de Dieu et fidèles Ministres de l'Évangile de J. C. et qu'ils ont esté légitimement establis ès Églises de ceste Isle desquelles ils ont charge, et donneront tesmoignage suffisant pour faire paroistre le desir qu'ils ont que ceste réconciliation se parface, ils leur bailleront pareil tesmoignage pour monstrer la rondeur et intégrité de leur affection — signé Sicard, scribe du Colloque. »

Le 7 novembre, Jersey envoie l' « Advis sur la réunion du Synode des Églises de Jarsé, Guernezé, Sercq et Origny.

« A esté charitablement accordé entre elles que dorénavant les Synodes se tiendront par chacun an comme auparavant et que les points qui y seront proposez, traictez et décidez, seront communiqués premièrement aux Colloques des susd. Églises pour estre tirés en sentence définitive èsd. Synodes par l'advis et consentement mutuel desd. Colloques. Davantage que pour plus grande confirmation de cette réunion la Discipline cy-devant reçue par lesd. Églises ayant été revue sera derechef signée en deux Cahiers, dont chaque Colloque gardera l'un, signés aussi par les Gouverneurs et leurs Lieutenants, MM. de la Justice, les Connétables et autres officiers et gens signalés de la police, et par les Ministres, Anciens et Diacres desd. Églises. Il y aura une oubliance et entière suppression de tous les torts précédens... sans que jamais soit licite d'en faire recherche ny reproche l'un à l'autre... Afin que lesd. soussignés ayent bonne opinion les uns des autres, comme la charité chrétienne le commande, maintenant le pur service de Dieu chacun selon sa vocation par une bonne paix qu'ils nourriront entre eux, offrant humblement et franchement à Dieu toutes leurs particularitez et généralement tout ce qu'ils pourroient prétendre les uns sur les autres à cause dud. faict passé, pour la conservation de son Église pour laquelle J. C. est mort. Finalement, afin que ce présent accord ne préjudicie l'honneur de Dieu ou le salut du prochain par une dissimulation ou connivature pernicieuse aux vices, le frère M. Cartwright est chargé de donner les advertissements fraternels à ceux de Guernesey qui en auroyent besoin, de quelque qualité qu'ils soient, selon sa conscience. Pareille charge est donnée au frère M. Snape pour le regard de ceux de Jarsé. Exhortant au nom de Dieu ceux à qui les advertissements seront adressés de se montrer dociles, afin que Dieu soit glorifié et son Église édifiée [1]. »

Guernesey [2] trouva que le passage sur « l'honneur de Dieu et la dissimulation des vices semblerait indiquer que l'oubli n'est pas complet, qu'il leur demeure au cœur beaucoup d'aigreur et d'amertume », signalant aussi ce qu'aurait d'embarrassant pour les aumôniers la charge de censeurs qu'on leur voulait confier. Le gouverneur mettait certaines conditions à son consentement : il insistait pour que le Synode ne se réunît que lors d'affaires urgentes concernant la doctrine et la discipline en général, pour que les affaires particulières fussent laissées au Synode, pour que la décision en Synode appartînt à un nombre égal de ministres et anciens de chaque Colloque, les autres n'ayant que droit d'assistance et de propositions, pour que les Synodes se tinssent à Sercq, « à mi-chemin des deux îles », où le Colloque de Guernesey proposait en conséquence d'avoir une assemblée préparatoire de tous les pasteurs avec les deux Gouverneurs, mais il n'insista pas sur le dernier point.

« Pour ne pas empêcher la réconciliation », Jersey consentit à renoncer aux censures : après de nouveaux pourparlers, les

---

[1] *Coll. J.* — Voir aussi les séances du *Coll. G.*, 19 déc. 1595 ; 23 janv., 10 août, 15 sept. 1596.

[2] 23 janvier 1596.

gouverneurs autorisèrent la tenue du Synode à St-Hélier ; le 4 septembre, les députés de Guernesey s'embarquaient pour s'y rendre et la longue séparation prenait fin [1].

L'année suivante, le 2 septembre, « les frères Parent, Snape, Baudouin, Masson, Fautrart, Olivier, Effard et Milet sont élus pour aller au Synode » tenu cette fois à Guernesey : c'est celui qui, avec la participation de Cartwright, revit, simplifia et publia la Discipline. Le Colloque de Jersey de 1598 suppliait les États de la signer « après en avoir communiqué à M. le gouverneur » [2].

Depuis quelques années les magistrats de cette île se désintéressaient des affaires intérieures des Églises : le Colloque de septembre 1598 décidait « que désormais M. le gouverneur ou son lieutenant seront priés d'assister au Colloque, ce qui avoit toujours lieu jusqu'en 1589 du temps de Sir Amias Pawlet ». On ne voit pas qu'ils aient acquiescé à ce désir.

Au moment de la réconciliation, le corps pastoral des Iles était encore incomplet, et il le resta malgré des consécrations de proposants. Jersey s'adjoignit Olivier Gruchy [3], Jean Pinel [4], Thomas Sibirel [5], Samuel de la Place [6] et David Bandinel [7], mais ne

---

[1] Chaque paroisse de Guernesey payait 10 schell. st. pour les dépenses de ses députés. » *Coll. G.*

[2] « Les officiers de l'Église qui refuseront de signer la Discipline purement et simplement seront retranchés de la prochaine cène. Et si après la cène ils continuent en ce refus seront suspendus de leurs charges. » *Coll. J.* 1598.

[3] « Après avoir longtemps proposé devant les ministres et finalement examiné par iceux en latin par voie de dispute touchant les principaux points de la théologie », envoyé à l'Église de St-Clément « en laquelle il sera posé pour pasteur par M. le gouverneur. » 25 déc. 1595.

[4] Nommé à Grouville 1598 (Olivier étant passé à St-Hélier 1596 avec son même traitement de six vingt écus et 2 quarts de froment).

[5] L'Église de St-Ouen avait déclaré lui porter une affection particulière et fournit à son entretien jusqu'à sa consécration 15 mai 1599 ; il succédait à de la Place.

[6] Nommé à Ste-Marie 1er août 1600 à la place de Baudouin.

[7] Nommé à St-Brelade 22 nov. 1601.

II

parvint pas à rappeler Pierre de la Place, resté à Sion en Bretagne, bien que l'île eût payé ses frais d'études théologiques [1].

Guernesey avait consacré et agréé Daniel Dolbel [2] et Jérémie Valpy [3], mais perdait en 1598 Marchand, retourné en France [4], Pierre de la Place, père de cinq pasteurs [5], décédé quelques mois après la naissance du futur professeur de Saumur le célèbre Josué, et le vénérable L'Houmeau du Gravier, qui terminait à Saint-Pierre Port sa longue carrière évangélique : dans un âge déjà avancé il avait pu faire la dédicace du Bastion royal construit par Sir Th. Leighton au N. E. du Château Cornet [6]. Sa mort laissait « entièrement dépourveu le troupeau le plus important de ces Iles » [7]. Aussi la Compagnie jugea-t-elle « unanime-

[1] Coll. 1600 et 1602, lettre à Vitré 24 sept. 1602.

[2] « Après qu'il eut assez pertinemment respondu; jugé à la pluralité des voix propre pour exercer la charge du St Ministère »; placé à St-Pierre du Bois, 22 oct. 1596, fils de réfugié.

[3] « Trois anciens, les capitaines et quelques autres notables s'avancent et disent qu'il a prêché au Castel au contentement de tous »; il y est nommé le 20 juillet 1597.

[4] Avril 1598.

[5] Samuel, p. à Jersey et Guernesey; Pierre, p. de Sion; Élie, p. de Jersey; David, p. de Laval et de la Moussaye; Josué, p. à Nantes et professeur à Saumur.

[6] Description de la cérémonie et analyse du discours de l'Houmeau, justifiant par l'exemple de Néhémie (XII, 27-43) ce qu'elle avait de neuf sinon de choquant pour quelques-uns. — Quick, *Icones*, *Life of M. Fautrart*.

[7] Son Église de Rennes avait compté pour le revoir sur la promulgation de l'Édit de Nantes : « Ce nous fust une perte irréparable et à toute la Bretagne que la mort de M. Dugravier, le plus excellent homme que nous eussions; qui à ma sollicitation venait visiter son Église à Rennes, comme moi la mienne; mais Dieu en disposa autrement et lui donna l'éternel repos après tant de travaux et tant de traverses par où il avait passé plus que moi l'espace de quarante ans, finissant sa course au grand regret non seulement des fidèles de Rennes et de toutes les Églises de Bretagne, mais aussi des Iles de Jersey et de Guernesey, où il avait fidèlement exercé sa charge durant tous les troubles qui, par deux fois, nous avaient chassés de France. » Louveau, *Histoire ecclésiastique*. Il avait épousé la veuve de Michel de La Forest, voir *App.* LXIX.

ment et tout d'une voix que Mr. Nicolas Baudouin estant leur père en Christ serait prié de venir les recognoistre pour ses enfans, après lesquels enfanter il a jadis grandement travaillé, jusques à ce que Christ ait esté formé en eux ; et ainsi d'achever sa course au milieu d'eux les repaissant, consolant, et conduisant par la Parolle de Dieu, comme il a louange d'avoir autrefois fait. Et de ce aussi est grandement désireux le troupeau »[1].

Le Synode de 1597, pour mieux effacer toutes traces du passé, avait en effet « répété » Baudouin à sa première Église : il prit congé du Colloque de Jersey le 5 octobre 1599. Un mois après, Claude Parent, que sur la prière de l'Église de Vitré on avait prêté « pendant trois ou quatre mois pour redresser les ruines de l'Église des Pays-Bas de Bretagne », déclara être « répété de la province de Normandie » pour celle de Caen. Le droit même de la province semblait périmé, n'ayant pas été exercé pendant cinq ans, malgré les stipulations formelles d'un Synode national[2]. Aussi le Colloque commença-t-il par résister, et à la troisième sommation, après avoir consulté le gouverneur, se référant à l'article synodal, il ne consentit qu'à le prêter à l'Église de Caen pour un an[3]. Ce temps expiré, Parent revint

---

[1] *Coll. G.* 5 nov. 1598.

[2] Banserie lui avait annoncé en 1595 un appel de l'Église d'Alençon qui ne vint pas. Au Syn. nat. de Vitré 1596 : « Sur les lettres de M. Parent, ministre de l'Église de Jarsac (Jersey) demandant son congé de l'Église de Bayeux et de la province de Normandie et de toutes les autres provinces où il ne trouvera pas de l'emploi, et se plaignant que le jugement rendu en sa faveur par le Synode de cette Province n'avoit jamais été exécuté, on a résolu que le prochain Synode de lad. Prov. de Normandie le pourvoira d'une Église ou lui donnera sa liberté. »

[3] « La Compagnie a par droit conclu qu'autant que le susdit Synode provincial de Normandie n'a fait devoir de le repéter dans ledit temps, ledit frère demeure notre obligé, suivant la promesse à nous faite cette seule condition réservée. Toutefois il est en la liberté des frères de Caen de le disputer en notre Synode prochain (s'il leur plaît) au jugement duquel nous nous soumettons. » *Coll. J.* 1600.

avec des lettres du Synode provincial de Normandie et de l'Église, « requérant qu'il leur fût laissé à toujours ». On se résigna, « non sans regret de tout le Colloque, à le leur donner en perpétuité »[1]. L'aumônier du château, Snape, étant parti sans congé, peut-être à cause de la nomination comme gouverneur de Jersey de Sir Walter Raleigh, la satisfaction des besoins religieux de la garnison retombait encore à la charge des pasteurs[2].

Le troisième Synode depuis la réunion avait eu lieu à Jersey en 1599[3], le quatrième se tint à Guernesey en mai 1601. Nous n'en possédons pas les Actes[4]. Bien que le quatrième eût décidé que de par les dépenses de son éducation Fautrart appartenait à Guernesey, le lieutenant du gouverneur de Jersey s'opposa à son départ, et le Colloque, en persistant à contester les droits de l'île sœur, ne consentit qu'à un prêt de trois mois de Milet et de Gruchy, justifié à leurs yeux par le décès du ministre Jean de la Vallée[5].

Sur de nouvelles supplications des Guernesiais demandant à

---

[1] *C. J.* Sept. 1601.

[2] « On lui écrira que le Colloque n'approuve point les raisons qu'il a écrites de s'être départi sans congé ; on le tient encore obligé à ce Colloque. On lui demande de renvoyer les statuts du Collège et lettres de S. M. pour le regard de la liberté de la Réformation. » *Coll. J.* Juillet 1600. — « Ol. Gruchy consent à subvenir à l'église du château, à condition qu'elle se contentera d'un prêche par semaine qui se fera alternativement en cette ville et au château de Montorgueil, le jeudi et le vendredi jusqu'en mars. » *Coll. J.* déc. 1600.

[3] « On a lu les Actes du Synode dernier tenu à Jerzé. » *Coll. ext. G.* 19 oct. 1599.

[4] « On proposera au Synode diverses modifications aux articles de la Discipline et on demandera : Si tous ministres ne doivent pas réciter en chaire après le presche le Symbole : que nulles promesses de mariage ne soient valables si le ministre ou anciens ne sont présents : la censure de ceux qui se vont marier en Angleterre contre le gré de leurs parents. » *Coll. J.* 1600.

[5] « Quand ils procéderont simplement à demander secours par prêt et non par voie d'obligation, comme leurs lettres semblent exprimer, nous tâcherons de leur satisfaire autant que notre commodité le pourra permettre. » *Ibid.*

être secourus « par voie de charité », quatre Églises étant dépourvues de pasteur, on leur accordait Pinel pour un trimestre en 1602, et Samuel de la Place en 1603, tout appel sur Fautrart étant déclaré illégitime [1]. Rennes avait sollicité par deux fois le même service. « Le Lieutenant et le Colloque ne peuvent autoriser un Ministre à exercer hors de l'isle sans que le gouverneur en soit averti » : d'accord avec ce dernier, on permit à Fautrart de passer six mois en Bretagne [2].

Le Colloque de Guernesey avait eu, en dehors de ses dix paroisses, à se préoccuper des deux îles qui relevaient de lui. Celle d'Aurigny, accordée en fief par Élisabeth en 1560 à Sir Léonard Chamberlayne, don renouvelé en 1584 à John Chamberlayne, avait été singulièrement négligée par tous deux. La seconde patente royale constate que « l'île a été sujette depuis quelques années à être pillée et ravagée, n'étant point gardée et presque déserte et dépourvue d'habitants, et que le peu qui y sont restés souffrent beaucoup » [3]. Leurs souffrances spirituelles n'étaient pas moins grandes. Le 6 octobre 1587, Du Gravier remontrait qu'il était

« nécessayre de pourvoir de pasteurs à l'Église d'Aurigny qui en est destituée par le décès de M. Alain, tellement que les habitans de lad. Isle ont esté contrains d'aporter ici ceste semaine deux enfans à baptiser : sur quoy a esté déclaré par l'ung des frères que les habitans auroyent par cy-devant demandé M. Jacques Bernard, dit de la Fontaine, ministre de l'Église de l'Épicelière au païs du Maine et par les troubles de France réfugié en ceste Isle il y a deux ans, afin qu'il prenne charge de pasteur en leur d. Isle. Pour ce les frères cognoissans la suffisanse dud. de la Fontaine et ayans bon tesmoignage de sa probité, ont advisé que led. de la Fontaine sera prié, au nom de ceste Compagnie, d'accepter ceste

---

[1] *Coll. extr. G.* 6 août 1602. — *Coll. J.* 17 août et 24 sept.
[2] *Coll. J.* fév. 1603. Il figure sur la liste du Synode national de Gap comme min. de Rennes; il ne l'était qu'à titre transitoire.
[3] Neuvième partie des *Patentes* de l'an XXVI d'*Élisabeth*.

charge, les frères approuvans sa vocation en lad. Isle, le priant de s'y acheminer le plus tost qu'il sera possible pour la restablir[1]. »

Envoyé à Aurigny le 22 décembre 1587, Bernard en revenait le 13 octobre 1591 avec un congé que ses paroissiens lui avaient donné de se retirer en France « dès l'XI° jour de Juillet au présent, soubz le seing de 9 des habitans ». Des rumeurs défavorables motivèrent le renvoi du ministre à Aurigny, accompagné d'un des membres laïques du Colloque : après cette enquête, « la Compagnie ne trouvant point de charge suffisante pour le condamner, remit les parties au jugement de Dieu » et autorisa le départ de La Fontaine [2].

La pauvre petite Église demeurait entièrement destituée : bien que le Colloque de juin 1592 l'admonestât « de faire tout debvoir de se pourvoir d'un fidèle ministre », ce n'est qu'en 1599 que le Synode décide de la faire visiter par les pasteurs de Guernesey, à condition qu'elle fournisse « un bateau pour les porter et reporter et les moyens de faire le voyage »[3]. En 1600 « celui qui tient la place du ministre en l'Église d'Origny sera adverti de se trouver au prochain Colloque pour respondre de ses mauvais desportements ». Cet inconnu, que l'extrême nécessité avait fait accepter par les fidèles, ayant été reconnu impropre à bien exercer cette charge, la Compagnie choisit en 1601 le pasteur Sicard « pour aller en Origny et là dresser quelque Église, pour y prescher, faire des mariages, administrer les sacremens, baptiser les enfans et y faire la cène selon sa prudence et comme il trouvera le peuple instruit, et il séjournera entre eux l'espace de quinze jours ou trois semaines »[4].

---

[1] *Coll. G.*
[2] *Ibid.*, 13 oct. et 5 nov. 1591.
[3] *Ibid.*, 19 oct. 1599.
[4] *Ibid.* 3 avril 1601.

Ces voyages, souvent interrompus par les gros temps et qui n'étaient pas toujours sans dangers, se continuèrent une fois par trimestre, Sicard, Dolbel et Valpy en ayant accepté la charge à tour de rôle, et les fidèles d'Aurigny les « envoyant quérir ».

L'Ile de Sercq, située en vue et à portée de Guernesey, cherchait à conserver une certaine indépendance ecclésiastique[1]. Son pasteur, Cosme Brevin, restait sourd aux appels et injonctions du Colloque[2] et ne s'y présentait que deux fois pendant une période de plus de trente ans. En 1597 il venait le consulter sur deux difficultés ecclésiastiques[3], mais s'abstenait de discuter les plaintes d'un de ses anciens et recevait de loin les censures de la Compagnie[4]. Dans les derniers mois du règne

---

[1] Aurigny est à 21 milles anglais de St-Pierre-Port Guernesey, Jersey à 19 ½, Serk à 7 ½.

[2] « M. Du Gravier écrira de rechef à M. C. Brevin, mesme au nom du gouverneur, attendu que lad. Isle est de ce gouvernement et luy de ce Colloque. » Avril 1587. — « La Compagnie trouve mauvais que le frère C. B. ne fait aucun devoir de se ranger au Coll. suyvant les advertissements qui luy en ont esté donnés par plusieurs foys. » — « Brevin a répondu qu'il avoit une très sainte opinion de cette Compagnie à laquelle il n'avoit rien écrit par l'advis du consistoyre lequel est encore en doute à quel Coll. il se doit ranger. » — C. B. « s'est excusé par lettres : on luy récrira de se trouver au Coll. prochain ; faute à luy de ce fayre il sera tenu pour contempteur de l'ordre de l'Église, vu qu'ayant esté suffisamment adverti depuis quatre ans de s'y trouver il n'y a toutes fois comparu. » Juin 1589. — « Après la lecture des lettres de M. Brevin, pleines d'injures et de rébellion, a esté advisé qu'on escrira à tout le corps du consistoire de Sercq afin que l'Église envoye au Coll. prochain ministre et ancien pour tesmoigner de leur union à l'Église et obéissance au gouverneur de S. M. » Déc. 1589. — Brevin se rend en effet au Coll. d'avril 1590 et témoigne « d'union et d'obéissance », mais n'y reparait plus avant 1597.

[3] Baptisant deux enfants il n'a prononcé les paroles qu'au second : les deux sont-ils baptisés ? La Compagnie estime que oui. — Un ancien suspendu de la cène doit-il l'être aussi de sa charge ? « Il doit l'être jusqu'à ce qu'il se soit réconcilié ou ait fait devoir de se réconcilier. »

[4] « Thomas Raoul, ancien de Sercq, s'est plaint que contre l'advis pris avec aucuns des ministres de cette Compagnie et réconciliation faite entre M. Cosme son ministre et luy, led. M. Cosme auroit soutenu et dit qu'il ne pouvoit

d'Élisabeth, atteint par les infirmités de la vieillesse, c'est à un ancien que le ministre confiait, avec l'assentiment du Colloque, le soin de lire les formules liturgiques consacrées par sa présence [1].

approuver led. Raoul encore qu'il le souffrit. — La Compagnie est d'advis que puisque led. Raoul a esté elleu, receu et approuvé par les anciens et l'Église, il doit estre receu, approuvé et admis par led. ministre luy donnant place au consistoire. Condamne M. Cosme en ce faict et donne charge au consistoire de lad. Église de luy faire la censure, l'advertissant de n'user plus de telles distinctions de souffrir et non approuver. » — En 1601 « sur la plainte de l'ancien de Sercq comme leur ministre ne se vouloit ranger à la pluralité des voix de son consistoire, luy sera escrite lettre de censure. »

[1] Sur la demande faite par un ancien, la Compagnie répond qu'un ancien pourra l'aider en lisant les institutions du baptême, de la cène et du mariage.. « pourveu que le ministre reçoyve les promesses du mariage et face les prières et actions de graces des susd. Institutions, suyvant au plus près qu'il luy sera possible la forme des prières et act. de grâces y contenues. » *Coll. G.* 22 déc. 1602.

Le premier volume des Actes des mariages et baptêmes correspond au ministère de Cosme Brevin. Il commence en 1570 par les baptêmes de deux enfants de Thomas Hamon et d'une fille du sire de St-Ouen, et par les mariages Poindextre et Julien de Carteret. De 1574 à 1576 Toussaint le Bouvier accomplit et signe les Actes. Le registre ne reprend que le 19 mars 1588, et seulement pour les baptêmes, 9 en 1589, 9 en 1590, 8 en 1591, dans les familles de Carteret, Vibert, Le Mazurier, Vaudin, Hue, Le Cousteur, Baleine, Maret, Noël, Dolbel.

CHAPITRE XX

LA FIN DU PRESBYTÉRIANISME A JERSEY.

Six semaines après la mort d'Élisabeth, le Synode des Iles se réunissait à Jersey, le premier lundi de mai 1603[1]. Il décidait de solliciter du nouveau souverain la confirmation des privilèges des Églises et la continuation de la Discipline réformée. Jacques Ier répondait le 8 août par un acte d'autorisation, basée sur celle accordée par la reine défunte[2]. Le 5 septembre, les États de

---

[1] « On proposera au Synode : D'aviser aux moyens d'entretenir quelques écoliers pour le ministère et de pourvoir à l'entretien des pauvres. Aussi la diversité qui se voit entre nous et l'Église de Guernesey au regard de la célébration de la Cène au jour de Pâques, de la solennité du jour de Noël, de la réception des marraines, de l'enterrement des morts aux temples, qui sont choses qui se pratiquent à Guernesey. » *Coll. J.* 1603.

Députation au Synode de Jersey, le gouverneur malade envoie le bailli Amias de Carteret à sa place. *Coll. G.* 1603.

[2] « Jacques, par la grâce de Dieu, etc... D'autant que Nous et les Lords de notre Conseil avons été informés qu'il a plu à Dieu de mettre au cœur de la feue Reine, notre très aimée sœur, de permettre et d'accorder aux Iles de Jersey et Guernesey, portion de notre Duché de Normandie, l'usage du gouvernement des Églises réformées dans led. Duché, dont ils sont restés en possession jusqu'à notre accession à cette Couronne : Pour cette cause, Nous, désirant suivre en cette faveur le pieux exemple de notre dite sœur, aussi

Jersey, « pour faire entendre à tout le peuple la bonne volonté de Notre Souverain Sire le Roy d'Angleterre, en l'exercice et administration de la Religion Réformée et Discipline d'icelle en ceste Isle », ordonnaient la publication par le vicomte de « l'Octroy et Commandement de S. M., afin que chacun y rende obéissance », et l'enregistrement par les ministres sur les Rôles, avec publication dans chaque paroisse [1].

Le 28 septembre on célébrait un jeûne par toutes les Églises de Jersey à cause « de la mortalité contagieuse de laquelle le Seigneur visite l'Angleterre et spécialement la Cité de Londres [2], des cruels et iniques desseins et entreprises des ennemis de l'Église contre la personne et état du roy en haine de la vérité qu'il embrasse, et du peu de fruit que la prédication de l'Évangile apporte au milieu de nous ». En décembre, après s'en être référé aux États, on organisa dans les deux îles une collecte pour Genève menacée par la Savoie [3].

---

bien pour l'avancement de la gloire du Dieu Tout-Puissant, que pour l'édification de son Église, voulons et ordonnons que nosdites Iles jouissent tranquillement de leur dite Liberté, dans l'usage de la Discipline ecclésiastique présentement établie en icelle ; défendant que nul leur apporte aucun trouble ou empêchement, aussi longtemps qu'ils se contiendront en notre obéissance et n'entreprendront rien contre la pure et sacrée Parole de Dieu. Donné à notre Palais de Hamptoncourt. » En anglais dans Falle, *An account of the Island of Jersey*. Le très anglican Falle déclare que la religion du roi avait été indignement surprise, puisqu'il semble croire à l'admission générale du rite presbytérien par la reine, tandis qu'il n'avait été question que des deux capitales : l'historien, dans sa partialité, oublie que les gouverneurs, par leur participation aux Colloques, avaient sanctionné l'établissement du régime presbytérien synodal dans l'ensemble de ces paroisses.

[1] *Notes* de E. Durell à l'ouvrage de Falle.

[2] En septembre 1604 on collectait à Guernesey pour les pestiférés de Southampton.

[3] Genève avait écrit pour solliciter des subsides. *Coll. ext. J.* 26 nov. 1603 : les *Actes des États de Jersey* portent à la date du 3 déc. : « Sur la réception des lettres recommandatoires de MM. les Habitans de la Ville de Genève, addressées aux Églises de Jersey, remontrans, comme par les attentats et perfidies du duc de Savoye continuant journellement ses surprises

Le changement de règne avait-il été à Guernesey l'occasion de troubles sérieux ? On pourrait le croire : le 24 juin le Colloque de cette isle décidait « vu les grandes divisions entre les peuples et les magistratz, de différer de célébrer la cène, tant en l'Église du Chasteau qu'ès autres ». Celui de septembre, en fixant la communion au 1er octobre, chargeait « tous les ministres de soigneusement admonester le peuple et un chacun, tant le jour de la cène avant que l'administrer que ès presches précédens, d'oster entièrement toutes amertumes. Et mesmement si aucuns ont fait quelques menées pour destourner les autres de la droite obeissance dûe au magistrat, qui est une chose qui est directement contre Dieu, qu'ils soyent advertis de s'abstenir de la table, sinon qu'ils soyent vivement de desplaisir de leur faute et désirent de faire leur devoir à l'advenir, à laquelle condition ils s'y pourront présenter ».

Mais à Sir Walter Raleigh disgracié et enfermé à la Tour de

militaires contre lad. Ville, leur a occasionné grandes fatigues et coustaiges en leur deffensive, presqu'insupportables au regard de la puissance d'ung ennemy si perfide, s'il ne leur estoit subvenu du secours par les moyens des gents de bien, faisans profession, de mesme qu'ils font, de la Religion Reformée ; Dont leur Agent seroit auprès de la Majesté de nostre Roy, pour obtenir quelque remède en ceste nécessité si apparente ; Et prouvé que cela seroit du tout desrogier à la charité et commisération tant recommandée par la Parolle de Dieu envers les nécessiteux membres de l'Église Catholique, joinct que de ceste Ville sont sortis les commencements de la piété réformée : Il a esté trouvé expédient, par l'advis et authorité de Mgr. le Gouverneur, Bailly, Justice et Estatz de l'Isle, que MM. les Ministres, chacun en sa Paroesse, remonstrent ceste nécessité au peuple, et les occasions d'icelle, avec les dangers qui en ressussissent s'il n'y estoit remédié ; les exhortans au nom de Dieu d'y contribuer suivant leurs consciences. Que s'il s'en trouve quelque contumace et oppiniastre, il sera reformé comme son inhumanité le mérite. » Notes d'Ed. Durell sur Falle. Le Coll. ext. de Guernesey, rappelant « combien nous sommes tous attenuz à lad. Ville et Église » décidait que le ministre de la ville ferait avec un ancien de maison en maison « la cueillette » effectuée dans les paroisses rurales à la porte des temples. 17 nov. 1603. — Déjà en juin 1590 Jersey avait fait une collecte pour Genève et envoyé les fonds à de la Fontaine à Londres. — C. J.

Londres[1] avait succédé à Jersey Sir John Peyton, un gouverneur résident, résolu à rompre avec les traditions séparatistes en matières d'Église, et à tenir tête au corps pastoral, trop indépendant à son gré. Lors de la nomination à Saint-Jean, par le Colloque, de Daniel Brevin, d'abord maître d'école à Saint-Pierre et fils de Cosme, le gouverneur s'adressa au Conseil privé : il lui demandait, inutilement encore, d'empêcher le fonctionnement de cette juridiction ecclésiastique presbytérienne et populaire, et de maintenir « les droits et les prérogatives du roi »[2]. Il y avait là un premier avertissement et un encouragement donné à tous ceux qui auraient quelques griefs à produire contre les rigueurs pastorales.

Et pourtant, à la considérer du dehors, jamais peut-être la situation du Presbytérianisme jersiais n'avait semblé meilleure. Rentré en relations fréquentes avec l'île sœur, s'associant à elle dans les Synodes de 1605 (Jersey) et de 1607 (Guernesey), le Colloque l'aidait par le prêt successif des ministres dont toutes ses paroisses étaient pourvues. A partir de 1605, les Actes donnent les noms des assistants aux Colloques : celui de décembre, comptant dix pasteurs sur treize en exercice[3] et dix anciens sur douze délégués, rendit « grâces à Dieu pour l'heureuse délivrance qu'il lui a pleu donner au Roy et à tout son état de l'horrible conspiration des traistres qui avaient attenté contre luy ». La session de juin 1606 fut consacrée à l'interrogatoire de l'hérétique Genest Belin, né à Thiers en Auvergne de parents «papistiques», et convaincu de ne pas croire à la Trinité et de réduire la mission du Christ à celle des autres prophètes[4]. L'appui que le Col-

---

[1] Il avait passé à Jersey tout 1602. Son fils en fut gouverneur la dernière année du Protectorat. — Tupper *H. of Guernsey.*

[2] Le Quesne, *Constitutional History of Jersey.*

[3] H. Fautrart absent par emprunt de Guernesey, Bandinel par emprunt de Sercq, Masson absent sans excuses.

[4] Voir l'interrogatoire à l'*Appendice.*

loque et les consistoires avaient trouvé autrefois dans l'autorité civile, leur faisait toutefois de plus en plus défaut. «Sera proposé au Synode s'il *ne serait pas bon* de supplier les magistrats de ces Iles d'ordonner punition aux récusans qui s'abstiennent de l'usage de la Parole et des Sacremens, à l'exemple du bon zèle des magistrats d'Angleterre?»[1].

En août 1607, Sir Robert Gardiner et le Dr Hussey, commissaires royaux, débarquaient à Saint-Hélier. Dans les deux îles s'élevaient des récriminations d'autant plus vives que l'avènement d'un régime nouveau fortifiait les espérances populaires. Le roi avait ordonné une enquête sur les pétitions des habitants, les plaintes du gouverneur, les moyens de concilier la prérogative royale et les libertés du peuple. Sir John Peyton, à qui l'on reprochait de continuer à son profit l'administration arbitraire des Pawlets, se plaignait à son tour de l'indépendance des jurés, et de la confusion des juridictions civile et ecclésiastique. Sans rien trancher sur ce point spécial, les commissaires ne purent que stimuler le gouvernement dans ses projets anglicans. Aussi l'année suivante le ministre de Saint-Hélier était-il député par les États avec M. de St-Ouen, «pour procurer les affaires publiques de l'île en Angleterre, voir le roi et son conseil», et sans doute détourner, si possible, l'orage dont on pressentait l'approche.

A Guernesey les commissaires royaux, parmi les vingt-huit articles du cahier de plaintes des habitants, énumérant les abus de pouvoir reprochés à Sir Thomas Leighton et dont la plupart furent prouvés [2], en relevèrent qui touchaient aux ques-

---

[1] *Coll. J.*, 27 mars 1607, et 26 juin: «Le Magistrat sera prié de prendre connaissance de ceux qui refusent fièrement de se soumettre à la Discipline.»

[2] Établissement d'une cour martiale, emprisonnements arbitraires, interdiction d'épouser des femmes sujettes anglaises, sinon en payant une amende ou une redevance annuelle, etc.

tions ecclésiastiques. Le gouverneur, disait-on, s'était emparé des revenus de toutes les cures ; il en résultait que les paroisses étaient ou privées de ministres ou forcées de les rétribuer de leurs deniers particuliers. On demandait la restitution des rentes catholiques confisquées par l'État comme consacrées à des usages superstitieux, et, dernier reflet des traditions anciennes, l'autorisation d'enterrer dans les églises et de sonner les cloches pour les agonisants. Enfin on rappelait que le gouverneur avait expulsé de leurs bénéfices sans aucune raison légitime des ministres de la Parole de Dieu, « même de ceux nés dans l'île et élevés aux frais des habitants, laissant les paroisses destituées de ministres, quelques-unes encore à l'heure présente ». Les commissaires répondirent qu'ils n'avaient pas le droit de statuer sur ce qui regardait les ministres et leurs bénéfices, encore moins de contrôler l'usage que Sa Majesté entendait faire des anciennes rentes catholiques ; mais s'arrêtant sur le dernier grief énoncé, ils déclarèrent juger convenable que le gouverneur s'abstint d'agir de même à l'avenir[1]. Les expulsés de 1585 obtenaient satisfaction. Mais la réparation n'avait-elle pas déjà été entière le jour où Baudouin reprenait possession de la chaire de Saint-Pierre-Port, et quand le Colloque de Guernesey conseillait à la paroisse de Saint-Sauveur « d'écrire lettre particulière pour répéter leur ancien pasteur Milet sur lequel ils disent prétendre et avoir quelques droits ? »[2].

Les pauvres insulaires d'Aurigny avaient profité de la tournée d'enquête des commissaires pour faire entendre leurs doléances contre leur seigneur John Chamberlayne et son représentant. Les deux délégués Hougue et Simon les accusaient de les avoir dépouillés du presbytère et de ses revenus et laissés depuis

[1] Dupont et Tupper, *H. of Guernsey*, p. 174, 178.
[2] *Coll. J.* 1602 et 1607. où la Compagnie appuie par lettres la demande définitive de la paroisse de St-Sauveur.

seize ans sans ministre. Ils avaient fini par entretenir à leurs frais un jeune proposant, Simon Masson, né à Southampton d'une famille du Refuge et préparé depuis quelques mois par les pasteurs guernesiais[1]. Grâce à l'intervention des commissaires, le presbytère fut rendu, le traitement annuel consenti et fixé à vingt livres sterling. En novembre 1607 Perchard fut délégué pour imposer les mains à Masson et l'installer dans le poste qu'il devait occuper pendant près d'un demi-siècle.

Les ministres de Guernesey avaient eu grande peine à visiter de loin en loin Aurigny, et à desservir Sercq, où Cosme Brevin était décédé en 1605[2]. Le vénérable Baudouin était forcément suppléé par Pierre Painsec, consacré en 1604, mais que les rigueurs ecclésiastiques pouvaient seules retenir dans un minis-

---

[1] Le Colloque avait obtenu du gouverneur, juin 1605, l'envoi de quelques jurés pour s'enquérir des revenus de la cure et organiser l'entretien d'un proposant. Le 27 mars 1607, « l'Église d'Origny demande instamment et par lettre, et par la bouche de Laurens Simon, que M. Masson, lequel ils ont ja quelque temps entretenu à la proposition au milieu de nous leur soit envoyé pour leur servir de pasteur et subvenir à leur grande nécessité. On les exhorte à patienter encore pour quelque temps ». Le 26 juin ils escrivent « lettres pleines de menaces. On a trouvé expédient de les exhorter à avoir patience, avec promesse de nous employer pour leur bien autant que nous pourrons. Les priant aussy de considérer que nous ne sommes pas Dieux, pour jetter un ministre en moule ». *Coll. G.*

[2] Le 28 sept. 1604 : « Sur ce que Rollin Vaudin, ancien de l'Ég. de Sercq s'est présenté demandant conseil à la Compagnie comment ils se pourront gouverner pour avoir quelque exercice de religion entre eux, estans privez de pasteur à cause de la grande vieillesse de M. Cosme leur ministre, la Cie a esté d'advis que au plus tost que faire se pourra les frères Valpy et Sicart iront visiter M. Cosme et l'Église pour y donner et mettre quelque ordre par advis commun. Et en attendant les frères de Sercq pourront faire les prières publiques après la lecture de la parole de Dieu ». *Coll. G.* — « Maistre Cosme Brevin, premier ministre de la parolle de Dieu en l'Église de ceste Isle de Sercq, homme fort ancien et de bonne vie, natif de la paroisse d'Angouville en Normandie, mourut le dernier jour d'avril 1605 ». Le 2e volume du *Reg. des Baptêmes, Mariages et Enterrements* de Sercq commence à la mort de Cosme Brevin.

tère surchargé et rétribué insuffisamment[1]. En 1605 le gouverneur présentait au Colloque pour l'Église du Château l'Anglais Thomas Bradley : on lui accorda la main d'association, à la condition « d'eslire et choisir au plus tost des anciens et diacres pour servir à lad. Église, qui signeront et suyvront avec luy la police ecclésiastique selon qu'elle est receüe en ces Isles »[2]. En 1606 la vocation de Jean Perchard coïncidait avec la mort de Valpy.

La tâche devenait écrasante pour les quatre conducteurs de dix troupeaux. Les adversaires du Presbytérianisme essayèrent d'en profiter. Tandis que le Colloque implorait les secours de Jersey et attendait avec impatience, pour combler quelques-uns de ses vides, le retour des étudiants entretenus aux Académies étrangères, une voix se fit entendre, voix autrefois amie et vénérée, avertissant les pasteurs et les ouailles qu'il n'était que temps de se ranger à l'uniformité anglicane. C'était celle de l'ancien réfugié des Flandres, disciple et compagnon d'œuvre de Guy de Brès, régent d'Élisabeth College, collaborateur de Baudouin, et maintenant prébendaire de Gloucester, de Canterbury et de Westminster, le Docteur Adrian Saravia[3]. Rappelant tout le premier dans sa lettre aux pasteurs qu'il avait été un des

---

[1] Voir à l'*Appendice* les comparutions de Painsec devant le Colloque, ses refus, sa suspension, et sa réconciliation (4 oct. 1605-11 avril 1606), ainsi que sa seconde suspension pour s'être brouillé avec sa femme (mai 1610).

[2] A Bradley, aidé par son gendre Herne, succède le 23 déc. 1608, West, min. anglais, « avec recommandation de M. Yelverton juge en Angleterre en la maison duquel il a exercé son ministère : il promet de se comporter fidèlement et de signer la Police eccl. et Conf. de foi, comme l'exige l'article de la Discipline reçue en ceste Isle ». *Coll. G.*

[3] Dans sa lettre à Utenbogaard du 13 avril 1612, Saravia se plait encore à revenir sur sa participation à la Confession de Foi de Guy de Brès : « Ego me illius Confessionis ex primis unum fuisse authoribus profiteor. » *Praestantium ac eruditorum virorum Epistolae*, f° 295 : l'original a. s. *Bibl. du Protestantisme français*.

initiateurs à Guernesey de l'enseignement évangélique, mais attribuant à l'évêque de Winchester leur affranchissement des liens catholiques de Coutances, il leur reprochait leur ingratitude d'y avoir répondu par la substitution à l'autorité épiscopale et à ses tribunaux de leurs consistoires et de leurs Synodes, par l'adhésion aux empiétements du gouverneur sur les droits des prélats, par la promulgation dans leurs Assemblées de statuts ecclésiastiques qui, sans être contrôlés par le souverain, n'en devenaient pas moins obligatoires pour ses sujets. Leurs privilèges ! Saravia se refusait à les admettre du moment où ils se prétendaient affranchis de par eux de l'autorité des évêques de Winchester, des archevêques de Canterbury, « leurs seuls vrais juges en matières de foi depuis leur séparation du diocèse de Coutances ». Au lieu de suivre les « déplorables exemples » des Églises de France et des Flandres, ils devaient se conformer aux décrets de celle d'Angleterre, au Livre de Commune Prière, et adopter une discipline vraiment chrétienne, plus solide, mieux établie que celle pour laquelle ils s'étaient si violemment remués. Et à l'exhortation succédait l'insulte et la menace. Les auteurs « aussi présomptueux qu'ignorants de leurs prétendus décrets synodaux » n'auraient pas toujours un Sir Thomas Leighton pour les couvrir. Ses successeurs n'accorderaient plus la même confiance aux ministres français et à une organisation ecclésiastique « qu'aucun magistrat sage et prudent ne voudrait approuver, et dont on chercherait vainement la semblable dans toute la pieuse et savante antiquité ». Leur évêque l'avait démontré dans son livre du Gouvernement perpétuel de l'Église du Fils de Dieu, et Saravia lui-même dans son traité *De Diversis Ministrorum Gradibus* et dans ses réfutations de Th. de Bèze. Ceux qui cherchaient à détruire l'épiscopat avaient un but, s'emparer des biens de l'Église et lui faire subir ensuite une tyrannie pire que celle de l'Inquisition d'Espagne, et le protégé de Jacques Ier terminait en leur affirmant que le roi, « sachant ce que valaient consistoires et Synodes, ne sanctionnerait pas dans les Iles ce qu'il n'autorisait plus en Écosse »[1].

Comme un écho du factum de Saravia, un des anciens de Saint-Pierre-Port, Jean de Vicq, demandait au Colloque le 27 mars 1607 : « Ne serait-il pas expédient de recevoir un doyen au milieu de nous ? » La Compagnie, comprenant le péril, répondait : « la question est renvoyée au Synode pour y adviser meurement, estant une chose qui concerne l'estat des deux Iles ». Blessés dans leur honneur, mais soutenus par l'esprit public des insulaires et de leurs représentants légaux, les pasteurs étaient décidés à la résistance. Dans un même sentiment qu'eux, le lieut. gouverneur, Pierre Carey, proposait d'affecter le bénéfice des cures vacantes à l'entretien des écoliers et proposants... « De quoi la Compagnie loue Dieu et le remercie ».

Le gendre de l'aumônier anglais, Herne, s'étant perfectionné dans la langue française, était donné à Sercq, qui le garda deux ans à demeure et eut ensuite son service intérimaire[2]. La mort frappa encore un des pasteurs en 1608, Dominique Sicard, mais on venait d'accueillir Milet fils, et quand son père, prêté par le Colloque de Jersey, malgré l'opposition de sa paroisse, voulut la regagner, le gouverneur lui défendit d'y retourner, au risque de causer une nouvelle rupture entre les deux îles[3]. Ce service fut

---

[1] La lettre, traduite en anglais, est reproduite par Bernard dans le recueil *Clavi Trabales*, Londres 1661. Dupont l'analyse *Hist. du Cotentin*.

[2] L'Église de Sercq avait été secourue par des ministres de Jersey, Bandinel, Gruchy, Brevin. En 1610, Herne, accepté à contre-cœur par la paroisse de St-Martin, à cause de son accent, desservit Sercq une fois par mois jusqu'en 1612.

[3] « La Cie prie le gouverneur de continuer l'arrêt de la personne dud. Milet père, jugeant que justement il a esté retenu d'après le Synode » *Coll. G.*, déc. 1609. « M. Th. Milet, M. de l'Égl. de St-Pierre (Jersey) ayant esté sommé par lettres au nom du Colloque (de J.) de comparoitre au prochain sous peine de suspension, et n'y ayant voulu obéir, ains s'estant donné à une autre Église

le dernier qu'il put leur rendre. Sir Thomas Leighton disparaissait à son tour au commencement de 1610[1], mais son successeur lord Carew, en déléguant ses pouvoirs au bailli Amice de Carteret, montra qu'il comptait suivre la même conduite ecclésiastique.

Il n'en était pas de même à Jersey, où le gouverneur essayait de faire une première brèche à l'organisation presbytérienne et à sa discipline, en présentant pour l'aumônerie du château un ministre anglican. Le Synode s'était tenu le 29 mai 1609 et on en relut les ordonnances au Colloque du 23 juin. A cette séance, à laquelle assistait Sir J. Peyton,

« M. Chatterton étant venu d'Angleterre pour servir à l'Église anglaise au ministère de la parole et se présentant pour être reçu et associé avec la Compagnie des frères Ministres, a été requis de lui que, selon l'ordre de l'Église, il apparût premièrement des lettres de son envoy, ou bien d'attestation suffisante tant de sa vocation au ministère que de sa

devant qu'estre déchargé de celle sur laquelle il avoit esté commis par notre Coll. et pourtant s'estant rendu coupable d'avoir abandonné son troupeau... et devenu plus violent jusqu'à mespriser toutes admonistions à lui faites par l'Église de Dieu, il est dès à présent, au nom et en l'authorité de J. C. suspendu de sa charge et des Sacremens, avec défense à lui de n'exercer aucun ministère en aucun lieu, et aux autres ne l'y recevoir jusqu'à ce qu'il soit venu à repentance, ce dont nous prions le Seigneur lui en faire la grâce. Et est commandé à M. David Bandinel auquel est commise la conduite de son Église de publier cette sentence Dimanche prochain. Et en sera écrit au Coll. de Guernesey tant à ce qu'ils aient à lui signifier qu'aussi à les exhorter de se joindre avec nous en l'exécution d'icelle sentence... Ayant justifié le dit frère, ils se sont rendus parties contre ce Colloque. » *Coll. J.*, déc. 1609. Guernesey envoya les ministres Perchard et West moyenner l'affaire à Jersey : on promit de lever la sentence de suspension après le retour de Milet ou l'envoi de sa confession écrite. *Coll. J.* fév. 1610. Quelques mois après le Coll. consentit à se déclarer satisfait et à renoncer à ses droits sur le pasteur : il ne quitta plus Guernesey, où il est désigné comme Milet *senior*.

[1] « Sir Thomas Leygthon, après avoir heureusement gouverné cested. Isle par l'espace de quarante ans moins quatre mois a esté enterré dedans le temple de St-Pierreport le Jeudi 1er jour du mois de Febvrier 1609/10. » *Registres mortuaires*.

bonne vie. A quoi ne pouvant satisfaire pour l'heure a été jugé ne pouvoir être reçu ; mais que si dans le prochain Colloque il en apparaît et qu'il veuille se soumettre et se joindre aux susdits frères en l'exercice de la discipline ecclésiastique ici établie par S. M. on lui pourra alors bailler la main d'association. Et pourtant le ministre de la Ville demeure chargé de la conduite de l'Église anglaise jusqu'à ce temps là suivant l'ordre du Colloque. »

Le gouverneur n'ayant pas réussi du premier coup, commença par assurer à Chatterton la participation aux Colloques, en l'y déléguant en son lieu et place, avant toute attestation produite ; celles présentées enfin en novembre émanaient de l'université d'Oxford et de l'évêque[1]. Comme poussés à bout par l'atteinte portée à leurs privilèges, n'étant plus aidés d'autre part par les magistrats dans leur œuvre disciplinaire, sentant que l'action du gouverneur tendait désormais, non à fortifier la leur, mais à la combattre, les membres présents au Colloque du 29 décembre résolurent, en lui adressant franchement leurs plaintes, de le mettre en demeure de se prononcer :

« Aujourd'hui humble requeste a été faite par les Ministres à M. le Gouverneur de nous prester sa faveur à obtenir de S. M. une telle forme de jurisdiction que Dieu soit craint et le Roy honoré sous son gouvernement, et ordonne qu'elle sera insérée au livre des Colloques, dont la teneur ensuit :

« L'humble Requeste des Ministres faite au Gouverneur en présence du Colloque :

« Monsieur. Comme ainsi soyt que l'Église de Dieu ne peut subsister sans conduite non plus qu'une nasselle sans gouvernail estant agitée de vents et vagues impétueuses et que le gouvernail de l'Église consiste en la Jurisdiction d'icelle, l'usage de laquelle il a pleu à Dieu commettre aux

---

[1] Chatterton n'occupa son poste que peu d'années : « M. le Lieutenant ayant requis cette Compagnie qu'un des frères fut prié de donner quelque exhortation aux Anglais habitant en cette Ile, lesquels vivent sans exercice de religion, M. Olivier est prié de prendre charge de l'Église anglaise. » Coll. J. 1612.

Ministres de sa parolle deuement assemblez en son nom, Matth. XVIII. 17-20;

« Et que d'autre part les Esprits du peuple pour la pluspart sont imbus de cette opinion que nous n'avons aucune telle Jurisdiction entre nous, ains que toute la Jurisdiction tant civile qu'ecclésiastique est par devers M. le Bailly et les douze Jurez, A cause de quoy les assemblées qui sont ordonnées pour la conduite de l'Église comme sont les Consistoires, Colloques et Synodes sont du tout mesprisées, plusieurs se licenciant à ne comparoistre point devant icelles y estants semonds, et à vexer les ministres jusques à désadvouer publiquement leur authorité et pouvoir, et à citer les Ministres et Anciens devant la cour laye pour causes purement Ecclésiastiques : en quoy les Officiers de S. M. leur prestent la main attribuant à la Cour laye la cognoissance des causes ecclésiastiques pour confondre les deux Jurisdictions qui doivent se distinguer, et ainsy mettre la Justice et l'Église en division qui doivent se soustenir et maintenir l'une l'autre par un bon accord, comme les deux bras d'un même corps. A quoy s'il n'est remédié bien tost il y a à craindre que tout n'aille bientost à confusion et que les Récusants, Libertins et scandaleux n'ayent une porte ouverte pour renverser l'Église de Dieu.

« Pour ces causes et autres importantes à la gloire de Dieu et service de S. M. avons trouvé nécessaire et convenable à nostre debvoir, pour la descharge de nos consciences devant Dieu et les hommes, d'en faire remonstrance à Vostre Seigneurie, la priant bien humblement y avoir esgard, afin que, comme vous avez esté le premier qui avez recogneu et vous estes plaint de ce deffaut entre nous, il vous plaira aussy nous aider à impétrer de S. M. telle forme de Jurisdiction ecclésiastique que Dieu estant craint, le Roy honoré, nous puissions mener une vie paisible en toute piété et honnesteté sous son obéissance[1]. »

La réponse de Sir John Peyton ne laissait point de doute sur ses intentions :

« J'ai reçu par M. Chatterton votre écrit envoyé du Colloque, dans lequel vous alléguez que le peuple conteste votre juridiction et prétend que les deux juridictions, la civile et la religieuse, résident toutes deux dans les Baillis et les Jurés : vous lui reprochez en outre le mépris dont

---

[1] *Coll. J.* 29 déc. 1609.

il fait preuve en ne paraissant pas aux Colloques et aux Synodes lorsqu'il y est convoqué, le désaveu de votre autorité et les vexations causées à vous, les ministres et les anciens, par des citations devant les Magistrats civils dans des questions purement ecclésiastiques.

« D'autre part j'apprends par quelques-uns des Jurés et par d'autres, que par vos ordonnances et vos procédés, depuis le premier établissement de la Discipline, vous avez grandement empiété sur l'autorité des magistrats, en sorte que je ne sais trop comment faire une réponse directe à votre sollicitation d'assistance, tant que je n'aurai pas appris de vous quels sont les cas spéciaux dans lesquels vous vous trouvez lésés, et les noms des personnes qui vous ont offensés par leurs réponses, car vous n'avez mentionné aucun cas, vous en tenant à des plaintes générales, et vous n'avez nommé aucune personne en particulier.

« Pendant de longues années, après le premier établissement de la Discipline, les Églises dans les Iles furent gouvernées saintement et paisiblement ; on n'était pas alors à la recherche du pouvoir, on ne luttait pas à qui l'exercerait.

« Les juridictions sont d'un bon effet quand elles sont basées sur le droit, qu'elles sont nettement tranchées et réparties en points circonstanciés et connus des Magistrats qui ont à juger, et du peuple qui leur doit obéissance.

« Quant à ce qui touche votre Discipline ecclésiastique, pour autant qu'on peut justement la considérer comme accordée par Sa Majesté, je m'efforcerai selon qu'il est en mon pouvoir d'aider et de maintenir ; mais mon conseil à chacun de vous est que vous cheminiez avec humilité devant vos frères laïques, faisant deux parts de votre temps : l'une consacrée à l'étude des choses de Dieu, l'autre à les prêcher et à les écrire, de manière à ce que vous puissiez être respectés dans le présent, et mémorables dans les temps à venir. Et si vous avez des griefs contre les Magistrats civils qui insulteraient à votre autorité, vous aurez raison de désirer une conférence sur les cas particuliers.

« Et sur ce je vous souhaite à tous un accroissement du Saint-Esprit de Dieu.

Montorgueil ce 1ᵉʳ janvier.

« John Peyton, gouverneur [1]. »

[1] Apportée par Chatterton au Colloque du même jour, en anglais dans les *Actes*.

Au lieu de l'aide réclamée, et si largement accordée dans le passé, le Colloque emportait de son recours une cruelle semonce, qui ne pouvait qu'affaiblir encore son autorité morale. Aussi les délinquants invoquèrent-ils bientôt le pouvoir civil à l'encontre de l'ecclésiastique, se prétendant autorisés par le gouverneur ou son lieutenant dans leurs infractions à la Discipline et dans leur refus de répondre aux citations ou aux décrets de la Compagnie [1].

Quand, revenant à la charge, vu le nombre de « récusants et de scandaleux croupissant en leur impiété » elle trouve bon de prier le lieutenant-gouverneur « d'y employer son autorité et d'assembler un Colloque extraordinaire incontinent après la cène, auquel tels scandaleux seront enjoints de se présenter devant leurs consistoires pour y être pourvu le plus tôt possible », ce magistrat ne s'en préoccupe point, mais il leur remontre à son tour « l'abus et défaut qui se trouve ès reconnaissances publiques, désirant que pour l'instruction et l'édification tant du pénitent que du peuple, les ministres eussent à prendre un texte formel pour traiter de la repentance » [2].

---

[1] « Clément Maçon ayant refusé de recognoistre sa faute au consistoire de son Église pour avoir pratiqué des signes le jour de Sainte Cène au préjudice de l'ordre ecclésiastique établi par S. M. en ces Isles, enquis au Colloque quelles raisons il avoit pour en faire refus, a répondu l'avoir fait par l'autorité et commandement de Mgr. le lieutenant-gouverneur pour lors, ce que le Colloque ne pouvant prouver a commandé, en ratifiant la sentence du Consistoire, retourner à son Consistoire y recognoistre ladite faute et se réconcilier à son Église » 22 juin 1610. — La Compagnie demande le Colloque extr. le 28 déc. sans l'obtenir. Le 29 mars 1611, « Clément Maçon, assigné pour avoir refusé d'acquiescer à l'acte du Coll. de Juin touchant sa recognoissance, a répondu que M. le gouverneur auroit promis de le garantir en cet endroit. Ce que la Comp. trouvant préjudiciable à l'honneur dud. sieur, a sursis à cet affaire jusques à ce que mond. sieur en soit informé. »

[2] « Il a été trouvé bon de le proposer au Synode, à ce qu'il y ait quelque formalité autorisée à cet égard... et en attendant est remis à la discrétion de chaque Pasteur ou d'en traiter exprès, ou à la fin de leur prédication » 29 mars 1611.

Sir Peyton accorde encore sa sanction pour le proposant Mollet nommé à la Trinité, mais déjà son administration émet une prétention nouvelle :

« M. le Lieutenant-Gouverneur, étant adverti par ceux que le gouverneur lui a associés pour Conseil au gouvernement de cette Ile qu'ils ne trouvoient point bon qu'un certain Ministre étranger nommé M͏ʳ Daniel de Nyeilles preschât, à ce jourd'hui requis et enjoint aux Ministres que nul n'ait à admettre aucun Ministre étranger à prescher en aucune de leurs Églises sans son congé. De quoi les dits Ministres se trouvant fort offensés, à raison qu'il n'apparoissoit aucune raison d'une telle défense, et que mesme c'étoit chose qui n'avoit jamais été pratiquée auparavant, et qui pouvoit grandement préjudicier tant à l'honneur et fidélité des Ministres qu'à la liberté et union des Églises, et mesme qui pourrait donner ouverture à d'autres plus grands inconvéniens, s'il étoit que les Ministres fussent privés de toute autorité en tel cas, ils ont demandé d'en estre éclaircis ou bien que force sera de s'en plaindre. »

A l'heure même le lieutenant-gouverneur, « par l'avis de son Conseil », pose une question au Colloque : « Quelle autorité et place le Gouverneur ou son Lieutenant doit-il tenir ès Assemblées ecclésiastiques qui sont pour la conduite des Églises comme sont les Consistoires et Colloques ? » La Compagnie pressent un piège : « Considérant la question être d'importance, et aussi nouvelle, et ne sachant à quoi elle pouvoit tendre : vu qu'elle étoit proposée par le Lieutenant-Gouverneur qui doit mieux connoître qu'aucun autre jusques où sa puissance se peut étendre. Cette Compagnie a prié mondit Sieur Lieutenant la mettre par écrit, afin que les ministres et anciens la puissent mieux considérer pour en venir résolus au prochain Colloque, ce que mondit sieur a aussi promis »[1].

Un fait récent, d'une incontestable gravité comme signe des temps, stimulait leurs méfiances. Machon (ou Maçon), plus

---

[1] *Coll. extr. J.* 16 juillet 1612.

d'une fois frappé de leurs censures, s'en était vengé en colportant dans l'île une pétition au roi contre le régime presbytérien. Il devançait l'heure. Convaincu de «son scandale», il consentait à en exprimer son regret, et l'on s'empressait de le « recevoir à la paix de l'Église et à la cène du Seigneur ». Mais au Colloque du 26 mars 1613, sur sept délinquants cités à comparaître, aucun ne se présentait[1]. L'assemblée se séparait sans avoir rien pu faire. Son action devenait nulle.

Le 25 juin, la vraie lutte s'ouvre.

« Mr. Élie Messervy, ayant demandé d'être placé en la paroisse de St-Pierre suivant les lettres de présentation de Mr notre Gouverneur dont le dit était porteur : lesquelles ayant été lues comme aussi ses lettres d'ordre et de consécration par Mr. l'évêque d'Oxford. Il a été trouvé nécessaire que l'affaire fût remise à la venue de Mr notre Gouverneur en cette Ile, laquelle nous entendons être fort prochaine. D'autant que la souscription faite par ledit Messervy en sa consécration se trouve n'accorder point avec l'ordre et discipline ecclésiastique qu'il a plu à Dieu et à Sa Majesté établir et confirmer au milieu de nous à l'instance des États de cette Ile. A laquelle le susdit sieur gouverneur même a fait jurer à tous les Ministres et officiers de cet État observer inviolablement.

« A quoy le susdit Messervy *ayant déclaré n'entendre point y soussigner*, les Anciens de la dite Église de St-Pierre ont demandé qu'il ne leur fût point envoyé sans se soumettre comme les autres au maintien de la paix et union des Églises. Desquelles choses le modérateur est chargé d'en écrire aud. sieur Gouverneur pour le supplier bien humblement d'avoir égard à la gloire de Dieu et repos de l'Église sous son gouvernement. »

La nomination de l'anglican et anti-presbytérien Messervy était la destruction anticipée des Églises calvinistes des Iles de la Manche. Guernesey, prévenue, réclama la réunion immédiate du Synode[2]. Jersey décida de « remettre à cette assemblée les

[1] De même à la session de septembre.
[2] *Coll. extr. J.* 22 sept. 1613.

difficultés proposées, à laquelle remise M. le gouverneur, présent, a dit ne consentir point »[1]. A la session de décembre, il fait requérir les ministres, par son représentant Aaron Messervy, de venir « le trouver au château, afin de leur communiquer certaines lettres de Messieurs du Conseil Privé du Roi... Ils ont résolu d'y aller Lundi prochain par la grâce de Dieu ».

La communication qu'on leur fit dut leur paraître foudroyante, et il est difficile de ne pas voir dans l'éducation anglicane de l'insulaire Messervy et dans sa présentation au bénéfice de St-Pierre tout un plan conçu à l'avance pour détruire le Presbytérianisme. Les lettres royales du 2 novembre 1613, dont les pareilles étaient envoyées à Guernesey, après avoir fait connaître la volonté arrêtée du Roi d'établir dans ses États l'uniformité du gouvernement ecclésiastique et, y ayant réduit l'Écosse, de ne pas laisser subsister cette seule exception des Églises dans les Iles, constataient qu'une occasion venait de s'offrir « d'y faire une ouverture ». Cette occasion était « la pétition présentée au Conseil Privé au nom d'Élie Messervy, né à Jersey, étudiant d'Oxford, admis dans les ordres sacrés selon la façon de l'Église d'Angleterre, désigné par le gouverneur pour un bénéfice de l'Ile... mais ne parvenant point à obtenir l'amitié des Ministres du Colloque ni leur consentement à y être admis, à moins qu'il n'accepte la vocation d'après le Rite reçu parmi eux, et qu'il renonce ainsi à ce qu'il a acquis par son ordination en Angleterre ». Prêter serment à la Discipline réformée est donc considéré comme entraînant la perte des ordres sacrés anglicans.

« Et d'autant que ce cas et des cas semblables pourraient avec le temps être incommodes ou de conséquences fâcheuses, S. M. se plaît gracieusement à s'enquérir de l'état du gouvernement ecclésiastique de ces deux Iles, et à entendre quel en est l'éta-

---

[1] *Coll. J.* 24 sept.

blissement, afin que s'il s'y trouve quelque chose de défectueux, il puisse y être suppléé après juste et mûre délibération ».

On enjoignait donc aux deux parties, « ceux qui embrassent le gouvernement ecclésiastique actuel aussi bien que ceux auxquels il déplaît », de choisir des représentants et de les envoyer devant le Conseil, munis de leurs raisons et de leurs documents, « afin qu'il puisse être ordonné de la marche à suivre dans l'avenir » [1].

La lettre du Conseil sonnait le glas du Presbytérianisme jersiais: elle n'en ralliait que trop tous les adversaires : les vieilles rancunes contre la rigueur, parfois excessive, des consistoires, s'unissaient aux revendications autoritaires du pouvoir civil, et aux impatiences de Jacques Ier. Le gouverneur et les États déléguèrent Élie Messervy lui-même et le procureur Maret, munis d'une pétition, peut-être celle condamnée l'année précédente : les signataires, adroitement recherchés dans toutes les paroisses, s'y déclaraient mécontents de la Discipline, excédés de ses exigences, désireux d'être rattachés au réseau anglican, et tout d'abord d'obtenir la nomination d'un doyen. Le Colloque chargeait quatre pasteurs, Bandinel, Olivier, Essart, Samuel de la Place, de défendre auprès du Conseil « la Discipline en vigueur dans l'Ile depuis l'introduction de la Réforme ». Les uns et les autres comparurent devant une commission de trois membres, l'archevêque de Canterbury, Lord Zouch et le secrétaire d'État Sir John Herbert.

Pendant l'absence de leurs délégués, pasteurs et anciens prolongèrent la résistance. Les nouvelles qu'on leur rapporta étaient décourageantes à l'extrême. L'archevêque Abbot, avec sa modération habituelle de langage, avait signifié aux pasteurs, en les engageant à regagner leurs paroisses, qu'afin de ramener la paix

---

[1] Voir l'original anglais à l'*Appendice* d'après les *Actes des États de Guernesey*.

dans l'Ile, Sa Majesté estimait nécessaire de nommer un doyen ; il recevrait des instructions pour la conduite à tenir pendant l'Intérim jusqu'à l'organisation définitive, en vue de laquelle on les invitait à préparer un nouveau corps de canons et constitutions aussi conformes à l'Église d'Angleterre que le permettaient leurs lois et usages « que le roi déclarait respecter ». On leur enverrait la Liturgie traduite jadis à leur intention, sans les astreindre à la stricte observance de tout le contenu d'icelle, « Sa Majesté ayant si bonne opinion de leur jugement qu'elle ne mettait pas en doute que plus ils connaîtraient ce livre et mieux ils l'aimeraient » [1].

Tous les voiles furent-ils ainsi levés dès la première comparution, fut-il dès le début question du doyen et des nouveaux canons, ou les déclarations formelles du roi, dont on ne possède pas la date, ne se firent-elles entendre qu'un peu plus tard, c'est ce que la cessation des procès-verbaux du Colloque empêche de déterminer d'une manière précise [2]. Toujours est-il

---

[1] Falle.

[2] Peut-être y a-t-il eu députations successives de la part du Colloque : à la séance du 15 juillet tous les pasteurs sont marqués comme présents, ils étaient donc revenus apporter l'ordre du Conseil ; ils ont pu retourner ensuite à Londres, où les pourparlers, selon Falle, se sont prolongés. « J'omets », dit cet historien, « ce qui se passa dans ces débats, plaintes, réponses, répliques, etc., qui *longtemps* exercèrent la patience et absorbèrent l'attention de la très haute Commission... Ils s'étaient brouillés avec la juridiction civile principalement par suite des procédés arbitraires des Consistoires qui se mêlaient de tout, entraient dans les secrets des familles et soumettaient à leurs censures les moindres erreurs de la vie domestique. On sollicita contre de telles vexations la protection du Magistrat et il réprima, par ses défenses, la pétulance de ces petits tribunaux paroissiaux... Aussitôt que la Cour laissa voir une tendance à s'en occuper et à faire redescendre la Discipline de ses altitudes, les plaintes et les accusations ne cessèrent chaque jour de se produire : on n'y ménageait pas les ministres : certaine tête chaude les accusa de Tyrannie et d'Hypocrisie, et le peuple fut misérablement divisé. » — Falle, *Account of the Isle of Jersey*. Ces paroles sont d'un historien très partial contre le Presbytérianisme. Il est néanmoins certain que les fidèles n'acceptèrent le rite anglican qu'à la dernière extrémité. L'anglicanisme n'avait pas de racines dans le pays : l'éducation religieuse était toute française et réformée calviniste.

que les délégués revinrent convaincus de l'imminence du péril et que le Colloque essayant, sinon de détourner, au moins de retarder cette marée montante qui le menaçait, signait sa propre déchéance dans la séance du 15 juillet 1614.

« Nonobstant les difficultés proposées par cy-devant en l'admission de M. Élie Messervy en l'Église de Saint-Pierre à laquelle il avait été présenté par M. le gouverneur, il est maintenant reçu à exercer son ministère en lad. Église et ce après *l'ordonnance de Messieurs du Conseil* et y fera office de Pasteur sans innover aucune chose en l'Église, suivant la requête que lui en ont fait les anciens de lad. Église et la déclaration que lui-même a faite de n'avoir d'autre intention *sinon qu'il reçoive autre commandement de Sa Majesté ou de Leurs Honneurs*. Et partant lui a été baillée la main d'association. »

Ils s'inclinaient, non certes devant les empiétements du gouverneur, mais sous l'ordre du Conseil privé, faisant une large brèche à ces privilèges renouvelés pourtant par le roi Jacques lui-même. Résister davantage, c'eût été entrer en rébellion ouverte contre le souverain. Et déjà le ministre qui bénéficiait de ce revirement, leur laissait entendre que l'heure de la destruction radicale ne tarderait pas, et qu'il était prêt, pour sa part, à s'en faire l'instrument.

Aussi n'est-on point surpris de ne plus trouver à Jersey d'Actes que pour deux Colloques : celui de septembre 1614 s'occupe encore d'un proposant pour Saint-Clément[1] et charge Olivier, de la Place et Bandinel de « dresser un certain formulaire du petit Catéchisme, lequel après être approuvé des autres ministres

---

[1] « L'ancien avisera le consistoire qu'ils considèrent celui d'entre les étudiants de cette Ile les mieux avancés en savoir auquel ils porteraient quelque affection particulière pour en communiquer à Mons. le Lieutenant, afin que, par *l'autorité du Colloque*, il puisse être mené à proposer la parole de Dieu suivant l'ordre de l'Église. » On nomma Élie de la Place à la charge devenue vacante par le décès de Gruchy.

puisse être dûment autorisé et pratiqué uniformément en toutes les Églises de cette île ». Le Colloque extraordinaire du 19 novembre, « requis par lettres par les frères de la Moussaye en Bretagne de les assister de quelque ministre et nommément dans la personne de M. Daniel de Nyelles », appelle ce pasteur et l'exhorte « d'accepter une telle vocation, comme étant libre de disposer de sa personne pour autant qu'il peut apparaître ».

Les trois derniers feuillets du registre sont restés blancs. C'est que l'agonie a commencé. Elle dure neuf années, où l'on peut distinguer deux périodes. Dans la première, 1615-1618, il semble que tout espoir n'est pas perdu. Guernesey, où la résistance a des bases plus solides, pourrait peut-être faire cause commune et incliner la balance. En avril 1615 on lui demande « le Synode ». Mais le Colloque de l'île sœur, non rassuré pour lui-même, répond par une fin de non-recevoir :

« La Compagnie a une pareille affection qu'eux touchant la convocation, mais d'autant que l'affaire de notre Discipline auroit été, comme ils savent, n'y a pas longtemps mise sur le bureau et que l'état d'icelle est encore assez incertain, voilà pourquoi, devant que de leur répondre absolument, nous désirons d'y aviser plus mûrement et prendre conseil là-dessus à cette fin que nous ne fassions chose aucune qui puisse préjudicier à nos Églises. »

Trois fois encore, — décembre 1615, juin 1616, mars 1617, — le même appel au Synode se fait entendre. La dernière fois les ministres de Guernesey consentent, « mais les anciens n'y ont voulu aucunement accorder ». Redoutaient-ils d'être enveloppés dans une même catastrophe? On a cependant laissé entrevoir la possibilité de la réunion, car c'est de Jersey maintenant qu'arrive, le 11 avril 1617, l'aveu qu' « il y a encore deux difficultés pour la tenue du Synode ». Cette mention prouve la persistance du Colloque jersiais au moins jusqu'à cette date [1].

[1] *Actes des Coll. de Guernesey.*

Mais l'action gouvernementale se poursuivait. Le 14 juin 1618 le roi envoyait aux États de Jersey l'ordre de lui désigner trois des ministres les plus graves et les plus savants, parmi lesquels il se réservait de choisir un doyen. En décembre, les ministres de Jersey poussent leur cri suprême de détresse, demandant à leurs collègues de Guernesey de se joindre à eux « aux fins de supplier Sa Majesté de ne nous imposer point un Doyen et nous laisser vivre en l'usage libre de notre Discipline ». Cette fois, « veu que la chose concerne tout l'état, on a trouvé bon de la communiquer à Messieurs de la Justice pour les supplier qu'aux prochains États il soit pourvu à cette affaire commune »[1].

Ou leur action fut nulle, ou le Conseil privé n'admit point la conjonction des intérêts. L'unique ménagement consenti fut la non-imposition, comme doyen jersiais, d'un étranger, mais son choix au sein même du corps pastoral. Faut-il y voir une concession plutôt politique? Faut-il surtout admettre, ce qu'assurent les sources anglicanes, que devant l'inéluctable, trois des pasteurs délégués jadis surent assez oublier leur mission première pour briguer la dignité dont ils n'avaient pu empêcher le rétablissement? L'adroit, ambitieux et à demi-italien David Bandinel l'emporta. Olivier fut nommé vice-doyen. Sir Philippe Carteret, chargé d'un recours de la dernière heure auprès du roi, revint avec les assurances de toute la bienveillance de Jacques[2], assurances d'autant mieux venues que des rumeurs de guerre prochaine préoccupaient les insulaires[3]. Dans sa séance du

---

[1] 28 déc. 1618, *Coll. G.*

[2] « S. M. laquelle je connais désirer le bien de vostre Estat autant comme d'aulcune aultre place de ses dominions, et *estre aussy prest de vous protecter et deffendre cas advenant, comme il feroit* (afin que j'use ses mesmes paroles) *sa ville de Londres.* » — *Notes* de Durell sur Falle.

[3] Le lieutenant demande au Coll. de Guernesey un Jeûne « parce qu'il y a de grands bruits de guerre » mars 1619.

18 mars 1619, l'Assemblée des États ordonna la soumission absolue aux décisions du monarque.

Le doyen entra en fonctions le 15 avril 1620 et tint sa première cour plénière le 8 mai. Les Canons longuement préparés, soumis à trois prélats, l'archevêque-primat, les évêques de Winchester et de Lincoln, révisés et complétés par eux, reçurent l'assentiment royal le 30 juin 1623. Il suffira d'en citer deux articles :

« Il est enjoint à toutes sortes de personnes de se sousmettre au Service divin contenu au livre des Communes Prières de l'Église d'Angleterre, et quant aux ministres ils seront obligés d'observer avec uniformité la dite Liturgie sans addition ou altération ; et ne souffrira-on aucun Conventicule, ou Congrégation, ou Secte à part, où se distraire du Gouvernement ecclésiastique establi en l'Isle.

« Nul qui ne seroit propre et capable de prescher la Parole de Dieu ne sera admis en aucun bénéfice de l'Isle, et qui n'ait reçu l'Imposition des mains et Ordination selon la forme de l'Église d'Angleterre... et seront les originaires ou natifs de l'Isle préférés au Ministère [1].

Les consistoires étaient dissous *ipso facto :* la seule atténuation consentie pendant l'Intérim, et prolongée depuis, fut la dispense de la génuflexion à la communion, du signe de croix au baptême et du surplis pour les ministres.

Le corps pastoral comprenait, à ce moment de transition, David Bandinel, Josué Bonhomme, Daniel Brevint, Nicolas

---

[1] Articles 3 et 13. Les *Canons and Constitutions Ecclesiastical for the Isle of Jersey* in extenso dans Falle, App. XII. Voir l'étendue des pouvoirs du Doyen (qui a connaissance de toutes choses qui concernent le service de Dieu, Prédication de la Parole, Administration des Sacrements, Causes matrimoniales, Examen et Censure de tous Papistes, Récusans, Hérétiques, Idolâtres, et Schismatiques, Parjures en Causes ecclésiastiques, Blasphémateurs, ceux qui ont recours aux Sorciers, Incestueux, Ivrognes, etc., etc., des Divorces et Séparations, des Testaments, etc.); dans chaque Eglise deux Surveillans, l'un nommé par le ministre, l'autre par les paroissiens : les appels déférés à l'évêque de Winchester, en cas de vacance à l'archevêque de Canterbury. Analyse des Canons par Lelièvre, *Bull. du prot. fr.*, XXXIV.

Effard, Élie Messervy, Jean Mollet, Thomas Olivier, Jean Pinel, Élie et Samuel de La Place : seul ce dernier démissionna et partit pour Guernesey [1], où le Presbytérianisme avait encore droit de cité, tandis qu'à Jersey il était désormais aussi interdit, aussi condamné que le Catholicisme lui-même. Il demeurait néanmoins au fond de bien des cœurs. On le vit à l'explosion des luttes civiles.

[1] Nominations : 1623 Étienne La Cloche à St-Ouen et Pierre Paris (peut-être de Pontorson) à St-Clément, mort en 1630; 1626, Jacques Bandinel, fils de David, à Ste-Marie; 1627, Th. Payn, non-descendant de réfugiés à St-Laurent; 1627, Dan. Gruchy à St-Pierre. A partir de 1628 leur Institution est inscrite dans les Registres épiscopaux : David Bandinel, le doyen, au rectorat de St-Martin, à la place d'Hélier Fautrart (décédé) 1628; Pierre Fautrart à St-Brelade, avec la note en marge qu'il a été ordonné diacre le 15 juin 1617 et prêtre le 21 juin 1617 par l'évêque de Londres 1629; Nath. Marie à St-Clément, a été ordonné diacre par l'évêque de St-David, 1631; Rich. Mollet, à St-Clément 1636, Th. Poingdextre 1638, a été ordonné par l'év. d'Ely; Jean Bandinel à la Trinité, 1641 : extraits des *Registres de Winchester*, communiqués par le Rev. Lee.

CHAPITRE XXI

LES ÉGLISES DE GUERNESEY. — LA RÉVOLUTION ET LA RESTAURATION DANS LES ILES.

Comment le Presbytérianisme parvint-il à résister à Guernesey et à y demeurer encore, pendant près de quarante ans, la forme officielle de la foi et du culte? Une des raisons, et non la moins effective, est que magistrats et ministres s'unirent pour le consolider. Les deux pouvoirs n'avaient pas cessé de marcher d'accord. Tandis qu'à Jersey les États se désintéressaient des revendications consistoriales, et que Messervy trouvait dans leur sein des parents et des amis enclins, en l'appuyant, à favoriser l'entreprise du gouverneur et les desseins royaux, à Guernesey, au contraire, il n'y a pas une défaillance à constater. Le lieutenant du gouverneur absent, Amice de Carteret, associé depuis longtemps comme bailli aux affaires de l'Ile, continuait à les diriger dans ses doubles fonctions et à présider les séances des États où, dans ces années si graves, les ministres ne manquaient jamais de venir siéger. Ceux-ci prenaient ainsi part au gouvernement local, même quand il s'agissait de questions ne touchant en rien au domaine religieux[1]. De même les États se préoccupaient autant que le Colloque d'assurer le recrutement pastoral et levaient des taxes pour l'entretien des étudiants en théologie[2].

Aussi quand les Lettres-missives du Conseil Privé, provoquées par l'incident Messervy, eurent été lues, « par lesquelles », disent les Actes, « est très apparent que le bon plaisir de Sa Majesté est d'entrer en considération de l'estat du présent gouvernement ecclesiastic de ces Isles et d'en cognoistre l'establissement », Guernesey n'envoya pas, comme Jersey, deux députations contradictoires. Les États déléguèrent Nic. Carey juré, et Simon Herne, ministre : nommant aussi ce dernier pour sa part, le Colloque lui adjoignit un second pasteur, le jeune Jean de la Marche, récemment placé à Saint-André et à la Forêt, alors que Fautrart l'était au Catel et à Torteval et que Painsec remplaçait à la ville le vieux Baudouin.[3]

[1] Taxes, élections de députés « vers le roi », interdictions d'exportation de blés, défenses militaires, comptes : « ont esté députés pour parfaire les comptes des deniers publics de cest Estat, M. Nic. Careye, M. Jean Fautrart, MM. Jean Perchard et Th. Millet junior » ; ces deux derniers sont ministres. *Actes des États*, 11 juin 1616.

[2] Les États allouaient 40 écus à Jean Perchard pour les frais de son retour de Caen et sa pension jusqu'à son entrée en charge 1607 ; ils acceptaient « comme nécessaire pour le bien du pays » la proposition de Hellier de la Marche de dédier son fils Jean au service des Églises de l'Ile, moyennant 200 francs pour ses premiers frais d'éducation et « une honneste portion annuelle » pour l'entretenir pendant ses études 1608 (200 livres tournois qu'ils consentaient à prolonger d'un an, sept. 1611, sur les instances des professeurs de Saumur). Ils levaient une taxe de cent écus par an « sur le général de l'Isle » pour l'entretien de Thomas Mauger et Daniel Putron 1612, accordaient vingt écus par an de 1605 à 1612 à Daniel Faultrart, en dernier lieu à Saumur ; rappelaient des universités Joseph Mauger 1620, et après examen et rapport des ministres sur son insuffisance, consentaient à l'entretenir un an de plus « à Saumur en France », 1621, résolution neutralisée par la guerre ; défrayaient de même « aux universités de France » Thomas Picot 1617-1624, et Thomas Guille 1626. *Actes des États*.

[3] « M. Nic. Baudouin aagé de 87 ans et ayant esté ministre de nostre Égl. de St-Pierre port l'espace de 53 ans a esté enterré le samedi dix-septiesme jour d'apvrill 1613. » *Registres mortuaires*.

Dans cette harmonie persévérante, il était difficile au Conseil privé de s'interposer. Guernesey, pour mieux se garantir, on l'a vu plus haut, allait jusqu'à se dégager de la solidarité synodale. Ici « l'occasion de faire une ouverture » manquait. Bientôt, en haut lieu, on crut l'avoir trouvée.

Un nommé Thomas Le Page, excommunié par le ministre de Saint-Martin, Simon Herne, avait porté plainte en Angleterre à la Cour dite des Arches, tribunal supérieur d'appel pour toutes les causes ecclésiastiques du ressort de Canterbury, d'où citation au pasteur à comparaître devant ladite Cour. Pour la première fois depuis l'indépendance synodale des Iles, l'autorité primatiale y faisait entendre sa voix. C'est aux États que le ministre s'en référa. Tout dépendait de l'attitude qu'ils prendraient : elle fut aussi décidée, aussi presbytérienne que possible :

« Les Estats assemblés ce XVIe jour de Septembre 1616, par Amice de Carteret, Lieut.-Gouverneur et Bailly, présents à ce les sieurs. . ., présents aussy Messieurs les Ministres, le Procureur de Sa Majesté : et les Connestables des paroisses.

« Veu la Citation envoyée soubs le sceau de la Cour des Arches, au royaulme d'Angleterre, à M. S. Herne... pour et aux fins de comparoistre personnellement en lad. Cour dans les quinze jours, et déclarer les raisons pour lesquelles auroit publiquement excommunié la personne de Thomas Le Page...

« A Finalement Esté Accordé sur meure délibération que Lettres seront escriptes à Mgr. nostre Gouverneur, aux fins de lui remonstrer le préjudice que lad. Citation fait à l'Estat de ceste Isle, *lequel a de longue main esté, comme il est encor à présent, entièrement distingué d'avec celuy du dit Royaulme.*

« Et par mesme moyen est ledit M. Herne envoyé vers sa Seigneurie, pour y suyvre en tout et par tout ses bonnes directions *sans toutes fois qu'il soit permis aud. Ministre d'entrer en cognoissance de cause entre lad. Cour des Arches et la Jurisdiction Ecclésiastique de ceste Isle;* et pour fournir aux frais de son voyage luy est allouée la somme de

Cent livres tournois et commandé aux Connestables d'apporter dans Sapmedy prochain, chacun pour sa paroisse, ce qui compte à leur part de lad. somme et de la délivrer aud. Ministre. »

Six mois après, Herne rapportait à la séance des États du 5 avril 1617 la réponse du gouverneur renvoyant le tout à la relation particulière que ledit ministre en ferait. Herne annonçait :

« qu'il auroit plu à Sa Majesté de prendre cognoissance de lad. cause, au moyen de quoy disoit iceluy estre obligé de retourner derechef n'ayant peu estre congédié, ains seulement auroit l'Archevesque promis l'excuser en ce que pourroit durant son absence. Requérant sur ce le dit Herron (Herne) qu'il pleust à Messieurs les Estats luy donner conseill, scavoir s'il doibt présentement retourner ou non.

« A Sur Ce a Esté opiné que led. Herron n'a besoing de retourner par dela que premièrement on n'ait receu d'aultres nouvelles pour cest effect ; veu qu'à présent Sa Majesté est en Écosse et qu'en sa compagnie est Mgr. l'Évêque de Winchester, lequel *prétend* estre interressé en ceste cause, et que l'affaire ne se pouvant vuider qu'au retour de S. M. la longue absence dud. Ministre de ceste Isle redonderoit au grand préjudice de l'exercice et function de sa charge [1]. »

Laisser l'affaire se poursuivre devant le Conseil du Roi, c'eût été reconnaître la dépendance des Églises et entraîner des suites dont ils avaient l'exemple sous leurs yeux. Fort de leur résolution, Herne ne se présenta point devant la Cour des Arches. A cette méconnaissance de son autorité, la Cour des Arches répondit par l'excommunication du pasteur lui-même ; le choix du notificateur accentuait l'outrage :

« M. Milet senior ayant présenté à ceste Compagnie un escrit de la part de la Court des Arches lequel luy auroit esté porté jeudi dernier 17 par Thomas Le Page excommunié, et livré en présence de six ou sept personnes aud. Milet, par lequel escrit commandement estoit fait à tous et un chascun des ministres de ceste Isle, et ce par l'autorité de lad. Cour

---

[1] *Actes des États de G.*

de déclarer M. Herne, ministre de St-Martin, excommunié pour n'avoir comparu en icelle Cour suyvant la citation faite de la part d'icelle aud. Hearne, afin d'y respondre aux accusations prétendues dud. Page à l'encontre de luy ;

« Lequel ayant esté leu en ceste Compagnie, a esté trouvé que d'autant premièrement que le susdit commandement estoit contre notre Discipline autorisée de l'indult de Sa Majesté signé de son privé cachet, qu'aussy d'autant que nous ne sommes point subjects de respondre et obéir aux citations de lad. Cour, et que tout ce que led. Herne a fait en ceste affaire s'est passé par l'advis de son Consistoire de St-Martin, du Colloque de ceste Isle et finalement des Estatz de tout ce pays, tous les ministres se transporteront par devers Messieurs de Justice pour les supplier de vouloir continuer nous assister au maintien de notre discipline.

« *Et ce pendant le Colloque donne toute authorité audit sieur Herne de continuer en sa charge en son Église* [1]. »

Au Colloque affirmant aussi énergiquement son indépendance, les États assemblés apportèrent tout leur concours.

« Sur l'excommunication de la personne de M. Simon Herne... a esté oppiné que pour le maintien de la discipline ecclésiastique de ceste Isle, Lettres seront escriptes à Mgr. notre Gouverneur, dans lesquelles seront Lettres incluses adressantes à Mgr. l'Archevesque d'Angleterre, tendantes aux fins qu'il plaise à leurs Seigneuries d'intercéder envers S. M. à ce que les habitants de ceste Isle jouissent, comme desjà ont par cy devant fait de longue main, de la discipline ecclésiastique, y establie par authorité royale, sans estre obligés et assubjectis à aultre jurisdiction ecclésiastique [2]. »

Réuni quelques jours après, le Colloque, craignant que les lettres restassent, comme les précédentes, sans effet, jugea nécessaire, « puisque le mal ne cessait point, et que M. Le Page excommunié ne cessait de troubler le repos des Églises de ceste Isle par des excommunications obtenues subrepticement en la cour des Arches contre quelqu'un des Pasteurs », de s'adresser

[1] *Actes des Colloques de G.*, 19 juillet 1617.
[2] *Actes des Estats*, 30 août.

directement au roi « pour le supplier d'apporter quelque remède à ces désordres et procurer la confirmation de notre discipline sous le grand sceau »[1]. De la Marche partit pour l'Angleterre porteur d'une lettre au souverain.

Devant cette unanimité dans la protestation, Jacques Ier renonça, en soutenant la Cour des Arches, à s'attaquer à l'indépendance non seulement presbytérienne, mais législative de l'Ile de Guernesey. Le secrétaire d'État Calvert l'engageait vivement à passer outre et à imposer par ordre, comme à Jersey, le décanat et la liturgie anglicane, mais à Jersey les États législateurs avaient cédé dans les tout premiers : ici la situation était autre. Le roi le comprit ; il ne voulut pas désaffectionner ses sujets normands, et de la Marche, reçu deux fois en audience privée, revint avec cause gagnée [2].

Si bien gagnée que le Colloque cita devant lui un des fidèles, Hélier Gosselin, pour ses absences de la Sainte Cène, où l'on croyait reconnaître la crainte d'en être repoussé « ayant soutenu Thomas Le Page dans son appel à la Cour des Arches,

« enfreignant par ce moyen les libertés et privilèges très anciens de cette République, en s'opposant à l'encontre de l'un et de l'autre estat civil et ecclésiastique, mais spécialement se bandant à l'encontre de la discipline de l'Église, laquelle il auroit autrefois exercée étant en charge de diacre et signée de sa propre main, laquelle néanmoins par ses menées et pratiques auroit tasché de renverser, au grand déshonneur de Dieu et préjudice de sa gloire, de l'édification des Églises réformées de ceste Isle, et de la paix et tranquillité des habitants d'icelle [3]. »

---

[1] *Coll. G.*, 6 sept.
[2] « 17 nov. 1617 Le Roi Jacques Ier d'Angleterre m'appella en son Cabinet, et le 20e derechef où il m'octroya la continuation de notre Gouvernement ecclésiastique, ayant été député vers sa dite Majesté pour cet effet. » *Diaire manuscrit aut. de Jean de la Marche.* — « Quand le secrétaire Calvert fit tous ses efforts pour faire nommer un doyen à Guernesey, Sa Majesté trouva les raisons (à l'encontre) assez fortes, et ne permit pas qu'aucun changement fût fait à l'ordre de choses établi. » *Mémoire de Lord Danby.*
[3] *Coll. G.*, 20 juin, 25 sept., 14 oct. 1618, 24 sept. 1619.

Le prévenu avoua avoir prêté la main à Th. Le Page, « le trouvant excommunié contre tout droit divin et humain », lui avoir conseillé ce qu'il aurait à faire, avoir parlé à l'évêque de Winchester en sa faveur et s'être rendu « deux ou trois fois en Angleterre pour cet effet ». On commença par le retrancher de la cène, mais la commission, nommée pour aviser au degré de censure à lui imposer, crut plus sage de ne point poursuivre l'affaire au moment même où le décanat était définitivement rétabli à Jersey[1]. Un an après, Gosselin cédait, reconnaissait sa faute et rentrait dans la paix de l'Église.

Ici s'arrête ce qu'on a retrouvé des Actes des Colloques guernesiais; ceux des consistoires prouvent que les réunions plénières ont continué régulièrement[2]; ceux des États renferment quelques mentions ecclésiastiques; la plus caractéristique est une défense au pasteur Painsec d'obéir à l'ordre de l'évêque de Winchester et de faire prêter serment dans un cas d'héritage[3].

La perte des procès-verbaux ne permet point de préciser les changements survenus dans le corps pastoral. Le dernier Acte,

---

[1] « Veu l'incertitude de l'estat des Églises de ces Isles, à présent, et sur la remonstrance présentée à cette Cie de la part de Gosselin, joint à plusieurs autres considérations et difficultés, Messieurs les Députés du dernier Colloque ont avisé de superséder à l'examen de l'affaire. »

[2] *Actes du Consistoire de l'Église de St-André* 1615 à 1655, imprimés par le Rev. Lee, Guernesey 1885. *Rolle des Actes du Consistoire de St-Martin* 1625-1655, man. actuellement entre les mains des marguilliers de cette paroisse, communication du Rev. Lee, qui en a pris copie. L'examen de propos scandaleux sur le repos du dimanche en 1628, une question d'élection en 1648 et deux de mariage en 1637 et 1652 sont renvoyées au Colloque. Les Actes de St-Martin, interrompus en 1640 sous Sam. de la Place, reprennent sous Jean de la Place en 1646.

[3] « D'aultant que led. commandement est directement contraire aux priviledges et libertés concédées de temps à aultre aux habitants de ceste Isle, et répugnant à la discipline ecclésiastique y establie par authorité royale, il sera présentement enjoint aud. Ministre de faire absolut refus aud. Gardner de luy administrer led. serment, ny de s'entremettre aud. affaire. »

24 décembre 1619, constate la présence de : Herne pour le château et Saint-Martin (Samuel de la Place prenait la paroisse de Saint-Martin l'année suivante); Painsec pour Saint-Pierre-Port, Millet junior Sampson et la Valle; Daniel Fautrart le Castel et Torteval, Millet senior Saint-Sauveur, Perchard Saint-Pierre du Bois, La Marche Saint-André et la Forêt. Sercq, où Élie Brevin était à demeure depuis 1612, et Aurigny s'étaient abstenus.

De ces ministres, l'un des plus jeunes, Jean de la Marche, ne tarda point à se signaler au premier rang. On le choisissait le 15 février 1625 pour occuper le poste de la ville[1]. Encouragés par l'heureuse issue de sa députation, les États le déléguaient de nouveau avec le bailli et un juré vers Jacques Ier et son Conseil pour les affaires générales de l'Ile, et, Charles Ier ayant succédé à son père avant leur départ, pour « obtenir du nouveau roy la confirmation des Privilèges des Isles ». Ils passèrent plusieurs mois à Londres.

Lord Carew avait renoncé en 1620 à sa sinécure du gouvernement de Guernesey. Son successeur, Lord Danvers, comte de Danby, confia la lieutenance à Sir Peter Osborne, son beau-frère; tous deux respectèrent les traditions presbytériennes; Lord Danby s'en fit même le défenseur. Invité par le Conseil à aller en personne rassurer les habitants et contrôler les moyens de résistance des Iles lors de la chute de la Rochelle, il était resté trois semaines à Guernesey et présentait au roi, après cette visite, des « Raisons contre le changement de la discipline ecclésiastique actuellement en vigueur »[2]. Ce mémoire est fortement motivé.

---

[1] *Diaire.*

[2] Reproduit dans Tupper et traduit par Lelièvre, *Bull. du Prot. fr.*, XXXIV. Le Dr Heylin qui accompagnait Lord Danby a laissé sous le titre de *Survey of the Estate of the Islands* le récit de la visite et une description de l'archipel.

« L'uniformité des insulaires avec les membres de l'Église de France maintient entre eux une telle correspondance et association que ceux de la religion les considèrent comme une partie d'eux-mêmes. Il s'ensuit qu'ils ont des relations et rapports continuels et qu'ils informent les insulaires de tout ce qui pourrait se tramer contre eux, et de même contractent des alliances et marient leurs enfants avec des insulaires, envoyant dans ces Iles une grande partie de leurs biens, s'associant pour le commerce avec nos marchands, et pour leur propre intérêt étant d'autant plus attentifs à la sécurité de l'Ile et travaillant même à l'enrichir...

« En tout temps de danger général ou particulier pour ceux de la Religion en France, ils se réfugient ici et y vivent en sécurité jusqu'à ce qu'ils puissent s'en retourner : c'est ainsi que récemment plusieurs y ont été accueillis avec tout bon traitement, par suite tant de l'ordre spécial que m'en fit Sa Majesté, que de plusieurs lettres au même effet des Lords du Conseil.

« De plus en d'autres temps, des personnes de grande qualité se sont retirées dans cette Ile avec leurs familles, notamment le Prince de Condé et sa dame qui ont vécu ici plus d'une année. Plusieurs des principaux et des plus fameux ministres de la religion ont pu s'y placer et y continuer leurs fonctions, ce qui leur eût été impossible si la Discipline ne s'était pas accordée avec celle suivie en France. Et on a toujours regardé comme plus sage d'entretenir les Réfugiés français de qualité et de réputation dans ces Iles plutôt que de les admettre en Angleterre.

« Les insulaires sont tellement stricts qu'ils n'autorisent l'établissement ou le séjour d'aucun papiste de nation quelconque, ce qui contribue encore plus à les rattacher à la couronne d'Angleterre. D'autre part il peut à juste titre sembler dangereux de causer un mécontentement général aux habitants, obligés et chargés de garder le château qui commande le seul port capable d'assurer aux Iles normandes aide et sécurité ; ... se confier à eux après les avoir mécontentés en changeant la forme d'une discipline à laquelle ils sont si affectionnés et dont ils jouissent depuis longtemps, ne serait pas agir selon les règles de gouvernement par lesquelles la couronne a tenu ces Iles durant tant d'années. »

Rappelant la conduite d'Élisabeth (« quoiqu'il y eût des doyens dans les deux Iles, elle jugea bon de faire cesser cette forme de gouvernement ecclésiastique et de permettre que les habitants vécussent sous la même discipline que ceux de la Religion dans le pays voisin») et la résistance de Jacques aux instances de Calvert, Lord Danby estimait que le «moment serait singulièrement mal choisi, alors que Jersey était dans l'agitation sous son nouveau doyen, ce qui augmentait l'aversion des Guernesiais pour ce régime». Il terminait par ces mots : «Il y a actuellement à Guernesey plusieurs ministres âgés : s'ils venaient à mourir, nous ne saurions plus où leur en procurer d'autres : de France ils ne voudraient plus venir à nous, ici nous n'en trouverions que peu ou point».

Le gouverneur s'était préoccupé des besoins religieux de la petite garnison anglaise, et il rapportait que le culte était célébré et les sacrements distribués selon la Liturgie anglicane dans la grande salle du Château Cornet. Il y a là une innovation dont nous ignorons la date[1]. Même lors de cette visite l'aumônier du comte n'avait obtenu de Samuel de la Place, l'usage de son Église qu'à la condition expresse de n'y point lire la Liturgie et n'y point donner la communion.

Les presbytériens de Guernesey, il faut le reconnaître, loin d'être enclins aux concessions, s'avançaient sur la pente de l'intransigeance. Ils y étaient poussés par de la Place, l'émigré de Jersey, et plus encore par de la Marche. Ses missions en Angleterre, officielles et réitérées, son entrée en relations directes avec le roi, le Conseil privé, les prélats, lui procuraient à Guernesey une certaine notoriété : ils avaient surtout inspiré à l'ancien pupille des États, devenu deux fois leur mandataire, une haute opinion de sa valeur personnelle ; vraisemblablement aussi ses rapports avec la haute aristocratie de la Cour et de l'Église n'avaient pas toujours été exempts pour lui de quelques

---

[1] Encore en 1623 le presbytérien de la Marche avait été choisi par le Colloque «pour faire office de pasteur au Château-Cornet.» *Diaire*.

froissements d'amour-propre. De ses résidences prolongées à Londres il rapportait un levain d'amertume contre l'épiscopat dont il avait pu constater la puissance grandissante et prévoir les inexorables desseins, une ardente sympathie pour les puritains, dont il avait vu de près les épreuves et étudié avec enthousiasme les théories rendues plus exagérées par leurs souffrances. Poussé aux conséquences extrêmes par la tournure de son esprit, convaincu que l'on touchait à une heure de crise, qu'un choc ne pouvait manquer de se produire bientôt entre la hiérarchie anglicane et les quelques foyers presbytériens non encore interdits, que tout accord deviendrait impossible, le fougueux ministre s'efforçait de se préparer et de préparer ses ouailles au combat décisif. Depuis 1616, s'il faut en croire son propre témoignage, de la Marche et la plupart de ses collègues s'étaient adonnés à l'étude suivie de la Révélation de Saint-Jean. Ils en avaient fait le thème habituel de leurs « propositions mensuelles »; ainsi que beaucoup de commentateurs du moins intelligibles des Saints Livres, ils s'étaient complu à y trouver la prophétie des événements contemporains. Cette Babylone dans laquelle les premiers chrétiens reconnaissaient la Rome païenne, et les premiers réformés la papauté romaine, elle désignait d'après eux l'épiscopat, et sur ces fondations ils élevèrent et étendirent, pendant un quart de siècle, par une suite de suggestions et d'interprétations allégoriques, le plus fantastique des édifices.

Quand de la Marche comprit que Laud, non encore revêtu de la primatie, mais en exerçant déjà les fonctions, projetait de ramener à un même type, à une direction unique toutes les congrégations de la Grande-Bretagne sans exception, il n'attendit pas l'orage : par ses emportements anticipés il défia et attira la foudre.

Il s'était déjà fait, à d'autres points de vue, de sérieux ennemis, entreprenant un procès contre les officiers et le fermier du roi pour les dîmes du poisson « qu'ils prétendoient », à tort selon lui, « appartenir au gouvernement », et soulevant parfois, par les allusions de ses sermons, les représentations même des anciens de son consistoire [1]. D'après lui, c'est sur cette seule querelle des dîmes qu'attaqué par l'aumônier du château, Slowley, dont il avait censuré les excès, il fut traduit devant la Cour royale de l'Ile et « accusé faussement de trahison et d'avoir professé fausse doctrine ». Ne sont-ce pas là de bien gros chefs d'accusation, s'il s'agit d'une simple réclamation, fondée ou non, de revenus ecclésiastiques ? Mais évidemment il y avait autre chose en jeu. De la Marche, puisant dans l'arsenal apocalyptique, dénonçait chaque semaine « l'usurpation de la bête », et prédisait « l'inévitable dessèchement de l'Euphrate hiérarchique ». Dans cette voie d'agression, la magistrature, bien que sincèrement réformée, ne pouvait le suivre. On le constitua prisonnier au Château Cornet ; il y resta sept mois « enseveli vivant dans une cellule aux murailles de terre d'où l'on ne pouvait voir un seul jour de l'année ni le soleil ni la lune » [2].

Sorti sous caution et après première comparution devant le lieutenant-gouverneur, seconde en présence du bailli et du procureur, et troisième devant tous les pasteurs et tout le corps de Justice, il refusa de répondre et en appela au roi et à son Conseil. Le 11 février 1633, il quittait Guernesey pour aller plaider lui-même sa cause devant le comte de Denbigh, délégué à cet effet par le Conseil privé. Quand il revint dans l'île le 31 juillet, « n'ayant jamais pu obtenir l'examen de son affaire » [3], il trouva

---

[1] « J'exposai en la ville Galat. 6, 6, ne pouvant pas suivre le 7e verset à cause de l'opposition que firent les anciens chaque dimanche au matin » 1628. — Plus tard « le procureur Gibault m'insultoit et appliquoit un passage des Prov. 20, 20-27 que j'y avois exposé, de l'exposition duquel il s'étoit alors fort scandalisé. » 1634. *Diaire*.

[2] Préface de la *Complainte des faux Prophètes mariniers* (en anglais). Londres 1641.

[3] . . « en quoi je fus injustement traité. » *Diaire*.

son poste occupé par Fautrart[1] et eut à se défendre contre les demandes d'indemnités des collègues qui l'avaient provisoirement remplacé, ou plutôt «avaient usurpé sa place»[2].

Reprenant à son corps défendant son ancien rectorat de Saint-André, de la Marche y nourrit ses ressentiments pendant six années, ne manquant pas d'inscrire dans son diacre les moindres événemens fâcheux, accidents, incendies ou pertes subies par tous les artisans de ses infortunes[3]. Sa foi dans la prophétie s'était encore accrue par ses épreuves : il avait pu assister à Londres aux mutilations infligées aux adversaires de l'épiscopat, à Bastwick, à Burton et à Prime, cruautés gratuites qui expliquent et atténuent jusqu'à un certain point la violence des représailles futures. De plus en plus il confondait la cause du Presbytérianisme avec celle de Dieu et appelait sur les persécuteurs les vengeances du ciel. De ses amis, les puritains anglais, Burton était amené au Château-Cornet et enfermé le 15 novembre 1637 dans le cachot où il avait lui-même souffert. Prime l'était à Jersey; leur sentence portait la prison perpétuelle. De la Marche, avec une témérité qui n'avait d'égale que son assurance, prédisait du haut de la chaire de Saint-André la prochaine délivrance des captifs[4].

---

[1] En juin 1634, «entendant que l'Église de la ville me refusoit pour Pasteur, je fus contraint de la quitter» . . 4 août : «Je fus injustement débouté par le Colloque de l'Église de la ville et M. Fautrart y fut fourré.» *Diaire.*

[2] «Les quatre ministres étaient MM. Painsec, Perchard, Fautrard et Guissard lequel mourut d'une putréfaction.» *Ibid.* Le dernier sous le nom de Guisard figure à partir de 1640 dans les procès-verbaux des États.

[3] Destruction de la maison du Bailli, incendie de celle du procureur et mort de trois de ses enfants, chute de cheval du gouverneur, mort du fils aîné de sir Peter Osborne, mort de Slowley le mois anniversaire de ses accusations, etc.

[4] «Au soir après souper il m'escheut de lire selon l'ordinaire le chap. 14 du Deutéronome, item le 11me de la 2e aux Corinthiens et de chanter le Ps. 35, sur quoy j'observai que Dieu donneroit délivrance aux dits Prison-

Les échos de cette parole impétueuse autant qu'imprudente arrivaient cependant jusqu'à Laud[1]. L'omnipotent primat, s'il faut en croire Quick, avait essayé de séduire chacun des ministres de Guernesey par l'espérance du décanat : rencontrant partout une résistance calviniste accentuée, il était résolu à rompre les liens d'enseignement théologique qui les rattachaient aux Églises de France et avait fait créer en juin 1635 trois bourses royales d'agrégation à Oxford, alternées entre des étudiants nés à Jersey et à Guernesey et se préparant à y remplir les fonctions sacerdotales[2]. Mais il n'eut pas le temps d'en constater les effets. Même avant la grande rupture entre le roi et le Parlement, les pasteurs de Guernesey, rassurés par leur éloignement et par les préoccupations de la couronne, reprenaient leur pleine liberté d'action, adoptant au Colloque de Noël 1639 la proposition « de remédier au schisme de Jerzé ainsi que des pasteurs s'étant démembrés d'avec cette Église en fait de la discipline »[3].

« M. de la Place fut choisi », un an plus tard, « pour aller à Jersey procurer sa réunion avec cette Église »[4].

---

niers. » *Diaire*. Le premier chapitre insiste sur les dîmes, les deux autres où St-Paul parle « des ministres de Satan se déguisant en ministres de justice et dont la fin sera conforme à leurs œuvres », et où David annonce la ruine prochaine de ceux qui lui font la guerre, se prêtaient en effet aux allusions les plus transparentes.

[1] « On lui fit de tristes récits de la conduite irrespectueuse de M. de la Marche, quel ennemi il était de la Liturgie, des Cérémonies et des Jours de Fête, et combien M. de la Place, min. de St-Martin, était un fougueux champion de la plateforme genevoise. » Quick, *Icones, Life of M. Hilary Faulrart*.

[2] Les deux premiers bénéficiaires furent Poingdextre et Brevint, puis Durel et Du Maresq. L'évêque Morley fonda cinq bourses de moindre valeur en 1678.

[3] *Diaire de J. de la Marche*.

[4] *Diaire de J. de la Marche*.

Le Colloque ressaisissait son indépendance. Malgré l'opposition du lieutenant-gouverneur il ouvrait sur la conduite du ministre Painsec une enquête terminée six mois après par sa suspension [1]. Pour ranimer le zèle, « il fut ordonné que la discipline seroit lue deux fois l'an par toutes les Églises du pays » [2].

Emporté par ses espérances, de la Marche ne garde plus aucun ménagement. Il commence en février $16\frac{39}{40}$ ses prédications sur Révél. XVIII. 17 qu'il rapproche du récit de la traversée du désert par les Israélites. Il y fait correspondre leurs quarante-deux étapes d'Égypte à la Terre-Promise, avec autant de périodes de trente ans, partant de la division de l'empire par Théodose entre ses deux fils, qu'il place en 390 ; c'est la traversée par les chrétiens du désert romain ; elle se termine en 1650 par « le passage du Jourdain et la chute de Jéricho, grâce au céleste Armageddon, le Parlement d'Angleterre ! »

Et pourtant en juillet il lui faut encore enregistrer dans son journal la publication des nouveaux canons des évêques « tendant à la ruine totale de tous les bons ministres ». Mais à la date du 3 novembre il a la joie d'y écrire qu'ils sont « abrogés entièrement, que le Parlement commence, que les prisonniers seront libérés et rappelés en Angleterre ». C'est l'aurore de la Révolution. De la Marche y voit avant tout l'accomplissement des Prophéties [3].

---

[1] De la Marche assimile les oppositions à une décision du Colloque, du lieutenant, des portiers du temple du Catel et « de leur maître sir P. Osborne » à « leur révolte et rébellion postérieure contre le Parlement par lequel ils furent en 1642 déclarés traîtres et ennemis de l'État. » *Diaire*.

[2] *Ibid*.

[3] « Il fut arrêté que les trois prisonniers seroient rappelés de leur exil sous trois ans et demi depuis leur sentence, pour vérifier ce qui en avoit été prédit Apoc. XI, 11 et représenté par les deux Espions envoyés par Josué, de quoy j'avois informé M. Burton plus de six mois auparavant sa délivrance, sans néanmoins qu'il en fît grand cas. » Laud se plaignit au Parlement de la réception enthousiaste faite à Londres aux trois puritains, « pour vérifier » dit

Le 20 novembre, veille de leur retour à Londres, les trois puritains « dînèrent en ville avec tous les ministres ».

Au Colloque extraordinaire de février 1647 on arrêta de députer au Parlement pour les affaires de l'Église, et bien que cette proposition des pasteurs eût été « méprisée » aux États, le 26 mars de la Place et de la Marche partaient pour l'Assemblée de Westminster. Un des premiers soins du dernier, en arrivant à Londres, fut de livrer à l'impression sa « Complainte des Faux Prophètes », résumé de ses sermons apocalyptiques, dont il offrait des exemplaires le 29 juillet aux membres du Parlement[1].

A Guernesey, l'agitation était à son comble. Aussitôt l'ouverture des hostilités entre le roi et le Parlement, les sympathies se portèrent vers ce dernier. Charles Ier avait cependant adressé d'Oxford, le 9 décembre 1642, une lettre aux gouverneur, bailli et jurés, leur enjoignant de mettre un terme aux fausses et mensongères rumeurs sur sa personne, son Conseil et son gouvernement : « Faites savoir », disait-il, « à nos loyaux sujets de l'île, que de même que nous avons toujours mis un soin particulier à maintenir parmi eux la *profession protestante de la religion chrétienne avec leur ancien gouvernement,* leurs libertés, leurs personnes et leurs biens tels que les établissent les lois et coutumes de leur île, de même nous les préserverons toujours de *toutes innovations ou altérations d'aucune sorte,* afin qu'ils puissent goûter les bénédictions de cette longue paix dont ils ont

---

de la Marche « ce qui avoit été prédit de leur résurrection, Apoc. II, 12, laquelle prédiction je leur appliquay le jour qu'ils dînèrent avec moy. » — A la mention de la suppression de la Chambre étoilée, il ajoute : « par là furent rognés les ongles avec lesquels la prostituée affligeait et égratignait le peuple de Dieu. » Et à celle des actes de réformation des cérémonies votés par les Communes « ils commencèrent ainsi à lui raser la tête. » *Diaire.*

[1] Dans son Diaire il dit le leur avoir dédié : l'Épître dédicatoire au Parlement est suivie d'une seconde au puritain Burton.

joui sous nous et nos prédécesseurs ». Par contre, ordre était donné d'arrêter et de punir tout perturbateur et incitateur à la rébellion[1].

Devant le trouble des esprits, le sous-gouverneur s'était refusé à convoquer les États, d'où un dossier de plaintes contre Sir P. Osborne présenté au Parlement (mars 1643); parmi les nombreuses signatures, on relève celles des pasteurs Milet, Picot, de la Place et du proposant Th. Le Marchand[2]. Le Parlement y répondit en confiant le gouvernement de l'île aux jurés, avec ordre d'arrêter et de lui envoyer Sir P. Osborne. Mais celui-ci s'était retiré au Château-Cornet. Les insulaires en commencèrent le siège le 4 mars. Il dura neuf ans, au cours desquels les maisons de Saint-Pierre-Port furent plus d'une fois incendiées par ses obus. Le sous-gouverneur royal avait employé d'abord des arguments d'autre nature. Au moment où Russell venait représenter dans l'île le contre-gouverneur parlementaire Warwick, le ministre Daniel Fautrart apportait aux États l'ordre de Sir P. Osborne de refuser obéissance aux Commissaires et à tous autres institués par les adversaires du souverain, menaçant les rebelles du jour fatal où ils seraient frappés par sa justice et son indignation. Il l'avait accompagné d'un pressant et vain appel aux « Jurés, Ministres, et tous fidèles sujets de Sa Majesté », leur demandant » de revenir en arrière, de se désintéresser des troubles d'Angleterre, de s'emparer des fauteurs de désordres, et en se faisant ainsi pardonner leurs offenses, de se dégager de la responsabilité du sang qui pourrait être versé et qui retomberait

---

[1] La lettre dans les *Actes des États*.

[2] On ne s'attendrait pas à y trouver l'article suivant : « Pour instance des effets de sa haine à l'endroit des habitants, qu'il n'en veult pourvoir aucun aux bénéfices lorsqu'ils sont vacquants, mais y pourvoit des estrangers, quoy qu'ignares et incapables, et qui pour la plupart ne se trouvent avoir aucune partie propre pour la fonction de leurs charges. » *Ibid*.

indubitablement sur eux et non sur lui »[1]. Dans une dernière lettre du 10 décembre 1644, leur renouvelant « s'ils lui livraient immédiatement les ennemis de S. M. », la promesse du pardon pour le passé et « *du maintien de leur religion dans sa pureté telle qu'elle a été établie dans ces Iles depuis la Réformation,* » Sir P. Osborne les rendait attentifs à l'arrivée par troupes pour se fixer à demeure dans l'île, de nombreux « Anabaptistes, Brownistes et autres sectaires, ne s'accordant ni dans la forme du gouvernement ni dans la confession de foi avec aucune Église orthodoxe, mais également contraires à toutes celles qui n'embrassaient par leurs opinions erronées, et prêts à s'emparer de Guernesey et à en déposséder les vrais propriétaires, au risque d'anéantir la paix et la pureté religieuses si longtemps demeurées entières parmi eux ».

Ce danger était réel. Les États eux-mêmes venaient de le constater et de lancer, le 25 novembre, un arrêt d'expulsion contre des étrangers introducteurs dans l'île d'erreurs et de schismes, et de punition contre leurs partisans[2]. Dans ce nombre figuraient quelques-uns des ministres devenus sourds aux remon-

---

[1] Il s'adressait particulièrement aux jurés et ministres « qui par le devoir de leurs charges et postes éminents auraient dû chercher à mettre fin à ces insolences et donner l'exemple aux autres — mais qui, par crainte ou autrement avaient fait l'opposé, non seulement en ne résistant pas au début, mais en frayant la voie à ces procédés séditieux et en les appuyant, s'associant par leurs serments et d'autres façons à cet équipage en révolte... » 30 août 1643. *Actes des États.*

[2] « Pour autant que François Hollande se seroit ingéré avec plusieurs autres estrangers, maintenant parmy nous, d'introduire plusieurs erreurs et schismes, au préjudice et scandalle de la religion réformée establie au milieu de nous, au moyen de quoy plusieurs troubles et confusions se seroient glissez en cet Estat. — Il a esté ordonné qu'il se départira de ceste Isle dans un mois prochain.. et pour le reste desd. estrangers qu'ils sortiront au premier passage qui se rencontrera pour l'Angleterre; et qu'il y aura une recherche exacte de ceux de ceste Isle qui peuvent avoir esté corrompus des susd. erreurs et qui s'eforcent de les maintenir, aux fins que leurs personnes soient mises ès mains de Justice... » *Actes des États.*

trances des Colloques, peut-être Thomas Milet, privé de son suffrage aux États pour révolte ecclésiastique, et Jean de la Place, auquel ils refusaient séance, comme représentant de son père [1] ; mais certainement Thomas Picot, que le comte de Warwick envoyait comparaître devant l'Assemblée de Westminster et qui, reprenant à son retour ses assemblées indépendantes, était banni de l'île et privé de son bénéfice [2]. Le 6 octobre 1645, sur les dénonciations du ministre Perchard, les États ordonnaient la recherche « par toutes les familles de l'Isle » et la destruction « de livres hérétiques semez par quelque personne de par

---

[1] .. « Eu esguard que le sieur Millet, pasteur des Esglises du Valle et de St-Sampson s'est révolté de la discipline eccl. de ceste Isle, au moyen de quoy il mespriseroit les Assemblées des Colloques tant ordinaires qu'extraordinaires, Il a esté ordonné qu'il se désistera de donner son suffrage auxd. Estats, jusques à ce qu'il soit manifestement cogneu que led. Millet se soit recanté des oppinions qu'il maintient contre lad. discipline, » 25 nov. 1644. — Milet mourait l'année suivante. « Représenté que led. De la Place ne seroit point recogneu pour Pasteur en l'Esglise de St-Martin, vertu de quoy prétendroit séance en l'absence de M. Samuel de la Place son père, à cause des doctrines erronées qu'il a preschées et mesme des scandalles qu'il a causés en mesprisant et desdaignant les Colloques, selon les plaintes qui s'en sont faites, — la Comp. par opinion uniforme a ordonné que led. n'aura point de séance auxd. Estats » 10 janvier 1645. — Il signe pourtant les actes consistoriaux de St-Martin en 1646; en 1647 c'est Ch. de La Marche, en 1648 Nic. Nouel, 1650 Th. Le Marchant.

[2] Articles présentés contre lui à l'Ass. de Westminster : « Qu'il a abjuré la Discipline ecclésiastique établie à Guernesey, — disant qu'elle était pire que la sodomie ; — qu'il refuse d'administrer le sacrement de la cène, du baptême, etc. ; — qu'il annonce pour 1655 une réformation parfaite, les hommes faisant des miracles, et que nous vivrons dans la communauté des biens, et que ceux qui ne croient pas sont maudits — etc. » Lightfoot, *Journal of the Proceedings of the Assembly of Divines*. — Ordonnance des États : Attendu que M. Th. Picot « s'efforceroit, depuis son retour, de fomenter et acroistre les chismes et hérisies au moyen des assemblées qui se feroient chez lui, a esté ordonné ... que deffences très-expresses seront faites à toutes personnes de s'assembler avec led. Picot . . à paine de cent livres tournois d'amende au Roy et Parlement toutefois et quantes, et de punition corporelle à ceux qui n'auront moyen de fournir à lad. amende ; ce qui sera publié afin que nul n'en prétende cause d'ignorance. » *Actes des États*.

dellà, au préjudice et scandalle de la pureté de la Religion establie »[1].

C'est dans ces jours troublés que le ministre presbytérien Quick visita Guernesey ; il y assista au baptême d'un enfant illégitime, et ne peut assez louer le zèle du vieux Fautrart pour conserver pures les saintes lois et les sacrements évangéliques.

« J'étais présent l'an 1649 dans l'Église de Saint-Pierre quand une femme présenta au baptême son misérable enfant bâtard. Avec quel sérieux et quelle majesté il la reprit ! Combien clairs et convainquants, combien pénétrants et incisifs furent ses reproches ! Comme il représenta ce que l'impureté a d'odieux et d'atroce ! De quelle horreur il remplit les cœurs de ses auditeurs de cette profanation du baptême, cette violation de l'alliance divine par des crimes aussi ignobles ! Il leur dit combien avilissant est ce péché, combien il est déshonorant pour nos corps de souiller ces sacrés temples de l'esprit et de convertir hommes et femmes en animaux. Il fulmina les jugements de Dieu contre ces pécheurs infâmes et montra que sans repentance pour leur impureté (et cette impureté entrave grandement la repentance et en rend les pécheurs beaucoup moins capables, endurcissant et stupéfiant leurs cœurs et cicatrisant leurs consciences de ces flammes ardentes et infernales), elle plongerait les âmes et les corps de ces impurs dans le lac de feu et de souffre et pour l'éternité. Je me souviens que son discours opéra admirablement et avec une efficace extrême, non seulement sur cette pauvre pénitente qui était noyée dans ses pleurs et dont le cœur se brisait par ses sanglots et ses gémissements, mais sur l'auditoire tout entier. Et bien que cette pécheresse éplorée manifestât publiquement, devant cette nombreuse congrégation, sa sincère douleur, sa honte et la contrition de son âme pour son grand et scandaleux péché, et que M. Fautrart la réconfortât, lui appliquant les promesses de l'Évangile, l'amour et la grâce, les entrailles et les miséricordes de Dieu, la mort et l'intercession de N. S. J. C. pour sa régénération et consolation, néanmoins il fit par-

---

[1] Sous la République on en fit rétrospectivement un grief au bailli de Beauvoir : « c'étaient de très bons livres qu'un honnête jeune homme portait dans la Nouvelle Angleterre », autrement dit des écrits brownistes ou anabaptistes.

ticulièrement deux choses. D'abord il la fit se condamner solennellement pour son péché, renoncer à ce péché et à tous autres, sincèrement renouveler son alliance avec Dieu et s'engager, avec une humiliation profonde, avec sérieux et dévotion à devenir une nouvelle créature et à mener, le reste de ses jours, une vie des plus strictes et des plus exemplaires. En second lieu, dans la crainte que la honte et le reproche du monde lui eussent seules arraché ces marques visibles de repentance, tout en espérant qu'il en était autrement, il demanda que des répondants, de réputation sans tache, et distingués par leur piété, prissent la responsabilité et l'éducation religieuse de ce pauvre enfant. Et il me souvient que lui-même fit appel à deux chrétiens sérieux, qui étaient, je crois, anciens de l'Église : à sa requête ils consentirent à entreprendre cette tâche. Et l'enfant fut baptisé, et l'Église extrêmement édifiée » [1].

Ce sont les derniers échos de la discipline presbytérienne dans toute son austère rigueur.

L'anarchie, croissante en Angleterre, s'étendait jusqu'à l'archipel normand. Alors que les Guernesiais adhérents du Parlement étaient loin d'avoir triomphé encore de la résistance de Sir Osborne et de ses successeurs, ils étaient déjà en proie aux rivalités intestines et s'attaquaient devant les Chambres anglaises par des dénonciations réciproques. Une pétition contre le lieutenant-gouverneur Russell et les jurés était appuyée à Londres par les deux pasteurs députés à Westminster : Jean de la Marche, parvenu non sans peine à occuper un des postes de l'Église française de Threadneedle street, aspirait à revenir à Guernesey comme un des trois Commissaires extraordinaires délégués par le Parlement [2]. Il ne fut pas du nombre des élus.

Après la mort du roi, il paraît cependant avoir visité l'île, car on

---

[1] Quick regrette que cet acte de la Discipline ne puisse être mis en pratique parmi ses co-religionnaires : « quelle gloire il en pourrait revenir à Dieu et de bien aux âmes !.. tandis que la commutation de la pénitence publique fait, si l'on peut ainsi parler, manger au peuple de Dieu l'iniquité comme du pain.. » *Icones. Life of M. Hilary Fautrart.*

[2] Lettre de Josué Gosselin, député des États, insérée dans leurs *Actes.*

cite un sermon de lui sur « l'adoration à rendre au Créateur et non à la Créature », où il rappelait le voyage en Espagne de Charles, ses correspondances avec Rome et ses guerres contre ses sujets, et applaudissait à « la justice du Parlement ». Le désordre était à son apogée. Dans le dossier de plaintes réuni contre le bailli Beauvoir par Henry de la Marche, frère du pasteur [1], et où ce sermon est signalé comme méritant une récompense, l'accusateur revient sur les sept mois de captivité en 1633 ; il les attribue maintenant ouvertement aux prédications contre « la hiérarchie et l'épiscopat », en rend responsable Beauvoir, un des jurés d'alors, et demande deux mille livres de dédommagement pour le bénéfice enlevé depuis dix-huit ans ; il réclame aussi en faveur de Thomas Picot, exilé jadis « sous prétexte d'hérésie, parce qu'il avait des doutes sur l'accord avec la Parole de Dieu de quelque opinion en matière de gouvernement ecclésiastique ». Les Indépendants régnant à Londres, Beauvoir dut résigner ses fonctions ; Picot put rentrer à Guernesey et y prendre possession en 1652 de la paroisse du Valle. Il mourut deux ans après. Jean de la Marche l'avait précédé de quelques mois dans la tombe, laissant un fils, Charles de la Marche, ministre à Saint-Martin, puis au Câtel [2]. Le corps pastoral guernesiais comptait avec lui et Fautrart, qui mourait en 1653 [3], Morel, Nouel, La Place, Perchard et Le Marchant. On retrouve quatre d'entre eux à l'avènement de Charles II.

---

[1] Plaintes contre M. Pierre de Beauvoir, Baillif. 1650. *Actes des États*, p. 382.

[2] A la mort de Milet 1645 cette Église avait été desservie transitoirement par les autres ministres, puis à poste fixe par Jean Boulon mort en 1652.

[3] Il laissait un fils et un petit-fils, habile mécanicien en horloges ; ce dernier établi en France, abjura à la Révocation et fut pensionné. — Quick. *Icones*.

Jersey, sauf une défection momentanée et partielle, demeura longtemps fidèle à la cause monarchique. A la rupture du roi et du Parlement, le sous-gouverneur et bailli Philippe de Carteret, qui s'était rendu à Londres pour solliciter la confirmation des privilèges de l'île et y répondre aux réclamations en fait de dîmes du doyen Bandinel, revint prendre le commandement du Château Elizabeth en face de la ville de Saint-Hélier, confiant à Lady de Carteret la garde de Montorgueil, tandis que son neveu Georges, « contrôleur de la flotte du roi », dirigeait de Saint-Malo de petites expéditions maritimes, dont les prises lui permettaient de ravitailler les défenseurs royalistes des Iles. Comme à Guernesey, le Parlement avait nommé à Jersey, sous le nom de Juges de paix, des représentants chargés de gouverner à la place de Sir Ph. de Carteret et de l'arrêter lui-même: ce dernier, après une suprême entrevue avec ses adversaires, en Assemblée des États, s'enferma en mars 1643 dans le château, dont le siège ne tarda pas à commencer. En juillet, les marins de la flotte parlementaire opéraient les arrestations des royalistes les plus en vue; parmi eux figurent les pasteurs Élie de la Place, de Grouville et Ol. Gruchy, de Saint-Pierre; comme leur collègue de Saint-Ouen, Et. de la Cloche, ils avaient résisté à l'exemple des Bandinel et de Pierre d'Assigny, recteur de Saint-Hélier.

D'Assigny, Français de naissance et ancien moine, avait succédé à Th. Ollivier, décédé en 1638, grâce surtout à la protection de Sir Ph. de Carteret. Cette dette de reconnaissance ne l'empêcha pas de s'unir au doyen Bandinel et de se mettre avec lui à la tête de l'insurrection parlementaire. Mais il ne lui suffit pas d'abuser de son éloquence pour détruire auprès du peuple les effets des appels réitérés du sous-gouverneur à la

---

[1] Né le 11 janvier 1619, envoyé à Saumur oct. 1637. — *Diaire*.

réconciliation et à la concorde : ministre d'un Évangile de paix, il changea sa robe contre une épée et soulevant les insulaires par ses paroles enflammées, dirigea lui-même le siège de la forteresse où son ancien bienfaiteur succombait à une lente maladie. Sir Philippe mourait le 23 août, après avoir vainement demandé l'assistance spirituelle du ministre de son choix, de la Cloche, et reçu au dernier moment celle de Mollet.

Lady de Carteret se défendait encore à Montorgueil, et Georges de Carteret avait succédé aux fonctions de son oncle. Le dimanche 29 octobre, Et. de la Cloche arrivant à l'improviste dans son église de Saint-Ouen, où un « bien affectionné » le remplaçait, monta à son tour en chaire après le sermon et exhorta ses paroissiens à rester fidèles au roi, promettant en son nom le maintien de la religion protestante et un généreux pardon, annonçant qu'il avait de plus mission officielle « de convoquer les États et de publier dans toutes les paroisses la proclamation de Sa Majesté ».

En vain les parlementaires cherchèrent à s'emparer du courageux pasteur ; ne pouvant le saisir, ils envahirent et pillèrent l'église et le presbytère. L'opinion publique se tournait contre eux. Le 21 novembre, Georges de Carteret reprenait possession de l'île au nom du roi. La veille, d'Assigny, qui venait d'adresser à Lady de Carteret ainsi que Bandinel des lettres de soumission non agréées, s'était embarqué avec le sous-gouverneur parlementaire Lydcott. Tandis que la Cour d'Héritage plaçait son bénéfice sous le séquestre (25 avril 1644), il se réfugiait à Norwich auprès de son oncle par alliance, Nath. de Laune[1]. Les Bandinels furent emprisonnés à Montorgueil. Après quatorze mois de captivité, dans une tentative d'évasion, le doyen se tua, et son fils se blessa si grièvement que, repris et accusé de haute trahison, il succomba avant de se voir condamner au gibet.

[1] Voir *suprà* chap. XI.

Tous les habitants avaient prêté, dans leurs paroisses respectives, serment d'allégeance au roi. Impitoyable pour les chefs de la rébellion, le capitaine de Carteret s'efforça de se concilier le peuple. Le dimanche qui suivit son arrivée et où les États le reconnurent officiellement dans l'église de la Trinité pour lieutenant-gouverneur et bailli, il fit lire du haut de toutes les chaires cette déclaration : « S. M. a voulu que je donne à cognoistre à ses subjects de ceste Isle que ses Intentions ne sont point autres que pour le maintien de la vraye Religion Protestante *telle que du temps de la feue Royne Elizsabeth sans invasion ou altération quelconque,* de laquelle S. M. encore d'empuis peu, a fait solempnelle protestation en recevant les Sacrements, de la maintenir, vivre et mourir en ycelle. »

On interpréta ces paroles, au moins ambiguës, comme une autorisation de retour au Presbytérianisme, bien que le serment de Charles Ier, invoqué à l'appui, ne concernât que le maintien de la religion anglicane. Mais on ne vit, ou l'on ne voulut voir, que le sens désiré, d'autant plus que le poste de doyen restait inoccupé[1]. Celui de Saint-Hélier était confié à Pierre Fautrart : il signa avec son collègue Josué Pallot, comme membres des États, la proclamation de l'avènement de Charles II, un mois après la mort du « roy martyr », 27 février 1649[2].

Aussi est-ce à Jersey que le monarque proscrit put se donner encore l'illusion de la royauté : il y séjourna de l'automne 1649 au printemps 1650, ayant amené son aumônier et n'assistant

---

[1] En 1646, alors que Charles Ier songeait à choisir Jersey comme lieu de refuge, les États rédigèrent un manifeste, rappelant que l'île étant un reste du duché de Normandie, avait été soumise jusqu'à la Réforme à la juridiction spirituelle des évêques de Coutances, n'acceptait comme lois que les Coutumes normandes, et de par leurs libertés et privilèges ne pouvaient prendre les armes contre leur souverain légitime. Ils protestaient de maintenir la religion protestante et l'autorité du roi. — Tupper et Dupont.

[2] La proclamation dans les *Notes* de Durell sur l'Histoire de Falle.

qu'au culte anglican, célébré de temps à autre par un de ses chapelains dans l'église même de la ville, mais d'ordinaire dans le Château Elizabeth, où il avait fixé sa résidence[1].

Dix-huit mois plus tard, les parlementaires reprenaient possession de Jersey. Georges de Carteret avait vaillamment défendu Elizabeth Castle, et envoyé son chapelain Durel solliciter des secours de Charles II. Le roi sans couronne lui répondait que la Cour de France restait sourde à ses instances, qu'une composition honorable vaudrait mieux qu'une résistance trop obstinée. La capitulation fut signée le même jour que celle du Château Cornet, 25 décembre 1651.

Pierre d'Assigny s'était empressé de profiter des succès républicains et avait obtenu le rectorat de Saint-Martin. Il n'est point resté de traces de Colloques pendant cette résurrection presbytérienne. D'ailleurs, les détails précis manquent pour les deux îles pendant l'époque du Protectorat. Cromwell fut à leur égard plus autoritaire que la monarchie. Nommant lui-même, par une simple ordonnance, les jurés de la cour de Jersey, il assimilait, en 1654, par l'Instrument d'État, Jersey et Guernesey aux autres parties de l'Angleterre, pour les élections des membres du Parlement[2] : les privilèges séculaires des Iles normandes étaient entièrement méconnus.

Charles II les leur rendit à sa restauration. Mais si elles reprenaient leur indépendance législative, les Iles perdaient définitivement leurs libertés ecclésiastiques. A Jersey, le coup était prévu et fut accepté sans trop de murmures. Le nouveau gouverneur, le comte de Saint-Alban, envoya à la Cour royale l'ordre

---

[1] *Journal de Chevalier* et Hoskins *Charles II in the Channel Islands*.

[2] Le Parlement interdisait aux ministres des divers cultes dans les Iles de célébrer les mariages qui durent l'être exclusivement devant les juges ordinaires. 4 déc. 1653. Dupont, *H. du Cotentin*, croit qu'il ne fut donné aucune suite à cette institution du mariage purement civil.

de destituer d'Assigny et lui interdit tout exercice du ministère dans l'île. Son poste de Saint-Martin fut conféré à Philippe le Couteur, avec le titre de doyen, juste récompense de sa fidélité.

Le choix était heureux : Philippe le Couteur, membre d'une famille jersiaise, anglican et monarchiste réfugié en France pendant le Protectorat, avait exercé le ministère à Caen durant trois années, siégé dans les Synodes et reçu l'investiture de la réforme française. Durel, placé dès son retour (1661) à Saint-Pierre, n'y resta que peu de mois, appelé à Londres par la fondation de l'Église française conformiste de la Savoie. C'est sa traduction de la Liturgie que Charles II envoyait aux Iles en octobre 1662. Le rite anglican reprenait ses droits officiels et exclusifs.

En rétablissant l'élection des jurés selon l'ancienne forme, le roi demanda aux États, le 20 mars 1663, d'assurer la nomination d'hommes « ayant en matières d'Église des principes orthodoxes ». Le 11 décembre 1665, les États constatèrent que « certains officiers, en diverses paroisses, manquaient d'une des qualités requises dans la lettre de S. M., les uns s'abstenant des sacrements pendant des années entières, les autres n'assistant pas aux prières publiques et au culte, ou faisant apparaître quelque autre défaut de conformité ». Il fut décidé qu'après avertissements on procéderait à leur remplacement par de mieux affectionnés, en sorte que « tous autres sujets de S. M. en ceste dite île ayent à se conformer à l'Église susdite selon leur devoir ». Suivant l'ordre officiel, on se plia « à marcher du même pied au service de Dieu et du Roi »[1].

---

[1] Le Quesne, *Constitutional History of Jersey*, et Lelièvre, *Bull* XVII.

Guernesey ne se rendit pas aussi facilement. Jusqu'à la Restauration le Presbytérianisme n'y avait reçu aucune atteinte. Charles II était remonté depuis dix mois sur le trône de ses pères que les Colloques continuaient encore le cours régulier de leurs délibérations. La dernière trace qui en soit restée est un témoignage donné à Pierre Bonami, qui, dans ses fonctions d'auxiliaire du pasteur Le Marchant, avait « en ces tems fâcheux été un humble et fidèle serviteur de la Discipline... un second Timothée », ainsi que s'exprime Pierre de Jersey, modérateur du Colloque de Noël 1661 [1].

Mais le monarque n'oubliait pas que les Iles normandes, et surtout Guernesey, avaient confondu la cause parlementaire et révolutionnaire avec celle des formes calvinistes. Aussi écrivait-il le 15 juillet 1662 au gouverneur :

« Bien que nous pensions avoir donné d'abondants témoignages de notre bonté et clémence envers nos sujets de l'île de Guernesey et dépendances, particulièrement en laissant impunis leurs égarements pendant ces derniers troubles, nous n'avons pas estimé qu'il faille en demeurer là (tel est notre tendre soin de leur bien et de leur tranquillité) et ne pas user de tous autres moyens en notre pouvoir pour les préserver de rechûte en leur précédentes maladies. A cet effet nous rappelant combien *leur dissidence en matière de culte et de Gouvernement ecclésiastique d'avec ce qui est établi dans le reste de nos États a été la*

---

[1] Nous transcrivons ce dernier acte presbytérien, copié avec un en tête de P. de Jerzé sur le livre du Consistoire de St-André et qu'a bien voulu nous communiquer le Rev. Lee.

« Nous soussignez, authorisez en vertu d'Acte du Coll. tenu à St-Pierre-Port en l'Isle de Guernezé le XXVe jour de Déc. 1661. Certifions et attestons que M. Pierre Bonami, pasteur, cy-devant assistant avec M. Th. Le Marchant past. aux. par. de St-Sampson et du Valle, a bien et pieusement et très honnestement vescu, pendant le temps qu'il a conversé parmi nous, ayant très bien vérifié jusqu'à présent les bons et authentiques témoignages qu'il a produits signéz des professeurs de l'Académie de Saumur, et des pasteurs et anciens de l'Église dud. lieu. C'est ce que nous le Modérateur et Scribe attestons aud. nom, approuvans grandement son zèle, bonne vie et doctrine. P. de Jerzé, modérateur, Élie Picot, scribe du Colloque. »

principale, sinon l'unique cause de leurs derniers désordres, nous avons pensé que la manière la meilleure d'en empêcher de semblables à l'avenir était de les comprendre dans l'Acte général d'Amnistie, et de les comprendre de même dans l'Acte d'Uniformité que nous avons récemment passé dans notre Parlement.

« Approuvant en conséquence la présentation que vous avez faite au très révérend père en Dieu Georges, évêque de Winchester, diocésain de ladite île et dépendances, dans la personne de Jean de Saumarez, un de nos chapelains et ministres en icelle, pour être doyen de cette île et ses dépendances, eu égard au bon rapport que nous avons eu sur sa suffisance et capacité pour décharger cet office, sur sa fidélité envers nous et sur son inclination éprouvée pour notre gouvernement ecclésiastique.

« Les présentes sont pour ordonner et requérir que ledit Jean de Saumarez soit dûment établi dans le susdit décanat, avec tout le pouvoir et juridiction y appartenant, et qu'il y soit pleinement obéi dans l'exercice d'icelle charge, et particulièrement en faisant lire dans toutes les églises de l'île et dépendances la Liturgie de notre Église d'Angleterre, suivant ledit Acte d'Uniformité et les instructions et directions qu'il recevra de son dit diocésain... »

Et après l'injonction aux douzeniers de restituer pour l'entretien des églises les revenus et rentes détournées de cet emploi, il terminait par l'expression de son attente d'une « prompte et due obéissance à ces commandements du bailli, des jurés, de tous autres exerçant charge quelconque, et en général de tous ses sujets de l'île » et par l'ordre, en cas d'essai d'opposition de la part « d'esprits mauvais et turbulents », de procéder contre eux pour la préservation de la paix publique dans l'Église et dans l'île et de l'autorité du doyen : s'il n'était pas possible de réduire les perturbateurs à un sentiment meilleur, il enjoignait de les envoyer « devant la table du Conseil Royal, pour y être traités selon leurs démérites et offenses »[1].

Sur le sceau officiel accordé au nouveau doyen et représentant Charles II revêtu de ses insignes royaux, assis auprès de

---

[1] Duncan, *History of Guernsey.*

l'église de Saint-Pierre, étaient gravés deux mots, significatifs dans leur laconisme : *Restauratus Restauro*. La longue période presbytérienne était désormais volontairement confondue avec les quelques années de la rébellion contre la royauté. Jean de Saumarez appartenait à l'une des vieilles familles seigneuriales de l'île, et, depuis plus d'un an, il préparait ses paroissiens de Saint-Martin et donnait d'avance des gages à l'anglicanisme par une lecture hebdomadaire de la Liturgie[1]. Il avait lui-même apporté d'Angleterre sa nomination, accompagné du recteur de Saint-Pierre-Port, Pierre de Jersey, qui venait de recevoir l'ordination anglicane. Le 8 août, la Cour de l'Ile enregistrait à l'unanimité la lettre royale : les jurés les plus attachés au Presbytérianisme n'osaient résister à cette heure où ils avaient à racheter un passé dont les représailles les menaçaient encore.

Les pasteurs furent moins dociles. Le doyen les réunit le lendemain « au Consistoire de la ville », dans cette petite salle au premier étage de l'église de Saint-Pierre, où s'assemblaient les Colloques et les Synodes. Il leur fit lire les ordres du roi « et de l'évêque » et les engagea à demander au gouverneur une nouvelle investiture de leurs charges. « Le Dimanche d'après et l'ensuivant ils prêchèrent, mais l'autre d'après ils prindrent congé de leurs paroissiens de leur bon gré. Je n'en ai silencié aucun », écrit-il[2].

---

[1] « J'ai commencé à lire la liturgie que Vous m'avez envoyée. La plupart trouvent les prières être beaucoup édifiantes. D'autres ne disent mot ; je ne scay ce qu'ils en pensent. S'ils ne sont desbauchés tout ira bien. J'ay pour garand l'ordre du roi qui s'étend en toutes ses dominations et la conformité d'icelles aussi à la parole de Dieu. » Lettre de Saumarez au Bailli son cousin 14 avril 1661. — « Je vous prie d'avoir soin de mes affaires et particulièrement de celles dont vous parlastes à Monseigneur *nostre* Évesque », 2 nov. 1661. Un des officiers d'Église s'opposant à ses vues, il le changea : « On ne fait que nous menacer, mais j'en fais peu d'estat », 30 sept. Voir les curieux extraits de cette correspondance, Lelièvre, *Bull. du Prot.* XXVII.

[2] L. de Saumarez; août 1662. Le 24 août était la date fixée dans toute la Grande Bretagne par l'Acte d'Uniformité.

Les ministres préféraient la perte de leurs positions et de leurs bénéfices à la désertion de l'Église si longtemps servie par eux. Le 12 octobre, de Saumarez à Saint-Martin et Pierre de Jersey au chef-lieu célébrèrent la cène « à genoux ». Le rite anglican remplaçait le presbytérien.

Le journal de Pierre Le Roy, maître d'école au Catel, ajoute des renseignements instructifs : « Il est arrivé dans cette Ile (24 sept. 1662) une compagnie de cent soldats, à cause de quelque opposition à l'Acte d'Uniformité. Les ministres n'ont pas voulu s'y soumettre et ont abandonné leurs cures, savoir : M. Le Marchant du Valle et de Saint-Sampson, M. Perchard de Saint-Pierre-des-Bois, M. Marchant de Saint-Sauveur, M. de la Marche du Câtel et M. Hérivel de la Forêt et Torteval »[1].

Deux des remplaçants venaient des Églises du Refuge en Angleterre. Le moine, puis pasteur italien, Bresmal, reçut la cure du Valle et de Saint-Sampson, mais n'y recueillit que des outrages; insulté jusque dans l'église, il mourait à la peine après quelques mois, et le doyen lui-même, venant y donner la communion, ne trouvait que deux personnes pour la recevoir : « il n'y en a pas dix qui conforment », avouait-il avec découragement. Pierre de Jersey semblait prêt à transiger, adoucissant les formes anglicanes : on l'envoya à Saint-André, où il ne réussit pas mieux[2], et on confia le poste important de Saint-Pierre-Port au sedanais Pierre Jannon, comme dédommagement de son échec à Canterbury[3].

Malgré beaucoup de ménagements, Jean de Saumarez ne réus-

---

[1] Citations dans Tupper et Lelièvre.

[2] « M. de Jersey est tout esperdu encore que je ne puis que me louer de lui : notre clergé crie contre lui; il a peur des vieilles femmes, mais je lui ai rompu la glace et frayé le chemin; le pire en est passé », L. de Saumarez, et plus tard : « Il ramène tout au presbytérianisme ».

[3] Voir *supra*, chap. XIV. Jannon épousa à Guernesey, en 1677, Sara Gagnepain, en 1686 Bertramme de Saumarez, en 1691 Marie de Quetteville. Il mourut en 1702. Sur Ph. de Bresmal, chap. XII.

sissait pas à rendre son doyenné anglican[1]. Non seulement la masse du peuple, les femmes surtout, se scandalisaient des formes nouvelles, préférant laisser leurs enfants sans baptême que d'accepter le signe de la croix, regardé comme du pur catholicisme, mais le lieutenant-gouverneur Darell lui-même avait accepté d'être parrain sous la forme calviniste; plusieurs des notables n'allaient « ni aux presches ni aux prières », et aux élections de 1663, presque tous les connétables et les douzeniers furent choisis parmi « les mal affectionnez ». Aussi Lord Hatton crut-il devoir inaugurer sa prise de possession du gouvernement de Guernesey, le 1ᵉʳ novembre 1664, en adressant d'amers reproches aux jurés, et en accusant de trahison envers le roi quelques-unes des personnalités les plus marquantes de l'île[2].

La résistance se concentrait autour de l'ancien ministre Le Marchant, homme de tendances très libérales et d'une grande culture d'esprit. Diplômé à Cambridge, il avait passé quelques années à l'académie de Caen et s'y était lié avec les savants Bochart et Huet. Lui seul, de tout le corps pastoral de l'île, n'avait pas démissionné sans protestations et avait dû fournir caution de mille écus « pour son bon comport à l'avenir »[3]. Il n'en gardait pas moins son influence sur ses anciens paroissiens; désespérant de la contrebalancer, le doyen le fit enfermer une première fois en juillet 1663 au Château Cornet; renvoyé de l'île, il passa en Normandie et de là à Londres. En 1664 il était de retour à Guernesey, plus « opiniâtre » que jamais. De nouveaux efforts de Saumarez le réduisirent au silence, par une

---

[1] « Je n'ai séquestré aucun bénéfice... Je n'ai point changé d'officiers : je ne pouvais agir moins que je n'ai agi » écrit-il au début.
[2] Lettres d'Amias Andros dans Tupper. Lord Hatton avait été reçu et harangué à la porte de l'Église par Jannon.
[3] « Toute rigueur que j'ai usée, ça été envers M. Marchant, lequel j'ay fait venir à répondre de ses insolences; il résigna de soy-même. » L. de Saumarez.

arrestation décisive suivi d'un emprisonnement à la Tour de Londres[1]. Il n'en sortit qu'en septembre 1667 avec interdiction de se rendre dans l'île sans « une licence spéciale de Sa Majesté »[2].

Son exil n'avait cependant point activé la transformation, malgré l'aide apportée au doyen par des ordres réitérés de Charles II à la Cour royale. Le 24 juillet 1665, en constatant les efforts des magistrats « pour établir la discipline et le gouvernement de l'Église d'Angleterre et avancer le saint culte de Dieu », il jugeait opportun de requérir d'eux « de prêter aide et assistance au doyen en ce qu'il pourra en avoir besoin pour accomplir une si bonne œuvre et pour maintenir sa juridiction ecclésiastique... et en cela vous nous ferez très bon et acceptable service »[3].

Le 4 octobre 1671, le doyen présente à la Cour royale un nouvel ordre, dont les termes sévères trahissent un mécontentement motivé[4]. Jean de Saumarez obtient pourtant des jurés

[1] « 7 mars 1664. Th. Le Marchant aura bientôt ce qu'il a si longtemps mérité, et ses vanteries n'auront plus leur cours ». — 13 mai 1665 : « Th. Le Marchant est à la Tour et y restera jusqu'à ce que la prophétie du vieux Robillard soit accomplie... Pour ce qui est de l'Église, nous apporterons de tels ordres qu'il faudra bien que les non-conformistes se rangent à la raison. » L. de Saumarez.

[2] « Ayant été lonptemps prisonnier à la Tour, et donné caution de mille livres sterling » *Warrant* du roi, Whitehall 30 sept. 1667. — Le Marchant avait épousé Olympe Roland, huguenote d'origine ; leur fils Éléazar devint bailli.

[3] Duncan.

[4] « Sur ce qu'il nous a été humblement représenté par notre fidèle et très aimé J. de Saumarez, docteur en théologie et doyen de cette île, qu'il a des motifs de craindre que, s'il n'est publiquement appuyé et soutenu par vous, il rencontrera quelques difficultés à faire mettre à exécution les ordres de la Cour ecclésiastique pour la suppression de factions, conventicules et autres notoires et opiniâtres perturbations de la paix de l'Église, dont dépendent en si grande mesure la paix et la tranquillité de cette île: l'ayant pris en considération et sentant vivement combien il importe pour le bien de notre île que le pouvoir civil aide et assiste en toutes choses l'ecclésiastique dans la punition et la réduction de tels scandaleux et déclarés contempteurs et de l'Église et du Gouvernement, nous avons jugé bon de vous signifier notre volonté et plaisir, et de vous enjoindre et ordonner d'assister en toutes choses le doyen de cette île dans toutes ses mesures, selon les ordres de la Cour ecclésiastique, pour

que Perchard, un des ministres démissionnaires, ne soit pas admis à plaider en justice, «comme étant excommunié», et il encourage son cousin le bailli, le 20 mai 1672, à ne pas craindre les «inconformistes qui ne sont point placés à charges... on les a seulement mis en partie hors de prison». Aux magistrats il fait observer que «s'ils ne lui prêtent la main, il n'y aura pas moyen qu'il punisse les scandales», et parvient à assurer une application au bailliage de Guernesey de l'Acte du Test, la Cour de l'île faisant, par arrêt du 7 mai 1673,

« scavoir à toutes personnes qui ont ou exercent une charge ou office, soit civile soit militaire, qu'ils ayent à recevoir la Sainte-Cène du Seigneur en quelque église paroissiale de cette dite isle, selon la forme ordonnée et prescrite par l'Église Anglicane, et ensuite de la réception du dit Saint-Sacrement en prendre un certificat signé du ministre et officier de la dite Église, et se présenter devant M. le Baillif et Messieurs de Justice pour devant eux prendre les serments de fidélité et de suprématie et soubscrire leurs noms [1]. »

Et pourtant le 24 mars 1676 le gouvernement supérieur requiert la magistrature insulaire d'assister la Cour ecclésiastique : le 8 septembre, un ordre du Conseil privé lui commande d'aider le doyen «contre les sectaires et contre les ministres faisant des allusions dans leurs sermons ou altérant la liturgie». Le 14 avril 1677 le doyen apporte encore une lettre royale; après excommunication des opiniâtres par la Cour ecclésiastique, les magis-

la suppression de tous ces obstinés opposants à la conformité et à la vraie religion; et particulièrement que toutes les fois qu'un ministre se permettra dans ses sermons et prières de se mêler d'affaires civiles et séculières (ce qu'une terrible expérience a prouvé être chose de conséquences dangereuses), ou qu'il ajoutera quelque chose du sien à la liturgie publique et connue de l'Église, vous, sur la plainte ou la requête du doyen, lui donnerez votre assistance et appui pour le prompt empêchement à l'avenir de pareille présomption et la punition de celui ou de ceux qui ont transgressé de la sorte. — Whitehall 8 sept. 1671. » — Duncan, *H. of Guernsey.*

[1] *Actes des États*

trats civils, sur certificat de ladite Cour, devront concourir par leur autorité à les réduire à l'obéissance; « les ordres précédents pour la suppression des conventicules et la punition des perturbateurs de la paix de l'Église devront être dûment exécutés ; tous les officiers et ministres prêteront aide et assistance au doyen ou à son député dans le maintien de la discipline de notre Église et de la liturgie d'icelle » [1].

En 1681, Jean de Saumarez félicitait le bailli de « la suppression des conventicules ». Le Presbytérianisme persistait donc à vivre en dépit de vingt années d'interdiction ! Mais quoi : il était enraciné au point qu'au milieu du XVIIIe siècle, en 1755, il fallut employer la force armée pour imposer la litanie repoussée par certaines paroisses; que presque jusqu'à nos jours on permit l'usage de la robe noire huguenote au lieu du surplis anglican, que le vieux nom de consistoire, attribué jusqu'en 1875 au conseil paroissial chargé du soulagement des pauvres, reste encore attaché à la sacristie des diverses églises, en souvenir des diacres et des anciens qui s'y réunissaient autrefois, et qu'enfin dans une des paroisses les fidèles reçoivent encore la cène, comme les calvinistes, debout autour de la table de la communion.

Les deux îles secondaires suivirent les vicissitudes politiques et religieuses de Guernesey. Aurigny, qui comptait cent familles en 1629 (Heylin), avait gardé son pasteur Simon Masson de 1607 à 1652 [2]. Mathieu Hérivel y séjourna ensuite pendant quelques mois. Le 25 août 1654, le colonel Bingham, gouverneur de Guernesey, envoyait le ministre Élie Picot remplir ce poste vacant :[3] il y resta du 21 octobre 1654 au 1er août 1657, « où

---

[1] Duncan.

[2] Enseveli le 10 août 1652, dans le Temple, « âgé de 80 ans ou environ. »

[3] Bingham enjoignait à son lieutenant dans l'île, le 3 nov. 1643, d'avoir un soin particulier non seulement « que Dieu fût duement servi et l'Évangile

il reçut ordre du colonel pour être pasteur de la paroisse de Saint-André en l'Ile de Guernesey ».

A la Restauration, Georges de Carteret y plaça, à la fois comme son agent et comme ministre, Jean Germain; mais entré en fonctions le 16 mai 1661, il mourait le 13 février 1662[1]. Les insulaires regrettaient leur ancien pasteur Picot : comme il s'était conformé, Sir Georges de Carteret consentit à le leur rendre; il termina ses jours à Aurigny le 20 décembre 1696, ayant eu quelque peine à amener ses paroissiens à l'Anglicanisme[2]. En 1670 il se plaignait à Jannon de ce que l'Acte d'Uniformité n'était pas observé à Aurigny et qu'on persistait à vouloir s'y servir « des prières de France »[3].

L'Église de Serk fut la dernière à se conformer; on lui accorda, grâce peut-être à l'intervention du chanoine Brevint, de conserver le rite presbytérien jusqu'au décès de son vieux pasteur. Élie Brevin, fils de l'introducteur de la Réforme dans l'île, ne mourut qu'en 1674, à l'âge de 87 ans. Le 19 mai 1675, un ordre du Conseil abolissait la Cour de Serk et substituait au juge et aux quatre jurés élus par le peuple, qui refusaient de prendre la communion selon la Liturgie de l'Église d'Angleterre, un sénéchal nommé par le seigneur. C'est à un Dauphinois,

---

régulièrement prêché », mais que tous papistes et catholiques romains fussent expulsés et que personne ayant manifesté la moindre inclination vers leur superstition ne fût soufferte dans l'île. — Tupper.

[1] « A esté enterré dans la chapelle Ste-Anne auprès de la chaire le 13 fév. 1661/2. »

[2] « Né au presbytère de la Forêt, en Guernezey, le 21 nov. 1608. »

[3] Il eut pour successeurs Pierre Sylvius 1698-1706, Laurent Payne de Guernesey et Thomas Carcoult de Jersey 1706, Henry de Merveilleux, « gentilhomme de naissance et de race » de la principauté de Neuchâtel en Suisse, de 1707 jusqu'à sa mort en 1749; Isaac Vallat de Lausanne 1749, « ayant reçu les ordres des mains de l'év. de Wincester », en 1773 recteur de St-Pierre du Bois à Guernesey; Pierre Solier de Mialet dans les Cévennes, de 1773 à sa mort en 1808; Jean Vibert, J. C. Bernel de Château-Salins, 1810-1812, Ubelé du Hanovre et Meffre d'Apt, 1819-1824.

Moïse Benoît de Die, que fût confiée la mission de rompre définitivement avec le calvinisme français [1].

Les Églises presbytériennes des Iles de la Manche n'étaient plus, mais l'asile restait ouvert aux persécutés de France. Jusqu'à la Révocation, le nombre de ceux qui en profitèrent fut assez restreint. En 1662, Mme de Ravenel vint à Jersey avec ses deux enfants se soustraire au catholicisme qui avait conquis le chef de la famille [2]. Vingt ans plus tard, quand le pasteur d'Aytré, en Poitou, suspendu de son ministère pour avoir exhorté ses paroissiens à la constance, obtint de s'expatrier, mais non d'emmener son dernier-né, c'est à Guernesey qu'il sortit d'une barrique cachée à fond de cale, le tout jeune enfant que le fanatisme royal eût voulu retenir, le futur membre de l'Académie des sciences de Londres, Jean-Théophile Desaguliers [3].

---

[1] Le certificat de son ordination à Farnham Chapel comme prêtre anglican le 22 nov. 1677, porte : « Mosen Benedictum ad Titulum inserviendi Curæ et peragendi officium Ministri in Insulâ de Serc prope Insulam de Guernesey ». *Reg. de Winchester.*

[2] *Archives nationales*, M. 674. Un mémoire de 1685 mentionne une dame de Ravenel, de Rennes, fille de feu M. de la Place, professeur à Saumur (et nièce par conséquent des la Place restés dans les Iles), qui ayant laissé son mari en France pour se sauver avec ses deux filles venait de passer en Hollande, et de toute une famille du même nom réfugiée à Jersey. En 1688 le Premier Président au parlement de Bretagne consulté par Louis XIV sur le désir du sieur de Ravenel, gentilhomme nouveau converti, de passer à Jersey, où sa femme s'était retirée avec deux enfants, « pour tâcher de les ramener en France », répondait « qu'il était très bien converti, et qu'il était allé deux fois dans cette île pour le même objet » (Vaurigaud, *Égl. de Bretagne*). Ces lignes ne révèlent-elles pas tout un drame intime ? La constance de Mme de Ravenel semble l'avoir emporté ; un Samuel de Ravenel fut naturalisé sous Jacques II, il épousa une nièce de Marlborough.

[3] S. Smiles *The Huguenots*, d'après les papiers de la famille Shuttleworth, alliée aux Désaguliers.

Mais déjà la présence de Réfugiés dans ce voisinage immédiat de la Normandie et de la Bretagne excitait les méfiances des convertisseurs officiels. On refusa en mai 1685 à Jean Tirel, de Gavray en Normandie, le bénéfice de la sortie du royaume accordée aux ministres[1], et de la permission nominative qui lui avait été donnée en date du 27 mars, sous l'accusation de n'avoir pas prêté serment de fidélité, d'avoir tenu des assemblées, et, troisième chef, d'avoir « reçu la visite d'un ministre de Gerzé qui seroit venu mettre sa fille en pension dans la ville de St-Lô, et que ledit Tirel seroit aussy allé quelques mois après se promener audit Gerzé où il auroit tardé trois jours d'aller, de venir et de séjour. Ce qui est avoué par le dit Tirel, mais il soutient qu'il n'y avoit pour lors (c'était avant l'Édit) rien qui dust rendre cette visite et cette promenade criminelles ». Il n'en fut pas moins condamné aux galères par sentence du bailli, le 15 avril suivant, et, sur son appel, transféré dans la prison des galériens; il y mourut à Rouen, sans jugement nouveau, après 1688[2].

Après la Révocation les Iles formèrent la première étape, plutôt que le lieu d'établissement définitif d'exilés pour la foi. Un mémoire présenté à l'évêque de Londres, le 10 avril 1686, par le ministre Étienne du Soul « touchant le nombre et l'état des protestans qui se sont sauvez de Rennes » — quatre-vingt-cinq — prouve qu'ils avaient presque tous passé par Jersey et que la plupart y séjournaient encore[3] : le manque de ressources y

---

[1] Voir à l'*Appendice* nº : *Permissions accordées par Louis XIV.*

[2] *Archives nationales*, T. T. 261. Ses filles furent enfermées à la Propagation de la Foi; son fils Pierre, réfugié en Angleterre, devint l'un des directeurs de l'Hospice pour les pauvres protestants français de Londres.
Dans les *Permissions* relevées par M. Weiss, voir à l'*Appendice*, il en est deux pour se retirer aux Iles, Jean Farcy, pasteur de Mouchamps à Jersey et Guernesey le 2 juillet 1685, et Daniel Brunois, pasteur à Grouchy, à Jersey, le 13 août. Peut-être ont-ils passé de là en Angleterre.

[3] « Madame de la Ville du Bois, femme d'un frère puiné de feu M. de Farcy. a passé avec 4 enfans dont l'aîné n'a que 6 ans; elle a laissé M. son mari en

retenait les uns; les autres conservaient l'espoir d'être rejoints par les parents, époux ou enfants, dont ils avaient dû forcément se séparer. Ils n'étaient pas sans entretenir quelques rapports avec la terre ferme[1]. L'intendant de Caen se plaignait à Seignelay, le 27 novembre 1686, du « désordre fait dans le diocèse par le marquis de Fontenay, d'intelligence avec M⁰ de Ducey *qui a passé à Jersé;* sans eux les nouveaux convertis feroient

France dont elle s'est dérobée et un enfant de trois mois qu'elle n'a pu sauver, elle a passé avec elle deux laquets et une servante et ces 8 personnes sont présentement à Gerzay. Madame de Müé, femme du second frère de feu M. de Farcy a passé avec un fils aagé de treize ans, une fille de dix et un fils de huit; elle s'est aussi dérobée de M. son mari, et a laissé une petite fille de six mois qu'elle ne put sauver; elle a passé aussi un valet et ces cinq personnes sont à Gerzay. M. de Ravenel, un gentilhomme ancien de l'Église a passé avec Madame sa femme, un fils de 13 ans, une fille de 12 et un valet; sont à Gerzay. La dame Bromeau avec 5 enfants tous petits et dont le père, graveur de son métier, a été arrêté jusques à trois foys, voulant se sauver; sont avec la belle-mère tous sept à Gerzay. La dame Jumet, femme d'un marchand kinkailleur s'est sauvée avec sa fille à Gerzay, le mari et les autres enfans sont restez en France n'ayans pu passer. Le Sʳ Bremant, marchand, sa femme, sa belle-mère et deux petits enfans dont l'aîné n'a pas 4 ans. Le sʳ le Comte orloger, sa f. et 2 enf. dont l'aîné n'a que 3 ans. Judith Brifaut, femme d'Israël le Roy passa prête d'accoucher; Louise Touri et Anne Jobara, deux pauvres filles qui ont tout donné ce qu'elles avoyent pour leur passage, tous présentement à Gerzay. Il y a aussi à Gernezay quatre enfans du sʳ Villaudin dont la fille aînée n'a que 14 ans; le père est un très honnête homme et bon chrétien qui est encore caché en France et a beaucoup souffert pour la Religion; Blanchet, cardeur, sa f. et un enf. sont aussi à Guernezay.» Oxford, *Bodleian Library, Rawlinson Mss.* 984, fol. 278, reproduit par M. Weiss, *Bull. du Prot.* XXXIV.

[1] « Il arriva cependant, en dépit des recherches qui suivirent la Révocation, que quelques Religionnaires trouvèrent le moyen d'échapper à ces poursuites. La proximité des îles anglaises permettait aux protestants d'y trouver un refuge momentané lorsque les circonstances l'exigeaient. Un échange continuel de relations commerciales entre ces îles et nos rivages facilitait merveilleusement les moyens d'éluder la rigueur des édits par une émigration temporaire. Ropartz, *Portraits Bretons des XVIIᵉ et XVIIIᵉ siècles*, Chap. IV, *Les derniers protestants dans les évêchés de Sᵗ-Brieuc, de Tréguier et de Quimper,* d'après les papiers du lieut. du roi Max. de la Coste. — On verra pourtant que ces «facilités» n'étaient pas exemptes de dangers mortels.

leur devoir »[1]. Connaître l'existence de ce petit groupe de huguenots recueillis sous la protection de l'Angleterre, en vue des côtes de France, n'était-ce pas, pour les nouveaux convertis, une incitation journalière à braver tous périls pour s'affranchir, à leur exemple, du joug d'hypocrisie et de mensonge qu'on leur imposait[2]? Plusieurs ne résistèrent pas à ces incessantes sollicitations du cœur et de la conscience. Mais combien d'entre eux n'aperçurent que de loin la Terre Promise, furent arrêtés au moment même d'y aborder et payèrent leur vaine tentative d'une perpétuelle captivité dans un cloître, ou sur les bancs des forçats!

En 1686 on instruit au siège royal de Morlaix le procès criminel de quatre femmes « embarquées pour sortir du royaume pour professer leur ancienne Religion Prétendue Réformée »[3]. Un témoin dépose qu'elles ont déclaré « lors de leur embarquement pour leur passage pour Jarzé, que si elles se rendoient à bon port dans lad. isle et que le passage fut seur, *qu'il y avoit d'autres personnes nouvellement converties qui passeroient*, entre autres la demoiselle de la Roche Giffard et deux de ses neveux, les fils du comte de St-Gilles. » Il suffit : non-seulement on les enferme, elles, dans des couvents, mais on en fait autant pour Mlle de la Roche-Giffard, et l'on enlève les deux jeunes gens pour leur donner une éducation catholique.

Une petite frégate, armée à cette intention, observe les côtes depuis la pointe de la Bretagne jusqu'à Granville et Cherbourg,

---

[1] *France Protestante*, 2ᵉ éd., T. 617.

[2] L'évêque de Quimper écrit le 20 déc. 1685 : « Je ne scay plus qu'il y ait d'hérétiques dans mon diocèse qui n'aient abjuré. Je souhaite que Dieu leur fasse la grâce de persévérer de tout leur cœur et sans déguisement. » — Ropartz.

[3] Magd. Granjon, Louise Noblet, Élis. et Françoise Guillon : on avait saisi sur elles les lettres écrites en mer où elles racontaient les dangers de leur exode et se réjouissaient déjà de leur délivrance. — Vaurigaud, *Égl. de Bretagne*.

visitant les navires de commerce, français ou même étrangers, sur lesquels on croit trouver des fugitifs [1]. Dans tous les ports, sur les falaises et les plages faisant face aux Iles normandes, la surveillance est d'autant plus infatigable, que les mêmes peines frappent ceux qui essaient de fuir et ceux qui secondent leur évasion, et qu'une part de la dépouille des uns et des autres revient à qui les dénonce ou qui les livre [2].

Et pourtant les Actes de la Cour Ecclésiastique de Guernesey enregistrent, du 10 avril 1686 au 22 décembre 1720, les reconnaissances de quatre-vingt-sept Français que le catholicisme croyait avoir gagnés, et qui viennent confesser publiquement, à genoux au pied de la chaire de Saint-Pierre-Port, le péché de leur abjuration, afin d'être ensuite solennellement réconciliés avec leurs frères et avec leur Dieu [3].

[1] Lettre de Pontchartrain à Duclouzeau, 29 nov. 1690, au sujet de ces prises. — Suzanne et Marguerite de Cailhaud, de Vieillevigne, condamnées à la prison perpétuelle et rasées « pour avoir été trouvées sur un navire anglois en dessein de fuir à l'étranger » 1687.

[2] « Louis Meheren, sieur de la Conseillère, célèbre avocat au Parlement de Rouen, fut arrêté au moment où il cherchoit à se retirer à Jersey », Legendre, *Hist. des persécutions de l'Égl. de Rouen.* De même Elis. de Chastrefon des Fouilleries, de St-Lô, arrêtée le 5 mai 1687, rasée et enfermée. — En 1701, le 3 fév., le Parl. de Bretagne enjoint aux juges de St-Malo de faire le procès à six religionnaires arrêtés dans cette ville au moment où ils se disposaient à passer en Angleterre; de même le 12 avril pour quatre arrêtés voulant passer à Jersey et Guernesey. On les condamne aux galères à perpétuité.

« Pierre de Bury, condamné aux galères perpétuelles, 3000 livres d'amende et à la confiscation de ses biens pour avoir aidé les protestants à fuir » 1687 — de même Bonnaud de Blain... et beaucoup d'autres. — Vaurigaud III.

En 1716 Louis Brisset et Charlotte Chastel de Vitré sont poursuivis pour s'être mariés dans une église protestante à Jersey.

[3] « Sur l'instante requeste à nous présentée par Dame Marie-Anne du Vivier, de Bayeux en Normandie, par Adrien Viel de la ville de Caen et par Jean Pichon d'Alençon, pour estre receus à la paix de l'Église après avoir malheureusement renoncé à la Réformation de la pureté de l'Évangile, pour éviter la persécution que l'on fait en France aux fidèles Protestans : Nous étans assemblés extraordinairement à cet effet, Il a été trouvé à propos, pour satisfaire à leur désir, et pour contribuer à leur consolation, qu'ils se pré-

A Jersey on compte près de cinq cents abjurations ou réadmissions à la paix de l'Église de 1685 à 1715 (184 en 1687, et 98 en 1688)[1]. Même les petites îles reçurent leur contingent. Le ministre Élie Picot d'Aurigny note dans son diaire, à la date de 1685 : « Sont actuellement ici les Seigneurs de Séqueville, de Colombières et de la Mothe, gentilshommes qui se sont enfuis de France pour la vérité, à cause de ce roi impie, meurtrier et persécuteur des fils de Dieu. » Les Actes constatent quelques mariages et enterrements de réfugiés[2].

---

senteront Dimanche prochain 11ᵐᵉ de ce présent mois dans le temple de la ville : où, après avoir témoigné leur déplaisir et le regret qu'ils ont eu leurs âmes des péchés qu'ils ont commis et donné des marques de leur repentance, ils seront receus à la paix de l'Église, et pour cet effet ils répéteront après le Pasteur mot à mot ce qui s'ensuit, eux étans à genoux :
« Nous Marie Anne du Vivier, Adrien Viel et Jean Pichon, reconnaissons icy en la présence de Dieu et de cette Sainte Assemblée : que nous avons péché très grièvemᵗ et d'une façon extraordinaire : d'avoir été à la Messe ; et par ce moyen renonçant à la Réformation : et à la pureté de l'Évangile : Ce dont nous sommes très-sensiblement touchez : et marris d'avoir comis un tell péché : au grand deshonneur du Dieu Tout-Puissant : et au danger et perill de nos âmes : et au mauvais exemple que nous avons donné aux Fidèles : C'est pourquoy nous protestons ici devant Dieu ; et devant cette Assemblée : que nous sommes marris de tout notre cœur : et affligez en nos âmes : d'avoir comis cet horrible péché : Nous supplions très-humblement le Dieu de toutes miséricordes ; de nous pardonner ce grand et cet énorme péché ; et tous les autres que nous avons comis : promettans sollennelmᵗ de ne l'offenser jamais de telle sorte : Et nous vous prions très-instamment : vous tous qui êtes icy présens : de nous assister continuellemᵗ de vos prières ; de vous joindre particulièrement avec nous dans l'humble et cordiale prière que nous adressons au Dieu tout-puissant, en disant : Notre Père qui es aux Cieux, etc. » — Agnew, d'après *Actes de la Cour Ecclésiastique de l'île de Guernesey*. Voir les noms à l'*Appendice* LXXI.

[1] « *Registre des Personnes qui ont fait abjuration de la religion romaine, etc., en l'église paroissiale de Saint Hélier* » et *Liste alphabétique des Abjurations* dans *Société Jersiaise Bull.* XII, XVI. Voir aussi *Appendice* LXXI.

[2] A Aurigny : Mariages, 1664 Girard Mignocq de la paroisse de Digulville, Normandie, à présent habitué en Aureny et Marg. Adams ; Juillet 1678 Richard Baudouin, sieur des Coursières, âgé de 33 ans et Demoiselle Abigaïl Gauvain 16 ans. « Remarquez que led. sieur est fils aîné de M. Julian Bau-

Après la nouvelle déclaration de Louis XV du 14 mai 1724, la reprise des enlèvements d'enfants provoqua une recrudescence de l'émigration. On a évalué à six cents le nombre des Bas-Normands qui se réfugièrent dans les Iles [1]. Trente ans plus tard, le ministre du désert, Gautier, qui songeait lui-même à s'y rendre, écrivait que depuis 1750 un tiers des familles protestantes du Bocage avaient, pour cette même cause de rapts d'enfants, émigré à l'île de Jersey ou en Irlande [2].

Le changement de rite n'empêchait point le corps pastoral, en raison de la langue, de se recruter encore principalement parmi les ministres expulsés de France.

A Aurigny, Picot garda comme auxiliaire, au moins pendant deux années, Jacques Tappin, seigneur de Barhays, 1687-

douin, bourgeois de la ville de Cherbourg, médecin de lad. ville et chasteau, premier échevin de la ville et de Dlle Girard de lad. ville; ladite Dlle Gauvain fille unique du Sr Gauvain, procureur du Roy et ancien de l'Église d'Aureny. et de dame Jane Lecocq. » Janv. 1687 baptême de leur fils Pierre. Enterrements ; 1669 Mlle Marie le Fanu, dame du Bourg, originaire de Caen; sans date, mais après 1669 Mme Judith Garnier, veuve de feu M. Pabou, min. du St Év. originaire de Meschers en Saintonge, 60 ans.

Serk : 1671 Henri Blondel de Guernesey épouse Françoise Bourgeois des parties de Normandie proche Paris. Baptêmes : en 1711 de Marie, fille de Jacques Pommeray réfugié français époux de M. Vaudin, en 1718 de Siméon, fils de S. La Cavée et Jacqueline Le Pré, natifs d'Ourville en Normandie. Sépultures : « Oct. 1650 Marie, veuve de Th. Roo, agée de 85 ou 86 ans, fille de M. Jean Quesle, chirurgien de Meaux et de Remie du Puits sage-femme parisienne, réfugiéz en ces Isles durant les troubles de France. 1731 Dame Magdelaine Rondel, natifve de Paris, françoise réfugiée, femme de M. Vital Privat, ministre de Sercq, mourut à Guernesey et y fut enterrée avec honneur et pompe funèbre. 1744. M. Firmin Balmier, françois Protestant de naissance, natif d'Usès, aagé d'environ 88 ans et 9 mois décéda au Seigneur le 6 janvier et fut enterré avec grand concours de Peuple; Dame Cath. Balmier, sa veuve, natifve du port Launay en Basse-Bretagne, aagée de 77 ans et 8 mois décéda le 28. » — *Registres* communiqués par le Rev. Lee.

[1] Lemontey, *Histoire de la Régence*, citée par Dupont.

[2] Lettre du 18 août 1754 citée par Fr. Waddington, *Le Protestantisme en Normandie*.

1689[1]. Parmi les desservants de l'île le cévenol Pierre Solier mérite une mention particulière. Proposant dans le Poitou en 1756, il avait évangélisé ensuite l'Angoumois, la Saintonge et l'île de Rhé : il figure comme secrétaire du Colloque provincial en mars 1763 ; quelques mois plus tard, dix ans avant son installation à Aurigny il est signalé au Comité ecclésiastique français de Londres comme n'ayant à Jersey que vingt-cinq livres par an [2].

A Sercq, Moïse Benoît, décédé le 22 septembre 1697, eut pour successeurs Pierre de Camon de 1698 à sa mort en 1721, Élie de Fresne 1722-1732, Vital Privat de 1732 à sa mort en 1751, Pierre Lévrier 1754-1757, et Jacques Coyaud dit Deschamps, 1758-1794. Lévrier était resté six ans proposant au Poitou : contraint « par la violence des persécutions » de passer en Angleterre au mois de juillet 1751, il revenait en septembre 1752 au poste du péril, mais après quelques mois de prédications en Normandie était forcé de nouveau, et cette fois définitivement, de quitter la France [3]. Il termina sa carrière dans le rectorat de St-Pierre du Bois à Guernesey. Coyaud Deschamps s'était pendant deux ans préparé au séminaire de Lausanne à embrasser la même carrière, mais, comme l'écrit Antoine Court « il abandonna son dessein », et partit pour Londres, d'où il vint se fixer dans les Iles Normandes.

[1] Ministre de Fontenay. Peut-être est-il le père de Pierre-Daniel Tapin, qui « espousa la chaire de St-Hélier » le 11 juin 1735 et en garda le rectorat jusqu'à sa mort en janvier 1761.

[2] Le Comité ecclésiastique chargé sous la direction de l'archevêque de Canterbury de répartir une subvention annuelle de l'État entre un certain nombre de pasteurs français conformistes ou leurs veuves, avait compris dans ses distributions, dans la seconde moitié du XVIIIe siècle, quelques résidents aux Iles Normandes : leur inscription sur la liste de secours semble donc une garantie de leur origine française.

[3] Notes d'A. Court dans Hugues, *Histoire de la Restauration du Protestantisme en France*.

A Jersey on trouve, suivant l'ordre des dates, parmi les noms français, ou dont la forme semble indiquer une provenance française[1] : Germain Gautier à Saint-Clément, 1651-1660 ; Jean-François Guillet du Dauphiné, à Saint-Ouen, 1660-1699 ; Constant Guénard à Saint-Jean, 1662 ; Joseph Pythois[2] à Saint-Clément, 1672-1687, et à Saint-Hélier de 1688 à sa mort 1696 ; Hugues Grandin à Saint-Pierre, 1671-1734 ; Pierre de Hautpaïs, ancien pasteur de Fresnes, de Vire et de Pontorson, réfugié à Jersey en 1685, régent de l'École dite de St-Mannelier de 1691 à sa mort en 1694[3] ; Philippe de la Place à Saint-Laurent 1692 ; Jean du Mesnil Jambelin[4], mort en exercice à Saint-Clément 1712 ; Jean-Baptiste Sorsoleil à Saint-Laurent et chapelain de la garnison, 1709-1729 ; Jean Rocque à Saint-Sauveur, 1709-1749 ; Pierre Joubère à la Trinité, 1729-1766 ; Jacques d'Erigny (prêtre converti), à Sainte-Marie, 1735 ; Rod. Hue à Saint-Brelade, 1743-1773 ; Louis Dupart, ministre officiant à St Hélier 1752-1755, recteur de Sainte-Marie, 1758-1760 ; Gabriel Montbrun, à Saint-Clément, 1761-1771.

A Guernesey, parmi les recteurs de la paroisse du Valle : Nicolas Noé 1665, Élie des Hayes 1687, Pierre Bély 1711, François du Plessis 1723-1738[5], Joseph du Quercy 1743, François de Baupin 1751, F. G. Durand, mort en 1789, avec Jacques

---

[1] Il se peut que nous attribuions par erreur une origine française à un ou deux de ces ministres nés au contraire dans les Iles : pour quelques-uns nous manquons d'indications précises et plusieurs des noms insulaires sont très français d'apparence.

[2] Professeur à Sedan, pasteur à Leuwarde, diacre, prêtre et institué le 7 sept. 1672.

[3] Sa fille Anne épousa en 1687 Édouard Messervy, fils de Jean, avocat de la Cour Royale de l'Ile et Sénéchal des fiefs de la Couronne. Deux membres de cette famille occupent aujourd'hui en France les mêmes postes réformés de Fresnes et de Vire.

[4] Ancien Ministre de St-Pierre sur Dive.

[5] Ancien Ministre de Montaigu, à Londres en 1716.

Boullen[1] comme vicaire et René Martineau de 1789 à 1816[2]. A Saint-Sauveur, Alexandre de Soulies, institué le 18 mai 1679. Meurent, recteurs de S{ie} Marie du Câtel, en décembre 1689 Jacques de Brissac, sieur des Loges[3], en 1752 Isaac Babault et en 1759 Jean Métivier[4]. Vers 1790 et années suivantes Pierre Bellenger dessert La Forêt et Torteval[5]. Les Actes du consistoire de Threadneedle street portent en 1698 qu'on envoie à Saint-Pierre-Port Élie Brevet, ancien pasteur de Bourgneuf, ministre de l'Église française de Greenwich, « qui est épiscopale, donc il a déjà été ordiné ». Il ne figure cependant pas au nombre des directeurs de la paroisse du chef-lieu, qui compte parmi ses titulaires, après Jannon, décédé en 1701, Isaac Gommarc, et en 1731, Élie de Fresne. D'ailleurs, en 1768, sur huit recteurs, un, le doyen Élie Crespin, était Anglais, mais d'une origine réfugiée, un Suisse, et les six autres Français : de ces derniers le recteur de Saint-Pierre du Bois, de 1739 à 1772, Pierre Gar-

---

[1] Boullen est inscrit en 1794 comme «ministre d'une Église françoise à l'anglicane à Guernesey» sur les *Livres des Minutes du Comité ecclésiastique* : il meurt en 1814.

[2] René Martineau, vicaire du Câtel recevait en 1773 une allocation de 20 liv. st. du Comité eccl. comme «ancien ministre des Églises réformées de France de la Haute Normandie sous la Croix». Il avait cependant rencontré des difficultés dans l'obtention de la licence anglicane, le doyen ayant appris «qu'il était né papiste et non protestant comme il avoit représenté.» Son ministère antérieur au Désert semble cependant prouvé par l'allocation du Comité et par sa situation au Câtel comme vicaire de Migault, avant de passer à St-Sauveur et enfin à St-Samson et au Valle.

[3] Pasteur à Nantes fils du professeur de Saumur et ministre de Loudun du même nom.

[4] Un Jean Métivier est sur la liste des naturalisations de Jacques II du 15 avril 1687.

[5] « Pendant au moins cinq ans » disent les Actes de la Cour ecclésiastique : il avait dû quitter la Picardie qu'il évangélisait vers 1781, et se réfugier à Guernesey d'où il envoyait encore un don considérable à la Société biblique de Paris en 1823. Voir Ch. Dardier *Lettres de Paul Rabaut*. T. IV.

celon, était un ancien prêtre du diocèse de Clermont[1], et au moins trois avaient été pasteurs « sous la Croix ».

L'intrépide André Migault, dit Préneuf, épuisé par un ministère au Désert de près de vingt années, obtenait son congé du Colloque de la Haute-Normandie le 11 mars 1750, desservait la paroisse de Saint-Hélier en 1752-1754, occupait ensuite à Guernesey le double rectorat de Torteval et de la Forêt; en 1758 il devenait recteur du Câtel, en 1784 de Saint-Sauveur jusqu'à sa mort en décembre 1797. Pierre Morin, dit l'Épine, dont la carrière missionnaire est peu connue, mais qui figure aux Colloques normands de 1744-1750, devint en 1762 recteur de Saint-André et y mourut en janvier 1774[2]. Il eut pour successeur, de 1774 à sa mort en 1778, Frédéric Gounon dit Pradon, qui, après avoir évangélisé le Vivarais jusqu'en 1739 et être passé à l'étranger pour compléter ses études, s'était consacré en 1749 aux Églises du Poitou; on le trouve à partir de 1765[3] à Guernesey, où s'éteignait paisiblement aussi en 1787 Grenier de Barmont, un des plus intrépides ministres du Languedoc et de l'Agenais.

D'autres pasteurs du Désert auront, sans doute, eu recours temporairement à cet abri des Iles Normandes : ils s'y seront réfugiés dans les heures de péril ou de lassitude extrêmes, y cherchant les forces indispensables à la continuation d'un apostolat que le martyre menaçait sans cesse et ne couronnait que trop souvent[4].

---

[1] Il produisit au doyen le 24 mars 1722 les lettres de sa prêtrise et le certificat de son abjuration à Londres.

[2] Le Comité eccl. accordait à sa veuve en 1775 une pension de 20 liv. st.

[3] *Actes de la Cour ecclésiastique* de l'Ile : d'après la liste d'Ant. Court il s'était d'abord réfugié à Jersey.

[4] Ce renseignement provient du Livre des Minutes du Com. eccl. de Londres, qui enregistre aussi une pension allouée à Paulet, né à Genève, fils de Français; « a exercé le ministère en Normandie ; a une petite cure à Guernesey 1791. » Nous ne savons sur lui rien de plus.

Vers la fin du siècle, en 1794, un de ceux dont la jeunesse avait connu ces labeurs et ces dangers, mais qui habitait l'Angleterre depuis 1771, comme ministre de la Patente de Soho et la chapelle royale de S¹-James, Étienne Gibert, quittait Londres pour venir terminer ses jours sur une terre de langue française. Il occupa, jusqu'à sa mort en 1817, le rectorat de Saint-André.

Les temps avaient bien changé. Gibert et même André Migault, ces derniers représentants des Églises sous la Croix, purent assister à un frappant exemple des vicissitudes humaines. De cette France où ils avaient tant souffert, et dont ils contemplaient de loin les rivages, arrivaient en foule des réfugiés nouveaux, très différents des premiers, bien que fuyant, eux aussi, pour cause de religion. Ceux qui apprenaient à connaître les douleurs de l'exil, c'étaient maintenant les membres du clergé catholique de Bretagne et de Normandie. Le fanatisme révolutionnaire interdisait à son tour la libre manifestation de la foi.

Douze cents prêtres s'établirent à Jersey de 1792 à 1796 : à leur tête les évêques de Bayeux, de Dol, de Tréguier, qui y reconstituèrent leur organisation diocésaine et continuèrent de loin à diriger leurs ouailles[1]. La charité chrétienne avait fait valoir ses droits, et heureusement abaissé en leur faveur les barrières dressées dans les Iles contre Rome et ses adhérents. Les Églises amenées à la Réforme par des protestants chassés de France, et comptant parmi leurs fidèles les descendants des huguenots du XVIᵉ siècle et des « prétendus réformés » du XVIIᵉ, accueillirent fraternellement les persécutés d'un autre âge, les successeurs des convertisseurs d'autrefois.

---

[1] Hettier, *Relations de la Normandie et de la Bretagne avec les Iles de la Manche pendant l'émigration.* Caen 1885.

FIN DU TOME DEUXIÈME.

TABLE DU TOME DEUXIÈME.

CHARLES Ier 1625—1629.

Pages.

CHAPITRE X. — LES ÉGLISES SOUS LA PERSÉCUTION DE LAUD. . . 3

Le début du règne. — Navires anglais en France. — Privilèges confirmés. — Actes consistoriaux. — Artistes français. — Soubise. — Le siège de La Rochelle. — De Sancy et la Virginie. — Ézéchiel Marmet.

William Laud. — Rapport contre les Églises étrangères. — Les Injonctions. — Le Synode de 1634. — Les Injonctions à Norwich. — Les Injonctions à Southampton. — Les Injonctions à Londres. — La peste. — Église de Sandhoft. — Galtres? — Laud et les Églises de l'étranger. — Chute de Laud.

CHAPITRE XI. — LES ÉGLISES PENDANT LES LUTTES CIVILES . . . 64

Réaction. — Hatfield Chase. — « *Remonstrances* » des Églises de Londres et « *Relation sommaire* » de Canterbury. — Le troisième Synode. — Révision de la Discipline. — La quatrième forme.

Jean d'Espagne. — Sécession de Cursol. — Les luttes civiles. — Double recours au Parlement. — Le pasteur Hérault. — Élection de J. de La Marche. — Départ de Hérault. — Appel du Parlement aux Réformés de l'extérieur. — Recours de l'Église de Londres à l'Assemblée de Westminster. — Pétition des séparés au Consistoire.

Pages.

Colloques et Synodes. — Sandhoft. — Église de Douvres. — Décisions ecclésiastiques. — Résolutions synodales contre les sécessionnistes. — D'Espagne à Durham House. — Violences de J. de La Marche. — Les divisions de l'Église de Londres. — Condamnation de Jean d'Espagne. — Minorité sécessionniste. — Les divisions de Norwich. — Pierre d'Assigny. — Divisions à Canterbury. — Joseph Poujade. — Attitude de J. d'Espagne. — Supplice du roi.

INTERRÈGNE. 1649—1660.

Chapitre XII. — La République 143

Protestations contre la mort du roi.
    Le Jubilé de Threadneedle street. — L'Église sécessionniste de Canterbury. — Apaisement à Norwich. — Mort de J. de La Marche. — Élection de Stouppe et de Delmé. — D'Espagne à Somerset House. — Avènement de Cromwell. — La République et les Réfugiés. — Rôle militant du Cœtus. 1649—1653.

Chapitre XIII. — Le Protectorat 162

Conduite ecclésiastique de Cromwell. — Pétitions contre les étrangers non avenues. — Visées protestantes de Cromwell. — Enquête en France. — J. B. Stouppe. — Les Vaudois du Piémont. — Cromwell et Mazarin.
    Appel à la colonisation. — Sandhoft. — Église de Thorney-Abbey. — Southampton. — Norwich. — Clément et Le Franc. — Douvres. — Canterbury, fin du schisme. — Vaine demande d'union de l'Église de Westminster. — La scission à Threadneedle street pour les jours de fête. — Colloque convoqué à Canterbury et non tenu. — Contre-Colloque. — Intervention du gouvernement. — Propositions et réponses. — Second schisme de Canterbury. — Mort de Cromwell. — Audience de Richard Cromwell. — Dernier appel et mort de J. d'Espagne. — Élections pastorales à Westminster. — Élections à Threadneedle street. — Préludes de la Restauration. — Plaidoyers des pasteurs de France.

CHARLES II. 1660-1685.

Pages.

CHAPITRE XIV. — LES ÉGLISES ET LA RESTAURATION 213

Charles II harangué par Stouppe. — Rappel, par ordre, de Hérault. — Démarches de Londres contre Westminster. — Intervention de l'ambassadeur de Ruvigny. — Déclaration du roi. — Hésitations de l'Église de Westminster. — Consultation des Églises de l'étranger. — Inauguration du culte conformiste de la Savoye. — Chapelle de la Savoye. — Séjour de Morus. — Les pasteurs de la Savoye. — Nouveau bail de Threadneedle street. — Expulsion de Stouppe. — Canterbury. Tentatives de Jannon. — Jannon conforme. — Exclusion du troupeau non-conformiste. — Justice rendue.

L'acte d'Uniformité. — Situation difficile des Églises étrangères. — Question de la réordination. — Thorney-Abbey. Assignation et autorisation. — Interruption de l'Église de Douvres. — Dernières années de l'Église de Sandhoft. — Difficultés de Southampton. — Le Franc à Norwich. — Threadneedle street, faits particuliers. — Adresses au roi. — Incendie de Threadneedle street. — Bart. Piélat. — Marc Michely. — Proposition royale. — Projets d'Hérault. — Lutte avec le consistoire.

CHAPITRE XV. — LES PRÉLUDES DE LA RÉVOCATION. 270

Révocation progressive de l'Édit de Nantes. — Trois pétitions contre les étrangers. — La naturalisation. — Projet de loi avorté 1667. — Acte de naturalisation en Écosse 1669. — Second projet de loi de naturalisation 1670-1671. — Déclaration de Tolérance 1672. — L'Acte du Test. — Troisième projet de loi de naturalisation 1673. — Ajournement indéfini. — Les Prosélytes. D. de Bréval. — Bérault et De La Mothe. — Chastelet de Luzancy. — L. des Escotais. — Pétition de l'Église de la Savoye. — Bill pour l'encouragement des Protestants étrangers 1677-1678. — Rejet du Protestant Strangers Bill. — Rapports de Brisbane et Savile. — Protestant Foreigners Bill 1680. — La conversion à sept ans. — Insistance de Savile. — Ordre royal du 28 juillet 1681. — La grande immigration. — Les interdictions d'émigrer. — Lambinon et Quick. — La réordination. — Compton et Claude. — Liste des Français ordonnés à Londres. — Les du Bourdieu. — Jean le Clerc. — Le Temple « des Grecs ». — Actes de la Savoye. — Église d'Édimbourg. — Église de Rye. — Église de Thorpe-le-Soken. — Approches de la Révocation.

JACQUES II — 1685.

Pages.
CHAPITRE XVI. — LA RÉVOCATION DE L'ÉDIT DE NANTES 347
Sentiments du roi. — Temple à Thorpe-le-Soken. — Nouveau bill de naturalisation générale. — Persécution croissante en France. — Rapports de Barrillon. — La Révocation.

LES ÉGLISES RÉFORMÉES DES ILES DE LA MANCHE.

CHAPITRE XVII. — AVANT LE SYNODE CONSTITUANT DE 1576 . . . 363

CHAPITRE XVIII. — DISCIPLINE ECCLÉSIASTIQUE 395

CHAPITRE XIX. — L'INDÉPENDANCE PRESBYTÉRIENNE SOUS ÉLISABETH. 426

CHAPITRE XX. — LA FIN DU PRESBYTÉRIANISME A JERSEY. . . . 459

CHAPITRE XXI. — LES ÉGLISES DE GUERNESEY. — LA RÉVOLUTION ET LA RESTAURATION DANS LES ILES 484

ERRATA ET ADDENDA

DU TOME SECOND.

Page 55, ligne 25 et page 64 ligne 25, au lieu de Sandoft, lire *Sandhoft*.
» 97, en marge, au lieu de Sandoft, lire *Sandhoft*.
» 98, ligne 7 de la note, au lieu de résolution lire *révolution*.
» 141, dernière ligne du texte, au lieu d'indépendants, *Indépendants*.
» 169, l. 7, au lieu de Bordage, lire *Bordeaux*.
» 186, dernière ligne, supprimer le mot *vraisemblablement*.
» 198, l. 26, au lieu d'Étapes, lire *Étaples*.
» 202, l. 3, au lieu de Kerhuet, lire *Kerhuel*.
» 240, l. 25, au lieu de l'archevêque primat, lire *l'évêque de Londres*.
» 262, l. 3, au lieu de Meaux, lire *Méans*.
» 275, l. 25, au lieu d'Armand lire *Arnaud*.
» 275, 9ᵉ ligne de la note, au lieu de Vigorons lire *Vigorous*.
» 335, ligne 28 : Faucon. — Note supplémentaire : Voir le « *Sermon sur ces Paroles : Et Gad vint vers David... 2 Sam. chap. 24, 13, prononcé en l'Église française de Londres le 3 janvier 1683* », jour du jeûne pour la mort de Charles Iᵉʳ, et dédié à Charles II par le ministre « Faulcon » (Amsterdam 1683, in-12). En remerciant le roi de recevoir dans ses États «tous ceux que la persécution et la cause de l'Évangile y a jetté et y jette encor tous les jours », l'orateur insiste sur l'obéissance et l'amour des protestants français pour leurs souverains, « mouvemens désintéressés et sincères que la conscience et la seule crainte de Dieu leur inspire, puisqu'ils les conservent pour des Princes mesme peu favorables à la Religion qu'ils professent. »
» 356, l. 25, ajouter : *ou plutôt le chirurgien royal Isaac Aymé.*
» 366, l. 17, au lieu de Paulet, lire *Pawlet*.
» 434, l. 5, au lieu de Chartier, lire *Charretier*.
» 475, ligne 27 : Messeroy. — Note supplémentaire : Les Messeroy avaient embrassé de bonne heure la foi réformée; un membre de cette famille est cité par le chroniqueur parmi les Jersiais qui lui demeurèrent fidèles sous le règne de Marie, et cherchèrent dans les Églises de Basse-Normandie la satisfaction de leurs besoins religieux.
» 477, l. 20, au lieu d'Essart, lire *Eppart*.
» 491, l. 4, devant Sampson, ajouter *Saint*.
» 507, l. 27, au lieu de Nathanaël, lire *Pierre*.

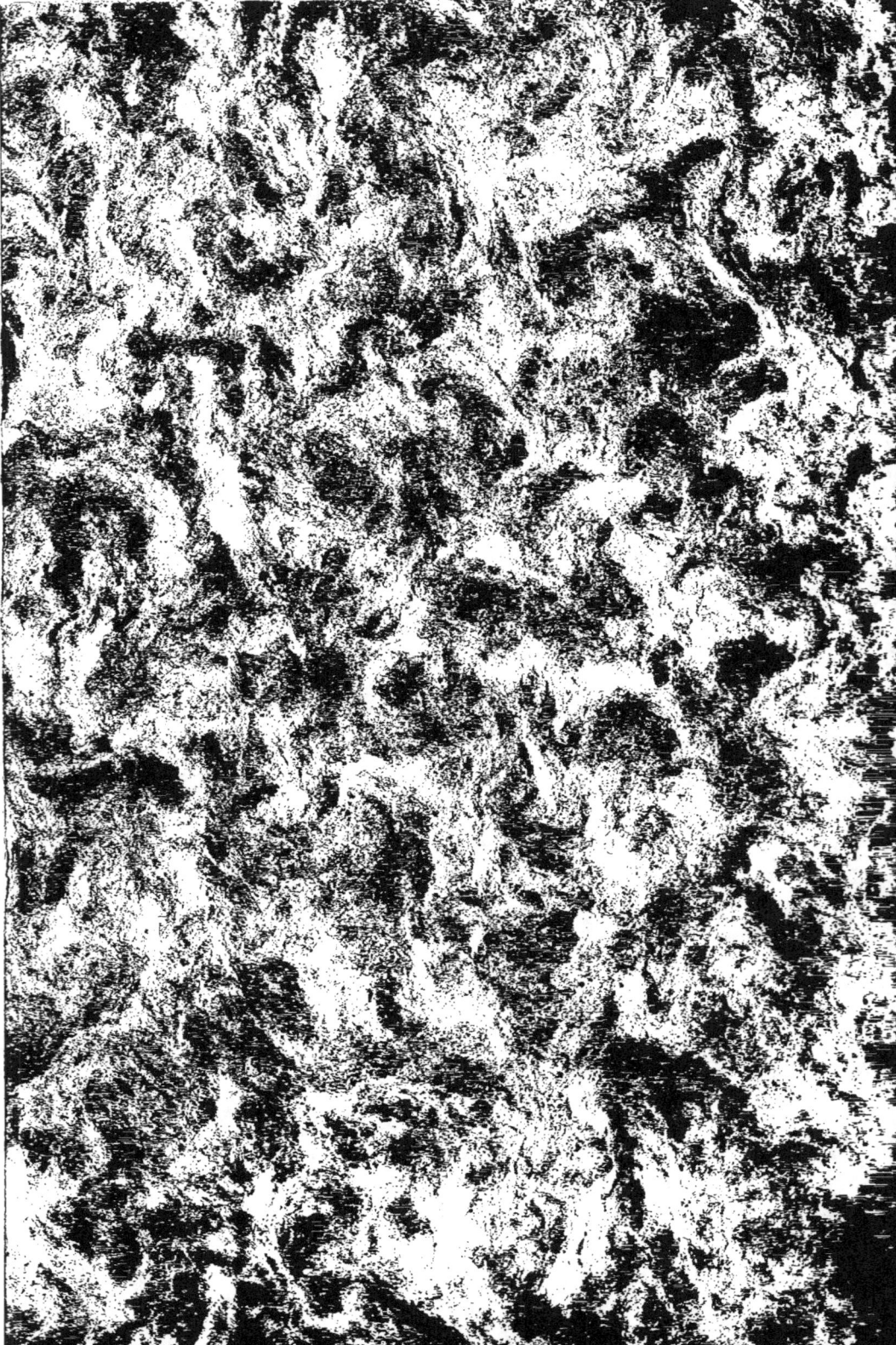

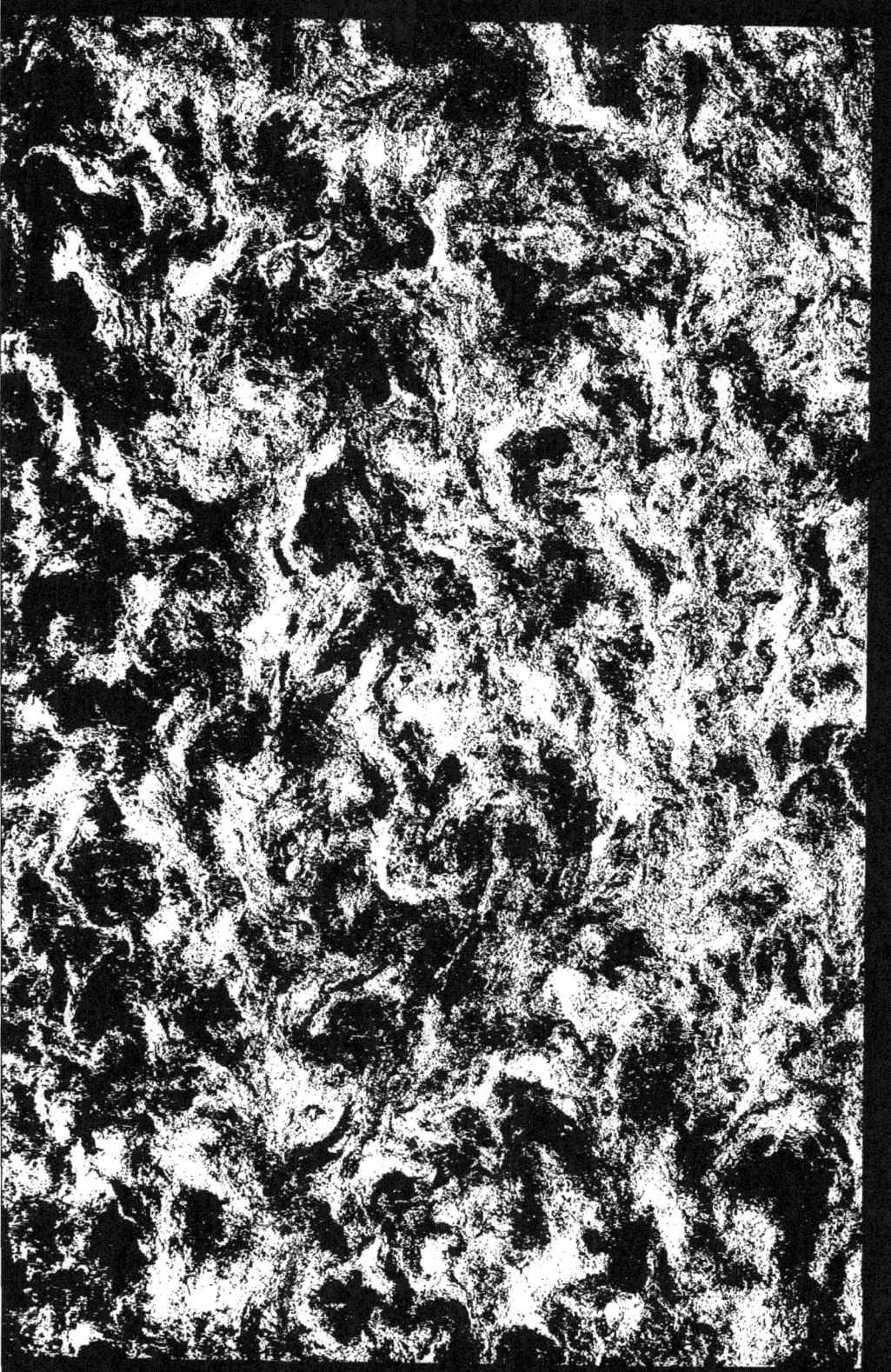

www.ingramcontent.com/pod-product-compliance
Lightning Source LLC
Chambersburg PA
CBHW060800230426
43667CB00010B/1645